KB058363

ON PAPER

ON PAPER by Nichoals A. Basbanes

Copyright © 2013 by Nicholas A. Basbanes
All rights reserved.
Korean translation rights © 2014 by Book21 Publishing Group
This edition published by arrangement with Nicholas Basbanes,
c/o Writers Representatives LLC through Danny Hong Agency.

이 책의 한국어판 저작권은 대니홍 에이전시를 통해
Nicholas Basbanes, c/o Writers Representatives LLC와의 독점계약으로 (주)북이십일에 있습니다.
신저작권법에 의해 한국 내에서 보호를 받는 저작물이므로
무단 전재와 무단 복제를 금합니다.

종이의 역사
ON PAPER

니콜라스 A. 바스베인스 지음 | 정지현 옮김

21세기북스

"
아내이자 종이 흔적을 찾아가는
여정의 동반자, 코니에게 바칩니다.
사랑과 감사를 담아.
"

차례

프롤로그

 나는 오랫동안 다양한 주제로 책에 대한 연구를 해왔다. 그렇기에 책의 전달 매체인 종이에 관심이 쏠린 것은 그리 놀라운 일은 아니다. 하지만 공유된 지혜를 담는 용기인 종이는 훨씬 광범위하고 심오한 탐구로 이끌어주는 발판이 됐다. 이 책에 담기지 못한 종이의 이야기와 아이디어가 아직까지도 무한하게 샘솟는다. 그만큼 종이는 너무나도 흥미로운 주제가 아닐 수 없다.

 종이는 중국에서 처음 발명된 후 필기판이라는 냉백한 유용성을 보이는 데에 그치지 않았다. 근대 초기, 나무에 조각을 새겨서 찍어내는 장치와 함께 인쇄술이 등장했다. 바로 오늘날 '목판인쇄술'이라고 알려진 공정이다. 8세기경 아랍에 중국으로부터 제지법이 전해진 후 얼마되지 않아, 중동은 활기 넘치는 지성의 중심지로 부상했다. 종이가 학자와 수학자들의 생각과 계산을 기록하는 이상적인 수단이 되어주었기 때문이다. 종이는 11세기 후반에 스페인을 통해 유럽에 전해졌다. 비슷한 시기에 유럽을 요람으로 르네상스가 일어났다. 그 후 종이는 유럽에서 북아메리카로, 그리고 사람들이 사는 나머지 지역으로 전파됐다.

이렇듯 거침없이 뻗어나간 종이의 여정은 지금까지 많은 전문가들이 자세하게 다루어왔고 이 책에도 면밀한 참고가 됐다. 이 책은 종이의 연대기적인 부분에 주목하지만 종이의 발명과 도입에 관련된 연대표가 중심축은 아니다. 하지만 1부에서 책의 찬란한 역사를 전체적으로 둘러보기는 한다.

이 책은 종이가 '아이디어'로 향하는 매체와 메시지라는 두 가지 개념에 관심을 기울인다. 유연성과 기능성을 갖춘 도구라는 종이의 필수불가결한 특성에도 주목한다. 15장에서 만나는 레이저 물리학자 겸 오리가미 전문가 로버트 랭Robert Lang의 "오리가미로는 무엇이든 가능하다"라는 말은 종이에 대한 이야기이기도 하다. 종이는 가볍고 흡수성이 있으며 강하고 흔하며 휴대할 수 있다. 접을 수도 있고 우편으로 보낼 수도 있다. 밀랍으로 코팅하여 방수 기능을 추가할 수 있으며 화약이나 담배를 감싸기도 하고 차를 넣어 끓일 수도 있다. 인간은 역사를 기록하고 법을 만들며 사업을 하고 사랑하는 사람과 연락을 주고받고 벽을 장식하고 신분을 만드는 데도 종이를 사용해왔다.

종이의 완전한 유용성을 논하자면, 근대의 위생 관습은 종이 없이는 상상조차 할 수 없다. 또 사람들이 어떻게 해서든 손에 넣으려고 안간힘을 쓰는 지폐도 종이 덕분에 가능하다. 지성의 영역에서 모든 학문적 탐구는 머릿속의 비언어적인 불꽃에서 시작되지만, 이렇듯 처음 일어난 인식은 종이에 옮길 때 더욱 완전하게 시각화된다. 또 종이는 생성적 절차의 도구로도 이용된다. 발명가들은 종이에 마음껏 스케치하고 손보면서 건물과 기계를 만들고 예술가들은 음악을 작곡하고 시를 쓴다. 18세기에 유럽을 휩쓴 '종이 혁명'으로 건축가와 엔지니어들은 살아 있는 풍경의 방식과 수단을 변화시켰다. 특히 산업혁명은 종이에 정확한 설명을 기입하여 각각의 분할 업무를 맡은 사람들에게 나눠주지 않았다면 불가능했다.

컴퓨터 시대에 '가상'이라는 말은 실제와 동떨어져 존재하는 모의 현실을 가리킨다. 실재의 것을 복제한 것일 뿐만 아니라 대용이기도 하다. 이미지 표현에서 종이의 개념은 전혀 새롭지 않다. 인류는 수천 년 동안 자신이나 주변 환경과 닮은 이미지를 표현해왔다. 수천 년 전 마지막 빙하기에 그려진 동굴 벽화 중에는 예술성과 기교면에서 인상적인 것들이 많다. 비록 유일무이하지는 않지만 종이는 수세기 동안 이 기능 역시 충실하게 수행해왔다.

17세기의 예술 후원자 카시아노 달 포초Cassiano dal Pozzo는 시각 지식에 관한 종합적인 컬렉션을 만들고자 다수의 유명 예술가들에게 작품을 의뢰했다. 그 결과로 식물, 미술, 건축, 지질학, 동물학, 조류학 등을 포함한 분야에서 7,000점에 이르는 수채화, 드로잉, 판화가 모였다. 세계 최초의 가상 도서관이라고 할 수 있는 그의 컬렉션은 '종이 박물관Paper Museum'[1]으로 불리게 되었고 오늘날 네 기관에 퍼져 보관되어 있다. 좀 더 근래에 이르러 석판화와 사진—각각 '돌로 쓰다', '빛으로 쓰다'라는 뜻이다—에서는 종이를 표면으로 활용하여 대체 이미지를 만들어 퍼뜨릴 수 있게 됐다.

종이가 역사적 사건을 만드는 힘이라는 사실은 비록 크게 주목받지 못했지만, 비중은 달라도 수많은 사건에서 저마다 확실한 역할을 수행했다. 한 예로 종이는 18세기에 인간의 첫 비행에 이바지했다. 프랑스의 몽골피에 형제가 집안에서 운영하는 제지소에서 만든 종이를 몇 겹의 안감으로 덧대어 세계 최초의 열기구를 만들었다. 또 다른 예는 미국의 독립혁명이다. 대체로 역사학자들은 1765년 인지세법 실시로 벌어진 렉싱턴과 콩코드 전투가 독립혁명의 시작을 알렸다고 말한다. 인지세법은 식민지 주민들이 일상생활에서 종이로 된 문서에 의존하게 만들었다. 한 세기가 흘러 영국 동인도회사에 고용된 힌두교와 이슬람교 용병들이 동물 기름이 칠해진 종이 탄피paper cartridge를 입으로 물어뜯는 것을 거부하여 오늘날 세포이 항쟁 또는 1차 인도 독립 전쟁 같은 이름으로 불리는 유혈 사태가 일어났다.

각종 정치 스캔들과 외교 사건, 세상을 놀라게 한 재판에서도 종이 문서는 사건 전개에 없어서는 안 될 역할을 했다. 1890년대와 1900년 초반에 일어난 드레퓌스 사건의 '비망록', 미국을 제1차 세계대전에 참전시킨 아르투르 짐머만의 전보, 알저 히스 스파이 사건에서 휘태커 챔버스의 증언과 그가 제시한 펌프킨 페이퍼pumpkin papers라고 불린 증거물, 1953년 줄리어스와 에델 로젠버그의 재판, 두 사람을 전기의자로 보낸 핵무기 폭발장치, 그리고 1971년 대니얼 엘스버그의 펜타곤 비밀문서 공개로 촉발된 워터게이트 사건까지. 요즘은 컴퓨터의 시대지만 중요한 기능을 담당한 초기의 기계들은 구멍 뚫린 종이 카드에 자료를 입력하는 식이었다. 모든 전자 인쇄기기의 모태가 된 주식 시세 표시기stock ticker는 좁게 감긴 인쇄용지에 실시간 금융 거래가 찍혀 나와 월스트리트의 업무 처리 방식에 혁명을 일으켰다.

이 세상에는 종이뿐만 아니라 종이와 관련된 상투적 표현인 '페이퍼 클리셰paper cliche'도 넘쳐난다. 조지 W. 부시 대통령은 2000년 대선에서 '간발의 차이paper-thin margin'로 승리했고 엔론 사태를 일으킨 것은 '거짓말투성이tissue of lies' 회계 장부였으며 그 후 엔론은 '카드로 쌓은 집house of cards'처럼 와르르 무너졌다. 누군가를 '펄프pulp'로 만든다는 것은 심각한 부상을 입힌다는 뜻이다. 또 계획을 세운다map out는 것은 구체적인 행동 방안을 정한다는 의미다. 우리는 날마다 '산더미 같은 종이'에 파묻혀 '관료주의red tape' 속에서 살아간다. 겁쟁이나 약자, 사기꾼을 '종이호랑이paper tiger'라고 한다. 그리고 이 책의 '액면가'라는 장에서는 '내용을 인쇄하는 종이만큼의 가치도 없는' 일들에 대해 다룬다.

이 책의 초고가 완성된 2011년, 보스턴 레드삭스는 메이저리그 야구 역사상 가장 극적인 실패를 보여주었다. 나는 1953년에 아버지를 따라 처음 보스턴 레드삭스의 홈구장 펜웨이 파크를 찾은 이후로 줄곧 열성적인 팬이었다. 내내 아홉 경기나 앞서고도 2011년 시즌이 한 달도 남지 않은 시점에서 완전히 무너져 플레이오프 진출 가능성이 물 건너갔다. 시즌이 시작될 때만 해도 고액 연봉을 받는 올스타 15명으로 구성된 가장 기량이 뛰어난 팀이라는 예측이 있었기에 더욱 뼈아픈 추락이었다. 《스포츠 일러스트레이티드》는 월드시리즈에서 보스턴 레드삭스가 100승을 기록해 샌프란시스코 자이언츠를 가볍게 이길 것이라고 예측했다. 최대 라이벌 양키스의 본거지인 뉴욕의 베테랑 스포츠 기자들마저도 보스턴 레드삭스의 우승 가능성을 점쳤다. "사람들이 우리가 다시 월드시리즈에 진출할 거라고 생각하는 이유를 알 것 같습니다." 보스턴의 고액 연봉 선수 J. D. 드루[2]가 4월 월드시리즈 개막일을 앞둔 시점에 《보스턴 글로브》의 유명 야구 칼럼니스트 댄 쇼네시에게 말했다. "서류상으로 보면 충분히 그럴 수 있는 팀이니까요." 추상적인 계산에 따른 그 심드렁한 발언에 쇼네시는 "하지만 서류에 적힌 대로 이행되지 않을 때가 얼마나 많은가?"라는 불길한 한마디를 던졌다. 그의 예상은 정확하게 적중했다.

2012년 6월 하노이에서 미국의 리온 파네타 국방부 장관과 베트남의 풍꽝타인 국방부 장관이 만났다. 파네타는 풍꽝타인에게 1966년에 미국 해병대 병사에게 죽음을 당한 북베트남군 병사의 소지품이었던 밤색 일기를 건넸다. 풍꽝타인은 답례로 1969년 작전 도중 사망한 미 육군 101 공수사단 소속 스티브 플래허티 병장의 시신에서 노획한 사적인 편지 꾸러미를 건넸다. 《워싱턴 포스트》는 "특별할 것 없는 종이에 기록된" 오래된 물품의 교환이 "쓸쓸한 적"이었던 "미국과 베트남의 발전하는 관계를 나타내주는 상징"[3]이 됐다고 보도했다.

각 장마다 이 책을 쓰기 위해 이루어진 연구 조사 작업을 세밀히 소개했다. 나는 종이의 이야기가 시작되는 중국을 찾아 버마 로드를 따라 여행했다. 그리고 수제 종이를 만드는 인간문화재가 있는 유일한 곳, 일본으로 향했다. 메릴랜드 포트미드에 있는 국가안전보장국NSA 방문 허가가 떨어지기까지는 무려 7개월이 걸렸다. 그곳에서는 암호학자들이 다루는 약 1억만 부의 특급 기밀문서가 펄프화되어 피자와 달걀판으로 재활용됐다. 매사추세츠 서부에 있는 크레인 페이퍼 공장에서도 이틀을 보냈다. 유명한 은행 강도 윌리 서턴이 남긴 유명한 말대로 "거기에 돈이 있기 때문"이었다. 더 정확하게 말하자면 그곳에서는 미국 달러용 지폐용지가 만들어진다. '일회성' 또한 종이에서 빠질 수 없는 주제이므로 코네티컷에 있는 킴벌리-클라크 공장도 방문했다. 날마다 약 100만 개의 크리넥스 휴지와 역시 비슷한 수량의 스콧 키친타월이 만들어지는 현장이다. 이 모든 것을 아우르는 공통적인 맥락은 소설가 그레이엄 그린의 소설 제목대로 '인간적인 요인the human factor'이다.

영국 종이역사학자협회는 몇 해 전, 오늘날 약 2만 가지에 이르는 종이의 상업적 용도에 모든 관심을 쏟고 있다고 밝혔다. 겁먹지 않아도 된다. 이 책에서는 무수히 많은 종이의 용도를 전부 파고들고 있지는 않으니까. 하지만 정말로 종이의 용도가 그렇게나 다양하다면, 또 제17장에서 만나볼 펜실베이니아 소재의 제지업체에서 생산되는 종이 제품만 약 1,000종에 이른다는 점으로 미루어 우리 사회에 종이가 사라질 날도 얼마 남지 않았다는 일각의 예측은 당장은 들어맞지 않을 듯하다. 재즈 피아니스트 패츠 월러의 앨범 제목이 딱 어울리는 상황이다. '아무도 몰라요, 안 그래요?One Never knows, Do One?'

Part 1

..

"종이는 침묵하지 않습니다.
좋은 종이는 가장 본질적인 측면에서
자연과 인간의 접촉을 분명히 보여주지요.
완성된 종이에는 자연의 섬유와 물, 그리고 장인의 관계가 나타나거든요.
나는 그것이 수제 종이의 가장 강력한 본질이라고 생각합니다."

..

제 1 장

가장 고귀한 발명품

캄불라크Cambulac(베이징의 옛 몽골어 이름. 쿠빌라이 칸이 1264년에 건설하여 원나라의 수도가 된 칸발리크Khanbaliq, 중국어로는 大都에서 왔다. 당시 마르코 폴로는 칸발리크를 캄불라크라고 칭했다-옮긴이)라는 도시에 황제의 화폐 주조소가 있었는데 그곳의 작업 방식을 보면 황제에게 완벽한 연금술의 비밀이 있나 생각될 정도다. 그것은 사실이다! 그들이 돈을 만드는 방법은 이러하다. 일단 어떤 나무, 즉 뽕나무의 껍질을 벗긴다. 그 이파리는 누에고치의 먹이로 쓰인다. 뽕나무는 이 도시에 흔해서 어디서든 쉽게 볼 수 있다. 그들은 나무와 바깥쪽의 두꺼운 껍질 사이에 있는 미세하게 얇은 하얀색 내피 부분을 사용한다. 그것으로 종이처럼 얇지만 색깔은 검은 것을 만들었다. 그 종이가 준비되면 저마다 다른 크기로 잘랐다.[1]

— 마르코 폴로, 『동방견문록』, 1298년

종이는 짐승의 가죽이나 식물의 이파리에 견줄 만큼 튼튼하며 자르거나 찢을 수 있다. 유리처럼 쉽게 깨지지도 않고 헝겊처럼 엮여 있지도 않으며 섬유가 들어 있지만 뚜렷한 가닥으로 되어 있지는 않아 자연의 물질과 똑같다. 사람이 만들어낸 물질 중에서 종이와 비슷한 것을 거의 찾아볼 수 없으니 매우 독특하다. 우리는 무언가를 만들 때 자연에 가장 가깝게 모방하거나 자연의 섭리를 강력하게 다스리고 바꾸는 방법을 선호한다.[2]

— 프랜시스 베이컨, 『노붐 오르가눔 스키엔티아룸』, 1620년

●

　지금으로부터 약 1,500년 전에 종이가 온 세계로 전파되기 전만 해도 종이 만드는 방법은 철저히 비밀리에 붙여진 개인 소유의 기술이었다. 워낙 쓰임새가 다양하고 실용적이다 보니 중국은 오늘날까지도 종이를 자국의 가장 훌륭한 4대 발명 중 하나로 여긴다. 프랜시스 베이컨은 '학문의 새로운 도구'라는 뜻의 저서 『노붐 오르가눔 스키엔티아룸』에서 중국의 엘리트 집단이 발명한 세 가지 기술인 화약과 인쇄술, 자기 나침반[3]이 "전 세계 만물의 모습과 상태를 바꿨다"면서 "지금까지 인간사에 그렇게 엄청난 영향력을 끼쳤던 제국과 종파, 인물은 없었다"라고 했다. 베이컨은 세계를 바꾼 발명품에 종이를 포함시키지는 않았지만 "예술의 훌륭한 본보기"라고 칭송하며 그 독특함을 인정했다.

　그러나 베이컨은 종이가 어떻게 처음 만들어졌고 어디에서 기원하며 1,000년 전에 어떻게 전 세계로 퍼졌는지 알지 못했다. 가장 고귀한 발명품의 기원에 대해 그저 '단순한 우연'이라고 간결하게 표현했을 뿐이다. 그가 간과한 또 다른 부분은—아마도 17세기에는 오늘날만큼이나 당연한 사실로 여겨졌기 때문이겠지만—종이가 없었다면 인쇄술도 나오지 못했으리라는 점이다. 많은 학자가 종이와 인쇄술을 문화 보급에 결정적인 영향을 끼친 한 쌍의 발명품으로 묶어서 생각하지

만, 종이보다 인쇄술의 발명에 더 큰 관심이 쏠린 것은 사실이다.

오랜 세월 동안 돌, 보존 처리한 동물 가죽, 직물, 납작하게 만든 금속판, 나무껍질, 말린 동물의 뼈, 조개껍데기, 도자기 조각 등 다양한 재료가 필기판으로 쓰였다. 인노와 남동아시아 지역에서는 야자 나뭇잎과 코코넛 열매 껍질에 책 전체를 새겨 넣었다. 페루의 잉카제국에서는 끈으로 매듭을 묶은 '결승문자khipu'[4]로 곡식의 양을 관리하거나 계산에 활용했다. 이집트에서는 습지에서 자라는 갈대의 줄기를 얇게 갈라서 두루마리를 만들었는데, 그 가벼움과 유연성 때문에 지중해 지역에서 부러움의 대상이 됐다. 파피루스는 4,000년 동안 필기 재료의 탁월한 본보기였다. 그러나 수명으로 보자면 점토[5]가 한 수 위였다. 기원전 3000년경부터 글쓰기가 확고하게 자리 잡은 중동 지역에서 점토는 물 다음으로 가장 생산성 뛰어난 자연자원으로 정보 기록 외에도 여러 가지로 쓸모가 많았다.

동쪽으로 티그리스 강, 서쪽으로 유프라테스 강을 낀 평지 일대는 고대 그리스인들에 의해 '강 사이의 땅'을 뜻하는 메소포타미아라는 이름이 붙여졌고 '문명의 요람' 또는 '초승달 지대'라고도 불렸다. 오랜 세월 동안 수메르인, 아시리아인, 아카드인, 히타이트인, 바빌로니아인, 파르티아인, 페르시아인 같은 뛰어난 민족들이 그곳에 터전을 잡고 살았다. 집을 지을 만한 돌이나 숲이 없었으므로 강물에 운반되어 쌓인 충적토가 그들의 삶에 필수적인 역할을 했다. 점토는 젖었을 때는 부드럽고 쉽게 휘어지지만 강력한 열로 굳히면 놀라울 정도로 단단해져서 변형이 생기지 않는다. 물과 지푸라기와 함께 섞어 만든 벽돌로 세계 최초의 도시가 건설됐다. 또 도공들은 점토로 음식 보관이나 요리에 사용할 수 있는 그릇을 만들었다. 문자가 발달하면서부터는 촉촉한 상태의 작은 토판에 갈대로 만든 바늘이나 뾰족한 막대기로 상형문자와 글을 써넣었다. 가마에 넣어 가열하거나 이글거리는 태양 아래에서 굳히면 내구성이 엄청나게 강해졌다. 그 작은 점토판들[6]에 적힌 독특한 문자들은 지금까지도 잘 보이는데, 처음 해독한 언어학자들은 라틴어로 '쐐기 모양'을 뜻하는 '설형문자'라고 이름 붙였다.

비록 부피는 컸지만 공적인 문서가 토판에 새겨져 전달되는 경우도 많았다. 19세기에 나일 강 상류의 텔 엘-아마르나에서 외교 문서 기록 모음이 발견됐다. 이는 기원전 1350년경의 것으로 대부분 아카드의 설형문자로 쓰였다. 세계 최고의 기록인 설화 시 『길가메시의 서사시』는 호메로스의 『일리아드』보다 무려 1,000년이나 앞섰고 메소포타미아의 풍경과 활발했던 점토 사용을 잘 보여준다. 수메르의 왕 길가메시와 용맹한 조수 엔키두는 북쪽 레바논의 삼나무 숲으로 첫 번째 모험을 떠나고 삼나무를 베어낸다. 그들은 질 좋은 삼나무로 거대한 문을 만들기 위해 유프라테스 강을 타고 우루크로 간다. 1,000년이 지난 지금, 가까운 미래의 보편적인 기록 매체가 될 마이크로칩의 핵 재료가 순도 높은 모래에서 추출한 메탈 실리콘이라는 사실은 매우 중요한 은유가 된다. 점토 역시 모래와 가까운 원자로 이루어졌으며 전 세계 어느 땅에서나 흔히 발견되는 재료이기 때문이다.

송이가 발명되기 수세기 전에 중국의 철학자 묵자墨子는 "대나무와 비단에 적고 금속과 돌에 새기고 도자기로 그려진 우리의 지식 원천은 후대에 전해질 것이다"[7]라고 했다. 그로부터 500년 후, '손위 플리니우스Pliny the Elder'라고 불리는 로마시대의 학자 가이우스 플리니우스 세쿤두스Gaius Plinius Secundus도 기념비적인 저서 『자연사Natural History』에서 다목적으로 쓰이는 파피루스에 관해 길게 언급하면서 비슷한 견해를 드러냈다. "인간의 문명은 그 수명보다는 기억에 의해 좌우된다"[8]라는 확고한 믿음을 바탕으로 쓴 상세한 해설서다.

나일 강 일대에서 무성하게 자랐던 파피루스는 약용이나 식용은 물론이고 옷, 신발, 가구, 배, 끈, 신성한 장식 등 다목적으로 쓰였다. 구약성경에 보면 아기 모세가 강으로 떠내려갈 때 사용된 '방주'도 파피루스(제임스 왕 역본에서는 '부들'이라고 칭하고 있다)로 만들어졌다. 아기 모세를 태운 배는 울창한 갈대밭에서 멈추었고 그곳이 안전한 요새가 되어주었다. 기원전 5세기에 쓰인 그리스 역사학자 헤로도토스의 기록을 보면 파피루스로 돛과 밧줄을 만들었으며 필기 재료로 사용하지 않는 아랫부분은 구워서 먹었다고 되어 있다. 아리스토텔레스에 의해 리시움의 후임자로 임명된 테오프라스토스Theophrastus도 이집트인들이 "파피루스 줄기를 생으로 혹은 끓이거나 구워서 씹어 먹었으며 즙만 빨아먹고 과육은 뱉었다"[9]라고 전했다.

『자연사』에 농업과 체계적인 경작법이 수록된 것으로 보아 플리니우스는 분명히 제지의 개념에 매료되어 있었을 것이다. 제지가 인간의 업적에 끼치는 영향에 대해 쓴 그의 조카이자 그의 전기를 쓴 일명 '손아래 플리니우스Pliny the Younger'[10]에 따르면 플리니우스는 외출을 할 때마다 마차 한가득 두루마리를 싣고 갈 만큼 열렬한 독서광이었다. 또한 탐구심 강한 사상가였던 그는 79년에 베수비오 산 화산 분출 현장을 직접 보기 위해 로마 함대를 타고 나폴리 만에서 스타비아에로 가는 도중 사망했다. 당시의 사인은 유독 가스 노출이었지만 사실은 심장마비에 가까웠다.

이집트 외부 지역에서 파피루스 두루마리가 발견된 대표적인 장소는 우연하게도 플리니우스가 세상을 떠난 곳에서 그리 멀지 않은 헤르쿨라네움(고대 로마 도시로 오늘날 이탈리아 에르콜라노─옮긴이)이다. 한때 율리우스 카이사르 장인의 여름 별장이었던 그곳의 석화된 잿더미 속에서 약 1,700점에 이르는 두루마리가 발견됐다. 오늘날 빌라 데이 파피리Villa dei Papiri라고 불리는 그 호사스러운 루치우스 칼푸르니우스 피소(로마 평민 가문의 이름으로 카이사르 장인의 이름은 루치우스 칼푸르나우스 피소 카이소니우스였다—옮긴이) 저택의 서재에서 18세기 초에 탄화된 두루마리가 발견되었을 때는 한때 신성시 여겼던 갈대가 이집트에서 자취를 감춘 뒤였다. 더 이상 실용적으로 사용되지 않았고 필기판을 만들기 위해 채취되지도 않았으며, 한때 고결하게 퍼졌던 다른 목적으로도 쓰이지 않았다.

그 자리를 종이가 대신 차지했다. 18세기에 이르러 종이는 유럽 전역에 문을 열었고 북아메리카에도 생기기 시작한 제지소에서 만들어졌다. 현대사회의 인터넷은 약 20년 동안 대륙 사이로 폭발적으로 퍼져나갔지만, 종이는 한 번에 한 나라씩 체계적으로 뿌리내렸다. 그러나 '패러다임의 변화'로 보자면 기념비적인 일이었다. 유연하고 편리하고 저렴하고 휴대성이 대단히 뛰어나며 기초만 알면 손쉽게 만들 수 있는 데다 수많은 용도로 적합한 문화 전파의 매개체인 종이의 등장으로 '저술writing'이 막대한 영향력을 가지게 됐다.

바퀴나 유리 만드는 방법, 청동이나 철 제련법처럼 획기적인 발명들은 언제 처음 등장했는지 알 수 없는 경우가 많다. 하지만 종이는 언제 처음 만들어졌고 어디에서 등장했는지 비교적 확실하게 알려진 편이다. 중국에서는 흔히 종이가 105년에 처음 만들어졌다고 알려진다. 한나라 화제 때 도구와 무기를 만드는 관리였던 채륜蔡倫이 종이의 발명 사실과 구체적인 제작법을 요약하여 보고했다. 그로부터 300년 후, 송나라의 역사가 범엽范曄은 이 중대한 업적에 대하여 채륜(최근까지만 해도 서양에서는 Cai Lun이 아닌 Tsai Lun으로 표기됐다)이 "나무껍질, 대마, 오래된 넝마, 어망으로 종이를 만든다는 생각을 처음 떠올렸다"[11]라고 적었으며 그 방법이 완성된 후로 "어디에서나 널리 사용"됐다.

오늘날 중국 전역의 박물관과 공공건물에서 채륜의 동상을 볼 수 있다. 그의 얼굴이 그려진 우표가 발행되고 초등학교 교과서에도 이름이 실렸다. 하지만 오랜 세월에 걸쳐 고고학자들이 발견한 유물은 채륜이 왕실에 소개하기 몇 세기 전부터 제지법이 사용되고 있었음을 시사한다. 종이의 발명이 익히 알려진 것보다 이르다는 가장 설득력 있는 증거는 20세기 초반에 영국의 탐험가 아우렐 스타인 경Sir Aurel Stein이 실크로드[12]에서 발굴한 유물이다. 실크로드는 거의 2,000년 동안 중국과 유럽을 잇는 대상들이 지나던 길목이었다. 스타인은 둔황의 석굴 천불동에서 5만 점에 이르는 고문서와 예술품을 발견[13]한 사람으로 유명하다. 이곳은 둔황 모가오 굴莫高窟이라고도 불리는데 간쑤 성 지방의 고비 사막에 위치한 둔황은 한때 오아시스 도시로 크게 번성했다.

스타인이 영국으로 가져간 보물 중에는 868년 당나라 때 쓰인『금강경』도 있었다. 그것은 요하네스 구텐베르크Johannes Gutenberg가 유럽에 이동식 금속활자를 소개한 시기보다 500년 앞서며 식별 가능한 날짜가 기록된 최초의 인쇄서다. 스타인이 만리장성의 폐허가 된 망루에서 발견한 종이 문서의 날짜는 그보다 700년 이상 앞선 150년으로 기록되어 있다. 시카고 대학의 저명한 역사학자 치엔 츠엔 수인Tsien Tsuen-Hsuin 교수는 1985년에 중국 종이의 역사를 철저하게 다룬 저서에서 현존하는 가장 오래된 종이 표본은 1957년 산시 성의 무덤에서 발견된 140년에 만들어진 종잇조각이라고 밝혔다. 다른 장소에서도 종이의 초기 표본이 발견되어 제지법이 몇 세기를 거쳐 발달해왔다는 사실을 거의 확실히 보여준다.

중요한 사실은 종이를 뜻하는 최초의 중국어 '치chih'가 '폐기 섬유로 만든 얇은 판mat'[14]을 의미한다는 것이다. 모든 면에서 정확하지는

『금강경』의 목판으로 된 권두 삽화. 868년 작품으로 수제 종이에 인쇄한 세계에서 가장 오래된 책이다.

않지만, 이것은 종이가 무엇인가에 대한 맥락을 제공한다. 오늘날 다수의 제지업자는 정말로 폐기된 넝마와 '재생' 종이를 펄프에 섞어 종이를 만든다. 종이는 재활용 재료를 상당 부분 섞어 만든 최초의 공산품일지도 모른다. 하지만 최종 제품에는 1회용 폐기물이 아닌 다른 섬유원이 포함되는 경우가 많다. 더욱 정확한 것은, 물과 분쇄한 셀룰로오스 섬유가 섞인 혼합물을 체로 걸러내 평평한 막으로 건조시킨 것이 종이에 대한 정의라고 하겠다. 이 정의에 따르면 섬유뿐만 아니라 물 역시 제지의 필수 요소임을 알 수 있다.

비록 종이paper라는 말은 파피루스papyrus에서 유래했지만 이 둘은 유연한 질감과 식물 원천에 의존한다는 사실 외에는 공통점이 적다.

6세기에 활동한 로마의 정치가이자 저술가인 카시오도루스Cassiodorus
는 파피루스를 가리켜 "인간 행위의 충직한 증인"이자 "망각의 적"이
라고 칭송했다.[15] 그러나 물체라는 객관적인 관점으로 바라보자면 "초
록 식물의 허얀 내피"일 뿐이라고 했다. 그보다 덜 세련된 표현도 있
다. 파피루스로 만든 종이[16]는 습지에서 약 6미터가 넘는 길이까지 자
라는 삼각형 모양의 갈대에서 스펀지 같은 줄기를 잘라낸 기다란 조
각이었다. 잘라낸 조각을 건조한 후 필기판으로 알맞은 부분을 서로
직각이 되도록 두 겹으로 놓았다. 그리고 촉촉한 상태에서 압력을 가
해 평평하게 만들어 매끈하게 편 다음 끝을 붙여서 두루마리로 간편
하게 말았다.

플리니우스는 잘라낸 파피루스 조각이 서로 들러붙는 이유는 나일
강이 진흙탕이기 때문이라고 했지만 근대 식물학자들은 파피루스 자
체에서 나오는 화학물질 때문에 한 장의 종이로 붙는 것이라고 말한
다. 그런데 갓 수확한 줄기만 접착성이 있어 파피루스가 자라는 일부
강기슭에서만 파피루스 두루마리 생산이 가능했다. 덕분에 이집트인
들은 수백 년 동안 파피루스 수출을 통제했고 심지어 다른 국가와의
거래에서 비장의 카드로 활용되곤 했다. 소아시아의 도시국가 페르가
뭄에 파피루스 출하를 금지하는 통상금지령이 내려진 적도 있었다.
헬레니즘 시대에 알렉산드리아와 견줄 만한 도서관이 있었던 페르가
뭄은 찢은 양가죽을 대신 사용했다. '양피지parchment'는 '페르가뭄산
from Pergamum'[17]를 뜻하는 라틴어에서 유래했다.

범엽의 말대로 중국 최초의 종이는 나무껍질 안쪽에서 파낸 부드
러운 섬유질인 인피와 낡은 어망, 넝마, 닳아빠진 밧줄에서 모은 삼을
합쳐서 만들었다. 채륜의 설명법에 따르면 혼합한 재료를 세척하고 물
에 불렸다가 나무망치로 두드려서 미세한 펄프로 만든 다음 깨끗한

물이 든 통에 넣고 힘차게 저어 가는 실이 남아 있는 걸쭉한 상태가 되도록 했다. 그러고 나서 거칠게 짠 헝겊으로 된 스크린을 사각형의 대나무 틀에 펼쳐놓고—미국에서는 mold, 영국 영어로는 mould—두 개의 기둥을 받침대 삼아 걸어놓은 후 걸쭉한 혼합물을 떠 넣었다.

물이 아래로 빠져나가고 판이 마르기 시작하면 그물망에 남겨진 섬유질이 한 장의 종이로 변했다. 시간이 지나면서 통에서 직접 몰드로 혼합물을 퍼 넣었고 개별적인 필요에 따라 기술이 수정되었으며 가열한 짚과 끓인 바나나 껍질, 분쇄한 호두 껍데기, 말린 해초 등 다양한 식물 재료들을 이용한 시도가 이루어졌다. 종이의 수요가 공급력을 훨씬 뛰어넘자 면과 아마 넝마를 산더미처럼 쌓아놓고 적극적으로 섬유질을 얻는 방법에 집중했다. 현대에 이르러서는 숲에 가득한 섬유질 풍부한 나무를 이용하게 됐다. 그러나 기나긴 세월을 거치는 동안에도 종이를 만들 때 없어서는 안 될 세 가지 기본 요소는 변하지 않았다. 바로 깨끗한 물과 섬유질, 스크린 몰드다.

종이가 처음 만들어진 계기가 신중한 실험에 의해서였는지, 우연한 행운이었는지는 추측해볼 수밖에 없다. 어쩌면 똑똑한 땜장이가 물가에서 분해된 식물성 물질이 조각처럼 응고된 모습을 보고 가능성을 발견했는지도 모른다. 어쨌든 지금 이 시점에서는 전혀 모호하지 않은 사실이지만, 중국인들은 모든 식물성 물질의 특징인 분자 응집력을 발견했다. 근대 화학에서 수소결합이라고 알려진 현상이다. 쉽게 말해서 수소결합이란 제대로 물에 불려서 얇은 판으로 만든 셀룰로오스 섬유가 마치 자석에 이끌리듯 달라붙게 해주는 독특한 자연적 특징으로 초지가 만들어지는 기본적인 원리다. 이것은 셀룰로오스에 '수산기hydroxyl group'라는 개별 화학물질 단위가 존재하기 때문에 가능하다. 수소 원자와 산소 원자의 다수가 구조적으로 쌍을 이루어 하나의 개체처럼 움직이게 된다는 뜻이다.

종이를 만들 때는 섬유와 섬유의 수소결합이 펄프가 건조되면서 섬유와 물의 수소결합을 대신하는 추가적인 단계를 취한다. 화학자들이 말하는 종이의 정의는 "물을 제거하여 개별화된 섬유에서 만들어진 시트 같은 물질"이다. 수소결합[18]은 20세기 들어서야 완전하게 설명되었지만 중국인들은 2,000년 전에 그 특징을 정확하게 알았다. 인간이 종이에 의존하게 된 역사는 그 후 3,000년째로 접어든 지금까지 이어지고 있다.

종이는 종교, 문학, 예술, 사회, 관료제, 상업 등 모든 분야에서 세부 사항을 꼼꼼하게 기록하던 사람들이 새로운 필기 수단을 급박하게 필요로 하던 순간에 등장했다. 갖가지 재료가 필기판으로 사용되었지만 너무 크고 무겁다거나 실크의 경우 대량생산 비용이 많이 든다거나 저마다 단점이 있었다. 대나무로 책을 만들려면[19] 대나무 껍질을 좁고 길게 잘라서 새끼줄로 단단히 고정시켜야 했다. 한자를 가로(좌우)가 아닌 세로(상하)로 쓰는 관습은 학자들이 '권卷'이라고 부르는 나무 조각의 크기에 제한이 따랐기 때문이었다. 칼이나 나뭇가지, 끌로 단단한 표면에 글자를 새겼는데, 기원전 250년경에 동물의 털로 만든 붓이[20] 만들어지면서 잉크와 물감으로 평평한 표면에 직접 글자를 쓸 수 있게 됐다. 이처럼 붓이 종이의 필기도구로 사용됐다.

널찍한 창고에는 터져나가기 일보 직전으로 대나무 문서들이 들어찼다. 공자의 시대에서 100년도 채 지나지 않은 시점에 묵자는 다음과 같이 적었다. "오늘날 학자들의 책은 꼭 필요하기는 하지만 실어 나르기에는 너무 많다."[21] 기원전 3세기에 만리장성을 쌓았고 중국 통일의 업적을 이룩한 진시황제는 날마다 약 54킬로그램이나 되는 문서를 읽었다고 전해진다. 지시를 기다리는 상소문들이 날마다 그의 앞으로

운반되어왔다.[22]

베이징 외곽의 팡산房山에는 역사상 가장 독특한 도서관이 있다. 7,000개의 화강암에 새겨진 「방산석경」이다. 종이의 발명이 공식적으로 발표된 지 500년 후 수나라 605년에 시작된 이 작업은 명나라 때인 1091년까지 계속됐다. 전부 합해서 400만 글자가 넘으며 '경전sutra'이라고 불리는 105개의 불교 석상이 포함된 이것은 중국에 유일하게 남아 있는 온전한 불교 경전[23]이다. 이 석경의 전체 종이 탁본은 베이징 광제사에 보존되어 있다.

첫 번째 송나라 학자였던 소이간蘇易簡이 10세기에 편찬한 종합적인 서예 해설서 『문방사보文房四寶』에는 제지법에 대한 최초의 문헌이 들어 있다. 종이, 붓, 벼루, 먹 등 학문을 하는 사람의 네 가지 벗을 뜻하는 문방사보를 설명하면서 종이도 언급했다. 예전의 일화나 참고 문헌으로 생동감을 더했다. 소이간은 전경 그림을 그려 넣을 최고급 종이를 제작하고자 배의 짐칸을 거대한 원료통으로 변모시킨 대규모 작업에 대해서도 이야기한다. 길이 15미터에 이르는 종이도 있었다. 50명의 일꾼이 율동적인 북소리에 맞춰 거대한 몰드를 동시에 들어 올리고 흔들었다. 고른 표면이 나오도록 뜨거운 벽에 대고 빗질하는 대신 갓 떠낸 초지를 틀에 담긴 상태로 잉걸불 위에서 천천히 움직였다.

종이는 적은 제작비와 유연성 덕분에 부채나 우산, 등, 연의 재료로도 안성맞춤이었고 개인의 위생에도 유용하여 곧바로 인기를 얻었다.[24] 질이 낮은 짚으로 화장지를 만든 것도 중국인의 발상이었다. 산악지대의 전사들은 9세기부터 겹친 종이로 만든 방호복을 입었는데 가볍고 녹슬지 않는 장점이 있었다. 베니스의 상인 마르코 폴로는 중국인들이 "특정한 나무의 껍질"로 "매우 훌륭한 여름옷"을 만든다고 말했다. 그는 장례식에서 종이 인형을 불태우는 풍습에 대해서도 언급했다. 유족들이 "면 종이를 말이나 하인, 낙타, 갑옷, 심지어 돈 모양으로 오려서 상징적인 의미로 시신과 함께 불태운다."

나는 2007년 가을에 미국과 영국, 덴마크의 종이 역사학자들로 이루어진 소규모 일행들과 중국 남서부의 외딴 지역을 방문했다. 지금으로부터 2,000년 전에 인간의 창의력이 발휘된 그곳에서 여전히 똑같은 방식으로 종이가 만들어지고 있는 모습을 본다고 생각하니 몹시 설렜다. 우리는 윈난 성의 유서 깊은 버마 로드Burma Road[25]에서 출발했다. 윈난 성은 중국의 대표적인 농업지대로 약 13억의 중국인들에게 농산물을 공급하고 광물자원이 풍부해서 공장도 많다. 성도省都는 히말라야 산맥의 작은 언덕 지대에 자리한 쿤밍昆明이다. 쿤밍은 제2차 세계대전 때 미군 조종사들이 인도 기지에서 장제스의 국민당 부대에 전달할 구호품을 가지고 험난한 산을 날라와 도착하는 목적지였다. 오늘날 인구 620만 명에 이르는 아열대 도시이며 시내의 대로와 골목길에는 버드나무와 동백나무, 철쭉, 목련이 즐비하다. 환한 네온사인과 자동차 경적 소리와 함께 거리는 새로운 경제대국의 풍요로움을 즐기려는 인파로 북적거린다. 많은 사람이 대형 월마트 매장을 마음껏 이용하고 맥도날드 햄버거나 KFC 프라이드 치킨을 사 먹으려고 길게 줄을 선다.

하지만 도시를 벗어나면 풍경이 완전히 바뀐다. 오염된 공기가 답답하게 짓누르는 도심을 벗어나면 푸른 하늘 아래로 숨 막힐 듯 아름다운 풍경이 펼쳐진다. 중국의 한 '도시 혁명'[26]에 대해 쓴 역사가는 "전례 없는 경제성장과 사회 변화의 시대"라고 했지만 윈난 성 산악 지대에는 아직도 전통적인 생활 방식 그대로인 곳들이 많다. 구불구불한 길을 지나가면 험난한 계단식 언덕에 자리한 시골 마을들이 나온다. 들판은 물소들이 깔끔하게 정리해놓았다.

미국에서 대서양 연안 지방에서 경제성장이 시작되었듯이 중국에서도 '동쪽에서 서쪽으로' 성장이 이루어졌다. 태평양 연안에서 시작되어 중앙아시아의 국경 지대로 이동한 것이다. 고대에 윈난 성은 실크로드 남부 구간에 위치한 중대한 관문이었다. 그곳에서 일어나고 있는 가장 확실한 변화는 산을 깎아 고속도로가 건설되고 있다는 것이다. 거대한 도로망 공사[27]의 일부분으로서 머지않아 대형 트럭들이 베이징에서 뭄바이까지 약 4,800킬로미터에 이르는 고속도로를 논스톱으로 지날 수 있게 된다.

오스트리아 태생의 식물학자 조셉 록Joseph Rock은 1920년대와 1930년대에 《내셔널 지오그래픽》에 중국 남서부 지방의 생활을 소개하는 글을 연재했다. 특히 그곳의 식물군과 원주민, 언어가 큰 관심사였다. 록은 고대 도시 리지앙麗江에 자리 잡고 그곳의 목가적인 풍경을 묘사했다. 제임스 힐턴이 1933년에 발표한 소설 『잃어버린 지평선에 나오는 히말라야에 위치한 가공의 유토피아 샹그릴라에 영감을 주었다는 바로 그곳이다. 윈난 성은 다양한 문화의 교차로에 위치해 중국에서 가장 다양성이 돋보이는 지역[28]이다. 이곳에는 나시족, 이족, 바이족, 묘족, 다이족, 하니족을 비롯하여 중앙정부에 의해 파악된 55개 소수민족의 설반에 해당히는 26개 민족이 거주하고 있다.

지도에서 보면 윈난 성은 면적은 프랑스만 하고 대롱대롱 매달린 주머니 모양이다. 남쪽과 남동쪽으로는 라오스, 베트남과 국경을 공유하고 서쪽 전체에는 미얀마(옛 명칭 버마)가 있다. 북서쪽은 티베트의 끝부분인데 북쪽과 동쪽에는 쓰촨 성四川省과 구이저우 성貴州省, 광서장족 자치구가 있다. 윈난 성은 대부분 비옥한 윈구이 고원雲貴高原에 자리하는데 양쯔 강, 메콩 강, 살윈 강 등 세 개의 주요 수계와 교차한다. 이 강들은 인근 산봉우리 몇천 미터 아래로 나 있는 깊은 협곡을 지난다. 석회 성분이 걸러진 풍부한 산수山水는 종이를 만들기에 이상적이다. 또한 풍부한 식물군이 종이의 핵심 원료인 셀룰로오스 섬유도 공급해준다.

중국의 고산지대에서 자생한다고 알려진 3만 종 이상의 식물 중에 윈난 성에서 발견되는 것만 약 1만 7,000종이다. 그중에서 약 1만 종이 열대와 아열대 종인데 윈난 육두구, 윈난 녹나무 등 이 지방 고유의 식물이 많다. 상무부 관계자에 따르면 윈난 성에는 약 5,000종의 초본식물이 자라고—그중 2,000종 이상이 약초로 분류—약 400종의 향신료가 재배된다.[29] 윈난 성이 중국의 대표적인 차 재배지라는 사실은 그리 놀랍지 않다. 그 밖에 쌀, 고무, 설탕, 대두, 옥수수, 담배, 아라비아커피 같은 환금 작물이 재배된다. 이 지역을 상징하는 꽃은 동백꽃이다. 널따란 쿤밍 식물원에는 4,000종의 열대 및 아열대 식물이 자란다. 우리 일행은 수제 종이를 만드는 장인들을 만나러 떠나기 전에 쿤밍에 먼저 들렀다.

우리의 쿤밍 방문과 그 뒤로 이어진 윈난 성 내륙 투어를 안내해준 사람은 쿤밍 식물연구소 교수이자 중국과학원 선임 연구원이며 1999년부터 2006년까지 쿤밍 식물원 원장을 역임한 관 카이윈Guan Kaiyun이었다. 지금까지 논문과 학술지를 통해 활발한 저술 활동을 해온 그는 수많은 특허를 보유한 현직 식물학자로 중국 정부에 의해 우수 과학자로 선정되기도 했다. 특히 그는 윈난 성에 150종 이상 자라는 베고니아에 관한 세계 최고의 권위자다. 그가 일하는 식물원에서는 '경제적으로 가치 있는' 모든 식물을 연구한다.

"우리는 이곳에서 사용되는 다양한 식물에 관심이 있습니다." 자동차로 오랜 시간 시골길을 지날 때 그가 완벽한 영어로 말했다. 카이윈은 뉴질랜드에서 식물학 박사 학위를 따고 연구차 미국을 장기간 방문한 덕분에 영어가 유창했다. "이론상으로는 어떤 식물로든 종이를 만들 수 있습니다. 하지만 섬유의 질과 양에서 차이가 납니다." 그가 우리의 여행길에 합류한 데는 문서화되지 않은 채 잊혀가는 중국의 전통 제지술을 직접 만나볼 수 있다는 이유가 컸다. "삶의 방식이 사라지고 있는 거예요. 대기업들이 제지업을 점령해버렸습니다. 이제 한 세대, 기껏해야 두 세대가 지나면 가족 단위의 제지소들은 영영 사라져버릴 겁니다."

우리의 중국 여행을 주선한 사람은 일레인 코레츠키Elaine Koretsky였다. 매사추세츠 주 브루클라인 출신의 그녀는 독립적으로 활동하는 학자인데 35년이 넘는 세월 동안 중국과 일본, 한국, 남동아시아, 인도네시아, 필리핀, 아프리카, 유럽 등을 여행했다. 1976년 이후로 각 지역의 제지술을 기록하고자 떠난 40회에 걸친 원정 여행에서 43개 국가를 방문했다. 그녀의 연구는 아직까지 계속되고 있다. 은퇴한 의사이자 열렬한 종이광인 남편이 항상 동행하여 사진사 역할을 한다. 일레인은 12개의 다큐멘터리 비디오를 제작하고 8개의 논문을 썼다. 1995년에는 집 차고를 개조하여 종이 역사와 기술 연구소를 설립했다. 그리고 여행에서 수집한 수백 가지 공예품과 종이 표본, 도구들로 세계 종이 박물관을 열었다. 예약세로 운영하는 작지만 알찬 갤러리다.

중국 여행이 며칠째 접어들던 날, 영국 출신의 종이 보존가 크리스틴 해리슨Christine Harrison이 일곱 명으로 이루어진 우리 일행이 마치 『캔터베리 이야기』(영국 시인 제프리 초서의 최대 걸작으로 순례자들이 함께 여행을 하면서 번갈아 이야기를 하는 형식으로 되어 있다—옮긴이)에 나오는 순례자들 같다고 농담했다. 시골길을 달리는 차 안에서 저마다 중국까지 오게 된 사연을 공유했기 때문이다. 크리스틴은 식물과 말벌집 연구로 현대 제지업에서 목재 펄프가 사용되는 데 이바지한 18세기의 저명한 독일 과학자 제이콥 크리스티안 샤퍼의 선구적인 업적을 다룬 박사 논문을 끝낸 기념으로 여행에 합류했다고 했다. 하지만 무엇보다 종이를 찾아 떠나는 여행을 일레인 코레츠키와 함께할 수 있다는 사실이 그녀를 자극했다.

"일레인하고는 좋은 친구 사이예요. 감히 말하자면 그녀는 이 시대의 다드 헌터Dard Hunter라고 할 수 있죠." 크리스틴이 간단명료하게 말했다. 다드 헌터는 18세기 미국의 저술가이자 인쇄업자로 미국에서 외면당하고 있던 수공예 제지에 대한 관심을 되살리고 책 예술운동에 활기를 불어넣은 장본인이다. 종이 재료를 찾아 수없이 먼 여행을 떠났던 헌터는 형태를 막론하고 모든 장인 정신을 설득력 있게 지지했다는 점에서 존경받았다. 일레인은 2001년에 종이의 역사와 제지법, 종이 예술, 종이 보존, 종이 과학에 헌신하는 국제단체인 '다드 헌터의 친구들'로부터 평생공로상을 받았다.

코넬 대학교에서 언어학을 전공하고 1953년 최우등생으로 졸업한 일레인이 종이 연구에 뛰어들게 된 것은 우연이었다. 참고로 그녀가 그 유명한 블라디미르 나보코프의 유럽 문학 강의를 들었다는 말에 얼마나 부러웠는지 모른다. "1970년대에 맡게 된 프로젝트가 계기였어요. 당시 중학생이었던 딸과 함께 즐겁게 할 수 있는 일이었죠." 브루클라인에서 이루어진 첫 만남에서 일레인이 나에게 말했다. 그녀는 자택에 마련된 실내 식물원도 구경시켜주었다. 그곳에는 약 3미터가 되는 파피루스를 비롯하여 종이를 만들 수 있는 온갖 식물들이 있었다.

"우리는 직접 종이를 만들었는데, 종이의 개념과 종이를 만드는 과정에 푹 빠졌어요." 종이에 열정을 쏟게 된 것은 그녀의 딸 도나 코레츠키도 마찬가지였다. 도나는 현재 브룩클린에서 캐리지 하우스 페이퍼를 운영하고 있다. 그곳은 예술가들을 위한 수제 종이를 만들고 남편 데이비드 레이나가 설계하고 제작하는 다양한 제지 장비를 판매하는 회사다. 도나는 어머니의 극동지방 여행도 계획했고 우리의 중국 여행처럼 다른 사람들이 합류할 수 있도록 주선했다.

쿤밍을 벗어난 첫날은 거의 도로에서 보냈다. 서쪽으로 800킬로미터 떨어진 텅충騰衝으로 향했다. 인근의 가오리궁 산高黎貢山은 온천 지대로 유명하다. 도중에 고성 도시 다리大理에서 하룻밤을 묵었다. 우리는 그 지역의 유명 특산품인 홀치기 염색을 한 남색의 면직물을 기념품으로 구입했다. 일행 중 애나 그레테 리스첼은 집으로 돌아가서 식초를 섞은 물로 세탁하면 염색천의 색깔이 더 환하게 살아난다고 귀띔해주었다. 애나는 덴마크 국립박물관에서 종이와 직물과 가죽 부문을 담당했고 2009년에 종이역사학자협회 회장으로 선출됐다.

마침내 텅충 외곽에 위치한 마을 위취안玉泉에 도착했다. 그곳에는 몇 세대에 걸쳐 종이 만들기에 이상적이라는 것이다. 증명된 맑은 지하수가 공급되고 있었다. 우리가 방문하기 몇 해 전만 해도 몇십 가구가 작은 제지소를 운영했지만 우리가 방문했을 때는 오직 한 곳만 운영되고 있었다. 그곳에서는 목재 펄프와 뽕나무 내피를 합쳐서 섬유를 준비했다. 그것을 석회로 증해蒸解하여 표백했다. 백년초로 만든 첨가제—제지업계에서는 '형성 보조제formation aid'라고 부른다—가 그 제지소의 비법이었다.

제지소 주인은 두안 윈 마오라는 남자였다. 오래전 인민해방군에 몸담았던 시절만 제외하고 여든다섯 평생의 대부분을 그 작은 마을에서 종이를 만들어온 사람이었다. 두안은 영어를 한마디도 하지 못했으므로 관 카이윈이 통역자로 나섰다. 관의 통역에 따르면 두안의 집

텅충 외곽에 위치한 위취안의 제지소 주인 두안 윈 마오.

안은 600년 동안 대대로 그 자리에서 종이를 만들어왔다. 제지 장인 두안의 여든두 살 된 아내가 차를 내왔고 쉰여섯 살의 아들은 우리가 구입한 종이 꾸러미를 챙겼다. 연신 화기애애한 분위기였지만, 다음 달이면 제지소가 문을 닫고 부동산업자들에게 땅을 팔 것이라는 말이 나오자 비장하고 쓸쓸한 분위기가 흘렀다. 텅충에 계속 증가하는 근로자들을 위한 아파트가 들어설 것이라고 했다.

두안의 제지소가 폐업하는 이유는 찾는 사람이 없어서가 아니었다. 그들이 만드는 '혼이 담긴 종이'는 수요가 꾸준했다. 여전히 수많은 중국인은 종이를 태워 조상을 기리는 전통을 따르고 있기 때문이다. 그보다는 시대와 사람들의 생활 방식이 바뀐 탓이었다. 전통에 따르자면 두안의 손자가 제지소를 물려받아야 했지만 그는 가업을 이어받을 마음이 없었고 우리가 방문했을 때도 제지소에 있지 않았다. 그는 우리가 오는 길에 보았던 산을 깎아 만드는 도로 공사 현장에서 썩 괜찮은 일당을 받으며 일하고 있었다.

원료통이 마련된 작업실에는 여성 일꾼 두 명이 펄프가 담긴 똑바로 세워진 두 개의 통 옆에서 느리게 움직이고 있었다. 제지업자들이 '물건'이라고 부르는 것이었다. 일꾼들은 저마다 1분에 평균 3장의 종이를 만들었다. 한 시간에 80장, 하루 1,800장이었다. 나무틀로 된 몰드는 천장에 매달린 밧줄로 균형을 잡았고 뜸틀deckle이라고 불리는 두 개의 경첩이 달린 막대기가 대나무 스크린을 떠받쳤다. 작업하는 동안 나지막하게 빙빙 돌아가는 물소리가 들렸다. 지금까지 수많은 제지업자들이 익혀온 섬세한 움직임이었다. 몰드로 반죽을 떠올려 좌우로 흔들고 비스듬하게 들어 '포스트post'로 옮긴다. 거기에서 몰드의 습지를 다른

두안 원 마오의 아내.

표면으로 옮기는 이른바 '쿠칭couching'이 이루어진다. 나중에 압착기로 물을 짜내고 세로로 된 열판에 습지를 펼쳐놓고 붓질로 건조시킨다.

위취안에서 북동쪽에 있는 리장으로 향했다. 산에 자리 잡은 유서 깊고 장엄한 도시 리장은 허칭鶴慶 현의 외딴 마을 순영軍營으로 향하는 출발점이었다. 1994년에 준영을 방문한 적 있다는 일레인은 그곳을 다시 찾을 생각으로 몹시 들떠 있었다. 약 8킬로미터 되는 구불구불한 비탈길로 올라가야 해서 우리의 운전기사가 애를 먹었다. 심한 폭우가 내려서 진흙길에 바퀴 자국이 깊이 팼고 길모퉁이가 좁아서 차를 돌릴 공간도 적어 힘들게 나아갔다. 마침내 바쁘게 흐르는 개울 위로 거대한 가마가 보였다. 가마솥이 완전히 끓고 있어 하얀 김이 가득 퍼져 있었다. "증해를 하고 있네요!" 저 멀리 솥에서 걸쭉한 뽕나무 섬유가 끓는 모습에 일레인이 흥분해서 소리쳤다. 그녀가 나중에 설명하기를 그녀도 처음 보는 것이라고 했다. "보통 증해 작업은 한 달에 이틀 정도만 이루어집니다. 그래서 운이 좋아야 볼 수 있어요. 오늘 우리는 복권에 당첨된 거나 마찬가지예요."

잠시 후 제지소로 올라가자 전통 의상을 입은 두 여성이 등에 닥나무 가지를 이고 와서 언덕 위에 있는 창고로 가져갔다. 그들은 가마솥 옆에 있는 커다란 물웅덩이에 나뭇가지를 넣었다. 이것은 부드러워지도록 미리 불리는 작업이다. 카이윤은 농사 수익을 보충하기 위해 한철만 제지소를 운영하는 가족들이 많다고 귀띔했다. 떠돌이 중개인들은 그곳에서 질감이 뛰어난 종이를 대량으로 사들여 잎이 큰 차나무(학명 Camellia sinensis)로 만드는 보이차의 포장지로 판다. 보이차는 윈난 성의 원산지 명을 따라 붙여진 이름이다.

담배 밭과 벼가 심어진 논을 한참 지나서 제지업자들이 모여 있는 가오리궁 산의 수오지아素家에 도착했다. 집마다 지붕에 위성방송 수

신 안테나가 걸려 있고 젊은이들 사이에는 휴대폰과 밝은 색 오토바이가 인기였다. 약 45가구가 제지업에 종사했다. 모두 뽕나무 섬유로 종이를 만들었다. 태우는 의식과 장식품 만드는 용도를 위한 밝은 색 종이도 있었다. 습지를 담벼락에 살포시 올려놓고 자연광으로 말렸다. 모든 섬유는 녹슨 가솔린 엔진으로 전원을 공급하는 구식 홀랜더 고해기Hollander beater로(3장 참고) 작업했다.

리장—쿠빌라이 칸이 1254년에 붙인 이름으로 '아름다운 강'을 뜻한다—에서의 마지막 날, 우리는 동파지Dongba paper를 소개받았다. 서향(학명 Thymelaeaceae)의 친척뻘 되는 초본식물인 스텔레라 카마에야스메Stellera chamaejasme로 만든 매우 견고하고 아름다운 종이였다. 몇백 년 동안 해충에도 끄떡없어서 기록용 공문서에 쓰였다. 관 카이윤에 따르면 이 식물은 인간에게 독성이 있고 수의학에서는 가축의 기생충과 장내 기생충을 제거하는 데 사용된다. 7세기에 나시족에 의해 처음으로 종이 원료로 사용됐다. 이곳 원주민 나시족은 오늘날 세계에서 유일하게 상형문자를 사용하고 있다.

나시족 언어의 개별적 상징에는 합성어가 많은데 총 276개의 소리 복합체가 있고 '구句'로 읽는다. 동사를 비롯한 말의 다른 부분들은 기억에 의존한다. 소셉 록은 내구성 뛰어난 종이에 적힌 나시족 문서 3,342부를 수집했는데 현재 미국 국회도서관에 보관되어 있다. 중국 이외의 국가에 보관된 가장 대규모 소장품이다. 동파지를 만드는 리장의 장인들은 그 과정이 '살아 있는 화석'이라고 설명했다. 그들의 기술과 도구는 1,000년이 넘도록 하나도 변하지 않았다. 그들이 종이 만드는 모습을 지켜보았는데, 국자로 펄프를 떠서 삼각대처럼 생긴 장치가 받치는 원시적인 스크린에 넣었다.

대부분의 제지소가 비탈진 곳에 튀어나온 좁고 구불구불한 길로

원난 성 룽추 마을에서 종이를 만드는 모습.

가야 하거나 깨끗한 개울의 비탈진 언덕 아래 같은 고산지대에 위치한 이유는 오랜 세월에 걸쳐 증명된 단순한 진리 때문이다. 애나 그레테 리스첼은 내게 "언제나 물의 순도가 가장 중요하기 때문이죠"라고 설명했다. 그녀는 서류의 진본성을 밝히는 법의학적인 연구를 비롯한 종이 분석의 권위자로 저술 활동도 활발하게 펼쳐왔다. 실크로드에서 발견된 종이 연구에 관한 글을 쓰기도 했다. 가는 곳마다 그녀는 그 물망으로 빠져나가는 물의 흐름을 조절하는 첨가제에 관해 질문했다. 물의 흐름이 느리면 더 두꺼운 종이가 나오고 빠르면 더 얇은 종이가 나온다. 가장 인상적인 첨가제는 석류와 용의 숨결dragon's breath이라고 불리는 들풀을 갈아 만든 것이었다.

여행의 두 번째 단계는 북쪽에 있는 청두成都에서 시작됐다. 쓰촨

성 성도인 청두는 인구 400만 명의 도시로 쿤밍만큼은 아니지만 그래도 북적거린다. 오염된 공기에 숨이 막혀 빨리 외곽으로 나가고 싶었다. 떠나기 전에 지양 강 남쪽에 있는 도심 공원에 들렀다. 당나라의 대표적인 시인이자 최초의 여성 제지기술자 설도薛濤를 기념하는 공원이었다. 방문객은 설도가 종이를 만드는 데 사용한 우물물로 우린 차를 마실 수 있다. 그녀가 만든 종이는 분홍빛이었는데 펄프에 붉은 하비스쿠스 꽃을 사용했다.

시골로 접어드니 쓰촨 성이 왜 판다 곰의 서식지인지 분명히 드러났다. 널따란 대나무 숲이 끝없이 펼쳐졌다. 우리는 '수난 대나무 바다(Shunan Bamboo Sea, 수난주하이)'라는 보호구역에 위치한 호텔에서 하룻밤을 묵었다. 마을로 나가면 따로 말이 없어도 언제나 일레인이 앞장서서 우리를 안내했다.

여행 3주째에 접어들었을 때, 30가구가 대나무로 종이를 만드는 인화라는 마을이 있다는 사실을 알게 됐다. 우리는 여러 차례 길을 잘못 들었다가 양쯔 강 지류 약 30미터 위에 있는 흙길을 지나게 되었는데, 우리가 찾아가려는 제지소는 강 아래쪽에 있었다.

비옥한 붉은 점토로 된 길은 경사가 심한 데다 오전 내내 쏟아진 비로 흠뻑 젖어서 대나무가 빽빽하게 들어선 길을 뚫고 걸어가기가 여간 힘들지 않았다. 반쯤 내려갔을 때, 표지 역할을 했던 평평한 돌길이 갑자기 끊겼다. 언제나처럼 앞장서서 걷던 일레인은 어디로 가야 할지 확신하지 못한 채 멈춰 섰다. 아래에서 우리를 기다리고 있던 한 남성이 그녀의 고민을 알아차린 듯 서둘러 올라와서 그녀를 업고 내려갔다. 그리고 우리에게도 한 명씩 따라오라고 손짓했다. 일레인은 수공예 제지에 열광하는 사람들의 단체에서 발행되는 뉴스레터에 그 후에 일어난 상황을 설명했다. "내 바로 뒤에 닉 바스베인스가 있었다.

그는 제지기술자의 등에 업힌 내 사진을 찍은 다음에 내려가기 시작했는데 이내 뒤로 넘어져 강으로 미끄러졌다. 다행히 물에 빠지지는 않았다."[30] 전혀 틀린 말이 아니었다. 나는 《파인 북스 앤 컬렉션》에 기고한 글에서 진흙탕에서 일어난 그 사고는 내 엉덩이가 아니라 자존심에 멍을 남겼다는 설명을 추가했다.

아래로 미끄러질 때까지 작동되고 있던 내 디지털 녹음기에 모든 상황이 생생하게 기록됐다.

일꾼들이 있는 강둑에 도착한 우리는 그곳을 찾은 목적에 충실했다. 그곳에서 사용되는 대나무는 5개월째에 수확하여 1.5미터 길이로 자른 후 석회 웅덩이에 담가 4개월 동안 부드럽게 만든다. 일레인

여류 시인 설도薛濤의 동상. 청두에서 중국 여성 최초로 종이를 만들었다.

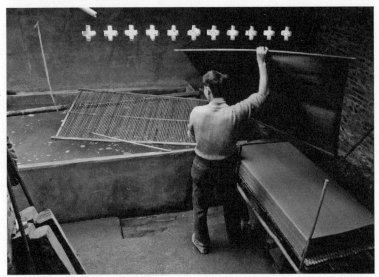
윈난 성 마 마을에서 종이를 만드는 모습.

은 그곳에서는 증해 작업을 전혀 하지 않는다는 사실에 깜짝 놀랐다. 대나무를 불린 다음에 바로 고해叩解(종이를 뜨기 위해 펄프 따위를 물에 넣고 짓이김—옮긴이) 작업으로 넘어간다. 최근까지만 해도 소로 돌 바퀴를 돌렸지만 요즘은 가솔린 엔진으로 움직이는 농업용 분쇄기가 이용된다. 일레인은 몰드의 치수를 메모했다. 하나의 몰드에서 한 번에 38×38센티미터짜리 종이 두 장이 만들어졌다. 그녀는 종이를 뜰 때 원료통에 몰드를 담그는 횟수도 세었고—빠르게 두 번 담그는데 넘치는 펄프는 오른쪽으로 밀어낸다—수동 압축기로 포스트를 눌러서 물을 빼는 모습도 관찰했다. 그다음에는 기둥 사이에 걸린 줄에 종이를 널어 말렸다. 일레인은 첨가제가 들어가는지 물었다. 인화에서는 수프에 풍미를 더해주는 꽃식물인 닥풀Abelmoschus manihot 뿌리로 만든 가루를 첨가제로 사용하는데, 시신을 매장할 때나 '위생용'으로 사용되는 종이를 만들기에 안성맞춤이었다. 제지기술자들은 하루 열 시간씩 일하면서

2,400장이 넘는 종이를 만들었다. 나중에 일레인이 말했다. "나는 질문을 100만 개도 넘게 해요. 그래서 가이드들이 미치려고 하죠."

우리는 다음 날 양쯔 강 북쪽 지류 근처의 고산지대로 가서 장인 예술가이자 5대째 내려오는 제지기술자 시 푸리Shi Fuli를 만났다. 일레인은 1985년에 애틀랜타 하이 미술관의 문화 전시회에서 시 푸리를 만났었다. 일레인과 시드니가 1987년에 그의 제지소를 방문한 적이 있었기 때문에 우리는 그가 여섯 가구의 작업을 감독하면서 살아가는 작업장으로 가려면 가파른 산길을 올라가야 한다는 사실을 알고 있었다. 역시나 깨끗한 산수가 있다는 단 하나의 이유가 입지 조건으로 작용했다. 도착하자 애나 그레테 리스첼이 "게다가 여기 물은 연성이네요"라고 덧붙였다.

두 남성이 커다란 스크린 몰드로 중국의 최상품 종이 중 하나인 선지를 만들고 있었다. 서예와 그림용으로 사용되는 선지의 제조법이 완성된 곳이 안후이安徽 성의 선주이기에 붙은 이름이다(지紙는 한문으로 '종이'를 뜻한다). 이 최고급 종이의 원료인 대나무는 끓여서 펄프화하고 표백제가 아닌 석회로 표백을 한다. 내가 얻은 선지 표본은 순백색에 각 2미터 길이였다. 시 푸리는 머뭇거리며 자작나무 잎을 갈아 만든 첨가제를 이따금씩 반죽에 섞었는데, 자신의 제지법에 '비법'은 없으며 단지 '기술'이 뛰어날 뿐이라고 했다.

이미 기대보다 훨씬 많은 제지소를 구경한 상태였지만 우리는 탐방을 계속하기로 했다. 다음 날 언덕투성이 비좁은 길을 차량으로 버겁게 올라가던 우리는 우연히 한 무리의 제지소를 발견하고 운전기사에게 멈추라고 소리쳤다. 원래는 더 높은 곳에 있다는 제지소로 향하던 길이었다. 그런데 기적처럼 우연히 제지소 두 곳을 발견했다. 그중 한 곳은 2인용 몰드로 동시 작업하는 세 팀의 건장한 제지기술자들로 이루어져 있었고, 다른 한 곳은 박물관에서나 볼 법한 자동화 기계가 있었다.

나중에 일레인에게 당시의 들뜬 기분을 전했더니 그녀는 오히려 차분한 반응을 보였다. "운이 아니랍니다, 닉." 그녀는 단호한 표정으로 자신이 성인기의 대부분을 가능한 수단을 모두 동원해서 방금 우리가 발견한 것 같은 제지소를 찾으러 다녔다고 말해주었다. 우리는 청두로 돌아가서 다음 날 비행기로 중국을 떠나도록 되어 있었다. 우리가 다시 버스에 몸을 실었을 때 그녀가 말했다. "이곳은 나에게 아주 특별한 곳이에요. 내가 처음으로 종이 만드는 법을 처음부터 끝까지 본 곳이거든요."

여신이 전해준 비법

이 마을은 들판이 적어서 벼농사로는 생계를 유지하기가 힘들 것이다. 하지만 이 땅에는 아름답고 깨끗한 물이 있다. 너희와 후손들이 먹고 살 수 있도록 내가 종이 만드는 법을 가르쳐줄 것이다.

–가와카미 고젠 여신이 에치젠 마을 사람들에게, 500년

일본의 제지술은 오늘날에도 여전히 번창하여 지금까지 매우 아름다운 수제 종이를 만들어낸다. 일본만큼 종이가 광범위하게 사용되는 나라는 없을 것이다. 인쇄와 필기 외에도 창문 유리, 손수건, 의류, 양초 심지, 끈 등 수많은 용도로 쓰인다. 외적인 모양과 색조는 천연 가죽에 견줄 만하다. 프랑스산 가죽 벽지로 착각할 만한 모조품도 만들어낸다.

– 프리드리히 알브레히트 오일렌부르크, 『오일렌부르크 일본 원정대에 관한 보고서』, 1860년

정부의 조사에 따르면 메이지 유신이 일어난 1868년에서 1912년 사이 일본 전국에는 6만 8,562개에 달하는 제지소가 있었다. 모두 고조 kozo, 감피gampi, 미츠마타mitsumata 등 세 가지 나무의 내피를 주원료 삼아 수작업으로 종이를 만들었다. 상당수의 제지소는 대가족 농가들이 볍씨를 파종하고 닥나무 순을 수확하기에 최적기인 겨울 동안만 운영됐다. 준비 작업의 기술과 재료, 기법은 지역마다 차이가 있었는데, 오랜 세대를 거쳐 공들여 완성된 절묘한 기술은 스승에게서 견습생으로 전해졌다. 대개는 부모와 자식 간이었다.

오늘날 일본에서는 니폰 페이퍼 인더스트리나 오지 페이퍼, 미츠비시 페이퍼 같은 대기업이 만드는 일상적인 상업용 종이가 우위를 차지하고, 동굴처럼 넓은 컨테이너 선박으로 해외에서 목재 펄프를 들여오기 때문에 제지소가 300군데 이하로 줄어들었다. 장기적으로 계속 남아 있을지는 확실하지 않다. 사실상 전통을 따르는 품위 있는 제지법은 소멸 위기에 놓여 있다. 일본 정부는 전통적인 방법으로 만드는 수제 종이를 보존하고 보호하고자 황급히 '문화재'로 지정했다.

수제 종이와 동일시되는 와시和紙라는 단어는 공예뿐만 아니라 인간의 정신을 뜻하는 표현이다. 순수성은 일본의 제지기술자들에게 공명을 일으키는 이미지다. '윤을 내다', '통달하다', '개선하다'를 뜻하는 일본어 동사 미가쿠みがく는 다른 곳에서 들여온 상품이나 아이디어, 기술을 자기들만의 고유한 방식으로 바꾸는 재주를 뜻한다. 가장 대표적인 사례는 수세기 전 중국의 언어와 표기 체계, 좀 더 최근에 이르러서는 카메라, 전자기기, 자동차 등이 있다. 제지법은 일본에서 유래한 것은 아니지만 7세기에 자리 잡은 이후로 그들만의 고유한 생명과 같은 맥락을 띠게 됐다.

질서와 청결함이 미덕으로 평가받는 땅에서 화학처리를 하지 않은

일본의 제지법. 18세기 화가 타치바나 민코의 작품. 장인들의 작업 모습이 담긴 원색 판화 중에서. 1770년에 첫 인쇄.

자연 그대로의 종이는 선함과 숭배의 표현이고 원료의 건전한 흰색은 탄생과 죽음이라는 자연의 섭리를 상징한다. 사당과 성스러운 장소의 문턱에는 상인방lintel(구조물의 기둥 윗면을 수평으로 가로지르는 인방—옮긴이)에 새끼줄을 걸어 자른 와시를 쭉 걸어놓았다. 아시아 전역을 여행한 캐나다의 제지기술자 겸 시인 도로시 필드Dorothy Field는 현실 세계와 영적인 세계를 분리하는 문턱의 개념[2]을 자세히 탐구했다. 그곳에는 성스러운 것으로 간주되는 나무와 돌도 비슷한 모습으로 놓여 있다.

미국의 수키 휴즈Sukey Hughes는 1978년에 출간된 훌륭한 저서 『와시Washi』에서 종이의 '진화'라는 문화적 개념에 대해 이야기하면서 "일본인은 종이에서 가장 고귀하고 종교적이고 예술적인 것부터 가장 보편적이고 일상적인 생각에 이르기까지 인간의 표현을 전부 아우르는 수단을 발견했다"라고 했다. 일본에서 몇 년 동안 수제 종이 장인의 견습생으로 일한 경험이 이 책을 쓰게 된 바탕이 됐다. 또한 그 덕분에 한정판에는 여러 제지소에서 만들어진 종이 견본을 넣을 수 있었다. 그녀의 핵심 주장은 일본의 와시가 기능성을 초월하여 '표현 그 자체'가 된다는 것이다. 그 생산적인 과정은 오랜 전통에 담겨 "마치 자연의 산물인 것처럼"[3] 숭배하는 마음으로 지켜져왔다. 일본어 가미紙에는 몇 가지 뜻이 있다. 하나는 바람, 비, 번개 같은 현상이나 강, 나무 같은 대상으로 이루어진 자연 세계를 관장하는 신도Shinto(일본에서 독자적으로 발생한 민족 신앙으로 선조나 자연을 숭배—옮긴이)의 신들을 뜻하고 두 번째는 '종이'를 뜻한다. 이 둘의 발음이 같은 것이 우연인지 고의적인지는 확실하지 않지만, 종이로 그리거나 접은 부적과 액막이로 성스러움을 표현하여 사악한 기운을 쫓는 관습은 수세기 전부터 시작됐다.

중국 방문 일 년 후 연구 조사차 찾은 일본 여행은 최대 섬 혼슈本州에서 시작됐다. 종이의 여신으로 숭배받는 여성을 기리는 성스러운 장소였다. 도쿄에서 서쪽으로 네 시간 정도 떨어진 제지 도시 에치젠越前의 오카모토 오타키岡本大多喜 사당은 신기슭에 위치해 있다. 마을 사람들에 따르면 그들의 조상이 간절히 도움을 필요로 할 때 카리스마 넘치는 한 여성이 마을에 도착했다고 한다. 그 지역에서 생산되는 쌀은 일본에서 최상품으로 인정받지만 워낙 지대가 높고 험난하여 농사만으로는 일 년 내내 생계를 이어가기가 힘들었으므로 대체적인 일거리가 필요했다.

청정 지역 에치젠을 방문했을 때, 사당에서 그리 멀지 않은 작업실에서 엽서용 종이를 만드는 제지기술자가 나의 일행에게 일본어로 말

오카모토 오타키는 일본 에치젠의 종이 여신 가와카미 고젠의 신도 사당이다.

했다. 우리가 서 있는 바로 그 자리가 수세기 전 종이의 여신이 마을 사람들을 만나 그들의 삶을 바꿔준 바로 그 자리라고. 그녀가 마을에 도착한 시기는 서기 500년이었다. 당시 훗날 게이타이繼体 천황이 된 어린 왕자가 오늘날 에치젠의 이마다테 마을에 살고 있었다고 한다. 그녀는 정체를 묻는 질문에 "나는 그저 개울 위쪽에 사는 사람입니다"라고 대답했다. 그 후로 그녀는 '개울 위에 사는 여신'을 뜻하는 '가와카미 고젠川上御前'[4]으로 불리게 됐다.

오늘날 가와카미 고젠은 이 지방에서 여신으로 추앙받지만 신앙의 화신으로 숭배받는 것이 아니라 행운과 영속적인 재능의 상징으로 칭송받고 있다. 매년 봄 5월이 되면 가마 위를 가와카미 고젠의 모형으로 아름답게 장식한 가마를 공겐 산이라고 불리는 오미네 산大峰山 꼭대기에서 아래로 들고 내려간다. 하얀 옷을 입은 사람들이 3일의 축제 기간 동안 에치젠의 여러 제지 마을로 가마를 들고 다닌다. 바로

신과 종이의 축제 '카미노 마쓰리上野祭'[5]다. 에치젠에는 약 300명의 일꾼이 고용된 제지소가 50여 곳 운영되고 있다. 나는 에치젠에 도착하여 며칠 동안 그중 여러 곳을 둘러보았다. 하지만 그 전에 먼저 가운데에 성스러운 돌과 일본산 편백나무로 만든 목조탑이 장엄하게 들어서 있는 사당에 들러 경의를 표해야만 했다.

2,000년 전 중국에서 발명된 이후 제지법은 두 방향으로 퍼져 나갔다. 서쪽으로는 실크로드를 따라 중앙아시아에서 유럽으로, 그리고 동쪽의 한국과 일본으로. 그중에서도 최초의 전파자는 불교 수도승들이었다. 그들은 불교 경전을 보급하기 위해 종이를 사용했다. 중국 이외의 지역에서 처음 자체적으로 종이가 만들어지기 시작한 곳은 한국으로 보인다. 중국의 강력한 영향력 아래 있던 400년(기원전 108년~기원후 313년) 동안이었다. 또한 한국인들은 중국으로부터 종교적인 규율도 받아들였고 예술과 관습도 흡수했다. 가장 눈에 띄는 것은 한문을 바탕으로 5세기에 만들어진 필기 체계를 받아들였다는 점이다. 6세기에 이르러 중국에서 공부한 한국의 수도승과 학자들이 수많은 문물을 고국으로 가져갔다. 거기에는 붓과 먹, 고급 종이를 만드는 사람들도 포함됐다. 한국산 종이는 품질을 크게 인정받았고 매년 생산량의 상당 부분이 중국의 지배자들에게 '공물'로 바쳐졌다.

610년에 한국의 불교 수도승 두 명이 동해 가까이에 위치한 후쿠이福井 현 사람들에게 기본 제지법을 가르쳤다. 그리고 100년도 채 되지 않아 일본 전역에서 종이가 만들어졌다. 주로 귀족과 군부 엘리트들(사무라이)을 위한 사치품이었지만 수도승들이 불교 전파를 위해 사용하기도 했다. 종이의 대중성은 점점 커져서 748년부터 769년까지 간헐적으로 일본을 통치한 쇼토쿠聖德 여제는 764년에 종이를 활용하여 감사 표시를 할 수 있었다. 오로지 종이 공급이 풍요로워진 덕분에 가능한 일이었다. 쇼토쿠 여제는 자신의 통치에 반대하는 8년 동안의 반란이 진압되어 안도한 데다 몇 년 전 일본 전역을 휩쓴 천연두를 모면한 사실에 감사하면서 불교의 기도문 또는 부적인 '다라니dharani'를 100만 개 만들어 전국의 10개 사찰에 보냈다. 모든 다라니는 작은 3층 목조탑에 넣어졌다.

쇼토쿠 여제가 주문한 엄청난 양의 다라니경은 똑같은 주문을 반복하는 불교의 관습과 일치했다. 이는 불교가 일본인의 삶에 얼마나 깊이 뿌리내렸는지 보여준다. 쇼토쿠 여제의 다라니경에는 "진심으로 기도를 반복하면 죄를 용서받을 것이다"6라는 문구가 쓰여 있는데, 이는 원래 산스크리트어 '비말라 니르바사 수트라Vimala Nirbhasa Sutra'를 뜻하며 705년에 중국어로 번역된 것이다. "다라니경에서 힘을 얻고자 하는 사람은 77번 적어서 탑에 넣어야 한다"라는 석가의 말을 인용한 구절도 있었다. 한 역사학자는 "쇼토쿠 여제는 안전을 위하여, 그리고 자신의 장수를 기약하기 위하여 100만 개의 부적을 주문한 것이 분명하다"라고 말한다.

100만 개의 작은 두루마리를 손으로 직접 쓰는 일은 효율적인 방법이 아니었으므로 길이 45센티미터, 너비 5센티미터 크기의 와시에 인쇄했다. 글자는 목판으로 자르거나 동판에 아로새겼다. 일부 학자들은 두 방법을 합쳐서 사용했다고 추측하기도 한다. 최소한 여섯 종류의 다라니경이 만들어졌고 각 5개 글자로 된 30개의 세로 단을 포함하여 탑 안에 들어가도록 작게 말았기 때문이다. 또한 두 종류의 종이가 사용됐다. 양모 같은 질감의 두꺼운 종이와 표면이 매끄러운 얇고 견고한 종이였다.

6년 만에 완성된 이 다라니경은 오늘날에도 읽을 수 있으며 세계에서 가장 오래된 인쇄물로 아우렐 스타인 경이 중국 둔황에서 발굴한

『금강경』보다 98년이나 앞선다. 현재 쇼토쿠 여제의 다라니경은 수백 개가 남아 있는데 대부분은 상태가 나쁘지만 온전한 것도 있고 여전히 작은 목조탑 안에 들어 있다. 나는 캘리포니아 대학교 로스앤젤레스 캠퍼스의 도서관에서 그 다라니경을 만져보았다. 골동품 시장에도 주기적으로 물건이 나온다. 상태 좋은 견본이 2008년 블룸즈버리 경매[7]에서 플로리다의 미니어처 도서본 수집가에게 3만 2,000달러에 팔렸다.

머지않아 일본에서는 종이의 진화가 건축 분야에까지 퍼졌다. 종이는 일본의 전통 가옥 건설에 필수적인 나무와 흙, 갈대와 동등한 위치가 됐다. 일본의 건축 재료 중에서 투명한 판유리[8]가 빠져 있다는 사실은 짚고 넘어가야 할 것 같다. 판유리는 20세기에 들어서야 일본에서 대중화되었지만 그것마저 선택적이었다. 기술의 역사에서 아직까지 풀리지 않는 의문이 있다면, 10세기에서 16세기에 걸쳐 판유리가 중국과 일본, 인도에 널리 퍼져 나가는 데 실패했다가 유럽에 전파된 이후에야 가능했다는 점이다.

따라서 일본의 전통 가옥에서는 얇은 와지로 만든 쇼지 스크린(발)이 유리 대신 창문 역할을 했다. 이미지를 중요시하는 일본 사회에서 빛이 굴절되는 종이는 확실한 은유가 됐다. 견고함이 뛰어난 고조(kozo, 닥나무) 종이는 건물 측면의 여닫이창으로 적합했고 단열 효과도 뛰어났다. 집 안에는 보부(byobu, 병풍)와 후스마fusuma가 있다. 후스마는 세로로 된 나무틀에 불투명 종이를 붙여 만든 미닫이 장지문으로 침실과 거실을 나누는 역할을 했다('보부'는 '바람 벽'이라는 뜻이고 '후스'는 '눕다'는 뜻이다). 종이 경첩을 겹쳐 달아서 나무틀이 앞뒤로 접어지도록 했다. 일본어로 경첩을 뜻하는 '초츠가이chotsugai'는 '암수 나비 한 쌍'이라는 뜻이다. 종이는 등불, 전등, 양산, 부채 같은 장신구나 가정용기기에도 사용되었고 연, 인형, 기모노에 쓰이는 것으로도 매우 유명하다.

오랫동안 목재와 유리, 종이가 일본 가옥의 주재료로 사용된 것은 끔찍한 결과를 불러오기도 했다. 제2차 세계대전이 끝나갈 무렵에 이루어진 미국의 소이탄(연소 물질을 충전하여 연소성 물질을 불태우기 위한 폭탄-옮긴이) 폭격에 훨씬 취약했다. 그래서 히로시마와 나가사키의 핵폭탄 공격 사망자보다 도쿄에서 기존의 무기에 의해 발생한 민간인 사망자가 더 많았다.

화기에 취약한 특징을 이용하는 소이탄 공격으로 일본에서 가장 엄청

일본의 제2차 세계대전 풍선 폭격에 사용된 일본 종이 폭탄의 구성도.

난 피해가 발생한 사건은 1945년 3월 9일 밤에서 10일 새벽에 일어났다. 300대가 넘는 B-29 슈퍼포트리스가 낮은 고도로 날며 약 50만 개에 이르는 M-69 집속탄을 투하했다. 폭탄에 들어 있는 네이팜(석유의 한 분류품-옮긴이) 충전제가 일련의 폭발을 일으켜서 거대한 불꽃인 화염 폭풍을 일으켰다. 강풍이 대기 중의 산소를 빨아들여 맹렬한 불길이 불에 붙는 것이라면 뭐든지 전소시켰다. 하룻밤에 도시의 16제곱 마일이 소각되고 10만 명의 사망자가 발생했다.

고조는 드물게 내구성과 탄성이 뛰어난 섬유질이기도 하지만 고조의 이 독특한 특성이 군대의 폭탄 투하 계획에도 영향을 미쳤다. 일본 육군이 미국에 대항하기 위해 비밀리에 실시한 작전이었다. 대양 횡단 열기구⁹ 1만 대를 설계, 제작하고 그 안에 무기를 배치했는데 종이는 그 무기에 기체를 제공했다.

1973년에 미국 인쇄국이 발행한 스미스소니언협회의 보고서에 따르면 일본의 그 작전은 1942년에 미 육군 제임스 둘리틀 장군과 B-25 폭격기 16대가 실시한 도쿄 폭격에 대한 보복이었다. 도쿄 폭격이 일으킨 물리적 손상은 최소한에 불과했지만, 4개월 전에 일어난 진주만 공습으로 충격에 휩싸여 있던 미국으로서는 프로파간다의 완전무결한 승리였다. 스미스소니언협회 보고서를 작성한 로버트 C. 미케시 Robert C. Mikesh는 "필사적으로 보복 수단을 찾던 일본은 미국 본토를 공격할 수 있는 방법을 떠올렸다"라고 적었다. "그들의 계획은 간단했다. 소이탄과 대인폭탄(인원 살상을 목적으로 만들어진 폭탄-옮긴이)이 장착된 열기구를 탁월풍에 실어 태평양으로 날려 보내 미국의 도시와 숲, 농경지에 떨어뜨리는 것이었다."

지지자들조차 터무니없고 정확성 떨어지는 발상이라고 여겼지만, 1930년대에 실시한 기상 연구 결과 북아메리카 쪽으로 갈수록 고층

대기에 '강을 이루며 빠르게 움직이는 공기', 즉 '제트기류'가 흐른다는 사실이 발견된 것에 힘입어 실행 가능하다고 판단됐다. 태평양에서 5,000마일을 비행하기 위하여 정교한 제어 장치와 가스 배출 밸브를 개발했다. 열기구가 3만 8,000피트 상공까지 올라가고 일정 시한 간격으로 모래 주머니가 방출되어 고도 변화를 제어하며 습전지에 부착된 뇌관에 의해 폭탄이 터지도록 설계했다.

1945년, 해군 항공기에 의해 캘리포니아 주 모펫 비행장에서 다시 부풀려 띄운 일본의 닥종이 열풍선.

암호명 후-고 웨펀Fu-Go Weapon(열기구, 풍선의 첫 글자가 '후')으로 불리는 이 장치를 조립하기 위해 도쿄에 일곱 개의 제작 센터가 마련되었고 지름 10미터의 열기구 풍선의 겉면 재료로 수제 종이가 선택됐다. 열기구 한 대마다 600장의 종이를 가스가 새지 않도록 겹겹이 붙였다. "종이의 내구성은 주로 균일한 섬유질에 좌우되지만 가벼울 필요도 있었다." 당연히 닥나무(고조) 종이가 선택됐다. 2년 가까이 수백 명의 제지기술자들이 동원됐다. 전쟁 발발 당시 일본에는 1만 3,500개의 제지소가 운영되고 있었으므로 선발 인력은 충분했다.

1944년 11월 3일에서 1945년 4월 5일까지 1만 9,000세제곱피트의 수소가스를 충전시켜 해안 도시 세 곳에서 약 9,000개의 열기구를 띄웠다. 북아메리카까지 도달한 것은 약 1,000개였다. 그중 약 300개는 눈으로 직접 확인되었고(소수는 해안으로 떨어졌다) 나머지는 잔해로 회수됐다. 확인된 장소는 알래스카, 캐나다의 브리티시컬럼비아와 매니토바 등의 가장 북쪽 지방부터 오리건, 워싱턴, 캘리포니아, 몬태나, 콜로라도, 와이오밍, 네브래스카 같은 주들, 국경선 남쪽의 멕시코 소노라였다. 미시건 주 그랜드래피즈와 노스다코타 주 애슐리까지 날아간 것도 있었다. 또 울창한 산림지대에서 이따금씩 잔해가 발견됐다. 1992년에 발견된 것도 있다. 미국 국립항공우주박물관은 폭발에 실패하고 1945년 3월 13일에 오리건 주 에코에 온전한 모습으로 착륙한 열기구를 소장하고 있다. 바다를 건너는 데 72시간이 걸렸다고 추정할 때(일반적인 항해 시간은 3일) 그것은 도쿄 공격이 일어난 3월 9일이나 10일에 띄운 것으로 보인다.

미국은 일본의 미세한 공격 조정에 활용될 만한 정보를 주지 않으려고 풍선 폭탄 사건의 세부 사항이 언급되지 않도록 엄격한 금지령을 내렸다. 종전 후에야 사건이 보도되었지만 그다지 주목을 끌지 못했고 오늘날에도 널리 알려져 있지 않다. 하지만 일본의 열풍선 폭탄이 희생지를 전혀 내지 않은 것은 아니었다. 1945년 5월 5일에 오리건 주 클래머스 폴스 북동쪽에 있는 자연 보호구역인 기어하트 마운틴 인근에서 여성과 다섯 자녀가 땅 위에 놓인 이상한 물체를 발견하고 다가갔다가 모두 사망했다. 열기구에 매달린 줄을 잡아당기는 바람에 폭탄이 터진 것으로 보인다. 종전 후 '제2차 세계대전 중 미국에서 적의 공격으로 사망자가 발생한 유일한 장소라고 적힌 기념비가 세워졌다.

2009년, 아이오와 대학교의 선임 연구원이자 제지학 겸임 교수인

티모시 D. 바렛Timothy D. Barrett[10]은 30년 넘게 '수세기에 걸친 전통 제지법'을 문서화하고 보존한 공로를 인정받아 존 D.와 캐서린 T. 맥아더 재단으로부터 50만 달러의 연구자금을 지원받았다. 이미 바렛은 기계화 공정이 도입되기 전인 14세기에서 19세기에 유럽에서 만들어진 수제 종이를 과학적으로 분석하는 연구에 착수한 상태였다.

바렛은 아시아는 물론 서양의 제지법에도 능숙하지만, 그의 초기 저술 활동을 이끈 것은 일본의 전통 제지법 연구였다. 첫 저서인 『나가시즈키 : 일본의 전통적인 수공예 제지법Nagashizuki : The Japanese Craft of Hand Papermaking』(버드 & 불 프레스, 1979)과 『일본의 제지법 : 전통과 도구, 기법Japanese Papermaking : Traditions, Tools and Techniques』(존 웨더힐, 1983)은 1975년에서 1977년까지 2년 동안 일본에서 보낸 시간의 결실이었다. 그는 1986년에 미국 아이오와 대학교 북 센터에 제지 스튜디오를 만들었다. 전통 방식으로 서양과 일본의 종이를 만드는 미국의 유일한 정식 교육 과정이다. 직접 종이를 만들 뿐만 아니라 닥나무도 재배했는데 바렛은 1970년대에 일본에서 익힌 방법으로 나무껍질을 처리한다.

2001년에 바렛과 동료들은 해마다 수백만 명의 방문객들이 찾는 워싱턴 소재 미국 국립문서관리기록청 본관의 자유 헌장 원형 건물에 전시된 미국 독립선언서와 권리장전, 헌법의 재보관에 사용될 종이를 만들었다. 다음 해 그는 나에게 아이오와 대학 북 센터에서 강연해줄 것을 부탁하면서 아이오와 시티(아이오와 대학교가 있는 아이오와 주 동부 도시-옮긴이)로 초청했다. 그 방문은 내가 이 책을 쓰게 된 계기가 됐다.

난생처음 손으로 종이를 만드는 과정을 지켜보니 종이 한 장이 얼마나 사치스러운 것인지 느껴졌다. 바렛은 일본 종이의 특징을 '따뜻함warmth'이나 '개성character' 같은 단어로 설명했다. 손으로 만지면 언제나 '살아 있는' 느낌이 든다며 열띤 어조로 말했다. 그가 1983년에 쓴 저서에는 "스스로 말하는 종이를 남겨준 동서양의 알려지지 않은 초기 장인들에게 바칩니다"라고 되어 있다. 완성된 종이는 그 기능과 완전히 다르다는 그의 믿음이 잘 드러나는 헌사였다. 무슨 뜻인지 묻자 그가 설명했다. "종이는 침묵하지 않습니다. 좋은 종이는 가장 본질적인 측면에서 자연과 인간의 접촉을 분명히 보여주지요. 완성된 종이에는 자연의 섬유와 물, 그리고 장인의 관계가 나타나거든요. 나는 그것이 수제 종이의 가장 강력한 본질이라고 생각합니다."

바렛이 1975년에 일본으로 건너간 이유는 일본 종이의 순수한 아름다움에 매료되어서였다. "나는 일본 종이에 신비한 매력을 느낍니다. 처음에는 왜 그런지 몰랐어요. 기술을 배우려는 목적도 있었습니다. 예를 들어, 일본에서는 어떻게 그렇게 얇은 종이를 만들 수 있는지, 왜 젖은 상태의 초지만 켜켜이 쌓고 압착한 다음에 떼어내는지, 왜 습지를 펠트천 위에 올리지 않는지. 나한테는 그게 커다란 수수께끼였거든요. 하지만 일본에 간 가장 큰 이유는 일본 종이의 미학적인 특징에 반해서였습니다. 물론 종이의 아름다움에만 관심 있다는 말은 지나친 단순화겠죠. 일본의 제지법이든, 15세기 이탈리아의 제지법이든 모든 원료와 기술이 나를 매료시켰습니다. 어쨌든 처음에는 아름다움에 끌렸어요. 어떻게 그렇게 아름다운 종이를 만들 수 있는지 알고 싶었지요."

바렛은 일본에 건너갈 당시에도 서양 제지법에 정통한 상태였다. 그는 하워드와 캐슬린 클라크 부부가 소멸되기 직전인 미국의 제지 전통을 살리고자 1972년에 인디애나 주 브룩스턴에 설립한 선구적인 회사, 트윈로커 핸드메이드 페이퍼에서(제6장 참고) 몇 년 동안 견습생으로 일했다. 또한 국무부가 후원하는 미국 예술기금과 풀브라이트 프로그램에서 장학금을 지원받아 나가시즈키nagashizuki(흘림뜨기밥)를 공부하고 그 내용을 기록했다. 나가시즈키는 '흐르다' 또는 '철벅거리다'와 '종이를 만들다'라는 두 가지 동사를 합친 단어다. "과연 내 책을 읽을 사람이 있을까 싶었지만, 배운 것을 꼭 나누고 싶었습니다. 일본의 제지법을 다룬 책이 몇 권 있기는 하지만 실제로 만드는 방법은 실려 있지 않았거든요. 무엇부터 시작하고 수확은 어떻게 하고 증해는 또 어떻게 하는지 그런 내용 말이지요. 내가 그런 궁금증을 안고 일본에 갔기 때문에 그곳에서 얻어온 답변을 꼭 사람들에게 알려줘야 한다고 생각했습니다."

동양과 서양의 수제 종이 만드는 법은 구멍 많은 평평한 표면에 셀룰로오스 섬유를 층층이 쌓는다는 점에서 비슷하지만, 초기 준비 과정에 근본적인 차이가 있다. "넝마는 나무껍질보다 고해 작업이 더 힘듭니다. 하지만 일본에서는 반죽에 첨가제를 넣어 대단히 얇은 종이를 만든다는 게 가장 큰 차이입니다." 또 바렛은 말했다. "유럽에서는 그런 첨가제를 넣지 않거든요. 유럽에서는 초지한 종이를 펠트천에 엎어놓으면서 켜켜이 쌓는데, 일본에서는 초지를 그냥 그대로 쌓아놓습니다. 유럽식 제지법에 사용되는 펠트천은 쌓아놓은 습지가 빨리 압착되게 해줍니다. 반면 일본을 비롯한 대부분의 아시아 지역에서는 습지를 천천히 압착하지요."

바렛은 매년 여름 버지니아 대학교의 레어 북 스쿨에서 종이와 제지법의 역사에 대하여 뉴욕 모건 도서관의 인쇄 및 제본 담당 큐레이터 존 비드웰John Bidwell과 일주일 동안 강좌를 연다. 바렛은 주로 실전과 미학적인 부분을 맡고 비드웰은 역사 관련 부분을 맡는다. 나는 종이에 관한 책을 쓰기로 결심하고 바렛의 강좌를 들어야겠다고 생각했다. 일본 방문의 필요성을 느꼈을 때도 그에게 도움을 구했다. 바렛은 일본에서 훌륭한 가이드가 되어줄 폴 덴호이드Paul Denhoed와 리처드 플래빈Richard Flavin을 소개해주었다.

일본에서는 누군가를 방문할 때 감사와 존경, 호의의 표시로 작은 선물을 준비한다. 그래서 나는 일본 여행을 준비하면서 내가 방문할 제지 장인들에게 실용적이면서도 특별한 선물이 뭐가 있을지 한참 고민했다. 일본 사람들이 오후에 차와 함께 달콤한 간식을 즐긴다는 점에 착안해서(내가 뉴잉글랜드 출신이기도 하고) 버몬트산 최고급 메이플 시럽으로 결정했다. 일본에서는 선물만큼 포장지도 중요한 의미가 있다는 말에 도쿄에서 고급 종이가방도 구입했다. 시럽은 성목成木에서 자연적으로 채취하는 재생 가능한 자원이므로 제지기술자들에게도 의미가 있을 것 같았다. 무려 열두 병이나 되는 시럽병의 무게가 만만치 않아 과연 지혜로운 선택인지 몇 번이나 고민했지만 말이다.

하지만 이마다테에 있는 이치베이 이와노 9세岩野市兵衛 IX의 제지 공방에 도착해 선물을 건네자 그는 알겠다는 듯한 미소를 지으며 통역을 맡은 폴 덴호이드를 통해 감사의 말을 건넸다. 내 일본 여행을 도와준 폴 덴호이드는 캐나다 출신의 제지기술자로 티모시 바렛의 제자였고 2002년에 일본으로 건너갔다. 그는 일본어에 유창한 데다 일본 제지 장인들 수십 명의 '제지법 데이터베이스'를 수집·연구하고 있었으므로 직역만큼이나 의역 통역도 중요한 상황에서 나에게 큰 도움이 됐다. 이와노 씨는 "내가 만드는 종이도 당신이 준 시럽처럼 자연의 것이지요"라고 말했다. 품격과 선이 담긴 공예 기술을 복음 삼아 널리 퍼뜨리는 유명한 장인다운 배려가 느껴지는 말이었다. 이어서 그는 나무가 상하지 않도록 겨울마다 새순의 안쪽 껍질에서 섬유를 수확하며 "전적으로 자연에서 나는 것"만을 재료로 사용한다고 말했다.

이치베이 이와노 9세는 67세이던 2000년에 일본 교육, 문화, 스포츠, 과학 및 기술부에 의해 인간문화재로 지정됐다. 부친 이치베이 이와노 8세가 일본에서 제지기술자로 처음으로 그 영예를 안은 지 32년 후였다. 이와노 가문에서 이치베이라는 이름은 저절로 게승되는 것이 아니고 꼭 첫째 아들에게 주어지는 것도 아니다. "필요한 경우라면 조카에게 가기도 한답니다." 덴호이드가 말해주었다. 가장의 지도로 제지법을 배우고 다음 세대에 전해주겠다는 의지를 보여주는 것만이 유일한 기준이라고 한다. 이치베이 9세의 아들 주니치는 나의 2008년 방문 당시 43세였는데, 이치베이 9세는 우리에게 자신이 인간문화재 선정을 받아들인 이유는 아들이 뒤를 잇겠다는 확답을 주었기 때문이라고 했다. 아들은 아버지가 사망하면 이치베이 10세가 된다. 산비탈에 위치한 공방에 도착했을 때, 주니치는 섬유를 준비하는 아버지 옆에서 일하고 있었다. 바렛이 종이 만드는 과정에서 가장 중요하다는 바로 그 단계였다. 부자는 비공식적으로 '세척 창고washing shed'라고

인간문화재 제지 장인 이치베이 이와노 9세, 에치젠의 공방에서.

불리는 건물에서 원료통에 담긴 닥나무 껍질의 미세한 부스러기를 끄집어내고 있었다. 산속의 물이 너무 차가워서 우리에게 인사를 건네기 위해 일어난 그들의 손이 온통 빨갰다.

이와노 씨의 제지 공방에서는 무엇도 서두르는 법이 없었다. 1990년대에 해외에 거주하면서 영어를 배운 에치젠의 예술가이자 제지기술자인 리나 아오키도 동행했다. 이와노 씨는 그녀를 통해 지름길이 없다는 것이 아버지에게 배운 가장 중요한 가르침이었다고 말했다. "좋은 종이를 만들려면 차분한 상태여야 한다고 말씀하셨습니다. 일할 때는 분노도 짜증도 있을 수 없지요." 이와노 씨는 세척 창고에서 작업장으로 갔다. 역시 반세기 가까이 종이를 만들어온 그의 아내 타카코가 원료통에서 종이를 뜨고 있었다. 이와노 씨는 펄프에 손가락을 넣어보더니 온도가 너무 높다면서 더 차가워야 한다고 말했다. 덴호이드가 펄프 가득한 플라스틱 들통을 가리키며 "저 통에 담긴 펄프로 초지 7장을 만들 거라고 합니다. 이와노 씨는 저 펄프에서 어떤 종이가 나오는지 정확히 압니다. 이 반죽으로는 두꺼운 인쇄 종이를 만들려고 한답니다. 전통적인 것보다 더 큰 크기로 주문을 받았다는군요. 원료통에 섬유를 더 넣으면, 섬유 비율이 높아져 종이가 두꺼워진대요. 저 플라스틱 원료통에서 6장이 나오면 종이가 너무 두껍고 8장이 나오면 너무 얇은 거랍니다. 많이 흔들어서 섬유가 표면에 많이 모일수록 종이가 두꺼워집니다. 첨가제를 많이 넣을수록 물이 늦게 빠지고요. 이 모든 것이 정확한 양으로 들어가야만 합니다." 덴호이드의 설명과 거의 동시에 이와노 씨의 아내가 네리neri를 더 넣었다. 토로로-아오이tororo-aoi라고 불리는 히스비스커스 뿌리로 만든 것이었다.

이와노 부부가 만드는 와시는 에치젠의 호쇼hosho라고 하는데, 극도로 노동 집약적인 과정으로 만들어지는 최고급 종이다. 보기 드문 내구성과 가벼움, 흡수성, 아이보리 화이트 색의 질감 때문에 서예가와 목판 조각가, 블록판 인쇄업자, 예술가, 콜라주 만드는 사람들이 선호한다. 쉽게 찢어지거나 오그라들지도 않아 정확한 이미지를 넣어야 할 때 유용하다. 몇 세기 전에 처음 만들어지기 시작한 호쇼는 사무라이 지도자들이 공식 발표를 할 때 사용했다. 이와노 씨가 사용하는 섬유는 도쿄 북쪽 도치기栃木 현의 구릉 지대인 나스에서 자라는데, 3대에 걸쳐 그의 집안에 공급되고 있다. 일본의 다른 제지기술자들은 미츠마타(삼지닥나무)와 감피 나무의 내피를 사용하고 다른 아시아 국가에서 수입한 나무껍질을 사용하기도 하지만 이와노 씨는 일본에서 자라는 닥나무만 고집한다.

일본의 전통 제지기술자들이 모두 그러하듯, 펄프를 자연광으로 건조하므로 화학약품으로 표백하지도 않고 추가적인 미백 작업도 필요 없다. 이와노 씨에게는 나기나타naginata라는 고해기가 있다. 넝마 펄프를 만들기 위해 17세기에 네덜란드에서 개발된 기계와 비슷하다. 일본의 고해기는 길고 굽은 날(나기나타는 '검'이라는 뜻)이 세트로 달렸는데 바렛의 저서에 설명되어 있듯이 섬유를 분쇄하는 것이 아니라 '풀어주기teasing'를 해줌으로써 섬유 길이가 최대한으로 유지된다. 덴호이드에 따르면 이와노 씨는 어느 정도 기계를 사용하기는 하지만 나무망치로 직접 내리치는 방법을 선호한다. 비록 시간은 더 걸리지만 작업 과정을 통제할 수 있다. 덴호이드의 통역에 따르면 "최대한 원상태를 보존할 수 있기 때문"이었다.

이와노 씨는 스테인리스 스틸로 된 커다란 드럼통에다 비교적 농도가 약한 가성 소다회, 즉 탄산나트륨을 넣은 용액으로 닥나무를 삶는다. 다른 방법을 써야 할 때는 메밀껍질회로 알칼리성 용액을 준비한다. 가루로 만들어 국수 가락을 만드는 데 쓰이는 소바(메밀)라는 농작

물로 만든 첨가제다. 아들이 작업장 뒤편에서 따온 향나무 잎이 가성
소다를 만드는 과정에서 물기 빼는 단계에 사용된다. 전체적인 과정은
매우 세밀하고 복잡하다. 티모시 바렛의 지서에는 이 모든 단계와 과
정이 자세히 설명되어 있지만, 가장 높은 수준의 나가시즈키를 배우
는 확실한 방법은 오직 대가의 곁에서 오랜 시간을 보내는 것뿐이다.

이와노 씨는 원료통이 놓인 작업장에서 뜬 종이를 은행나무로 만
든 특별한 나무판 위에 올려놓고 빗질한 후 난방 되는 공간에 놔두고
건조시켰다. 전통적으로는 밖에 내다놓고 햇빛으로 말리는데, 전통적
인 제지법을 고수하는 이와노 씨가 유일하게 변경한 과정이다. 덴호이
드가 설명했다. "이 방의 온도는 섭씨 45도, 화씨 110도까지 올라갑니
다. 온도가 너무 낮아서 지체되면 제대로 마르지 않아요." 이와노 씨
는 이 단계에서 사용하는 낡은 붓을 보여주면서 오늘날 가장 큰 문제
는 주문 부족이 아니라(일본에 인쇄 공방을 가지고 있는 캐나다 출신 목판인쇄
기술자 데이비드 불은 이와노 씨의 와시가 세계 최고라고 말한다) 제대로 된 도구
를 만드는 재료를 찾는 일이라고 했다. "이제 이 붓을 만들어줄 사람
이 없답니다." "100퍼센트 닥나무에 사용하기가 더 편해서 선호한답니
다. 발이나 틀, 나무판도 전부 마찬가지로 그것들을 만드는 사람들이
사라지고 있답니다."

하지만 이와노 씨가 나를 건조실로 데려간 것은 시대 변화에 대해
불평하기 위해서가 아니었다. 그는 완성품을 보관해두는 선반에서 종
이 한 장을 꺼내더니 찢어보라고 했다. 나는 그렇게 훌륭한 물건에 결
례를 범하고 싶지 않다고 덴호이드를 통해서 전했지만, 이와노 씨는
계속 찢어보라고 권했다. 내가 힘을 살살 주었는지도 모르겠지만, 그
종이는 놀라울 정도로 견고했다. 이와노 씨가 마저 다 찢었다. 나는
찢긴 결 사이로 드러난 고급스러운 하얀 닥나무 섬유를 가까이에서

찍었다. 이와노 씨는 "이 종이는 천 년 갈 겁니다"라고 말했다. 우리는 이야기를 이어가기 위해 공방 옆에 마련된 이와노 씨의 집으로 들어갔다. 책들로 가득한 서재, 쇼사이로 들어가 다다미 방석에 가부좌를 틀고 앉았다.

이와노 씨는 섬유의 길이와 그 지방의 물이 세계 최고라는 점을 거듭 강조했다. "전통적인 방식"이 여전히 우월하고 "새로운 것들은 좋지 않다"고도 했다. 여기서 '새로운 것들'이란 수백 년 동안 전해진 방법과 기술이 변형된 것들을 의미했다. 마치 신성한 존재를 알현하는 듯한 기분이었다. 분명한 목적의식을 가지고 묵묵히 할 일을 해나가는 이와노 씨를 만난 것이 진정한 영광으로 느껴졌다.

"내 종이는 여신이 전수해준 것과 가장 가깝습니다." 그가 대화의 끝부분에 이르러 말했다. 내가 통역된 말을 이해한 것이 분명해 보이자 그의 얼굴이 환해졌다. "모든 종이는 이렇게 단순한 종이에서 나왔지요. 아버지의 뒤를 잇기 전에 내 종이에 대한 확신이 있어야만 했습니다. 아버지의 가르침에 따라 종이를 만들 수 있다고 내 능력을 믿어야 했지요." 그는 자신의 종이로 만든 명함과 그 자리에서 직접 일본어를 적어 넣은 책갈피를 나에게 건넸다. 리나 아오키에 따르면 '종이와 함께 사는 즐거움'이라는 뜻이었다. 돌아가신 그의 부친이 40년 전에 일본 제지기술자들의 모임을 위해 쓴 짧은 글로 이치베이 9세 본인역시 그 원칙에 따라 살아왔다고 했다. "절대로 서두르지 말고, 한 단계도 빠뜨리지 않고."

해마다 1월 말이나 2월 초에 나뭇잎이 전부 떨어지는 차가운 겨울이 되면, 자원봉사자들이 도쿄 서쪽 외곽에 있는 닥나무 농장에 모여 수확을 한다. 1970년대에 일본 영주권을 얻은 미국 출신의 예술가 겸 제지기술자가 현지에서도 방치되고 있는 전통을 되살리고자 그곳에 닥나무를 심었다. 와시를 만드는 사람들 가운데 다수가 아시아 국가에서 수입한 닥나무를 사용하는 것과 달리 리처드 플래빈Richard Flavin은 직접 키운 닥나무의 인피 섬유질로 처음부터 끝까지 모든 공정을 감독하며 수제 종이를 만드는 일본의 몇 안 되는 장인이다. 전통적인 제지법에 대한 관심을 '키우려는' 그의 노력은 1990년에 지역의 환경운동가가 빌려준 한 뼘의 땅에서 시작됐다. 도쿄 예술계의 한 유명 인사는 《저팬 타임스》에서 전통 제지법을 지키고자 애쓰는 플래빈을 가리켜 "일본인보다 훨씬 일본인답다"[11]고 했다.

티모시 바렛과 리처드 플래빈이 처음 만난 것은 1970년대 초에 사이타마埼玉 현 제지 산업연구기지에서 좀 더 전문적인 나가시즈키를 배우면서였다. 그 프로그램에 등록한 유일한 미국인이었던 두 사람은 곧 친해졌고 굳은 우정을 나누게 됐다. 바렛이 미국으로 돌아가 일본에서 배운 제지법에 관한 책 『나가시즈키』를 쓰기 시작했을 때 플래빈은 일러스트를 도와주었다. 그 책은 1979년에 버드 & 불 출판사에서

이치베이 이와노 9세의 선물, '종이와 함께 사는 즐거움'이라고 적혀 있다.

예술인쇄판으로 출간되었고 나중에 웨더힐에서 일반 독자를 위해 『일본의 제지술』이라는 제목으로 나왔다.

플래빈은 나무로 조각과 판화를 하는 것 이외에도 직접 만든 와시로 콜라주를 제작하고 예술가와 서예가, 일반 소비자를 위해 종이도 만든다. 그의 아내 료코 하라구치凉子原口는 도쿄에서 어느 정도 이름이 알려진 섬유 디자이너로 2009년 인도 신문에 "한계를 모르는 창조성을 가진 예술가"라는 설명과 함께 전시회 날짜가 소개됐다. 그녀가 남편의 종이와 인도에서 구입한 고급 실크로 만든 옷과 핸드백 브랜드는 커다란 관심을 끌고 있다. 플래빈의 종이는 가키시부kakishibu라는 염색법을 이용한다. 설익은 감 발효액을 이용해 방수 처리하는 방법이다. 감은 수세기 전부터 일본에서 캔버스 천 가방과 어망, 배, 나무에 보호막을 만드는 용도로 사용된 과일이다.

보스턴 토박이인 플래빈은 미국에서 그래픽 아트와 디자인, 에칭, 목판화, 예술인쇄fine printing를 공부하고 1960년대 후반에 육군 소속으로 한국에서 복무했다. 1968년에 휴가차 일본 가마쿠라鎌倉를 방문한 그는 그곳의 생활 방식에 매료되었고 일본의 창조적 표현 방식을 동경하게 됐다. 제대한 후에는 도쿄예술음악대학교(2008년에 '도쿄예술대학교'로 명칭이 바뀜−옮긴이)에서 2년 동안 공부하면서 목판 인쇄에 대해 배우고 싶다는 생각을 하게 됐다. 오고세越生의 한 스튜디오에서 만난 그가 어깨를 으쓱하며 "나는 뭐든지 다 해보려고 애쓴답니다"라고 말했다. 그런 성격의 그답게 일본 판화에 탁월해지려면 와시 만드는 법을 배워야 한다고 생각했다. "어느 스승님이 그러더군요. 예술가는 와시를 만드는 게 아니라 사용한다고. 그것도 좋지만 나는 와시에 대해 더 알고 싶었습니다. 원료에 대해 직접 배우는 게 중요하다고 늘 생각했거든요."

와비-사비wabi-sabi라고 하는 일본의 전통 미학은 금욕, 차분한 품격, 단순함, 자연과의 일치에서 나온다. 일본으로 건너간 플래빈은 그러한 이상을 깊이 흡수했다. 불교 신자인 그는 시간제로 오가와마치小川町 지온지慈恩寺라는 선종 사찰의 관리자로도 일했다. 한때 그곳에서 지온지 인쇄소라는 그만의 인쇄소도 운영했다. 오가와마치는 도쿄 서쪽으로 약 64킬로미터 떨어진 사이타마 현에 있다. 사이타마 현은 바렛과 플래빈이 1970년대에 함께 종이연구학교를 다녔던 곳이다. 2005년에 플래빈은 오고세 마을로 이사해 자택 바로 옆에 작업장을 꾸렸다. 한때 자두 과수원이었던 비옥한 땅은 플래빈의 다양한 프로젝트에 필요한 식물들을 제공해주고 땅을 가로지르는 시내는 플래빈이 '나무껍질 벗기기 연례행사'라고 부르는 작업에 필요한 물을 대준다. 그가 오가와마치에서 직접 기르는 닥나무를 약 40명의 자원봉사자들이 함께 수확하여 섬유질로 바꾸는 축제 같은 작업이다.

"오가와마치에서 살 때 제지기술자들이 태국에서 수입하는 닥나무가 아니었다면 '반자이', 즉 포기했을 거라고 하더군요. 나는 이곳이 일본의 전통적인 제지 마을이라고 생각해왔어요. 그런데 여기서 직접 닥나무를 기르지 않으면 우리의 미래는 어떻게 될까, 라는 생각이 들더군요. 그래서 도전해보기로 했습니다. 특히나 미국인이 이런 시도를 한다면 일본의 제지기술자들에게도 자극이 될 거라고 생각했어요. 당시 나는 이곳의 환경 문제에도 깊이 개입하고 있었습니다. 주변 언덕지대에 골프장이 들어서고 있었거든요. 이 땅은 원래 누에고치용 뽕나무 밭이었어요. 나와 같은 환경운동 단체 회원이 주인인데, 뽕나무가 웃자랐다면서 나더러 땅을 사용하라고 하더군요. 아, 뽕나무는 종이를 만드는 닥나무와는 다릅니다. 그래서 굴착기를 불러 나무 그루터기를 뽑아냈고 도치기에서 닥나무 묘목 100그루를 샀습니다. 그러고 나니 퍼뜩 정신이 들더군요. 닥나무를 심긴 심었는데 이젠 어쩔 것이냐? 문제는 내가 평소 좋아하는 일이 너무 많다는 겁니다. 도저히 혼자서는 감당하기 힘든 일이었어요. 그래서 첫해에는 닥나무가 웃자라 수확량이 별로 안 되었어요."

하지만 그는 땅과 자연의 흐름에 점차 익숙해졌고 그의 노력을 높이 사며 도와주겠다는 사람들이 늘어나 닥나무 밭을 꼼꼼하게 관리할 수 있게 됐다. 오늘날 닥나무 500그루가 말끔하게 심어진 땅에서는 그가 사용하기에 충분한 닥나무 섬유가 생산된다. 2010년에는 깨끗한 하얀색 껍질이 60킬로그램 나왔다. "약 4,000제곱미터의 땅에서 1년 동안 충분히 쓸 만한 양이 나옵니다. 순을 잘라 묶어서 이리 가져와 삶습니다. 그러면 다른 팀이 껍질을 벗기지요. 겨울에 작업을 해요. 여름에 순을 자르면 수액이 흘러나와서 나무에 해를 입힙니다. 수액이 멈추고 나무가 잠자고 있는 상태가 되면 그루터기를 잘라냅니다. 나뭇잎이 떨어진 후에는 11월부터 3월까지 언제든 자를 수 있는데, 대개는 1월에 합니다."

흙빛 종이를 선호하는 플래빈은 쪽, 점토, 감, 소나무 검댕 같은 원료를 색소로 사용한다. 소나무 검댕은 말 그대로 소나무를 태운 가루다. 내가 방문한 날, 내리던 비가 잠시 멈추자 플래빈은 닥나무를 씻는 냇물과 삶는 통을 보여주겠다며 데려갔다. 주변에는 그의 작업에 유용한 식물들로 가득했다.

오고세에서 잠깐 동안 자동차로 달려 오가와마치로 닥나무를 보러 갔고 그 지방의 제지기술자들도 만났다. 그리고 곧장 도쿄로 갔다. 플래빈은 아내 로코의 사무실이자 스튜디오인 갤러리 신드로 나를 데려가 로코를 소개해주었다. 나는 그에게 메이플 시럽 한 병과 내 책을 몇 권 주었고 그도 답례로 몇 가지 선물을 주었다. 그중에는 몇 달 전 시골의 경매에서 구입한 오래된 와시 꾸러미에서 꺼낸 여섯 장의 와시도 포함됐다. 제조 연도가 1944년으로 되어 있는 것을 보고 나는 할 말을 잃었다. 가로 60센티미터, 세로 60센티미터의 정사각형 모양이었다.

"이 종이는 전부 오가와마치의 오래된 와시 공방에서 나온 겁니다. 흥미롭게도 사각형으로 '잘라낸' 게 아니라 사각형으로 '만들었다'는 점이죠. 정확히 정사각형입니다. 조사를 좀 해봤더니 열풍선 폭탄에 쓰인 종이의 규격과 똑같더군요. 게다가 연도도 1944년이라고 적혀 있습니다." 플래빈은 당시 일본 전역의 제지기술자들이 열풍선 폭탄 프로젝트에 동원되었으므로 자신의 추측이 정확할 것이라고 했다. "오가와마치의 연로한 제지 장인에게 보여줬더니 그분도 틀림없다고 하시더군요."

플래빈은 다른 경매에서 구입했다는 '병풍'도 보여주었다. "사무실과 상점들의 오래된 거래원장으로 만든 겁니다. 더 이상 쓸모없게 된 거래원장 종이가 이 병풍을 덧대는 데 사용되었지요. 모두 질 좋은 닥종이예요. 병풍 종이를 벗겨서 뜨거운 물에 삶아 고해기로 두들기면 또 훌륭한 닥종이가 만들어집니다. 그걸로 예술 작품을 만들 수 있어요. 보다시피 완전히 용해되지 않고 특징이 그대로 남습니다. 아무리 오래된 닥종이라도 절대로 낭비되는 법이 없지요."

제3장

페이퍼 로드와 문명

아랍인들은 저렴한 필기 재료를 생산하고 동서양에 공급함으로써 누구나 공부를 할 수 있도록 만들었다. 배움이 더 이상 일부 계급의 특권이 아니게 됨으로써 지적 활동이 활짝 꽃피웠고 광신, 미신, 폭정의 고리가 끊어졌다. 그와 함께 문명의 새로운 시대가 시작됐다. 그것이 바로 우리가 살아가는 시대다.

– 알프레드 폰 크레머, 『칼리프 치하의 오리엔트 문화사』, 1877년

종이가 유럽의 부활을 가능하게 했다고 해도 과언이 아니다.

– H. G. 웰스, 『세계사 대계』, 1920년

중앙아시아 중심에 위치한 사마르칸트는 수세기 동안 중국과 유럽을 이어준 실크로드의 거점지로 유명한데, 하나의 강력한 문화권에

서 다른 문화권으로 제지법을 전파한 곳이기도 하다. 전해지는 바에 따르면 아마도 제지법은 전쟁의 전리품으로써 전해졌을 것이다. 육로에서의 상업이 진화한 결과였을 가능성도 크다. 둘 중 하나를 선택하라면 751년에 아랍의 아바스 왕조 군대와 당나라 군대가 벌인 탈라스 전투[1]에서 포로로 잡힌 중국의 장인들이 제지법을 전해주었다는 쪽을 택하고 싶다. 만약 그렇다면 생산적인 우연이 가져다준 놀라운 본보기라고 할 수 있겠지만 말이다.

어쨌든 확실한 것은 8세기 중반에 이르러 아랍인들이 제지법에서 가장 중요한 두 가지—셀룰로오스 섬유로 가득한 축축한 펄프 반죽과 스크린 몰드—를 배우게 되었으며 오늘날의 이라크와 시리아, 이집트, 북아프리카, 스페인 등 900년 동안 유럽의 일부를 지배한 이슬람 사람들에게 전파됐다는 사실이다. 이슬람 전역에 제지소가 연달아 생겨나[2] 종이는 급속도로 온갖 창조적 표현의 필수품이 됐다. 전적으로 기억에 의존하지 않고 항상 가까이에 휴대할 수 있는 새로운 사고의 수단—표기법notation[3]—이 마련됐다. 지적 탐구 영역에 몸담은 이슬람 학자들은 이슬람의 황금시대에 그리스, 중앙아시아, 인도에서 전해진 지식을 자신들의 언어로 기록하는 데 종이를 사용했다. 그 일에 앞장선 가장 유명한 기관은 '지혜의 집'이라는 뜻의 '바이트 알히크마Bayt al-Hikmah'였다. 10세기 역사학자 알 마수디al-Mas'udi에 따르면 그것은 아바스 왕조의 두 번째 칼리프인 아부 자파르 알 만수르[4]에 의해 바그다드 지역에 세워졌고 "외국 서적을 아랍어로 번역하는" 일을 맡았다.

칼리프는 비잔틴 제국으로 사절을 보내 입수 가능한 원전을 모두 사 오게 했다. 유클리드의 『원론Elements』과 아리스토텔레스의 『시학Poetics』 같은 고전뿐만 아니라 『천일야화』 같은 이야기의 사본을 들여와 번역하여 전문 필경사들이 여러 권을 제작하여 '와라크warraq' 또는

'종이 시장'[5]이라고 하는 서점에서 판매했다. 코르도바가 수도였던 우마이야 왕조의 칼리프 알 하캄 2세는 4만 권이나 되는 책을 모았다고 전해진다. 물론 과장이겠지만 어쨌든 상당한 양이었다는 것은 분명하며 이는 종이의 활발한 공급 덕분에 가능했다. 그의 장서 중에 아직까지 전해지는 필사본 가운데 한 권은 970년에 만들어졌다는 메모가 들어 있다.[6] 아랍 종이가 사용된 현존하는 가장 오래된 필사본은 기독교 교회 신부들의 가르침이 포함된 그리스어 문서로 800년경에 다마스쿠스에서 복사된 것으로 보이며 현재 바티칸 도서관에 보관되어 있다. 종이는 공동 담론의 방식을 바꾸고 정부 활동을 변화시키기도 했다. 점점 확장되는 오스만 제국에서 종이는 최초로 실시된 근대적 관료주의 운영에 필수적인 도구가 됐다.

이슬람 세계에 종이가 소개된 것은 632년 예언자 무하마드가 세상을 떠나고 한 세기 이상 지난 후였다. 새로 개종한 이들이 코란의 성스러운 교리를 암송할 때였다. 성스러운 전통에 따르면 이슬람교 신자들이 신의 말이라고 여기는 계시는 22년 동안 아랍어로 천사장 가브리엘을 통해 무하마드에게 전해졌고 최초의 신자들에 의해 암기됐다. 최초의 무슬림 칼리프 아부 바크르는 그것이 신성모독적인 내용으로 변경되어 전파되는 것을 막기 위해 예언자가 죽자마자 코란의 내용을 기록하기로 결정하고 코란 완전판을 준비하기 위한 '암기자들' 위원회를 구성했다. 그들이 처음 편찬한 코란은[7] 주로 구전을 통한 기억에 의한 것이었지만 파피루스와 야자나무 잎, 납작한 하얀 돌, 가죽, 그리고 낙타나 양, 나귀의 뼈에 기록된 조각들도 활용됐다. 가장 초기의 사본은 양피지에 적힌 것이다.

하지만 이슬람교가 아라비아 반도를 넘어 전파되면서 비아랍권 신자들을 포함하여 모두에게 동일한 경전이 필요해졌다. 이슬람교에서

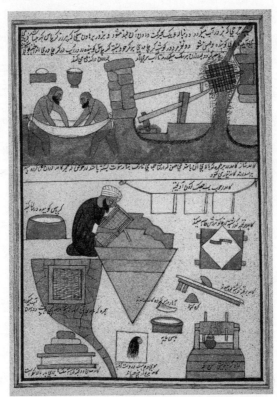

제지기술자와 그의 도구. 전통 공예를 보여주는 카슈미르 필사본.
1850~1860년. 원본은 영국 도서관에 소장되어 있다.

는 아랍어가 천국에서 사용하는 유일한 언어이기 때문이다. 따라서 이슬람 세계를 지금의 이란과 아프가니스탄, 아르메니아까지 확장한 세 번째 칼리프 우스만 이븐 아판은 아랍어로 된 완전한 코란을 성문화하여 각 지방에 배포하라고 지시했다. 그 이외의 코란은 파기하라는 명령도 함께였다. 이처럼 이슬람에서는 예언자의 형상이 아닌 말을 숭배했으므로 서체가 가장 존경받는 예술 형태로 자리 잡았다.

사마르칸트[8]('황금을 뿌리는 자'라는 뜻)는 712년에 아랍이 점령했다고 알려져 있는데, 기원전 1500년경에 그 지역 토착민인 소그드인들이

자라프샨 강의 두 지류가 만나는 오아시스 옆에 정착했다. 페르시아의 키루스 대왕도 비옥하고 생산성 높은 사마르칸트에 매력을 느껴 기원전 550년에 그곳을 정복했다. 알렉산더 대왕은 기원전 327년에 인도로 가는 도중에 새로운 정복지의 백성들과 유대관계를 맺기 위하여 소그드인 귀족의 나어린 딸과 결혼했다. 사마르칸트의 그리스어 이름은 마라칸다Maracanda였다.

오늘날 사마르칸트는 우즈베키스탄에서 두 번째로 큰 도시다. 육지로 둘러싸인 우즈베키스탄은 캘리포니아 면적과 비슷한데, 중국의 서쪽 끄트머리에서 서쪽으로 100마일 떨어져 있고 아프가니스탄 북쪽에 붙어 있다. 독일의 지리학자 페르디난트 폰 리히트호펜Ferdinand von Richthofen 남작이 훗날 자이덴슈트라세Seidenstrasse, 즉 실크로드라고 명명한 고대의 무역로는 사마르칸트의 서쪽에서 몇 갈래로 나뉘었으므로 사마르칸트는 낙타 대상들이 남서쪽의 아라비아나 북서쪽의 흑해로 물건을 나를 수 있어 수천 마일이나 되는 중국과 서양을 오가는 상인들에게 이상적인 중계점이었다. 14세기에 몽골의 정복자 티무르는(당시 겁에 질린 유럽인들에게는 태멀레인Tamerlane으로 알려짐) 사마르칸트를 본거지 삼아 건축물 확장을 시작했다. 사마르칸트는 천상의 도시와 네 번째 천국으로 알려질 정도로 장엄했다.

또 사마르칸트는 근처의 산악 지대에서 내려오는 차가운 빙하수가 흐르는 운하의 물로 삼과 아마, 목화를 수확해 섬유 산업이 발달한 덕분에 이슬람 제1의 제지 도시가 됐다. 제지법이 처음 전해지고 3세기 후인 11세기에 활발한 저술 활동을 펼친 역사가 압드 알 말리크 알 사알리비Abd al-Malik al-Tha'alibi는 "종이는 사마르칸트의 특산품 중 하나이며 파피루스와 양피지보다 외형적으로도 뛰어나고 유연하며 다루기 쉽고 편리한 필기 재료다"[9]라고 썼다. 종이 만드는 법은 사마르칸트에 매우 빠른 속도로 퍼져나갔다. 아바드 왕조의 새로운 수도인 지금의 이라크 바그다드에 794년 제지소가 들어서면서 부족한 양피지를 채웠다. 14세기의 북아프리카 역사가이자 철학자인 이븐 칼둔Ibn Khaldun[10]은 "종이는 국가의 문서와 증서에 사용"됐으며 종이 수요가 워낙 많아서 "제지술이 매우 탁월한 수준에 이르렀다"라고 했다.

한편 시리아 다마스쿠스에서 만들어진 종이는 유럽에서 카르타 다마스케나charta damascena(다마스쿠스의 종이)라고 불렸고, 이집트에서도 종이가 생산됐다. 986년 팔레스타인의 지리학자 무하마드 이븐 아마드 샴스 알딘 알무카다시Muhammad ibn Ahmad Shams al-Din al-Muqaddasi 는 종이가 파피루스보다 더 중요한 이집트의 주요 수출품이라고 적었다. 50년 후, 카이로를 방문한 페르시아인 나시리 쿠스라우Nasiri Khusrau가 거리에서 채소와 향신료, 철물을 파는 상인들이 종이로 "모든 제품을 즉시 감싼다"라고 전한 것은 종이의 용도가 점점 다양해졌음을 보여주는 설득력 있는 증거다. 비슷한 시기에 북아프리카의 무어인은 제지법을 스페인에 전파했고 11세기 말에 이르러 모로코 해안의 무역 근거지였던 페즈에는 제지소가 472개에 이르렀다.

이처럼 아랍의 제지업이 어떤 경로로 이동했는지에 대한 기록은 문서화가 잘되어 있지만, 그들이 사용한 기술과 장비, 펄프에 사용된 섬유에 대한 기록은 없어 수세기 동안 잘못된 해석이 이어졌다. 제지법이 중국에서 전해졌으며 중국의 제지기술자들은 옷 자투리가 아닌 식물 원료에서 주로 섬유를 채취했으므로 수십 년 동안 아랍에서는 목화가 주재료였고 유럽에서는 넝마가 궁여지책으로 사용된 방법이라는 추측이 지배적이었다. 설상가상으로 아랍과 중국의 제지기술자들은 전부 워터마크[11]를 사용하지 않아 종이의 원산지를 밝히기가 힘들다. 13세기에 이탈리아에서 개발된 워터마크는 종이 역사학자들이 제조자를 찾는 데 엄청난 도움이 된다.

1888년 『브리태니커 백과사전』에는 종이가 이슬람 전역으로 전파되었고 스페인의 아랍인 정착지에는 "면 종이가 가장 먼저였다"라고 단언하고 있다. 하지만 이 관점을 뒷받침하는 기나긴 설명에는 단 하나의 증거가 제시되어 있다. 1263년 스페인에서 종이를 '직물 양피지'[12]라고 부르는 법률이 제정되었는데,[13] 이것은 면으로 만들어진 두꺼운 종이를 뜻한다는 것이다. 나아가 아마지linen paper는 14세기가 되어서야 이슬람에 등장했지만 그것도 목화가 자라지 않는 지역에만 해당됐다. 따라서 '모직물' 역시 펄프로 사용되었을 것으로 보인다고 했다.

『브리태니커 백과사전』에 이러한 설명이 수록된 것과 비슷한 시기에 오스트리아의 학자 두 명이 전혀 다른 결론을 이끌어냈다. 한 명은 파피루스학과 이슬람 예술을 전문으로 하는 역사학 교수이고 다른 한 명은 실험실 현미경 사용법을 배운 식물생리학자였다. 그들의 혁신적인 연구는 1877년에서 1880년 사이의 파라오 시대에 채석장으로 사용된 파이윰 오아시스가 있는 카이로 남부의 사막 쓰레기 하치장에서 발굴된 방대한 고대 유물 덕분에 가능했다. 그중에서 가장 놀라운 것은 약 10만 점에 이르는 파피루스 문서였다.[14] 기원전 14세기에서 기원후 14세기까지 다양한 시기에 열 개 언어로 기록된 이 문서는 2,700년 동안 필기 면으로 사용된 습지에서 자라는 갈대에 대한 전례 없는 연구 자료가 됐다. 오스트리아의 라이너 페르디난트 대공Archduke Rainer Ferdinand이 전부 사들여 1889년에 프란츠 요제프 2세의 생일 선물로 주었고 그는 오스트리아 국립도서관에 기증했다.

그 문서 컬렉션에서는 파피루스가 가장 눈에 띄었지만 약 1,200장에 이르는 각종 종이들도 발견됐다. 바로 그것들이 비엔나 대학 요제프 본 카라바체크Joseph von Karabacek 교수의 흥미를 끌었다. "통일성과 중요성 측면에서 매우 특별한 그 컬렉션은 제지법의 시작부터 중세에 이르기까지 종이에 적힌 방대한 문서를 포함해 600년 넘는 세월에 걸친 종이의 발달 모습을 보여준다"[15]라고 했다. 카라바체크 교수는 이집트에서 파피루스의 시대가 끝나고 종이가 우위를 차지하게 된 시기를 밝혀냈다. 또한 "유럽은 자신들의 발명품이라고 주장하지만 아랍에 내주어야만 할 것"이라며 기술의 혁신인 물레방앗간water-powered mill이 "확실한 아랍의 발명품"[16]이라는 주장도 내놓았다.

한편 카라바체크 교수의 젊은 동료 제롬 위즈너Jerome Wiesner 박사는 동일 문서에 대해 현미경을 들이대고 화학적 분석을 실시했다. 옥스퍼드 대학교의 저명한 학자는 1903년 그 결과에 대해 "지금까지 종이의 원료와 역사에 관한 가장 명백한 견해"가 두 오스트리아인에 의해 완전히 뒤집어졌다고 평가했다. A. F. 루돌프 회른레A. F. Rudolf Hoernle 박사는 「누가 넝마 종이를 발명했는가?」라는 논문에서 비엔나 컬렉션의 '모든 종이'가 넝마로 만들어졌고 "사실상 모든 넝마가 아마였다"[17]는 위즈너 박사의 결론을 확인시켜주었다.

나아가 위즈너 박사는 그가 분석한 모든 종이가—874년에 쓰인 편지, 900년에 작성된 계약서, 909년의 영수증 등이 가장 오래된 것이었다— 녹말풀로 '가공sizing'되었고 녹말가루가 '충전'되어 있었다고 밝혔다. "오늘날과 마찬가지로 당시 가공의 목적은 표면에 글이 써지도록 하는 것이었고 충전제는 품질 개선을 위해서였다"라고 회른레 박사는 적었다. "따라서 아랍인들은 9세기와 10세기에, 그리고 8세기 말에도 몰드를 이용해 아마 넝마로 종이를 떠서 녹말로 가공하고 충전하는 방법을 알고 있었던 것으로 보인다. 그것이 근대에 제지기가 발명되기까지 유럽에서 사용된 제지법이었다."

그러나 서구의 종이 역사학자들은 이렇게 설득력 있는 증거를 두

고도 선뜻 기존의 이론을 재고하지 못했다. 그것을 뒷받침하는 아랍의 기록 자료가 부족한 데다 대체로 제지법의 전파 단계를 완전히 무시하는 방법이기 때문이었다. 이에 종이 역사학자는 아니지만 이슬람 예술과 건축, 서체 분야의 권위자인 미국인 힉자는 두 개의 평행한 방향에서 접근했다. 관련 분야의 증거에서 나온 추론을 바탕으로 기본 상식을 적용한 것이다. 조나단 M. 블룸Jonathan M. Bloom은 보스턴 대학교에서 이슬람과 아시아 예술을 가르친다. 2000년부터 아내 셰일라 S. 블레어Sheila S. Blair와 이슬람 및 아시아 예술학과장도 맡고 있다. 이들은 부부가 같은 분야의 교수직을 맡고 있기 때문에 서로 강의를 교대하기도 하고 독립적인 연구자와 저자로서 개별적인 프로젝트를 진행하기도 한다. 두 사람은 1970년대에 하버드 대학교에서 예술과 중동 연구로 박사 과정을 수료하면서 만났다. 그들은 각자 또는 함께 책을 썼고 2001년 미국 공영방송 PBS에서 방송된 3부작 다큐멘터리 '이슬람 : 믿음의 제국' 자문위원으로 활약했다.

"셰일라와 나는 이슬람 예술과 이슬람 건축의 역사를 연구하면서 사람들이 어떻게 지식을 얻었는지에 관심이 생길 수밖에 없었습니다." 뉴햄프셔의 자택에서 이루어진 인터뷰에서 블룸이 말했다. "예술과 건축에서는 항상 영향에 대해 이야기하거든요. 마치 질병처럼 어떤 영향을 받았는가에 대해 말입니다. 그래서 나는 학습 방법의 실질적인 측면에 호기심이 생겼어요. 또 이 분야에서는 항상 설계에 대해서도 이야기합니다. 물론 이슬람 예술과 건축에는 남은 도면이 하나도 없지만 말입니다. 그래서 종이의 엄청난 영향력에 대해 생각하게 되었지요. 놀라운 업적들에 종이가 얼마나 필수적이었는지 말입니다."

블룸은 인도의 타지마할[18]을 예로 들었다. 17세기 중반에 20년 넘게 걸려 완공된 타지마할은 세계적으로 아름다운 건축물로 인정받고 있다. 또한 그 건축 정신과 실행 역시 매우 은유적이고 우의적이며 절대로 평범하거나 지루하지 않다. 무굴 제국의 황제 샤 자한이 죽은 아내 뭄타즈 마할을 추모하기 위해 건축가와 예술가, 서예가들을 한데 모아 타지마할을 지었을 때는 분명히 상세한 도면이 있었을 텐데 하나도 남아 있지 않다. 블룸이 말했다. "종이가 없었다면 상상조차 할 수 없었던 일이라고 생각합니다. 타지마할을 떠올려보면 대단히 상세한 설계였을 것이고 종이가 꼭 필요했다는 사실을 알 수 있어요. 설계자들이 종이에 생각을 그려 넣어 건축가들에게 주어 만들게 한 겁니다. 그외의 다른 방법으로는 도저히 가능했을 것 같지 않아요."

블룸은 그 지역의 역사에 깊이 들어갈수록 자신과 아내가 연구한 모든 예술 형태가 반드시 종이를 필요로 하는 설계 단계를 통해 만들어졌음을 확신하게 됐다. 하지만 문서화할 것이 없었다. 그가 창조 과정의 필수적인 단계라고 결론지은 표기법은 나중에 가서야 서구에서 본격적으로 시작되었기 때문이다. 블룸은 다음 단계는 기존의 원천에서 정보를 모으는 것이라고 생각했다. 이것은 그에게 서사의 틀을 제공했다. "나는 역사학자는 아니지만 지금까지 이런 생각을 해본 사람이 없었다는 것이 이상했습니다. 그만큼 당연하기 때문이겠지요." 블룸은 『인쇄 이전의 종이 : 이슬람 세계에서 살펴보는 종이의 역사와 영향력Paper Before Print : The History and Impact of Paper in the Islamic World』을 2001년 예일 대학교 출판부에서 출간했다.

서예와 돌에 새겨진 글을 연구하는 학문인 금석학에도 조예가 깊은 셰일라 블레어가 블룸과 나의 대화에 한마디 했다. "이슬람 세계의 모든 것은 종이에 들어 있어요. 특히 12세기 이후 동양과 14세기 이후 서양은 말이죠." 그러자 블룸이 이어서 설명했다. "가장 큰 오해는 이슬람이 종교적 필요에 의해 종이를 받아들였다는 겁니다. 하지만 당시는 아바스 왕조의 영토 확장이 이루어지고 있었습니다. 바그다드를 수도로 지정했죠. 이라크에서 대서양 연안으로 뻗어나갔고 중앙아시아까지 지배했어요. 그렇게 거대한 제국을 지배하려면 온갖 문서가 필요했을 겁니다. 종이는 그 용도로 안벽했습니다."

실크로드에 관한 글을 쓰기도 했던 블레어가 종이는 그 어떤 기록 매체보다 '훨씬 가벼워' 육로에서의 오랜 이동에 수월했을 거라고 덧붙였다. "게다가 양피지에는 가능하지만 종이에는 불가능한 일이 바로 글자를 고치는 거예요. 한 예로 양피지로 된 조세 문서는 잉크를 긁어내서 글자를 바꿀 수 있어요. 하지만 종이에는 잉크가 스며들기 때문에 제거할 수 없죠. 물론 요즘은 종이에 쓴 글씨를 지울 수도 있고 연필도 있지만, 오스만 제국의 관료주의에서 종이가 도입된 이유는 정확히 그 반대되는 이유에서였답니다." 블룸은 서양에 전해진 아랍 제지법의 유일한 용어가 '연ream'이라는 점이 매우 흥미롭다고 말했다. '연'은 조금씩 차이는 있지만 보통 종이 500장을 나타내는 단위다. "꾸러미를 뜻하는 아랍어 리스마risma에서 유래한 말인데 스페인어 'resma'와 옛 프랑스어 'reyme'를 통해서 영어로 전해졌습니다. 하지만 그 외에는 아랍어의 흔적이 전혀 남아 있지 않아요. 이슬람 제지법의 전통에 관한 기록은 거의 전무합니다."

그러나 블룸이 종이 연구에 뛰어들게 된 가장 큰 자극제는 기억과 표기법이라는 두 가지 개념이었다. 그는 논문에 "이슬람 땅에서 종이와 인쇄술의 도입에 큰 시간차가 있는 것은 종이라는 매체 자체가 이슬람 역사에서 얼마나 중요했는지 보여준다"[19]라고 썼다. 유럽이 종이의 유용성을 통해 기계 인쇄술을 발달시킬 기회를 빠르게 붙잡은 것과 달리 이슬람에서는 인쇄가 경전의 복제 수단이라며 공개적으로 경멸감을 표시했고 몇백 년 동안 그 사용을 적극적으로 방해했다. 이슬람이 중세부터 유럽의 기술 발달 속도를 따라가지 못한 이유는 역사 학자들이 수세기 동안 숙고한 문제였다. 이슬람이 인쇄술을 거부한 것이 두 세계의 역할이 뒤바뀐 것에 얼마나 중요하게 작용했는가는 그 문제의 핵심에서 결코 멀지 않은 곳에 있다.

이슬람의 황금시대는 보통 8세기에서 13세기까지 아바스 왕조가 바그다드를 수도로 지정했던 때부터 시작하여 몽골인 정복자 칭기즈칸 치세 시대와 그 뒤를 이은 오스만 제국의 전성기에 최고조에 이르렀다. 이동식 금속활자가 유럽에 소개된 것은 콘스탄티노플이 투르크족에게 점령된 1450년대였다. 이때 비잔틴 제국의 기독교도 학자들이 필사본 소장품을 가지고 이탈리아로 흘러들어갔고 그중 다수는 15세기 후반에 알두스 마누티우스의 인쇄소가 설립된 베네치아로 향하여 그리스 학문에 생명선을 제공했다. 엘리자베스 아이젠슈타인의 권위 있는 저서 『변화 동인으로서의 인쇄기The Printing Press as an Agent of Change』에 훌륭하게 설명되어 있듯이, 인쇄술은 르네상스 절정기에 지식 보급을 가속화했고 유럽이 오스만 제국의 세계 주도권을 억압하는 데 중추적인 역할을 했다.

블룸은 이슬람 권력자들이 오랫동안 인쇄술을 거부한 이유가 두 가지라고 추측한다. "우선 이슬람 사회에는 글씨를 쓰고 베끼는 행위에 대한 존경과 헌신이 대단합니다. 코란의 역할과 관련 있지요. 신의 계시가 적힌 글이기 때문에 이슬람교에서는 코란을 직접 쓰는 행위 자체를 숭배했습니다. 글씨를 쓰는 것은 신이 인간에게 준 선물이었고 경전 필사는 축복 받은 행위였습니다. 따라서 이슬람에서 쓰기는 축복 행위가 되었습니다. 또 아름답게 쓰는 것 또한 중요했어요. 그냥 쓰는 것이 아니라 아름답게 써야 했죠. 따라서 이슬람에서는 서예와 아름다운 글쓰기가 대단히 중요합니다. 서양보다 훨씬 더요. 그곳 사람들은 아름다운 글씨체를 보편적으로 인정받는 하나의 예술 형태로 받아들였습니다. 인쇄술은 글쓰기라는 축복받은 행위를 기계로 침범했기에 용납될 수 없었어요." 실제로 이슬람 정서에서는 인쇄술을 매우 불쾌한 것으로 여겨서 1481년에서 1520년까지 오스만 제국을 다스린 바예지드 2세와 셀림 1세는 아랍어와 투르크어의 인쇄를 금지하는 명령[20]을 내렸다. 그 금지령은 300년 동안 유효했다.

한편 종이는 십자군 전쟁이 절정에 달한 시기에 유럽으로 흘러들어왔는데, 제일 먼저 도착한 장소는 스페인과 시칠리아의 이슬람 정착지였다. 당시 양쪽의 갈등이 심화되어 조금이라도 '이교도'의 영향으로 여겨지는 것은 무조건 거부했다. 가장 오래된 종이 문서는 1102년에 기록된 시칠리아 로저 2세의 증서[21]인데, 시칠리아 섬에서 새로운 필기 재료인 종이가 공적인 기능을 수행했음을 알 수 있다. 하지만 1231년에 시칠리아의 프리드리히 2세가 공포한 『멜피 법전Constitutions of Melfi』에는 앞으로 모든 공문서에 양피지를 사용해야 한다는 조항이 포함되어 있다. 동물 가죽이 더 오래 보존된다는 생각 때문이었던 듯하다. 하지만 이 종이 금지령은 당시 제한적으로라도 종이가 공문서에 사용되었음을 암시한다. 프리드리히 2세만큼 종이를 완전히 배척하지는 않지만 똑같이 경멸했던 동시대 왕으로는 생전에 '현자' 또는 '배운 자'라고 불린 카스티야의 알폰소 10세[22]가 있다. 그는 종이 사용이 가능한 기록 부문에 제한을 두었다.

이 책을 집필하기 전에 방문한 모든 종이 박물관에서 제지법이 전 세계로 퍼져나간 경로를 나타낸 지도를 볼 수 있었다.[23] 마치 서로 다른 문화권의 로드맵 같다. 중국에서 시작해 두 방향으로, 동쪽으로는 한국과 일본, 서쪽으로는 사마르칸트와 바그다드, 다마스쿠스, 카이로, 페즈 그리고 지중해를 건너 유럽으로 이동했다. 유럽에서부터는 경로가 제법 구체적이고 대부분 정확한 시기가 나온다(최근에 학계에서 수정된 날짜도 있지만). 1056년에 스페인에서 시작된 종이의 이동 경로는 (다드 헌터가 제시한 것보다 한 세기 앞서) 1235년에 이탈리아(13세기보다 빨랐을 수도 있다), 1348년에는 프랑스, 1356년에는 오스트리아, 1391년 독일, 1411년 스위스, 1405년 플랑드르, 1491년 폴란드, 1494년 잉글랜드, 1499년 보헤미아, 1546년 헝가리, 1576년 러시아, 1586년 네덜란드, 1591년 스코틀랜드, 1635년 덴마크, 1690년 노르웨이와 북아메리카, 1818년 호주로 이어진다. 종이 만드는 기술은 국가에서 국가로, 도시에서 도시로, 공방에서 공방으로 전해져 전형적인 '도미노 효과' 양상을 띤다.

이베리아 반도에서 처음 구체적으로 제지소가 언급된 것은 1056년으로 거슬러 올라간다. 직접 재배한 아마로 만든 품질 좋은 리넨으로 유명한 발렌시아 남서쪽에 있는 도시 하티바[24] 근처였다. 그곳에서 처음에 정확히 어떻게 종이가 만들어졌는지는 추측할 수밖에 없지만 남아 있는 견본을 분석한 결과에 따르면 섬유로 넝마를 사용했고 카라바체크 교수의 추측대로 펄프화 작업은 수력으로 움직이는 피스톤이나 방앗공이라고 하는 기계 해머를 이용해 돌통에서 이루어졌을 것이다. 그것을 뒷받침하는 확실한 증거는 없지만 말이다.

제지법이 서양으로 전해진 경로에 대한 상상 속 이야기는 제2차 십자군 전쟁에서 포로로 붙잡혀 다마쿠스의 제지소에서 일해야만 했던 프랑스 병사가 1157년에 무사히 고향으로 돌아가 프랑스에 기록되지 않은 제지소를 세웠다는 것이다. 물론 흥미롭기는 하지만 이 이야기가 오랫동안 전해지는 이유는 오로지 그 병사의 이름이 장 몽골피에라는 이유로 훗날 뛰어난 제지기술자이자 인간 비행의 선구자가 되는 몽골피에 형제의 조상이라고 생각되어지는 탓이다. 조제프 미셸 몽골피에에와 자크 에티엔 몽골피에 형제는 1783년에 세계 최초로 인간을 태운 열기구를 하늘로 띄워 보냈다. 몽골피에 형제는 비달롱에 있는 가족 운영 제지소에서 만든 종이를 삼베 자루에 세 겹으로 붙였다. 하지만 그 제지소는 1348년에야 문을 열었다. 몽골피에 형제이 제지소를 진신으로 하는 캔슨 앤 몽골피에[25]는 오늘날에도 여전히 프랑스의 질 좋은 제지업체로 남아 있으며 열기구 모양을 회사 로고로 사용한다.

어쨌든 몽골피에 병사의 이야기는 확실한 사실 하나를 강조하고 있다. 사람들이 제지법을 배우려고 문화와 지리의 경계를 넘나들었다는 것이다. 앞에서 살펴본 것처럼 중국은 한국과 일본, 아랍에 제지법을 전파했고 아랍은 스페인과 이탈리아에 전했으며 이탈리아에서는 독일의 기업가 울만 스트로머Ulman Stromer가 마르코와 프란시스코 디 마르치아 형제를 고용해 1390년 알프스 북쪽의 뉘른베르크에 최초의 제지소를 설립했다. 1493년에 하르트만 셰델의 『뉘른베르크 연대기 Nuremberg Chronicle-Liber Chronicarum』에 수록된 뉘른베르크 전경이 담긴 두 페이지 크기의 목판화에서 스트로머의 제지소가 보인다. 성벽 바깥에 위치해 있으며 위쪽에서 흘러 내려오는 시냇물이 물레바퀴를 돌린다.

중세 제지소의 하루 일과를 엿볼 수 있는 기록도 남아 있다. 스트로머는 사업 일지를 비롯하여 제지 작업을 꼼꼼히 적어놓은 기록을 남겼다. 그는 필요 장비를 만들고 용수권을 협상하고 관심 있는 원료를 확보하고 종종 제멋대로 구는 일꾼을 다루는 법 등을 상세히 적어 놓았다. 특히 이탈리아인들은 말썽을 부리기 일쑤였는데 그들은 얼마 되지 않아 스트로머에게 임대료만 내고 자신들이 데려온 일꾼들을 쓰게 해달라고 요구했다.

스트로머는 일꾼들을 고용하기 전에 법적인 맹세를 한 점을 들어

뉘른베르크 전경. 오른쪽 하단에 울만 스트로머의 제지소가 보인다. 『뉘른베르크 연대기』에 수록, 1493년.

반대했다. 모든 이탈리아인은 제각각 "이곳 독일의 롬바드 마운틴 지역에서 나와 내 후계자를 위해서만 종이를 만들 것"과 "종이 만드는 법을 타인에게 가르쳐주거나 이탈리아에서 독일로 종이를 만들러 오는 사람에게 그 어떤 식으로 설명하거나 조언하거나 도와주거나 이끌어주어서는 안 된다"고 '성자에게 맹세'[26]했다는 것이다. 나아가 스트로머는 고용 '첫해'에 이탈리아인들이 '매우 반항적'이었고 전면 가동 시 열여덟 개의 방앗공이가 작동되는 두 개의 물레바퀴에 이어 세 번째 물레바퀴를 설치하라고 한 것을 거절함으로써 자신의 일을 '방해'했다고 했다. "내가 롬바르디아에서 더 노련한 일꾼들을 데려올 수밖에 없도록 하는 것이 그들의 뜻이지만, 나는 그러고 싶지 않았다." 합의에 도달하지 못한 스트로머가 이탈리아인들을 체포하여 '작은 방'에 사흘 동안 구금하자 그들이 그의 요구에 응했다.

이 논쟁에서 지렛점은 펄프의 완벽한 준비에 있었는데 그러려면 섬유가 끊이지 않고 공급되어야만 했다. 이는 제지기술자들이 500년 이상 가장 몰두한 문제였다. 스트로머의 일지에 강조되어 있듯 산업화 이전 시대에는 지켜야 할 영업 비밀이 있었지만 시간이 지나면서 기본적인 제지법은 정교함과 독창성의 정도에서만 차이기 생겼다. 이슬람의 초기 제지기술자들은 넝마를 물에 발효시키고 초목회를 넣어 삶아 헹궈냄으로써 펄프화했을 것이다. 제지법을 전수해준 중국인들이 했던 대로 고해 작업은 돌이나 나무망치, 막자사발, 절구 등을 이용해 분명히 수작업으로 이루어졌을 것이고 나중에 발로 움직이는 기계 해머로 바뀌었을 것이다.

아랍인들이 스페인과 이탈리아에 제지법을 전파할 무렵에는 카라바체크 교수의 추측대로 수력 파쇄기가 이미 사용되고 있었을 것이다. 하지만 이것은 어디까지나 추측일 뿐이다. 일부 지역에서는 동물 몇 마리를 시켜 숫돌을 움직이게 했고 네덜란드에서는 풍차를 이용했다. 13세기에 파브리아노에서 단백질이 풍부한 젤라틴 사이제[27]가 도입되어—동물 가죽이나 뿔, 발굽, 뼈로 만든 첨가물, 아마도 인근의 무두질장이가 완성했을 것이다—종이 표면이 깃펜에 적합하도록 단단하고 불투명해졌다.

17세기 후반에 실용주의적인 네덜란드에서 기계가 개발되어 섬유의 정제 과정이 열 배는 빨라졌다. 오늘날 홀랜더 고해기라고 불리는 이 독창적인 장치는 직사각형 금속 날이 달린 회전축이 부드러워진 넝마를 커다란 타원형통에 대고 회전시키면서 마치 구식의 수동 잔디깎이처럼 펄프로 분쇄해준다. 100년 후 영국의 제지기술자 제임스 왓맨James Whatman은 놋쇠로 된 쇠그물 덮개가 달린 몰드를 개발했다. 덕분에 사슬 연결고리가 습지에 남기는 그물무늬가 사라져 종이 표면이 더욱 매끄러워져서 인쇄업자, 지도제작자, 예술가들이 선호하게 됐다.

『뉘른베르크 연대기』에는 스트로머 제지소의 외관밖에 보이지 않지만 그 내부 구조는 당시 다양한 산업을 묘사한 것으로 유명한 뉘른베르크의 목판화가 요스트 암만Jost Amman의 작품에서 보이는 모습과 크게 다르지 않았을 것이다. 암만의 목판화는 16세기의 종이 만드는 과정을 한눈에 보여준다. 뒤쪽에 난 두 개의 창문 밖으로 나무 물레바퀴가 방앗공이를 움직이고 안쪽에서는 기술자가 솜씨 좋게 원료통에 몰드를 담그고 있으며 잔심부름하는 소년이 습지를 한아름 들고 건조실로 가져간다. 뒤편의 나사식 압축기가 몰드에서 물을 빼준다. 습지를 펠트 천에 올려 쌓는 단계만 그림에서 빠져 있다. 19세기에 제

「북 오브 트레이드The Book of Trades」에 요스트 암만이 그린 초기 독일 제지소 모습.

지기가 만들어지기 전까지의 기본적인 제지 공정이었다.

섬유를 구하는 일은 경쟁이 심하고 종종 논쟁을 불러일으키는 작업이었다. 중세 기술에 관한 권위자 린 화이트 주니어Lynn White Jr.는 1974년에 '예측하지 못한 결과'[28]를 주제로 한 논문에서 '큰 그림'으로 볼 때 유럽인들이 폐기 섬유를 재활용하는 아이디어를 아랍에서 전수받았는지 스스로 생각해냈는지는 관계없다고 주장했다. 그는 14세기 유럽에 물레가 등장한 덕분에 아마 셔츠와 속옷, 아마 침구류, 수건 생산이 엄청나게 증가했다고 지적했다. 그러한 혁신적인 발달은 예측 가능한 것이었다. 그러나 갑작스러운 아마 넝마의 과도한 공급으로 새로운 제지 산업에서 생산 증가, 가격 인하, 소비 증대가 가능해지리라는 것은 예측하지 못한 결과였다. "1280년에 이탈리아 볼로냐에서 이미 종이는 양피지보다 여섯 배나 쌌다." 이는 독일의 금세공인 요하네스 구텐베르크Johannes Gutenberg가 "기계적인 필기 수단을 실험하고 마침내 그 방법을 발견했을 때 막대한 자금을 투자하기에" 충분할 정도로 강력한 자극제가 됐다. 린 화이트는 "이러한 구텐베르크의 업적은 물레 덕분에 가능했던 것으로 추정된다"라고 했다.

1450년대에 도입된 인쇄술은 단 50년 만에 유럽을 장악했다. 일부 자료에 따르면 1500년까지 약 2,000만 부의 책이 생산되었고 종이 수요도 엄청나게 늘어나 넝마의 공급이 딸렸다. 마차로 돌아다니며 버려진 직물을 거래하는 행상들의 이야기도 많다. 그렇게 부족한 넝마를 찾아 헤매는 노력은 20세기까지 계속됐다. 유럽 제지 산업의 초창기, 잉글랜드에서는 모직물이 많이 생산되었지만 주요 아마 생산지는 아니었다. 이것은 16세기 후반까지 영국에서 제지소가 번성하지 못한 여러 이유 중 하나였다. 또한 17세기 말까지 잉글랜드와 스코틀랜드, 웨일스, 아일랜드의 인쇄업자들이 이탈리아와 프랑스, 독일, 네덜란드에서 수입된 종이에 의존한 이유이기도 했다. 영국의 첫 번째 장기적인 성공은 프랜시스 드레이크 경이 이끄는 용감무쌍한 함대가 스페인의 무적함대를 무찌른 1588년에 엘리자베스 1세의 보석 세공인이었던 존 스필먼John Spilman이 다트퍼드에 있는 옥수수 제분소를 고급 백지를 만드는 공장으로 개조해 고향 독일에서 데려온 기술자들을 채용한 것이었다.

한편 섬유를 구하는 일은 여전히 아무런 규제나 기준 없이 이루어졌다. 그런데 1636년에서 1638년까지 영국 전역을 휩쓴 전염병이 유럽 대륙에서 수입된 넝마 때문이라는 소문이 퍼졌다.[29] 점차 줄어드는 공급에 대한 부분 대응으로써 영국 의회는 1666년에서 1680년에 걸쳐 '모직물 매장법'이라고 불리는 몇 가지 법률을 통과시켰다. 전염병 사망자를 제외하고 모든 친인척의 시신을 영국산 모직물로 만든 수의를 입혀서 매장해야 한다는 내용이었다. 치안 판사 앞에서 법률 조항을 준수했다는 맹세를 해야 하며 지키기 않을 때에는 5파운드의 벌금이 부과됐다. 1666년에 승인된 그 정책은 "모든 시신은 하나도 빠짐없이 영국산 모직으로 만든 수의를 입혀 매장해야 한다. 그 밖에 아마, 삼, 명주, 모발, 금 또는 은으로 만들어졌거나 혼합된 셔츠나 원피스, 이불은 절대로 불가하다"[30]라는 꽤나 구체적인 내용이었다. "아마의 해외 수입을 줄이고 국내 모직과 종이 제조자들을 장려하기 위해서"라는 정당한 이유에서였다. 이 금지법은 널리 시행되지는 못했지만 계속 유효하다가 1815년에 공식적으로 폐지됐다.

넝마 무역에 관한 17세기 참고 서적을 언급할 필요가 있겠다. 극작가 토머스 데커Thomas Dekker와 조지 윌킨스George Wilkins는 1607년에 쓴 논문에서 어느 작가의 작품에 분노와 증오를 가득 쏟아내면서 "역병이 득실거리는 도랑에서 죽은 거지의 지독한 시체를 감쌌던 더러운 아마 넝마로 만든"[31] 종이에 인쇄되어야 마땅하다고 깎아내렸다. 1641년에 왕족들 앞에서 공연된 시인 에이브러햄 카울리Abraham Cowley의 연극 〈수호자The Guardian〉에는 이런 대사가 나온다. "그의 반바지와 모자는 내가 준 것이다.[32] 그 전까지만 해도 제지소에 가득한 넝마처럼 하고 다녔다."

종이 펄프를 만드는 분쇄기가 담긴 최초의 삽화. 『노보 테이트로 디 머신 엣 에디피치Novo Teatro di Machine et Edificii』에 수록. 비토리오 존카Vittorio Zonca, 1607년.

한때 독일과 미국의 제지공장 간부였던 칼 호프만Carl Hofmann은 1873년 '종이 제조업자에 관한 실용적인 논문'으로 평가받은 제지법의 기본을 다룬 글의 서문에서 "오늘날 종이는 무한한 원료로 만들어지기 때문에 모두 열거하기가 불가능하다"라고 했다. 그러나 최고의 종이를 만들기 위한 원료는 단 하나뿐이라면서 "넝마가 왕이다!"[33]라고 강조했다.

이러한 분위기는 19세기의 교육자 헨리 바너드Henry Barnard가 미국의 부와 영향력의 역사에 관해 쓴 글에도 나타났다. 그는 제지 산업이 기술의 발달에도 불구하고 여전히 최상품 생산을 위해 자투리 아마 넝마에 전적으로 의존하며 그 넝마의 상당량이 투지 넘치는 기회주의자들에 의해 공급된다고 적었다. "부지런하지만 미적 감각이 뛰어나거나 청결하지는 않았던 쉬포니어chiffonier[34]들은 재받이통이나 시궁창, 거리에서 회수된 쓰레기에서 넝마나 버려진 종잇조각을 남김없이 모아 꼼꼼하게 분류하여 지료 상인들에게 팔았다.” 프랑스어로 '넝마 줍는 사람'이라는 뜻이고 '쓰레기 더미 뒤지는 사람'을 완곡하게 표현하는 쉬포니어는 그런 관행이 사라지면서 더 이상 미국에서 사용되지 않았으나 한때 도시 생활의 낯 뜨거운 현실을 보여주는 단어였다.

R. R. 바우커 출판사 설립자인 리처드 로저스 바우커Richard Rogers Bowker는 1887년에 자신이 편집자로 있었던 《하퍼스 뉴 먼슬리 매거진》 기사에서 얼마 전 '종이 한 장의 시작과 끝'을 찾아서 미국의 '근대적인 제지공장'을 방문한 일에 대해 이야기했다. 당시 통나무로 펄프를 만드는 공정이 제지 산업에 혁신을 일으키고 있었지만 오랜 전통은 쉽게 사라지지 않는 것처럼 보였다. “이 잡지에 사용된 종이처럼 최고 품질의 종이를 만들려면”[35]—《하퍼스》는 당시 대표적인 간행물 중 하나였다—“다른 것들의 끝인 넝마에서 시작해야만 한다”라고 적었다.

다른 제조품의 폐기물에 의존하는 공급망의 특성상, 유럽과 북아메리카에서는 넝마의 안정적인 공급원이 불투명했으므로 대체 섬유질을 찾으려는 노력이 계속됐다. 제이콥 크리스티안 샤퍼가 18세기에 제지공정에 사용되지 않았던 식물 섬유로 실험하고 쓴 책은[36] 제지법의 중요한 저작물이다. 다드 헌터가 가능성을 넓힌 새로운 시도라고 칭찬한 샤퍼의 실험은 1765년에서 1771년에 '넝마 없이 종이를 만드는 실험'이라고 번역되는 긴 독일어 제목으로 된 여섯 권의 책으로 출간됐다.

독일어로 쓰인 책이지만 샤퍼는 평생 과학 연구를 후원하고 전년도에 자신을 회원으로 뽑아준 영국 왕립협회 후원자이기도 한 조지 3세에게 바친다는 헌사를 영어로 썼다. 또 본문 내용만큼 중요한 것은 각 권마다 수록되어 그의 책을 역작으로 만들어준 정확한 일러스트와 훌륭한 종이 견본이었다. 다드 헌터는 자신의 저서에 영어로 번역하여 길게 발췌할 정도로 중요하게 여겼다. 황새풀, 흑양 솜털, 양배추 줄기, 물이끼, 은방울꽃 이파리, 아욱, 명아주, 솔방울, 호두, 튤립, 부들, 엉겅퀴, 인디언 옥수수 껍질, 금작화, 감자 껍질 등 여든일곱 가지 섬유를 실험했다. 독일 바이에른 주 레겐스부르크에 있는 그의 집 정원에서 직접 기르거나 인근 들판에서 채집한 것들이었다.

표백제는 1774년이 되어서야 발명되었으므로 샤퍼는 표백제를 넣지 않고 종이를 만들었기 때문에 모든 종이마다 본연의 색조가 남았다. 또한 그는 직접 채집한 말벌집으로 만든 견본도 포함시켜 프랑스의 물리학자이자 곤충학자이며 자연주의자인 르네 레오뮈르의 선구적인 연구를 인정했다. 1719년에 발표한 레오뮈르의 날아다니는 곤충의 채집

18세기 제이콥 크리스티안 샤퍼의 제지 섬유 실험 결과가 담긴 책으로 다드 헌터 개인 소장. 펼친 부분은 수제 종이 견본이 들어간 페이지.

행위 연구는 쇄목펄프가 종이 원료로 사용되도록 이끌었다. 샤퍼는 실험적인 종이를 만들기 위하여 우선 식물 원료를 칼로 잘라서 소형 방앗공이로 펄프화했다. 그 모습은 권두 삽화와 전면 삽화로 소개됐다.

"내 집에서 처음부터 끝까지 모든 재료를 실험해보기로 마음먹었다." 실험에서 즐거움을 느낀 샤퍼는 몇 년 동안 그것을 '정기적인 겨울 활동'으로 삼았다. "생각했던 것보다 훨씬 좋은 결과가 나올 때의 달콤한 만족감이란! 머지않아 나는 꽤 괜찮은 새로운 종이를 만들 수 있게 됐다." 샤퍼는 실험에서 만족스러운 결과를 얻었지만 아마추어로 접근한 것일 뿐, 그 지식을 레오뮈르처럼 상업적으로 활용해볼 생각은 없었다. 그저 다른 사람들도 도전해보도록 알려주는 것으로 족했다.

젊은 시절에 유럽 대륙에서 군인으로 복무한 포메라니아 출신의 기업가 마티아스 쿱스Matthias Koops는 상업적인 목적으로 실험을 했다. 1790년에 영국인으로 귀화한 그는 아마나 면으로 된 넝마에 의존하지 않는 일반 규격 종이의 생산 가능성을 엿보았다. 1800년에 『사건을 묘사하고 생각을 전달하는 데 사용된 물질의 역사에 대하여, 태곳적부터 종이의 발명까지』라는 95쪽 분량의 책으로 그의 노력은 첫 번째 결실을 이루었다. 표면상으로는 필기 재료의 역사에 대한 개요였지만 알맹이는 예비 투자자들을 위한 영업이었다. 샤퍼와 마찬가지로 쿱스도 조지 3세에게 바치는 요란스러운 헌사를 넣었다. 당시 조지 3세의 재임 기간은 40년에 접어들고 있었다. 1760년에서 1820년까지 이어진 그의 재임 기간은 영국 입헌군주제 역사상 세 번째로 길었다.

쿱스는 왕에게 바치는 헌사에서 특허를 받은 것에 감사함을 표시했다. 그가 받은 특허는 폐지에서 잉크를 추출하여 글쓰기와 인쇄에 '알맞은' 백지로 바꾸는 기술, 그리고 "짚과 건초, 엉겅퀴, 삼과 아마의 폐기물, 여러 종류의 나무와 나무껍질"로 종이를 만드는 기술이었다. 속표지 단 한 줄만 읽어도 쿱스가 어떤 개념에 대해 이야기하고 싶은 것이 아니라 버몬지의 네킹거 마을에 설립한 제지소를 토대로 제지 사업을 확장하기 위한 도움이 필요할 뿐이라는 사실을 알 수 있었다. 그는 독자가 지금 읽고 있는 책이 "오직 짚을 이용해 만든 최초의 쓸모 있는 종이로 인쇄한 것이다"라고 했다. 나아가 넝마 부족과 종이 생산을 저해하는 현상을 경고함으로써 자신의 사업을 정당화했다. "근래에 유럽 전 지역이 넝마 부족 현상을 겪었지만 영국이 가장 큰 타격을 받았다." 또한 "넝마가 적절하게 공급되지 않는 유해한 결과로 수많은 제지소가 문을 닫았다"[37]라고 덧붙였다.

새로운 투자자들로부터 7,000파운드의 종자돈을 모은 쿱스는 즉각 웨스트민스터의 밀뱅크에 새로운 제지소를 지었다. 단 1년 만에 나온 그의 책 재판본은 재활용한 폐기물로 만든 종이에 인쇄되었는데 오늘날 최초의 시도였다고 인정된다. 그러나 투자금을 공장 건설과 기계 장비에 전부 써버린 터라 그의 사업은 이내 파산하고 말았다. 넝마를 대체할 원료를 찾는 일도 다음 세대로 넘어갔다.

샤퍼의 책과 마찬가지로 쿱스의 책도 매우 희귀해서 PDF portable document format(이동 가능한 문서 포맷) 파일로 읽게 되었을 때도 기뻤는데 하버드 대학교 휴턴 도서관에서 원본을 만났을 때는 더욱 특별한 흥분에 휩싸였다. 가는 모래 같은 질감의 황색 종이는 짚으로 만든 것이 분명했다. 하지만 가장 큰 인상을 남긴 것은 만들어진 지 200년이 넘었는데도 갓 자른 풀냄새 같은 기분 좋은 향기가 난다는 사실이었다. 나는 중국 여행을 함께했고 제이콥 크리스티안 샤퍼에 관한 박사 학위 논문을 쓰기도 한 영국의 크리스틴 해리슨에게 그 사실을 이메일로 거듭 강조했다. 역시 종이를 만드는 사람인 그녀는 "오늘 저녁쯤에는 종이가 되어 있을 수선화 잎을 섞고 있어요. 가장 마지막 시도는 해초 종이였어요. 아주 예쁘고 아직도 바다 냄새가 납니다!"라고 답장을 보내왔다.

쿱의 시도는 단기적으로는 실패처럼 보이지만 대체 공정의 실현 가능성을 보여주었다. 그는 곧 영국에서 꽃피어날 산업혁명의 선도자 격이었다. 제지법에 관한 또 다른 혁신적인 시도에도 부침이 있었다. 실제로 프랑스에서 발명된 기계는 펄프를 대량 생산하는 홀랜더 고해기만큼 종이 생산에 혁명을 가져왔다고 입증되었지만 파산이라는 불명예를 겪은 후에야 널리 전파됐다.

오늘날 푸어드리니어 기계(장망초지기)라고 알려진 기계는 발명가 루이 니콜라스 로버트Louis Nicolas Robert가 1799년에 프랑스에서 얻은 디자인 특허를 토대로 만든 것이었다. 개발에 많은 투자를 한 영국의 부유한 서적상 실리와 헨리 푸어드리니어 형제의 이름을 땄다. 이 기계의 가장 확실한 활용도는 바로 벽지 한 롤을 만들 수 있다는 것[38]이었다. 중국에서 장식용 색종이가 들어오면서 프랑스에서는 벽지가 유행했다. "근대 초지기의 원리는 모두 똑같다"[39]라는 다드 헌터의 말처럼 푸어드리니어 기계도 위에서는 섬유를 결합하고 아래에서는 물을 빨아들여 빼주는 과정을 통해 '끝없는 쇠그물' 위에서 종이가 만들어졌다.

프랑스에서 사업 추진에 실패하자 로버트의 후원자인 생 레제 디도Saint-Leger Didot라는 기업가는 영국으로 아이디어를 가져갔고 푸어드리니어 형제가 원형 제작에 6만 파운드를 투자했다. 그 기계는 꽤 많은 종이를 만들어냈지만 채권자와 수탁자들의 계속된 소송으로 결국 작업을 중단할 수밖에 없었다. 그러나 다른 기술자들이 기존의 특허에 사용료를 지불하지 않고 더욱 개선된 디자인으로 설계할 수 있었다. 한편 자르지 않은 종이 한 롤을 만드는 기술은 윤전인쇄기의 개발로 이어졌고 즉각 신문 산업에 혁명을 일으켰다.

기계와 화학약품, 쇄목펄프, 표백제 사용이 늘어나면서 제지법은 공예보다는 조립 생산 산업의 특징이 강해졌고 품질 또한 현저하게 낮아졌다. 근래에 이르러서야 오랜 세월을 버텨야 하는 공문서용 종이 생산이 늘어나면서 질 좋은 종이를 만들려는 노력이 되돌아왔다. 사서이자 책 문화 역사학자로 30년 넘게 제지법을 연구한 존 비드웰[40]은 바로 그 시대를 집중적으로 살펴보았다. 그는 종이의 낭만과는 거리가 멀고 제지법이 주요 산업으로 변모한 시대라고 말한다.

"이론적으로 종이는 눈에 띄면 안 됩니다. 눈에 띈다는 것은 문제가 있다는 뜻이기 때문이죠." 비드웰은 그가 인쇄서와 제본 부문 큐레이터로 일하는 뉴욕 모건 도서관 및 박물관 사무실에서 이루어진 인터뷰에서 이렇게 말했다. "큰 모순이라는 것을 나도 알고 있습니다. 예술 인쇄의 경우 질감과 색깔, 재료, 가공이 잘된 종이에서 나는 탁탁 소리를 알아차리게 됩니다. 하지만 상업 출판에서 종이가 의식된다는 것은 고쳐야 할 문제가 있다는 뜻이지요." 비드웰은 티모시 바렛과 샬롯스빌에 있는 버지니아 대학교 산하 레어 북 스쿨에서 학생들을 가르쳤다. 일주일 단위의 집중적인 강좌 프로그램인데, 나도 이 책의 연구 조사 작업 초기에 수료했다. 바렛은 제지 공정의 미학을, 비드웰은 역사를 주로 담당했다. "티모시와 내가 좋은 파트너인 이유는 서로 완전히 다른 관점에서 종이를 바라보기 때문입니다." 비드웰이 나에게 말했다.

"알다시피 티모시는 공예 쪽에 관심을 기울이고 예술 인쇄의 세계에 몸담고 있습니다. 최고급 종이에 관심이 많죠. 반면 저는 종이의 산업화에 관심이 있기 때문에 1790년대부터 약 1860년대까지 시기에 관심이 많습니다. 처음부터 종이는 책 산업의 필수품이었지만 산업화 이전에는 가격이 비쌌어요. 이 시기에는 전반적으로 책 산업에 엄청난 변화가 일어났습니다. 증기 압축기, 연판인쇄, 석판인쇄 등 온갖 새로운 기술이 동시에 쏟아졌죠. 종이 산업에도 큰 변화가 일어났고요. 출판업자나 저자, 인쇄업자라면 가장 큰 관심사가 종이의 가격일 겁니다. 내가 즐겨 쓰는 표현이 있어요. 티모시는 좋은 종이를 찾지만 반대로 나는 나쁜 종이를 찾는다고요. 산업화 시기에 비용 절감 수단이 되었던 종이를 찾는다는 뜻이죠. 예를 들어 나는 표백제가 처음 사용된 종이에 관심이 많습니다. 질이 낮고 나쁜 종이지만 내 관심을 끌죠."

비드웰은 종이 역사학자로서 순수주의자의 관점으로 종이라는 매개체에 접근해야만 한다고 말한다. 종이 연구는 아무것도 쓰여 있지 않은 것에서 시작하기 때문이다. "인쇄에 관심 있는 사람이나 활자의 역사에 관심 있는 사람이라면 시각적인 정보를 참고해 연구할 수 있습니다. 하지만 종이 역사학자는 그보다 훨씬 미묘한 상황에서 주제를 대할 수밖에 없어요. 다드 헌터 같은 열정적인 선지자가 나온 것도 그래서겠죠. 종이를 연구하는 이들은 사람들의 흥미를 끌려면 한층 더 노력해야만 했습니다. 결국 종이는 하나의 매개체에 지나지 않으니까요. 종이는 그 자체가 정보의 방식이 아니라 정보를 위한 수단이 되어야 합니다."

이렇게 '나쁜' 종이를 전문으로 연구하는 비드웰은—미국 서지학협회의 회장을 역임한 그는 나와 만났을 당시 1690년부터 1830년까지 미국에서 운영된 제지소를 찾고 설명하는 프로젝트를 진행하고 있었다—영국의 예술 인쇄 출판업자인 존 랜들John Randle이 1986년에 옥스퍼드 대학교 출판사로부터 손에 넣은 대량의 종이묶음을 보고는 평소 고수해온 법칙을 거의 깨뜨릴 뻔했다. 옥스퍼드 대학교 출판사가 인쇄 작업을 중단하고 하청을 주기 시작해서 종이가 대량으로 남게 된 것이었다. "귀중한 공예품이 말 그대로 길거리로 나오게 된 것이었죠." 비드웰에 따르면 1900년부터 1970년까지 책을 인쇄하고 남은 수제 종이가 창고 가득 들어갈 정도로 남았다. 휘팅턴 출판사 사장 존 랜들은 비드웰에게 한정판으로 활판인쇄로 발행될 포트폴리오에 수록될 "종이 견본에 대한 해설을 몇 줄 써달라"고 부탁했다.

"사서라면 누구나 흥미를 느낄 만한 일이었습니다. 모두 빈 종이였기 때문에 어떤 책에 어떤 종이가 사용되었는지 찾기가 어려웠어요. 워터마크가 있으면 가능합니다. 양각기로 측정하고 책들을 뒤져보면서 '그래, 바로 이 종이구나' 하고 알 수 있으니까요. 내가 그 책에 담긴 새로운 발견을 했다는 사실이 자랑스럽습니다. 처음에는 종이마다 설명 몇 줄을 쓰려고 했던 게 약 200페이지 분량이 되어버렸어요." 1998년에 출판된 『옥스퍼드 대학교 출판사의 훌륭한 종이Fine Papers at the Oxford University Press』에 대해 비드웰이 말했다. "영국의 수제 제지업의 종말에 작별을 고한다고 할까요. 재미있는 것은 사람들이 기계가 도입되자마자 옛 방식이 사라진다고 성급한 결말에 이른다는 겁니다. 하지만 몇 가지 사례만 봐도 항상 그렇지는 않았어요."

그가 곧바로 덧붙였다. "오늘날 수제 종이는 대부분 종이 예술"이기 때문에 대량 생산 인쇄에 적합하지 않다. "티모시 바렛도 대량 생산 인쇄에 적합한 종이를 만들지 않습니다. 수제 제지기술자들은 대부분 동의하지 않을지도 모르지만, 그들은 종이가 종이로 보이게 만드는 제품을 만들고 있어요. 제2차 세계대전 이후 영국의 제지 공방들이 문을 닫았고 손으로 만드는 종이는 더 이상 수지타산이 맞지 않게 되었습니다. 그래서 잃어버린 예술이라는 겁니다. 내가 옥스퍼드 대학교 출판사의 종이에 관여하게 된 이유는 그 마지막을 연대순으로 기록할 수 있기 때문이었어요. 티모시는 좋은 종이에 관심이 있고 나는 나쁜 종이에 관심이 있지만, 그때만은 예외였죠. 도저히 거부할 수 없는 기회였거든요."

제4장

넝마에서 창조한 부

넝마는 거짓을 감추는 아름다움입니다.

그러나 그것으로 종이를 만들면 눈을 매혹시킵니다.

넝마를 아끼면 새로운 아름다움을 발견할 수 있습니다.

종이는 모두가 사랑합니다.

펜과 인쇄기는 지식을 진열하지만 종이가 없으면 불가능할 것입니다.

불가사의하고 신성한 만물의 지혜가 종이 위에서 환하게 빛납니다.

　－《보스턴 뉴스레터》, 대중에게 종이 만드는 데 필요한 넝마를 간청하는 글, 1769년 5월 6일과 23일

종이 수요로 이번 주에는 고객들에게 반 장 이상 공급할 수 없음을 죄송스럽게 생각합니다. 현재 우리 지역에 발생한 종이 부족 현상은 제지소가 생기지 않는 한 계속될 것입니다.

　－아이자이어 토머스, 《매사추세츠 스파이》, 1776년 2월 7일

3개월도 되지 않아 기계가 전국에 퍼진 맷돌을 완전히 대체했고 거대한 공장들이 생겨났다. 이러한 산업 기술의 번성과 함께 제지 도시 심지어 은행도 발달하게 됐다. 면과 아마 넝마처럼 하찮아 보이는 물건이 가져온 놀랍고 만족스러운 결과를 보라.

— 조엘 먼셀, 『종이와 제지법의 연대기』, 1864년

•

유럽에서 금속활자가 발명된 것은 종이가 풍부해진 것과 직접적인 관련이 있다. 이것은 자연의 섭리지만 영국령 북아메리카에서는 투쟁의 순서가 반세기 이상 바뀌었다. 인쇄가 앞장서고 몇 세대가 지나서야 공급이 계속해서 늘어나는 수요를 따라갈 수 있게 됐다. 전통적인 서양식 제지법에서 충분한 넝마와 순수한 물은 첫 번째 필수조건이고 분쇄, 펄프 만들기, 롤링, 몰딩, 가공, 건조, 비싼 장비 구입, 노련한 기술자 동원, 고해기 작동에 필요한 동력 공급 같은 과정도 포함됐다. 또한 17세기에 인쇄기와 금속활자체, 수제 종이 꾸러미를 긴 항해로 운송하는 것도 쉽지 않은 일이었지만 인쇄소가 생겨나고 가동된 후에는 수요만 적절하다면 운송 문제는 극복할 수 있었다.

1639년 매사추세츠 주 캠브리지에 아메리카 대륙 최초의 영어 인쇄소가[1] 생긴 이유도 그 때문일 것이다. 인쇄기를 배에 싣고 아메리카로 온 인쇄업자 스티븐 다예Stephen Daye가 할 일은 식민지 정부의 법문서와 영국 정착민들을 위한 종교 책자를 만드는 것이었다. 다음 해에 다예는 프랑스산 종이 115연으로 『시편』 전편 영어 완역본 1,700권을 인쇄했다. 흔히 『베이 시편집The Bay Psalm Book』[2]이라고 불리는 이 책은 '신대륙의 구텐베르크 성경'이며 현재 단 11권만 전해진다.

그로부터 50년 후 윌리엄 리텐하우스William Rittenhouse가 필라델피아 외곽에서 종이를 만들기 시작할 무렵에는 매사추세츠와 펜실베이

니아, 버지니아에 소수의 인쇄업자들이 있었다. 그들의 주요 업무는 지방의 행정관리소와 성직자들의 주문이었다. 초기 연방정부 시대에 인쇄기 16대를 소유했으며 출판인쇄 역사가이자 1812년에 미국 골동품협회를 설립한 아이자이어 토머스Isaiah Thomas 같은 권위자가 요약한 것처럼 그들의 작업은 지루하고 단조로웠다. 그는 저서 『북아메리카의 인쇄사』에서 초기 식민 시대 인쇄업자들의 역할에 대해 "음울한 나라를 정착시키고 황무지 아이들을 개화시키는 위대한 일을 하는 일꾼들"[3]이라고 적었다.

특히 황무지 아이들을 개화시키는 임무는 청교도 선교사 존 엘리엇John Eliot[4]에게도 영향을 끼쳤다. 그는 1659년 하버드 대학교에 입학한 니프먹족[5]의 도움으로 성경을 편찬했다. 엘리엇은 로마 알파벳을 이용해 음성학적으로 단어의 철자를 받아 적으면서 성경의 신약과 구약을 당시 뉴잉글랜드 동부에 살고 있던 알콘킨족의 나티크어로 번역했다. 뉴잉글랜드 복음전도회가 1,000부 발행을 허가했다. 영국에서 두 번째 인쇄기가 보내졌고 네덜란드 종이를 특별 주문했으며 이 작업을 맡은 캠브리지 출판사의 새로운 관리자 새무얼 그린을 도와줄 견습생 한 명을 붙여주는 등 매우 복잡한 과정을 거쳐 이루어진 일이었다.

1663년에 작업이 끝난 후 『알콘킨 성경』—오늘날 '엘리엇 인디언 성경'이라고 불리는 성경의 정식 이름—몇 부가 런던으로 보내졌고 곧바로 매우 독특한 책이라는 평가가 내려졌다. 유럽에는 거기에 인쇄된 글을 이해할 수 있는 사람이 아무도 없었기 때문이다. 성경 제작 작업이 매사추세츠에서 이루어져야 한다는 주장이 나온 것도 애초에 그런 이유 때문이었다. 영국에서는 인쇄 작업 관리가 좀 더 효율적으로 이루어질 수 있겠지만 인쇄 중인 글자를 이해할 수 있는 사람이 없었기 때문이다.

그렇게 외래어로 된 책이 인쇄될 필요도 있었지만, 초기 식민지 주민들이 읽는 책은 여전히 본국에서 들여오는 책에 의존했다. 정착 초기에 북아메리카에서 인쇄되는 책이 부족한 탓이었다. 1639년에서 1700년에 걸친 60여 년 동안 아메리카 식민지에서 인쇄된 책과 소책자는 100권도 되지 않았고 각 인쇄 부수도 그리 많지 않았다. 벤저민 프랭클린Benjamin Franklin은 『자서전』에서 "책읽기를 사랑하는 사람들은 영국에서 책을 공수해야만 했다"[6]라고 적었다. 이 위대한 건국의 아버지는 1720년대의 자신을 지적인 자극에 목말라 있는 청년으로 묘사했다.

그 후 17세기 후반으로 접어들면서 신문의 도입이 식민지의 종이 수요를 바꾸고 가속시켰다. 몇십 년 앞서 영국을 장악한 사회연결망 현상이었다. 새로운 정착민들을 태운 배와 함께 떠나온 조국을 떠올리게 하는 좋은 소식들도 대서양을 건너왔다. 식민지의 시사지를 처음 발행한 사람은 벤저민 해리스Benjamin Harris였다. 주로 급진적인 소책자를 발행해온 그는 정부를 불쾌하게 만든 소책자를 발행한 죄목으로 거듭 투옥되었고 1686년에 영국을 떠났다. 보스턴에 새 둥지를 튼 그는 《런던 가제트》를 모델 삼아 새로운 소식과 공론을 담은 활기 넘치는 정기 간행물 《국내외 공공 사건》[7]을 발행했다. 월간지로 만들려고 했지만 1690년 9월 25일에 첫 호가 나오자마자 중단되고 말았다. 매사추세츠 만의 식민지를 통치하는 금욕적인 청교도들은 식민지가 어떻게 통치되어야 하는지에 대한 해리스의 무례한 견해와 프랑스 왕가에 간통이 만연하다는 터무니없는 시사에 불쾌감을 느껴서 발행을 금지시켰고 인쇄본을 전부 몰수해버렸다. 아이러니하게도 유일하게 남은 한 부는—30×50센티미터 종이를 한 번 접어 네 페이지로 만듦—위반 행위를 문서화하기 위하여 런던으로 보내진 책자였다.

1704년에 창간된 주간지 《보스턴 뉴스레터》[8]는 좀 더 안정적이었고 '런던과 인근 지역의 공공 인쇄소'에서 발행된 기사를 재인쇄했다. 그 유명한 특종 중에는 1718년 '검은 수염'으로 알려진 해적 에드워드 티치의 죽음, 노스캐롤라이나 해안에서 이루어진 오크러코크 인렛 전투 등이 있다. 《보스턴 뉴스레터》는 관계자들의 심기를 건드리지 않도록 주의한 덕분에 72년 동안 별 문제 없이 발행될 수 있었다.

더 멀리 남쪽의 펜실베이니아가 인쇄업의 중심지로 떠올랐다. 펜실베이니아에 건립한 '절대적인 소유주'였던 윌리엄 펜William Penn의 초청으로 1685년 중부 식민지들에 인쇄의 '기술과 수수께끼'를 전하기 위하여 아메리카로 건너온 윌리엄 브래드포드William Bradford[9]가 선구자 역할을 했다. 그가 처음으로 만든 것은 다양한 실용 정보가 담긴 다목적 연감이었다. 지역의 권위자에게 미리 제출하여 검사를 받아야 했는데 브래드포드는 펜 경을 불쾌하게 묘사한 부분을 삭제하고 앞으로 '위원회의 허가가 떨어진 것만 인쇄하라'는 지시를 받았다. 그가 그 충고를 무시하고 1692년에 발행한 소책자는 퀘이커 교도 통치자들을 비판한다는 인상을 주었다.

선동적인 명예훼손죄로 체포된 브래드포드는 재판에서 변론에 성공했고 다음 해 뉴욕에서 왕실 소속 인쇄업자가 되어달라는 제의를 받았다. 그는 뉴욕에 자리 잡자마자 뉴저지에도 인쇄소를 차렸고 또 다른 일도 하면서 식민지 세 곳에 작은 출판인쇄 제국을 건설했다. 브래드포드는 자신의 부재 시 펜실베이니아 인쇄소를 관리해줄 노련한 네덜란드 인쇄기술자를 영입했다. 양쪽 모두에게 유익한 결정이었다. 1712년에는 장성한 아들 앤드루 브래드포드Andrew Bradford가 맡았다. 앤드루가 출판업에서 이룬 업적은 1719년에 필라델피아의 첫 신문 《아메리칸 위클리 머큐리》를 창간한 것이다. 6년 후 그의 아버지는 뉴욕 지방의 첫 신문 《뉴욕 가제트》를 창간했다. 1916년에 리먼 호러스 위크스Lyman Horace Weeks는 만약 윌리엄 브래드포드가 "1700년대가 아니라 1900년대에 살았다면 근대의 출중한 사기꾼으로 빛을 발했을 것이다"[10]라고 했다.

브래드포드는 경쟁심이 강했고 파렴치할 만큼 야망이 컸기에 '사기 꾼'이었는지도 모르지만, 경쟁자보다 한 발 앞서 가는 재주를 가진 실 용주의자이기도 했다. 해외 수입에 의존할 수밖에 없는 종이 공급량 을 확보하는 그의 능력에서 가장 잘 나타났다. 뉴욕으로 가기 위해 필 라델피아를 떠나기 전, 브래드포드는 네덜란드에서 제지법을 배운 42 세의 독일 이민자 윌리엄 리텐하우스를 설득하여[11] 1690년 두 명의 투 자자와 함께 약 2만 5,000평의 임대 부지에 제지소를 차리도록 했다. 저먼타운 외곽에 지어진 그 제지소는 훗날 페이퍼 밀 런이라고 이름 붙은 위사힉콘크리크 지류로 흘러가는 강둑에 세워졌다.

1706년에 리텐하우스는 제지소의 온전한 소유권을 가지게 됐다. 브 래드포드는 자신의 지분을 내놓은 대신, 자신의 인쇄소에 좋은 값으 로 종이가 원활하게 공급되도록 했다. 계약서에는 브래드포드 부자 가 리텐하우스의 '인쇄용지'에 대하여 우선 매입권을 가진다는 내용 이 명시됐다. 그 지역의 종이 공급에 숨통을 조일 수 있는 권한이었 다. 1710년에 페이퍼 밀 런의 서쪽에 들어선 두 번째 제지소의 소유 주는 네덜란드 토박이로 리텐하우스 가문의 사위가 된 윌리엄 듀위스 William Dewees였다. 리텐하우스 가문의 제지소는 4대째 맥을 이어오 다 남북전쟁 기간에 막을 내렸다. 첫 번째 제지소가 있던 곳은 오늘날 페어마운트 공원 안에 있으며 국립역사지구로 선정되어 리텐하우스 타운이라고 불린다. 복원된 건물 중 한 곳에는 작은 박물관도 있다.

브래드포드 부자는 당대 미디어의 거물로서 20년이라는 세월 동안 종이 공급권을 꽉 쥐고 흔들었는데, 보스턴 출신의 야심찬 젊은이가 위협을 가했다. 청년 벤저민 프랭클린은 여러 측면에서 유명인사가 됐다. 그가 식민지 시대의 출판업이라는 안락한 세계로 입문하게 된 계기에는 몇 가지 사소한 아이러니가 존재한다. 특히 그가 1723년 필라델피아로 이주하기 전까지 뉴욕에서 다름 아닌 윌리엄 브래드포드 아래에서 일하려고 했다는 사실이다. 거절당한 프랭클린은 아들 앤드루가 있는 필라델피아에 가보라는 조언을 듣게 된다.

프랭클린은 당시 열일곱 살에 불과했지만 열두 살 때부터 형 제임스에게 가르침을 받아온 터라 이미 유능한 인쇄기술자였다. 제임스는 1721년에 보스턴에서 두 번째로 성공을 거둔 《뉴잉글랜드 쿠란트》를 창간했다. 브래드포드 부자에게서 정규직 일자리를 얻는 데 실패한 프랭클린은 인쇄소를 차린 지 얼마 되지 않아 보조가 필요했던 새무얼 카이머Samuel Keimer 밑으로 들어갔다. 그는 자서전에서 "인쇄를 전혀 모르는 단순한 식자공"이라고 카이머의 기술을 무시했다. 프랭클린은 활자와 잉크에 대한 전문성뿐만 아니라 타인이 정한 규칙에 따르면서도 계속 승리를 일궈내는 뛰어난 능력 덕분에 곧바로 무시할 수 없는 존재로 떠올랐다.

프랭클린이 카이머로부터 망해가는 《펜실베이니아 가제트》를 '푼돈'에 사들인 1729년, 식민지에 세 번째 제지소가 문을 열었다. 필라델피아 남서부에서 약 32킬로미터 떨어진 곳이었고 소유주는 토머스 윌콕스Thomas Willcox였다. 시간이 흐르면서 프랭클린과 윌콕스는 가까운 친구이자 동료가 됐다. 윌콕스는 프랭클린의 여러 사업체에 많은 양의 신문 인쇄용지를 공급해주었다. 윌콕스의 아이비 밀즈에서는 유럽 정부의 지폐용지를 만들었고 1879년 입찰 경쟁에서 크레인 앤 컴퍼니에게 밀려나기 전까지 미국의 최초 '지폐greenbacks'[12] 인쇄용 고품질 종이를 공급했다. 프랭클린은 급성장하는 사업체에 추가적인 종이 공급량을 확보하기 위하여 브래드포드 부자에게서 단서를 얻어 종이 산업에 적극적으로 개입했다. 그는 인쇄업에 종사하는 동안 최소한 18개 제지소에 자금을 댔고 한 발 더 나아가 넝마 시장을 장악했다. 그는 자서전에서 사실혼 관계에 있던 아내[13] 데보라가 "소책자를 접고 꿰매고 작업장을 돌보고 제지기술자들을 위해 낡은 아마 넝마를 구입하는 일 등 사업을 기꺼이 도와주었다"라고 언급했다.

필라델피아의 미국 철학회 도서관에는 1747년까지의 사업 활동이 상세하게 기록된 프랭클린의 회계장부가 보관되어 있다. 그 장부에는 1739년에서부터 1747년까지 펜실베이니아의 제지기술자 7명에게 모두 약 75톤의 넝마를 판 것으로 기록되어 있다. 프랭클린은 같은 기간 동안 그들에게 3,000연에 조금 못 미치는 여러 등급의 종이를 구입했다. 비록 이 수치는 오직 신용 판매만으로 이루어진 것이고 그 기간 동안 그가 행한 사업 활동의 일부에 지나지 않지만, 프랭클린이 제지산업에 깊숙이 관여했음을 증명해주고 남는다. 프랭클린의 작가와 인쇄업자로서의 경력을 연구한 제임스 그린과 피터 스탤리브래스는 이렇게 결론지었다. "벤저민 프랭클린은 의심의 여지 없이 식민지 시대 최대 규모의 종이 상인이었다."[14]

종이 수요가 가속화되자 식민지 정부는 종이의 공급을 특정 지위가 필요한 공익사업으로 간주했다. 윌리엄 브래드포드는 그런 좋은 기회를 놓칠 사람이 아니었다. 그는 1724년에 "15년 동안 이 지역에서 다른 모든 사람의 제지업을 금지시켜 달라"[15]는, 즉 식민지에서 제지업을 독점할 수 있는 권리를 달라고 뉴욕 총회에 청원을 넣었지만 실패로 돌아갔다. 거절당한 브래드포드는 뉴저지 엘리자베스타운에 있는 새로운 제지소에 투자했다.

1728년에 매사추세츠 식민지의 입법부는 제지업 장려법을 통과시켜 보스턴 상인들의 컨소시엄에 10년간 "이 지역 내에서 제지업에 종사하는 유일한 특권과 혜택"을 보장했다. 이들은 2년도 채 되지 않아 보스턴에서 남쪽으로 약 11킬로미터 떨어진 네폰셋 강에서 종이를 만들게 됐다. 다른 지역에서도 비슷한 시도가 이루어졌으나 리먼 호레이스 위크스는 제지업의 연대순 설문조사에서 "종이 제조는 종이 사용의 속도를 따라잡지 못했다"라고 지적했다. 위크스는 그러한 불균형의 원인이 식민지 내의 수익성 좋은 시장을 통제하고 있던 영국이 그 통제권이 흔들릴 수도 있는 산업을 승인하는 것을 "고의적으로 끈질기게 반대했기 때문"이라고 덧붙였다.

수요와 공급이라는 명백한 경제학을 넘어 광란의 종이 쟁탈전은 종이라는 상품이 아메리카 식민지의 필수가 되었음을 시사한다. 급기야 정부의 수입을 올리는 방법을 궁리하던 런던 공무원들은 종이에 대한 의존성을 이용한 전략을 생각해냈다. 영국에서는 1764년에 오늘날 인지세법Stamp Act[16]으로 알려진 전면적인 정책을 제안했다. 얼마 전에 끝난 프랑스-인디언 전쟁 때문에 상황이 급해진 데다 1694년에 이미 영국에서 실시된 정책을 본뜬 것이었다. 북아메리카의 지배권을 두고 프랑스, 스페인과 1756년부터 1763년까지 벌인 기나긴 전투로 영국의 국가 부채[17]는 거의 두 배 증가한 1억 3,000만 파운드에 달했다. 게다가 승리의 열매로 캐나다와 플로리다를 손에 넣은 영국은 미시시피와 오하이오 강 계곡을 따라 1만 명의 병사를 배치해야 했으므로 연간 적자액이 22만 파운드 더 늘어날 위기에 처했다.

설탕과 당밀, 인디고, 커피, 아마, 마데이라 와인 수입에 추가 부담금을 징수하는 데 실패한 의회는 그 대안으로 사회, 일상, 상업, 법, 규제 등 광범위한 거래에 요금을 부과하는 내부 조세법을 내놓았다.

1765년 인지세법에 따라 영국에서 만든 양각된 인지들. 매사추세츠 역사학회 컬렉션 중에서.

공통점은 모두 종이 문서로 비준해야 한다는 것이었다. 1765년 3월 22일에 입법부 승인이 떨어졌고, 신문은 정부에서 구입한 요철지에 인쇄되어야만 했다. 많은 역사학자들은 이 조항이 치명적인 결점이라고 여긴다. 술과 와인은 물론이고 카드와 주사위도 과세 대상이었다. 그러나 '형식적인 서식'이 늘어나고 모든 문서에 세금이 부과되어 정부의 국고를 두둑하게 채워주었다.

조지 그렌빌George Grenville 총리의 천재적이고 아이러니인 탁월함이 돋보이는 이 법안으로 정부가 직접 모든 사업을 통제함으로써 법적 효력을 필요로 하는 모든 행위를 합법화할 수 있고 사회의 모든 분야에 영향을 미칠 수 있었다. 예를 들어 부동산 매매는 합의 사항에 서명하고 증인을 세우고 등기소에 기록해야만 비로소 완료되는 것이 오랜 전통이고 관행이었다. 그러나 새로운 법에 따르면 소득세 납부를 증명하는 인지를 문서에 붙여야만 법적 소유자가 바뀔 수 있었다. 편법이 일어날 것을 예상해(쌍방이 실제 금액을 숨기기로 협의할 수도 있었으므로) 구입

가격이 아닌 에이커(면적)에 따라 재산세가 부과됐다.

이 법이 포함하는 범위는 50가지가 넘는 조항으로 설명됐다. 특히 한 조항에는 '모든 고용 계약서와 임대차 계약, 양도, 하청, 약정, 매도 증서, 용선계약, 이의, 견습 조항 또는 약속' 등에 각각 2실링 6펜스가 부과되는 거래들이 줄기차게 나열됐다. '4년제 대학과 기술학교, 2년제 대학 또는 신학교의 학위'를 받으려면 2파운드를 내야 했고 '선언, 탄원, 재항변, 답변, 이의신청, 기타 탄원'을 신청하려면 3펜스가 부과됐다. 법률 개업—앞에서 말한 모든 식민지와 농장 내에서 영업하는 상담가, 사무변호사, 모든 형태의 변호사 포함—은 무려 10파운드를 내야만 가능했다. 사망에도 세금이 부과됐다. 유언장을 공증하려면 유족이 정부에 6펜스를 내야만 했다.

그렌빌 경은 첫해에만 6만 파운드의 세금을 추가로 거둬들일 수 있으리라고 보았다. 그 법이 '영구적 자원으로 남을 것'이므로 식민지가 성장하고 번성할수록 더욱 늘어날 것이라고 예상했다. 법률 문서에 규정된 세금이 저마다 달랐으므로 인지는 정부용 종이에 무색의 돋을새김으로 찍혔고 세금을 징수하는 정부기관에서 배포했다.[18] 인지 위조 행위는 범죄로 규정되어 사형에 처해졌다. 신문은 대량으로 생산되었고 특성상 수명이 짧은 데다 관료조직의 통제 관할권 밖에 존재했으므로 출판업자들은 영국에서 인지 붙은 종이를 구입해야만 인쇄 허가를 받을 수 있었다.

'하프 시트' 종이에 인쇄되는 신문 1부당 반 페니가 부과됐다. 좀 더 보편적인 가장 큰 규격에는 1페니가 부과됐다. 모든 광고에는 2실링을 추가로 내야 했고 연감과 소책자의 외부 잡물 인쇄의 경우 가격이 약간 올라갔다. 영어 이외의 언어로 된 인쇄물에는 이중과세가 적용됐다. 펜실베이니아에서 상당수 발행되던 독일어 출간물에는 꽤 부담스러운 비용이 부과됐다. 이러한 규정에 따르지 않는 출판업자들은 막대한 벌금을 내야만 했다. 이는 지방의 관할권이 아니었고 영국의 식민지 해사vice-admiralty 재판소에서 관리했으며 영국 법정과 마찬가지로 배심원의 면제가 적용되지 않았다.

벤저민 프랭클린은 명성과 존경을 얻은 영국에서의 5년 동안의 임기를 마치고 돌아와 펜실베이니아 하원으로부터 영국 의회에 걱정거리를 전해달라는 부탁을 받았다. 이에 프랭클린은 1764년에 유럽으로 향했다. 하지만 그는 조세 부담의 필연성을 감수할 수밖에 없다고 몇몇 측근에게 털어놓았다. 런던에 도착한 프랭클린은[19] 데이비드 홀에게 경영을 맡긴 《펜실베이니아 가제트》를 위하여 '하프 시트' 인쇄용지 100연을 주문했다.

그는 자신의 친구 존 휴즈John Hughes를 펜실베이니아의 세관원과 인지 유통 관계자로 임명할 것을 추천했다. 그로서는 드물게 저지른 전술상의 실수였다. 이에 성난 시민들이 필라델피아에 있는 그의 자택으로 몰려왔다. 홀로 남아 있던 그의 아내 데보라는 공포에 떨어야 했다. 데이비드 홀에게서 사람들의 불만이 커지고 있다는 사실을 전달받은 프랭클린은 인지세법을 비판하는 유창한 평론을 썼고[20] 남은 영국 체류 기간 동안(그의 영국 체류는 10년 후, 미국 독립혁명이 일어나기 전날까지 계속됐다) 계속하여 식민지의 권리를 강력히 옹호했다.

1765년 11월 1일부터 새로운 과세법이 시행되자 식민지 전역에서 시위 집단이 생겨났다. 그중에서도 뉴잉글랜드에서 조지아에 걸친 상인들과 지주들의 연합 조직인 '자유의 아들들'이 가장 거세게 저항했다. 이후 일반인들까지 가세하면서 시위는 폭력적이고 파괴적인 양상을 띠었다. 많은 세관원이 목숨을 잃을까 봐 두려워서 사직하는 바람에 탁송물의 장악과 파손이 손쉽게 이루어졌다. 처음에 조심스러운 반응을 보인 신문사들도 곧 분위기를 날카롭게 감지하고 분노를 표출함으로써 시민들의 분노를 자극하여 통합적인 저항운동으로 바꾸는 데 기여했다.

대륙회의의 사우스캐롤라이나 대표였으며 미국 독립혁명의 최초 역사가인 데이비드 램지David Ramsay는 20년 후에 신문이 "무거운 인지세 부과 대상"이었던 것에서 "미국의 자유"[21]가 된 것이 매우 다행스러운 일이었다고 적었다. 그의 설명에 따르면 인쇄업자들은—다양한 신문잡지의 출판업자, 편집자, 저자를 가리켰으며 대부분 겸하는 경우가 많았다—"정부의 영향을 받지 않을 때는 일반적으로 자유의 편에 서지만 자신들이 종사하는 분야의 수익에 관심이 없는 것은 아니다. 인지세는 공공연하게 전자를 침해했고 후자의 엄청난 감소를 위협했으므로 열성적으로 저항하게 됐다." 1776년 7월 4일로 이어진 결정적인 사건을 다룬 예리한 논문에서 역사학자 아서 M. 슐레진저 1세 Arthur M. Schulesinger Sr.는 인지세법 시행 이후의 10년을 가리켜 "영국에 대한 신문 전쟁"[22]이라고 칭하며 "불만을 가열하여 독립의 불꽃으로 바꾸는 데" 성공했다고 적었다.

뉴헤이븐에서는[23] 《코네티컷 가제트》가 1765년 7월 5일에 "잠깐의 안전을 사기 위해 자유를 반납하는 자는 자유도 안전도 누릴 자격이 없다"라고 선포했다. 로드아일랜드에서는 8월 25일에 발행된 《프로빈스 가제트 특별호》에 대문자로 'VOX POPULI VOX DEI(민심은 천심이라는 뜻)'와 함께 "주의 영이 계신 곳에는 자유가 있느니라"는 성경 고린도후서 구절이 실렸다. 점점 결전의 시간이 다가오면서 10월 10월에는 아나폴리스의 한 인쇄업자가 신문 이름을 《죽어가는 메릴랜드 가제트》로 바꾸고 '생의 부활이라는 불확실한 희망으로'라는 표어를 게재했다.

윌리엄 브래드포드의 《펜실베이니아 저널》 1765년 10월 31일자. 인지세법이 발효되기 하루 전날. 필라델피아 도서관조합 소장.

필라델피아 도서관조합의 소장품 중에는 놀라울 만큼 보존이 잘된 《펜실베이니아 저널 및 위클리 애드버타이저》 1765년 10월 31일자가 있다. 공교롭게도 그날은 할로윈데이인 데다 인지세법 발효 하루 전날이었다. 제1면을 보면, 세로단 사이 위아래로 굵은 검은색 선으로 그린 묘지 윤곽이 있고 마스트헤드(신문 제1면에 신문 이름이 들어가는 곳—옮긴이)에는 해골과 두 개의 뼈가 교차된 그림이 있다. 발행인 윌리엄 브래드포드—윌리엄 브래드포드와 이름이 똑같은 손자이며 앤드루 브래드포드의 조카—는 과세법이 폐지될 때까지 신문을 발행하지 않겠다고 했다. 그는 독자들에게 '작별'을 고했고 10년 후 독립전쟁이 일어나자 펜실베이니아군에 들어가 트렌턴과 프린스턴 전투에서 용감하게 싸워 대령까지 올랐다.

11월 1일, 식민지의 법원들은 소집을 거부하고 행정기관들도 문을 닫았다. 뉴욕에서는 군중들이 과세법을 시행할 경우 목을 매달 것이라고 시장을 위협했다. 당시의 혼란스러운 현장을 목격한 사람은 "끔찍한 인지세법은 폭력적인 사람들의 성질을 보편적인 것으로 바꿔놓았다"라고 전했다. 《보스턴 가제트》는 인지세법 대리인들의 명단을 공개하면서 "비열하고 오직 돈밖에 모르는 일꾼 또는 동족 살해자"라고 했다. 인지세법이 발효된 후에 첫 발행된 《뉴욕 가제트 또는 위클리 포스트 보이》는 분개심 가득한 어조로 "자유와 번영 지지, 인지세법 반대"를 강조했다. 몇 개월 만에 런던에서도 그 법이 완전한 재앙이었음을 인정했고 의회는 1766년 2월 21일에 폐지했다. 미국으로 보내진 인지 붙은 종이들은 성난 군중에 의해 폐기되거나 영국으로 돌려보내져서 다른 용도로 사용되었기 때문에 원래 상태로 남아 있는 견본은 얼마 되지 않는다. 매사추세츠 역사학회와 필라델피아 도서관조합이 몇 점을 소장하고 있고 런던에 있는 영국 국립공문서보관소에도 몇 점이 남아 있다.

인지세법 이후 10년 동안 식민지의 종이 수요는 여전했으며 점점 늘어나는 수요를 따라잡기 위하여 정부 관리들의 묵인 하에 코네티컷, 뉴욕, 메릴랜드, 노스캐롤라이나, 사우스캐롤라이나에 새롭게 제지소들이 들어섰다.[24] 그러나 1775년 4월 19일에 렉싱턴과 콩코드에서 교전이 일어났을 때 영국에서의 종이 수입이 중단되었고 국내 생산은 일상적인 수요를 맞추기에 턱없이 부족했다. 필립 슈일러 장군은 1775년 8월 27일 뉴욕 올버니에서 조지 워싱턴 장군에게 보낸 편지에서 '종이 쪼가리'에 보고할 수밖에 없음을 사과하며 "달리 적을 만한 것이 없어 부득이 이것을 사용할 수밖에"[25] 없었다고 설명했다. 존 애덤스는 1776년 4월 15일에 필라델피아에서 아내 아비게일에게 보낸 편지에 이렇게 적었다.

"발행되는 모든 신문을 보내고 (개인적 용도를 위해) 종이 몇 장도 함께 보내요. 하지만 여기에서도 거기와 마찬가지로 종이가 부족하다오. 운송 수단이 생기면 한 첩을 보내겠소."

1776년 8월 20일에 펜실베이니아 제지업자들은 의회에 네이선 셀러스Nathan Sellers를 제대 조치해달라는 청원을 올렸다. 그가 식민지에서 "제지공장에 필요한 몰드를 만들고 준비할 수 있는 유일한 사람"[26]이라는 이유에서였다. 그 청원은 받아들여졌다. 셀러스는 제대하자마자 식민지 대륙의 지폐 용지를 만드는 아이비 밀즈가 사용하는 특수 워터마크에 맞는 몰드를 만들었다.

소총 탄약을 감싸는 탄피 수요가 늘어나자 종이 부족 문제도 더욱 심각해졌다. 여기에서 종이가 어떤 기능을 수행했는지는 제7장에서 자세히 살펴볼 예정이다. 오늘날 일명 '총 뭉치 성경Gun Wad Bible'[27]이라고 불리는 성경책은 당시 종이 부족 현상이 얼마나 심각했는지 잘 보여준다. 독립전쟁의 절정기 동안 제본되지 않은 그 성경책 수천 부가 종이 탄피를 만드는 데 쓰였기 때문에 그런 이름이 붙었다. 그 성경책은 미국에서 인쇄된 유럽 언어로 된 최초 성경책의 3판으로[28] 1776년에 인쇄되었으며 로버트 에이트켄Robert Aitken의 영어 초판은 6년 뒤에 나왔다. 발행인은 동명의 아버지에 이어 2대째 인쇄업에 종사한 크리스토퍼 소어Christopher Sower였고 초판은 1743년에 그의 아버지가 인쇄했다. 아들 크리스토퍼 소어는 저먼타운에서 작은 제지소를 운영하는 부유한 남자로 1763년에 2판을 발행했다. 미국에서 만들어진 종이로 인쇄한 최초의 책이었다. 13년 후에 나온 제3판은 3,000부를 찍어낼 만큼 종이가 충분했다.

배포 부수는 알려지지 않았지만 초판, 1판과 마찬가지로 1776년의 3판 인쇄 부수도 오랫동안 이어진 수요에 맞춘 것이었다. 당시에는 완성된 페이지를 한 첩—20분의 1연—으로 접어 팔기 전까지 미제본 상태로 두는 것이 관례였다. 크리스토퍼 소어가 발행한 3판 성경책이 어디에 보관되었는지는 확실하지 않지만, 훗날 일부 종이가 읍내 예배당의 고미다락에 보관됐다는 주장이 나왔다. 아마도 수개월 전에 건조를 위해 걸어둔 장소였을 것이다. 또한 3판이 발행된 지 1년도 더 된 시점인 1777년 10월 4일에 벌어진 저먼타운 전투 이후 그곳을 점령한 영국군이 그 종이로 말에 깃을 깔아주거나 야영 모닥불의 불쏘시개로 사용했고 주로 소총 탄피로 사용하는 등 여러 용도로 썼다는 추측도 있다.

미국 골동품협회가 상세한 연구 조사를 거쳐 1921년에 발표한 내용에 따르면 제본되지 않은 그 성경책은 윌리엄 하우의 영국군이 아니라 조지 워싱턴 장군이 이끄는 대륙군의 종이 탄피를 만드는 데 사용되었을 가능성이 크다. 이 주장에 더욱 힘을 실어주는 사실은 신앙심이 뛰어났던 크리스토퍼 소어가 오늘날 양심적 병역 거부로 불리는 행위를 했고 식민지의 반란을 열성적으로 지원하지 않은 탓에 1778년에 전 재산을 압수당해 공매로 넘어갔다는 것이다. 인쇄 장비와 제본되지 않은 책 꾸러미가 전부 필라델피아의 인쇄업자 존 던랩John Dunlap에게 넘어갔다. 던랩은 미국 독립선언서를 처음 인쇄한 인물로 제11장에서 다시 만나볼 예정이다.

독일어가 인쇄된 그 종이의 처리가 여의치 않았던 던랩은 전쟁터에서 더 좋은 쓰임새를 발견했는지도 몰랐다. 아이자이어 토머스는 전쟁이 끝나고 35년 후에 쓴 글에서 그 일의 책임을 양쪽 군대에 돌렸다. "그중 몇 부는 탄피로 바뀌어 인간의 영혼을 구원하는 것이 아니라 그들의 육체를 파괴하는 데 사용됐다"[29]라고 모호하게 묘사하면서 확실한 설명을 회피했다. 내가 필라델피아 도서관조합에서 본 것을 포함해 오늘날까지 남아 있는 '총 뭉치 성경'은 희귀하기 때문에 값지다. 1940년 센서스 조사에 따르면 모두 195부가 남아 있었으며 현재는 대부분 기관들이 보유하고 있다.

어느 편이 그랬든 상관없이 종이를 탄피로 사용한 것은 몹시 드문 일이다. 펜실베이니아 출신의 법률가이자 정치가인 리처드 피터스 2세Richard Peters Jr.는 전장에서 경험을 담은 회고록에서 대륙전쟁위원회 재임기간 동안 전장에서 탄약 부족에 어떻게 대처했는지를 기록해 놓았다. "1778년 6월에 영국군의 철수 후 필라델피아로 들어갈 때 우리는 탄약이 부족해 애를 먹고 있었다. 도시 전체가 종이 탄피를 찾기 위해 나섰다."[30] 그의 이어진 설명에 따르면 단호한 노력 덕분에—한때 벤저민 프랭클린의 인쇄에 대한 관심사로 채워졌던 '다락방' 창고에서—"유명한 길버트 테넌트가 프렌치 인디언 전쟁 동안 설교했던 '방어 전쟁에 대한 설교'가 한 수레분도 넘게" 발견됐다. 그것은 대금 미지급으로 수년 동안 방치된 것이었다. 피터스 판사는 "우리의 명분에도 적합한 그 성명서는 즉각 소총 탄피로 사용되었고 먼마우스 전투에서 후퇴하는 적들을 향해 발사됐다"라고 만족스럽게 전했다.

아이자이어 토머스는 독립혁명이 시작되기 전에 보스턴의 마셜 레인과 유니온 스트리트의 남동쪽 모퉁이에서 제지소를 운영했다. 현재 그곳에는 미국에서 가장 오래된 레스토랑 '예 올드 유니온 오이스터 하우스'[31]가 들어서 있다. 영국군에 의해 문제적 인물로 찍힌 토머스는 렉싱턴과 콩코드 전투가 일어나기 전날 보스턴으로 피신했다. 인쇄기는 분해하여 안전하게 가져갔다. 우스터에 새로 자리 잡고 1775년 5월 3일에 자신의 유력 신문 《매사추세츠 스파이》를 재발행하여 독립전쟁의 시작을 알린 첫 총성에 대한 목격담을 실었다.

전쟁이 끝난 후에 토머스는 제본과 제지, 소매 판매까지 관심 영역을 넓혔다. 벤저민 프랭클린은 자신과 동시대에 활약한 영국 버밍엄의 활자 디자이너이자 인쇄업자 존 배스커빌John Baskerville에 빗대어 토머스를 '미국의 배스커빌'이라고 칭했다. 토머스는 우스터를 본거지 삼아 신생 독립국가에서 최대 규모로 출판업을 성장시켰다. 단일 소비자로서는 그 누구보다 많은 종이를 사용했을 것이다. 토머스는 북아메리카의 인쇄 역사를 담은 저서에서 1810년에 미국과 미국의 준주에는 195개의 제지소가 운영되고 있으며[32] 그중 60곳이 펜실베이니아에, 40곳이 매사추세츠에 있다고 밝혔다.

1843년에 미국에 수입된 넝마는 약 907톤에 달했고[33] 7년 후에는 약 9,525톤으로 증가했다. 그리고 프랑스와 이탈리아가 넝마 수출을 금지한 1857년에는 총 2만 222톤에 달했다. 일부 기업가들이 이집트에서 새로 발굴된 미라를[34] 감쌌던 아마를 들여올 정도로 섬유 수요는 극에 달했다. 일부 역사학자들은 이 상스러운 관행에 의문을 던지지만, 최근 연구에서는 1850년대에 메인과 뉴욕, 코네티컷에서 고대의 미라를 감싼 천으로 질 낮은 포장지를 만든 사례가 기록되었고 그 일은 콜레라 발생 원인으로 간주됐다.

1861년에 남북전쟁이 발발했을 때[35] 미국에는 550개의 제지업체가 있었는데, 그중 분리 독립을 선언한 11개 주에 단지 15개 있었고 미시시피에는 하나도 없었다. 이러한 격차는 매우 심각했는데, 《뉴올리언스 상업 회보》는 남부 연합은 "북부의 잉크와 활자, 인쇄기, 종이에서 독립하기 전까지 분리 독립에 대한 견해 피력을 누그러뜨리는 것"[36]이 현명할 것이라고 일찌감치 경고했다. 북부군이 1863년에 조지아 주 오거스타에 있는 남부 연합에서 가장 큰 제지소를 불태우자 종이 부족 현상이 더욱 악화됐다. 전쟁이 진행될수록 더욱 가치가 떨어진 남부 연합의 지폐용 종이를 공급하기 위해 테네시 주 맨체스터 외곽의 제지소는[37] 전쟁 동안 보일러 청소를 위해 잠시 멈추는 것을 제외하고 내내 가동됐다.

남부군의 로버트 E. 리 장군은 1863년에 북부 공격 작전의 일환으로 보급물자를 공수하기 위해 메릴랜드의 컴벌랜드 계곡으로 파견대를 보냈다. 종이도 꼭 필요한 물품 중 하나였다. 리처드 S. 이웰 장군 휘하 병사들은 게티즈버그 전투를 준비하면서 펜실베이니아 페이퍼 타운의 제지소 세 곳에서 가져온 종이를 마차 여섯 대에 가득 실었다. 현재의 마운트 홀리 스프링스다. 남부에는 종이를 만들 수 있는 제지 기술자들이 적었으므로 넝마의 보유량도 충분하지 않았다. 《리치먼드 휘그》는 1861년 6월에 넝마가 없으면 불안의 시기에 수요가 늘어나기 마련인 신문 발행이 불가능해질 것이라며 시민들에게 해진 옷을 잘 보관해달라고 일찍이 당부했다. 1863년에 이르러 종이를 만들 수 있는 넝마는—대부분은 붕대를 만드는 데 사용됐다—약 450그램당 8센트에 거래됐다.

신문용 인쇄용지는 가장 일반적인 등급으로 가공 처리한 짚으로 만든 거친 포장지가 주를 이루었다. 1862년 10월부터 1863년 11월까지 휴스턴의 《트리위클리 텔레그래프》는 갈색, 분홍색, 주황색, 파란색, 노란색, 그리고 녹색의 여러 색조로 된 종이에 인쇄됐다.[38] 일부 대담한 인쇄업자들은 벽지의 빈 면에 인쇄하여 마감일을 맞추었다. 빅스버그에서 가장 유명한 것은 율리시스 S. 그랜트 장군에게 항복하기 이틀 전인 1863년 7월 2일자 《데일리 시티즌》[39]이다.

필기 용지와 문구류뿐만 아니라 장부 종이와 사무용 인쇄 서식지, 의료 처방전의 수요도 높았고 책의 앞뒤에 들어간 백지는 찢어내 다른 용도로 사용했다. 다양한 용도로 다시 접어 쓰는 봉투는 '역경의 덮개'라고 불렸다. 사우스캐롤라이나의 메리 보이킨 체스넛Mary Boykin Chesnut이 쓴 48권의 일기처럼[40] 유명한 남북전쟁 일지를 포함하여 개인 일기는 볏짚으로 만들어 갈색 빛을 띠는 일명 '남부 종이Confederate paper'에 기록됐다.

전쟁이 끝나고 1864년 익명의 누군가가 4개월 동안 남부군의 채권과 사용된 봉투, 편지 뒷면에 쓴 식품과 비누를 만드는 즉석 방법이 담긴 원고를 발견했다. 사우스캐롤라이나의 한 은행 이름이 적힌 거래 장부 표지에 바느질되어 있었다. 1863년에 출판된 '사과가 들어가지 않는 사과파이', '인공 굴', '이스트 없는 빵' 등 100가지 요리법이 담긴 『남부의 리시트 북Confederate Receipt Book』에서 영감을 얻었는지도 모른다(당시에 요리법은 레시피recipe가 아니라 리시트receipt라고 했다). 그 책에는 '잘 익은 도토리'와 '베이컨 기름 약간'을 볶아서 '커피 대용품'을 만드는 법도 들어 있다. 노란색 물방울무늬 벽지로 제본된 이 원본은 다섯 권만 남아 있다.

1865년에 북부의 승리로 전쟁이 끝난 후 미국은 확고한 성장 단계로 접어들었다. 산업 패권을 장악하려는 행진이 본격적으로 시작됐다. 유럽에서 개척된 기계가 미국에도 활발하게 도입되었고 자국의 기술자들에 의해 기술 진보가 이루어지면서 제지업의 패러다임 변동 역시 명백해졌다. 섬유원은 여전히 부족했지만 그 또한 머지않아 해결됐다.

제지기술자들은 항상 원료에서 셀룰로오스 섬유를 분리하는 작업을 해왔다. 질 좋은 종이일수록 불순물이 적다. 그렇기에 목화가 그 어떤 식물보다 뛰어난 원료가 됐다. 목화의 종자모에서 채취한 셀룰로오스 섬유는 순도가 가장 뛰어났다. 넝마가 최상품 종이를 만든다는 것은 반박할 수 없는 사실이었다. 그러나 대량 생산이 가속화된 후, 마침내 실행 가능한 대안이 나타났을 때 품질을 양보하는 것은 그리 어렵지 않은 선택이었다. 종이 수요를 따라잡기 위해 온갖 식물섬유에 대한 실험이 이루어졌고 결과도 들쑥날쑥했다. 당대의 대표적인 제지업 잡지 《페이퍼 트레이드 저널》은 1876년에 "대다수의 섬유가 실패로 돌아갔고 오늘날 섬유를 가지고 실험하는 사람들의 노고에는 아무런 보람도 따르지 않을 것이다"[41]라고 못마땅한 듯 보도했다.

미국에서는 1829년에 짚을 삶는 방법이 일찌감치 시도되었지만 결과가 엇갈려서 거의 방치됐다. 영국에서는 1850년경부터 아프리카 북서부에서 자라는 에스파르토esparto를 사용하여 주로 인쇄용으로 쓰이는 놀라울 정도로 질 좋은 종이를 만들기 시작했다. 그러나 미국까지의 운송비용은 엄두도 내지 못할 정도로 비쌌다. 쇄목펄프의 사용 가능성은 1719년에 레오뮈르의 말벌 연구에서 발견되었지만 그 개념이 성공적으로 활용되기까지는 100년이 더 걸렸다. 1845년에 독일의 기계 제작자 프리드리히 고틀로브 켈러Friedrich Gottlob Keller가 기계 목재 펄프의 첫 실행 가능한 생산 방법으로 특허를 받았다. 그러나 7년 후 특허를 갱신하지 않아 그의 재무 파트너인 제지업자 하인리히 보엘터Heinrich Voelter가 직접 생산을 시작할 수 있었고 그 후 오랫동안 막대한 성공을 거두었다.

쇄목펄프 공정은 갓 수확한 나무에서 똑같은 길이로 통나무를 잘라내 나무껍질을 벗기고 남은 목재를 물줄기 아래에서 회전하는 돌로 분쇄하는 것이었다. 미세하게 분쇄된 섬유에 물을 추가해 펄프를 만들었다. 기술이 발달하면서 원반 모양의 분쇄기로 더욱 빠른 작업이 가능해졌다. 이렇게 채취한 셀룰로오스 섬유는 대부분의 용도로 적합하지만 나무에는 라틴어로 '목재'를 뜻하는 리그닌lignin이라는 갈색의 화학물이 함유되어 있다는 것이 단점이다. 리그닌은 자연적으로 밧줄 같은 셀룰로오스 사이 세포벽 안의 공간을 채움으로써 나무 섬유를 접합시켜주는 기능을 한다. 리그닌이 많이 함유된 목재는 내구성이 강하고 여러 용도에 적합하며 연소 시에도 더 많은 에너지를 발생시켜

연료로도 뛰어나다. 그러나 펄프에 남아 있으면 불안정하고 잘 부러지는 성질 때문에 종이의 강도가 낮아 공기와 햇빛 노출 시 누런색으로 착색이 일어난다.

1860년대에 상업적으로 도입된 기계 공정에서는 불순물이 남은 상태로 종이가 만들어졌다. 애초에 오래 사용되지 않는 포장지 같은 종이 생산에는 쉽고 빠르고 유용했다. 기계 펄프로 인쇄된 신문지가 시간이 지날수록 누렇게 변색하는 이유는 리그닌 때문이다. 쉽게 변질되는 싸구려 종이에 인쇄한 문학적 가치가 떨어지는 책을 '펄프 픽션pulp fiction'이라고 부르는 이유이기도 하다. 쇄목펄프는 강도가 매우 떨어져서 좀 더 질 좋은 섬유를 섞어야만 하는 경우가 많았는데 대개는 넝마가 추가됐다. 넝마의 농도가 높을수록 품질이 더 좋다.

알브레히트Albrecht와 루돌프 페이젠스테처Rodulph Pagenstecher가 1867년에 매사추세츠 서부의 스톡브리지 근처에 최초의 목재 분쇄 공장을 설립했다. 부유한 사촌지간이었던 그들은 2년 후에는 뉴욕 북부의 허드슨 강에 훨씬 큰 공장을 지어 뉴욕 제지업의 판도를 바꿔놓았다. 미국의 산림역사학자 데이비드 C. 스미스David C. Smith에 따르면 《뉴욕 타임스》는 1873년에 오로지 쇄목펄프로 만든 용지로 바뀌었고 1882년에 이르러 "발행 부수가 높은 미국의 거의 모든 종이가 바뀌었다."[42] 그즈음에는 리그닌을 제거하고 장섬유를 보존하기 위한 화학 공정이 개발되고 있었지만 거기에는 장단점이 있었다.

화학 펄프 제조의 주요 장점은 리그닌을 분자로 분해해 셀룰로오스를 소실시킨다는 점이다. 그 첫 번째 공정은 소다법인데 분쇄된 나무 부스러기를 수산화나트륨—가성소다—수용액에 삶아 걸쭉한 펄프를 만든다. 이것은 불투명도가 높아 양면에 글자를 인쇄해야 하는 업자들에게 매력적이었다. 그러나 종이의 강도가 떨어지고 효율적인 표백

시스템이 개발되기 전이라서 명도가 낮다는 단점이 있었다. 아황산 펄프 기법으로 명도를 훨씬 높일 수 있었지만, 아황산 폐수가 수질을 오염시킬 수 있다는 것이 단점이었다.

황산염 또는 크라프트를 이용한 화학 공정은 19세기 후반에 독일의 화학자 카를 달Carl F. Dahl에 의해 개발됐다. '술'을 증해한다고도 하는 이 방법에도 역시 가성소다가 사용되지만 황화나트륨이 추가되어 셀룰로오스와 결합된 리그닌을 분해한다. 스웨덴에서 시작된 크라프트 방법은—'힘'을 뜻하는 독일어에서 유래—잘 찢어지지 않는 질긴 종이가 만들어지는 것으로 유명했다. 1930년대 초반에 회수 보일러recovery boiler의 발명으로 크라프트 제지소들이 거의 모든 펄프 화학물질을 재활용할 수 있게 됨으로써 또 다른 진보가 이루어졌다. 이 혁신으로 더욱 다양한 목재를 받아들일 수 있게 되어 크라프트 펄프가 펄프 생산의 주요 기법으로 자리 잡았다.

1880년에 매사추세츠 주 스프링필드의 인쇄업자 클라크 W. 브라이언Clark W. Bryan[43]은 제지 전문 잡지 《페이퍼 월드》를 창간했다. 그는 《굿 하우스키핑》의 발행인으로 잘 알려져 있었는데, 남북전쟁 이후 자신의 사업체가 위치한 코네티컷과 뉴잉글랜드의 후사토닉 강 일대를 중심으로 급속한 호황을 누리게 된 제지업에 발 빠르게 대응한 것이었다. 그는 첫 호에서 "지금 전 세계에서 생산되는 종이의 3분의 1이 미국에서 만들어진다"라고 했다. "연간 약 64만 톤, 날마다 약 1,830톤이 생산된다. 해마다 만들어지는 쇄목펄프 종이만 5만 2,000톤이다."[44]

당시로서도 충분히 탄탄한 수치였지만—미국의 제지업자들이 세계 시장을 장악했다—쇄목펄프가 전체 생산에서 차지하는 비율은 20퍼센트밖에 되지 않았다. 《페이퍼 월드》에는 이따금 여전히 시도되고 있는 무수한 종류의 섬유 실험에 대한 기사가 실렸지만—옥수수 실험이나[45] 플로리다에 풍부한 팔메토 야자나무를 자본화하려는 시도 등—미국의 제지업계는 쇄목펄프가 만능 해결책이라는 사실을 깨닫게 됐다. 처음에는 뉴욕과 뉴잉글랜드 북부, 캐나다 등 북동부의 삼림지를 이용했다.

나무가 풍부한 메인 주에서는 1860년대에 앤드로스코긴, 케네벡, 페놉스콧, 프리섬프스콧, 세인트 크로이 강 같은 수로를 따라 제지소가 우후죽순으로 생겨났다. 하루 펄프 생산량이 136킬로그램 이상인 곳은 소수에 불과할 정도로 대부분은 소규모였지만, 수요의 가속화로 점점 규모가 커지고 설비도 더욱 새로워졌다. 뉴잉글랜드 북부에서는 제지업의 개척 시대에 펄프재는 대부분 포플러와 버드나무였다. 농부들이 잘라서 껍질을 벗기고 마차로 가까운 철도역으로 끌고 가거나 직접 구입자에게 가져가기도 했다. 데이비드 스미스에 따르면 "제지소들의 목재 소비량이 연간 2,000~3,000코드[46](약 100만에서 150만 보드풋, 목재의 측정 단위로 두께 1인치에 1피트제곱인 널빤지의 부피—옮긴이)로 늘어나 그것을 조달할 방안이 필요해졌다." 제지업체들은 필요한 목재를 마련하기 위하여 광범위한 삼림지를 사들이게 됐다. 1890년에 메인 주의 앤드로스코긴 강에 위치한 루이스턴이라는 제지업체는 3,600만 보드풋을 실어갔다.

물론 펄프 생산이 놀라울 정도로 급증한 것은 신문 산업의 비약적인 성장 덕분이었다. 미국 신문사들이 소비하는 인쇄용지는 1880년에서 1890년 사이 약 4만 8,400킬로그램에서 약 30만 4,000킬로그램으로 증가했다. 미국 센서스 조사에 따르면[47] 같은 시기에 일간지 총 발행 부수는 하루 3,180만 부에서 6,920만 부로 늘어났다. 1900년에 이르러 미국에서 하루에 발행되는 신문 부수는 하루 1억 1,430만 부였다. 종이 수요가 지칠 줄 모르고 늘어나는 가운데 1898년에 메인, 뉴햄프셔, 매사추세츠, 버몬트, 뉴욕에서 20개 공장을 운영하는 18개 제지업체의 합병으로 인터내셔널 페이퍼 컴퍼니가 탄생했고 곧바로 인쇄용지 분야를 독점했다.

이 기업은 첫 4분의 1세기 동안은 오늘날 환경에 민감한 간부들이라면 움찔할 만큼 솔직하게 정보를 공개했다. W. W. 하스켈은 《뉴스프린트》에서 "인터내셔널 페이퍼 컴퍼니의 공장들은 연간 약 70만 코드의 목재로 종이를 만든다"[48]라고 했다. "1에이커(약 4,047제곱미터)당 펄프용 목재 5코드가 나오므로 해마다 14만 에이커 또는 약 220제곱마일의 목재를 소비하는 셈이다. 인터내셔널 페이퍼 컴퍼니는 세계 제일의 제지업체라는 위치를 지키기 위하여 현재 미국과 캐나다에 총 446만 80에이커의 삼림지를 보유하고 있다. 그중 158만 9,840에이커에 대해서는 완전한 소유권을 가지고 있고 287만 9,240에이커는 캐나다의 정부 토지로 사실상 영구 임대한 것이다." 허드슨 강 공장 바깥에 쌓인 '4만 6,000코드의 목재' 때문에 옆 레일에 일렬로 세워진 유개화차가 작아 보일 정도다.

인터내셔널 페이퍼 컴퍼니는 창립 50주년 행사에서 창립 연도인 1898년보다 미국 인구는 두 배 증가했을 뿐이지만 연간 종이 소비는 2,500만 톤으로 열두 배나 늘어났다고 밝혔다. 1948년에 미국인의 연간 평균 종이 제품 사용량은 약 154킬로그램이었고 27년 전보다 일곱 배 늘어난 500만 코드의 목재가 펄프 제조에 사용됐다. 인쇄용지는 물론 라이너 원지, 식품 보관용지—주로 갈색 봉투와 우유갑—이 대량으로 생산됐다.

와이어하우저 목재 회사의 1937년 산림 보고서에는 비슷한 통계와 함께 "실제로 미국인들은 전 세계 사람들의 소비량을 다 합친 것만큼의 종이를 쓴다"[49]라는 사실이 추가됐다. 이러한 차이는 시간이 지날수록 줄어들었지만 여전히 미국인들은 종이 제품을 탐욕스러울 정도로 사용해댔고 마침내 장기적으로 신중한 산림 관리가 필요하다는 깨달음이 분명해졌다. 이 기업은 "결국 우리의 종이와 목재 산업은 지속 가능한 수확량을 내는 업체에 목재 섬유의 공급을 의지하게 될 것이다"라고 인정했다. "우리의 산림에서 지속 가능한 수확이 이루어질 수 있도록 적절한 산림 계획이 필요하다. 결국 이것은 목재를 활용하는 안정적인 기업들에 달려 있다."

이 보고서가 작성될 당시에 종이는 미국 전역에서 생산되는 목재로 만들어지고 있었다. 온갖 나무로 만든 펄프가 다양한 상업용 종이에 쓰였다. 1852년에 로키 산맥 서쪽에 있는 솔트레이크시티 인근의 작은 샛강에 처음으로 제지소가 들어섰다. 브링검 영Brigham Young이 건설한 모르몬교 공동체의 정착을 지원하는 수제 종이 만드는 제지소였다. 태평양 연안에는[50] 1856년에 캘리포니아 주 샌 라파엘에 넝마로 하루에 1톤 미만의 인쇄용지를 만드는 제지소가 처음 들어섰다. 태평양 연안 북서부의 제지업은 1866년에 오리건 주 오리건시티에 있는 윌러멧 강둑에서 시작되어 1연에 1.50달러 하는 짚을 이용한 갈색 포장지를 만들었다. 워싱턴 준주에서는 1883년에 카마스 213센티미터 푸어드리니어 기계 한 대와 363킬로그램의 넝마 처리기 다섯 대를 갖춘 첫 제지소가 들어섰다. 대서양 연안에서 데려온 독일 태생의 전문 제지기술자가 운영을 맡았다. 화재로 제지소가 완전히 타버리자 그 자리에 더 큰 제지소가 들어섰고 5년 후부터 전나무와 가문비나무, 솔송나무로 하루 8톤의 인쇄용지를 생산하기 시작했다.

캐나다가 1920년대에 미국 목재 수출을 금지하자 남부에서 제지업이 발달하기 시작했다. 예전에는 남부의 소나무에 송진이 지나치게 많이 들어 있어 기계가 지저분해지고 종이 빛깔이 짙어진다는 인식 때문에 제지업 발달이 저해됐다. 그런 현상을 막을 수 있는 기술이 도입되어도 마찬가지였다. 1927년에 설립된 조지아–퍼시픽 사는 세계적인 화장지, 펄프, 종이, 포장지 제조업체가 됐다. 다른 지역에서도 계속 제지업이 발달했는데, 위스콘신 주가 대표적이었다. 위스콘신은 1951년에 미국 제지업의 새로운 중심지로 떠올랐고 오늘날에도 명맥을 이어오고 있다.

W. 클로드 애덤스W. Claude Adams는 태평양 연안 북서부의 제지 역사를 상세히 기록한 글에서 "제지업만큼 태평양 연안 북서부의 자연자원을 십분 활용하여 발달한 산업은 없다"[51]라고 했다. "그 지역에 자생하는 골풀과 나무를 채취하고 수력을 동력으로 사용하며 고해기의 회전 롤러에 용암석을, 아황산 공정에 석회암을, 충전재와 마감에 진흙을 이용하여 종이를 만들고 다양한 기술과 공정을 개발시켜 태평양 연안 북서부에서, 대체적으로 미국 전체에서, 일부는 세계에서 가장 규모가 크고 필수적인 산업으로 성장시켰다." 이는 펄프와 종이 산업이 뿌리내리고 번성한 미국의 다른 지역에도 쉽게 적용될 수 있는 원리다. 말 그대로 넝마로 부를 창조해낸 산업의 사례다.

제5장

모든 것과
바꿀 수 있는 종이

종이가 모든 것을 대신하는 보편적인 대용품이 된다. 말하자면 미래에 원대한 발전이 준

비되고 있어 향후 종이 제조는 세계의 산업 가운데 당당한 위치를 차지하게 될 것이다.

–《페이퍼 월드》, 1881년 자유 관세를 지지하는 사설 중에서

1799년 가업으로 내려오는 제지업에 몸담은 22세의 청년이 말을 타
고 웨스턴 매사추세츠의 작은 언덕을 지나 새로운 공화국의 외딴 벽
지로 향했다. 한참 돌아다닌 끝에 청년은 후사토닉 강둑에서 그토록
찾아 헤매던 것을 발견했다. 청년은 약 5만 6,656제곱미터에 이르는
쐐기 모양의 훌륭한 농지를 194달러에 사들였다. 그 청년, 제나스 크
레인Zenas Crane은 투자자 두 명의 도움을 받아 코네티컷 강 서쪽에 최
초의 제지소를 열었다. 달턴 마을에 위치한 작업 공간이 하나뿐인 제

매사추세츠 달턴, 마을을 가로지르는 후사토닉 강의 물을 확인해보고 있는 제나스 크레인의 모습. 냇 화이트Nat White 작품.

지소에서 그는 오로지 자신의 노동력만으로 성공을 위해 질주하기 시작했다. 20년 후, 근검절약 정신이 뛰어난 그는 한 기업의 전면적인 관리자이자 미국 제지업의 대부로 이름을 떨치게 됐다. 현재 그 기업은 7대째 가업을 이어오고 있다.

1879년 이후로 미국 재무부의 지폐를 독점적으로 생산해온 것으로 알려진 크레인 앤 컴퍼니Crane and Company는 수많은 미국 대통령과 영국 왕실의 후손들이 만족스럽게 사용해온 100퍼센트 순면으로 만든 문구류와 티파니와 까르띠에 같은 고급 브랜드를 위한 제품을 만든 것으로도 유명하다. 금방 사라지는 제지업체들이 많은 가운데, 크레인의 장수 비결은 민첩함과 영리한 행보 덕분이기도 하지만 잘 알려져 있듯이 절대로 품질을 타협하지 않는 창립자의 고집 덕분이기도 했다.

제나스 크레인은 1777년에 태어났다. 그가 태어나기 7년 전에 삼촌 토머스 크레인Thomas Crane은 두 명의 동업자와 네폰셋 강에 면한 제지소를 맡게 됐다. 20년 전 매사추세츠 입법부에 인가를 받은 곳이었다. 열렬한 애국자였던 세 사람은 '리버티 제지소'라는 이름을 내걸었고 독립이라는 대의를 위해서도 나름대로 활약했다. 달턴에 있는 크레인 제지 박물관에는 그 제지소의 거래장부가 보관되어 있다. 장부에는 벤저민 에데스와 존 길이 발행한 반영反英 신문 《보스턴 가제트와 카운티 저널》과 아이자이어 토머스 같은 고객들의 이름이 기입되어 있다. 특히 아이자이어 토머스는 리버티 제지소에서 만든 종이로 인쇄한 1775년 5월 3일자 《매사추세츠 스파이》에 렉싱턴과 콩코드 전투를 처음 보도했다.

첫 교전이 발생하기 나흘 전, 매사추세츠 주 안전위원회는 회보에 "인쇄업자 토머스 씨가 사용할 종이 4연을 즉각 우스터에 주문"[1]했다고 기록했고 전투가 시작되자 곧바로 추가 주문을 승인했다. 리버티의 또 다른 판매 기록에는 1776년 1월 4일에 은세공업자이자 판화가인 폴 리비어Paul Revere가 '지폐용 종이' 14연을 구입한 내용도 있다. 그것은 보스턴 포위전으로 발생한 매사추세츠의 채무를 막기 위한 법정화폐인 일명 '손에 쥔 검Sword in Hand'을 만드는 데 사용될 종이였다. 완성된 종이는 무장 경호 속에서 리비어에게 전달됐다. 다음 해에 토머스 크레인이 밀턴에 있는 리버티 제지소의 부지에서 56필의 군마가 풀을 뜯게 해줌으로써[2] 리비어와 우정을 쌓았다는 기록도 있다.

전쟁이 끝나자 삼촌의 밀턴 제지소에서 기술을 배운 제나스의 형

스티븐 크레인 2세Stephen Crane Jr.는 니덤에 직접 제지소를 차렸다. 뉴턴 로워 폴스 근처에 길게 뻗은 찰스 강 옆이었다. 니덤은 제철, 방직, 제분, 가죽 가공 등 다양한 산업이 발달한 번잡한 곳이었다. 형에게 기본 제지법을 배운 제나스는 머지않아 우스터에 있는 아이자이어 토머스의 제지소에 견습생으로 들어갔다. 토머스는 전우이자 이미 매사추세츠 중심부에 제지소를 소유한 칼렙 버뱅크 소장에게 제지소를 팔았다. 제나스는 이제 독립할 때라고 생각했다. 보스턴에서 서쪽으로 약 225킬로미터, 뉴욕 시에서 북동쪽으로 약 240킬로미터 떨어진 달턴은 비교적 도시와 가까운 거리에 있어 성장 가능성이 충분했다. 또한 후사토닉 강의 물로 고해기를 돌릴 수 있었다. 후사토닉 강은 버크셔 힐즈에서 시작해 남쪽으로 약 290킬로미터 흘러 코네티컷을 지나 롱아일랜드 해협으로 진입하는 힘찬 수로였다. 제나스는 자분정artesian well(지하수가 수압에 의해 저절로 솟아 나오는 샘—옮긴이)을 마련하여 보기 드문 순수한 물로 펄프를 만들었다.

처음에 그의 목표는 대단하지 않았다. 하루에 6연, 1년에 20톤을 전통적인 방식에 따라 자신의 손으로 직접 종이를 만드는 것이었다. 그것이야말로 200년 넘도록 가장 믿을 만하다고 입증된 노동력이었다. 1801년 2월 8일자 《피츠필드 선》에 처음 홍보 글이 실렸는데, 지역의 핵심층에 도움을 청하는 내용이었다. '여성들이여, 넝마를 아끼십시오'라며 '후한 가격'을 쳐주겠다고 했다.

제나스 크레인은 5년 이내에 지폐를 발행하는 은행들, 주식과 채권 증서를 전문으로 하는 인쇄업자들을 고객으로 확보했다. 기록문서 인쇄에 적당한 등급의 종이를 가리키는 '본드지'(bond는 채권이라는 뜻—옮긴이)는 이렇게 사용되기 시작했다. 사업이 점차 번성하자 제나스는 섬유를 구하려는 시도도 넓혀 나갔다. 금속 용기를 파는 행상과 우편배

Americans !
*Encourage your own Manufactories,
and they will Improve.*
LADIES, save your RAGS.

AS the Subscribers have it in contemplation to erect a PAPER-MILL in *Dalton*, the ensuing spring ; and the business being very beneficial to the community at large, they flatter themselves that they shall meet with due encouragement. And that every woman, who has the good of her country, and the interest of her own family at heart, will patronize them, by saving her rags, and sending them to their Manufactory, or to the nearest Storekeeper—for which the Subscribers will give a generous price.
HENRY WISWALL,
ZENAS CRANE,
JOHN WILLARD.
Worcester, Feb. 8, 1801.

넝마를 구하기 위한 공개 호소문, 1801년.

달부와 거래를 맺어 다른 지역에서 의류를 가져오도록 했고 유럽 방직공장에서 자투리 아마천을 사들여 뉴욕의 허드슨 강에서 여객선으로 수송했다. 그는 1811년 6월 동료에게 보낸 편지에서 "트로이에서 범선 핸콕호로 수송된 넝마 뭉치 11개를 실은 마차가 어젯밤 늦게 도착했네. 살펴보니 상태가 괜찮아 종이 만들 준비가 됐다네."[3] 1831년에는 인근 스프링필드에서 개발된 환망 초지기cylinder machine[4]를 사들였고 종이를 기계에서 떼어주는 추림기를 개발했으며 건조 시간을 앞당기기 위해 직접 설계한 증기난방관을 설치했다. 그 밖에 자동 트리밍 나이프, 펄프 다듬기, 재단기 등에도 개신이 이루어졌다.

제나스 크레인이 세상을 떠나기 몇 달 전인 1844년, 그의 회사에는 처음으로 푸어드리니어 기계가 가동되어 후사토닉 강과 코네티컷 강을 따라 점점 경쟁이 치열해지는 제지업계에서 더욱 탄탄한 입지를 다질 수 있었다. 주요 항구 도시와의 근접성 때문에 제나스 크레인처럼 젊은 인재들이 매사추세츠로 혹은 서부로 대거 몰려들어 1890년대 초반에 이르러 버크셔와 햄던에서는[5] 제지업이 세계적으로 발달했다. 이러한 지리적 조건은 1825년에 이리 운하가 건설되는 데도 기여했다.

코네티컷 강에서 400미터 이내 18미터 높이에서 떨어지는 자연 폭포의 잠재력을 활용하기 위해 19세기의 기술자들은 세 개의 순환 운하 주변에 산업도시 홀리오크를 건설했다. 이 운하들은 28개의 제지소가 가동되기에 충분한 동력을 만들어냈다. 전성기에는 미국에서 생산되는 종이의 거의 90퍼센트를 생산했다. 비록 제2차 세계대전이 발발하면서 전부 문을 닫았지만 산업도시 홀리오크는 여전히 자칭 '페이퍼 시티'[6]다. 옛 제지공장이었던 5층 건물에 자리 잡고 풍미 좋은 에일 맥주와 필젠 맥주를 생산하는 페이퍼 시티 브루어리 컴퍼니는 과거의 영광을 떠오르게 한다.

특대형의 노란색 리갈 패드를 발명했다는 아메리칸 패드 앤 페이퍼 컴퍼니American Pad and Paper Company, 일명 암패드Ampad는 현재 텍사스에 있다. 이들은 2005년 홀리오크에서 멕시코로 공장을 옮겼다. 더욱 수익성 높은 환경과 값싼 노동력을 이용하기 위해서였다. 1888년 인근 제지소에서 퇴짜 맞은 '선별' 종이를 사들여 선을 넣어 변호사, 판사, 사무원, 법학생들의 필수품이 된 노트를 만드는 영리한 아이디어를 가지고 홀리오크에 창업한 기업이었다. 왜 패드가 길고 왼쪽에 빨간색 세로줄이 두 줄 들어가는지, 왜 종이가 노란색인지는 특허가 신청된 적이 없어서 확실히 알려진 것은 아니다.

그러나 홀리오크에서 마지막으로 사라진 제지업체라는 암울한 영광은 암패드가 아니라 프랭크 파슨스 페이퍼 컴퍼니에 돌아갔다. 이 회사는 홀리오크에 처음 들어선 제지공장이었고 가장 돋보였다는 것은 누구도 부인할 수 없었다. 1853년에 설립된 파슨스는 한때 미국 최대의 고급 문구류와 거래 장부 제조업체였고 이곳에서는 문화기관과 박물관에서 사용하는 면섬유로 된 문서용지를 만들었다. 크레인과 마찬가지로 파슨스는 몇 대에 걸쳐 내려온 가족 기업이었지만 1958년 뉴저지의 내셔널 벌커나이즈드 파이버에 매각된 후 줄곧 하락세를 기록하다 2005년에 파산 선언과 함께 문을 닫았다. 약 18,211제곱미터 부지에 벽돌로 지어진 이 거대한 공장은 비바람에 그대로 방치됐다. 문도 잠그지 않은 채 버려진 공장은 2008년 성냥불 때문에 대형 화재가 발생해 사흘 동안 불에 타 잔해만 남았다.

크레인 앤 컴퍼니가 치열한 경쟁 속에서도 지금까지 여전히 뉴잉글랜드의 건재하는 기업으로 남은 비결은 가히 박사 논문 주젯감이다. 비상장 기업인 크레인은 21세기에도 연간 5억 달러가 넘는 매출을 올리며 승승장구하고 있으니 구미가 당기는 주제가 아닐 수 없다. 물론 130년 이상 경기를 타지 않는 정부 계약으로 미국 재무부의 지폐용지를 만들어온 사실도 도움이 됐다. 하지만 4년마다 경쟁이 치열한 입찰 계약이 이루어지는 데다, 전 세계에서 가장 많이 사용되고 융통성 있는 미국 지폐를 위해서는 오로지 면섬유로 만든 고품질 특수 종이를 공급해야만 한다.

1860년대에 다른 제지소들은 쇄목펄프를 사용하기 시작했지만 크레인은 계속 면섬유와 아마섬유만 사용하는 '나무 없는' 공장을 지켜왔다. 또한 종이의 다양한 용도를 깨닫고 새로운 기회를 포착했다. 예를 들어 1847년 미국에서 접착성 우표가 등장하자 크레인은 가장 먼저 우표용으로 적합한 용지를 개발해 우표 시장에 뛰어들었다. 그리고 1850년대에 기계로 접은 봉투가 소개되자 문구류까지 제품 생산을 확장했으며 영국의 빅토리아 여왕과 시어도어 루즈벨트 대통령 같은 고객들이 선호하는 제품이 됐다. 달턴에 있는 크레인 박물관에서 볼 수 있는 가장 흥미로운 소장품은 1886년에 자유의 여신상 헌정식 초대장과 1937년에 금문교 완공식에 특별 손님들에게 보내진 초대장이다.

남북전쟁 때는 남부군을 위해 종이 탄피를 만들었다. 설립자의 손자이자 1904년부터 1913년까지 매사추세츠 주 상원의원을 지낸 윈스롭 머레이 크레인Winthrop Murray Crane은 1873년 코네티컷 뉴헤이븐 소재 윈체스터 리피팅 암스 컴퍼니의 신제품 연발식 소총의 탄피를 생산하는 대형 계약을 따냈다. '서부를 사로잡은 총'이라는 명성을 지닌 무기였다. 두 부분으로 조립되는 총알에 개스킷 역할을 하도록 얇은 아마 본드지를 만들었다. 총알 발사 시 깨끗하게 점화되어 재가 덜 남는 것이 가장 큰 장점이었다. 이 계약은 남성 의류업계의 1회용 칼라 제조와 더불어 크레인이 1873년 공황 이후 이어진 오랜 불황기를 이겨낼 수 있도록 도와주었다. 1903년 크레인의 연구원들은 투사지tracing paper를 개발했다. 이 종이는 투명하고 강도도 뛰어나서 곧바로 건축가와 엔지니어들에게 튼튼한 도면지로 인기를 끌었다. 대공황기에는 담배 종이를 만드는 산업에 뛰어들었고 문구류 종류도 늘려 카본지carbon paper 생산을 시작했다. 카본지는 전자인쇄와 컴퓨터 파일이 등장하기 전까지 크레인의 주요 제품이 됐다.

하지만 크레인이 장수할 수 있었던 가장 중요한 이유는 창립자의 아들인 제나스 마셜 크레인Zenas Marshall Crane이 1844년에 도입한 혁신적인 위조 방지법 덕분이었다. 펄프 형성 단계에서 초지기의 '습부wet end'에 평행한 실크 가닥을 넣는 기술로 당시 많은 은행들로부터 인기를 끌었다. 1달러에는 한 가닥, 2달러는 두 가닥, 3달러에는 세 가닥을 넣었다. 크레인은 보안용지 사업에 적극적으로 뛰어들었다. 특히 이 기술은 35년 후 크레인이 미국 지폐용지 생산업체 선정 입찰에 참가했을 때 쓸모가 있었다. 당시 연방정부의 지폐용지는 필라델피아이 J. M. 윌콕스 앤 코J. M. Wilcox & Co.가 독점하고 있었다. 장차 상원의원으로 선출될 크레인이 막판에 제출한 입찰가는 0.45킬로그램당 38.09달러로 윌콕스에게 지급되고 있던 금액보다 무려 70센트나 낮았다. 그 후 크레인과 연방인쇄국과의 관계는 지금까지 이어진다.

2002년에는 스웨덴의 중앙은행으로부터 스톡홀름 외곽의 자회사를 취득하여 멕시코, 이집트, 캐나다, 인도, 사우디아라비아, 한국, 탄자니아, 태국 등 해외 지폐용지까지 생산하게 됨으로써 크레인은 전 세계 지폐용지 생산의 60퍼센트를 차지하는 최대 은행권 종이 제조업체가 됐다. 연방인쇄국에 따르면 날마다 3,500만 장의 지폐가(액면가 6억 3,500만 달러) 인쇄된다. 연방준비은행에 따르면 1달러 지폐의 수명은 41개월이고 앞뒤로 최소 8,000번—'이중 접기'로 4,000번—접을 수 있다.

달턴에서 미국 지폐용지를 생산하는 작업은 1.6킬로미터 이내에 자리한 쭉 뻗은 세 개의 벽돌 건물 안에서 이루어진다. 한 곳에서는 기술자들이 정부의 정확한 요건에 따라 '반성지료half-stock'(다시 고해해야 하는 펄프—옮긴이)라고 하는 펄프를 준비하고 나머지 두 건물에서는 종이가 만들어진다. 미국 비밀경호국의 엄중한 감시 아래 쉴 새 없이 돌아가는 푸어드리니어 기계에서 완제품이 나온다.

근처에 위치한 크레인 제지 박물관은 1844년에 제나스 크레인이 지은 1층짜리 회색 자연색 건물을 복원한 것이다. 당시에는 넝마를 들여와 분류하는 작업이 이루어진 곳이었다. 박물관 옆에는 임원 사무실이 있다. 나는 아내 코니와 함께 어느 여름날 아침 그곳에서 크레인

더글러스 A. 크레인. 7대째 내려오는 제지기술자.

의 부사장이자 지폐용 보안용지를 비롯해 미국 정부 제품 생산 관리를 담당하는 더글러스 A. 크레인Douglas A. Crane을 만났다.

7대째 내려오는 제지기술자라는 사실로 미루어—또한 기업의 고위직을 맡고 있는 네 명의 가족 구성원 중 한 명—어떻게 보면 종이에 대한 사랑은 그의 집안 내력이라고 할 수도 있다. 이에 대한 그의 대답은 이러했다. "제 피에 펄프가 흐른다고 해야 맞겠네요." 그가 달턴에서 보낸 어린 시절의 기억 중에서 가장 먼저 떠오르는 것은 아버지 크리스토퍼 크레인과 공장 건물 사이를 오가던 일이었다. "제지법을 바로 가까이에서 느끼며 자랐습니다. 제지공장 위쪽에 있는 언덕에서 살았는데 어릴 적 항상 내려다보고는 했죠. 아버지가 제지공장에 데려갈 때마다 그 안에서 벌어지는 작업에 푹 빠졌습니다."

더글러스 크레인은 1982년에 브라운 대학교를 졸업하고 잠시 생물의학 분야에서 일하다 가업을 이었다. "엔지니어링 부서에 들어가 종이에 보안장치를 넣는 시설과 시스템을 설계하기 시작했습니다." 그리고 그는 부서에서 개발 중인 최신 안전장치가 들어간 종이를 보여주었다. "제지의 실질적인 면을 다루고 그 공정을 이해하게 되면서 종이 만드는 과정이 참으로 복잡하다는 사실을 실감하게 되더군요. 화학과도 연관이 많아요. 하지만 예술적인 부분도 많이 차지한다는 것이 진정한 묘미죠."

크레인은 회사에 들어오자마자 제지법의 전통과 기술에 매료됐다고 말했다. "수제 종이와 제지법의 역사에 흥미를 느꼈습니다. 처음 회사에 들어와서 한동안 수제 종이 생산 라인 쪽에 손을 댔어요. 어떻게 보면 우리의 뿌리로 되돌아가는 의미이기도 했죠. 실제로 몇 가지 시도가 이루어지고 있었고요. 수익성보다는 열정에 자극 받은 일이었어요. 얼마 되지 않아 경제적인 이유로 중단되어야 했지만요. 정말 안타까운 일이었어요. 우리가 만든 수제 종이는 정말 아름다웠거든요."

그러나 수제 종이를 만드는 일은 그에게 촉감을 넘어선 상품이라는 느낌을 주었다. 그가 사무실 바로 옆에 있는 박물관에서 가장 좋아하는 물품이 제나스 크레인의 첫 번째 제지소의 기능 모형이라는 점은 그리 놀랍지 않았다. 크레인 앤 컴퍼니가 1929년에 달턴에서 남쪽으로 몇 시간 떨어진 코네티컷 주 라임 록에 수제 제지 공방을 차린 다드 헌터에게 부탁하여 일정한 비율로 축소하여 조립한 것이었다.

"나는 종이의 감촉을 좋아합니다. 종이를 다루는 과정도 좋고 흔들면 바스락 소리가 나는 것도 좋아요. 종이에 둘러싸여 있는 게 좋습니다." 그리고 크레인이 덧붙였다. "종이를 만들 때 공장 안에 있는 것도 좋습니다. 문구류 상자든, 지폐용지 1연이든, 완성품을 보고 있으면 원료에서 채취한 섬유를 한데 모아 기적처럼 이렇게 놀라운 제품을 탄생시켰다는 생각이 듭니다. 종이의 놀라운 점은 셀룰로오스 섬유는 자연의 섬유 중에서 유일하게 자가 접착력이 있다는 점입니다. 단백질이 기본 성분인 섬유로 펠트천을 만들려면 기계로 열심히 작업해서 서로 얽히게 만들어야 합니다. 하지만 셀룰로오스 섬유의 경우, 물기가 빠지기 시작하는 순간 셀룰로오스의 사슬 표면에 수소결합 지점이 생깁니다. 그리고 건조되면서 더욱 가까워져서 서로 결합하죠. 따라서 건조한 종이는 그 자체로 튼튼하고 강한 물건이 됩니다. 물론 지폐용지 같은 경우, 실수로 세탁기에 들어가 완전히 망가지는 불상사가 없어야 하니 습윤 강도를 높이는 화학물질을 넣어야만 합니다. 하지만 기본적으로 종이는 강하고 오래가는 재료죠."

그날 오전에 크레인이 우리에게 보여주려고 가져온 것들 중에는 특수 보안용지를 부탁한 해외 정부를 위해 새롭게 디자인된 지폐 견본도 있었다. 일반적인 지폐와 다를 바 없어 보였지만 크레인 컴퍼니 제품이라는 표시와 최첨단 위조 방지 기술을 이용한 정교한 장치7가 들어가 있었다. 가장 인상적인 것은 빛에 대고 기울이면 지폐에 새겨진 잠자리가 여러 색깔로 빛났고 잠자리의 눈이 보는 사람을 따라 움직이는 것처럼 보였다.

"지금 보고 계시는 것이 새로운 보안장치입니다. 우리는 '모션motion'이라고 부르지요. 지폐에 들어간 실무늬예요. 지폐를 움직이면 표면에 인쇄된 작은 무늬가 미끄러지듯 움직입니다. 오른쪽에서 왼쪽으로 기울이면 무늬가 위아래로 움직이죠. 매우 미세하고 복잡한 광학 시스템입니다. 실무늬가 들어간 눈알 하나를 만드는 데만 약 5,000개의 렌즈가 함께 작동됩니다. 잠자리 무늬를 넣는 이유는 잠자리의 겹눈 구조와 흡사하기 때문입니다."

종이 표면에 엮인 섬유사는 플라스틱 조각이고 액면가에 따라 지폐마다 색깔이 다르다. "우리는 이 막을 거미줄 형태로 만들어 길게 은선security thread으로 잘라 제지 과정에서 습지에 넣습니다. 첨단 제지술의 극치라고 할 수 있지요." 더글러스 크레인이 우리에게 설명해줄 당시 그 종이는 소수의 지폐권에만 승인된 상태였지만 나중에는 연방인쇄국의 100달러 신권에도 들어가게 됐다. 100달러 지폐 신권은 2011년부터 시중에 유통될 계획이었으나 초기 인쇄 단계에서 '주름 문제'가 발생했다는 정부 발표로 2013년 가을로 연기됐다. 모든 지폐에 축소사진 인화 기법, 다수의 워터마크, 거의 100만 개에 이르는 작은 렌즈 등의 새로운 안전장치가 들어갔다.

크레인이 다음으로 보여준 지폐는 빳빳한 100달러 지폐였다. 그는 손가락으로 비벼보도록 허락해주었지만 비밀경호국에서 빌린 것이라 사진 촬영은 불가능했다. "어때요?"라는 질문에 나는 감촉이 "정말 좋다"고 답했다. "정말로 좋지만 이 돈은 가짜입니다." 그는 내가 들고 있는 것이 재무부와 비밀경호국이 '슈퍼노트supernote'라고 부르는 100달러짜리 위조지폐라고 했다. 조지 W. 부시 전 대통령을 비롯한 일부 정부 관계자들은 그것이 비우호적인 국가가 위조한 것이라고 주장했다. 이란의 소행일 수도 있다고 언급되었지만 북한일 가능성이 높다.

"일반적인 위조 사례는 아닙니다. 매우 영리하게도 종이 자체를 위조할 정도로 매우 극단적인 사례죠. 위조 방법에는 진품 지폐에서 잉크를 제거해 기질을 인쇄해 넣는 방법이 있어요. 이를테면 5달러짜리를 100달러로 바꾸는 겁니다." 하지만 이 경우에는 면 75퍼센트, 아마 25퍼센트라는 정확한 재료 비율에 맞춘 고품질 종이에 인쇄했고 미국 지폐에 보편적으로 들어간 보안장치들과 워터마크까지 포함되어 있었다.

"은선 자체를 위조해서 넣기까지 했습니다. 개인 혼자서는 도저히 불가능한 일이에요." 게다가 음각 인쇄를 통해 놀라우리만치 전문적으로 보이는 지폐를 만들었지만, 결함이 없지는 않았다. 크레인은 그것이 정확히 무엇인지는 말하지 않았지만 전문가의 눈으로는 위조지

페임을 식별할 수 있었다. "처음에 이 위조지폐에 주목하게 된 것은 감촉이었습니다. 감촉이 뭔가 달랐거든요"라고 크레인은 말했다.

"그러니 우리 정부를 위한 저의 도전 과제는 이겁니다. '어떻게 하면 지폐를 가지고 이런 일을 벌이지 못하도록 수준을 끌어올릴 수 있을까?' 그래서 우리는 비밀경호국을 위해 위조지폐를 분석하고 있습니다. 이런 수준까지 만들 수 있다면, 자본이 충분하고 기본 장비를 모두 갖추고 있을 테니 지금 보시는 '움직이는 무늬'도 위조해낼 수 있을 테니까요. 어쨌든 이것도 하나의 대응책이 되겠지요. 하지만 만약 핵무기를 만드는 국가, 아니 그런 국가들이 개입된 일이라면 문제가 달라지겠죠."

남북전쟁이 발발하기 이전, 미국에 국가 통화가 없었을 때 지폐는 다양한 액면가와 디자인으로 발행됐다. 1860년에만 1만 종류가 넘었으므로[8] 악용될 가능성이 농후했다. 지폐 위조가 워낙 성행해서 허먼 멜빌의 소설 『사기꾼 : 그의 가장무도회The Confidence Man : His Masquerade』에서 서사적 장치로 활용되었을 정도다. 1857년에 발표된 이 풍자소설은 미시시피 강을 다니는 배를 배경으로 만우절에 일어나는 사건을 다루고 있다.

한 국가의 지폐에 가장 해로울 수 있는 시도가 베를린 외곽의 작센하우젠 수용소에서 일어났다. 유대인 죄수들이 가스실행을 피하기 위해 나치를 위해 영국의 파운드화를 위조하는 것이었다.[9] 그들이 위조한 지폐는 어찌나 정교했는지, 독일인 중개인들이 스위스의 한 은행에 예치한 견본을 보고 잉글랜드 은행 관계자들이 진품이라고 판단했을 정도였다. 북한에서 만든 것으로 보이는 미국의 100달러짜리 위조지폐처럼 독일의 시도 역시 그래픽 생산의 모든 측면에서 뛰어난 전문가 집단의 소행이었고 영국 지폐와 질감, 촉감, 생김새, '주름'이 똑같은 종이를 사용했다. 섬유의 종류와 정확한 비율을 알아내기 위해 독일의 한 제지업체가 엄청나게 공들인 실험 분석에 돌입했다. 그들은 터키산 아마와 아시아의 쐐기풀인 모시가 영국 파운드화의 조합 공식이라고 결론 내렸다. 독일에서 적당한 아마를 구했고 쐐기풀은 헝가리에서 들여왔다.

네덜란드산 기계로 습지를 만들고 워터마크를 넣었다. 석영 수은등 아래 비추었을 때 영국 지폐와 최대한 비슷한 색깔이 나오도록 1725년 이후로 왕실의 지폐용지를 제조해온 영국 회사가 사용하는 것과 가장 비슷한 물을 준비했다. 100회가 넘는 시행착오를 거친 끝에 만족스러운 워터마크가 만들어졌다. 이러한 위조지폐 제조 행위는 1945년에 제2차 세계대전과 함께 막을 내렸지만, 워낙 진짜와 흡사해 영국 은행이 위조 대상이 된 지폐권의 유통을 중단하고 디자인과 구성이 다른 5파운드짜리 신권을 내놓았을 정도였다.

우리 사회에서 종이가 사용되지 않을 때가 올 것인지에 대한 대화로 넘어갔을 때, 더글러스 크레인의 반응은 예상 밖이 아니었다. 그는 "사람들이 종이 없는 세상을 바랄 것 같지는 않아요"라고 말했다. "그래서 뭐 좋을 게 있겠어요? 오히려 종이 사용량은 나날이 늘어나고 있습니다. 종이가 쓰이지 않는 곳이 있을까요? 종이는 매우 효율적인 정보 전달 매체입니다. 원할 때 언제든 읽을 수 있지요. 전원 버튼을 누르지 않아도 되고 휴대성도 뛰어나고 대단히 편리합니다. 거래가 증가할수록 지폐용지 생산 비율은 감소하고 있지만, 그래도 지폐용지 생산은 꾸준히 증가하고 있어요."

그는 전 세계 지폐의 숫자도 늘어나고 있다고 했다. 시중에 유통되는 미국 지폐 250억 달러의 60퍼센트가 해외에서 이루어진다. "해외에서는 미국 달러를 모아 침대 밑에 감춰둡니다. 자국 통화는 인플레이션 문제가 생길 수도 있고 원래 약할 수도 있으니까요." 크레인이 설명했다. "그뿐만 아니라 화폐는 거래 효력을 발생시키는 수단이지만 가치 저장 수단이기도 합니다. 미국에는 은행 계좌를 보유하지 않은 가정이 약 20퍼센트 정도 됩니다. 또 미국에는 이민자들도 많지요. 이민자들 중에도 은행 계좌가 없는 사람들이 많아요. 그런 사람들은 무조건 현금만 사용합니다."

크레인 앤 컴퍼니는 다양한 종류의 종이를 생산하지만—다음 날 매사추세츠 서부에 있는 크레인의 다른 공장에서 여러 제품이 만들어지는 모습을 둘러보았다—더글러스 크레인이 맡은 업무는 단 하나의 고객을 만족시키는 일이다. 바로 그가 대화 내내 '우리 고객'이라고 칭한 연방인쇄국이다.

"우리 고객을 만족시키는 것이 나의 주요 책임입니다. 그리고 우리 기업의 생명줄 사업이라고 할 수 있는 정부 계약도 담당하고 있어요. 그래서 워싱턴으로 출장가야 할 때가 많습니다. 반드시 필요한 일이지요. 하지만 선택권이 있다면 아침마다 제일 먼저 가고 싶은 곳은 제지공장입니다." 그리고 공장에 들를 때마다 그가 제일 먼저 하는 일은 "곧바로 기계의 습부를 살펴보는 것"이었다. 나는 그가 현장을 직접 확인하는 일이 5성급 레스토랑 주방을 직접 감독하는 주방장의 열정과 비슷하다는 생각이 들었다.

"우리 공장에서는 좀 괴상한 행동을 하는 사람들을 볼 수 있어요. 이제는 더 이상 고해기를 돌리지 않지만, 예전에는 일괄적으로 고해기로 섬유를 정제했어요. 그래야만 그 일에 충분한 에너지를 쏟을 수 있으니까요. 그렇게 고해기 기술자들은 제지 예술에 관여하게 됩니다. 단지 일정한 압력을 가해 일정 시간 동안 고해기를 돌리는 것이 아니라 이따금씩 손을 넣어 자세히 살펴보기도 하죠. 제대로 되고 있는지

씹어보기도 하고요." 이렇게 작은 부분까지 일일이 신경 쓰는 것은 오직 오랜 경험에서 우러나온 일종의 감식안이라고 그는 말했다. 나와 아내는 곧이어 방문하게 될 제지공장 두 곳에서 그 모습을 목격할 수 있었다.

바이런 웨스턴 빌딩은 후사토닉 강에 있던 경쟁 업체의 이름을 딴 것이다. 크레인 앤 컴퍼니는 가장 역동적인 성장률을 기록했던 시절에 그 기업을 인수했다. 그 건물에서는 연방인쇄국이 명시한 필수 요건을 정확하게 준수한 지폐용 '반성지료'를 생산하고 다른 건물로 보내 종이를 만든다. 재료 준비 과정을 책임지는 사람은 조너선 R. 드로신Jonathan R. Drosehn이다. 그는 1979년에 크레인 컴퍼니에 입사했는데 그의 집안에는 아버지와 세 형제를 비롯해 4대에 걸쳐 크레인 컴퍼니에서 일한 사람이 120명이 넘는다. 그의 형제 한 명은 이 책에서도 곧 만나볼 수 있다. 달턴에서 나고 자란 조너선의 직함은 '원자재 관리자'였다. 기대하지 못했던 일이지만 바이런 웨스턴 공장에서 제지 산업에 관한 상세한 설명을 들을 수 있었다. 원자재가 입고되는 구역에서부터 공장 견학이 시작됐다. 피츠버그와 인근 지역 창고에서 면과 아마가 든 짐짝이 들어오는 곳이었다.

"우리는 다른 산업 부문의 폐기물을 재활용하고 있습니다." 방적 산업체에서 나온 아마 꾸러미에서부터 드로신은 설명을 시작했다. "건초 더미처럼 말아진 상태로 수송됩니다. 옷 재료로 수확하고 남은 것을 습기에 일부가 썩도록 들판에 그대로 놔둡니다. 그러면 겉껍질에서 불필요한 유기물이 분해되지요. 그렇기 때문에 적당히 습기를 쐬면 섬유질이 더 좋아지는 겁니다. 그 상태로 뿌리를 잘라내고 돌돌 뭉쳐서 줄기 부분을 코밍combing(짧은 섬유나 불순물을 제거하고 섬유를 빗듯이 가지런하게 하는 방적 공정을 말함—옮긴이)합니다. 그러면 식물처럼 생겼던 것이 밝은 갈색 가발처럼 변하게 되지요." 그는 아마 한 움큼을 들어 부드러움을 느껴보라고 하고는 나머지 재료로 넘어갔다.

"우리가 사용하는 이 면은 조면기(목화의 씨를 빼는 기구—옮긴이)로 채취한 섬유입니다. 밭에서 생산된 목화는 세 가지 기본 제품을 제공합니다. 씨, 방적할 수 있는 면화, 그리고 티끌이라고 부르는 남은 폐기물이죠. 여기 있는 것이 티끌이에요. 저것은 코밍 작업으로 가지와 잎을 깨끗하게 골라낸 면화 뭉치고요. 거의 80퍼센트가 중고 재생 셀룰로오스입니다. 이것들을 정확한 공식대로 전부 섞어 종이 원료를 만듭니다."

공장으로 들어온 원자재 뭉치들은 '먼지와 유기물'을 제거하는 손질과 코밍, 방적, 거르기 작업에 더하여 불가시광선black light에 비추는 작업을 거친다. "형광 섬유가 들어 있지는 않은지 확인하기 위해서입니다. 형광 섬유가 들어 있으면 비닐봉지 같은 합성섬유에 오염됐다는 뜻이거든요. 아마나 목화가 생산되는 초원에서 흔히 볼 수 있는 것들이죠." 지폐용지가 다른 종이와 다른 특징은 형광 성질이 없다는 점이므로 이 과정은 필수적이다. "지폐용지를 불가시광선에 비추었을 때 은선 부분만 형광으로 빛나야 합니다. 또는 그 밖에 형광 성분으로 된 특수 장치만요. 형광 성분에 해당하는 무언가를 펄프에 집어넣는다면 종이의 진본성을 떨어뜨리게 됩니다. 위조지폐에는 대개 형광 성분이 들어 있거든요. 그래서 불가시광선에 비춰보면 간편하게 위조지폐를 식별할 수 있는 경우가 많습니다."

생산 작업은 쉴 새 없이 계속되지만 원자재들이 입고되어 마무리 공장으로 옮겨질 준비가 되기까지 약 2시간 30분이 걸린다. 그 밖에 원료 준비 과정으로는 가성소다라고 하는 화학물질인 수산화나트륨을 넣은 수용액에 담갔다가 증해기 보일러라고 불리는 거대한 원통형 용기에서 이루어지는 증해 작업이 포함된다. 펄퍼pulper라는 탱크에서는 더욱 정교한 펄프 가공이 이루어진다. 자이로 세정기에서 추가 세척과 헹굼 작업이 이루어진다. 자이로 세정기는 지저분한 물이 거름망을 통해 빠져나가고 깨끗한 물이 투입되는 회전 원반을 가리킨다.

조너선은 "우리는 특정 마력으로 짧은 소섬유를 만듭니다"라고 설명했다. "펄프를 미세한 소섬유에 전부 펼쳐서 한데 뒤엉키게 하려는 거죠." 여기에 일정한 명도를 위하여 표백제를 넣는다. 모든 과정이 끝나면 물의 절반이 빠진 상태가 된다. 그다음에는 재료를 직사각형으로 자르는데 일반인들에게는 거칠고 두꺼운 종이처럼 보인다. 조너선은 "이곳에서는 미국 지폐가 되기 전까지의 전체적인 제조 과정이 이루어집니다"라고 하면서 반성지료가 서로 모여 '거의 구조화'된다고 설명했다. "이제 적절한 일관성을 조작할 수 있는 형태가 됩니다. 섬유가 계속 짧아지고 소섬유화가 더 진행됩니다. 이 뒤로 남은 작업이 많이 있어요. 하지만 이게 제 작업의 완성품입니다. 그다음의 작업은 제 형님이 맡습니다."

지폐 공장Currency Mill으로 불리는 '그곳'에서 우리를 안내해줄 사람은 조너선의 형 도널드 J. 드로신이었다. 1969년 여름에 연구 실험실 인턴사원으로 입사한 그는 우리가 방문했을 당시 '미국 지폐 제조 관리자'라는 직함을 달고 있었다. "어느 날 네티 할머니가 저를 브루스 크레인 씨의 사무실로 데려갔습니다. '크레인 씨, 도니는 열여덟 살이고 앞으로 화학자가 될 아이인데 여름방학 동안 일자리가 필요하답니다'라고 하셨어요. 첫 여름에 하루 12시간 일해서 2,300달러를 벌었죠. 할머니는 버크셔 카운티에서 농사를 지었는데 크레인 앤 컴퍼니에 학생들을 소개해주셨어요. 거기에서 한 번쯤 일해보지 않은 애들이 없었답니다. 크레인가家는 언제나 가족을 중요시했지요. 할머니가 돌아가셨을 때 브루스 크레인 회장님이 장례식장에 오셨습니다."

도널드 드로신은 제지 공정의 마지막 단계에 들어가기 위해서는 "반성지료 섬유가 특정한 길이와 여수도freeness(펄프의 물이 빠지는 정도를 나타내는 수치—옮긴이), 그리고 색깔을 갖추고 있어야 합니다. 그래야 펄퍼와 혼합 탱크에서 섞을 때 연방인쇄국을 만족시킬 수 있는 강도와 내구성, 형태, 품질이 나오지요. 증해 작업은 조너선 쪽에서 다 끝나고 여기서 우리가 하는 일은 더욱 정교한 펄프 가공을 거쳐 종이로 만드는 겁니다."

나는 그 과정의 시작 부분에 대형 원료통의 사진을 찍었다. 각 통마다 약 1.2톤의 펄프가 들어 있었다. 다른 공장에서 이루어지는 반성지료 제조 작업에 물이 대량으로 들어가는 데도 '습한' 단계로 간주되지 않는 이유가 곧 드러났다. "지금은 섬유 비율이 약 5퍼센트, 물이 약 95퍼센트인 상태입니다. 이 시점에서부터 수백만 갤런의 물로 희석한 수용액으로 만들어 초지기로 들어갈 때는 섬유 0.6퍼센트, 물 99.4퍼센트 비율이 됩니다."

유일하게 견학이 금지된 단계는 '습부' 단계였다. 적절하게 희석된 펄프가 롤러와 움직이는 금속망으로 이루어져 요란한 소리를 내는 장치 속으로 들어가 지폐용지로 바뀌는 단계였다. 바로 그곳에서 뉴햄프셔에 있는 크레인 컴퍼니의 자회사에서 생산되는, 지폐 액면가마다 다른 플라스틱 보안장치가 삽입된다. 대부분의 직원들조차 출입이 금지되어 있는 전매 공정이다. 우르릉거리는 소리와 함께 지칠 줄 모르고 힘차게 돌아가는 기계는 마치 빠른 속도로 굉음을 내며 시골길을 달려가는 거대한 기관차 같았다. 끝없이 이어진 미색의 종이가 윙윙거리며 기계 끝부분에 있는 거대한 스풀에 감긴다. 스풀 하나당 5만 장의 지폐를 만들 수 있다.

매사추세츠 달턴에 있는 크레인 앤 컴퍼니 공장에서 만들어지는 미국의 지폐용지.

　미국 지폐가 "전 세계에서 강도와 내구성이 가장 뛰어나다"는 도널드 드로신의 설명은 그가 날마다 만들어내는 제품의 구성을 있는 그대로 나타낸 것이었다. 그는 영국 5파운드권의 유통 가능 기한은 12개월 미만이지만 미국 달러권은 최대 3년 6개월 지속된다고 말했다. "영국 5파운드권에는 아름다운 여왕의 모습이 들어가 있습니다. 달러권은 면과 아마 섬유로 만들어져 완벽한 워터마크를 만들기가 쉽지 않은 반면, 내구성이 대단히 뛰어나지요. 우리는 그런 장단점을 고려하여 적절한 조화점을 찾았다고 할 수 있어요."

　평생 제지업에 종사해온 도널드는 제지가 과학인 동시에 예술이라고 말한다. 품질 관리를 위해 끊임없이 지폐 견본을 분석하는 연구소에서 그는 지폐용지에서 틀림없이 나게 되어 있는 덜걱 소리를 들려주었다. "이게 바로 돈의 소리입니다. 연방인쇄국에서는 이 소리가 변하기를 바라지 않아요. 따라서 이 소리를 유지하는 것도 제 임무입니다. 소리에 대한 규정은 명시되어 있지 않아요. 감촉도 마찬가지고요. 감촉 역시 정부가 우리에게 변하지 않기를 요구하는 부분입니다. 위조

지폐를 식별하는 가장 좋은 방법이니까요. 우리가 지폐용지의 소리와 감촉을 시험하는 유일한 방법은 손가락을 이용하는 것뿐입니다. 첨단 과학과 기술로 보안무늬와 워터마크를 넣지만 그다음 단계는 평생 이 일을 해온 사람만 가능하죠."

나는 뉴잉글랜드의 수많은 제지업체들이 수요 감소나 경제 변화, 정부기관과 이익단체의 새로운 환경 의식의 희생양으로 전락한 가운데, 크레인 앤 컴퍼니가 계속 번창할 수 있었던 이유를 물었다. "우선 우리는 절대로 나무를 사용하지 않습니다. 해마다 재생 가능한 자원에서 채취된 섬유만 사용하지요. 우리 크레인 앤 컴퍼니는 인근에 있는 친환경 에너지 발전소인 에너지 앤서스에서 태우는 쓰레기에서 발생하는 증기로 종이를 건조합니다. 그것도 하나의 이유일 겁니다. 그리고 우리는 1950년대부터 용수 처리를 시작했어요. 보편화되기 훨씬 전이죠. 우리는 환경에 많은 관심을 기울이는 기업입니다."

그가 마지막으로 말했다. "질문의 다른 부분에 답하자면, 제지 산업의 규모가 줄어들고 있는 것은 사실이에요. 앞으로 특수한 제지업체들만 살아남겠죠. 확실히는 모르겠지만 면섬유로 만든 종이는 전 세계적으로 2~3퍼센트밖에 안 될 겁니다. 지폐는 사실 종이가 아니라는 점을 자랑하고 싶습니다. 저는 '직물'이라고 말하죠. 면하고 아마로 만드니까요. 수많은 제지업체가 사라지고 있지만 우리는 이렇게 특별한 제품을 만들기 때문에 괜찮을 거라고 생각합니다. 종이라고도 할 수 있지만, 저는 우리가 세상에서 강도와 내구성이 가장 높은 지폐를 '짠다고' 생각해요. 우리는 오래전부터 그 일을 해왔습니다. 면과 아마의 셀룰로오스 섬유로 만들기 때문에 엄밀히 말하자면 종이지만, 저는 직물이라고 생각합니다."

1회용 종이가 부른
위생 혁명

미국 장수말벌은 우리 인간들처럼 매우 훌륭한 종이를 만든다. 말벌은 주변 지역에서 흔

히 볼 수 있는 나무에서 섬유질을 추출한다. 말벌은 우리에게 넝마와 아마를 사용하지 않

고도 식물의 섬유질로 종이를 만들 수 있다는 사실을 가르쳐준다. 그리고 어떤 나무로 질

좋은 종이를 만들 수 있는지 시도해보라고 유도하는 듯하다.

– 르네 레오뮈르, 『말벌의 역사』

제나스 크레인이 후사토닉 강 근처에 처음 제지소를 차린 이후로 미
국에는 65개에 이르는 제지소가 우후죽순으로 생겨났고 저마다 상업
적 용도를 위한 종이를 몇 톤씩 만들어냈다. 그중 안정적인 제지업체
킴벌리–클라크는 1958년에 약 130킬로미터 하류 지점인 코네티컷 주
뉴밀포드에 9만 2,903제곱미터 규모의 화장지 생산 공장을 설립했다.

그것은 세계적인 확장 전략의 일환이었는데, 단기간 내에 가정의 필수품이 되어버린 개인 생활용품을 해당 지역(북동부의 주요 도시와 읍 소재지)에 안정적으로 공급하기 위함이었다. 킴벌리-클라크가 내건 목표에는 '1회용'이라는 단어가 들어가지 않았지만—직원들은 회사가 생산하는 비내구재에 대해 '건강과 위생'의 필수품이라는 표현을 선호한다—코네티컷 공장에서는 이 거대한 기업의 생산라인이 대부분 그러하듯 1회 사용 목적, 즉 '한 번 쓰고 버리는' 수명을 가진 제품들만 생산한다.

킴벌리-클라크의 대표적 소비재인 크리넥스와 코텍스는 미용 티슈와 생리대 브랜드명으로서 해당 제품을 뜻하는 고유명사로 자리 잡았다. 밴드에이드와 제록스, 구글이 각각 1회용 반창고와 복사기, 컴퓨터 검색엔진의 고유명사가 되었고 3M이 1930년에 처음 선보인 스카치가 투명테이프와 동의어가 되었듯이 말이다. 그 밖에도 강력한 브랜드 정체성을 가진 킴벌리-클라크의 제품으로는 스콧 키친타월, 하기스 기저귀, 성인용 요실금 기저귀 디펜드, 퀼팅 화장지 코튼넬 등이 있다.

사람들은 현대적인 사무용품이나 전자책과 컴퓨터의 등장으로 종이가 구식이 됐다고 말한다. 하지만 개인위생에 관해서라면 소비자가 앞으로도 계속 화장지를 구매할 것인가 하는 질문이 나오는 경우는 없다. 소비자 기대에 부응하는 부드러운 제품을 만들기 위해 나무에서 추출한 섬유를 계속 써야 하는지 아니면 촉감은 다소 떨어지더라도 '소비자가 이미 사용한 폐기물을 재활용한' 제품으로 바뀌어야 하는지가 쟁점이다.

국제환경보호단체 그린피스Greenpeace는 2004년에 '티슈 문제'를 차후 정치적 활동 사안으로 정하고 킴벌리-클라크를 최우선 목표 대상으로 지목했다. '클리어컷Kleercut'[1]이라고 이름 붙인 이 공격적인 캠페인은 '세계 최대 티슈 제품 제조 기업'이 부드러운 제품을 만들기 위해 사용하는 원시림 활엽수 섬유의 사용량을 대폭 줄이도록 만드는 것이 목표였다. 소비자 불매운동을 비롯하여 5년 동안 이어진 노력은 2009년에 양측이 합의에 도달함으로써 마무리되었고 그린피스는 환경보호의 대의를 위한 완전한 승리라고 발표했다.

그린피스는 웹사이트에 킴벌리−클라크가 "캐나다 보릴 숲을 비롯한 전 세계 원시림의 보호와 지속적 관리를 약속하는 역사적인 합의서에 서명했다"는 소식을 힘차게 발표했다. 또한 이러한 화해가 "산림 보호와 책임감 있는 산림 관리, 재활용 섬유를 이용한 티슈 생산 방식을 더욱 멀리 퍼뜨릴 수 있는 새로운 협력 관계"를 뜻한다고 주장했다. 결국 킴벌리−클라크는 공인 지속 가능 관리 프로그램을 갖춘 곳에서만 목재를 공급받기로 약속했다. 2012년에는 한 단계 더 나아가 대나무를 비롯해 활엽수보다 훨씬 짧은 기간 내에 재배하고 수확 가능한 대체 원료를 사용함으로써 '삼림 섬유가 차지하는 비율[2]'을 최대 50퍼센트까지 줄이겠다는 장기 계획도 발표했다. "2011년에 우리 기업은 자연림에서 채취한 목재 섬유를 약 75만 톤을 사용했습니다. 이제 킴벌리−클라크는 새로운 사명감으로 2025년까지 자연림의 원료를 절반으로, 즉 화장지 35억 개 이상을 만드는 데 필요한 섬유의 양만큼 줄일 것을 약속합니다[3]"라는 내용이었다.

킴벌리−클라크가 기업으로서 잘하고 있는 일이 무엇인지 정확하게 묘사해줄 수 있는 단어의 선택은 쉽지 않다. 2001년에 이루어진 미국 기업 연구에서는 이 기업의 탁월함이 드러난다.[4] "우리는 제지기업이 아닙니다." 내가 뉴밀포드 공장을 둘러보도록 허가해준 댈러스 본사의 홍보 담당자들에게 수없이 들은 말이다. 어디에서도 본 적 없는 엄청나게 크고 시끄러운 초지기 두 대가 가장 먼저 눈에 들어온 공장에서 만난 사람들까지도 그렇게 말했다. 그중 한 대는 길이 183미터에 4층 건물만 한 높이였는데, 하루에 100만 개 가까이 되는 크리넥스를 생산했다. 거기에서 따로 떨어진 공간에는 현대 공학의 경이로움이 펼쳐졌다. 킴벌리-클라크의 대표 브랜드인 스콧 키친타월이 한 롤씩 말리고 있었다. 킴벌리-클라크가 1995년에 94억 달러에 스콧 컴퍼니를 사들임으로써 두 기업의 강점이 합쳐져서 활기찬 다국적 브랜드가 탄생했다.

그러나 관계자들은 현장에서 만들어지는 세계적 제품들이 그 자체로는 종이가 아니라—확실히 창립 후 100년 동안 만들었던 유형의 종이는 아니었다—'종이를 주성분으로 하는 소비재'임을 확인시켜주었다. 나는 그곳 관계자들에게 '종이를 주성분으로' 하는 것들도 '종이의 역사'에서 커다란 부분을 차지하며 종이의 수많은 용도가 모두 마찬가지라는 점을 확실히 밝혔다. 'KMB'라는 종목 기호ticker symbol로 1929년에 처음 뉴욕증권거래소에 등장한 킴벌리-클라크는 중개업자들 사이에 확실한 이익을 보장하는 최고 우량주로 평가받는다. 일부 월스트리트 추종자들은 '껴안아주고 싶은 주식huggable shares'[5]이라고 부르기도 한다.

그러나 이 기업은 혁신적인 제품에 주력하기 오래전부터 단 하나의 기본 상품을 생산했다. 인쇄용지를 만들고 또 만들었다. 인쇄용지가 끝없이 공급된 덕분에 지식욕에 불타는 정보 산업에는 하루아침에 변화가 찾아왔다. 킴벌리, 클라크 앤 코Kimberly, Clark & Co는 1872년에 위스콘신 주 니나에 설립한 기업이다. 유명 잡화점 소유주 존 알프레드 킴벌리와 남북전쟁 참전용사이자 철물점 공동 소유주였던 찰스 B. 클라크를 주축으로 하는 네 기업가들의 동업이었다. 제지기술자는 아니었지만 저마다 산업 동향을 파악하는 눈이 뛰어났던 그들은 인근 시카고와 밀워키, 디트로이트에서 출판 산업이 호황을 누리기 시작하지만 지료 공급이 전적으로 대서양 연안 지방에 의존하고 있다는 사실을 알아차렸다.

창업 자금 3만 달러를 끌어 모은 그들은 폭스 강에 면한 오래된 가구공장에 첫 제지소를 차리고 고급 틈새시장을 확보하고자 비싼 가격에 탁월한 품질의 제품을 구매할 소비자들을 겨냥했다. 처음 6년 동안 나나 공장에서는 면과 아마 넝마로 섬유를 만들었지만 제지 산업의 향후 전망에 따라 새 공장에는 오로지 쇄목펄프만을 사용하도록 장비를 갖추었다. 1899년에 이르러 킴벌리, 클라크 앤 코가 하루에 생산하는 인쇄용지는 55톤에 이르렀다. 목재의 85퍼센트를 공개시장에서 사들였고 나머지는 위스콘신과 미시건 북부에 있는 산림에서 조달했다.

당시 킴벌리, 클라크 앤 코는 새롭게 떠오르는 제지 산업에 뛰어든 업체 중 하나일 뿐, 업계 대표는 1898년에 창립되어 북동부의 18개 업체를 하나로 합병시킨 대규모 제지업체 인터내셔널 페이퍼 컴퍼니였다. 그곳을 이끄는 휴 치스홀름Hugh Chisholm은 메인 주에 몇몇 제지소를 소유한 캐나다 출신 기업가였으며 대규모 사업 추진 능력이 탁월했다. 합병으로 새롭게 탄생한 그의 기업은 하루 1,500톤의 인쇄용지를 생산해내며 곧바로 시장의 60퍼센트를 점유했다. 3년 후 언더우드 시몬스 관세법이 통과됨으로써 수입 목재에 대한 구속적인 세금이 없어져서 캐나다 공급업체 간의 경쟁이 치열해지는 결과를 가져왔다.

이렇게 여러 시장력 앞에서 킴벌리, 클라크 앤 코(킴벌리−클라크로 바뀐 것은 1928년)는 인쇄용지 생산에서 완전히 손 뗄 수 있는 창의적인 방법을 고심하기 시작했고 신중한 혁신 전략으로 1916년에 그 목표를 달성했다. 10년 후에는 《뉴욕 타임스》와 공동 소유한 온타리오 북부의 제지공장을 통하여 인쇄용지 생산에 복귀했지만 오직 엄선된 소수 고객을 대상으로 하는 부수적인 사업일 뿐이었다. 그 동업 관계는 1991년에 끝났지만 킴벌리-클라크는 이미 또 다른 혁신을 단행했다. 몇십 년 전에 오늘날 '연구개발' 부서라고 불리는 신제품 개발 담당 부서를 신설한 것이 변화의 열쇠였다.

킴벌리-클라크의 다채로운 역사를 살펴보면, 이러한 수정 궤도의 원동력은 총관리자 프랭크 J. 센센브레너Frank J. Sensenbrenner였다. 선견지명이 있던 그는 1914년 4월, 자신의 상상력을 생산적으로 활용하기 위하여 오스트리아 출신의 27세 화학자 에른스트 말러Ernst Mahler를 영입했다. 제지기술자 아버지를 둔 말러는 니나 공장 임원실 건너편에 마련된 연구소에 자리 잡은 지 수 주일 만에 창업주의 아들이자 부사장인 제임스 킴벌리와 함께 유럽의 제지소를 방문했다.

표면상으로는 당시 책과 잡지, 신문, 우편 주문 카탈로그 인쇄업자들 사이에 인기를 끌고 있던 새로운 그라비야 윤전 인쇄기에 알맞은 인쇄용지의 아이디어를 얻으려는 목적이었다. 말러에게 당면한 과제는 번짐 없이 추가적인 색깔을 받아들이는 인쇄 지료를 개발하는 것이었다. 이는 위스콘신으로 돌아간 그가 해결해야 할 최우선적인 딜레마였다. 그는 해결책으로 표백 단계를 도입하여 리그닌을 제거하고 지료를 표백하여 그라비야 인쇄에 적합한 종이를 만들어냈다. 로토플레이트Roto-Plate라는 등록상표가 붙은 이 제품은 주요 신문사들의 부록 잡지 도입을 가져왔으며 수십 년 동안 계속 생산됐다.

그해 여름 독일, 오스트리아, 스칸디나비아 지방 출장에서 말러의 부수적인 관심사는 모교인 다름슈타트 공과대학을 방문하여 제지술과 셀룰로오스 화학을 전문적으로 연구하는 과학자들을 만나는 일이었다. 그들의 토론 주제 중에는 분해되지 않고 액체를 흡수할 수 있는 신소재도 포함됐다. 그들은 그것을 '크레이프화한 지면creped cellulose wadding'이라고 불렀다. 처음에는 사탕수수의 줄기를 짜고 남은 찌꺼기인 버개스bagasse로 만들었다. 치솟는 면화 가격은 완벽한 대체 흡착제를 찾아내려는 노력에 더욱 박차를 가하게 만들었다. 그 가격은 유럽에서 전쟁이 발발하기까지 5년 동안 30퍼센트 이상 치솟았다. 면화씨 바구미가 미국 남서부에 퍼진 것이었다.

말러의 유럽 출장은 8월에 제1차 세계대전의 발발로 중단됐다. 그러나 그는 니나로 돌아온 지 몇 개월 만에 흡수성의 필수 요소인 섬유 길이에 영향을 미치지 않고 가문비나무 펄프에서 리그닌과 수지의 불순도를 제거하는 또 다른 화학 공정을 개발했다. 셀루코튼Cellucotton이라는 상표로 특허를 받은 킴벌리-클라크는 거즈로 포장된 초박막 untrathin film을 생산하는 실험적인 공장을 설립하여 시카고의 한 병원에서 수술용 붕대로 실험했다. 1917년에 이르러 전국의 의료센터에서 주문이 들어왔고 그해 후반에 미국이 전쟁에 가담하게 되자 육군과 적십자에 면 붕대의 대용품으로 원가에 공급했다. 똑같은 원료를 더 얇게 만든 제품으로는 방독면 필터를 만들었다.[6]

충전재를 넣은 셀룰로오스의 생산이 한창일 적에는 트럭 한 대 분량이었고 1918년 11월 휴전이 성립될 무렵에는 달마다 평균 88톤 정도였다. 전쟁이 끝나자 막대한 분량이 남게 됐다. 감축 위기에 놓인 킴벌리-클라크는 새로운 소비자를 찾아 나섰고 물품 목록을 늘렸다. 그라비야 용지는 계속 주문이 들어왔고 뉴저지 공장은 벽지 생산을 위해 기계 설비를 교체했다. 하지만 재고로 남은 붕대로 획기적인 신상품을 만들려는 또 다른 전략도 고려해야 했다. 직접 소비자들의 관심을 끄는 추가적인 단계가 필요했다.

센센브레너는 위스콘신에서 신화를 만들기 위하여 또다시 탁월한 행보를 보였다. 킴벌리-클라크에 유통업체 시어스 로벅의 우편 주문 카탈로그 종이를 주문했던 시카고의 마케팅 전문가 월터 W. 루에크 Walter W. Luecke를 고용한 것이다. 루에크의 첫 번째 업무는 종전 이후 재고로 남게 된 셀루코튼의 새로운 시장을 찾는 일이었다. 스콧 페이퍼 컴퍼니가 면대용 적층 셀룰로오스 생산 라인 조빅Zorbik의 생산을 중단한 것처럼 대부분의 임원이 셀루코튼 생산 중단을 권유했다.

그러나 기업 문서를 살피던 루에크는—이 이야기는 「코텍스, 클리넥스, 하기스」라고 적절하게 이름 붙인 오하이오 주립대학교 경제학자 두 명의 학술 연구에 상세하게 기록되어 있다—유럽에서 부상당한 병사들을 보살폈던 육군 간호사들이 보낸 흥미로운 편지를 발견했다. 여성 간호사들이 수술용 붕대를 자신들의 용도에 맞게 사용했다는 내용이었다. 그들은 여성 소비자들이 언제든 이용할 수 있는 소재로 된 상품이 만들어지지 않는 이유를 의아해했다. 그 순간 루에크의 머릿속에는 전구가 켜진 듯했다. 여성용 위생용품을 가리키는 말이—생리대sanitary napkin—적절한 때에 등장한 것이다. 처음에 이 제품에는 셀루-냅스Cellu-Naps라는 이름이 붙었지만 아무런 성과를 거두지 못했고 빠르게 인기를 끌지도 못했다. 광고 컨설턴트가 영입되어 '면 같은 감촉'을 의미하는 합성어를 만들고 오해가 없도록 마케팅 전략을 세웠다. 이렇게 여성용 생리대 코텍스가 탄생했다. 1920년에 상표 등록이 이루어졌다.

성인 인구의 절반에 이르는 여성들이 잠재적 소비자였지만 불쾌함을 일으키지 않고 제품을 홍보할 수 있는 방법을 찾아야 했다. 따라서 몇십 년 전에 스콧 페이퍼 컴퍼니가 미국에 롤 화장지를 처음 소개할 때와 비슷한 적절성 문제가 대두됐다. 빅토리아 시대 이후로 아무리 나아졌다고 해도 여성의 월경은 여전히 고상한 대화 주제와 거리가 멀었다. 루에크는 옛 활동무대인 시카고의 수많은 업체들에 연락을 취했고 시카고의 소매업체 울워스에서 첫 생산 분량을 판매하기로 했지만 매장에 진열하지는 않기로 합의했다.

한편 오로지 코텍스만을 제조하는 업체이자 킴벌리—클라크가 100퍼센트 지분을 소유한 자회사 셀루코튼 프로덕트 컴퍼니가 설립됐다. 의학에 무게를 두고 지나칠 정도로 조심스럽게 홍보가 이루어졌다. 머지않아 대단히 효율적인 홍보 전략이 고안됐다. 초록색 배경에 인쇄된 하얀 십자가 위로 '저렴하고 편안하며 위생적이고 안전합니다'라는 문구가 들어가고 아마로 만든 빳빳한 유니폼을 입은 간호사의 모습이 담긴 건전한 이미지였다.

처음에는 반응 속도가 느렸지만 1926년에 소매업체 몽고메리 워드의 우편 판매 카탈로그에 실리면서 판매량이 늘어나기 시작했다. 웰슬리 칼리지Wellesley College 교수가 논문 「근대의 월경 : 20세기 미국의 월경」에서 주장한 것처럼 그 제품은 킴벌리—클라크의 순익보다는 사회적으로 더 큰 영향을 끼쳤다. 로라 프레이덴펠즈Laura Freidenfelds 는 마침내 여성들이 역사상 처음으로 생리 현상을 '관리'할 수 있게 됨으로써[7] 이전에 '금지'되었던 사회적 역할을 추구할 수 있게 됐다고 했다. 이렇게 새로운 선택권이 가능해짐으로써 여성들은 세탁이 필요한 천 생리대 대신 1회용 패드로 바꾸고 "미혼 여성들에게 일찍 월경 교육을 시키는 것보다 성性과 출산에 무지하게 내버려두는 쪽을 선호하는" 옛 사고방식에서 벗어날 수 있게 됐다. 1940년대 접어들어서는 "여성들 사이에는 코텍스가 주는 중산층의 쾌적함을 누릴 수 있는 쪽과 경제적 여유가 없어 계속 천을 사용해야만 하는 여성들 사이에 분명한 계급 구분이 생겨났다."

1924년에 킴벌리—클라크는 전시에 방독면으로 사용된 초박 셀루코튼 안감을 급속히 확장 중인 화장품 산업 부문의 흡수성 좋은 미용 티슈로 변신시켰다. 그것은 거의 모든 여성이 콜드크림을 지우는 데 사용해온 탈지면을 순식간에 밀어냈다. 손수건의 훌륭한 대용품이라는 소비자들의 제보가 이어지자—꽃가루 알레르기가 있었던 어네스트 말러도 그중 한 명이었다—마케팅 전략도 그에 따라서 수정됐다. 한 장씩 뽑아 쓰도록 된 팝업 상자는 1929년에 등장했는데 지금까지 여전히 크리넥스 브랜드의 대표적인 특징으로 남아 있다.

전염병 유행으로 등장한 1회용 종이컵, 공중화장실에서 둘둘 말린 천 대신 간편하게 사용되는 종이수건, 포스트잇 메모지 등 제지업체들의 역사에서 종이를 주원료로 하는 혁신은 흔히 볼 수 있지만 없어서는 안 될 물품으로 자리 잡은 경우는 소수에 불과하다. 그 부분에 관련된 통계조사가 실시된 적은 없지만, 실제로 그런 조사가 이루어졌다면 아마도 화장지가 제1순위에 오를 것이다. 화장지는 조금만 부족해도 매우 불편해질 만큼 우리의 일상생활에서 너무나도 당연한 제품이기 때문이다.

조니 카슨이 진행하는 최고 인기 프로그램 '투나잇 쇼'는 1973년 12월에 그 유명한 화장지 사재기 사태를 일으켰다.[8] 카슨은 "요즘 부족한 것들이 너무나 많습니다"라는 말로 방송을 시작했다. 불과 몇 달전 아랍 국가들의 석유 금수 조치로 주유소에 분통 터질 만큼 긴 줄을 서야 했던 전국 시청자들이 충분히 공감할 수 있는 대사였다. "그런데 요즘 부족한 게 뭔지 알고 계십니까? 농담이 아니라 신문에서 읽었는데 화장지라고 하더군요."

카슨이 읽었다는 기사는 위스콘신의 국회의원이 정부의 화장지 조달 부족 가능성에 대해 경고한 통신사의 기사였는데, 그것은 선도적인 종이 제품의 생산지로 자리 잡은 위스콘신 주의 주요 관심사였다. 그 우려는 기우였음이 밝혀졌지만 광적인 사재기 현상을 일으켜 전국의 화장지 공급이 고갈됐다. 이렇게 전국으로 퍼진 카슨 사건을 포함한 '부족 불안'이라는 새로운 현상이 《뉴욕 타임스》 제1면 기사로 실렸다.

제2차 세계대전에 활약한 전설적인 종군기자 어니 파일Ernie Pyle은 북아프리카에서 어느 목사가 전쟁터에서 사망한 미국인 열 명의 주머니를 뒤졌는데 화장지 뭉치가 가장 많이 나왔다는 소식을 전하며 "화장지를 준비하지 않은 채로 붙잡힌 부주의한 병사들은 20프랑짜리 지폐를 써야만 했다"[9]라고 덧붙였다. 가장 기본적인 개인 물품의 공급에 대한 미국 측 사령관들의 태도는 가장 가까운 동맹국에도 사치품이 분명한 담배가 반드시 충분하게 공급되어야 한다는 것과 비슷했다. 리 B. 케넷Lee B. Kennett의 『G. I : 제2차 세계대전의 미국 병사』에 따르면 "영국군은 병사 한 명당 하루에 세 장을 사용한다는 계산으로 화장지를 준비했다. 반면 미국의 배급량은 하루 22.5장이었다."[10]

테네시 주 멤피스 세인트주드 아동연구병원 감염내과장이며 그 분야의 권위자인 월터 T. 휴즈Walter T. Hughes가 1988년에 쓴 글에 따르면 병사들에게 화장지가 충분히 공급된 것은 높은 사기 유지뿐만 아니라 위생적인 이유가 컸다. 휴즈의 글은 "근대 하수도 시설과 폐기물 처리, 정수淨水, 개인위생 관습의 가치는 감염 질병의 예방에 있다"[11]라는 말로 시작했다. 그리고 이렇게 덧붙였다. "항생제와 백신은 근대 의학의 기적으로 칭송받는다. 효과적인 역학 조사와 사례 보고 체계, 전산화된 자료 관리, 정교한 생물 통계 방식은 우리에게 안전한 환경을 제공하는 데 중요한 역할을 했다. 그렇다면 화장지는 어떨까?"

휴즈 박사의 설명은 다음과 같이 이어졌다. "화장지가 발명되기 전에 이질, 장티푸스, 콜레라 같은 전염병은 전 세계에 고통을 안겨주었다." 그는 동료들에게 "표준화되고 손쉽게 구할 수 있으며 세척력과 흡수성이 있고 1회용인 화장지"처럼 단순한 물건이 그렇게 끔찍한 유행병을 줄이는 데 이바지했다는 사실을 알아야 한다고 했다. 또한 논지를 뒷받침하기 위하여 미국이 가담한 전쟁 기간 동안 군대에서 발생한 장티푸스의 빈도를 나타내주는 공식 통계를 제시했다. 우선 남북전쟁에서는 해마다 병사 1,000명당 80건이었다. 미국-스페인 전쟁에서는 그 수치가 두 배로 증가했고 20세기 초반에 군대에서 화장지를 배급하기 시작한 후에는 증가 추이가 역전됐다. 제1차 세계대전 동안에는 병사 1,000명당 연간 3건으로 줄었고 제2차 세계대전에서는 1,000명당 0.1명, 한국전쟁에서는 더 감소했으며 오늘날에는 통계상 존재하지 않는다. 휴즈 박사는 화장지가 "대변과 손 사이에 물리적인 장벽이 되어준다는 것"[12]이야말로 "대변-경구 접촉으로 감염되는 질병"을 예방해준다는 증거라고 결론 내렸다.

19세기에 값싼 쇄목펄프를 이용하게 됨으로써 화장지 공급이 확대되었지만 화장지가 널리 쓰인 것은 기록에 나와 있는 것보다 훨씬 이전의 일이다. 4대 체스터필드 백작 필립 도머 스탠호프Philip Dormer Stanhope가 쓴 유명한 편지를 보면 18세기에 임시변통으로 화장지가 사용되었음이 나타난다. 그는 역시 필립이라는 이름의 혼외아들에게 보낸 편지에서 나태함에서 벗어나 매 순간을 생산적으로 보내라고 이야기했다.

"내가 아는 어떤 신사는 시간 관리를 어찌나 훌륭하게 했는지, 대소변을 봐야 하는 시간마저 그냥 흘려보내지 않았다."[13] 체스터필드 경은 1747년에 쓴 편지에서 자신이 아는 어떤 사람이 몸이 아플 때 라틴어 시를 전부 읽는 기회로 삼았다고 말했다. "이를테면 그는 호라티우스의 흔한 시집을 구입해 화장실에 갈 때마다 두어 장 정도 찢어가지고 가 읽은 후 클로아키나Cloacina에게 제물로 바쳤다." 클로아키나는 로마 신화에서 클로아카 맥시마Cloaca Maxima, 즉 로마 하수도 시설의 주요 수로인 '대배수관'을 관장하는 정화의 여신이다. "네가 그 신사의 본보기를 따랐으면 한다. 그 순간에 하지 않으면 안 되는 일만 하는 것보다 훨씬 나은 데다 그런 때 읽는 책이라면 기억에 더 오래 남을 것이다."

미국에서 상업용 화장지를 처음 만든 것은 조셉 C. 가예티Joseph C. Gayetty[14]였다. 뉴저지의 발명가인 가예티는 1857년에 알로에가 들어간 메디케이티드 페이퍼Medicated Paper라는 제품을 소개하면서 "완전한 순도"와 "치유 효과"가 있어 "화장실용과 치질 예방"에 이상적이라고 광고했다. 그 제품은 500장의 종이가 평평하게 구성된 포장으로 판매되었는데—각 종이마다 그의 이름이 새겨져 있었다—포장지에 적힌 재료 표기에는 '표백하지 않은 진주 색깔의 순수 마닐라삼 종이'라고 되어 있었다. 화장지가 일반적으로 수용되기 시작한 것은 1871년부터였는데 뉴욕 올버니의 세스 휠러Seth Wheeler가 절취선 들어간 롤 종이로 특허를 받으면서였다. 그 혁신은 E. 어빈E. Irvin과 클라렌스 스콧Clarence Scott 형제가 1879년 필라델피아에 스콧 페이퍼 컴퍼니를 창립하도록 만들었다. 그 회사의 월도프 브랜드는 화장지의 표준이 되었으며 그때까지 시어스 로벅 카탈로그['리어스 앤 소버츠'('후부Rears'와 '쓰라린 엉덩이Sorebutts'라는 뜻으로 용변 뒤처리에 사용된 카탈로그 종이가 매우 거칠었기 때문이다—옮긴이)로 기억하는 사람들도 있다]를 옥외 화장실에서 사용하던 시골 주민들의 생활에 상당한 개선이 이루어졌다. 그 전에는 '올드 파머스 올머낵Old Father's Almanac'(왼쪽 상단 구석에 화장실에 걸 수 있는 구멍이 하나 뚫려 있었다)을 선호하는 사람들도 있었고 오래된 전화번호부를 사용하기도 했다. 전문적으로 제조된 화장지는 물에 잘 녹는 특징이 있었으므로 도시 지역에서 실내 배관 유선형 하수 처리 방식으로 널리 사용됐다. 또한 이 화장지는 두꺼운 종이 사용으로 하수도 시설이 막히는 문제도 해결했다.

업계 관계자에 따르면 미국에서 연간 생산되는 롤 화장지는 70억 개에 이른다.[15] 이는 인구 1인당 22.3개에 해당한다. 화장지 브랜드 샤 민의 제조사인 프록터 앤 갬블에 따르면 소비자 1인당 하루 57장, 연 간 2만 1,000장 미만을 사용한다. 화장지 한 장의 표준 규격은 11.4센 티미터 정사각형으로 주로 한 겹 화장지 한 롤은 1,000개, 두 겹 화장 지는 500개로 이루어진다. "화장지를 접할 수 없는 미국인이 있는가? 화장지는 가정, 사무실, 병원, 교회, 주유소, 공장, 공원, 기차, 버스, 비행기, 배, 잠수함, 우주선 등에서 볼 수 있다"라고 휴즈 박사는 경이 로워했다.

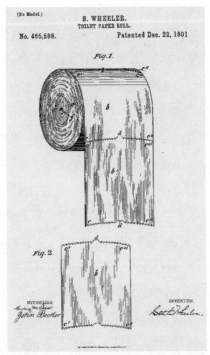

세스 휠러의 1891년 롤 화장지 특허(특허번호 465,588).

기업의 성공을 지속 가능한 수익으로 활용한 킴벌리-클라크는 기업 기회주의의 전형적인 사례였다. 확장과 합병, 인수와 선견지명이 돋보이는 기술 진보, 노련한 신제품 마케팅까지 더해진 똑똑하고 경제적인 결정이었다. 2011년 순 매출액은 208억 달러(그중 월마트가 12퍼센트 차지)였고 36개국에 생산 공장이 운영되고 있으며 전 세계 13억 명으로 추정되는 소비자들의 필요에 맞추기 위하여 모두 5만 7,000명의 근로자가 일하고 있다.

2009년 방문 당시 뉴밀포드 공장의 관리자였던 댄 라크만은 그곳에서는 단 두 가지 제품의 생산에 주력한다고 설명했다. 바로 크리넥스 티슈와 스콧 키친타월이었다. '가정에서 온 가족이 사용하는' 제품이기 때문에 '패밀리 케어family care'라고 불리며 킴벌리-클라크의 주력 부문이다. 다른 공장에서 생산되는 '퍼스널 케어' 부문 제품들은 코텍스, 하기스, 디펜즈 같은 '1인 1회용 제품'이고 서비스 산업에서 사용되는 1회용 제품을 만드는 '기업 제품' 부문, 1회용 수술복을 만드는 '헬스 케어' 부문도 있다. 2010년 연간보고서에서는 전 세계 69개의 '화장지 공장'이 운영되고 있다고 한다. 나아가 셀룰로오스의 '대부분'이 원시림의 크라프트 펄프와 목재 제품 또는 제3국에서 구입한 폐지를 재생한 섬유—현재 공급의 20퍼센트 차지—라고 밝혔다.

화장지와 미용 티슈, 키친타월은 부피가 큰 편이므로 운송비가 비싸다. 이에 제조업체들은 운송비를 줄이기 위하여 지리적으로 전략적인 위치에 공장을 세운다. 뉴밀포드 공장에서 우리를 견학시켜준 관계자 중 한 명이었던 엔지니어링 디렉터 빌 웰시Bill Welsh는 크리넥스와 스콧이 "두 가지 기술 기반"으로 만들어진다고 설명했다. 오로지 원지base paper만 뉴밀포드에서 처음부터 생산하고 스콧 키친타월의 원료는 다른 공장에서 제조해 들여와 완제품으로 만든다. 뉴밀포드 공장에는 모두 350명의 근로자가 일하고 있으며 3교대 근무로 돌아간다. 예전에 코텍스와 하기스까지 생산하던 시절에는 1,200명이 일했다.

뉴밀포드 공장은 하루에 1,300만~1,500만 리터의 물을 후사토닉 강에서 끌어와 사용한다. 정화기에서 광범위한 여과 과정을 거쳐 처리수의 약 90퍼센트가 강으로 돌아간다. 공장으로 들어가기 전에 웰시는 크리넥스 티슈가 "다른 섬유가 섞인" 혼합물이라고 설명했다. 강도를 높이는 '침엽수재 크라프트'와 (언뜻 보기와는 달리) 부드러움을 더해주는 활엽수재 펄프다.[16] 소나무, 가문비나무, 전나무, 솔송나무 같은 침엽수재는 장섬유라서 강도와 내구성이 뛰어나다. 반면 자작나무, 백양, 유칼립투스 같은 활엽수는 섬유가 짧아 1그램당 섬유가 더 많이 함유되어 있다. 웰시는 "티슈의 부피가 크고 부드러운 것은 그 덕분입니다"라고 설명했다.

정기적으로 뉴밀포드에 얼마나 많은 섬유재가 들어오는지는 공장 뒤편에서 확인할 수 있었다. 일곱 대의 철도 차량에서 원자재가 내려지고 있었다. 원자재 뭉치 중에는 펄프와 종이 산업에 사용되는 유칼립투스 나무를 재배하는 브라질 기업 수자노의 이름도 보였다. 옆에는 웰시의 설명대로 '산업용 크기의 믹서기'인 고용량 전기 펄퍼 세 대도 보였다. 화장실용과 미용 티슈의 원료 비율은 다르지만 업계 관계자에 따르면 대략 활엽수 섬유 70퍼센트와 침엽수 섬유 30퍼센트였다.

초지기 습부에 있는 움직이는 스크린에 '섬유화된 반죽'을 뿌리면서 제지 공정이 시작된다. 업계에서 '트윈 와이어 포머twin-wire former'라고 불리는 이 초지기는 전통적인 푸어드리니어 기계와 달리 하나가 아닌 두 개의 철망 벨트를 사용한다. 이러한 디자인 변형 덕분에 움직이는 스크린의 위아래에서 동시에 더 많은 물을 제거할 수 있어 양면 질감이 똑같은 박엽지가 만들어진다. 건조 작업에는 가스열이 사용된다.

덕분에 롤에 감기는 종이가 더욱 푹신해진다. 한 롤의 너비는 21.3센티미터로 미용 티슈 10개분이다. "한 롤당 길이는 약 16킬로미터입니다. 한 롤당 160킬로미터의 티슈가 나오는 것이지요"라고 라흐만이 설명했다.

크리넥스는 각각 부드러움과 단단함을 더해주는 두 가지 섬유로 만들어지므로 롤을 따로 만드는 과정부터 시작된다. 그리고 각 롤을 재빨리 풀어 알로에 로션을 바르거나 글자와 로고를 찍는다. 그다음에 이루어지는 '권축가공crimping'에서는 두 롤이 만나고 낱장으로 자르기 쉽도록 '절단'된다. 그리고 또다시 '하드' 롤에 말아 여러 겹으로 된 미용 티슈 포장 상자로 들어갈 준비를 한다. 이를 위해서 롤을 포크리프트를 이용해 다른 기계로 보내 '변신'과 포장이 이루어진다. "별 문제가 없다면 하드 롤에서 화물 운반대에 놓여 운송 준비가 갖춰지기까지 두 시간 반 정도 걸립니다." 라흐만의 설명이었다.

최종 단계에서는 거미줄 같은 티슈가 엄청나게 빠른 속도로 이동하며 복잡한 억제 공정을 거쳤다. 서로 합쳐지고 깔대기 모양으로 말리고 '소시지'라고 불리는 다겹의 티슈 튜브로 접혀 들어갔다. 끊임없이 움직이는 기다란 줄무늬 모양의 기둥은 마침내 요란한 소리가 나는 공간으로 들어가—수직 톱이 형체가 흐릿하게 보일 정도로 빠르게 회전했다—정확한 치수로 절단되어 포장 준비가 갖추어졌다. 라흐만은 "이중 회전날이 두 개 있는데 한 번 칠 때마다 날카로워집니다"라고 말했다. 플라스틱 싸개 뒤로 보이는 톱이 1분당 460개라는 무시무시한 속도로 소시지를 잘랐다. 더 바쁠 때는 1분당 600개까지 가능하다. 1초미다 미용 티슈 열 상자가 만들어진다. "계산해보세요. 이 기계는 하루에 크리넥스 약 100만 상자를 만들어낼 수 있습니다"라고 라흐만이 말했다.

Part 2

．．

"이곳에서 사용되는 최고의 원료는 쓰레기입니다.
날마다 혼합 비율이 달라집니다.
이렇게 날마다 끊임없이 변화가 일어나지만
소비자가 원하는 똑같은 제품을 만들어냅니다.
제대로 되지 않으면 소비자가 우리 종이를 구입하지 않을 테니까요.
활엽수재, 침엽수재, 물푸레나무, 단풍나무 등
24시간 내내 공장으로 들어오는 각기 다른 섬유를
어떻게 다루어야 하는지 알아야만 합니다.
조합이 바뀔 때마다 알아서 작업을 해야 하기 때문이죠.
그래서 우리는 다양한 조합을 해보기 위해 폐지를 따로 남겨둡니다.
그걸 '양념'이라고 부르죠.
변화가 필요한 경우 우리 기술자들이 그 자리에서 양념을 넣어 조정을 합니다.
그래서 종이를 만드는 일을 예술이라고 하는 겁니다."

．．

총, 담배
그리고 종이

●

러시아와 페르시아를 격파했다고 자랑하던 막강한 영국군은 단 하나의 탄약통에 의해 힌두스탄에서 타도당했다.

– 바하두르 샤 2세

담배의 해로운 물질은 대부분 종이로 된 포장지가 연소되면서 발생합니다. 아크롤레인 acrolein이라고 불리는 이 물질은 뇌세포를 손상시킴으로써 신경계에 끔찍한 영향을 끼치는데, 남자아이들에게 매우 급속도로 일어납니다. 대부분의 마약과 달리 이러한 뇌세포 손상은 영구적이고 제어 불가능합니다. 나는 담배 피우는 사람은 고용하지 않습니다.

– 토머스 에디슨이 1914년 4월 26일, 헨리 포드에게 보낸 편지에서

●

역사학자들은 지난 수십 년 동안 무기가 사용되는 전쟁의 특징을

본질적으로 바꿔놓은 무수한 기술 혁신에 대해 이야기했다. 하지만 17세기에 이루어진 종이 탄피만큼 효과가 오래 지속된 것은 많지 않다. 유럽 전역에 제지소가 번성하기 시작했을 때 등장한 새로운 탄피는 가볍고 유연하여 금속 총알과 화약을 하나의 튜브로 포장할 수 있었다. 이렇게 매력적인 단순성이 가져온 혁신은 거추장스러운 소총을 더욱 효과적으로 사용할 수 있도록 해주었다. 보병들이 총을 재장전하는 데 필요한 개별적인 행동이 42가지 단계에서 26가지 단계로[1] 줄어들었기 때문이다.

19세기 군수품 전문가 아서 B. 호스Arthur B. Hawes는 "변덕이 심한 복합체"[2]라고 표현한 화약은 종이와 마찬가지로 중국에서 처음 발명되었고 역시 종이와 마찬가지로 실크로드 무역로를 통해 중동을 거쳐 유럽으로 전해졌다. 유럽에서는 가볍고 유연한 특징을 가진 물질이 머지않아 대단히 변덕스러운 다른 물질의 사용을 용이하게 만들었다. 손으로 들고 쓰는 소형 총기류가 등장한 것은 14세기로, 중국의 연금술사들이 황과 숯에 초석saltpeter이라고도 하는 질산칼륨을 섞어 알갱이로 만들면 가연성이 생긴다는 사실을 알게 된 지 400년 후였다. 고대 과학자들이 그러한 실험을 했던 목적은 확실하지 않지만—불로장생의 명약을 찾기 위해서라는 설도 있다—그 혼합물의 가연성을 조심하라는 경고가 퍼졌다.

최초 기록에 따르면[3] 화약의 용도는 대나무 싸개로 만든 원시적인 로켓과 투석기로 발사하는 방화용 장치였고 나중에는 밤하늘을 밝히는 폭죽이었다. 최초로 화약을 만든 사람은 지혜롭게도 그것을 이용하여 저급한 폭발물을 만들 수 있으며 적에게 치명적인 물체를 발사하는 추진체로 더욱 적합하다는 사실을 알아차렸다. 그 혼합물은 휘발성이 매우 강했지만 폐쇄된 공간에 가둬두지 않으면 폭발하거나 추진력이 생기지 않는다. 이런 특성은 초기 총기류의 디자인에도 영향을 끼쳤다. 총신의 크기와 인장의 강도, 그리고 약실firing chamber에서 화약을 감싸는 방법 등이 중요한 고려 사항이었다.

유럽에 화약이 전래된 지 200년 이내에 커다란 대포가 육지와 바다에 널리 배치되었을 뿐만 아니라 지휘관들이 보병들에게 화승총을 지급할 정도로 발전했다. 초기의 총기류인 화승총은 점화에 이용되는 화승과 나무로 된 개머리판, 총구 부분에서 다짐봉의 도움으로 간편하게 장전되는 금속의 총신으로 이루어졌다(모조리, 전부를 의미하는 'lock, stock, and barrel'이라는 표현도 총기의 각 부위인 방아쇠, 개머리판, 총신에서 나왔다).

강선(총신 내의 나선형의 홈으로 총알이 발사되면서 회전함-옮긴이)이 없는 적당한 길이의 화승총을 가리키는 영어 '하쿼버스harquebus'는 '고리총'을 뜻하는 네덜란드어 하아크뷔스haakbus에서 나왔는데 정확성은 약 450미터 이내에 불과했다. 한 발 쏠 때마다 재장전하는 데 몇 분씩 걸렸으므로 궁수와 창병이 전장에서 쓸모없는 존재가 되지는 않았다. 그다음으로 진보한 화기는 머스킷 총이었다. 스페인에서 화승총을 대형화하여 개발한 것으로 무게가 약 9킬로그램에 달하여 화승총보다 무겁고 휴대가 힘들었지만 총신이 길어 힘과 사정거리가 개선됐다. 탄약의 경우, 가장 초기에 머스킷 총 병사들은 화약이 담긴 작은 가죽 주머니를 어깨나 허리에 두르는 탄띠에 매달고 다녔다. 탄띠에 주렁주렁 매달린 탄통의 숫자가 보통 12개였기 때문에 '12사도'라고도 불렸다. 병사들은 화약을 일정량만큼 재어 탄통에 넣어두었으므로 화약을 필요한 양만큼 덜어낼 필요가 없어졌다. 적어도 장전에 필수적인 단계가 하나 줄어든 셈이다.

16세기에 독일의 시계공이 검게 그을리는 심지나 촛불로 점화할 필요가 없는 용수철이 장착된 차륜식 방아쇠를 발명했다. 그것은 근대

라이터의 발명을 촉발시킨 강철에 부싯돌을 내리치는 기발한 원리를 이용한 것이었다. 프랑스에서는 100여 년 후에 이 부싯돌 점화장치를 이용한 수발총flintlock[5]이 개발되어 1700년대까지 유행했다. 그와 유사하게 18세기 영국의 수학자이자 과학자인 벤저민 로빈스Benjamin Robins는 회전하여 발사되는 길쭉한 발사체가 구체보다 공기 저항이 적다는 사실을 발견했고—미식축구에서 보는 나선형 회전 패스가 이 원리의 적절한 보기라고 하겠다—총기 제작자들은 머스킷 총과 대포의 총신 안쪽에 나선형 홈(강선)을 넣었다. 강선을 넣는다는 의미의 '라이플링rifling'[6]('긁다, 벗겨지다, 홈을 파다'는 프랑스어 리플리rifler에서 나왔다)은 명사수의 시대를 도래시켰고 오늘날 세계적으로 통용되는 화기의 명칭 '소총(라이플)'이 생겨났다.

이처럼 무기의 확실성은 개선되었지만 발사 속도는 여전히 한 번에 한 발이었다. 19세기에 연발총이 나올 때까지 그러했다. 따라서 1400년대부터 1800년대 후반까지 400년 동안, 즉 정복자의 시대부터 미국 남북전쟁에서 기병대에 의해 볼트 액션 카빈총이 제한적으로 사용될 때까지, 병사들은 한 번에 한 발만 쏠 수 있었다. 그러한 제한성 때문에 사격 사이에 소요되는 시간을 단축하는 것이야말로 전장 지휘관들의 중요한 과제였다. 그것을 위한 가장 효과적인 방법은 단연코 종이 탄피였다. 종이 탄피 방식을 표준화한 것으로 자주 거론되는 사람은 뛰어난 군사 전략가였으며 혁신가로 '근대 전쟁의 아버지'라고 불리는 스웨덴의 구스타프 2세 아돌프 왕이지만, 종이 탄피의 개념은 그가 30년 전쟁(1618~1648)에[7] 도입하기 훨씬 전부터 존재했다.

영국의 군대 역사가이자 외교관이었으며 전장에서 쓰이는 긴 활의 강력한 지지자였던 존 스마이드John Smythe는 1590년에 줄이 달린 기존의 총기류가 더 가볍고 빨리 발사되고 정확하며 비에 무력하지 않다고 주장하며 "화약과 총알을 동시에 총에 채우기 위해"[8] 종이 탄피를 사용한 머스킷 총 병사들에 대해 언급했다. 이는 종이 탄피의 개념이 구스타프 2세 아돌프의 보병대에 표준화되기 몇십 년 전부터 선택적으로 사용됐다는 모호하지 않은 증거가 된다. 스마이드가 머스킷 총과 '화승총 병사'에 대해 조롱하듯 언급한 말에는 "그들이 적군에게 발사하는 총알의 효과는 달에 발사하는 총알의 효과와 같다"라는 내용도 들어 있다.

스마이드는 화기의 부피가 커서 보병들의 "팔과 어깨, 허리에 뻐근함을 남기는" 해로움도 있다고 했다. 이 늙은 기사의 불평은 15세기 독일의 수도원장 요하네스 트리테미우스가 인쇄기보다 확실하게 검증된 필경사가 낫다고 불평하던 것과 다르지 않았다. 두 경우 모두 진보된 기술이 널리 퍼져 있었다. 총기의 경우, 종이 탄피가 더욱 선호됐다. 마침내 19세기에 구리와 놋쇠로만 만들어진 탄약통으로 교체되기는 했지만 1807년에 수발총의 뒤를 이어 발명된 뇌관조차 종이 탄피를 밀어내지 못했다. 최초의 탄약통은 탄알과 정확하게 계량한 화약을 감싼 종이에 지나지 않았다. 포장지 자체가 화약의 마개 역할을 했다. 탄약통을 뜻하는 영어 '카트리지cartridge'의 어원은 여러 가지인데, 가장 보편적으로 '둥글게 만 종이'라는 뜻의 프랑스어 카르투슈cartouche와 '종이 혜성'으로 번역되며 원뿔형 용기를 뜻하는 이탈리아어 '카르토초cartoccio'가 있다. 통 또는 상자를 뜻하는 카튼carton도 또 다른 파생어다.

영국 내전 때 의회파 기병부대 장교였던 존 버논John Vernon[9]이 1644년에 쓴 야전 교범에서는 기병들에게 카빈총과 권총의 '탄약통'을 제대로 만드는 방법을 설명하고 무기 장전 절차를 명시했다. '나무로 된 핀' 또는 장부촉을 척도 삼아 종잇조각을 '핀 길이보다 넓은 너비로' 자르고 똑같은 도구로 개별적인 관을 만드는 법을 배웠다. 한쪽 끝을 한 번 꼬아서 막은 후 위에 머스킷 총 탄알 하나가 들어갈 만큼의 공간만 남겨두고 각 탄약통에 화약을 '거의 가득' 채우고 끝을 꽉 묶었다. 병사들은 장전을 위하여 탄약이 든 '종이 끝을 입으로 물어뜯어' 일부를 찢은 다음에 총구 속으로 화합물을 부어 넣고 탄알을 넣었다. 윗부분에 충전용으로 종이도 약간 넣었다. 발사 '준비'를 위해서는 꽂을대로 전부 밀어 넣고 방아쇠를 당겼다. 노련한 머스킷 사수들은 이런 방법으로 1분에 네 차례나 발포를 할 수 있었고 최대 4분 동안 그 속도를 유지한 후 짧은 공백 시간을 가지며 화약 찌꺼기를 닦아 냈다.

시간이 지나면서 병사들은 공장에서 조립된 탄약통을 배급받았지만 양손이 비어 있지 않았으므로 종이를 입으로 물어뜯어야 하는 필요성은 여전했다. 그것 때문에 영국 식민지 시대였던 1857년 오늘날

GROUP OF SEPOYS AT LUCKNOW.—FROM A PHOTOGRAPH.

세포이 항쟁 절정기에 인도 러크나우의 세포이들. 《일러스트레이티드 런던 뉴스》, 1857년 10월.

인도 항쟁, 세포이 반란, 인도 봉기, 대항쟁, 벵갈 항쟁, 제1차 인도독립전쟁, 대반란 또는 단순히 세포이 전쟁 등 여러 이름으로 알려진 사건이 발생했다. 관점과 국가 정서에 따라 다른 이름으로 불린다. 수십 년 동안 이어진 문화적 차이가 시간이 지나면서 더욱 커지고 무심한 계급사회 구조에 의해 악화되어 끝내 터져버린 사건이었다.

영국 동인도회사에 고용된 힌두교와 이슬람교 병사들이 종교에서 금하는 물질이 포함된 탄약통의 종이를 입으로 떼는 것을 거부한 일은 근본 원인은 아니지만 기폭제로 작용했다. 예측 가능한 교착 상태였고 간단한 상식만으로 쉽게 해결할 수 있는 일이었지만 영국 관리들이 태평스럽게 모르쇠로 일관하는 바람에 돌이킬 수 없는 지경에 이르렀다.

1600년대 초에 설립된 무역회사인 동인도회사는 영국 정부의 전폭적인 지지와 영국인 장교들이 지휘하는 현지 군대 덕분에 면화, 비단, 차, 인디고 염료, 향신료, 아편 수입 독점을 비롯한 거대한 사업 지분을 보호받음으로써 1750년대에 이르러서는 인도의 정치와 경제를 크게 장악하게 됐다. 세포이 항쟁이 일어난 시기에는 25만 7,000명에 이르는 세포이들(어원은 '군대'를 뜻하는 페르시아어 세파sepah)이 마드라스, 캘커타, 뭄바이, 벵골의 네 지역 군대로 나누어져 있었다. 그중에서 벵골군의 규모가 가장 컸다. 인도에 파견된 영국 관리들은 엘리트 지배 계급으로 안락한 생활을 했지만 그들보다 여섯 배나 많은 인도인 병사들은 불결한 위생과 노예 상태로 속박되어 있었다. 군사 역사가 G. J. 브라이언트G. J. Bryant는 "세포이의 장점은 세 가지였다"[10]라고 말한다. 오늘날 세계 경제에서 쉽게 볼 수 있는 아웃소싱의 초기 사례라는 것이다. "그들은 현지에서 이용 가능하고 저렴하며 순응적이었다."

인도에서는 강선 없는 머스킷 총이 보편적인 무기였다. 하지만 1857년

1월부터 영국 정부는 벵골군에 영국 엔필드의 왕립 소화기 공장에서 설계한 화기를 배치하기 시작했다. 그것은 미니에식 소총[11]을 토대로 만든 것이었다. 미니에식 소총은 1849년에 프랑스에서 만들어졌고 그 개발에 일조한 육군 대위 클로드 에티엔 미니에의 이름을 본떴다. 머스킷 총의 총신 길이와 소총의 홈을 합친 엔필드 패턴 1853년형 머스킷 소총은 사정거리 약 820미터로 1854년부터 1856년까지 발발했던 크림전쟁에서 러시아 격파에 효과적으로 활용되었고 예전 총기에 상당한 개선이 이루어진 것으로 여겨졌다.

엔필드 총신에는 나선형 홈이 파인 강선이 들어가고 소총에는 팽창 가스의 폭발력을 최대화하기 위하여 탄알이 밀착되어야 했으므로 장전을 도와줄 윤활제가 꼭 필요했다. 공장에서는 이 새로운 총기의 탄약통을 만들 때 밀랍과 동물 지방으로 된 혼합물을 발랐다. 기름칠을 한 탄약통이 논란의 대상이 되자 성분 재료는 바뀌었지만 처음에 사용된 동물성 지방은 소에서 채취한 우지나 돼지의 지방에서 얻은 라드였다. 벵갈군의 4분의 3을 차지하는 힌두교도들은 소를 신성시했고 남은 부분을 차지하는 이슬람교도들은 돼지를 혐오했으므로 그들이 소와 돼지의 기름이 윤활제로 사용된 탄약통을 거부하는 것은 당연한 일이었다. 소수의 영국인 장교들은 그 탄약통이 심각한 문제를 일으킬 수 있다고 초기에 경고했었다. J. B. 히어세이J. B. Hearsey 소장은 커져만 가는 불만이 마침내 상부에서 심각하게 받아들여지기 시작하자 캘커타의 상관에게 "우리 막사는 폭발 준비가 완료된 광산입니다"[12]라는 편지를 보냈다. 그는 특별조사위원회까지 열어 세포이들에게 "새로운 소총의 종이 탄피에 대한 지속된 거부 원인"을 설명하라고 했다.

또 다른 수습 노력으로는 탄약통의 윤활제에 동물 지방을 사용하지 않겠다는 확약도 있었다. 그러나 1854년에 부관 참모실에서 만든 보병을 위한 표준 사용설명서에 인쇄된 말은 달랐다. 거기에는 탄약 제조의 최종 단계가 들어 있었다. "완성된 상태에서 탄약통은 탄알의 어깨(상단의 움푹 파인 부분을 가리킴-옮긴이) 부분까지 우지 여섯 조각과 밀랍 한 조각으로 만든 기름통에 담가야 한다."[13] 또한 병사들은 새 소총을 마음대로 장전할 수 없었으며 다음과 같은 기본 법칙에 따라 시작해야만 했다. "엄지와 검지로 탄약통을 잡고 손에는 탄알을 쥐고 총구로 가져가 팔꿈치를 몸에 붙인 채 탄약통 끝부분을 물어 뗀다." 세포이들의 불만이 점점 커지자 손가락으로 탄약통을 찢어서 열고 탄약통에 순수밀랍을 칠해도 된다는 지시가 떨어졌지만 이미 상황은 되돌릴 수 없을 정도로 악화되어 있었다.

인도에서 불안감이 고조되고 있다는 보고서에 대한 영국의 반응은 충격과 놀라움 그 자체였다. 인도인들이 만족하고 순응한다는 생각이 지배적이었기 때문이었다. 탄약통 사건과 직접적인 관련은 없지만 또 다른 '종이 문제' 역시 급속히 위기 상황으로 몰고 가는 데 일조했다. 그것은 다름이 아니라 동인도회사가 사실상 인도에는 거의 또는 전혀 발 들여놓은 적도 없는 주인들에 의해 통제되었다는 점이었다. 인도 사회에는 수십 년 동안 계층제 질서가 생겨났고 현지에서 핵심적인 결정이 이루어지는 경우는 소수에 불과했다. 그 대신 인도 현지의 하위직 관리들은 저 멀리 런던에서 발행된 공문서에 따르고 그곳의 상황을 정확히 기록으로 남겨야 했다. 이러한 관료적 형식주의는 공무원들의 관료주의에 깊숙이 자리 잡혀 오늘날에도 문서 업무의 수렁에 빠져 있다. 이처럼 동인도회사가 인쇄되거나 손으로 적힌 규제와 지시를 통해 점점 뻗어나가는 경제 제국을 건설하고 관리한 사실을 보여주는 『인도 잉크Indian Ink』에서는 동인도회사의 장거리 운영 방식이 "육지와 바다에서뿐만 아니라 종이 위에서도 만들어졌다"[14]라고 했다.

영국이 동물 지방의 사용을 중단했을 무렵에는 불만의 견인력이 거세질 만큼 거세져 진압이 통하지 않았다. 머지않아 탄약통으로 사용되는 종이가 오염됐다는 소문이 퍼졌다. 엔필드 탄약통을 만드는 인도 현지의 덤덤 무기 공장에서 생산되는 제품이 영국산보다 훨씬 거칠다는 사실이 공포심을 부추기고 재료에 대한 우려가 높아졌다.

처음으로 공공연한 반항심이 표현된 것은 1857년 3월 29일에 세포이 세 개 연대가 새로운 무기 소지를 전면 거절하고 즉석에서 해체한 일이었다. 미루트에서 세포이 병사 85명이 공개적으로 군복이 벗겨지고 족쇄가 채워진 채로 끌려갔다. 이에 집결 부대들이 반란을 일으키고 5월 11일에 남서쪽의 델리로 진군했다. 그들은 바하두르 샤 2세를 명목상 권좌에 복귀시켰다. 나중에 인도 총독인 캐닝 경은 같은 동포들 앞에서 "그들에게 족쇄를 채우고 감옥으로 데려간 것은 상상조차 할 수 없는 어리석은 일이었다"[15]라고 했다.

오래가지 못했던 세포이 항쟁 당시 82세의 나이였던 바하두르 샤 2세는 자파르라는 필명으로 널리 알려진 것처럼 뛰어난 시인이자 서예가, 신학자였으며 아름다운 정원을 소유했다. 칭기즈칸과 티무르의 직계 후손인 그는 포위당한 도시에서 두 달 동안 공판을 열어 인도의 마지막 무굴 황제라는 영예를 얻었다. 6월 초에 이르자 북부에만 제한된 벵골군의 57개 연대 중에서 세 개를 제외하고—15만 명의 병사 중에서 70퍼센트인 약 10만 명—모두 반란에 가담했다. 더 작은 세 개의 용병 연대는 가담하지 않았지만 영국은 그들의 충성심을 의심했고 같은 동족과의 싸움을 믿고 맡길 수 없는 것으로 판단하여 버마와 다른 주둔지에서 병력을 데려왔다. 칸푸르 주둔지와 러크나우의 작전이 커다란 차질을 빚었지만 마침내 반란을 진압할 수 있었다. 정확하지 않지만 약 2,000명의 영국인과 1만 명의 인도인이 사망하고 3,600만 파운드의 재산 피해를 낸 것으로 알려졌다.

1858년 세포이들의 반란이 진압된 후 곧바로 제국주의의 통치가 영국 정부에게로 넘어갔다. 이로써 동인도회사가 인도를 지배한 기간을 지칭하는 이른바 '영국령 인도British Raj'(라지는 힌두어로 '지배하다' 또는 '왕국'이라는 뜻)는 갑작스럽게 종료됐다. 영국은 20세기에 들어서까지 인도에 대한 정치적·군사적 통제권을 유지했지만 독립의 토대가 형성되어가고 있었고 간디를 주축으로 수백만 명이 벌인 비폭력적인 불복종 시민운동으로 마침내 1947년에 독립을 달성했다. 그보다 90년 전, 델리 지역이 영국군에 포위되었을 적에 바하두르 샤 2세가 쓴 이행시는 ─이 장의 첫 부분에 인용되어 있다─예언적이었다. 마지막 무굴 황제는 대담하게도 "러시아와 페르시아를 격파했다고 자랑하던 막강한 영국군은 단 하나의 탄약통에 의해 힌두스탄에서 타도 당했다"[16]라고 읊고 있다.

엔필드 소총은 1860년대 말까지 사용되었고 영국 정부의 허가를 받은 몇몇 기업이 해외 판매용으로 제조했다. 남북전쟁 때 약 90만 정이 북아메리카로 건너가 메이슨 딕슨 선Mason-Dixon Line(미국의 독립 이전 펜실베이니아 주와 메릴랜드 주의 경계 분쟁을 해결하기 위해 만든 선-옮긴이)의 양쪽 전투원들에 의해 사용됐다. 북부에서 그것을 능가하는 총기는 역시 종이 탄피를 사용하는 스프링필드 모델 1861년산 머스킷 소총뿐이었다. 게티즈버그 전투에서 그 유명한 리틀 라운드 톱 언덕 돌격에서 영웅적인 조슈아 로렌스 챔버레인 대령이 이끄는 메인 20 지원병연대도 엔필드 소총을 사용했다.

총신이 짧아진 스펜서 연발식 카빈도─7개의 탄환을 발사할 수 있었으며 기병용 총기로 널리 쓰였다─단발식 소총을 사라지게 만들지는 못했다. 주된 이유는 스펜서 연발식 카빈에 필요한 100퍼센트 놋

유명한 전쟁 화가 알프레드 A. 와우드Alfred A. Waud의 작품. 남북전쟁 동안 《하퍼스 위클리》를 비롯한 여러 간행물에 스케치를 실었다. 이 그림은 1864년에 벌어진 열띤 전투에서 한 병사가 죽은 전우의 종이 탄피를 챙기는 모습이다.

쇠로 된 탄약통이 제대로 공급되지 못했기 때문이었다. 남북전쟁이 끝나고 육군 장관 에드윈 M. 스탠턴이 발표한 요약 보고서에는[17] 1861년에서 1865년까지의 구입 내역이 항목별로 적혀 있다. 이는 북부군에 얼마나 많은 종이가 필요했는지 상당히 정확하게 보여준다. 엔필드와 스프링필드 소총의 탄약인 '머스킷 577구경과 58구경 탄약통'을 총 4억 7,085만 1,079개 구입했다. 기타 모든 머스킷과 카빈, 권총 탄환은 5억 5,732만 6,395정이었다. 따라서 사용된 탄약통만 10억 개가 넘었다.

남부군의 경우 구체적인 수치가 나와 있지 않지만—실제로 몇몇 연구를 보면 남부군에서는 군수물자가 즉흥적이고 직관적인 방법으로 공급됐다는 사실이 자세히 기술되어 있다—그들이 전장에서 당한 대로 갚아주었다는 사실로 본다면, 그들 역시 수억 개에 이르는 탄약통이 사용했을 것이다. 하지만 종이뿐만 아니라 양식과 피복, 약품 등 가정과 상업 부문의 모든 필수품이 심각하게 부족했다.[18]

인도에서 복무한 보병 장교 출신의 아서 B. 호스는 울위치에 있는 왕립군수공장에 파견되었을 때 작성한 기술보고서에서 엔필드 소총의 탄약통이 만들어지는 과정을 설명했다. 세포이 항쟁이 진압되고 1년 후에 『소총 탄약Rifle Ammunition』이라는 소책자가 발행됐다. 사우스캐롤라이나의 섬터 요새에서 미국 남북전쟁을 알리는 첫 총성이 발사되기 두 해 전이었다. 호스는 질 좋은 종이의 필수 요건에 대하여 이야기했다. 그중 일부는 훗날 특별 제작한 탄피 종이가 예술가들 사이에서 선호된 이유를 설명해주었다. "고른 질감, 평평한 표면, 적합한 강도, 오염에서 자유로울 것."[19] 연마다 무작위로 견본을 뽑아서 "늘리고 당기고" 불빛 아래에 비추어가며 시험했다. "소구경 실탄을 만드는 데 사용되는 종이의 경우, 총알을 꽉 감쌌을 때 총알 지름이 0.22밀리미터 이상 늘어나면 안 되고 사이즈제를 지나치게 사용해서도 안 된다."

병사들이 전쟁터에서 직접 탄약통을 만들던 시대는 확실히 지나갔다. 강선이 들어간 총기는 정확성과 통일성이 필수였는데 그것은 오직 기계의 도움으로만 가능했다. 제조 단계를 모두 거친 후에야 "탄약통이 채워지고 틀어지고 기름칠해졌다." 호스가 언급한 대로 가장 좋은 윤활제, 즉 '방오성防汚性 물질'은 밀랍이었다. 그는 인도에서 수지가 사용된다는 것을 알았기에 다음과 같이 적었다. 울위치 공장에서 이루어진 검사 결과, 수지는 안정적이지 못한 윤활제로서 "영구적으로 남지 않으며 시간이 지나면서 점차 탄피 종이로 흡수된다. 수지가 밀랍보다 무게가 많이 나갈 경우, 수지 부분은 종이 탄피 위에 마른 화약의 형태로 남게 될 것이다."

호스의 보고서가 나올 무렵, 종이는 대포의 폭발물을 포장하는 데도 유용하게 사용됐다. 왕립군수공장의 역사를 다룬 O. F. G. 호그에 의하면 대포는 일제 사격 이후 포구 청소기가 꼭 필요했지만 그저 아마천 주머니로 탄약을 건조하게 유지하는 방법이 사용되었을 뿐이었다. 15세기부터 17세기까지 300년을 거치면서 영국군의 무기는 완벽해졌지만 더 나은 대포 사용 절차는 등장하지 않았다.[20] 초기에 가장 보편적인 대포 장전 방법은 포구에 화약을 퍼 넣고 발사체를 그 위에 놓는 방법이었다.

포병들은[21] 보병들에게서 착안해 양피나 야생돼지의 가죽, 캔버스 천, 아마, 메리노 양털, 얇은 모직의 일종인 봄바젯bombazet, 그리고 갖가지 등급의 종이 등으로 만들어진 주머니에 미리 탄약을 준비해두기 시작했다. 그러나 면과 아마는 점화가 불완전하게 되는 경우가 있었고 양피는 연소 시 열기로 쪼글쪼글해져서 통풍이 제대로 이루어지지 않았다. 수많은 시행착오를 거쳐 종이가 가장 효과적이라는 것이 판명됐다. 하지만 18세기 후반에 제조된 종이는 강도가 부족했으므로 고르게 발사되지 않아 탄약의 잔여물이 남았고 재장전을 하는 동안 폭발하곤 했다. 미국의 군수품 설계자는 1812년 전쟁이 터지기 한 해 전, 종이의 대체품으로 '납으로 된 탄약통' 도입을 주장하는 보고서에서 다음과 같이 썼다.

"해군과 군대의 역사에는 탄약이 노출되는 잘못된 보관법으로 일어난 사건으로 군함과 무기고가 파괴된 사건들로 가득하다."[22] 그리고 그는 납 탄약통이 "종이만큼 쉽게 구멍을 뚫을 수 있지만 사용 전에는 화약을 잴 필요가 없으며 습기 피해 없이 항상 사용 가능하게 준

비해놓을 수 있다"고 했다.

계속 종이 주머니가 사용되다 그 방법이 실행된 것은 몇십 년이 흐른 뒤였다. 존 디킨슨John Dickinson이 1807년 11월 12일에 등록한 특허, '개선된 원리로 제조한 대포 종이 탄피' 덕분이었다. 존 디킨슨은 19세기 영국의 혁신적인 제지기술자로 여러 측면에서 진보의 선두 주자였다. 그는 특허 신청서에 다음과 같이 적었다.

나의 발명품은 모직 또는 모직 넝마와 아마 넝마나 삼 또는 아마로 된 기타 직물 등 종이 제조에 쓰이는 것들을 특정 비율로 추가한다. 모직 섬유와 삼 또는 아마의 혼합물을 사용함으로써 탄약 폭발에 의해 종이가 점화되었을 때 불꽃이 꺼진 후에도 계속 남는 것을 막아준다.[23]

디킨슨은 혼합 비율을 자세하게 설명했다. "아마는 강하고 온전해야 하며 젖은 상태에서 최대한 오랫동안 두드려야 한다. 앞에서 말한 비율대로 하지 않으면 종이의 강도가 떨어진다." 디킨슨은 대담한 수정을 가하여 대포용 종이 제조에 따르는 가장 커다란 장애물 두 가지를 없앴다. 그것은 '부족한 강도'와 '고르지 못한 연소'였다. 그는 5개월 전에 푸어드리니어 기계에 중대한 수정을 가한 디자인으로 특허를 받았고 1809년 1월에는 직접 디자인한 초지기로 또 특허를 받았다.

디킨슨은 런던에서 북서쪽으로 40킬로미터 떨어진 케이드 강과 불본느 강에 면한 헤멜 헴스테드에 첫 번째 제지소를 차리고[24] 대포 탄약통에 쓰일 종이를 생산하기 시작했다. 영국 병참부가 육군과 해군에 그 종이를 사용하도록 한 것은 반도전쟁이며 1815년 워털루 전투에서 나폴레옹을 격파하는 데 중대한 역할을 했다. 그 종이의 질감은 소총 탄약통으로도 이상적이었다. 창립자의 조카딸 조앤 에반스Joan

Evans는 가업의 역사에 관해 쓴 글에서 영국이 크림전쟁에 참가하면서 "미니에식 종이의 수요"가 새롭게 나타났다고[25] 했다. 1857년에는 "인도 항쟁이 일어나" 회사가 "그 어느 때보다 바빠졌다"고 기술했다. 1858년까지 항쟁이 이어지자 정부가 1,300연의 종이를 주문했다.

하지만 존 디킨슨 앤 컴퍼니는 탄피용 종이를 수익성 좋은 부업 이상으로 여기지 않았다. 1812년에 디킨슨은 새뮤얼 백스터Samuel Bagster의 『포켓용 참고 성경Pocket Reference Bible』에 사용된 얇고 질기고 불투명한 종이를 소개했다. 그것은 토머스 프로그널 디브딘Thomas Frognall Dibdin[26] 목사가 쓴 『서지학의 데카메론Bibliographical Decameron』에서 지료의 질감과 색깔을 호평해놓은 베스트셀러였다. 1823년에 디킨슨은 면, 아마, 실크, 레이스 등 다양한 실무늬를 종이에 넣는 기술을 등록했다. 그것은 지폐 위조를 막을 수 있는 매력적인 기술이었다. 1850년에는 한쪽이 풀칠된 봉투를 생산하기 시작했고 그와 동시에 문구류 생산 분야의 선구자가 됐다. 문구류는 오늘날까지 이 기업의 전문 제품이다. 그 밖에도 오늘날 판지cardboard라고 불리는 듀플렉스 페이퍼duplex paper처럼 새로운 용도의 제품들을 선보였다.

19세기 중반 들어 종이가 예상치 못한 용도로 사용되기 시작했다. 당연히 체계적으로 계획된 일은 아니었다. 아마도 이미 군인들이 전장에서 종이를 탄피로 사용하고 있었고 많은 군인이 '악마의 풀evil weed'에 애착을 느꼈다는 점에서 시작된 일이었을 것이다. 매사추세츠에 정착한 청교도들은 인디언들이 피우는 담배를 보고 '악마의 풀'이라고 불렀다. 그 전까지 담배는 피우거나 씹거나 콧구멍을 통해 흡입하는 등의 방법으로 소비되고 있었다. 식물을 태워서 피우는 방법을 선호하는 사람들은 우묵한 파이프를 사용하거나 건조한 담배를 갈대나 나뭇잎을 이용해 좁은 원통 모양으로 말아놓은 시가(유카텍 마야어로 '연기'를 뜻하는 '시카르sikar'에서 기원)로 피우기도 했다.

담배는 16세기에 신세계에서 돌아온 탐험가들에 의해 유럽에 소개된 후 이내 열렬한 추종자들이 생겨났다. 1700년대 중반에는 버지니아와 캐롤라이나 지방이 주요 농자물이었고 재배하는 이들은 그것을 유럽 상품과 교환할 수 있었다. 담배는 독립혁명 기간에도 전쟁 기금의 수단과 지친 군인들의 피로를 풀어주는 일시적인 방편으로도 유용했다. 조지 워싱턴 장군은 1776년에 절박한 심정으로 대륙회의에 "돈을 보낼 수 없다면 담배를 보내달라"[27]고 썼다. 142년이 지난 제1차 세계대전 때에도 분위기는 비슷했다. 일명 '블랙잭'으로 불리는 존 J. 퍼싱 장군은 유럽 최전선에서 워싱턴의 전쟁부 장관에게 보낸 편지에서 "이 전쟁에서 이기기 위해 필요한 것이 무엇이냐고 묻는다면, 담배라고 답하겠소. 식량보다 담배가 더 필요하오"[28]라고 했다.

담배를 조각내어 종이로 감싸는 방법을 누가 제일 먼저 생각해냈는지는 여전히 논쟁의 대상으로 남아 있다. 하지만 서인도제도에 수익성좋은 담배 농장이 있으며 제지 산업도 발달한 스페인이 시초임을 뒷받침해주는 증거가 있다.[29] 손재주 좋은 방랑자들이 세비야 거리에서 담배꽁초를 모아다가 사용하지 않은 부분을 잘라 종잇조각에 넣고 피웠던 관행이 갈고 닦아진 것이라는 것이다. 어쩌면 누군가 고급 담뱃잎을 말아 시가를 만드는 공장에서 남는 쪼가리로 수익을 낼 수 있다는 기발한 방법을 생각해냈을지도 모른다.

파펠레티papelete 또는 시가리토cigarito라고 불리던 저렴한 시가 대용품은 곧바로 스페인과 포르투갈 선원들에게 인기를 끌었고 러시아와 프랑스 르방 지역까지 퍼져나갔다. 오스만 투르크족은 질 좋은 담배를 재배하는 것으로 유명해졌다. 이집트에서 발달한 고급 담배 역시 인정을 받았다. R. J. 레이놀즈 타바코 컴퍼니는 1913년에 처음 미국 소비자들에게 카멜이라는 브랜드를 소개했다. 포장지에는 피라미드와 야자나무, 이슬람 건축물이 그려졌다.

아메리칸 타바코 컴퍼니와 P. 로릴라드 앤 코의 역사 이야기[30]에서 1832년은 담배의 근대적 혁명에 매우 중요한 해다. 두 이야기는 모두 터키의 아크레 도시가 이집트의 이브라힘 파샤의 지휘 아래 포위되었을 때 일어났다는 출처가 불분명한 사건을 인용하고 있고 종이 탄피와도 깊은 연관이 있음을 보여준다. 그 이야기에 따르면, 이집트 포병들은 6개월의 작전 기간 동안 즉석에서 종이를 튜브 모양으로 말아 탄약을 감싸는 방법으로 사격률을 높였다. 당시 다른 군대에서도 널리 사용된 방법이므로 이는 신빙성 있는 이야기다. 지휘관은 부하들의 융통성을 치하하고자 담배를 넉넉하게 나눠주었다. 또 평소에 사용하던 사기그릇이 깨져서 대포용 종이를 대신 사용했다고 한다.

지그재그 담배 종이를 만드는 프랑스 회사[31]에서도 거의 비슷한 이야기가 전해진다. 이 회사의 제품에는 19세기 보병 주아브Zouave의 그림이 들어간다. 이 회사의 연혁에 따르면 크림전쟁 당시 1864년 세바스토폴 점령 때 한 프랑스 병사가 싸움 중에 사기 파이프가 부서지는 바람에 "탄약 주머니의 찢어진 종이로 담배를 마는 기발한 아이디어"를 떠올렸다. 23년 후—그 병사의 임시방편에서 영감을 얻어—두 프랑스 기업가 모리스Maurice와 자크 브라운스타인Jacques Braunstein은 파리에 제지업체를 차렸고 1882년에는 망트 라 졸리 인근에 생산 공장인 가시쿠르 파페트리(가시쿠르 브라운스타인 파페트리라고도 불림)를 열었다. 그 후에 그들이 완성한 포장 기법은 얇은 포장지를 십자형으로 끼우는 방식이었는데, 1894년부터 지그재그라는 이름의 담배용 포장지가 팔리게 됐다. 이 제품은 격변하는 시대 속에서 마리화나 사용이 걷잡을 수 없이 늘어난 1960년대와 1970년대에 '직접 말아 피우는' 애호가들에게 흔히 사용됐다.

주아브의 일화가 사실이든 허구든, 나폴레옹의 몰락 이후 10년 동안 입헌군주제를 다스린 루이 18세의 미망인 마리 부르봉이 주최한 파리의 자선 바자회를 위해 2만 종의 담배가 만들어졌다. 그 무렵 담배는 프랑스 정부의 주요 수입원이었다. 나폴레옹이 1810년에 군대 작전을 지원하기 위하여 담배 산업을 장악했을 때부터 그러했다.

담배를 처음 종이로 감싼 것이 누구인지는 제쳐두고, 크림전쟁이 담배의 인기를 퍼뜨리는 데 중요한 역할을 했다는 사실에 반박할 사람은 많지 않을 것이다. 20세기까지는 세계적이지 않았다. 영국과 프랑스, 오스만제국, 사르데냐와 러시아 간에 성지에 대한 권한을 두고 갈등이 고조되어 일어난 크림전쟁 때 전투부대 사이에 다양한 문화적 관습의 교류가 이루어졌다. 전쟁이 끝나고 영국 병사들은 담배 cigarette(새롭게 등장한 프랑스어였다)를 가지고 돌아왔다. 담배는 시가의 위엄이나 풍부한 맛은 없었으므로 담배를 피우는 사람들을 약하고 여성스럽다고 여기는 시선도 있었고 조롱의 대상이 되기 일쑤였다.

그러나 담배는 저렴한 가격과 편리함 덕분에 1850년대 말에 이르러서는 웬만큼 인기를 끌었다. 런던의 담배 상인 필립 모리스Philp Morris는 상류층 고객들을 위해 자국에서 직접 담배를 만들었다. 그 후 담배는 전 세계 경제에 영향을 끼치는 괴물 산업으로 성장했으며 불법 제조가 늘어나 사람들의 건강을 해쳤다. 몇 가지 수렴적인 발달의 결과였지만 모두가 종이의 저렴한 공급 덕분에 가능했다.

1880년대에 이르러 담배는 영국과 프랑스, 터키, 이집트, 미국에서 생산되었는데 공장에서 기계로 생산되는 박엽지tissue-thin paper를 손으로 직접 말아야 했으므로 노동 집약적이었다. 숙련된 노동자는 1분에 네 개를 말 수 있었다. 담배를 위한 시장도 존재했지만 여전히 시가와 씹는담배, 코담배가 지배적이었으며 인력 규모와 기술 때문에 생산에 한계가 따랐고 인건비가 생산비의 90퍼센트나 차지해 생산량은 보통 수준에 그쳤다. 담배 산업의 활성화를 위해 리치먼드 소재의 담배 제조회사 앨런 앤 긴터의 창립자 루이스 긴터Lewis Ginter는 자동으로 담배 종이를 마는 기계를 만드는 사람에게 7만 5,000달러의 상금을 주겠다고 공고했다.

버지니아에서 담배를 재배하는 아버지를 둔 제임스 A. 본색James A. Bonsack이 곧바로 연락을 해왔다. 그는 몇 년 동안 그런 기계를 만들고자 애썼고 1880년에 특허를 받은 터였다. 앨런 앤 긴터는 본색의 설계대로 원형을 만들려고 했지만 결국 거부하고 상금을 도로 회수했다. 정확한 이유는 알려지지 않았다. 제임스 부캐넌 '벅' 듀크James Buchanan 'Buck' Duke가 재빨리 끼어들어 자신의 사업체를 키우는 데 이용했다. 노스캐롤라이나 주 던햄의 남부군 포병 장교의 아들로 명민한 사업가였던 24세의 듀크는 1890년부터 담배 제조업체들을 합병하기 시작했다. 이는 훗날 아메리칸 타바코 컴퍼니가 됐다. 듀크는 헐렁한 포장 안에 '재료'라고 부르는 종잇조각을 넣어 소비자들이 직접 말아 피울 수 있도록 한 불 더햄Bull Durham 담배로 생산원가를 줄였다.

듀크의 제품은 조금씩 인기가 높아졌는데 담배를 선호하는 사람들이 늘어난 탓도 있지만 오직 종이를 이용한 기발한 광고도 한몫했다. 세련된 신문 광고와 '턱시도' 제품의 "당신의 코는 알고 있습니다"나 '스윗 캐포럴' 제품의 "아버지에게 물어보세요. 아버지는 압니다", 럭키 스트라이크 제품의 "구웠습니다", 펠 맬 제품의 "훌륭합니다. 그리고 순합니다" 같은 기억하기 쉬운 문구가 담긴 매력적인 로고를 사용함은 물론이고, 종이 재료도 마구 활용했다. 선물과 바꿀 수 있는 쿠폰, 수집가들을 겨냥해 석판인쇄를 한 그림카드, 연극이나 스포츠 행사 팸

SUNSET

JANUARY 1904

THE MAGAZINE OF CALIFORNIA and THE FAR WEST

Going to Sea by Rail—Crossing Great Salt Lake—Stories of Hawaii and Japan

Published by SOUTHERN PACIFIC COMPANY, San Francisco, California.   For Sale by Newsdealers Everywhere

1904년 《선셋》의 커버 일러스트에 실린 '직접 담배를 마는' 모습. 뉴욕 공립 도서관 소장.

플릿에 끼워진 광고 전단지, 광고판과 포스터 진열, 그 외에도 인쇄를 통한 유인책은 모조리 활용됐다. 발명가이자 듀크의 젊은 동료로 담배 마는 기계의 디자인을 개선한 조지 아렌츠George Arents[32]는 담배에 관한 상상 가능한 모든 물품이 포함된 약 25만 가지 기념품을 수집했고 1944년에 뉴욕 공립도서관에 기증했다. 현재 그의 유산으로 마련된 3층짜리 공간에 전시되어 있다.

담배가 인간 사회에 끼친 영향은 1900년대 미국의 '담배 전쟁'을 담은 리처드 클루거Richard Kluger의 퓰리처상 수상작 『재에서 재로Ashes to Ashes』에 가장 잘 드러나 있다. 거기에서 보면 듀크는 매우 적극적인 행동가다. 클루거는 20세기에 "담배가 얼마나 많은 생명을 앗아갈지 충분한 증거에 근거한 추측을 할 수 없다. 하지만 담배에 반대하는 사람들은 20세기에 담배로 인한 사망자 수가 모든 전쟁에서 죽은 수백만 명에 필적할 것이라고 주장한다"[33]라고 썼다. 미국 암협회에 따르면 흡연은 폐암 사망 원인의 80퍼센트를 차지하고 후두, 구강, 인두, 식도, 방광 부위에서 발생하는 암의 원인이 된다. 미국 방화협회가 집계한 자료에 따르면 담배는 수십 년 동안 화재 사망의 주요 원인이었고[34] 미국에서 연간 700~900명이 침대에서 담배를 피우다 사망한다. 인명 피해 이외에도 부주의한 운전자들이 창문으로 버린 담배꽁초 때문에 삼림지대가 파괴된다.

의학계에서는 흡연자들을 위험에 빠뜨리는 원인이 셀룰로오스 포장지가 아니라 발암성 물질이라고 확신하지만, 초기에는 흡연에 대한 경고가 종이를 중심으로 이루어졌다. 1914년에 자동차 산업계의 거물 헨리 포드Henry Ford는 『하얗고 작은 노예상인에 반대한다』라는 도발적인 제목의 소책자를 개인적으로 발행하여 배포했다. 2장의 시작 부분에 실린 것은 포드가 그 전해에 토머스 A. 에디슨에게 부탁한 편지의 전문이다. 포드는 직접 쓴 서문에서 "백열등에 적합한 필라멘트"[35]를 찾으려는 에디슨의 실험이 종이를 포함한 "여러 물질의 연소"와 관련 있으며 종이가 연소되면서 폐를 자극하는 가스 '아크롤레인acrolein'을 발생시킨다고 했다. 시가를 즐겼던 에디슨은 니코틴이 아닌 아크롤레인이 건강에 훨씬 해롭다고 생각했다. 비록 오래가지는 못했지만 포드는 그러한 주장에 입각하여 담배 퇴치 운동을 벌였다.

물론 사람들이 담배를 피우는 이유는 담배 그 자체 때문이지만, 담배에서 종이의 연소 또한 매우 중요한 부분이다. 1975년에 브리티시아메리칸 타바코 담배 회사가 작성한 보고서—캘리포니아 대학교 샌프란시스코 캠퍼스에 있는 레거시 담배 문서 도서관에 보관된 1억 1,000만 부가 넘는 문서 중 하나—는 한 문장으로 요점을 전달한다. "담배 종이는 무맛, 무취여야 하고 백색도와 불투명도, 강도, 탄성이 높아야 하며 축축할 때 입술에 달라붙지 않아야 하고 담배와 같은 속도로 연소되어야 한다."[36]

일반적으로 담배 제조업체들은 직접 종이를 생산하지 않고 전문 업체로부터 구입한다. 하지만 담배 산업에서는 안정적인 공급을 위해 제지업체에 보조금을 지불하는 것으로 알려졌다. 이것은 특히 제1차 세계대전 때 미국의 주요 담배 종이 공급처였던 프랑스가 나치에 함락되면서 미국으로의 화물 수송이 축소되었을 때 통찰력 있는 조치였다. 몇 달 후 미국이 전쟁에 가담하자, 미국의 담배 제조업체들은 프랑스 출신의 유대인 이민자 해리 H. 스트라우스Harry H. Straus가 노스캐롤라이나 애슈빌에서 48킬로미터 떨어진 블루 리지 산 깊은 산속에 있는 담배 재배 마을의 중심지에 세운 공장에 서둘러 지원금을 몰아주었다.

지원금의 일부는 리게츠 앤 마이어스와 R. J. 레이놀즈, 로릴라드, 필립 모리스가 선금으로 지불한 주문분에서 나왔다.[37] 1939년 9월 2일, 해리 H. 스트라우스가 설립한 에쿠스타 코퍼레이션에서 첫 스풀에 감겨진 담배 종이가 생산됐다. 그리고 3개월 이내에 24시간 내내 쉬지 않고 가동하여 국내 수요량의 50퍼센트 가까이를 채웠다. 제2차 세계대전이 발발하기 전에 담배 종이에 주로 사용된 것은 넝마였지만, 스트라우스는 삼과 아마에서 추출한 셀룰로오스와 경질 탄산칼슘—백악—에 몇 가지 첨가제를 섞어 '연소 비율'을 조절했다. 미국에서는 아마씨에서 아마를 제거하고 남은 아마대와 양질의 화학 목재 펄프를 섞어서 사용하기도 한다. 약 6킬로미터 되는 실패 하나로 담배 8만 5,000개를 충분히 말 수 있는 종이가 나온다. 1주일에 2억만 개는 거뜬히 만들어진다.

에쿠스타는 1년 만에 900명을 고용했고 1945년 종전 후에는 2,000명으로 늘어났으며 절정기에는 약 3,000명에 달했다. 자애로운 사업가였던 스트라우스는 인근에서 가장 높은 임금을 지불했으며 노동자들을 위한 병원을 세우고 그 자녀들을 위한 여름 캠프를 열었으며 독립기념일 퍼레이드와 크리스마스 행사를 후원했다. 1951년에 에쿠스타는 두 해 전에 셀로판 제작 산업에 뛰어든 거대 탄약 제조업체 올린 매티슨 케미컬 코퍼레이션에 인수됐다. 올린이 35년 동안 운영한 후 1987년에 펜실베이니아 주 스프링 그로브의 P. H. 글랫펠터P. H. Glatfelter에게 2억 2,000만 달러에 넘겼다. 글랫펠터는 1992년에 필립 모리스가 담배 종이를 전량 킴벌리-클라크로부터 구입하겠다고 밝힘으로써 최대 고객을 잃으며 커다란 난관에 봉착했다. 글랫펠터는 1990년대 후반에 에쿠스타를 매도하려고 했고 마침내 2002년 완전히 문을 닫았다. 이는 제17장에서 다시 한 번 이야기할 예정이다.

오늘날 대표적인 담배 종이 제조업체는 조지아에 있는 대기업 슈바이처 모뒤다. 이 기업은 스스로 "세계 최대의 고급 담배 종이 생산업체"라고 밝히고 있으며 뉴욕 증권거래소에 SWM이라는 이름으로 상장되어 있다. 1995년에 킴벌리-클라크에서 분할되어 나와 에쿠스타를 문 닫게 만든 SWM은 현재 4개 대륙에 11개의 생산 공장을 운영하고 있는데 그중 세 곳은 '섬유 펄프 제조' 공장이다. 2011년 연간보고서에 따르면 "북미 유일의 담배 종이 제조업체"이며 목재 펄프를 주요 섬유로 사용하고 2011년에 8만 3,000톤을 구입했다. "우리 공장은 다른 셀룰로오스 섬유도 사용한다. 그중에서 가장 중요한 것은 아마

섬유와 담뱃잎 부산물이다." 그해 순 매출액은 2010년보다 7,200만 달러 증가한 8억 1,620만 달러였다.

현재 미국에 흡연에 대한 부정적인 시각이 널리 퍼져 있는 사실로 볼 때, 담배 종이가 주요 생산 품목인 업체들이 고전을 면치 못하는 것은 놀라운 일이 아니다. SMW는 투자자와 미래 고객들을 위해 웹사이트를 운영하고 있지만 공장 방문이나 관계자 면담은 줄곧 허락되지 않고 있다. 적어도 내 경우는 그러했다. 이메일과 전화 문의를 했지만 전혀 회신을 받지 못했다. 웹사이트에 공지된 2010년 제1분기 성적이 그러한 경계심의 이유가 될지도 모른다. "우리 기업의 판매는 제한된 고객에게 집중되어 있습니다. 2009년 판매량의 56퍼센트가 네 개의 최대 고객을 대상으로 한 것이었습니다. 이 중에서 한두 고객을 잃거나 한두 고객의 구입량이 크게 줄어든다면 기업 실적에 매우 불리한 결과를 가져올 것입니다." 흥미롭게도 같은 2009년 보고서에 기업 매출의 60퍼센트가 '다섯 개' 최대 고객에 의한 것이라고 되어 있어 실제로 한 고객을 잃었음을 의미하고 있다. 같은 해 SMW 보고서에는 필립 모리스 USA가 가장 큰 고객이라고 되어 있는데, 필립 모리스의 소재지인 버지니아 주 커먼웰스는 공공장소에서의 흡연을 전면 금지했다. 이렇게 힘든 환경이니 최대한 조용하게 있는 것이 현명한 선택일지도 모른다.

제8장

나를 증명해주는
종이

귀족이나 명예시민이 아니라면 1년에 한 번씩 여권을 갱신해야 하는데, 이는 물고기 허물 벗듯 지루하고도 고통스러운 과정이다. 방대한 서신, 산더미처럼 쌓인 문서 사본, 청원서, 15개의 보충 서류. 이것들은 스몰렌스크 주에 사는 두딘스키라는 남자가 2년 전 여권을 갱신하기 위해 필요했던 것들이다. 모든 서류를 제대로 준비했고 여권 갱신 자격에도 의심의 여지가 없었다. 이렇게 짜증날 정도의 방해물은 삶을 고달프게 만든다. 한 해에 여권법 위반으로 붙잡혀 감금된 사람이 상트페테르부르크에만 1만 4,799명에 이르는 이유를 설명해준다. 이 가련한 사람들 중 다수는 지금 시베리아로 향하고 있을 것이다.

─E. B. 라닌, 《포트나이틀리 리뷰》, '러시아의 특징', 1889년

　우리가 누구이고 그것을 증명하는 문제는 수세기 전부터 사회적이고 법적인 의무였다. 대개 그 과정의 첫 단계는 자신의 주장을 뒷받침

해줄 수 있는 자격증을 내미는 것이다. 지적인 측면에서 '정체성'은 철학, 도덕, 신학, 사회, 문화, 민족, 심지어 우주를 고려해야 하는 개념이다. 인지심리학에서 정체성을 가진다는 것은 자아 반영과 인식 능력이 있음을 뜻한다. 좀 더 근본적으로는 최근에 지문, 치아 기록, 홍채 인식, 목소리 인식, DNA 등 법의학자들이 생체지표라고 부르는 방법으로 명확하게 존재의 고유성을 확인하는 것이다. 그러나 일상적으로는 운전면허증이나 투표 기록, 사회보장카드, 여권 등의 확실한 물건들이 활용되고 있다.

전자 서류가 법적 수단으로 점점 널리 인정되고 있는 오늘날에도 출생증명서와 무담보 양보증서, 법적 소환장은 여전히 하드 카피(읽거나 휴대할 수 있도록 직접 출력한 자료-옮긴이)가 선호된다. 전통적으로 '종이를 보여달라'는 부탁은(아니, 요구라는 표현이 더 어울리겠지만) 자신이 누구라는 주장을 뒷받침할 수 있는 확실한 서류를 보여달라는 의미였다. 초기 근대 유럽의 신분, 사기, 감시에 관해 예리하게 파헤친 저서를 발표한 발렌틴 그뢰브너Valentin Groebner는 "신분은 타인이 우리를 정의하려는 것을 통제하려는 시도로 이루어진다. 우호적이지 않은 환경에서 자신의 종이를 잃어버린 적 있는 사람이라면 너무도 잘 알 것이다"[1]라고 말했다.

종이가 유럽에 확고하게 자리 잡기 전에 재력을 가진 사람들은 자신이 그려진 그림을 주문해 필요에 따라 휴대용 화상畫像으로 활용했고[2] 그보다 사정이 나쁜 사람들은 몸에 문신을 새겼다. 일부 사회에서는 노예와 범죄자, 부랑자들에게 의무적으로 낙인을 찍기도 했다. 가문家紋을 내보이거나 겉옷에 휘장을 달기도 했다. 이는 오늘날 거리의 패거리들이 자기들만의 '색깔'로 된 옷을 입거나 인정의 표시로 비밀스러운 악수를 교환하는 것과 같다. 수세기 동안 공무원들은 주석이나 가죽, 천으로 만들어진 휘장을 발행받았다. 이러한 중세 전통은 오늘날까지 전 세계 법의 집행자들에게 그대로 이어지고 있다. 신분 서류가 보편적이 되기 전에는 사회계급이나 직업에 따른 복장으로 구분하거나 흉터, 반점, 피부색, 신장, 머리색 등 개인의 신체적 특징으로 구분했다. 군복은 육군과 해군, 공군 등에 속한 구성원들끼리 서로 동일함을 의미하는 '제복'이지만 계급을 나타내는 휘장이 있다. 요즘에는 가슴에 성姓까지 붙인다.

서류를 통한 신분 증명은 새로운 기준을 도입시켰고 종이는 일관성을 유지할 수 있는 이상적인 매개체였다. 종이는 싸고 가볍고 생산량이 충분할 뿐만 아니라 유연성 덕분에 휴대성이 있다. 접을 수 있어 어디든 간편하게 가지고 다닐 수 있다. 양피지나 우피지와 달리 표면 잉크를 긁어내거나 씻어낼 수 없어 함부로 변경하는 것을 막을 수도 있다. 이러한 특징 때문에 공무원들은 사람마다 고유한 서명이 추가적 안전장치로 사용될 수 있음을 깨달았다. 11세기 후반에 상징이나 문장 또는 무늬를 새겨 넣어 뜨거운 밀랍으로 찍는 도장인 봉인이 만들어지면서 위조 우려가 있는 법과 신학 문서의 진본 확인 수단으로 인기를 끌었다.

12세기에 접어들면서 유럽을 여행하는 상인과 외교관들은 아름다운 필체로 쓰인 안전통행증(salvus conductus나 salvacondotto, sauf-conduit이라고 함)을 가지고 다녔다. 오늘날에도 해외 지역으로 파견되는 대사들은 주둔국에 '신임장'을 제출해야만 공식적으로 지위를 인정받는다. 전통적으로 사절단이 해외로 가져가는 외교 성명서는 꼼꼼한 외교 의례를 따라야 했다. 새롭게 떠오르는 학문인 문화지리학을 전문으로 연구하는 영국의 역사학자 마일즈 오그본Miles Ogborn에 따르면 겉보기에도 명백하게 고급 종이와 "수령인에게 전하는 중요한 메시지가 담긴" 복잡한 필체를 사용해야만 했다. "그러한 서신은 초기 근대 아시아의 정치를 연결하는 대사와 사절의 교환에 있어 중대한 부분이었다. 또한 17세기에 중앙집권화와 필기화筆記化 과정을 겪고 있던 아시아 제국들과 바다에 접한 남동아시아의 작은 국가들 사이에 합의를 이루는 메커니즘이기도 했다."[3]

벤저민 프랭클린이 미국 독립혁명 때 전권공사로 프랑스 법정에서 가장 먼저 한 일은 1779년 3월 10일에 미합중국에 속한 모든 전함의 지휘관들에게 역사적인 세계 탐험을 위하여 승선했던 영국 탐험가 제임스 쿡 선장을 예우하라는 지시가 담긴 회람장을 발행한 것이었다. 쿡 선장의 해군 파견대를 공해에서 "정중함과 친절함"으로 맞이하고 탐험대에 "최대한의 지원"을 베풀어야 한다고[4] 되어 있다. 그것은 "인류에 대한 임무일 뿐"이라고 강조했다. 프랭클린은 안전통행증을 발행하기 한 달 전에 쿡 선장이 하와이 제도에서 사망한 것을 모르고 있었지만, 전쟁 이후에 영국은 그러한 행동에 감사를 표시했다.

단언하건대 지난 5세기 동안 가장 중요한 개인 신분 증명 서류는 여권일 것이다. '패스포트passport'라는 말은 프랑스어에서 기원했는데, 수세기 동안 한 국가의 시민이 다른 국가의 국경선을 자유롭게 넘을 수 있는 허가를 뜻하는 외교 용어였다. 여권이 해외 무역과 국가 간 여행에서 선별 장치로 사용된 유래는 고대에서 다수의 형태로 찾아볼 수 있다. 기원전 1600년경으로 추정되는 이집트 무덤에서 발견된 그림에는 행정관이 줄지어 선 임시직 근로자들에게 신분증 명판을 발행해주는 모습이 담겨 있다. 구약성경에서도 찾아볼 수 있다. 히브리인 예언자 느헤미야가 페르시아 왕으로부터 수사(지금의 슈슈)에서 예루살렘까지의 여행 허가증을 받은 것을 떠올리는 장면이 나온다. 오늘날로 치면 이란에서 이스라엘까지 약 720킬로미터에 해당하는 거리였다. "내가 강 서편에 있는 총독들에게 이르러 왕의 조서를 전하였더니……"(느헤미야 2장 9절 중에서―옮긴이).

종이의 등장으로 여권은 표준화되고 더욱 널리 인정받게 됐다. 여권이라는 말의 변형은 1498년 영국 법에 처음 등장한다. "본 영국인들에게 안전통행증(sauffconductis 또는 pasportis)을 수여한다."[5] 18세기경 영국 여권은 종이 한 장으로 되어 있었다. 문장이 새겨져 있고 소지자의 자유로운 이동을 요청하는 공식 성명이 적혀 있었다. 해상 교역을 통제하기 위해 여권의 또 다른 변형인 비자가 국가 간의 경계를 오가는 수로를 규제하는 데 사용됐다. 혁명 이전의 프랑스에서 소작농들은 신분을 증명하는 종이 없이는 다른 읍으로 이사할 수 없었다. 오늘날 중국에서는 다른 성으로 이사하려면 여행 문서를 제출해야 한다.

별로 놀랍지 않은 일이지만, 가짜 여행 문서의 밀거래는 수세기 동안 활발하게 이루어졌다. 물론 발각될 경우에는 끔찍한 결과가 기다리고 있었다. 가장 악명 높은 사례는 루이 16세와 관련된 사건이다.[6] 그는 1791년에 자신과 아내 마리 앙투아네트를 하인과 하녀 신분으로 위장한 가짜 문서로 프랑스에서 달아나려다 체포됐다. 벨기에 국경선에서 24킬로미터 떨어진 바렌 마을에서 공식 주화에 새겨진 그의 얼굴을 기억하고 알아본 우체국장에게 들키고 말았다. 이러한 문서 위조는 루이 16세의 죄목에 더해져서 단두대로 보내지는 데 기여했다.

오늘날에도 장소 이동을 하려는 사람들은 적절한 문서를 갖추는 것이 필수적이다. 이것은 FBI의 긴급 수배자 10인 명단에서 오사마 빈라덴 다음으로 2위에 올라가 있던 보스턴의 악명 높은 갱스터, 제임스 '화이티' 벌저가 2011년 6월 22일에 붙잡혔을 때 관계 당국에 당혹감을 선사하면서 다시 한 번 확인된 사실이다. 엄청난 금액의 현금과 총기 외에도 그의 가짜 신분증 15개와 여자 친구 캐서린 그레이그의 가짜 신분증 10개가 발견됐다(그가 13년 동안 '가까운 곳에서 보이지 않게' 숨어 지낸 캘리포니아 산타모니카의 아파트에서는 82만 2,000달러의 현금과 완전히 장전된 자동총 30자루가 발견됐다). 손때 묻은 신분증 위조 안내서 『뒷골목 ID맨의 비밀』[7]도 함께 발견됐다.

벌저는 4개 주에 사는 사람들의 신분을 도용한 죄목으로 기소됐다.[8] 보스턴의 변호사에게 발행받은 서류 중에는 1996년에 발행된 뉴욕 거주민 카드 여러 개, 뉴욕에서 근무하는 직장인 신분증 1개, 그가 당뇨임을 알려주는 의료 알람 카드, 사회보장 카드 1개, AARP(미국은퇴자협회) 회원증 2개 등이 포함됐다. 그중에서도 가장 설득력 있는 신분증은 벌저가 빈털터리 신세인 육군 재향군인에게 금전적인 도움을 주고 대신 발급받은 진짜 캘리포니아 주 면허증이었다.

최초의 미국 여권[9]은 1783년에 벤저민 프랭클린에 의하여 디자인되고 인쇄됐다. 그가 혁명 당시 9년 동안 머물렀던 프랑스에 개인적인 취미로 마련한 작은 인쇄소에서였다. 프랭클린은 그 밖에도 여러 가지 흥미로운 문서를 인쇄했다. 자신이 건국에 기여한 새로운 공화국을 위한 문서도 있었고 그 자신이 '바가텔Bagatelles'이라고 부른, 친구들을 위해 만든 재치 넘치는 발췌 인쇄물도 많았다. 특히 '통풍痛風과의 대화Dialogue with the Gout'는 유머러스함이 넘치는 인쇄물이었다. 1856년부터 여권 업무는 전적으로 국무부가 맡게 됐다. 오늘날 소책자 모양으로 된 여권은 국제연맹의 지침으로 1926년부터 전 세계적으로 표준화됐다.

제1차 세계대전이 끝나고 이어진 혼돈의 시기에 수백만 명의 난민, 즉 살던 곳에서 다른 곳으로 옮겨간 사람들이 생겼다. 그들은 자신의 의지와 상관없이 조국의 국경선 바깥에서 살고 있거나 심하게는 박해, 차별 또는 자연 재앙으로 국적이 없어진 사람들이었는데 합법적인 고용이 가능한 곳을 절실히 찾았지만 신분 서류가 없는 탓에 움직이지 못했다. 전쟁에 참여한 국가들이 막대한 피해를 입었기 때문에 일자리가 많이 있었지만 여권 없이 국경선을 넘게 해줄 나라는 하나도 없었다.

이에 국제연맹이 임시 해결책을 내놓았다. 1922년에 국제적인 신분 증명서 '난센 여권'을 발급한 것이다. 처음 창안한 노르웨이의 탐험가이자 정치가인 프리초프 난센Fridtjof Nansen의 이름을 본떴다. 1년간 유효한 이 문서는—선택에 따른 갱신도 가능—52개국에서 인정되었으며 프랑스에서만 45만 명의 노동자를 받아들였다. 1938년에 난센국제 난민사무국은 독특한 국제 문서 체계를 수립한 공로를 인정받아 노벨 평화상을 받았다. 국제연합은 1954년부터 난민들을 돕는 훌륭한 업적을 이룬 사람에게 난센 메달을 수여하고 있다.

제2차 세계대전 중에 여권 소지는 전쟁의 소용돌이에 휘말린 무고한 사람들에게 생사를 가르는 수단이었다. 《월드 폴리시 저널》 명예 편집자이자 근대 중동 역사의 권위자인 칼 E. 메이어Karl. E. Meyer는 "하찮은 여권의 특이한 삶"을 다룬 면밀한 에세이에서 "어떤 문서도 그만큼 굉장한 힘을 발휘하지 못한다"[10]라고 했다. 그에 따르면 여권은 "생명을 살리거나 앗아가고, 해방시키거나 감금하고, 통관 항을 속히 지나거나 탈선하게 만드는" 힘이 있다. 오늘날에도 대부분의 국가들이 이민자의 유입을 규제하기 위해 여권을 활용하고 있는데, 특히 미국처럼 국경지대 전체가 안전하지 못할 경우에는 곤란한 상황이 발생할 수도 있다. 수백만 명의 증명서 없는 외국인들이 불법으로 국경을 넘어 미국 영주권, '그린카드'를 취득했다.

많은 국가에서는 자국민의 국내 활동과 이동을 감시하고 확인하기 위하여 신분증을 발급한다. 이것은 종이의 시대에 보편적인 일이 됐다. 그러나 미국에서 모든 거주민에게―시민과 외국인 모두 포함―연방정부에서 발급한 국내 신분증을 도입하려는 시도가 있었지만 성공하지 못했다. 그것이 전체주의 정부로 가는 첫 단계이며 나아가 개인의 사생활 침해가 될 것이라는 반대자들의 주장 때문이었다. 그러나 '정부의 공식 신분증'으로는 각 주에서 발행하는 운전면허증으로 충분하다. 2001년에 발생한 9·11 테러 사건 이후로 공항에서는 교통안전청 요원들에 의해 더욱 면밀한 검사가 이루어지고 있다.

기이할 정도로 예언적인 독일의 철학자이자 역사학자이며 독일 '국가주의의 아버지'라고도 불리는 요한 고트리이프 피히테Johann Gottlieb Fichte는 1796년에 "잘 규제된 경찰국가"[11]의 주요 책임은 모든 시민이 "언제 어디서나" 명백하게 "이러저러한 사람이라고 인정받을 수 있도록" 하는 것이라고 했다. 따라서 가장 중요한 것은 "경찰에 알려지지 않은 사람이 없도록" 하는 것이며 이를 보장하는 유일한 방법은 모두가 "당사자에 대한 자세한 설명과 해당 공무원의 서명이 담긴 통행증을 가지고 다니는 것"이라고 강조했다.

개인의 문서는 항상 '유효'해야 하는데, 제2차 세계대전 때는 악몽 같은 극한의 상황이었다. 당시의 실제 사건을 극화한 영화들에도 잘 나타난다. 〈대탈주〉(1963)에서는 연합군 병사들이 나치의 정치범 수용소에서 대거 탈옥하기 위하여 위조문서가 필수적이었고, 〈쉰들러 리스트〉(1993)에서는 유대인 1,100명이 제3제국에서 필수적인 기술을 위조한 문서 덕분에, 깨어 있는 독일인 기업가가 그들의 이름을 필수 직원 명단, 즉 영화 제목이기도 한 그 '리스트'에 올린 덕분에 강제수용소에서의 죽음을 면할 수 있었다. 벤 킹슬리가 연기한 잇자크 스턴이 마지막 이름을 타이프하면서 "이 명단은 생명부예요"라고 말하는 장면이 나온다.

종이로 된 신분증은 약 150년이라는 기나긴 세월을 지나오며 홀로그램, 은선, 도난 방지 장치, 전자 스캔 등 수많은 안전장치가 개발되어 위조가 더욱 어려워졌다. 스파이들이 사용하는 온갖 기발한 도구는 경외심과 놀라움의 대상이었다. 제임스 본드의 007 시리즈는 50년 넘게 인기를 누리는 동안 갈수록 더욱 화려하고 번지르르하고 성능 좋은 도구들을 선보였다. 허구의 007 요원이 사용하는 치명적인 장난감들 중에는 터무니없어 보이는 것들도 있지만 전적으로 각본가의 환상에서 나온 것들은 아니다. 버지니아 주 랭글리에 있는 중앙정보국이 증명해줄 수 있다. 안타깝게도 그곳 갤러리는 일반인에게 개방되어 있지 않고 관람 허가를 받으려면 꽤 많은 노력이 필요하다. 나는 허가를 받아—사진 촬영은 허용되지 않았다—2006년에서 2009년까지 CIA 국장을 역임한 마이클 헤이든 장군이 〈미트 더 프레스〉에 출연하여 "절대로 볼 수 없는 최고의 박물관"이라고 묘사한 그곳을 보게 됐다.

감사하게도 내가 볼 수 있었던 그 특수 분야의 상상력 넘치는 도구들 중에는 성냥갑 카메라, '데드 드롭' 스파이크, 복잡한 암호 기계, 안이 빈 동전, 미세한 도청기, 미니어처 무기, 다용도 우산 등이 있었다. 나는 오랜 세월 동안 비밀스러운 작전에 사용된 도구들이 대부분 종이에 의존했다는 사실을 깨달았다. 예상대로 가장 기본적으로 종이가 사용된 것은 신분 서류와 암호화된 메시지 교환에 사용되는 '1회용' 암호표였다. 그러나 훨씬 정교하게는, 삼켰을 때 뱃속에서 용해되는 특수 종이와 대상 국가에서만 생산되는 섬유로 만든 종이도 있었다. 또한 오직 요원들이 현장에서 정체를 감추기 위한 목적으로만 사용하기 위해 만들어진 서류들도 있었다.

첫 번째 갤러리에는 전시에 만들어진 기관이자 CIA의 전신이었던

(1947년에 CIA로 바뀜) 전략사무국OSS만을 위한 내실이 마련되어 있다. 한쪽 벽은 제2차 세계대전 때 윌리엄 J. '와일드 빌' 도노반에 의해 선발되어 완곡한 표현으로 '연구 개발' 디렉터로 임명된 보스턴의 연구 화학자 스탠리 P. 로벨Stanley P. Lovell을 위한 공간이다. 박쥐 폭탄bat bomb이나 폭탄 쿠키 반죽, 낙타 배설물 부비 트랩—심지어 아돌프 히틀러에게 주입하여 목소리를 가성으로 만들고 콧수염이 떨어지도록 만드는 여성 호르몬까지—등 온갖 기이한 장치를 자유롭게 만들 수 있었던 그는 우선 기본에 집중했다. 그는 1963년에 쓴 회고록에서 "가장 먼저 문서화를 위한 시설을 조직하기로 결정했다. 흥미롭고 세심하고도 치명적인 일이 분명했다. OSS가 적진에 남겨두는 스파이 또는 파괴공작원이 완벽한 여권과 노동자의 신분 서류, 배급통장, 서신, 그 밖에 적절한 신분을 뒷받침해줄 여러 사소한 서류를 갖추지 않는다면 곧바로 끝장날 것이기 때문이다. 이렇게 가벼운 것들이 요원들의 목숨을 좌지우지한다"[12]고 했다.

실제로 그것은 신중하게 만들어진 서류들의 컬렉션이었다. 로벨이 농담조로 말한 '가벼운 것들'이야말로 제2차 세계대전에서 연합군이 가장 극적이고 은밀한 작전을 구상할 수 있도록 해주었다. 바로 영국의 프로젝트였던 민스미트 작전인데, 익명의 시체를 믿을 만한 가짜 신분으로 위조하여 스페인 인근 바다에 버린 일이었다. 시체가 적군의 손으로 들어가기를 바라면서. 그 작전의 핵심은 연합군이 유럽에 최초로 상륙할 곳이 모두가 생각하는 것처럼 시칠리아가 아니라 더 동쪽에 있는 그리스인 것처럼 독일 최고 사령부를 속이는 것이었다. 이 영리한 기만공작을 계획하고 실행한 책임자였던 이웬 몬태규Ewen Montague에 따르면 1943년 6월 '20Twenty' 또는 'XX(더블 크로스를 의미)'로 불리는 영국의 방첩부대와 대충 꿰맞춘 덕분에 나치가 완전히 '속아' 넘어갔다. 목적에 맞게 구체적으로 준비한 설득력 있는 문서를 시체의 손목에 매단 서류가방 안에 넣어둔 것이 성공 요인이었다.

몬태규가 1953년 출간한 『존재한 적 없는 사나이The Man Who Never Was』[13]라는 다소 짓궂은 제목의 회고록에서 밝힌 것처럼 가장 먼저 해야 할 일은 비행기가 바다에 추락한 뒤 체온 저하로 사망한 영국인 장교라고 믿을 만한 시체를 찾는 것이었다. 사망 직전까지 건강했지만 폐렴으로 갑작스레 사망한 30대 초반 남성의 시체는—시체의 폐에 물이 차 있어 익사로 사망한 것처럼 보였다—그 조건에 안성맞춤이었다. 시체를 곧바로 드라이아이스로 밀폐하고 정보원들은 오직 문서 작업만으로 나치를 완전히 속아 넘길 수 있는 가짜 신분을 만드는 대담한 계획에 돌입했다. 희생자에게는 '윌리엄 마틴'이라는 이름이 선택됐다. 계급과 소속은 영국 해병대 소령이었다. 이 기만작전의 시나리오에 따르면 마틴 소령의 임무는 참모 부총장인 아치볼드 나이 중장이 직접 쓴 매우 중대한 편지를 드와이드 D. 아이젠하워 장군 휘하에서 복무하는 튀니지의 육군 사령관 헤럴드 알렉산더 장군에게 전달하는 일이었다.

그 편지에는 알렉산더 장군이 요청한 대로 이동하는 것이 불가능한 이유가 적혀 있었고 '우호적인' 분위기를 띠었다. "독일군에게 우리의 다음 목적지는 시칠리아가 아니라는 암시를 주어야 했다. 단 그 암시는 본국에서 해외에 있는 우리 군대에게로 전해지는 공문서로 가득한 가방이 아니라 장교의 소지품에서 나와야 했다." 편지를 조작한 다음에는 시체의 신분에 관하여 믿음을 줄 수 있을 만한 것들, 전문가들의 말로 '전설'이라고 하는 것, 즉 '주머니 속 물건들'이 필요했다. 그것이 성패를 가르는 중요한 차이를 만들 터였다. 몬태규는 "죽은 사람의 사진을 찍어 살아 있는 것처럼 보이게 만들 수는 없을 것이다"라고 적었다. 결국 조건이 거의 비슷한 젊은 해군 장교를 하나 찾았고 그는 특이한 요청에 이의 없이 응했다.

합동작전 사령관 루이스 마운트배튼 경이 해군 제독 A. B. 커닝햄 경에게 보낸 친근한 첨부 편지에는 마틴 소령이 정상적인 경로로 가기에는 지나치게 민감한 정보를 가지고 간다고 적혀 있었다. 또 다른 편지, 마운트배튼 경이 아이젠하워 장군에게 쓴 편지는 인쇄된 지 얼마 되지 않은 영국 본토 항공전이 설명된 홍보 팸플릿 봉투에 담았다. 유럽에 있는 연합군 최고사령관에게 곧 출간될 미국판을 위한 추천사를 써달라는 부탁과 함께. 마틴 소령에게 주어진 합동작전본부의 접근이 제한된 기지 출입증도 넣었다.

마틴 소령이 '여흥'을 좋아하는 사람이라는 것을 보여주고자 창조자들은 "사치의 결과로 있을 법한" 나이트클럽 초대장을 준비했다. 이에 걸맞게 "은행에서 온 인출 한도 초과를 알리는 편지"도 준비했다. 또한 군 장교들을 위한 사교클럽인 런던의 해군 군대 클럽에서 지불한 영수증과 당시 프린스 오브 웨일스 극장에서 공연되고 있던 연극의 날짜가 기입된 표 두 장도 첨부했다. XX 사무국에서 일하는 젊은 여성이 애정을 가득 담아서 날조한 손때 묻은 약혼자의 편지를 수영복 입은 매력적인 젊은 여성의 사진과 함께 군복 안쪽 주머니에 넣어두었다. 추가로 런던에 있는 뉴본드 스트리트의 보석상에서 약혼반지를 구입한 영수증도 넣었다. 마지막으로 아버지가 칼튼 그릴에서 점심식사를 하자고 보낸 편지도 들어갔다. 몬태규는 말했다. "이 모든 서류를 모아놓고 보니 실제 인물이라는 인상이 풍겼다. 실제로 존재했던 사람이라고."

시체는 부풀린 해상 구명조끼를 입은 채 바다에서 떠내려가도록 했다. 어두운 밤을 틈타 독일군에 우호적인 스페인의 한 마을로 시체가 흘러가도록 해류에 시체를 떠내려 보냈고 군의 항공기가 지중해로 추락했다는 가짜 소식을 무선 채널로 내보냈다. 이 기만공작에 나치가 속아 넘어간 덕분에 수많은 생명을 구할 수 있었다. 전쟁이 끝난 후 1956년에 이 사건을 소재로 한 동명의 영화 〈존재한 적 없는 사나이〉가 제작됐다. 클리프턴 웹이 해군 소령 이웬 몬태규 역으로 출연했다.

그러나 결국 이 사건이 말해주는 것은 첩보기관이 종이 덕분에 목표를 달성할 수 있었다는 사실이다. 내가 현직 또는 전직의 수많은 정보 수집 전문가들과 나눈 대화는 가장 기본적인 재료인 종이가 그들의 작전에 얼마나 중요한지를 강조해주었다. 배급통장과 신분증, 여권 위조는 물론 물에 곧바로 녹는 특수 종이 또는 재를 남기지 않고 순식간에 타버리는 플래시 페이퍼flash paper까지.

안토니오 J. '토니' 멘데스Antonio J. 'Tony' Mendez는 25년 동안 CIA 기술서비스 부서, 내부에서는 TSD라고 불리는 곳에서 일했다. 그중 15년은 위장을 담당하는 부서의 최고 책임자였다. 유능함을 인정받아 1997년에는 '첫 반세기를 만드는 데 이바지한 행동과 본보기, 진취성을 보여준 인물'들에게만 수여되며 CIA 역사상 50명만 받았다는 평생공로상을 받았다. 그것이 특별히 의미 있는 이유는 그가 일구어낸 성공이 대부분 외부에는 절대로 알려지지 않을 일들이기 때문이다. 항공장비 제조업체 마틴 마리에타 머티리얼즈에서 일하던 멘데스는 25세이던 1965년, CIA에 들어갔다. 훗날 그는 자신의 두 가지 전문 분야가 "위장과 문서화"라고 밝혔다. 둘은 서로 종종 협력 관계에 놓이는 기술이다.

민간인 시절, 재능 있는 예술가였던 멘데스는 그래픽 아트를 가지고 정보원 일을 시작했다. 나는 그의 메릴랜드 자택에서 다양한 주제로 이야기를 나누었다. "덴버에서 화가이자 일러스트레이터로 일하고 있었습니다. 그러다 《덴버 포스트》에 실린 구인 광고를 보게 되었죠. 해군 소속으로 해외에서 일할 아티스트를 찾는다는 거였어요." 면접을 보는 자리에서 면접관이 "젊은이, 여긴 해군이 아니라네"라고 말하더니 CIA 소속임을 나타내는 신분증을 보여주었다. "챙 낮은 모자에 레인코트를 입고 담배를 입에 문 모습이었는데, 정말 사립탐정 같았죠. 아티스트직 모집 안내문을 읽어보라고 하더군요. 곧바로 흥미를 느꼈습니다. 예술을 흥미롭게 응용할 수 있는 일 같았거든요. 사실 내 기대와는 전혀 달랐어요. 창조적인 면보다는 국가에 대한 봉사를 우선시할 수 있는 인재를 찾고 있었습니다. 위조자를 채용하는 것이었지요."

머지않아 멘데스는 서류 위조를 뛰어넘어 신체적 또는 성격적 특징까지 완벽하게 위조하는 기술을 익혔다. 얼굴이나 신체 또는 눈, 피부, 머리 색깔을 변경하는 것은 물론 작전에 어울리는 옷이나 개인적인 액세서리까지 더함으로써 훨씬 그럴듯하게 만들었다. 위장 책임자로, 그리고 나중에는 그래픽 및 인증 부서GAD의 책임자로서 약 100명의 전문가들을 감독했다. 그는 그들의 전체적인 업무를 가리켜 "우리는 정체성 변화라고 불렀지요"라고 말한다. "나는 스스로를 스파이 아티스트라고 생각하게 되었어요. 스파이 업무를 수행하려면 세계의 국경선을 안전하게 넘을 수 있어야 합니다. 그것도 단 한 번만이 아니라 몇 번이고 계속. 쉬운 일이 아니지요. 은행을 터는 것보다 훨씬 힘든 일입니다." 멘데스는 문서 준비 영역에서 위조와 무단복제를 신중하게 구분했다. 나와의 인터뷰에서도 위조는 '진짜'처럼 보이는 그럴듯한 서류를 만드는 것이고 '무단복제'는 한 나라의 화폐를 똑같이 만들어내는 것으로 제네바 협정에서 전쟁 행위로 규정하고 있는 것이라고 설명했다. 멘데스에 따르면 CIA도 외국 화폐를 만든 적은 있지만 이미 전쟁이 진행 중일 때였다. 그는 베트남 전쟁 당시 CIA 그래픽 전문가들이라오스의 화폐 단위였던 킵을 만든 흥미로운 일화를 전했다. 라오스의 공산주의 세력인 파테트 라오Pathet Lao가 유통시킨 킵에는 코끼리가 그려져 있지만, 그 대신 북베트남의 지도자 호치민의 얼굴을 넣었다. "호치민의 얼굴을 넣으면 라오스 사람들이 북베트남의 소행이라고 생각해 갈등이 일어날 것이라는 생각에서였습니다. 이렇게 만든 파테트 라오의 킵을 비행기로 뿌렸어요. 난리가 날 것을 예상하면서요. 그런데 사람들은 하늘에서 내려온 돈이라고 생각하고 다들 쓰기 시작하는 겁니다. 결국 아무런 효과가 없었지요."

1990년에 은퇴한 멘데스는 역시 CIA의 위장 책임자였던 두 번째 부인 조나와 함께 메릴랜드의 넓은 시골 땅에서 살고 있다. 아티스트인 토니와 사진 작가인 조나의 작업실도 따로 마련되어 있다. 내가 인터뷰를 위해 찾았을 때, 토니 멘데스는 몇 가지 물건을 내와서 보여주었는데 모두 종이가 정보국의 업무에 크게 이바지했음을 알려주는 것들이었다. 첫 번째 물품은 1달러짜리 미국 지폐였다. 글자의 선명도나 이미지, 천연색, 독특한 '탁' 소리와 넝마로 만든 종이의 촉감까지 모든 면에서 완벽해 보였다. 보통 지폐의 3분의 1 크기만 하다는 것만 제외하고. "우리 부서에서 종이의 성분이 대부분 수분이라는 사실을 증명하기 위해 시범적으로 만든 겁니다. 지폐를 낮은 온도로 냉동한 후 압착기에 넣고 급속 해동시키면 물이 미처 섬유 속으로 돌아가지 못합니다. 이게 바로 물이 다 빠진 상태의 지폐예요."

그런 다음에 토니는 '플랩 앤 실 툴 킷flaps and seals tool kit'이라고 부르는 주머니를 꺼냈다. 거기에는 은밀한 공간을 만든 사실이 표시 나지 않도록 봉투를 뚫는 장치와 칼이 들어 있었다. 그가 직접 만든 것이었다. 하지만 이 도구는 여러 가지로 응용 가능했다. "이걸로 종이를 조작할 수도 있습니다. 페이지에 있는 사진을 뜯어내야 한다고 해

봅시다. 사진 종이의 단면을 실제로 잘라내는 것도 한 방법이 될 수 있습니다."

지금까지 우리의 대화를 유심히 듣고 있던 조나가 끼어들었다. "종이 단면을 잘라내 마이크로닷microdot(약 1밀리미터 크기로 축소한 사진–옮긴이)을 집어넣을 때도 이걸 사용할 수 있어요." 그러자 토니가 적극적으로 맞장구를 쳤다. "이 도구는 제가 직접 만든 겁니다. 처음에는 막대에 칼날 하나를 넣은 것에 불과했어요. 나중에는 칼날을 갈고 손잡이도 깎아 넣었죠. 이걸로 종이 단면을 자를 수 있습니다. 종이 단면을 잘라서 그 사이에 마이크로닷 같은 걸 숨기려면 이런 도구가 필요하죠."

역시 CIA에서 은밀한 사진 업무를 비롯해 다양한 기술 관련 업무를 수행했던 조나 멘데스가 마이크로닷의 기능을 설명해주었다. "22×28 센티미터 크기에 글씨가 적힌 종이를 400배로 축소하면 《타임》지 기사의 마지막 문장에 찍힌 마침표만 한 크기가 되죠. 그나저나 마침표는 마이크로닷을 숨기기에 아주 좋은 장소랍니다. 어느 페이지 어느 단락, 어느 문장에 숨겼는지는 나와 상대방밖에 몰라요. 그 어떤 검열도 통과할 수 있죠. 정확한 위치를 모르면 평생 《타임》지를 뚫어져라 봐도 찾지 못하니까요. 종이 단면을 잘라서 마침표 윗부분에 마이크로닷을 넣으면 되는 거예요. CIA에서는 항공우편 봉투에 넣기도 했어요. 종이 단면을 잘라서 그 사이에 집어넣는 거죠."

토니 멘데스는 CIA에서 25년간 근무하는 동안 베트남, 라오스, 인도, 러시아, 중동 등 수많은 분쟁지대를 다니며 자신의 독특한 직업 기술을 직접 사용했다. 대개는 적대적인 환경에서 누군가를 빼내는 '구출 전문가'의 임무를 수행하기 위해서였다. 가장 만족스러웠던 임무는 1979년에 이란의 미국 대사관이 시위대에 점령당했을 때 캐나다 대사관으로 피신한 여섯 명의 직원들을 구출해내기 위한 대담한 작전

이었다. 2012년에 그 성공적인 작전을 담은 영화 〈아르고〉[14]가 만들어
져 아카데미상을 수상했다.

구출 전문가 토니 멘데스는 대사관을 점령한 시위대가 눈치채지 못
하도록 그 여섯 명을 테헤란에서 빼내오려는 계획을 세웠다. 가장 가
까운 국경이 소비에트 연방이었으므로 육로 구출작전은 너무 위험했
다. "시위대의 면전에서 안전하게 빼내올 수 있는 유일한 방법은 일반
항공기를 이용하는 것뿐이었어요"라고 멘데스가 말했다. 이렇게 대담
한 구출 전략을 성공시키기 위한 우선 과제는 이란에서 여섯 명의 서
양인의 개인 서류를 누가 봐도 수긍하도록 그들의 존재를 정당화시키
는 일이었다. "과거에 할리우드 관계자들하고 일한 적이 있습니다." 그
중에는 TV 시리즈 〈스타 트렉〉에서 외계 종족 벌컨족인 스팍의 뾰족
한 귀와 1968년 〈혹성 탈출〉에서 유인원 분장을 맡았던 유명한 특수
분장 전문가 고故 존 챔버스도 있었다. 실행 가능한 선택권이 별로 없
었고 시간이 너무도 촉박했던 터라 멘데스는 즉흥적으로 챔버스에게
영화 한 편의 해외 촬영 장소를 물색하려면 보통 몇 명의 스태프가 필
요한지 물었다. 챔버스는 프로덕션 매니저, 카메라맨, 아트 디렉터, 이
동 담당 매니저, 대본 컨설턴트, 시나리오 작가, 비즈니스 매니저, 감
독 등 약 여덟 명이라고 대답했다.

"내 목적에 완벽하게 들어맞는 숫자였습니다." 멘데스는 이후 몇 주
동안 팀원들과 함께 여섯 명의 대사관 직원들에게 영화사에서 일하는
캐나다 국민 신분을 만들어주기 위하여 열심히 작전을 세웠다. 챔버
스의 도움으로 할리우드에 스튜디오 식스 프로덕션이라는 유령 영화
사를 만들었고 옛 파라마운트사 건물을 빌려 전화와 책상, 서류 보관
함을 들여놓고 안내직원도 한 명 고용했다. 챔버스는 좀 더 진짜처럼
보이도록 미제작된 공상과학 영화의 시나리오까지 제공했고 〈아르고〉

라는 가짜 영화 제목까지 생각해냈다. 나아가 진짜 '할리우드' 같은 느낌이 나도록 《배리어티》와 《할리우드 리포터》에 해외 촬영 예정인 '우주 대화재'를 다룬 영화라고 소개하는 가짜 광고도 실었다. "이란으로 가기 전에 모든 준비를 끝내야 했습니다. 그리고 마지막으로 신분증을 만들어야 했죠"라고 멘데스가 말했다.

여섯 명의 미국인을 위해 만들어진 새로운 신분 증명 서류는—오타와 정부가 발급해준 진짜 여권 포함—외교관 면책 특권을 이용하여 캐나다인들이 이란으로 가져갔다. 멘데스는 비즈니스 매니저 역을 맡아 1980년 1월 25일에 CIA 요원 한 명과 테헤란으로 가서 모든 작전 관계자들에게 작전 브리핑을 했다. 변장은 몇 명이 헤어스타일을 바꾸거나 선글라스를 쓰거나 할리우드 관계자에게 어울리되 지나치지 않을 정도로 옷을 입거나 하여 최소한만 했다. 작전의 성패는 오로지 문서의 설득력에 달려 있었다. 3일 후 '제작진'은 오전 5시 30분에 출발하는 취리히행 스위스에어 비행기를 타기 위해 메흐라바드 국제공항으로 향했다. 대기속도계 고장으로 한 시간 연착으로 애를 태운 후에야 비행기에 올라탔다. 드디어 비행기가 무사히 출발했다. 이란 상공을 벗어난 후 모두들 축하의 의미로 술을 주문했다. "명함을 비롯한 '주머니 소지품' 덕분에 통했습니다. 우리가 '쇼윈도 장식'이라고 부르는 것들이죠"라고 멘데스가 말했다. "이란으로 갈 때 영화 제작에 필요한 모든 서류뿐만 아니라 실제로 영화를 홍보하기 위해서 시나리오까지 인쇄해서 가져갔어요. 그리고 우리가 구출하려는 여섯 명을 위한 서류 일체가 준비되어 있었죠. 그들이 포함된 영화 크레디트도 만들었고 길드 카드 등 그들이 소지하고 있을 법한 신분증은 전부 만들었어요. 의상 디자인과 영화 세트장에 필요한 일러스트까지 있었어요. 이란의 국가지도부에 영화를 홍보하려는 영화사 매니저에게 으레 필요한 포트폴리오처럼 보였지요. 다들 이 작전에 매달렸어요. 필요하다면 그래픽 작업은 며칠 만에 할 수 있지만 우선은 설정을 먼저 해놓고 그다음에 모든 것을 인증해줄 서류를 만들어야 했습니다. 그것이 우리가 인증이라고 부르는 겁니다. 잉크를 비롯한 모든 재료를 정확하게 사용하여 서류를 만드는 아티스트들을 '인증자'라고 부릅니다. 그래서 이 모든 절차를 인증authentication과 유효화validation라고 합니다." 아카데미상을 수상한 〈아르고〉는 벤 애플렉이 연출과 토니 멘데스 역을 맡았으며 멘데스가 제작 과정에 자문위원으로 참여했다.

멘데스에 따르면 가짜 서류를 만들 때는 모든 감각이 중요한 요소로 작용한다. 종이의 생김과 감촉, 냄새는 물론이고 소리까지. 따라서 어떤 섬유를 사용하는가가 매우 중요하다. 그는 CIA가 자체적으로 제지소를 운영하는지는 확실하게 확인해주지는 않았지만 제지법에 광범위한 지식을 드러냈고 기술서비스 부서가 어느 정도로 진짜와 똑같은 서류를 만드는지도 거침없이 말해주었다. "종이의 실제 성분에 최대한 가까이 다가가려고 노력해야 합니다. 이 종이가 어떻게 지금 이 상태로 만들어졌는지 역으로 분석하는 거죠. 처음부터 시작하는 것보다 더 효과적으로 똑같은 결과물을 만들 수 있는 방법이 무엇인가? 결국은 연락책을 통하여 해외의 종이 펄프를 조달받게 됩니다. 제대로 된 기질基質을 손에 넣기 위한 비밀 작전이죠."

나는 현지의 섬유를 입수하기 위해 요원들이 비우호적인 국가로 직접 가는지 물었다. "우리의 방식대로 합니다"라고 그가 모호하게 말했다. "아, 누군가는 그렇게 하죠." 그의 아내가 끼어들었다. "그런 시장을 찾는다고만 말해두죠"라고 토니가 말했다. "이 세상 어딘가에는 그런 물건을 구할 수 있는 곳이 있기 마련이거든요. 그러니 거기로 가면 됩니다. 누군가가 거기로 가서 구입해오죠. 그게 하나의 시작 방법입니다." 그러자 이번에는 조나가 남편의 말에 수긍하며 고개를 끄덕였다. "마음만 먹으면 불가능할 게 없어요." 그녀가 쾌활하게 말했고 대화 주제는 비밀 잉크로 이어졌다. 비밀 잉크는 종이에 사용했을 때 해당 작전을 위하여 선택된 물질에 노출되었을 때만 눈에 보인다.

"갓 짠 레몬즙이 될 수도 있습니다." 멘데스가 말했다. "염소젖이 될 수도 있고 특별 브랜드의 값비싼 보드카가 될 수도 있어요. 우리 CIA나 러시아처럼 정말 잘만 만들면 어떤 물질을 사용해야 하는지 정확히 알고 있지 않은 이상, 상대방은 절대로 찾을 수 없습니다. 비밀 잉크는 저마다 매우 구체적이고 또 매우 효과적입니다. 비밀 잉크를 사용할 때 종이에 일어나는 특정한 변화가 있어요. 비밀 잉크는 각각 다른 공식으로 만들어지는데, 종이를 보이지 않는 카본지로 활용해 비밀 메시지를 쓸 수 있습니다. 액체일 수도 있고 또 다른 게 될 수도 있어요. 같은 편에서 보낸 비밀 메시지라고 생각될 경우, 그 종이가 중간에 위험에 노출되지 않았는지 확인하기 위해서 해야 할 일들이 있습니다."

조나 멘데스가 이 부분에서 TSD 전문가들이 중요 편지가 다른 편으로 잘못 넘어가 남몰래 먼저 읽어본 것이 아닌지 확인하는 방법을 설명해주었다. "봉투에 담긴 메시지를 받으면—그게 본인이 찾고 있는 봉투이고 그 안에 메시지가 들어 있다는 것을 알지만—다른 누군가가 읽었는지 열어서 확인하기 전에 매우 신중해야 합니다. 화학물질을 문자 그대로 봉투에 칠해봐야 하는데 한 3초 정도의 시간밖에 없어요. 순식간에 확 타올랐다 사라지기 때문이죠. 그런 경우에는 누군가 증기를 쐬어 봉투를 열어봤다는 뜻이에요. 시험해볼 수 있는 기회는 딱 한 번밖에 없습니다. 누군가 봉투를 열어본 경험을 처음 했을 때가 생각납니다. 유럽에 있을 때였는데, 워싱턴에서 작전 책임자가 와서 나에게 이야기를 해줘야 했어요. 책임자가 나에게 '확실해? 다시 말해 봐. 뭘 봤어?'라고 했어요. 내가 본 것을 다시 말해줬죠. 파리에서 담당자들이 전부 새롭게 편성되고 프랑스 밖으로 내보내지고 별일이 다 벌어졌습니다. 오로지 누군가 봉투에 한 번 손을 댔다는 이유에서였 죠. 흥미진진한 임무였어요."

멘데스는 워터마크로 인한 고충도 털어놓았다. 특히 일본 여권에 담 긴 후지 산을 섬세하게 그대로 만들어내는 것이 가장 힘든 위조 작 업의 하나였다고 말했다. "3차원의 워터마크가 들어 있습니다. 양화 positive인 동시에 음화negative지요. 실제로 두 종류의 워터마크가 새겨 져 있기 때문이죠. 하나는 섬유를 흩뜨려 얇게 만들어 색깔이 더 밝 고, 다른 하나는 섬유를 응집해 좀 더 밀도가 높아요. 그렇게 해야 멋 진 후지 산이 나옵니다. 댄디 롤에다 조각을 해야 하는 거죠."

조나가 좀 더 근래의 제품들을 가리켜 부르는 '새 여권들'은 그 특징 을 흉내 내려는 사람들에게 예기치 않은 어려움을 안겨주기도 한다. "알다시피 우리 아티스트들은 완벽주의자여만 합니다. 결국은 위조 자들이니까요. 하지만 때로는 완벽함이 문제가 될 수도 있어요. 모방 하는 대상보다 더 낫게 만들어서는 절대로 안 되니까요." 남북전쟁 때 북부의 선동자들이 남부 연합군의 화폐를 위조했는데 남부에서 만들 어지는 공식 지폐보다 모든 면에서 우월하여 위조임이 쉽게 드러났다. 멘데스는 좀 더 최근 사례를 들려주었는데 "이 바닥에서 도시 전설의 일부분"으로 통하는, 모든 위조자에게 던지는 경고성 이야기였다. 제 2차 세계대전 때 나치가 소비에트의 여권을 복제한 적이 있었다. 출처 는 불분명해도 교육적인 이야기였다. "정확성으로 유명한 독일은 진짜 여권에 있는 녹슨 U자 못이 너무 조잡하다고 생각해서 스테인리스 와 이어를 썼습니다. 그런데 알고 보니 그 녹슨 U자 못이 안전장치였던 겁니다."

대부분의 냉전 기간 동안 CIA 위장 책임자였던 멘데스는 전 세계의 분쟁지대를 다니며 민감한 작전을 감독했는데 즉흥적인 대책을 바로 내놓아야만 할 때가 많았나. "극동지역에 있을 때 전단지 작전을 고안하는 것이 내 임무의 중요한 부분이었습니다." 그의 설명에 따르면 인쇄물로 상대측의 '마음을 사로잡는' 시도는 효과적이었다. "항복 통행증을 만화 형태로 만든 적이 있었습니다. 그 사람들이 글자를 읽지 못했거든요. 공식문서처럼 생긴 통행증을 전단지에 부착해 오려내서 안전통행증으로 활용해 반대편으로 이동할 수 있도록 했습니다." 그는 정치 선전물에 대하여 "매우 정확한 물건입니다. 일정한 비율이 아니면 날아가지 않거든요"라고 했다.

멘데스가 더 좋은 표현이 없어 이렇게 표현한 그것은 높은 고도에서 종이를 떨어뜨렸을 때 땅에 안전하게 도착하게 해주는 일종의 '펄럭거림 지수flutter factor'다. 항공기로 전단지를 뿌리는 관행은 선전 공습이라고도 불리는데 인간의 항공술과 비슷한 역사를 지닌다. 그 기원은 1870년에서 1871년 사이에 일어난 프랑스–프로이센 전쟁으로 거슬러 올라가는데, 파리가 포위된 4개월 동안 가스를 채운 풍선이 전단 살포를 비롯한 다양한 용도로 사용됐다. 이 방법은 제1차 세계대전 때 완전히 무르익어 그 뒤로 심리작전PSYOPS이라고 알려진 작전의 기본이 됐다.

제1차 세계대전의 결정적인 승리로 의기양양해진 영국 선전기관의 작전 책임자 캠벨 스튜어트Campbell Stuart 경은 자신의 재임 기간 동안 도입된 "새로운 전쟁 무기"[15]를 이용하여 독일이 퍼뜨리는 "어리석은 거짓"을 반박한 활동을 담은 생생한 회고록을 썼다. 적대국들에 퍼뜨릴 전단지를 만들기 위해 전문가들이 고용되었고 소설가 H. G. 웰즈

1945년 1월, 네덜란드에서 영국군 포병들이 25파운드짜리 포탄에 정치 선전물을 넣고 있다.

를 비롯해 영국 최고의 인재들이 지원에 나섰다. 미국이 전쟁에 가담한 후에는 미국의 유명 저널리스트 월터 리프먼Walter Lippmann이 연합군의 선전 전문가가 됐다.

스튜어트의 회고록에 따르면 절정기에 "하루 약 100만 장의 전단을 살포할 수 있게 되었고" 스스로를 포기한 채 "당신이 청했기 때문에 왔습니다"라고 말하는 수천 명의 탈영병들이 그 성공을 가늠해주었다. 한 가지 결점은 전단을 뿌리다 붙잡힌 항공병들을 그 자리에서 사살할 것이라는 독일의 협박 때문에 항공기로 살포하지 못했다는 점이다. 그 대신 일주일에 2,000개의 종이로 열기구를 만들어 약 5,000피트 상공으로 올라가면 신관이 터져 500~1,000장의 전단지가 뿌려지는 장치를 이용했다. "열기구에 싣는 전단지는 풍향에 따라 결정됐다.

벨기에 쪽으로 불면 《르 쿠리에 드 레르》 복사본을, 독일 쪽으로 불면 적군을 위한 선전 전단을 실었다." 어느 독일 작가는 종이의 홍수에 대해 "신의 맑은 하늘에서 영국의 독약이 떨어졌다"라고 표현했다. 그에게는 참호에서 사용되는 치명적인 가스보다 끔찍한 것이었다.

하지만 선전 전단의 효과를 가장 잘 말해주는 것은 육군 원수이자 패배한 일반 참모부 최고 책임자로 훗날 히틀러를 총리로 임명하여 악명을 얻은 파울 폰 힌덴부르크Paul von Hindenburg가 쓴 글이다. 그는 1920년에 쓴 회고록에서 "이것은 새로운 무기였다. 아니, 과거에는 이렇게 대규모로 무자비하게 활용된 적 없는 무기였다"[16]라고 했다. 최전선에 있는 병사들에게 더 이상 투쟁을 계속할 이유가 없다고 생각하게 만드는 "소나기처럼 퍼붓는 팸플릿"이었다. "한 병사가 모든 것이 적의 거짓말이 아닐 수도 있다고 생각하면 자신의 정신을 해치고 나아가 다른 이들의 정신까지 해친다."

제2차 세계대전에서 독일에 대한 영국의 첫 공격은 폭탄이 아니라 아무런 행동도 이루어지지 않았던 초조한 '엉터리 전쟁Phony War'[17] 기간 동안 뿌린 수백만 장의 전단이었다. 엉터리 전쟁이란 독일이 1939년 가을에 폴란드를 침공한 후 영국과 프랑스가 선전포고를 했지만 8개월 동안 아무런 무력을 행사하지 못한 기간을 가리킨다. 1939년 9월 3일, RAF(영국 공군)의 폭격기 사령부는 '독일 국민에게 보내는 편지' 600만 장을—약 13톤 분량의 종이—제3제국의 북부와 서부 지역에 투하했다.

전단지 폭격은 전쟁 내내 계속됐다. 물론 가치 있는 작전이 아니라고 생각하는 사람들도 있었다. 그중에서 가장 강력한 반대자는 영국 공군의 공군 원수 아서 해리스Arthur Harris 경이었다. 그는 인구 밀집 지역에 대대적인 폭격을 가하는 전략적인 공습을 지지했다. 아군과 적군에 '폭탄 해리스'라는 별명으로 불린 그는 자신이 단호한 결의로 추진하는 작전 이외의 다른 방법에는 관심이 없었다. 그는 종종 독일 도시 한 곳으로 많은 항공기를 보내 야간공습을 실시했다. 그는 적의 무릎을 꿇리는 데 전혀 도움 되지 않는 일에 공군 병사들이 목숨을 내걸고 있다면서 전단 작전을 비난했다. "5년이라는 오랜 전쟁 기간 동안 유럽 대륙에 화장지를 공급해주는 것밖에 되지 않았다는 것이 내 개인적인 관점이다"[18]라고 그는 회고록에 적었다.

일본의 진주만 공격 6개월 후, 미국은 전시정보국을 설립하고 곧바로 추축군에 뿌릴 전단 생산에 돌입했다. 이탈리아 작전의 마지막 몇 주에만 한 달에 최대 1억 장이 뿌려졌다. 1944년 4월에 마크 W. 클라크Mark W. Clark 장군[19]은 전단 작전의 효과가 "현장 경험에 의해 확고해졌다"라고 했다. 한 보고서에 따르면 프랑스에서 잡힌 독일 죄수의 84퍼센트가 전단지를 읽어보았으며 67퍼센트는 "읽은 내용을 전부 믿었다"라고 밝혔다. 태평양 전장에서는 라디오 방송이 더 선호되는 매체였지만 종이 작전 역시 적극적으로 실시됐다. 일본어로 된 신문 생산과 더불어 전단이 1억 장이나 만들어졌다.

독일 측에서는 전장에 파견된 전문가들이 이동 인쇄 부대와 함께 전단을 만들고 V-1 로켓을 비롯한 수많은 방법으로 영국과 벨기에, 네덜란드에 살포했다. 이탈리아 작전 때 생산된 독일의 전단 목록은 연합군 부대를 겨냥한 780가지였다. 이탈리아 남부에서 몬테카시노[20]를 함락시키려는 전투가 한창 벌어질 때, 미국인 연락장교는 가장 특이한 전단지들을 하루 만에 손에 넣었다. 1944년 5월 11일, 피터 배티 대위는 성 베네딕트 수도원에 참호를 판 독일군 병사들에게 통합 공격을 실시하던 부대들 중 하나인 제8인도보병사단에 배속되어 있었다. 그는 『종이 전쟁Paper War』이라는 적절한 제목과 함께 사진이 수록

된 작은 책에서 "독일에 대한 공격은 세계적이었다. 영국, 프랑스, 인
도, 모로코, 폴란드 군대가 모두 참여했으니까"라면서 나치가 그 기회
를 놓치지 않고 각 군대의 언어로 접근해왔다고 밝혔다.

"처음에 독일군은 우리가 영국 사단이라고 여기고 두 종류의 영어
전단을 발사했다. 우리의 오른편에 있던 폴란드군은 즉각 알아볼 수
있었기에 독일군은 우리도 폴란드군 소속이라고 생각해" 이번에는 폴
란드어로 된 아홉 종류의 전단을 발사했다. 마침내 배티의 부대가 인
도군임이 밝혀지자 우르두어와 힌두어로 인쇄된 전단이 일제히 쏟아
졌다. 배티는 다른 병사들과 함께 그것들을 주워 배낭에 넣었다. 심
리전에 대하여 광범위한 저술 활동을 펼쳐왔고 독일 선전 기록소라
는 정보센터를 운영하는 미시건의 학자 랜달 L. 바이트워크Randall L.
Bytwerk에 따르면 모든 전단의 내용은 거의 비슷했다. "영국 병사들에
게는 고향의 여자 친구가 미국인들에게 유혹당하고 있다고, 폴란드의
병사들에게는 러시아에 팔려가면서 영국에 목숨을 바치고 있다고, 인
도 병사들에게는 식민지 주인을 위해 피를 흘리고 있다는 등 서로에
게 아무런 이익도 되지 않는 싸움을 하고 있다는 내용이었다."

투표용지, 영장,
관료의 서류함

●

관료적 형식주의자는 어디에나 존재한다. 그는 붉은 끈 한 다발을 가지고 어디에나 있으며 가장 큰 주제의 공식 꾸러미를 작게 만들 준비가 되어 있다. 정부기관의 대기실에서 그는 국가가 자신에게 보낼 수 있는 근엄한 대표단을 붉은 끈으로 꽁꽁 감는다. 국회의사당에서는 축제의 마술사보다도 더 빨리 입에서 붉은 끈을 잡아당겨 꺼낸다. 서신과 각서, 긴급 공문에서 그는 직접 약 914미터나 되는 붉은 끈을 만든다. 그는 광활한 식민지에서 붉은 끈으로 당신을 묶을 것이다. 성대한 저녁 식사에서 차갑게 식은 구운 닭처럼. 그리고 가장 귀중한 사람들이 그것을 끊으면(이것은 시간문제다) 그는 자신이 가장 좋아하는 물품으로는 지나치게 비쌌다는 것을 깨닫고 놀라워할 것이다.[1]

−찰스 디킨스, 「붉은 끈Red Tape」, 1851년

아, 나는 실패했도다. 붉은 끈이 승리했다.[2]

−영국 외교관 프랜시스 버티 경이 영국 외교관 찰스 하딩 경에게, 1902년 7월 3일

중력은 해치울 수 있지만 문서 작업은 너무나 강력하다.[3]

―베르너 폰 브라운, 우주 개척자, 1958년

●

　종이가 사라지는 세상이 올 것이라는 말도 많지만 '하드 카피를 보관하고 싶은' 욕구는 여전히 관료주의 문화의 중심에 자리하며 전자기록 관리의 시대에도 계속될 것이다. 이 강렬한 이야기와 나와의 연관성은 대단치는 않지만 그렇다고 무관하지도 않다. 베트남 전쟁 때 대학원을 갓 졸업한 젊은 해군 장교였던 나는 통킹 만의 양키 스테이션에 배치된 항공모함의 행정참모부에서 근무했다. 두 차례의 전투 항해를 거치는 동안 노련한 동료들이 몇 번이고 강조해준 조언을 유념하면서 지냈다. '종이로 문제에 대비한다cover your ass with paper', 즉 CYAWP 법칙이었다.

워싱턴 DC 지하철역의 쓰레기 무단 투기 방지 간판.

나중에 워터게이트 시대에 탐사보도 저널리스트로 활동하면서 정부나 기업, 전문 직종, 교회 또는 기관 등 모든 조직체에서 문서가 얼마나 필수적인지 깨달았다. 그 안에 담긴 사소한 정보가 훨씬 중요한 것으로 이어져서 기자들과 검사들이 '종이의 흔적paper trail'이라고 부르는 것을 따라가도록 만든다는 것을. 문서화를 뜻하는 동사 'document'가 '인증하다'의 다른 의미이고 'paper'의 동의어에서 기원했다는 점에서도 명백하게 알 수 있다. 그에 반하여 '~위에 종이를 바르다paper over'라는 말은 분명하지 않은 겉치레로 숨겨서 가린다거나 뜻을 알 수 없는 '장황한 표현gobbledygook'[4]을 의미한다.

자기보존의 본능적인 욕구에 따른 의식 절차는 문화와 국가, 지리 또는 정치의 경계선이 없다. 있었던 일을 '입증'한다는 것은 그것을 뒷받침할 문서를 찾는다는 뜻과 일치한다. 베테랑 수사관의 신조는 파일이 한번 만들어지면 그 흔적이 끈질기게 남는다는 것이다. 그것을 없애려는 집요한 시도가 이루어져도 애간장을 태우는 단 한 조각이라도 남은 흔적을 찾으려는 도전이 이루어지게 되어 있다.

적어도 저널리스트들이 조지 W. 부시 텍사스 주지사가 1999년에 대선 출마를 선언하고 얼마 후 그의 병역 특혜에 관한 진실을 밝히고자 애쓴 이유도 그것 때문이었다. 이 문제는 명확한 증거가 나오지 않아 결론에 이르지 못했지만 2004년에 부시가 재선을 노리면서 다시 수면으로 떠올랐다. 하지만 이번에는 CBS의 베테랑 뉴스 앵커 댄 래더가 미국의 43대 대통령이 30년 전에 텍사스 주 공군 방위군 중위로서의 복무 의무를 제대로 끝마치지 않았다는 확실한 증거를 발표하면서 다시 문제가 제기되었다.

선거 두 달 전 '60분 수요일'에서 방송된 이야기는 부시의 전 비행 중대장이 작성했다는 여섯 개의 '새롭게 발견된 문서'를 토대로 한 것이었다. 그 문서는 젊은 공군 조종사가 최소한의 복무 기간을 채우지 않았음을 말해주었다. 나아가 부시가 건강 진단을 거부하여 비행 금지를 당했다는 주장도 있었다. 확실한 사실은 부시가 성급하게도 1968년 5월에 베트남에서 싸울 필요가 없는 미국 내의 '편안한' 부대로 옮겨갔다는 점이었다. 남동아시아에서 2,415명의 미국인 병사가 사망해 베트남 전쟁 도중에 가장 많은 사망자가 나온 달이었다. 이 사실은 기자들로 하여금 부시의 병역 관련 내용을 분명히 캐내야겠다고 작정하도록 만들었다.

방송이 나간 지 몇 시간 만에 보수적인 사람들은 익명으로 증거 문서의 글씨체 비례 간격이 1970년대 초반 당시에는 찾아볼 수 없던 것이라는 글을 쓰기 시작했다. 전문 저널리스트들이 믿을 수 있는 출처라는 생각에 용서할 수 없는 실수를 저질렀다는 믿음은 커졌지만, 그 서류가 복사본인지 여부와는 무관했다. CBS에서는 뉴스 간부 다섯 명이 사임을 권고 받거나 몇 주 만에 해고당했다. 래더도 2004년 대선 직후 '나이틀리 뉴스' 앵커 자리에서 물러나야만 했다. 그러나 그는 그것이 믿을 만한 증거 자료라는 생각에 변함이 없었다.

그는 부당해고에 대하여 2007년에 CBS를 상대로 7,000만 달러의 소송을 냈고 "부시 대통령이나 측근 누구도 문서 내용을 부인하지 않았다"라고 주장했다. 2012년에 출간한 회고록 『래더가 숨김없이 말하다Rather Outspoken』에서 자세하게 설명했다. 그러나 사실이든 아니든, 이 커다란 이야기는 신빙성이 떨어졌다. 위대한 헤비급 챔피언 무하마드 알리가 '식은 죽 먹기'라고 불렀을 법한 전략, 아무것도 모르는 상대방을 안쪽으로 끌어들여 재빠르게 전멸시키는 방법이다. 논란의 절정기에 《워싱턴 포스트》 기자에게 "우리가 방심했던 것 같다"[5]라고 말한 '60분 수요일'의 간부 조시 하워드는 이러한 아이러니에 주목했다.

은퇴한 텍사스 주 공군 방위군 관료이자 CBS가 메모를 제공한 장본 인이라고 밝힌 빌 버켓은 어디서 누구에게 기록을 입수했는지에 대한 질문에 불안할 정도로 모호한 모습을 보였고 오늘날까지도 원본의 출처는 밝혀지지 않았다. 이 문제의 최종 책임자인 제리 B. 킬리언 중령 은—애초에 문서를 작성한 것으로 보이는 인물—1984년에 세상을 떠나 진실을 확인하거나 부정해줄 수가 없었다.

세상에 절대적인 것은 하나도 없고 무언가 감춰야 할 것이 있는 사람들은 애초에 잘못처럼 보일 수 있는 것은 일절 기록으로 남기지 않음으로써 심각한 불쾌함으로부터 자신을 보호하는 경우가 많다. 그렇기에 부도덕한 상사들은 불미스러운 지시를 내릴 때 신임할 수 있는 중재자를 통하여 아랫사람에게 말로 전달한다. 이 점에서 누군가에게 '사실을 부인할 수 있는 단계'를 제공한다는 것은 그 사람의 과실을 분명하게 입증해줄 문서가 하나도 없다는 말이나 똑같다. 극비리의 작전을 수행하는 정부기관이 문서를 전혀 보유하지 않는 확실한 사례가 1975년에 드러났다. 미국의 정보기관이 민감한 정보를 수집하는 방식의 부정성에 대한 상원의 특별조사위원회가 연 청문회에서였다. 패널은 다수의 증인을 세웠는데 그중에서 미 중앙정보국 재직 초창기에 '부정 공작자'라고 알려졌던 은퇴한 프로젝트 감독관 시드니 고틀리브 박사의 증언이 가장 흥미진진했다.

고틀리브는 1950년대에 LSD 실험을 처음 시작한 장본인으로 나중에 프로젝트 엠케이 울트라MKULTRA'라고 알려진 부서의 최고 책임자로 승진했다. 이는 과학정보국이 계획한 약물 검사, 행동 수정, 충격 치료, 그리고 미국과 캐나다의 80개 대학과 병원, 연구 재단, 감옥의 피실험자들에게 부지불식간에 향정신성 물질 투여 등에 관련된 149가지의 은밀한 프로젝트를 가리키는 암호명이었다. 고틀리브의 증언에 따르면 "그 분야의 민감성과 그런 물질이 사용된 가능성에 대한 기록을 남기지 않으려고" 탄저병이나 패독 같은 화학작용제의 사용에 대한 종이 문서가 절대로 보관되지 않았다.

나아가 그런 작전에 관련해 존재하는 기록은 처음에 그러한 보호적 프로젝트를 승인한 장본인인 미국 중앙정보국CIA 국장 리처드 M. 헬름스가 1973년 1월 은퇴를 앞두고 지시하여 파기됐다는 주장도 있었다. 그러나 정보자유법에 따라 문서 수색 작업이 이루어졌고 1977년에 엠케이 울트라에 물질적 지원을 제공한 여러 기관과 기업에 지불된 금액이 항목별로 작성된 1만 6,000장의 보고서가 발견됐다.

1979년에 구성된 두 번째 상원 조사위원회 앞에서 증언한 스탠스필드 터너Stansfield Turner 제독은 두 해 전에 지미 카터 대통령에 의해 중앙정보국 국장으로 임명되었는데, 전임자들이 어떻게 그렇게 광범위한 프로젝트를 관리할 수 있었는지에 대한 질문을 받았다. 터너는 "이 부문에 대한 상세 기록 문서를 보관하지 않는 것이 당시의 관행이었다"[7]라고 대답했다. 그 역시 미 중앙정보국의 퇴역기록센터[8]에서 방치된 상자 130개분의 서류가 먼지에 쌓인 채 발견되어 모두를 놀라게 한 대목이었다. 대니얼 이노우에Daniel Inouye 하와이 상원의원은 한때 옥스퍼드 대학교 로즈 장학생이었던 그에게 극비 프로젝트의 존재를 알고도 "의회와 미국 대통령이 고의적으로 모른 척했다"는 의미인지 물었다. 터너 제독은 그것을 판단할 수 있을 만한 "증거가 전혀 없다"면서 사려 깊은 답변을 내놓았다. 나아가 그는 "나타내줄 만한 기록이 없다"라고 재차 답했다. 물론 이것은 앞서 벌어진 청문회에서 고틀리브 박사가 윤곽을 짜놓은 전략이었다.

비록 흔하지는 않지만 엠케이 울트라는 정부 후원으로 이루어진 기록 없는 대규모 프로젝트의 유일한 사례도, 근대의 가장 끔찍한 사례도 아니다. 제2차 세계대전으로 거슬러 올라가 600만 명을 조직적으로 몰살하기에 이른 장기적인 복잡성 프로젝트, 이루 말할 수 없이 끔찍한 '홀로코스트'를 들 수 있다. 너무도 어처구니없는 허위적 근거에서 시작된 대규모 프로젝트가 효과적으로 진행되기 위해서는 관료주의의 지원이 필수적이었고 누가 지원 명령을 내렸는지를 생각해봐야 한다. 그 시대의 확실한 문서가 다수 남아 있고 히틀러의 승인 아래 자행됐다는 것을 세상이 다 알지만 그 잔혹 행위와 관련된 문서에서 히틀러의 서명이나 머리글자를 찾는 것은 종전 후 나치 사냥꾼들에게 마치 성배 찾기처럼 쉽지 않았다.

그러나 그가 1935년 9월 15일에 서명한 하나의 문서가 극적으로 존재하는데, 캘리포니아 주 산마리노의 헌팅턴 도서관이 2010년에 워싱턴 DC에 있는 국립공문서보관소에 넘겼다. 1945년에 조지 S. 패턴 장군이 일시적으로 헌팅턴 도서관에 맡겼지만 몇 달 후 갑작스러운 자동차 사고로 사망함으로 최종적인 양도는 65년 동안 불확실한 상태로 남아 있었다. 오늘날 뉘른베르크 법'으로 알려진 두 가지 법안 중에서 두 번째에 해당하는 4페이지 분량의 성명서에는 '독일 혈통과 명예 보존'을 위하여 유대인의 시민권을 박탈하고 공식적으로 그들을 하등한 인간으로 분류하여 순수한 아리아인과 결혼하거나 성적인 관계를 맺는 것도 금지하는 내용이 담겨 있었다. 전혀 모호하지 않은 언어로 된 이 법안은 그 뒤로 이어진 공포스러운 일의 개념적인 토대를 제공했으므로 그렇게 볼 때 생성적 문서generative document라고 볼 수 있다. 패턴이 왜 당시 곧 이루어질 전범 재판을 위한 증거를 수집하고 있던 법무팀이 아니라 자신이 유년기를 보낸 캘리포니아 패서디나에서 가까운 헌팅턴 도서관에 그 서류를 맡겼는지는—그는 4부의 원본 중에서 두 개를 스스로 도용했다—끝까지 정확히 밝혀지지 않았다. 하

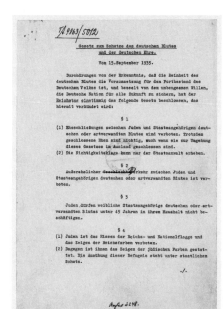

독일 혈통과 명예 보호법, 유대인과 독일인
의 결혼을 금지했다.

독일 혈통과 명예 보호법에 담긴 히틀러의 서명.

지만 명백한 사실 한 가지가 하나의 가능한 설명이 될지 모르겠다. 바
로 패턴이 열광적인 기념품 수집가에 자유로운 영혼을 가졌다는 사실
이다. 그가 개인적으로 취한 전리품 중에는 나치가 공들인 집회가 열
린 뉘른베르크의 루이트폴트 아레나의 연단에서 떼어낸 커다란 청동
독수리와 금으로 된 스와스티카가 있었다.

　그 법안은 국립공문서보관서에 보관된 이후로 기록물 238에 포함됐
다. 이는 1945년에서 1949년까지 열린 뉘른베르크 재판에서 사용되어
나치 독일의 살아남은 지도자들이 유죄 판결을 받는 데 핵심적인 역

할을 한 상당량의 문서 모음이다. 이 재판에서 문서 기록에 전적으로 의존한 것은 해리 S. 트루먼 대통령에 의하여 미국 측 수석검사로 임명된 로버트 H. 잭슨Robert H. Jackson 연방 대법관의 아이디어였다. 퓰리처상을 수상한 어느 역사학자에 의해 "아무도 들어보지 못한 20세기의 가장 중요한 공인"[10]이라고 평가받기도 한 그는 새롭게 창설된 국제군사재판소의 법률적인 기초를 마련하는 데 큰 기여를 했다. 첫 재판을 위한 증거를 준비하고 소추검사로서 모두변론과 최후변론을 맡았으며 헤르만 괴링과 알베르트 슈페어에 대한 반대신문을 수행했다.

잭슨은 모두진술에서 "미국이 기소한 이 사건은 모든 범죄를 고안하고 지휘한 사람들과 관련 있습니다"[11]라고 밝혔다. "이 피고인들은 자신들의 손을 직접 피로 더럽히지 않아도 되는 위치와 계급을 가진 사람들이었습니다. 그들은 아래에 있는 이들을 도구로 사용할 줄 아는 사람들이었습니다. 우리는 계획하고 고안하고 선동하고 통솔한 사람들에게 이르고자 합니다. 그들의 사악한 설계가 없었다면 세계가 오랫동안 폭력과 무법으로 괴로워하고 끔찍한 전쟁의 고통과 격변으로 고문 받지 않아도 되었을 것입니다." 잭슨은 확실한 정보를 이용해 다음과 같이 주장했다. "우리는 적들의 증언을 바탕으로 피고인들에게 유죄를 판결해달라고 청하는 것이 아닙니다. 기소장의 내용에는 책과 문서 기록으로 증명되지 않는 것이 하나도 없습니다. 독일은 항상 기록을 꼼꼼히 남겨왔고 이 피고인들도 마찬가지로 종이에 꼼꼼하게 기록하는 게르만족 특유의 열정을 발휘했습니다."

첫 번째 재판이 있고 얼마 후 잭슨은 워싱턴 DC의 국방대학교에서 진행된 강연에서 문서에 의존한 자신의 전략에 대해 이야기했다. "거의 4,000개에 이르는 문서 중에서 그들이 전면적으로 거부한 것은 두세 건뿐이었습니다"[12]라고 그는 말했다. "그들은 적의 증언이 아니라 자신의 서명 때문에 유죄 판결을 받았습니다." 잭슨은 재판에 사용된 포괄적인 문서 모음에 대한 글을 통해 이 특이한 접근 방식에 대한 한 단계 더 나아간 이해를 제공했다.[13] "대부분의 재판 관계자들의 지지를 받은 이 결정은 문서적 증거를 기초로 가능한 모든 주장을 입증하는 것이었습니다. 문서는 따분하기 때문에 언론에서 보도하지 않을 것이고 재판이 지루해져서 사람들에게 제대로 전달되지 않을 것이라는 반대가 있었습니다. 솔직히 그것도 일리 있는 주장이었죠. 하지만 증인들 중 다수가 나치에 박해를 당했고 나치에게 적대적이기 때문에 선입견이나 불완전한 기억, 심지어 위증도 있을 수 있다는 게 내 생각이었습니다. 그러나 문서 증거는 편애나 망각 또는 날조가 있을 수 없어 군사재판소뿐만 아니라 역사의 궁극적 평결에 더욱 튼튼한 기초를 마련해줄 수 있었습니다."

그 후로 열한 차례의 재판을 거치는 동안 교육자, 공무원, 강제 노동자를 동원한 기업 간부, 죄수들에게 의학적 실험을 실시한 의사들을 포함한 여러 전문직 종사자 등의 피고인들이 포함됐다. 잭슨의 뒤를 이은 미국의 수석검사 텔포드 테일러Telford Taylor는 마지막 재판이 끝난 후, 재판 문서가 미래의 학자들에게 귀중한 자료가 될 것으로 예상한다면서 "1920년에서 1945년까지 독일 또는 유럽사에 대한 균형 잡힌 연구는 외교관, 기업가, 군 지도자들의 재판에 제출된 그 많은 문서가 없었더라면 불가능했을 것이다"[14]라고 적었다.

잭슨 대법관의 보좌관 역할을 수행한 로버트 G. 스토리Robert G. Storey는 "히틀러 정권의 범죄를 밝히는 놀라울 만큼 방대한 문서"[15]가 어떻게 모이게 되었는지 회고했다. "전쟁이 막바지로 치달았을 때 문서 파기에 관한 일반명령이 공표되지 않았기 때문에 개인과 사무처, 부서에 그 결정이 남겨졌다"라고 그는 적었다. "중요한 문서들을 파기하기보다는 은닉하려는 시도가 이루어졌다. 그로써 중요한 문서 증거의 은신처가 통째로 발견되기도 했다." '말 많은 나치 철학자' 알프레트 로젠베르크의 파일 전체가 바이에른 동부의 버려진 성에서 "약 45센티미터 두께의 가짜 벽 뒤에 숨겨진 채" 발견됐다. 또 다른 비어 있는 성에서는 485톤에 해당하는 독일 외무부의 문서가 발견되었는데, 동부에 있는 처형 부대의 활동이 설명된 하인리히 힘러의 서류도 포함되어 있었다.

1991년 소비에트 연방이 무너지고 몇 년의 아찔한 기간 동안 한때 뚫을 수 없다고 여겨진 장벽이 무너졌고 소련의 국가보안위원회KGB와 기타 정보기관의 문서를 입수하는 것이 일종의 오두막 산업cottage industry[16]이 됐다. 믿을 수 있는 내부 관계자들이 시가로 지불할 수 있는 충분한 자금을 서구의 학자와 저널리스트, 출판업자들에게 적극적으로 제공했기 때문이다. 이렇게 다양한 문서를 이용해 이루어진 출판 프로젝트 중에서도 가장 야심찬 것은 예일 대학교 출판사가 헝가리 태생의 자본 투자자 조지 소로스의 종자돈으로 시작한 『공산주의의 기록Annals of Communism』[17] 시리즈였다. 출간이 시작되자 윌리엄 F. 버클리 주니어의 신디케이트 신문 칼럼에서 지지를 얻었다. 2011년까지 모두 20권이 출간됐다. 한편 워싱턴에 있는 우드로 윌슨 국제학술센터는 새롭게 공개된 냉전 문서를 제공하고 그 사용을 용이하게 하는 학술 프로그램을 개발하기 위하여 1991년 냉전사Cold War History 연구 프로젝트를 추진했다.

지금까지 공개된 전 동구권 국가들의 문서 중에서 세계적으로 가장 큰 충격을 일으킨 것은 1992년에 공개된 문서다. 이것은 이오시프 스탈린이 1940년 5월에 서명한 것으로 적군Red Army이 1939년에 동쪽 폴란드 영토를 침략하여 포로로 붙잡은 무장하지 않은 폴란드 군인 2만 1,857명의 처형을 허가한 것이었다. 이것은 러시아 서쪽 스몰렌스크 근교의 카틴 숲 속에서 이루어진 카틴 학살로 알려진 잔혹 행위다. 50년 이상 구소련 정부는 이 사건이 독일의 짓이라고 주장했다. 세계는 그 주장을 믿지 않았지만 스탈린의 문서가 발표되기 전까지는 정확히 입증할 수 없었다. 그러다 고르바초프 정권이 '글라스노스트' 개혁 방침을 내놓은 후 공산당 집권 70년 동안 감춰져 있던 역사의 '빈 공간'을 채우겠다고 대대적으로 약속했고 후임자 보리스 옐친의 지시로 마침내 카틴 학살의 진본 문서가 폴란드 측에 건네졌다. "우리는 폴란드 국민들에게 행해진 잔혹한 범죄에 대한 가장 중요한 문서가 건네지는 것을 목격하고 있다."[18] 폴란드의 레흐 바웬사 대통령은 국민들을 대신해 "다리가 후들거린다"라고 소감을 밝혔다.

이 사형 집행 영장은 공개 시점까지 단 한 부만 존재했고 구소련 총리의 집무실에 잠긴 상태로 보관되었으며 선택된 소수만이 그 행방을 알고 있었고 열람은 오직 '묵독'만으로 가능했다. 이것은 정부가 지극히 변덕스러운 정보를 남들의 시선으로부터 보호하기 위해 사용하는 교과서적인 사례였다. 미국에서는 비밀문서를 약어로 NODIS(배포 금지), LIMDIS(한정 배포), EXDIS(독점 배포)의 순으로 엄격하게 분류하여 통제한다. 문서의 부수가 감시되고 면밀한 감독 하에만 열람할 수 있는 경우가 많다.

이제 많은 자료가 처음부터 '디지털'로 만들어져 서류함이 아닌 컴퓨터에 저장되면서 보안 침입 위험도 커졌다. 2010년 11월, 미 국무부와 전 세계 274개 미국 대사관이 지난 10년 동안 주고받은 전보 25만 건을 인터넷에 게시함으로써—노트북과 무선 인터넷만 있으면 언제든 열람할 수 있도록—정부가 우려했던 최악의 상황이 현실로 나타났다.

다수의 보도에 따르면 육군의 하급 저널리스트가 책상에서 음악을 듣는 척하며 막대한 양의 문서를 다운로드 했다. 브래들리 E. 매닝 일병은 '묻지 말고 시키는 대로 하라'는 식의 군대 환경에서 동성애자라는 사실이 밝혀진 후의 대우에 불만을 품은 것이 명백한 동기였다.

매닝 일병이 정부나 기업의 비리 및 불법 행위를 고발하는 사이트인 위키리크스wikiLeaks에 넘긴 25만 1,287건의 자료는 미국의 보안 시스템에서 가장 낮은 등급인 '기밀'문서였다는 점에서 최소한 극비 자료들은 유출되지 않았다는 위안을 주기도 했다. 그러나 외교관들이 비외교적인 언어로 아프가니스탄과 이라크의 작전에 대하여 논의하는 모습이 종종 목격되었기 때문에 갑작스레 교환 문서들이 공개된 것은 커다란 불안을 야기했다.

전 유엔 캐나다 대사 폴 하인베커Paul Heinbecker는 토론토의 《글로브 앤 메일》에서 "신뢰와 기밀성에 의존하는 외교 관행"[19]에 가장 극심한 손상을 입혔다고 밝혔다. 그는 그 여파로 "더 큰 기밀성"과 더불어 "순수하고 중대하게 '알아야 할 필요성'이 있는 사람들에게만 직접 기밀문서가 공개될 수 있도록 더욱 엄격한 배포 규율"로 돌아갈 것이라고 예측했다. 나와 이야기를 나눈 선임 국가정보원은 그 사건의 영향력을 더욱 간단명료하게 말해주었다. "간단히 말하자면 종이가 더 안전합니다."

'기밀'문서 25만 건은 큰 숫자가 분명하지만 퓰리처상 수상 저널리스트 데이나 프리스트가 이끄는 20명으로 이루어진 《워싱턴 포스트》 팀이 2010년에 보고한 심층 보도 기사 시리즈 '톱 시크릿 아메리카'[20]에서 지적했듯이 연방 관료체제 전체에서 매일 만들어지는 기밀 자료의 양에 비한다면 극소수에 불과하다. 2001년 9·11 테러 사건 이후로 프리스트와 동료 윌리엄 M. 아킨은 이후의 테러 공격을 방지하기 위한 정부의 작전이 "대단히 크고 버겁고 비밀스러워져서 비용이 얼마나 들고 인원이 얼마나 투입되며 얼마나 많은 계획이 존재하는지 혹은 몇 개의 부서가 같은 업무를 맡고 있는지 모를 정도가 되어버렸다"고 보도했다.

그들은 9·11 테러 이후로 워싱턴 DC에만 기밀 정보 업무를 맡은 건물이 33개나 되는데 전부 합치면 "국방부 세 개와 맞먹는" 규모이며 수백만 부의 문서를 만들어내고 있다는 사실을 발견했다.

극비 정보에 접근할 수 있는 허가를 받은 애널리스트들이 연간 작성하는 정보 보고서만 해도 5만 건에 이르는데 "분량이 매우 방대해서 일상적으로 무시되는 것들도 많다." 모든 문서에 접근할 수 있는 권한이 주어져 '슈퍼유저superuser'라고 불렸던 한 선임 관계자는 문서 업무를 이렇게 표현했다. "문서를 전부 브리핑하려면 평생 해도 불가능할 겁니다."

그러나 폴 하인베커가 《글로브 앤 메일》에 썼듯이 "문서 유출은 민주주의만큼이나 오래됐다." 그래서 일부 미디어 전문가들은 브래들리 매닝 일병과 위키리크스 사건을 40년 전 펜타곤 페이퍼 유출 사건[21]과 비교하기도 한다. 눈에 보이지 않는 것 너머로 둘 사이에는 공통점이 많지 않지만 말이다. 두 사건은 모두 기밀 정보가 노출된 것이지만 대니얼 엘스버그가 《뉴욕 타임스》와 16개 신문사에 넘긴 자료가 더욱 극비인 데다 더욱 세밀한 계획과 접근, 커다란 위험이 따르는 일로서 이는 일종의 복잡하긴 하지만 종이가 안전하고 여전히 중대한 자료의 보관 매체로 선택되는 이유를 말해준다.

1967년 로버트 S. 맥나마라 국방장관이 주문한, '국방부 장관실 베트남 기동부대의 보고서'라는 공식 제목이 붙은 문서에는 36명의 연구원과 애널리스트가 투입됐다. 이 팀은 오로지 국방부와 백악관, 국무부, 중앙정보국에 의해 작성된 문서에만 의존하여 미국의 남동아시아 개입에 관한 종합적인 개요를 썼다. 면담은 실시되지 않았고 연방기관이나 군으로부터 설명을 요구하지도 않았으며 철저한 비밀을 유지한 채 문서 자료만을 연구에 활용했다.

그렇게 하여 47권에 이르는 7,000페이지 분량이 나왔고 '기밀sensitive'이라는 말과 함께 '극비' 도장이 찍혔다. 오늘날에는 과도한 취급이라는 시선이 일반적이지만 특히 해리 트루먼에서 린든 존슨 정부에 이르기까지 네 개의 기관이 계속 여론을 호도했음을 보여주는 문서에는 폭발적인 부분이 있었다. 그들은 존 F. 케네디 정부가 남베트남 지도자 응오 딘 지엠Ngo Dinh Diem이 1963년 군부 쿠데타로 사망하기 전에 타도하려는 계획을 세웠고 존슨 대통령이 1964년 대선 공약에서 "전쟁을 더 키우지 않을 것"이라고 확신시켰음에도 이미 전투작전을 확장하려는 결정을 내렸다는 사실을 확인했다. 15부만 제작되어 그중 2부는 국방부 산하가 아닌 연구기관인 랜드 연구소에 보관됐다. 그리고 국방부에 소속되어 있을 때 그 보고서에 기여한 군 소속 선임 정보 분석가 대니얼 엘스버그는 무제한 접근 자격을 얻었다.

엘스버그는 회고록에서 1969년 10월에서 12월 사이에 금고에서 문서를 몰래 조금씩 꺼내 친구의 도움으로 한 광고대행사 사무실에서 한밤중에 "한 번에 한 페이지씩" 복사하고 아침에 캘리포니아 주 샌타모니카에 있는 랜드 연구소 본사에 원본을 돌려놓았다고 밝혔다. "내가 아는 한 수천 페이지에 이르는 기밀문서를 유출한 사람은 없었다." [22] 그리고 국방부 외부인 중에서 그 문서를 본 사람은 열 명 남짓밖에 되지 않았으므로 그는 발각 가능성이 높다는 사실을 알고 있었다. 발각되면 연방 교도소에서 오랫동안 형을 살아야 한다는 것도.

하지만 엘스버그가 교도소행을 면할 수 있었던 것은 1971년 6월 13일부터 《타임스》 일요일 자에 실리기 시작한 발췌에 정부의 정보원들이 열성적으로 대응한 덕분이었다. 닉슨 정부는 곧바로 발행 금지 명령을 내렸다. 《타임스》는 항소했고 6월 30일에 아홉 명의 대법관들은 6대 3으로 《타임스》 편을 들어 다음 간행물이 나올 수 있도록 허가했다. 25년 후, 국립공문서기록소가 공개한 녹음테이프를 통해 닉슨 대통령이 대법원 판결에서 진 날 몹시 격분하며 참모총장 H. R. 홀드먼에게 국방부 문서의 또 다른 복사본이 존재한다고 믿은 브루킹스 연구소에 침입 계획을 세우라고 명령하는 내용이 밝혀졌다.[23]

"브루킹스 연구소에 침입해"라고 닉슨 대통령은 씩씩거렸다. "들어가서 문서를 꺼내와." 1973년에 열린 상원 워터게이트 위원회에서 증언한 닉슨 대통령의 보좌관 찰스 콜슨은 백악관 관계자들 사이에서 자유주의적인 싱크탱크 브루킹스 연구소에 소이탄을 터뜨리자는 논의도 있었다고 주장했다. 강제 행위는 행해지지 않았으나 비공식적으로 '배관공'이라고 불린 비밀 요원들로 이루어진 백악관 특별수사 기구가 며칠 만에 구성됐다. 그들의 두 가지 임무는 유출로 인한 정부의 피해를 막는 것과 유출이 적진에게 엄청난 타격을 주도록 하는 것이었다. 두 가지 임무에서는 모두 문서가 핵심적인 역할을 할 터였고 대니얼 엘스버그에 초점이 맞춰질 터였다.

그 뒤로 일어난 일들은 완전히 연대순으로 기록되었고 끊임없이 도마 위에 올랐다. G. 고든 리디와 E. 하워드 헌트가 협박거리가 될 만한 파일을 훔쳐내고자 비벌리힐스에 있는 엘스버그의 정신과 의사의 사무실에 침입했지만 실패로 끝난 것, 1972년 6월에 민주당 전국위원회 본부가 있는 워터게이트 빌딩에 침입하다 발각된 것, 이러한 전말이 모두 밝혀지면서 엘스버그가 모든 혐의를 벗은 것, 1974년 여름에 의회가 탄핵을 가결했고 당연한 결과로 8월 9일 닉슨 대통령이 사임

성명을 발표한 것까지. 이렇게 냉혹한 결과를 촉발시킨 것이, 미국 대통령을 몰락시킨 것이 단지 문서의 추적이었는가라는 의문을 떠올릴 만하다. 어쩌면 지나친 단순화일 수도 있지만, 여러 극적인 사건에서 종이라는 매체는 주연의 바로 옆에서 조연으로 존재하지만 그래도 강력한 존재감을 자랑한다는 것이다.

　기록 관리의 전통은 수세기 전부터 시작되었으며 오늘날 메소포타미아라고 알려진, 티그리스 강과 유프라테스 강 사이의 지방에 처음 정착한 사람들로 그 뿌리가 거슬러 올라간다. 수메르와 히타이트, 아카드인들이 5,000년도 더 전에 처음 문자를 만들어낸 곳이다. 처음에 문자의 주요 용도는 일상생활에서의 거래를 기록하는 것이었다. 한창 점토와 파피루스가 사용되던 시절, 저장 문제가 있었는데 프로이센 공개문서기록소 소장을 역임한 고 에른스트 포스너Ernst Posner는 고대 기록 관리에 관해 쓴 글에서 "종이의 시대에 아키비스트들이 마주한 문제와 비슷하다"[24]라고 했다.

　파라오 시대에는 오늘날 미국 정부의 농업부와 비슷한 정부 기관인 곡식측량소와 가축계산소가 생겼다. 정식 소송에서는 항의와 변호 내용을 글로 적어 제출하는 것이 이집트의 재판 관행이었다. 그리고 구입, 임대, 대출, 혼인 협의를 비롯한 모든 사업적인 일은 글로 적혀 있어야만 유효했다. 성스러운 전통에 의하여 관료주의 절차는 사후까지도 영향을 미쳤는데, 최종 심판의 날을 위한 고인의 글로 적힌 변호 성명이 제출되어야만 했다. 『사자의 서Book of the Dead』에는 자칼 머리를 한 신 아누비스가 사자의 심장을 저울에 올려놓고 그 무게를 진리와 정의의 상징인 타조 깃털과 비교하는 삽화가 그려져 있다. 그리고 항상 곁에는 필경사를 지켜주는 신이자 아누비스의 비서인 토트가 있다. 첨필과 기록판을 들고 무언가를 적을 준비를 하는 모습이다.

고대 아테네에서 정부의 기록은 아고라 근처의 아크로폴리스 언덕 아래에 있는 메트룬에 보관됐다. 대부분 파피루스 두루마리에 기록된 공문서들은 혼잡하지만 정리가 잘된 공간에 차곡차곡 쌓여 오랜 세월 동안 유지됐다. 그리스 철학자들의 전기를 집필한 디오게네스 라에르티오스는 서기 3세기에 간접적으로 이 관습을 찬양했다. 그래서 로마의 역사학자이자 수사학자인 파보리누스가 재판이 있은 지 500년 후에 소크라테스의 주요 고소인인 멜레투스가 쓴 기소문을 읽을 수 있었다. 그는 고대 기록에 관하여 쓴 글에서 그 재판 기록이 "메트룬에 아직까지 보관되어 있어서"[25]라고 했다.

그리스인들과 마찬가지로 로마인들도 파피루스를 아낌없이 사용했지만 나무로 된 명판도 공식 필경사들 사이에서 많이 쓰였다. 층으로 된 나무판에 경첩 달린 장치로 위에는 하얀색 물감 또는 석고로 뒤덮여 쓰거나 칠할 수 있었고 밀랍 위에 첨필로 새길 수 있었다. 명판이 무리지어 있는 것을 수간樹幹을 뜻하는 라틴어 '카우덱스caudex'라고 불렀는데, '고문서'를 뜻하는 말로 오늘날까지도 사용되는 단어 코덱스codex가 여기에서 나왔다. 오늘날까지도 남아 있는 이 초기 형태의 글판은 헤르쿨라네움의 용암 아래에서 발견됐는데, 이것이 당시 보편적으로 사용됐음을 뒷받침하는 일화적 증거가 됐다.

'붉은 끈red tape'이라는 표현이 정확히 어디에서 유래했는지는 확실하지 않지만, 『옥스퍼드 영어 사전』에 따르면 처음 그 말이 인쇄되어 사용된 것은 1696년의 '메릴랜드 법'에서다. 하나의 가능성은 16세기의 법률 행위인데, 당시 공문서가 주제에 따라 분류되어 붉은 색 리본 끈으로 한데 묶어놓은 데서 유래했다는 것이다. 영국의 관습법 자체는 문자로 된 판례의 전통에 기초한다. 이는 12세기 헨리 2세 때 예전에 있었던 논쟁과 결정을 '즉시 참고하여' 적절하게 다시 적용하는 관행으로 거슬러 올라간다.

이렇게 붉은 끈을 꼼꼼하게 살펴 추려내는 행위는 시간이 지나가면서 방대하게 쌓인 문서를 파헤치는 것을 의미하게 됐다. 또한 '붉은 끈' 자체는 종종 관료적 형식주의를 비웃는 것을 가리키는 표현으로 자리 잡았다. 이 책의 집필 작업을 위하여 메릴랜드 주 칼리지 파크에 있는 국립공문서보관소 보존실험실을 방문하니 옛날 그대로 묶여 있는 19세기의 정치 탄원서 꾸러미들의 보존과 재정리 보관을 위한 작업이 이루어지고 있었다. 옆에는 풀어놓은 붉은 끈이 수북하게 쌓여 있었다. 수십 년 동안의 용도가 마침내 끝난 것이다. 기쁘게도 방문 기념으로 붉은 끈 하나를 손에 넣을 수 있었다.

국립문서기록관리청에는 무려 800억 장에 이르는 전국 정부기관의 문서가 보관되어 있지만 그 범위는 비교적 작은 편이다. 독립혁명 때부터 시작하여 한 국가의 단 2세기 반에 이르는 공적 활동이 들어 있

붉은 끈으로 묶여 있는 19세기 정치 탄원서들. 메릴랜드 칼리지 파크에 있는 국립문서보관소 보존실험실에서.

기 때문이다. 한편 터키 이스탄불에 있는 오스만 기록보관소[26]와 스페인 세비야의 인도제국 기록보관소에는 2,000년이 넘는 기간 동안 두 나라의 국경선을 넘어서까지 영향을 끼치는 공식적으로 승인된 활동이 담긴 문서가 보존되어 있다.

오스만 기록보관소의 경우, 700년에 가까운 세월 동안 세 개 대륙을 다스린 왕조의 약 1억 5,000만 개의 문서가 이스탄불에 보존되어 있다. 원래 제국회의와 총리의 집무실에 보관되어 있던 기록들이다. 오스만 제국은 1300년경에 소아시아에서 시작하여 중동과 북아프리카의 대부분, 현대의 알바니아와 불가리아, 그리스, 헝가리, 루마니아, 크로아티아, 보스니아와 헤르체고비나를 포함한 유럽의 일부까지 영토를 넓혀 흑해 주변과 아르메니아를 포함한 중앙아시아의 카프카스까지 도달했다. 또한 중동에서는 시리아와 팔레스타인, 이집트, 아라비아와 이라크의 일부도 다스리고 있었다. 오늘날 이란에 속하는 페르시아와 아라비아 반도의 동쪽 영토만이 오스만 제국의 통치를 받지 않았다.

기록문서는 국제조약과 국경분쟁에서 유산, 직함, 특권, 신탁, 선물, 법정 소송, 재산권 이전, 건축 계획, 인구통계, 세금, 농작물 보고, 병역, 공문에 이르기까지 광범위한 대부분이 18세기 이후로 이슬람 전역에서 활성화된 제지소에서 생산되는 종이에 기록됐다. 문서의 언어는 터키어, 아라비아어, 그리고 페르시아어가 합쳐서 사용됐다. 오스만 터키어로 알려진 페르시아어는 1930년대에 좀 더 서구화된 언어를 선호하는 터키 공화국에 의해 법적으로 유기되어 오늘날 현대적인 번역이 없으면 읽을 수가 없다.

옛 언어에 능통한 번역자들의 부족은 학자들이 마주한 몇 가지 장애물 중에 하나일 뿐이다. 그 밖에도 오스만 정부는 인쇄를 허가하지 않았기에 대부분의 문서가 필사본이며 그중 컴퓨터로 분류 기록된 것은 4분의 1 정도에 지나지 않는다. 아직도 분류되지 않은 문서들은—또한 '상태가 좋지 않아' 연구하기 힘든 것들도 포함—참조가 불가능하다. 이 부문에 속하는 방대한 문서들은 20세기의 첫 번째 대량학살과 관련 있다고 주장되는 것들이다. 제1차 세계대전 당시와 그 직후에 150만 명의 아르메니아인들이 사망한 사건이다. 이 문서들은 근래에 전 세계의 뜨거운 관심의 대상이 되었는데 특히 체계적인 민족 말살 정책이 결코 시행된 적 없다는 앙카라 정부의 입장 때문에 일부 학자들은 그 사건을 밝혀줄 기밀문서가 파기되었을지도 모른다고 추측하고 있다.

내가 1997년에 『인내와 투지』의 연구 조사차 찾은 스페인 세비야에 있는 인도제국 기록보관소는 스페인의 탐험과 정복 시대에 만들어진 문서들의 천국이었다. 그곳에는 지금의 미국 남부에서 남아메리카의 끝부분에 이르는 영토의 발견과 강화, 정착, 방어, 지도 작성과 필리핀과 극동지역에서의 활동과 관련된 자료 약 8,000만 부가 보관되어 있다. 펠리페 2세가 16세기 후반에 완전하게 만들어 이후 통치자들에게 더욱 효과적으로 활용된 이 문서는 당시의 모험을 기록한 것을 넘어서 부재 정부에 대한 행정적 접근법을 보여준다.

역사학자 J. H. 엘리엇은 스페인 제국사에서 "전사였던 왕 카를 5세의 뒤를 이어 왕위에 오른 펠리페 2세는 정적인 성향으로 문서 더미에 둘러싸여 시간을 보냈다. 이는 스페인 제국이 정복자에서 공무원의 시대로 접어든 변화를 상징하는 것과도 맞아떨어진다"[27]라고 했다. 새로운 관료주의적 절차의 등장은 '구어口語에 의한 정부'를 장거리적인 행정 방식인 '종이에 의한 정부'로 교체하게 됐다. 이러한 발전 모습은 스페인이 유럽의 주도적인 종이 생산 국가였던 시절에 가속화됐다. 이는 우연일 수도 있지만 종이의 가용성은 분명히 스페인 정부의 관료주의적인 기록 보관에 대한 선호를 촉진시켰을 것이다.

붉은 끈은 종이에 관련된 여러 측면이 그러하듯 허구의 사물이 아니다. 그것은 대중 문학의 주제가 되었을 때도 있었다. 19세기 소설가 오노레 드 발자크가 쓴 100편이 넘는 방대한 장편 및 단편 소설로 이루어진 『인간 희극』은 프랑스 사회의 기벽을 꼬집은 작품으로 유럽 문학의 선구적인 사회사실주의적인 작품이다. 각자 개성을 지닌 엄청나게 많은 인물이 등장하는 발자크의 작품은 사회 기득권층을 조롱할 때 가장 돋보이는데, 특히 그의 목표물은 거추장스러운 관료주의였다. 그는 관료제를 가리켜 "난쟁이들에 의해 움직여지는 거인 같은 힘"[28]이라며 냉소적인 관점을 드러냈다.

발자크는 첫 영어 번역판에서 '관료주의'라는 제목이 붙은 풍자소설 『레 아플로와제Les Employés』에서 프랑스의 정부 관리들은 부르기만 하면 달려오고 어떤 변덕에도 맞춰주는 비서와 사무원이 있으니 "여자나 왕보다 낫다"며 자극적인 개념을 선보였다. 그는 "어쩌면 개인비서는 여자나 흰 종이만큼 불쌍한 존재인지도 모른다"라고 장난스럽게 의견을 밝혔다. 1815년 나폴레옹의 몰락 후부터 19세기 중반까지 글을 쓴 발자크는 여러모로 종이가 프랑스 사회의 모든 것을 '담고' 있다는 자유로운 견해를 보여주었다. 이것은 프랑스 혁명 기간 동안 일상화된 상황이었다.

발자크가 죽은 다음 해인 1851년에 찰스 디킨스는 주간지 《하우스홀드 워즈》에 게재한 에세이에서 영국식 방식에 대한 비뚤어진 시선을 표현했다.[29] 이 장의 앞부분에서도 인용된 「붉은 끈」이라는 전혀 모호하지 않은 글의 서문에는 "크건 작건 공공의 질문을 공식적인 물건인 붉은 끈으로 묶기 위해 존재하는" 정부 관리들을 조롱했다. 나아가 그는 "셀 수 없이 많은 붉은 개미의 침입은 영국에 해롭지 않을 것이다. 견딜 수 없는 붉은 끈처럼"이라고 했다. 디킨스는 1852년 3월부터 1853년 9월까지 월간으로 나누어 출간된 심오한 소설 『황폐한 집 Bleak House』에서 신탁과 토지법 등의 문제를 형평성의 원칙에 따라 다루는 곳으로 지극히 사소한 문제조차 엄청나게 느리게 진행되는 영국의 챈서리 법정을 배경으로 다루었다.

법학협회 중 링컨스 인 홀에는 "언제 끝날지 모르는 수만 가지에 이르는 단계 중 하나에 참여하고 있는"[30] 변호사들이 보였다. 앞에는 문서가 산더미처럼 쌓여 있었다. "청구서, 반소장, 회신, 재답변, 명령, 진술서, 사안, 주인을 위한 추천서, 주인의 보고서 등 많은 돈이 드는 터무니없는 것들이 산더미처럼 쌓여 있었다." 길고 지루한 절차를 거쳐 사건이 종결되면 기운만 빠지는 헛수고였다는 생각이 들기 일쑤였다. "많은 종이더미가 옮겨지기 시작했다. 가방에 담긴 것들, 너무 커서 가방에 들어가지 못하는 것들, 온갖 모양의 또는 모양이 없는 거대한 양의 종이를 든 사람이 휘청거리며 옮겨다 홀에 던져놓고 더 가지러 갔다."

소설가 중에서 엄청나게 지루할 정도로 문서에 집착했을 것 같은 사람은 프란츠 카프카다. 그의 이름 자체가 근대 관료제의 끔찍한 업무와 동의어가 됐다. 1924년 그의 사망 시에 미완성으로 남은 소설 『성The Castle』의 주요 주제는 미친 듯이 날뛰는 문서 업무다. 이는 부분적으로 카프카가 프라하의 오스트리아 노동자 상해보험협회에서 14년 동안 일한 경험에 영향을 받은 것으로 보인다. 로워 오스트리아 주지사에 따르면 당시 정부는 물론 민간 업체 모두 "서류에 숨이 막히고 잉크에 익사할 지경"[31]이어서 1906년에 행정 개혁의 필요성이 제기됐다. 카프카 역시 친구에게 보낸 편지에서 "여기 사무실에 진정한 지옥이 있다"[32]고 불평했다.

문서 작업은 관료제의 중심이 분명하지만 인쇄와 출판의 역사에서의 종이 같은 대섭을 받는 경우가 많았다. 즉, 기껏해야 주변적인 고려 사항이었다. 순전한 우연이지만 역시 카프카라는 성을 가진 학자는 그것을 독립적인 지식 분야로 승격시키기 위한 운동에 앞장섰다. 내가 벤 카프카와 그의 연구에 대해 알게 된 사연은 오직 전자시대에만 가능한 일이었다. 바로 구글에 '카프카'와 '문서 작업', '관료제'를 입력해 검색해보니 예상대로 프란츠 카프카가 제일 먼저 뜨지 않았고 뉴욕 대학교의 미디어, 문화, 통신 분야 조교수이자 뉴저지 주 프린스턴에 있는 고등연구소 회원인 벤 카프카가 떴다. 나는 그가 '문서 작업의 물질성'에 관한 몇 편의 전문적인 글도 저술했다는 사실을 곧바로 알게 됐다. 글 속에서 "근대 국가의 힘과 실패를 이해하는 데 필수적"이라고 그는 유창하게 주장했다. 프랑스가 18세기 말에 문서 작업의 관행에 혁신을 일으킨 것에 대한 책 분량의 연구 내용을 담은 『괴로운 글쓰기 : 문서 작업의 힘과 실패The Demon of Writing : Powers and Failures of Paperwork』가 2012년에 발행됐다.

나는 뉴욕 대학교에 있는 그에게 전화를 걸었다. 먼저 내가 인터넷 검색에서 그를 찾게 된 계기를 이야기하며 웃음으로 통화가 시작되었고 뉴욕에서 점심식사를 하기로 약속을 잡았다. 벤 카프카는 체코슬로바키아 태생의 소설가 프란츠 카프카와 아무런 관계가 없었지만 자신의 이름에 담긴 아이러니에 고마워했다. 프란츠 카프카가 관료제의 권태로움을 상징하기 때문이다. 그는 나에게 "벨기에의 문서감축법이 카프카 프로젝트라고 불린다는 사실을 아시나요?"라고 물었다. 몰랐던 사실이기에 얼른 조사해보고 싶어졌다.

2003년에 설립된 벨기에의 행정개혁국의 웹사이트[33]에 따르면 이 기관은 200가지가 넘는 법과 정책을 폐지 또는 간소화시켰다. 그중 대다수가 과도한 관료적 형식주의가 야기한 '터무니없는 규정과 무의미한 현학성'의 결과였다. 이 기관은 '단순함이 힘이다'라는 신조로 연간 17억을 절약한다고 주장한다. 첫 4년 동안 도입된 문서 작업의 수정이 가장 훌륭했는데 그중에는 '중국 기업가를 위한 빠른 비자 발행', '항공사진 촬영을 위한 특별 승인 필요성 폐지', '모유 수유 보상의 전자적 의사표시 중단', '시각장애인 지팡이 사용에 관한 허가증 폐지', '군 당국의 연간 비둘기 숫자 파악 의무 폐지', '도살업자들을 위한 관리기준서 폐지', 그리고 내가 가장 마음에 들었던 것은 문서 작업과는 큰 관계는 없지만 '국가 원수 모욕 금지 폐지'였다.

벤 카프카에게 이러한 규정은 역사적으로 문서 작업의 개념을 이룬 것에 대한 그의 이해를 확인시켜주는 것이었다. "나는 국가의 요구로 만들어진 모든 문서를 언급하는 데 그것을 사용합니다. 실제 요구가 아니어도 됩니다"라고 그는 말했다. "상상의 요구일 수도 있어요. 사람들은 청원서, 신청서, 허가서, 자격증 등 항상 온갖 것들을 정부에 제출합니다. 나는 이러한 이유나 목적에서 만들어지는 모든 문서를 가리킬 때 문서 작업이라는 용어를 씁니다." 그는 덧붙여 『괴로운 글쓰기 : 문서 작업의 힘과 실패』가 사람들이 관료제를 대하면서 느끼는 '무력감'에서 나온다고 말했다. "문서 작업은 많은 사람이 당황하고 낙담하게 되는 힘의 탈인간화depersonalization로 이어집니다. 긴 서식을 채워야 하는 것도 우리에게 일종의 무력감을 안겨줍니다. 그리고 거기에 더해 문서 작업으로 힘의 탈인간화가 따라옵니다. 기나긴 서식을 작성해야 한다는 것만으로도 사람들을 고립시키고 무기력하게 만들어요."

카프카는 학문적 활동으로서 문서 작업에 대한 연구가 이루어진 것이 10년 정도밖에 되지 않았으며 책의 역사 연구와 먼 친척이라고 말한다. 책의 역사 연구는 프랑스에서 가장 먼저 시작되었으며 프랑스어로 '리스트와 뒤 리브르l'histoire du livre'라고 한다. 카프카는 프랑스의 불법 이민자들이─전문용어로는 상 파피에sans papiers라고 부르는 '서류 없는' 사람들─프랑스에 체류할 수 있게 해주는 문서를 얻기 위하여 관료제를 어떻게 다루는지에 관한 연구를 한 인류학자 미리엄 틱틴Miriam Ticktin을 예로 들었다. 카프카는 이렇게 적었다. "병을 치료하려는 세네갈 출신의 여성이든, 농지의 상업적 개발을 막으려는 파키스탄 농부든, 금전적 손실을 막으려는 시카고의 상인이든 삶의 필수적인 부분인 부와 건강이 종이에 달려 있다."[34]

벤 카프카는 프랑스 혁명기의 흥미로운 문서 작업 이야기를 통해 점점 발달하는 중인 문서 작업 연구 분야에 이바지했다. 어느 하급 공무원─공안위원회 소속이었던 샤를 이폴리트 라뷔시에르─이 참수 명령이 떨어진 서류를 없앰으로써 1,200명을 단두대로부터 지킨 이야기였다. 그들은 사면 받은 것도 아니고 법정에서 사건이 잊힌 것도 아니었다. 새로운 법이 요구하는 대로 참수 명령을 시행하기 위해 필요한 서류를 찾지 못한 것뿐이었다. 이 옹호 받을 수 없는 상황은 곧 그것을 승인한 당사자들이 알아차리게 되었고 공안위원회의 책임자인 루이 앙투안 드 생쥐스트가 과도한 문서 작업의 간소화와 독재 권력의 시행을 요구하게 됐다. 생쥐스트는 1793년에 국민공회에서 "정부의 서신과 지시의 장황함은 타성에 젖어 있다는 신호다. 간결해야만 통치가 가능하다"[35]라고 했다. "글쓰기라는 악마가 우리에게 전쟁을 벌여오고 있어 우리는 통치를 할 수가 없다."

미국은 1941년 초에 거의 광적일 정도로 서둘러 당시에는 전쟁부

War Department라고 알려진 부서를 위하여 오각형의 요새처럼 된 사무실용 건물을 버지니아 주 알링턴에 지었는데 이는 머지않아 또다시 세계의 분쟁에 개입하게 되리라는 암울한 확신을 부추겼다. 400만 제곱피트에 가까운 사용 공간을 갖춘 펜타곤은 세계에서 가장 거대한 사무실용 건물로 엠파이어스테이트 빌딩 열두 개에 해당하는 면적이다. 11만 7,000제곱미터가 넘는 대지에 지어졌으며 안쪽에 다섯 개의 고리가 28킬로미터에 이르는 통로로 이어진다. 최대 4만 명을 수용할 수 있는 크기의 복합건물로 기이한 모양이었지만 프랭클린 D. 루스벨트 대통령이 설계도가 완성될 당시에 계획한 "긴급사태가 끝나고"[36] 궁극적인 용도에는 이상적이었다. 기공식 며칠 전에 그는 그 건물의 장기적인 용도는 "정부의 기록보관소"로 전환하는 것이라고 했다. 당시 워싱턴의 이곳저곳에 마련된 임시 보관소에 흩어져 있던 수백만 부에 달하는 문서들을 옮겨놓자는 것이었다. 7년 전에 펜실베이니아 애비뉴에 세워진 국립공문서보관소는 이미 문서로 가득 채워졌다. 그러나 새로운 군 건물은—1947년에 국방부로 명칭이 바뀌었다—문서보관소로 바뀌지 않았다.

그러나 역사의 기초에 진정으로 관심을 기울이는 사람이자 단호한 애서가이기도 했던 루스벨트 대통령[37]은 1934년에 국립공문서보관법에 서명하여 연방정부가 최초로 정부의 모든 부처의 문서를 보관하는 책임을 맡는 하나의 핵심기관을 발족시킨 대통령이다. 새로운 문서보관소에 대한 그의 꿈은 1994년에 가서야 이루어졌다. 워싱턴 외곽 메릴랜드 대학교 캠퍼스와 가까운 칼리지 파크에 15만 8,000제곱미터에 달하는 국립공문서보관소(보관소 2)가 생김으로써 책임을 나누게 됐다.

오늘날 국립문서기록관리청NARA은 1985년에 일반 관리청에서 분리되어 독립기관이 된 후로 전국에 37개 시설로 늘어났다. 14개의 지역

기록 센터와 13개의 대통령 도서관이 포함된 네트워크이며 약 3,000명의 직원이 근무한다. 2012년이 끝나갈 무렵에 국립문서기록관청이 보관하고 있는 문서는 약 100억 부로 모두 800억 장의 종이로 이루어졌다.[38] 이는 문서의 일부분인 영화, 사진, 음성 기록이나 급속도로 증가하고 있는 전자 데이터를 포함하지 않은 수치다.

엄청나게 많은 숫자처럼 보이지만—게다가 소득세 환급, 군대 관련 청구 서류, 관공서 건물 청사진, 법정 파산 신청, 농작물 보고서, 연방 죄수 파일, 이민 서류, 인구조사 보고서, 국립공원 지도뿐만 아니라 국가의 건국 문서 등 다양한 문서를 포함한다—정부에서 이루어지는 문서 작업의 지극히 일부일 뿐이다. 국립공문서보관소에서 멀리 떨어진 곳에는 정부인쇄국GPO이 있다. 워싱턴의 노스캐피톨 스트리트에 있는 9만 3,000제곱미터 크기의 건물로 하루 24시간, 1주일 내내 돌아간다. 정부인쇄국은 미국 정부의 공식 인쇄소로 유명한 간행물『연방의회 의사록』, 『미국 연방대법원 기록』, 사회보장국의 수표, 국무부

메릴랜드 칼리지 파크에 있는 국립공문서보관소 2의 저장 공간.

의 여권 등 모든 형식의 문서와 보고서를 대량으로 찍어내며 연간 비용이 약 10억 달러에 이른다. 국립문서기록관리청에 맡겨지는 막대한 양의 종이 문서 중에서 단 2~3퍼센트만이 영구 보존된다.

1934년에 국립공문서보관소가 설립되기 전에 공문서는 작성기관이 저마다 보관 책임을 졌다. 어떤 문서가 보관되어야 되고 또 어떻게 보존되어야 하는지에 대한 통합 기준이 존재하지 않았다. 훌륭한 아키비스트archivist(지속적 가치를 지닌 기록의 평가, 수집, 정리·기술, 보존, 검색 제공 등의 책임을 지닌 사람–옮긴이)로 1967년에 정부의 기록 관리에 대한 상세한 연구를 실시한 H. G. 존스는 "성문헌법과 성문법을 기초로 세워진 국가의 정부가 한 세기 반에 걸쳐 공문서를 방치한 것은 그 자체로 놀라운 일이다"[39]라고 말했다. "바로 그 국가가 양심의 가책을 느끼고 한 세대도 되지 않아 세계적인 기록 보관 기관을 발전시켰다는 것은 더욱 놀라운 일이다." 통합 기준이 마련된 후에 가장 긴급한 문제는 절차가 아닌 적절한 공간을 마련하는 것이었다. 미국의 최초의 아키비스트 로버트 코너Robert Connor는 부적절한 시스템을 암울하게 표현한 적이 있는데, 정부의 문서가 "전국에 흩어져 있고 그때그때 변통되는 공간에 보관되고 있다. 지하실, 지하실의 2층, 테라스 아래, 보일러실 위, 다락과 복도, 바닥에 무더기로 쌓아두거나 내실과 버려진 차고, 저장창고, 사용되지 않는 극장을 가득 메우고 또는 오래전에 마지막 목표를 수행했을 법한 것들이 좀 더 허름한 건물에 보관되고 있다."

데이비드 페리에로David Ferriero는 2009년 11월에 오바마 대통령에 의해 미국의 열 번째 국립 아키비스트로 임명되었을 때 뉴욕 공립도서관의 관장으로 미국에서 지방자치단체 최대 규모의 도서관과 많은 이용자들이 찾는 웹사이트를 관리하는 임무를 맡고 있었다. 국립공문서관리소의 대표로 취임하고 몇 주 후 아직 새로운 임무에 적응하느라 정신없는 그를 만나 이야기를 나눴다. 그의 주요 집무실이 있는 워싱턴 시내의 관리소 1에서 만나 20분 동안 셔틀버스로 관리소 2로 이동해 대화를 이어갔다.

"문서 관리 업무가 힘들지는 않습니다. 시금 우리는 그 방법을 잘 알고 있고 모두에게 똑같은 법칙이 적용되니까요." 여기서 '모두'란 국립공문서관리소에 기록을 맡겨야 하는 256개 연방 부처를 뜻하는 것이었다. "하지만 대부분의 연방 기관은 전자 기록 형태로 옮겨갔고 저마다 운영 시스템을 구축할 수 있는 권한을 얻었습니다. 현재 모두에게 적용되는 기준은 없어요. 그런 전자 기록을 수집하는 것이 제 임무입니다. 종이 환경에서는 비교적 쉽습니다. 우리가 '기록의 유용성'이라고 부르는 것 때문이죠. 우리는 각 기관과 함께 특정 문서의 유용한 수명이 얼마인지, 얼마나 오랫동안 보존해야 하는지, 오랜 기간 동안 귀중한 문서가 무엇인지 결정합니다. 지금까지로 볼 때 전자 통신 분야가 더욱 복잡합니다."

오늘날 정부의 업무가 대부분 전자상으로 이뤄지고 있지만 페리에로는 "이메일을 종이로 인쇄하는 곳도 많습니다"라고 말한다. 그것이 표준 절차이고 하드 카피가 보관기록자료가 되는 것이다. 그의 말에 따르면 결국 영구적이어야 하는 정부 기록이 영원히 보존될 수 있도록 하는 것이 그의 임무다. "문서가 우리의 통제권을 떠나지 않고 용도가 변경되지 않도록 실물로나 가상으로나 안전이 보장될 수 있어야 한다는 뜻입니다. 모든 것을 벗겨놓고 볼 때 전 생애를 거쳐 내 임무는 똑같습니다. 바로 정보를 수집하고 지키고 그 사용을 장려하고 그 내용물이 영원히 사용 가능하도록 만드는 것입니다. 정보의 포맷이나 사용자가 누구인지에 상관없이 적용되는 원칙입니다."

국립공문서보관소에는 수많은 유형의 문서가 저장되지만 그곳의 광범위한 창고에 보관되지 않는 것 중에는 연방 선거의 투표용지 등이 있다. 투표용지는 투표가 실시된 주나 지역의 권한이며 결과가 확실하게 나온 후 22개월 미만 동안 보관된다. 여기에도 예외는 있다. 2000년 선거에서 플로리다 주의 590만 장에 이르는 투표용지는 36일 동안 대통령 당선자를 결정짓는 데 있어 가장 뜨거운 논란의 한가운데에 있었다.[40] 2003년에 플로리다 주의 67개 카운티 중에서 66개 카운티의 투표용지가 탤러해시에 있는 국립공문서보관소로 넘겨졌다. 그것이 중요한 물건이라는 역사학자와 변호사들의 주장에 따른 것이었다. 하지만 베이 카운티의 투표용지는 이미 파기된 후였다. 투표용지를 보관해야 한다고 주장한 플로리다 주 관계자들 중에는 리언 카운티의 선거 감독관이자 단호한 선거 개혁 지지자인 아이온 산초Ion Sancho도 있었다. 그는 전화 면담에서 "21세기의 가장 중요한 선거 기록입니다"라며 450개의 보관함이 소중한 자원 낭비라는 주장을 일축했다. 그의 동료—팜비치 카운티의 선거 감독관이었던 테레사 레포어—는 "모닥불을 피우는 게 어때?"라고 농담을 했다고 한다.

획일적인 기준이 존재하지 않기 때문에 플로리다 전역의 카운티들은 개별적인 구성을 사용해왔다. 일부는 중앙에 한 줄로 쭉 구멍이 들어가 있고 좌우로 후보자들의 이름이 혼란스럽게 적힌 그 유명한 '나비' 디자인을 활용했다. 개표 결과 동점이 나와 재개표가 이루어지는 동안—첫 번째 총계에서 1,784표 차이—크게 놀란 세계는 '매달린 종잇조각'(투표용지에 구멍을 뚫었을 때 떨어져 나와야 하는 종잇조각이 완전히 나오지 않고 매달려 있는 것을 가리킴. 이 매달린 종잇조각이 있는 투표용지를 유효표로 간주할 것인지가 논란이 됨-옮긴이), '부풀어 오른 채 달려 있는 종잇조각', '움푹 들어간 종잇조각'처럼 구멍이 완전히 뚫리지 않아 유권자의 의사를 파악하기 위해 자세한 검증이 필요한 투표용지를 가리키는 신조어를 쏟아냈다. "우리는 종잇조각을 토대로 사람들의 의사를 파악하고 있습니다." 한 관계자가 격분하여 딜레마를 설명했다.

미국 대법원이 즉각 2000년 12월 12일에 재검표를 종료시켰고 날카롭게 분열된 판결과 함께 조지 W. 부시가 537표 차이로 승자로 결정됨으로써 대통령이 되는 데 필요한 선거인단을 확보할 수 있었다. 즉각 전국에 선거 개혁을 요구하는 목소리가 번져나갔고 종이의 흔적을 남기지 않는 터치스크린 기계가 널리 도입됐다. 절차의 정확성을 증명하는 업체의 말에만 전적으로 의존하게 된 것이다. 2006년에 이르러 전국 유권자의 약 30퍼센트가 전자기기를 사용하게 되었지만 수정 위험에 취약하다는 결론이 나왔고 대부분 컴퓨터가 읽을 수 있는 컴퓨터용 사인펜으로 표시하는 '광학 스캔 투표용지'로 교체됐다. 던져진 모든 표에 대한 검증된 기록이 종이로 제공되는 것이다.

역설적이지만 놀라운 방향 전환은 플로리다에서 가장 극적으로 나타났는데, 2000년의 사건 이후 곧바로 도입된 터치스크린 기계가 2008년에 다시 교체된 것이다. 찰스 J. 크리스트Charles J. Crist 주지사의 촉구가 계기로 작용했다. "투표를 할 때는 투표에 대한 기록을 남길 수 있어야만 합니다." 그는 델레이 비치에서 열린 집회에서 말했다. "별로 복잡하지 않습니다. 실은 상식입니다. 가장 중요한 것은 그게 올바른 일이라는 것입니다."

파괴되어야 하는 종이

오늘날의 황제는 단순한 진리에서 결론을 도출해냈다. 종이 위에 존재하지 않는 것은 전혀 존재하지 않는다는 것이다.

—체스와프 미워시, 노벨 문학상 수상작 「사로잡힌 마음」

1979년 11월 4일, 테헤란에 있는 미국 대사관이 이란의 무장 세력에 의해 점령당하여 전 세계에 충격을 안겼다. 이는 워싱턴에도 엄청난 당혹감을 선사했고 지미 카터 대통령의 재선 실패를 가져왔다. 444일 동안 포로로 붙잡혀 있던 미국인 52명은 1981년 1월 19일, 로널드 레이건 대통령이 취임하고 얼마 지나지 않아 자유의 몸이 됐다. 9개월 전에 실시한 구출 작전이 실패해 미군 여덟 명이 사망하는 안타까운 사고가 있기는 했다. 세계 최대 강국에 씻을 수 없는 수치심을 안긴 사건이었다. 하지만 그 사건이 가져온 또 다른 재앙이 있었으니, 중요한 기밀문서가 소실된 것이었다. 대사관 직원들은 이란인들에게 포로로 붙잡히기 전에 기밀문서를 알아볼 수 없도록 미친 듯이 분쇄했다.

그러나 정보기관 관계자들이 미처 떠올리지 못한 가능성이 있었다. 복잡한 페르시아 카펫을 만드는 이란의 베테랑 카펫 제작자들이 분쇄된 종잇조각을 꿰맞추어 읽을 수 있는 상태로 복구하리라는 것을. 그리고 '이맘스 라인Imam's Line'의 무슬림 대학생 추종자들이 그것을 복사하여 무려 70권에 이르는 『미국 대사관의 문서』를 발행하리라는 것을. 조지 워싱턴 대학교의 국가안보문서보관소의 말콤 바이런Malcolm Byrne 소장이 조소의 의미가 섞인 감탄을 자아냈다. "수세기 동안 약 2.5센티미터로 400번의 매듭을 꼬아온 문화권 사람들에게 그것은 식은 죽 먹기였을 겁니다."[1] 게다가 당시의 문서 분쇄 방식이 일을 더욱 쉽게 만들었다. 오늘날 정부기관에서는 민감한 문서를 분쇄할 때 잘게 자르는 방식을 이용하지만, 당시에는 그저 한 번 길게 자르는 방식이었던 것이다.

사무기기 중 하나인 문서 세단기[2]가 처음 등장한 것은 그리 오래되지 않았다. 뉴욕 주 호스슈에 사는 발명가 애벗 어거스터스 로Abbot Augustus Low가 1909년에 특허를 받았다. 그러나 그가 처음 생각해낸 '폐지 용기'의 개념은 1935년에 이르러 독일인 공구제작자이자 반나치 선전물을 유포하는 정치운동을 활발하게 펼치던 아돌프 에인저Adolph Ehinger가 자신의 인쇄소에 남은 인쇄본을 사람들의 눈을 피하기 위해, 다른 이들이 읽지 못하도록 만들기 위해 면발 뽑는 기계에서 착안하여 크랭크로 돌리는 기계장치를 만들면서 빛을 보게 됐다. 그것이 잘 팔릴 만한 물건이라고 생각한 에이저는 종전 후 은행과 법률사무소, 정부기관에 세단기를 판매하는 EBA 마시넨파브릭이라는 회사를 설립했다. 이 회사는 오늘날 EBA 크뤼그 앤 프리에스터 GmbH 앤 코의 일부로 한 시간에 454킬로그램의 종이를 분쇄할 수 있는 대용량 세단기를 생산하고 있다.

신분 절도와 의학 및 금융 기록 같은 데이터 보호에 대한 우려가 커지면서 미국에서는 많은 업체가 문서를 원치 않는 하드 드라이브와 디스크를 제거해주는 다양한 기계를 생산하고 있다. 후자의 경우 '정보 폐기', 즉 해당 산업 분야에서는 '분쇄'라는 새로운 부문에 속한다. 쓰레기가 해로운 정보 유출의 비옥한 사냥터라는 사실에 대한 불안감이 점점 커지면서 문서를 안전하게 파기할 수 있는 서비스 산업이 호황을 누리게 됐다. 기업들이 완전한 비밀이 보장되는 엄격한 '기록 관리의 연속성'을 제공하는 동시에, 분쇄기가 장착된 한 무리의 트럭을 불러다 원하지 않는 문서를 그 자리에서 파기하는 모습을 쉽게 볼 수 있다. 해당 업계의 대표적인 기업인 슈레딧 인터내셔널의 광고에서는 "당신이 무심코 던진 메모가 생각보다 큰 대가를 초래할 수 있습니다"라고 경고한다.

문서 세단기 같은 물건이 존재한다는 사실이 일반 대중에 알려진 것은 1974년 워터게이트 사건의 청문회에서였다. 민주당 전국위원회 본부에 침입한 백악관의 '배관공' 중 한 사람인 G. 고든 리디가 2년 전 처음 체포되었을 때 사무실로 가서 모든 문서는 물론이고 불법 행위에 필요한 자금으로 지급된 100달러짜리 지폐까지 포함해 전부 슈레드 마스터 400에 집어넣었다는 사실이 밝혀졌을 때였다. 10년 후 그와 비슷하게 악명 높은 사건이 밝혀졌는데, 레바논에서 테러리스트 단체 헤즈볼라에 인질로 붙잡힌 일곱 명의 미국인을 석방하기 위한 미국 정부의 은밀한 작전에 관련된 핵심 서류가 해병대 올리버 L. 노스 중령의 지시로 파기됐다는 사실이 밝혀졌다. 노스 중령은 레이건 정부의 보좌관으로 이란-콘트라 사건으로 알려진 이 사건의 책임자였다. 그는 1987년에 합동조사위원회 앞에서 사법부 요원들이 인접객실에서 다른 자료를 검토하고 있을 때 교차식 세단기인 슐라이허 인티머스 007S로 중요 문서를 파기했다고 진술했다. "그들은 그들이 할 일을 하고 있었고, 나는 내 일을 하고 있었다"[3]라고 노스는 말했다.

약간 희극적인 위안을 준 것은 노스의 비서인 호리호리한 금발 여성 폰 홀이 일부 문서를 변경했고 세련된 가죽 부츠 안과 옷 속에 숨겨서 구 행정부 건물에서 빼돌렸다고 인정한 것이었다. 그녀는 "원본을 변경한 흔적을" 완전히 지우고 가짜 서류로 대신 채워 넣지 않은 것이 가장 큰 "실수"였다고 말했다.[4] 그녀는 자신이 저지른 불법 행위에 대하여 대수롭지 않다는 듯이 특히 소비에트 연방 요원들이 염탐할 수 있으므로 "1급 비밀, 민감한, 비밀 자료들이" 유포되는 것을 막기 위해서는 "때로 성문법을 어겨야 할 때도 있다"고 털어놓았다. 이에 상원위원 워렌 B. 러드맨은 정색한 얼굴로 "당신을 쫓는 것은 KGB가 아니라 FBI였습니다"라고 말했다.

문서 세단은 2002년에 다시 1면 기사에 올랐다. 컨설팅 기업인 아서 앤더슨 LLP의 회계사 두 명이 엔론 사태의 원인이 된 감사보고서를 파기한 혐의로 연방 법정에 서게 된 것이다.[5] 엔론의 간부들은 진실을 감추기 위하여 "그냥 버리지 마세요. 파기하세요"라는 신조를 내세운 '문서 관리' 업체 슈데드코를 이용한 사실이 밝혀졌다. 이 사건의 여파로 상원의원 폴 사베인즈와 하원의원 마이클 G. 옥슬리가 발의한 사베인즈—옥슬리법[6]이 통과됐다. 이는 "그 어떤 기록과 문서 또는 유형의 것을 미국 정부 부처가 관할하는 문제의 조사 또는 올바른 행정을 지연시키거나 방해하거나 영향을 끼칠 목적에서 고의로 수정, 파기, 훼손, 은폐, 조작, 허위 기재하는" 사람에 대하여 형사 처벌할 수 있도록 하는 내용을 담고 있다.

이렇게 종이와 관련한 명백한 범죄가 많이 일어났지만, 동독의 비밀 경찰이 40년 동안 수집한 공산당 법률의 외설스러운 서류 일체가 곧 들어설 새로운 정부의 손에 넘어가지 않도록 1989년 10월에 실시한 광적인 조치에 비하면 미미하다. 슈타지Stasi라고 알려진 악명 높은 동독의 감시기관 국가보안부는 베를린 장벽이 무너지기 얼마 전부터 헤라클레스가 아우게이아스의 축사를 청소한 것과 같은 일을 시작했다 (헤라클레스는 태양신의 아들 아우게이아스의 축사를 단 하루 만에 청소하고 약속을 지키지 않은 그를 죽였다. 여기에서 '아우게이아스의 축사를 청소하다'는 말은 '적폐를 일소하다'를 뜻하게 됐다─옮긴이). 하지만 제우스의 아들 헤라클레스가 기적적으로 단 하루 만에 축사를 깨끗하게 청소한 것과 달리 독일의 시도는 3개월을 쓰고도 시간 부족으로 완성되지 못했다.

독일의 대표적인 시사주간지 《슈피겔》이 '공포 서류horror files'[7]라고 이름 붙인 1급 비밀문서는 동베를린의 슈타지 본부 지하실에 마련된 약 200킬로미터에 이르는 빽빽한 철제 선반에 보관되어 있었다. 1.6킬로미터마다 약 1,700만 장의 종이가 포함됐다. 전체 파기는 엄두도 내지 못할 만큼 엄청난 양이었다. 담당자들에게 '찢어버리는 늑대'라는 애칭으로 불리던 거대한 세단기가 쉬지 않고 돌아가는 동안, 초조한 요원들은 손으로 종이를 찢어야만 했다. 이렇게 전원이 동원된 작전이 1990년 1월에 끝날 무렵에는 4,500만 장의 종이가 6억 조각으로 찢어졌지만 아직 문서기록의 98퍼센트는 손도 대지 못한 채였다. 이제 정부의 부패함이 수면으로 떠오르기 시작했다.

슈타지는 에리히 밀케 장관의 지시 하에 체계적으로 600만 명의 민간인에 대한 정보를 수집했다. 이는 당시 독일민주공화국(동독)의 3분의 1에 해당하는 인구였다. 대부분의 정보는 17만 5,000명이나 되는 민간인 정보원들에게 조달됐다. 남편이 아내를, 아내가 남편을, 자녀가 부모를, 의사가 환자를, 성직자가 신도에 대해 보고하는 경우도 있었다. 요주의 인물에 대한 개인적인 정보가 모조리 전달됐다. 1992년에 독일 의회는 비밀 감시의 대상이 된 사람들이 자신에 대한 문서에 접근할 수 있도록 하는 법안을 통과시켰다. 자신에 대해 어떤 정보가 수집되었는지, 또 누가 밀고했는지는 피해자들에게 고통스럽고 공포스러운 일이었지만. 이 일이 언론에 보도되자 대중은 격분했고 갈가리 잘려진 채 미처 소각되기 전에 압수당한 1만 6,250개의 쓰레기봉투에 담긴 문서들을 복구시키자는 목소리가 커졌다.

1995년에 잘려진 문서 조각을 복구하기 위해 30명의 공무원으로 이루어진 팀이 꾸려졌다. 그들이 사용한 도구는 접착테이프와 핀셋, 돋보기였다. 12년의 노력 끝에 440개 봉투분의 문서가 조립됐다. 시도는 좋았지만 그 속도라면 400년이 걸려야 완성될 터였다. 파기보다 훨씬 더 힘든 일이었다. 이에 본(독일연방공화국의 행정부 소재지-옮긴이) 정부는 더욱 신속한 처리 방법을 요청했다. 2007년에 국가 및 민간 고객과 일하는 비영리 연구단체 프라운호퍼 생산 시스템과 디자인 기술 연구소가 패턴 인식 기계 이퍼즐러ePuzzler로 특허를 받았고[8] 그것을 이용해 2012년까지 완수하기로 850만 달러의 시범 프로젝트 계약을 맺었다. 설계자들에 따르면 스캔 장치인 이퍼즐러는 찢어진 종잇조각의 질감과 모양, 색깔, 두께, 활자체, 윤곽선, 구성을 분석하여 온전한 종이면의 수치화된 이미지를 만들 수 있다.

슈타지가 찢긴 종잇조각을 임의적으로 여러 봉투에 넣지 않았다는 것이 엄청난 행운이었다. 그 덕분에 전문가들은 함께 발견된 종잇조각들이 함께 분쇄된 것이라고 추측할 수 있었다. BBC는 2012년 9월에 400 자루분의 문서가 테스트 단계에서 성공적으로 조립되었으며 그 프로젝트가 계속 진행될 예정이라고 보도했다. 그리고 프랑스의 AFP 통신사에 따르면 본 정부가 제한적인 대중적 접근을 허가한 이후 20년 동안 300만 명에 가까운 독일 시민들이 슈타지 문서의 열람을 신청했다. 이 모든 사건에서 정부 관료들이 배운 교훈이 있다면 문서를 불태우거나 메릴랜드 포트 미드의 국가안전보장국 본부에 마련된 절차에 따라 현장에서 펄프화하는 방법만이—이 책의 집필을 위해 방문하여 산업용 펄프 공정을 볼 수 있었다—완전한 보안을 보장해준다는 사실이었다. 이 방법은 폐기될 문서를 재사용할 수 있는 섬유로 바꿔줄 뿐만 아니라 환경에 책임을 지는 길이기도 하다. 웹사이트에 따르면 국가안전보장국은 연간 재활용을 통하여 남부 소나무 2,200그루에 해당하는 섬유를 절약하고 있다.

나는 잘 알려져 있지 않은 이 기관이 연간 60억 달러에서 100억 달러 사이의 예산으로 공중파를 통해 전 세계로 날아가는 수백만 건의 전자상 거래를 감시한다는 사실에 매료됐다. 또한 메릴랜드 주 포트미드의 바로 외곽에 위치한 국립암호박물관의 관장과 그곳의 역사에 대해 이야기 나눌 기회가 닿아서 몹시 기뻤다. 국가안전보장국이 지금까지 이룬 업적에 여러모로 종이가 기여했다는 점에서도 적절한 기회라는 생각이 들었다. 한 예로 오늘날까지 비밀정보를 주고받는 가장 확실한 방법으로 평가받는 1회용 암호표one-time pad(부호가 담긴 암호책 형태로 되어 있으며 무작위 열쇠를 사용해 풀 수 있다—옮긴이)가 있다.

그러나 무엇보다 나는 국가안전보장국이 더 이상 필요하지 않게 된 민감한 문서를 어떻게 다루는지 알고 싶었다. 그곳의 펄프 공정을 구경하고 싶어 하는 내 열정을 누그러뜨리려는 듯 국가안전보장국의 대외 담당자는 "일반 펄프 공장하고 똑같습니다"라고 말했다. 견학 요청을 한 지 7개월 만에 허가가 떨어졌다. 내가 방문할 당시 물류 업무를 책임지고 있던 크레이그 하먼Craig Harman에 따르면 기본적으로 국가안전보장국의 펄프화 작업은 "사무용 종이로 저등급 펄프를 생산하는 것이지만" 종합적인 '임무'는 연간 1억 개에 해당하는 매우 민감한 문서를 안전하고 체계적으로 처리하는 일이다. 이는 1980년대와 1990년대 초반에 비해 30퍼센트 줄어들긴 했지만, 정부 각 부처가 전자 문서를 대안으로 활용하는 경우가 증가하고 있다는 점으로 볼 때 여전히 상당히 많은 분량이다. 국가안전보장국의 암호 해독학자들에 의해 만들어진 문서의 10퍼센트만이―전 세계에서 가장 큰 수학자 인력 풀이라고 알려져 있다―영구적으로 보존된다. 나머지는 펄프화로 처분된다. 상당히 믿을 수 있는 방법이기에 국가안전보장국은 다른 정보기관에서 들어오는 트럭 약 10대 분량의 비밀 서류를 처리한다. 같은 지역에 위치한 국방부에서만 연간 2,721톤의 서류가 들어오는데 하루 약 12톤이 된다.

정부회계국의 공식 보고서에 따르면 국가안전보장국이 작성하는 민감한 비밀문서의 양은 연방정부의 부처를 "전부 합친 것보다" 많을 것이다. 제임스 뱀포드James Bamford는 저서 『수수께끼의 궁전』에서 "중앙정보부와 국무부, 국방부, 그 외의 정부기관을 전부 합친 것보다 많은 비밀을 안고 있는 국가안전보장국은 지구상에서 가장 거대한 비밀을 가지고 있을 것이다"[9]라고 했다. 이 비밀들은 점점 컴퓨터로 관리되는 추세지만 데이비드 칸David Kahn은 저서 『암호 해독자들 The Codebreakders』에서 강조했고 나와의 전화 인터뷰에서도 펜과 종이가 여전히 암호 해독에서 필수적인 도구임을 다시 확인해주었다. "암호 해독자들은 암호를 풀 때 네모 칸이 쳐진 종이에 색연필로 적고 페이지를 섞어 중요한 패턴을 찾고 동료들과 상의도 하고 커피를 마시며 휴식 시간을 가집니다"[10]라고 하루 일과를 전했다. "집중하는 동안 때로 갑자기 돌파구를 찾아 기쁨의 비명을 지르곤 하지요. 평범한 분야에 종사하는 사람들보다 좋은 점이 하나 있다면 집에 일거리를 가져갈 수 없다는 겁니다."

더 이상 유용하지 않게 된 종이들은—암호 해독 전문가들의 작업량 중에서 대부분을 차지한다—표준 절차에 따라 국가안전보장국 캠퍼스 곳곳에 있는 52개의 '드롭 슈트drop chute'(콘크리트의 흐름을 제한하거나 이끄는 장치—옮긴이)에서 처분된다. 크레이그 하먼은 펄프 작업 시설이 있는 곳으로 이동하는 차 안에서 "우리의 임무는 비밀 해제입니다"라고 강조했다. 펄프화 시설은 국가안전보장국의 심장부를 이루는 불투명한 유리로 된 으스스해 보이는 네 개의 건물로 이루어진 복합건물에서 약간 떨어진 곳에 있었다. 펄프화 작업은 지원 활동 건물 한 곳에서 이루어졌다. 바깥에 SAB2라는 명칭이 적혀 있는 그곳은 여느 종이 재활용 공장과 똑같았다. 세계 그 어느 곳에서도 따라할 수 없는 작업이 이루어진다는 점만 빼면 말이다.

신문이나 기업의 스프레드시트가 컨베이어 벨트에 의해 거대한 깔때기로 옮겨지는 대신, 수천 개에 이르는 극비 문서들이 다른 형태로 재탄생되는 공정을 거친다. 하만은 "종이는 소각 폐기용 문서 자루에 담겨 우리에게 보내집니다"라고 말했다. 하지만 물에 녹지 않아 다른 방법으로 처분되어야만 하는 경우에만 소각이 이루어진다. 내가 공장으로 들어섰을 때 그날 처분될 문서가 '공기압 수송시스템'을 통해 도착했다. 이것은 직원들 사이에서 흔히 '흡입 파이프suck pipe'로 알려진 지하 터널망인데, 터빈으로 가동되는 진공이 시속 97킬로미터 속도로 문서 자루를 빨아들인다. 이 자루들은 공장에 도달하는 짧은 시간 동안에 부서져 내용물이 개별적인 종이 상태로 도착한다. 공장 안을 둘러보는 동안 나는 뒤로 물러서야 했는데, 지역의 다른 '고객'으로부터 도착한 트럭이 줄지어 들어왔기 때문이었다. 겉으로는 아무런 표시도 되어 있지 않은 그저 평범한 폐기물 처리 운반 트럭처럼 보였고 짐을 내리고자 줄지어 서 있었다.

관제실 안에는 기술자 한 명이 도식적인 정보가 나타난 '슈트 스크린' 앞에 앉아 자루의 움직임을 일일이 살피고 있었다. 어느 '투하 지점'이 언제 열리는지, 각 단계마다 진행되고 있는 모습을 감시했다. 중요한 것은 대개 22×28센티미터 규격의 사무용 본드지로 이루어진 문서들이 분쇄되지 않는다는 점이다. "섬유를 보존하기 위해서입니다"라고 하먼이 설명했다. 계약업체에게 판매할 수 있는 상업용 펄프 생산이 부수적인 목표이기 때문이었다(내가 방문했을 당시에는 목재 및 종이 생산업체인 와이어하우저가 계약업체였다). 그것으로 피자나 계란 포장 상자, 등급이 낮은 재활용 종이 포장지 등 다양한 제품이 만들어졌다.

따라서 종이를 분쇄하는 대신 3만 8,000리터의 전기 펄퍼로 희끄무레한 반죽을 만든다. 처음에는 90퍼센트가 물이고 10퍼센트가 종이지만 공정이 계속 진행되어 물을 빼내는 작업이 이루어지면서 구성비율이 반대로 바뀐다. 마지막 단계에 이르면 900킬로그램의 펄프 꾸러미로 바뀌어 화물 적재 플랫폼의 활주부에 놓이면 민간 세계에서 평범하게 사용될 준비를 한다. 화물 적재 플랫폼에서 나의 견학은 끝이 났고 특별했던 그날 아침을 기념하는 물건 두 개를 받았다. 하나는 한쪽에 국가안전보장국의 휘장이 그려져 있고 반대쪽에는 "우리는 무너지지 않을 것입니다. 예전에도 그랬고 앞으로도 절대로"라는 국가안전보장국의 표어가 적힌 작은 메달이었다. 또 하나는 지퍼락에 담긴 몇 그램의 펄프였다. 한때 거기에 담겨 있던 정부의 극비 정보는 이제 완전히 지워져버렸다.

미국의 쓰레기 폐기장에서 모은 신문지와 파지를 중국에서 대량생산되는 제품들의 포장용 판지로 바꿔 세계적으로 부유한 기업가가 된 여성이 있다. 중국의 육군 장교의 딸 장인Zhang Yin[11]은 1980년대 중반에 자신이 회계사로 일하던 홍콩의 종이 수입업체가 파산하자 새로운 일이 필요했다. 그런 그녀에게 완벽한 행운의 기회가 찾아온 것 같았다.

당시 30대였던 그녀는 다른 회사에 취직하는 대신, 타이완 출신 의사인 남편과 1990년에 캘리포니아에서 자신의 운명을 개척했다. 저축해놓은 3,800달러로 아메리카 청 남이라는 회사를 설립한 것이다. 부부는 포모나에 있는 아파트를 사무실 삼아 중고 닷지 캐러밴 자동차를 타고 미국 전역을 돌아다니며 파지를 구입하여 중국으로 보냈고 그것은 폭발적인 경제 성장과 더불어 '재활용' 섬유를 필요로 하는 제지업체들에 팔렸다.

중국의 경제 성장에 아킬레스건이 있다면 목재 펄프가 자국에서 충분히 공급되지 못한다는 점이다. 목재 펄프는 중국이 북아메리카에 수출하는 것보다 수입하는 것이 훨씬 많은 분야다. 이는 1958년부터 1962년까지 실시된 대약진 정책을 통해 정신없이 바쁘게 산업화가 이루어진 때부터 시작됐다. 당시 비극적인 결과를 가져온 계획들이 실시되었고 그중에는 무분별한 원시림 파괴도 포함됐다. 체계적인 환경 보호 계획도 없는 데다 중앙정부의 장려로 수백만 그루의 나무가 벌목되어 전국에 급조된 용광로의 연료로 쓰였다. 나무가 잘려나간 자리에는 침식 현상이 일어났고 기아의 원인이 되어 최대 3,000만 명의 목숨을 빼앗아갔다. 국내에서 목재가 공급되지 못하자 중국은 세계 최대의 펄프와 목재 수입 국가가 될 수밖에 없었다. 브라질과 인도네시아 같은 나무 수출국에 거대한 수송선을 보냈다. 부두에서 해외로 보내지기 전에 항해 공간을 최대화하기 위하여 통나무를 잘라냈다.

장이 거둔 엄청난 성공은 중대한 수요를 알아차리고 그것을 활용하는 독창적인 전략을 수립한 통찰력 덕분이었다. 그녀는 고물상과 쓰레기 폐기장에서 산더미 같은 신문지와 파지를 사들여 중국 배편으로 보냈다. 미국에 화물을 내려놓고 빈 몸으로 돌아가는 배들이었다. 미국의 공급자들은 폐기물을 처리할 수 있어 만족이었고 중국 배들은 특혜 운임을 받고 '판지 여왕'과(그 밖에도 장에게는 '종이 여왕', '쓰레기 여왕', '폐지 여제' 등의 별명이 붙었다) 거래를 할 수 있어 만족이었다.

1995년에 장은 중국에 재활용 섬유 중개업체인 나인 드래곤스 페이퍼를 설립했고 3년 후에는 직접 판지를 생산하기 시작했다. 2010년에 이르러 그녀의 회사는 중국의 네 개 경제지역에 공장을 두고 연간 900만 톤 가까이 되는 판지를 생산하게 됐다. 그리고 창립 15주년 이내에 중국 최대, 그리고 세계 5위 안에 드는 판지 포장지 제조업체로 발돋움했다. 상하이판 《포브스》로 중국의 부유한 기업가 순위를 매기는 '후룬 보고서Hurun Report'에 따르면 2010년에 장의 개인 재산은 56억 달러였다. 2007년 3월에 홍콩 주식 거래소에 상장된 나인 드래곤스 페이퍼의 주가는 6개월 만에 네 배로 뛰었다. 장은 기자회견에서 "중국의 제조업체들은 파지가 절실하게 필요했다"라고 말했다. "남편과 단둘이 시작한 사업이었고 영어도 한마디 하지 못했다. 처음부터 배워야만 했다. 사람들은 파지를 그저 쓰레기로 봤지만 나에게는 나무숲으로 보였다. 내가 한 일은 필요를 충족시켜준 것뿐이다."

세계의 관심이 '초록green'으로 기울어졌을 때—이 초록이라는 말은 짧은 기간 안에 새롭고 그윽한 의미를 얻었다. 이제 초록은 더 이상 구역질이나 질투가 아닌 환경 의식의 은유로 사용되고 있다—처음으로 재활용 원료에 크게 의존해 만들어진 제품이 종이라는 사실은 꼭 짚고 넘어갈 만하다. 앞에서 살펴보았듯이 중국에서는 초기에 해진 어망이 펄프로 사용되었고 그 후로 여러 세기 동안 중국, 유럽, 북아메리카에서 면과 리넨 넝마가 선택됐다. 오늘날 종이는 펄프와 넝마가 함께 쓰이는 것으로 돌아갔다. 내가 환경 보호의 의미로 유행하기 몇십 년 전부터 '녹색' 방식을 추구해온 기업 마칼 페이퍼 밀스를 방문하기로 한 것도 그 때문이었다.

2012년에 코네티컷 주 그리니치에 위치한 아틀라스 홀딩스의 계열사인 사운드뷰 페이퍼에 합병된 마칼 페이퍼 밀스는 1932년에 시칠리아 이민자에 의해 설립됐다. 창업자 마칼이 패터슨에서 얻은 첫 번째 직업은 주급 2달러를 받는 기계 기술자의 견습생이었다. 그 후 그는 인근의 이스트 패터슨에—1973년부터 엘름우드 파크로 알려짐—전통적인 방법으로 종이 제품을 만드는 작은 회사를 차렸다. 숲과 목재 펄프 산업계에서 공급받는 섬유로 종이를 만들었지만 제2차 세계대전 때문에 섬유 공급이 제한되어 부족해지자 니콜라스 마칼러스Nicholas Marcalus는 대안을 찾기 시작했다. 동명의 손자이자 3대째 사장을 맡고 있는 니콜라스 마칼러스는 뉴저지 주 버겐 카운티의 《레코드》와의 인터뷰에서 "할아버지에게는 뉴욕 시가 콘크리트 숲이었습니다"[12]라고 했다. 2009년에 직접 방문해보니 곧바로 분명히 알 수 있었다. 새로운 소유주들이 스몰 스텝스라는 화장지 브랜드를 신설하고 '초록 지구를 위한 작고 쉬운 걸음'이라는 표어를 도입하여 회사 역사상 처음으로 반세기 전에 자사의 모든 제품을 위하여 도입한 특징을 활용하는 것이었다.

이 책을 위하여 방문한 모든 제지공장과 마찬가지로 마칼 페이퍼 공장을 방문했을 때도 다양한 디자인과 구성으로 된 전기 펄퍼가 검증된 방법을 통하여 셀룰로오스 섬유를 두루마리 종이로 바꾸는 과

정부터 시작되었는데, 약간의 차이가 있었다. 마칼에서는 재료를 준비하는 곳 옆에 나무 조각이나 면, 아마 같은 일반적인 펄프 재료가 아니라 약 6미터의 높이로 판매 카탈로그와 슈퍼마켓 전단지, 잡지, '유통되지 않은 우편물'—제지업계에서 배달되지 않은 광고 우편물을 가리키는 말이다—무더기가 놓여 있었다. 또한 컴퓨터 인쇄물, 사무실 보고서 등 맨해튼과 뉴저지 북부의 콘트리크 협곡에 근무하는 직장인들이 21세기의 사무용 건물에서 흔해져버린 파란색 플라스틱 쓰레기통 속으로 버리는 모든 종이가 그야말로 산더미처럼 쌓여 있었다.

당시 마칼의 연구개발 책임자이자 상무인 랜달 술리가Randall Suliga[13]가 공장 투어를 시작하며 말했다. "우리가 만드는 화장지에는 나무가 전혀 사용되지 않습니다. 100퍼센트 재활용 섬유로 만듭니다." 나는 키친타월, 냅킨, 화장지 등 그날 아침에 생산되는 다양한 제품을 위한 '혼합물'을 공급하는 여러 통에 적힌 약어가 무슨 뜻인지 묻지 않을

뉴저지 엘름우드 파크에 있는 마칼 페이퍼 밀로 옮겨진 맨해튼 사무실 빌딩에서 수거한 폐지들. 이곳에서 종이가 재활용되어 화장지와 키친타월로 만들어진다.

수 없었다. 그의 설명에 따르면 'COW'는 '깨끗한 사무용 쓰레기'를, 'ISG'는 '용해되지 않는 접착제'가 포함되어 특별한 주의가 필요한 원료를, 그리고 '차도 가장자리'는 말 자체로 설명이 됐다.

마칼 페이퍼 공장에서는 신문지를 볼 수 없는데, 신문지는 신문용지와 판지를 생산하는 업체에 넘긴다. 술리가는 "신문지의 섬유는 우리의 용도로는 너무 거칩니다"라고 설명했다. 하지만 책은 사용 가능했다. 물론 양장 제본은 미리 떼어내야 한다. "우리는 전화번호부를 좋아합니다. 롱아일랜드의 우체국과 생산 중단된 우표를 펄프로 활용하는 계약을 맺었습니다." 술리가는 2006년에 출간 예정일을 바로 앞두고 대중의 분노로 취소된 O. J. 심슨의 회고록 『만약 내가 죽였다면』을 어디에서 재활용했는지는 모르겠지만, 하퍼 콜린스가 인쇄해놓은 40만 부의 책이 위생 용도를 위해 재탄생됐다면 "엄청나게 많은 화장지"를 만들 수 있는 분량이라고 했다. 책 한 권의 무게가 1킬로그램이라고 할 때 전부 합하면 400톤이므로 그것은 "마칼에서 하루에 사용되는 파지의 양"이었다.

마칼은 오직 재활용한 종이로만 제품을 생산하기 때문에 연간 200만 그루의 나무를 보호할 수 있다. 뉴저지 공장은 하루에 400~425톤의 종이를 생산하고 파세익 강에서 끌어오는 760만~1,140만 리터의 물을 사용한다. "재활용으로 생산되는 종이 1톤마다 2만 6,500리터의 물을 아낄 수 있습니다. 즉, 우리는 재활용을 통해 연간 380억 리터에 가까운 물을 절약하고 있어요. 모든 시설을 최대 속도로 가동하면 하루에 화장지 100만 롤을 만들 수 있습니다." 술리가는 다른 업체들은 재활용된 종이를 특정한 정도로만 사용하지만 마칼은 업계의 대표주자들 중에서 모든 공정에서 나무 섬유를 일체 사용하지 않는 유일한 곳이며 그것이 1950년부터 시작됐다고 지적했다. 마칼은 킴벌리-클라크나 프록터 앤 갬블, 조지아 퍼시픽 같은 거대 업체는 아니지만 미국 화장지 제조업체 10위 안에 들 만큼 존재감이 있다. 비록 화장지의 부드러움은 어느 정도 포기해야 했지만 나무를 아끼는 데 전면적으로 헌신하는 이 회사의 방침 덕분에 이 브랜드를 선호하는 소비자들이 많다.

《보그》나 《GQ》, 《배니티 페어》 등 광택 있는 잡지의 경우, 독특한 성질과 촉감을 내주는 클레이 같은 첨가제를 제거하는 과정이 필요하다. "잡지의 품질에 따라서 화장지를 만드는 데 적합하지 않은 부분이 중량의 20~40퍼센트가 됩니다. 매끄럽게 코팅된 종이 표면과 고급 잡지의 두꺼운 페이지들은 잡지 무게 1톤당 추출되는 섬유의 양이 떨어지거든요. 펄프화하기 전에 클레이 같은 첨가제를 전부 제거해야만 합니다." 이처럼 '진정한 폐기물'인 버려진 잡지는 마칼에서 펄프화되어 산업용 액체를 닦거나 가축을 위한 생분해성 깔짚을 만드는 데 사용되는 흡수성 제품으로 재탄생되어 카오핀이라는 이름으로 판매되고 있다.

술리가는 종이와 화장지 제품의 미백을 위하여 마칼에서는 염소 표백제를 일절 사용하지 않고 차아황산나트륨을 주재료로 하는 독점적인 공정이 이루어진다. "매우 뜨거운 물로 섬유를 세탁하고 분리하고 다듬고 하는 일련의 단계를 거칩니다. 업체마다 조금씩 다른 부분이 있어요. 그래서 제지기는 지문과 같다고 하는 겁니다. 똑같은 종이를 만들어내는 기계는 없거든요. 진정한 제지기술자라면 종이를 보고 어느 공장에서 만들었는지 알 수 있습니다. 일반인에게는 그 차이가 절대로 보이지 않겠지만요."

술리가는 진정한 제지업자는 끊임없이 변화하는 재료를 다루는 '예술가'라고 표현했다. "알다시피 이곳에서 사용되는 최고의 원료는 쓰레기입니다. 날마다 혼합 비율이 달라집니다. 하루는 잡지, 사무실용 폐기물, 시내 거리의 쓰레기 중에서 뭔가가 더 많이 들어가고 또 다음 날은 그 비율이 바뀌죠. 이렇게 날마다 끊임없이 변화가 일어나지만 소비자가 원하는 똑같은 제품을 만들어냅니다. 제대로 되지 않으면 소비자가 우리 종이를 구입하지 않을 테니까요. 활엽수재, 침엽수재, 물푸레나무, 단풍나무 등 24시간 내내 공장으로 들어오는 각기 다른 섬유를 어떻게 다루어야 하는지 알아야만 합니다. 조합이 바뀔 때마다 알아서 작업을 해야 하기 때문이죠. 그래서 우리는 다양한 조합을 해보기 위해 폐지를 따로 남겨둡니다. 그걸 '양념'이라고 부르죠. 변화가 필요한 경우 우리 기술자들이 그 자리에서 양념을 넣어 조정을 합니다. 그래서 종이를 만드는 일을 예술이라고 하는 겁니다."

종잇값과 액면가

구두로 맺은 계약은 그 내용을 적는[1] 종이만큼의 가치도 없다.

　　　　　　　　　　　　　　　—영화 산업계의 거물 새무얼 골드윈(1879~1974)

지폐, 지폐

엽록소로 코팅된 그저 작은 종잇조각

　　　　　　　　　—레이 찰스의 노래 「지폐Greenbacks」 가사 중에서, 1955년

　　내용이 적히는 종이만큼의 가치도 없는 것들이 있다는 상투적인 말에 자극 받은 일종의 '보여주고 설명하기'처럼 나는 2009년 초에 이베이eBay에서—물론 최대한 저렴한 가격으로—근대에 엄청난 불경기를 일으킨 약간 기이한 인플레이션 화폐를 구입하기로 했다. 지난 세기

의 가장 유명한 본보기는—애초에 나의 시도에 시동을 걸기도 한—
제1차 세계대전 이후에 바이마르공화국(1918년 11월 혁명 후 성립해 1933년
나치 정권 수립까지 독일공화국의 통칭-옮긴이)이 발행한 독일의 마르크화일
것이다. 당시 일간신문 한 부를 사려면 외바퀴 손수레에 가득 담긴 갓
찍어낸 지폐로도 모자랐다. 1914년에 유럽에 전쟁이 터지기 전에 독
일 화폐의 가치는 영국의 실링, 프랑스의 프랑, 이탈리아의 리라와 동
일했다. 이 화폐들의 환율은 모두 미국 달러로 4~5달러 정도였다. 그
러나 초인플레이션이 가장 극심했던 1923년 12월에는 1달러의 구매력
은 4조 2,000억에 달했다.

마르크화가 폭락한 이유는 독일이 저축이나 세금이 아닌 대출만으

독일인이 초인플레이션 절정기에 쓸모없게 된 바이마르 마르크
화의 더 좋은 용도를 발견했다.

로 제1차 세계대전에 참전했고 자국 통화를 지원해야 하는 수단으로서 금을 유기했기 때문이라는 시각이 있다. 또한 더욱 직접적인 원인은 막대한 배상금을 반드시 지불해야 한다는 베르사유 조약의 항목 때문이었다. 독일이 그 의무를 다할 수 없게 되자 프랑스와 벨기에가 1923년 1월에 석탄 생산과 철강 산업의 중심지인 루르 지방을 차지하게 됐다. 둘 중 어느 쪽이든 간에 종이는 더 이상 실물을 대신할 수 없게 됐다. 불안해진 시민들은 마르크를 인출해 상품과 부동산으로 바꾸었고 중앙은행은 돈을 더 많이 찍어냈다.

금융 분석 전문가 조지 J. W. 굿맨George J. W. Goodman은 애덤 스미스라는 필명으로 쓴 세계 통화를 고찰한 『종이돈Paper Money』(1981)에서 "한번 돌아가기 시작한 인쇄기는 멈추기 어려웠다"[2]라고 했다. "현기증 날 정도로 가격이 인상되기 시작했다. 카페 메뉴판은 수정될 시간조차 없었다. 프라이부르크 대학교에 다니는 학생이 카페에서 커피 한 잔을 주문했다. 메뉴판의 가격은 5,000마르크였다. 그는 두 잔을 마셨다. 계산서가 나왔을 때의 가격은 두 잔에 1만 4,000마르크로 되어 있었다. 카페 직원은 그에게 '커피 두 잔을 마시려면 동시에 주문하는 것이 돈을 아끼는 방법입니다'라고 말했다."

베를린의 출판업자 레오폴트 울스타인Leolpold Ullstein은 독일의 요리사가 미국인 부부에게 받은 1달러를 가지고 가족 신탁기금을 만든 일화에 대하여 썼다. 한 남자가 마르크화를 집 안의 벽지로 사용한 사진[3]은 당시의 뉴스 사진 중에서 가장 유명했다. 그 밖에도 한 여성이 부엌에서 취사를 위해 마르크화를 한 움큼 집어와 불을 지피는 사진과 세 소년이 지폐를 벽돌 삼아 피라미드를 쌓으며 노는 사진도 유명하다. 환기적인 다다이즘('다다'라고도 불리며 20세기 초반에 유럽에서 활발했던 허무주의적 예술운동-옮긴이) 콜라주 작품의 경우 바우하우스 출신의 예술가 라슬로 모호이너지Laszlo Moholy-Nagy는 막대한 인플레이션 통화를 한데 모아놓은 작품을 선보였는데, 그중에는 1조 마르크화 지폐도 있었다. 그와 비슷하게 한 포도주 제조업자는 1,000마르크 지폐를 포도주병의 상표로 활용했다.

정부가 1921년에서 1923년까지 고용한 130개의 인쇄소에서 쉬지 않고 수십억 마르크가 찍혀 나온 사실로 볼 때—폭락 당시 전부 약 500퀸틸리언"(10의 18제곱, 100경에 해당—옮긴이) 또는 50의 20제곱에 해당되는 마르크화가 유통되고 있었다—상태 좋은 지폐가 오늘날 색다른 기념품으로 헐값에 팔리고 있음을 쉽게 짐작해볼 수 있다. 하지만 내가 곧 알게 된 사실은 좀 더 멋진 견본은 수집가들에게 상당한 금액에 팔리고 있다는 것이었다. 오늘날 '일시적인 인쇄물'—원래 만들어질 때 오래가지 않을 목적으로 만들어진 종이로 된 것들을 가리키는 말—이라고 할 수 있는 모든 것들처럼 바이마르공화국의 엄청난 지폐들도 더 이상 사용되지 않으면서 소멸되어간 것이다. 그래서 좀 기이한 일이지만 오늘날까지 남아 있는 그 지폐는 당시 통화로서의 가치보다 특이한 기념품으로서의 가치가 더 커졌다. 내가 구입하기에는 힘든 수준으로.

미국 독립혁명 당시 대륙회의가 발행한 종이돈도 비슷한 운명을 맞았다. 그 돈의 가치 하락 때문에 가치 없는 물건을 가리키는 의미로 "대륙 화폐 한 장의 가치도 없다"라고 할 정도였다. 1997년 초봄에 조지 워싱턴은 대륙회의 의장으로 선출된 존 제이에게 매우 격분해서 편지를 보냈는데, 전쟁터에 나온 자신의 군대가 식량과 보급품이 절실하게 필요하며 "마차 한 대분의 돈으로 마차 한 대분의 식량을 살 수 없다"[5]고 했다. 하지만 오늘날 진짜 '대륙 화폐'를 사려면 한 장에 50달러에서 500달러를 줘야 한다. 상태나 희소성에 따라 값이 더 나갈 수도 있다. 역시 내가 구입하기에는 많이 비쌌다. 그뿐만 아니라 1860년대 남부연합의 화폐 역시 당시에는 대륙 화폐와 독일의 마르크화만큼 조롱의 대상이었고 아무런 가치가 없었지만 오늘날 수집가들이 탐내는 물건이 됐다.

마침내 나는 마지막 전략을 써보기로 했는데 국가 경제의 붕괴로 몇 년간 암울한 뉴스 기사를 장식했던 짐바브웨로 눈길을 돌렸다. 로버트 무가베 대통령의 정부는 통제할 수 없을 정도로 악화되는 인플레이션을 잡기 위해 미친 듯이 신권을 찍어냈다. 마이클 와인즈Michael Wines는 2006년 《뉴욕 타임스》에 "여기에서는 다른 물건들과 마찬가지로 매일 화장지 가격이 치솟고 있어 머지않아 짐바브웨의 500달러 지폐를 화장지로 쓰는 것이 더 나을 것이라는 농담까지 생겨난다"[6]라고 보도했다. 2년 후 런던의 《데일리 텔레그래프》는 짐바브웨의 달러가 1980년 독립 이후 미국의 지폐보다 더 가치가 높았다고 했다. "하지만 로버트 무가베 대통령의 실정으로 1파운드가 짐바브웨 2,000억 달러까지 가치가 하락했으며 계속 가속화되고 있다."[7] 그 무렵 짐바브웨의 국영 일간지 《헤럴드》 한 부가 무려 250억 달러에 팔렸다.

2006년 이베이에서 구입한 짐바브웨 100조짜리 지폐.

하지만 내가 결국 '푼돈'을 주고 구입하게 된 빳빳한 지폐에 인쇄된 진정으로 놀라운 액면가—1억, 2억, 10억, 1,000억, 1조, 그리고 상상을 초월하는 100조짜리 짐바브웨 달러—를 제외하고 지폐 자체도 매우 매력적이었다. 전형적인 국제 통화처럼 은선과 워터마크가 있었다. 그 보안용지를 제조한 업체는 뮌헨에 있는 제케 앤 데브리엔트로 세계적인 고급 보안용지 제조업체이자 1920년대에 바이마르공화국의 마르크화의 지폐용지를 공급하기도 했다.

정부가 자국 화폐 사용을 중단한다고 발표했을 때 작은 종잇조각 하나에 0이 얼마나 많이 들어갈 수 있느냐 하는 것은 큰 문제가 되지 않았다. 짐바브웨의 경제부 장관 엘튼 만고마Elton Magoma는 "아무것도 그 가치를 뒷받침하고 유지해주지 않는다"라는 말로 딜레마의 심각성을 조용히 인정했다. 그 결정은 국제사회의 촉구로 이루어졌지만 제케 앤 데브리엔트가 지폐용지 공급을 거부한 탓도 있었다. 2010년에 이르러 정부는 대부분의 거래에서 미국 달러를 법정 통화로 받아들였지만 상품과 서비스를 교환하는 수단으로 물물교환이 널리 활용됐다.

나는 좀 더 역기능적인 지폐를 찾다가 쫓겨난 독재자 이디 아민의 근엄한 초상화가 담긴 우간다 화폐를 손에 넣었다. 발행 당시 10실링의 가치가 있던 것이었다. 그 밖에도 사담 후세인의 인자한 미소가 담긴 100다나르 지폐와 머지않아 권좌에서 물러날 운명인 이란의 모함마드 레자 팔라비 왕이 들어간 1970년대 이란 지폐도 구할 수 있었다. 그 무렵 해적 무리가 아프리카 연안에서 미국 상선을 공격해 5일 동안 선장을 인질로 잡고 해적 세 명이 미 해군 특수부대인 네이비 실에 의해 사살됐다. 놀라운 일은 아니지만 해적들은 인질의 몸값을 달러로 요구했다. 나는 해적들의 피난처이자 안식처이며 안정적인 자국 통화가 없는 나라 소말리아에서 발행된 지폐를 구해보기로 했다.

이렇게 옛날 지폐를 구하는 데 정신을 쏟다보니 놀랍게도 나치 독일이나 파시스트 시대의 이탈리아에서 아돌프 히틀러나 베니토 무솔리니의 얼굴이 담긴 지폐가 발행된 적이 없다는 놀라운 사실을 발견했다. 그렇게 자부심이 엄청난 두 과대망상증 환자들이라면 분명히 자신의 얼굴이 들어간 지폐를 찍어 사람들에게 숭배 받으려고 하지 않았을까. 두 독재자가 들어간 우표는 발행되었지만 오직 지폐에만 관심이 쏠려 있는 나의 흥미를 충족시켜줄 수 없었다. 애초에 말 그대로 '액면가'라는 개념을 밝히고자 했기 때문이다.

처음에 조사가 시작되었을 때부터 이 책을 이끌어준 전제는 종이가 현안에 의해 정의되는 유용한 원료라는 점이다. 기능이 영속적이지 않은 경우—날짜가 지난 잡지, 광고 전단지나 우편물 외에도 다수—종이는 재활용을 거쳐 다른 생산적인 용도를 위하여 새로운 생명을 얻는다. 그 독특한 사례 중에는 몇 년 전 《베이징 이브닝 뉴스》[8]가 발행한 기념신문이 대량으로 폐품 처리되었을 때가 개별 부수보다 더 높은 값이 매겨짐으로써 거리의 판매상들이 일제히 날짜 지난 신문들을 할인 판매하지 않고 직접 고물상에게 넘기는 일이 발생했다.

그러나 종이는 종이다. 모든 문서의 실질적 또는 내재적 가치는 전적으로 종이 표면에 쓰거나 그리거나 인쇄한 내용에 좌우된다. 통화가 대표적인 사례겠지만, 휴지조각이 된 주식증서, 이력서를 채우려고 초조해하는 사람들이 이용하는 가짜 졸업증명서, 당사자의 말로만 효력을 발휘하는 차용증명서IOU[9]도 마찬가지다.

캐나다의 광고회사 간부가 1979년에 설립한 회사는 30년 이상 양각무늬가 들어간 매력적인 증서를 제공해왔다. '개인 맞춤된 망원경 좌표'가 들어 있어 하늘의 별이 고객의 이름을 따서 이름 붙여졌고 기업이 고객을 위해 발행하는 '우주에 있는 당신의 공간'이라는 책에 기입되어 후세까지 전해진다. 국제천문연맹은 그러한 임의적인 지정이 절대로 공식 기관에 의해 인정받거나 사용될 일이 없다고 하지만, 국제별 등기소International Star Registry[10]는 지금까지 '수십만 개의' 증서를 판매했다. 가격도 제각각 다르다. 스와스모어 대학의 한 천문학자는 《타임》과의 인터뷰에서 "사기라고 할 수도 있겠죠"[11]라고 말했다. 하지만 별을 사랑하는 사람들은 천상에 자신의 이름을 넣는다는 생각에 매료되어 그것을 증명해주는 문서를 받는다.

내가 좋아하는 1993년 영화 〈위대한 승부〉에는 체스 신동인 주인공 조시가 스승에게 '그랜드마스터 증서'를 언제 받을 수 있을지 궁금해하는 장면이 나온다. 벤 킹슬리가 연기한 엄격한 스승은 조시 앞에 서류를 던지며 그것이 목표라면 빈 칸에 이름만 적으라고 한다. 말로 했든, 암시적으로 했든 그것은 '가르침의 순간'이 분명했다. "그건 종이 쪼가리일 뿐이다"라는 자명한 교훈이다.

수제 종이는 그 자체로 매우 아름답고 고급스러워 많은 예술가가 선택하는 재료다. 하지만 문화 전달의 수단으로서 종이는 더도 말고 덜도 말고 인간이 숙고하여 나온 생각을 전달해준다. 어떤 생각이 표현되어지든, 어떤 구성을 취하든—거장의 잠정적인 스케치, 초보 시인의 자필 초안, 사랑받는 공인의 솔직한 감상, 분자물리학자의 면밀한 계산 또는 예리한 생각에 대한 설득력 있는 통찰이 될 수도 있다—생산 제품 중에서 이 다재다능한 원료인 종이만큼 그 안에 담긴 지적인 내용만으로 더 큰 가치가 매겨지는 것은 없다고 생각한다. 이것은 무수하게 많은 세속적인 표본과 진정으로 특별한 소수를 구분해주는 단 하나의 요소이다. 모순이 있다면, 문서의 영속적인 가치는 그 물질적인 특성과 관계없으며—그리고 가치는 화폐, 예술, 역사, 신학, 문학 또는 단순히 개인적인 잣대로 측정될 수 있다—그 구성에 의해 진정성이 결정되는 경우가 많다는 점이다. 특히 논란이 있는 경우라면 더욱 그렇다. 시장에서 못된 짓을 하려는 사람들에게—흔히 위조자, 복제자로 불리는 이들—성공은 단지 말과 이미지의 복제에 달려 있지 않다. 그것을 담고 있는 종이 역시 그대로 복제해야만 한다.

이전 세기에 만들어진 미사용 종이를 찾기란 쉬운 일이 아니므로 범죄자들은 주요 학술도서관에서 오래된 책의 면지(책의 안쪽에 붙어 있는 종이-옮긴이)를 뜯어오는 방법을 선호했다. 이와 관련된 가장 악명 높은 사건은 1985년에 영국령 북아메리카에서 처음 본문 인쇄된 특별판이라고 홍보된 것의 가짜가 만들어진 일이었다. 17세기에 발행되었을 때 '자유인의 맹세The Oath of a Freeman'라고 알려진 작은 브로드사이드(한쪽 면만 찍은 인쇄광고물-옮긴이)였다. 거짓말을 지어낸 사람은 유타 주의 기념품상 마크 H. 호프만Mark H. Hofmann이었다. 그는 일찍이 모르몬교 운동의 초기와 관련된 당혹스러울 수도 있는 문서를 만들어 '예수 그리스도 후기 성도 교회(모르몬교)'에 비싼 가격으로 팔 생각으로 문화 범죄를 저질러온 터였다. 그 일이 엄청난 성공을 거두자 호프만은 식민지 시대의 가장 유명한 인쇄 문서로 관심을 돌렸다. 그것은 몇 세대 전부터 완전히 자취를 감춘 터라 만약 발견된다면 비싼 값을 받을 수 있었다. 물론 기술적인 부분에서도 뛰어나기는 했지만—작고한 뉴욕의 저명한 서명 전문거래상 찰스 해밀턴 역시 감쪽같이 속아 넘어갔고 나중에 호프만이 만든 브로드사이드를 '예술작품'이라고 칭했다—가장 유혹적으로 작용한 것은 그가 역사적 기록을 능숙하게 활용한 점이었다.

18세기에 런던의 2류 문인이었던 윌리엄 헨리 아일랜드가 "잃어버린 셰익스피어 연극"이라며 순 엉터리로 날조하여 관심을 일으켰지만 이

내 셰익스피어 전문 연구가 에드먼드 말론에 의해 사실 무근임이 밝혀진 것과 달리 '자유인의 맹세'는 상상의 산물이 아니었다. '자유인의 맹세'는 매사추세츠 식민지에서 양심의 자유를 퍼뜨리기 위한 목적으로 작성되었으며 미국 민주주의 진화에 핵심적인 역할을 한 것으로 여겨져 왔다. 원본 인쇄물은 50부가 만들어졌는데 오늘날의 엽서만 한 크기였고 1639년에 스티븐 데이Stephen Day가 그의 캠브리지 인쇄소에서 인쇄한 것으로 알려졌다. 데이가 1년 후 『베이 시편집』도 인쇄했기 때문에―또한 그것이 11부 남아 있으므로―활판술에 뛰어난 사람이라면 그의 활자체를 재현할 수 있었고 맹세문의 내용 역시 오늘날까지 남아 있고 믿을 수 있는 본문 역시 사용 가능하다. 해밀턴은 《뉴욕 타임스》에 "호프만은 나를 속였다. 모두가 속아 넘어갔다"[12]라고 했다.

호프만은 뉴욕에 있는 희귀본 중고서점인 아거시 서점을 둘러보다가 발견했다고 주장했으며 그것을 뒷받침하기 위해 25달러의 현금 영수증도 만들었다. 그는 나중에 '자유인의 맹세'라는 말이 맨 위에 오도록 위조한 19세기 민요를 서점에 몰래 놓아두었다고 인정했다.[13] '자유인의 맹세'를 손에 넣게 된 경위를 설명하기 위해 그 물품이 찍힌 영수증을 받은 것이었다. 그는 1985년에 '자유인의 맹세'를 150만 달러에 팔고자 했고 의회도서관과 미국 골동품협회 등에서 관심을 보였다.

호프만의 무모한 행동에 대해서는―'자유인의 맹세'에 대한 진실이 밝혀지기 시작하자 세간의 관심을 돌리려는 절박한 심정으로 일으킨 파이프 폭탄 사건으로 두 명이 죽고 한 명이 심각한 부상을 입었다―자세히 다룬 곳이 많으니 여기서는 깊이 들어갈 필요가 없지만, 핵심적인 관련성이 하나 있다면, 호프만이 해당 시대에 만들어진 진품 종이를 손에 넣지 못했더라면 위조가 불가능했으리라는 점이다. 호프만은 사형을 면하기 위한 사전 형량 협상의 일환으로 이루어진 자백에서 특별 장서가 보관된 브리검영 대학교의 도서관에서 17세기에 인쇄된 책에서 빈 종이를 몇 장 뜯어냈음을 인정했다. 그는 수사관들에게 '자유인의 맹세'를 만들기 위해 뜯어낸 낱장의 종이에는 『베이 시편집』에 사용된 종이와 거의 동일한 쇄선이 있었기 때문에 종이 전문가들의 면밀한 조사도 통과할 가능성이 컸다고 밝혔다.

위조 자료의 신빙성을 위하여 오래된 책에서 수제 종이를 뜯어낸 사람은 호프만이 최초는 아니었다. 19세기의 예술가 제임스 애벗 맥닐 휘슬러James Abbott McNeill Whistler[14]는 자신의 작품에 사용하기 위해 오래된 종이를 찾아다녔다. 그의 작품 중에는 후기에 그린 유화가 가장 유명하지만 휘슬러는 국립해양대기청 산하 해안연구소에서 문서 작성자로 훈련을 받은 적이 있었다. 그는 그때 익힌 기술로 종이에 관련된 다양한 기술을 완성시켰다. 그의 전기를 집필한 조셉 펜넬Joseph Pennell에 따르면 휘슬러는 소묘, 드라이포인트(동판화 기법의 하나로 예리한 기구로 동판에 직접 새기는 방법-옮긴이), 석판화, 에칭(동판에 밑그림을 그려 산으로 부식시켜 완성하는 기법-옮긴이), 수채화, 파스텔을 렘브란트와 뒤러만큼 능숙하게 다루는 최고의 판화 제작자 중 한 명이었다.

휘슬러가 판화의 표면을 고를 때는 완벽주의자 기질을 드러냈는데, 에칭에는 이탈리아 종이를, 석판화에는 네덜란드 고서에서 뜯어낸 종이를 선호했고 자금이 부족할 때는 기발한 방법으로 재료를 손에 넣었다. 1879년 휘슬러는 베니스에서 에칭화 몇 점을 작업하게 되었는데 그곳에서 체류 중이던 미국인 에칭화가 오토 H. 바처Otto H. Bacher와 친구가 됐다. 바처는 수년 후 휘슬러가 "퀴퀴한 냄새가 나는 오래된 중고서점을 돌아다니며 백지가 몇 장 들어간 고서들을 구입해 그것을 뜯어내 판화에 사용했다"라고 적었다. 또 휘슬러가 수확물에 매우 기뻐했으며 "런던에서 이런 종이 한 장에 1실링을 주어야 해"라며 자랑했다고 되어 있다.

바처는 고물상 밖에 끈으로 묶인 오래된 종이를 잔뜩 발견하고는 자신의 아파트로 돌아가 친구를 불러 살펴보게 한 일도 전했다. "그는 크게 감탄했고 종이를 전부 가지고 싶어 했다." 그 대신 휘슬러는 최근에 만든 판화를 답례로 주겠다고 제시했다. 바처는 훗날 그 작품을 뉴욕의 메트로폴리탄 미술관에 팔았다. "휘슬러는 그 종이를 이용해 희귀한 견본 판화를 찍었다. 그 종이는 그윽한 세월의 빛깔을 간직하고 있었고 희귀하고 오래된 워터마크가 표면에 섬세하게 찍혀 있었다. 일부는 이탈리아어가 적혀 있기도 했다. 오랫동안 남아 있는 자국, 특히 글씨가 적혀 있는 경우라도 휘슬러는 주저하지 않고 사용했다. 그것이 오히려 매력을 더해주었다."

휘슬러의 목표는 흔하지 않은 아름다움을 지닌 독창적인 예술작품을 만드는 것이었고, 호프만의 경우 뻔뻔스러운 사기 행각을 벌이려는 목적이었다. 만약 의회도서관이 호프만이 요구한 150만 달러를 지불했다면 역사상 가장 비싸게 팔린 종이가 탄생했겠지만 그랬더라도 그 기록이 오래가지는 못했을 것이다. 그 후 1930년대의 대공황으로 사상 최악의 불황기가 찾아와 세계 경제가 완전히 마비되는 동안에도 각종 희귀품의 수요는 변하지 않았고 훨씬 거액의 거래가 이루어지기도 했다. 그 열정은 다양한 부분에서 명백하게 드러났다.

2006년에 스스로 "진보적이고 세련된 동부 화폐 수집가"[15]라고 밝힌 한 남자가 1890년에 인쇄된 미국의 1,000달러짜리 은증권(예전에 미국 정부가 발행했던 은태환 지폐-옮긴이)을 230만 달러에 구입했다. 단 두 개 남아 있는 것 중 하나라고 알려진 물건이었다. 야구 카드 수집가들 사이에서는 T206 호너스 와그너[16]가 성배로 통한다. 이 희귀한 야구 카드는 아메리칸 타바코 컴퍼니가 1910년에 발행하여 담배 포장지에 삽입한 광고였는데, 카드의 주인공인 피츠버그 파이리츠의 강타자 호너스 와그너의 요청으로 곧장 회수되어야만 했다. 50~60장 정도만 남아 있는 호너스 와그너 카드는 시장에 등장할 때마다 엄청난 가격으로 나온다. 특히 그중에서도 수십 년 동안 투명한 포장지에 둘러싸인 채 다색 석판으로 인쇄한 판지가 완벽하게 그대로 보존된 한 장의 카드는 1991년에 위대한 하키 선수 웨인 그레츠키와 그의 측근이 45만 1,000달러에 사들여 신문 지면을 장식했다. 그리고 2007년 그것을 캘리포니아의 수집가가 개인적으로 280만 달러에 사들여 또다시 화제가 됐다. 그보다 상태가 못하지만 수집가들의 눈에는 여전히 멋진 와그너 카드가 2013년 4월에 온라인 경매에서 210만 달러에 팔렸다.

우표 수집가들 역시 언제든 과감하게 값을 치를 준비가 되어 있다. 너덜너덜한 상태가 될 때까지 유통됐다가 소리 없이 사라지는 화폐와 달리 우표는 단 1회의 사용을 위해 존재하고 우편물과 함께 보내지는 순간 소인이 찍혀 '무효화'된다. 우표는 세계적으로 수십억 장이 만들어지고 종착지는 대개 쓰레기통이지만, 세심함과 기교가 담긴 디자인 덕분에 사회적 산물로서 커다란 매력을 가지고 있다. 최근에는 영국의 식민지였던 인도양 모리셔스에서 발행된 희귀한 우표 두 장이 1993년 380만 달러에 팔렸고 1996년에는 1855년에 발행된 초록색이 아닌 주황빛 도는 노란색을 띠는 희귀한 스웨덴 우표 트레 스킬링 방코가 230만 달러에 팔렸다. 그리고 1988년에는 1868년에 발행된, 벤저민 프랭클린의 얼굴과 작은 사각형의 패턴 지—그릴Z-Grill이 들어간 1페니짜리 미국 우표가 93만 달러에 거래됐다. 이것은 단 두 장이 존재하는 것으로 알려졌다.

영국 정부가 1840년에 처음 소개한 접착형 우표는 매우 신기한 물건이었는데, 17세기 이후 민간 행상인에 의존해온 구식 우편제도를 간소화하려는 시도에서 우연치 않게 탄생했다. 오늘날 당연하게 여겨지는 절차—동일한 비율의 요금을 미리 내고 우편물을 보내는 것—는 교육자 출신의 사회개혁가 로랜드 힐Rowland Hill 경이 창안해낸 방법이다. 그것은 값싼 종이의 생산으로 실현할 수 있었다. 힐은 1837년에 그 유명한 보고서 「우편제도 개혁의 중요성과 실용성」에서 "떼어낸 1인치 정사각형 크기의 인지 뒷면에 접착제를 얇게 한 겹 발라놓으면 웨이퍼wafer(원형의 접착성 직물—옮긴이) 없이도 붙일 수 있을 것이다"[17]라고 했다. 3년 후 빅토리아 여왕이 들어간 우표가 나왔고—오늘날 수집가들에게 '페니 블랙Penny Black'으로 알려져 있다—영국 내라면 어디든 14그램 무게의 우편물을 보낼 수 있었다.

좀 더 근래 들어 발달한 종이 이페메라ephemera(원래는 수명이 길지 않도록 만들어진 단명 자료나 사람들이 수집 대상이 된 물건들을 가리킴—옮긴이)는 만화책[18]이다. 만화는 1930년대에야 등장한 미국의 대중적인 형태의 오락물이다. 이 '교양 없는' 오락물의 대상 독자는 청소년기의 남성이었기 때문에 동화책처럼 '죽을 때까지' 읽히는 경향이 있다. 그리고 약하고 쉽게 부식되는 신문용지에 인쇄되므로 '상태'가 항상 관건이고 '새것 같은' 희귀본은 으레 프리미엄이 붙은 가격으로 시장에 등장한다.

처음으로 100만 달러 단위의 가격에 팔린 만화책은 '거의 온전한' 상태의 『액션 코믹스Action Comics』 1호였다. 1938년에 발행된 것으로 슈퍼맨이 처음 등장하는 이 만화책은 2010년 2월 22일에 뉴욕의 수집가에게 100만 달러에 팔렸다. 그리고 단 3일 후에 배트맨이 처음 등장한 1939년 5월호(『액션 코믹스』 27호)가 107만 5,000달러에 나왔다. 그리고 한 달 후에는 또 다른 『액션 코믹스』 1호가—50년 동안 영화 잡지 안에 끼워져 있어 열과 빛을 피한 채로 보관된 것—150만 달러에 팔렸다. 이 『액션 코믹스』 1호는 수집 만화책계의 '검은 튤립'이 되었고

(17세기 네덜란드에 튤립 열풍이 몰아쳐 튤립 가격이 천정부지로 치솟았고 그 중심에 검은 튤립이 있었다. 알렉산더 뒤마의 동명 소설에도 잘 나타나 있다—옮긴이) 2011년 11월에 또 한 권이—영화배우 니콜라스 케이지의 소유였던—215만 달러에 팔렸다. 원래 판매 가격인 10센트보다 2,100만 배 오른 가격이었고 케이지가 1997년에 지불한 15만 달러보다도 크게 오른 가격이었다. 2000년에 케이지의 자택에서 도둑맞은 『액션 코믹스』 1호는 2011년 4월에 캘리포니아 샌 페르난도 밸리의 유기된 보관함에서 발견됐다.

원본 원고의 경우도 경쟁이 만만치 않다. 특히 대량생산되는 것이 아니라 유일한 것이기 때문에 훨씬 더 높은 가격에 팔린다. 뉴욕의 헤지 펀드 캑스턴 어소시에이츠의 창립자 브루스 코브너Bruce Kovner는 2003년 5월 22일에 465페이지에 달하는 루트비히 판 베토벤의 제9번 교향곡 작업용 초안 악보를 348만 달러에 구입했다.[19] 그리고 3년 후에는 그것을 포함해 악보 138점을 줄리아드 음대에 모두 기부했다. 그중에는 브람스, 슈만, 슈베르트, 쇼팽, 스트라빈스키, 바흐, 리스트, 라벨, 코플런드, 모차르트 등 유명 음악가들의 주요 작품의 친필 악보, 스케치, 교정본으로 그가 11년 동안 수집한 것들이었다. 아마추어 피아니스트이자 줄리아드 음대 이사회 회장인 코브너는 희귀한 음악 자료를 수집하게 된 동기에 대하여 이렇게 말했다. "어떤 면에서는 작곡가가 만든 작품에 대한 원초적인 숭배심 때문이었습니다. 일종의 우상이죠."

2009년 2월에 또 다른 수집가가 재선에 성공한 에이브러햄 링컨이 1864년에 백악관에서 한 연설의 4페이지 분량의 원고를 344만 달러에 사들였다.[20] 그해 12월에는 조지 워싱턴이 1787년에 조카에게 헌법 승인에 관해 쓴 편지가 320만 달러에 팔렸다.[21] 2010년 초에는 익명의 후원자가 흔히 '카사노바'로 불리는 18세기 베니스 출신의 바람둥이

지롤라모 카사노바 슈발리에 드 생갈의 자서전 원고를 구입하여 프랑스 국립도서관에 기증했다.[22]

누런빛으로 변한 종이에 전체 3,700페이지가 프랑스어로만 쓰인 카사노바의 자서전은 1821년 이후로 독일의 F. A. 브로크후아스 출판사가 소유했고 제1차 세계대전 때 유실됐다고 알려졌으나 나중에 은행 금고에서 안전하게 보관된 채 발견됐다. 당시 구입 가격은 공개되지 않았지만—500만 달러라는 소문이 무성했다—최근에는 720만 달러에 가까운 가격인 것으로 보도됐다. 어느 쪽이든 엄청난 가격이지만 2009년 12월 8일 런던의 크리스티 경매에서 4,790만 달러에 이루어진 거래에 비하면 적어 보인다. 그 주인공은 르네상스 시대 이탈리아의 위대한 화가, 흔히 '라파엘'로 알려진 라파엘로 산치오가 1508년에서 1511년에 걸쳐 그린 스케치다.[23] 〈뮤즈의 머리〉라고 불리는 그 스케치는 율리우스 2세가 거처하는 바티칸의 스탄차 델라 세냐투라를 장식하는 일을 맡은 라파엘로가 그린 네 장의 프레스코화 가운데 하나인 '파르나소스'의 바탕으로 사용됐다. 당시 라파엘로의 작업은 미켈란젤로가 시스티나 예배당 천장에 프레스코화를 그리는 작업과 동시에 진행됐다.

유명 사진작가들의 원본 사진 역시 거장 화가들과 비슷한 수준까지는 아니라도 그 나름대로 인정받고 있다. 은을 입힌 구리판에 고정된 각기 고유한 양화 이미지인 다게레오타이프daguerreotype(최초의 성공적인 사진술로 은판사진이라고도 한다—옮긴이)와 달리 사진화photographic print는 특수 제작된 종이에 다수로 만들어지는 음화다.[24] 2012년까지 사진의 최고 경매가는 2006년에 290만 달러에 팔린 에드워드 스타이컨의 사진 〈연못과 달빛The Pond-Moonlight〉이다.[25] 1904년에 찍은 모던한 느낌의 사진으로 메트로폴리탄 미술관이 소더비에 맡겼다. 메트로폴리탄 미술관은 두 장의 또 다른 원본 중 한 장을 소장하고 있다. 같은 경매에서 미국 서부의 거래상이 앨프리드 스티글리츠가 찍은 화가이자 아내인 조지아 오키프의 사진 두 장을 283만 달러에 구입했다. 2010년 2월에는 에드워드 웨스턴의 서명이 담긴 사진 〈앵무조개Nautilus〉가 108만 2,500달러에 팔렸다. 이 사진은 캘리포니아에서 활동하던 웨스턴으로부터 1925년에 직접 10달러를 주고 구입한 것이었다. 웨스턴의 또 다른 유명 작품인 〈누드Nude〉는 2008년 160만 9,000달러에 팔렸다.

영속적인 목적으로 만들어지지 않는 인쇄물의 특성상 처분이나 소각의 운명을 피하는 것들은 점차 시간이 지나면서 중요성을 띠고 지나간 시대의 유물로 높이 평가받는다. 이 책의 원고를 다듬는 동안, 35년간 25만 점의 이페메라를 수집해온 애리조나 주 투손의 그래픽 아티스트이자 전문 디자이너 존 그로스맨John Grossman[26]에 대해 알게 됐다. 그는 옛날 달력, 성냥갑 상표, 운동선수나 유명인의 얼굴이 인쇄된 트레이딩 카드, 밸런타인 카드, 각종 인사 카드, 전화카드, 엽서, 극장표, 종이인형, 악보, 부채, 심지어 슈퍼마켓의 봉투까지 수집한 온갖 물건을 델라웨어의 윈터투어 박물관에 장기 예치했다. 그 박물관의 도서관장 E. 리처드 맥킨스트리E. Richard McKinstry가 말해준 바에 따르면 그로스맨은 30년 넘게 매일 20여 개의 물건을 모았다고 한다. "수명이 짧기 때문에 대부분은 없어져서 견본이 하나도 남지 않는 물건들이 많습니다. 그래서 남아 있는 것들은 놀라운 것들이죠. 훌륭하게 만들어진 것들이기 때문에 소수의 사람들이 계속 보관한 것이니까요."

그로스맨의 그런 물건들을 수집한 데는 직업적인 이유도 있었지만 —그와 아내 캐롤린은 오랫동안 샌프란시스코에서 활동한 화가와 그래픽 디자이너다—본능적이기도 했다. 그로스맨에게 오랫동안 변치 않는 수집의 원칙은 상점이나 개인, 전시회, 그리고 나중에는 기술의 발달로 인터넷을 통하여 손에 넣거나 구입하는 모든 물건이 1820년에서 1920년 사이에 실시된 다색 석판술을 보여줄 수 있어야 한다는 것이었다. 그 시기에는 다색 인쇄가 상품과 서비스의 창의적인 홍보 방법으로 등장했다. 특히 그로스맨은 빅토리아와 에드워드 시대 미국과 영국의 관습과 방식, 이상을 다양하고 풍부하게 묘사한 '신선함과 독특한' 삽화에 이끌렸다.

그의 수집품 중에서 가장 두드러지는 것 중 하나는 처음으로 만들어진 상업용 크리스마스카드로 1843년에 영국의 화가이자 디자이너인 헨리 콜 경이 주문한 것이었다. 1887년에 빅토리아 여왕 취임 50주년 기념으로 만들어진 앨범에는 19세기 후반 영국인의 삶을 나타낸 수천 장의 다색 석판인쇄 그림이 들어 있다. 무게가 자그마치 약 18.5킬로그램이나 된다. 그로스맨 부부는 어마어마한 양의 수집품을 대형 견인 트레일러 트럭으로 애리조나에서 댈러웨어로 실어 보내기 전에 방열 처리된 법정 규격의 얇은 서류함 29개에 전부 넣어 보관해두고 있었다. 각 서류함은 완전히 채워졌을 때 약 385킬로그램에 달했다. "캘리포니아에서 이곳 투손으로 이사하면서 아주 큰 집을 구했어요." 그로스맨이 나에게 말했다. "이곳은 모든 건물이 콘크리트판 위에 지어졌습니다." 그렇기 때문에 수집품의 무게 때문에 건물이 무너질 위험이 없었다. 2013년 2월에 윈터투어 박물관은 그로스맨의 수집품을 미공개 가격으로 구입했음을 밝혔고 박물관 역사상 "최대의 단일 물품 구입"이었다고 했다.

시간이 흐르며 가장 인기 있는 인쇄 종이가 된 것은—하나 이상 존재하므로 고유함 때문은 아니다—1776년 7월 4일에 발행된 '독립선언서' 최초 인쇄본 원본이다. 제2차 대륙회의의 지시로 그 역사적인 밤에 필라델피아의 인쇄업자 존 던랩John Dunlap이 서둘러 인쇄한 1면 인쇄물인데 200장을 넘지 않는 부수가 찍혔다. 그중에서 21세기까지 남은 것은 26장으로—건국 200주년을 맞은 1976년 이후로 4부가 더 알려졌다—4부 외에 나머지 전량은 정부와 박물관 역사협회 또는 연구 도서관에 소장되어 있다.

지금까지 가장 비싸게 팔린 던랩의 '독립선언서' 인쇄본은 2000년 8월에 유명 텔레비전 제작자 노먼 리어와 실리콘 밸리의 소프트웨어업계의 거물 데이비드 헤이든이 소더비 온라인 경매에서 814만 달러에 구입한 것이다. 당시 11년 전에 앤틱 그림 액자 뒤편에 끼워진 채 발견

던랩이 인쇄한 미국 독립선언문.

된 것이라고 알려졌다. 필라델피아 외곽의 시골 벼룩시장에서 4달러를 주고 그림 액자를 산 사람이 누구인지는 밝혀지지 않았기에 나를 비롯해 일부에서는 그 모호하고 깔끔한 이야기에 의문을 가졌다. 당시 소더비의 홍보 담당자는 그림 액자를 구입한 행운의 주인공이 그림보다는 오래된 액자에 관심을 가졌기 때문에 액자를 해체해 그 안에 든 인쇄본을 발견했다는 상세한 이야기까지 일부러 전해주었다.

나아가 소더비에서는 "그림은 버려졌고 주인은 조잡하고 별로 흥미를 끌지 못한다고 생각되어 액자도 버렸다. 하지만 호기심에서 인쇄본만은 보관해두었다"라고까지 했다. 그림 액자를 판 사람도 밝혀지지 않았기에 그 인쇄본이 지금까지 전해진 경로를 밝혀줄 연계성이 또 끊어졌다. 그 인쇄본의 진위 여부는 전혀 도마에 오르지 않았고—상태가 특히 좋다고 알려졌다—기록에 남겨진 인쇄본 중에 행방불명된 것도 없었으므로 판매 절차가 진행되었고 새로운 주인을 찾았다. 소도시의 역사협회가 거의 사용하지 않는 문서들이 담긴 보관함에 넣어두었을지도 모르고, 문서 배열이 잘못된 지 몇십 년이나 되었을 수도 있고, 애초에 목록이 정확히 분류되지 않았을지도 모르는 일이다. 그런 일이 결코 드물지 않은 데다 오히려 자주 있는 일이니 말이다.

실제로 근래에도 정확히 그런 식으로 어떤 문서가 수면에 떠오른 사례가 있었다. 놀랍게도 2009년 독립기념일 전날에 영국의 국립문서보관소에서 연구조사를 하고 있던 미국인 서적상에 의해 새로운 던랩의 인쇄본이 발견된 것이다. 접혀진 채로 거의 처음에 가깝게 보존된 상태라고 보고된 그것은 독립혁명 당시 식민지 거주 미국인들이 쓴 편지 꾸러미 사이에 있었고 동부 연안을 정찰 중이던 영국 군함이 가로챈 것으로 보인다. 그리고 영국으로 옮겨진 후에는 즉각 따로 보관되어 수십 년 동안 다시 꺼내지지 않았다. 그것의 생각지 못한 발견으로 영국은 미국 독립선언서의 최초 인쇄본을 3부 보유하게 됐다. 나머지 2부는 윌리엄 하우 장군이 1776년에 런던으로 보낸 것이다.

수집가들 사이에서는 당혹스럽게 발견된 그 귀중한 물건을 영국 정부가 어떻게든 팔 것이라는 추측이 빠르게 퍼졌다. 영국 정부가 보유할 필요가 없는 물건이기 때문이었다. 한 대변인이《데일리 메일》에서 "미국의 기관이 빌리고 싶어 한다면 당연히 고려해볼 것이다"[27]라고 했다. 어쨌든 영국이 가지고 있겠다는 말이었다. 또 다른 정부 관계자는《가디언》에서 "매우 흥미로운 발견이다. 독립선언서는 미국의 출생 증명서나 마찬가지로 세계 역사에서 매우 중요한 문서다"[28]라고 했다. 이리하여 또 한 장의 종이가—단 하나가 아니라 여러 개 존재하는— 값으로 따지지 못할 가치를 가지게 됐다.

1975년 의회도서관은 현존하는 던랩 인쇄본 17부를 워싱턴으로 가져와 저명한 학자이자 책 역사를 연구하는 역사학자인 프레데릭 고프가 이끄는 전문가 팀이 자세하게 연구하도록 했다. 종이를 살펴본 결과 일부 인쇄본에서는 약간의 차이가 발견되었는데, 다급한 수정이 이루어졌음을 의미했다. 덕분에 학자들은 순서를 밝힐 수 있었다. 또한 12부에는 네덜란드 워터마크가 있었는데, 가장 좋은 지료라는 단순한 이유로 선택된 듯했다. 쇄선을 자세히 관찰한 결과 인쇄된 글자가 약간 삐뚜름했는데 "그날 저녁 던랩의 인쇄소가 얼마나 긴급하게 움직였는지"[29]를 말해주었다. 또한 남아 있는 잉크 자국은 잉크가 완전히 마르기도 전에 급하게 접어서 내보내졌음을 뜻했다.

1776년 7월 8일에 필라델피아에서 처음으로 그곳 시민군 존 닉슨 중령에 의해 공개적으로 낭독됐다. 매사추세츠에서는 7월 14일에 아이자이어 토머스가 우스터에서 낭독했다. 그리고 4일 후 보스턴의 옛 주의회 의사당 발코니에서 독립선언이 이루어졌다. 그 와중에 지역 신문사에서 독립선언서 본문이 인쇄되었고—7월에만 29개—브로드사이드로 볼 수 있었는데 대부분은 오래전에 전부 자취를 감추었다. 시간이 지나면서 던랩 인쇄본의 4분의 3이 분실됐다. 대부분은 골동품 수집가의 정신이 발휘되지 못했다. 물론 일부 사람들은 기념품으로 보관하기도 했다. 존 닉슨이 낭독한 인쇄본은 그의 후손들에 의해 1951년에 필라델피아의 국립역사공원에 건네졌다. 워싱턴 장군의 인쇄본은 윗부분은 의회도서관에 보관되어 있으며 나머지는 잘못 다루어 망가지거나 단순히 분실되거나 무관심이나 무지에 의하여 버려졌다. 윌리엄 하우 장군이 런던으로 보낸 2부와 2009년에 233년 만에 영국에서 발견된 세 번째는 같은 곳에 보관되어 있다.

　토머스 제퍼슨은 1826년에 사망하기 8개월 전에 독립선언서를 가리켜 "우리 조국의 신성한 결합"[30]이라고 했다. 미국의 모든 학생이 그 안에 담긴 신성한 말을 배우고 암기식 교육에 눈살 찌푸리지 않던 시절에 성인들은 그것을 '암기'해야 했다. 독립선언서는 기록 문서로서 미국이 하나의 국가를 수립한 때를 나타내주고 워싱턴 DC에 보관되어 있는 손글씨 적힌 양피지는 관광객들을 사로잡는 수도의 명물이 됐다. 세계 종말이 와도 끄떡없을 보관함에 보관되어 있으며 제2차 대륙회의의 56명의 대표 전원이 서명한 유일한 '통과 법안' 문서이므로 진정 특별하다. 하지만 전원의 서명은 비준 이후 몇 주에 걸쳐 모아졌다. 따라서 더운 여름날 밤, 존 던랩의 인쇄소에서 먼저 다급하게 인쇄한 후 말에 태워 전달되어야만 했다.

　고서와 고문서 수집이라는 안락한 세계에서 케네스 W. 렌델Kenneth W. Rendell은 역사적인 원본 필사본에 특별한 열정을 가진 사람들 가운데에서도 특별한 위치를 차지하고 있다고 해도 틀린 말은 아니다.[31]

매사추세츠 토박이인 그는 50년 가까이 가장 희귀한 물건을 찾는 사람들 사이에서 진취적인 남자라는 명성을 쌓았다. 말콤 포브스, 아먼드 해머, 영국 여왕 엘리자베스 2세가 그의 고객이다. 또한 그는 문서 확인 분야의 세계적인 권위자로 입지를 쌓았으며 아돌프 히틀러와 잭더 리퍼의 일기가 위조된 가짜라는 사실을 밝혀 신문의 헤드라인을 장식했다. 서적상이기도 했던 렌델은 마이크로소프트의 창립자 빌 게이츠가 근래에 매물로 나온 가장 특별한 책들이 포함될 것이라는 소문과 함께 개인 도서관을 짓기로 했을 때 도움을 청한 장본인이기도 했다.

렌델에 관해 잘 알려지지 않은 사실은 그가 제2차 세계대전과 관련된 종이로 된 물건이라면 뭐든지 수집한다는 점이다. 거래상 중에서 개인적으로 엄청난 규모로 수집하는 경우는 흔하지 않지만 렌델은 보기 드문 예외다. 그는 보스턴 교외에 그것들을 전부 보관할 수 있는 1만 제곱피트의 요새를 지었다. '제2차 세계대전 박물관'이라고 이름 붙은 그곳의 전시물은 오직 초청이나 예약을 통해서만 열람할 수 있다. 렌델은 역사적 중요성을 지닌 그 물건들의 구매자를 찾지 못해 1960년대부터 직접 보관하게 됐다고 말했다. "내가 판매하려고 구입한 편지와 문서부터 시작되었습니다. 하지만 관심을 보이는 사람이 하나도 없어서 내가 직접 소장하기 시작했어요. 수집자들이 알지 못하는 것, 그리고 박물관과 도서관 사람들도 마찬가지로 모를 수 있는 것은 바로 기회의 가치입니다. 나는 눈앞에 놓인 기회를 포착했고 한시도 망설이지 않았어요." 그가 구입한 물품은 배급통장, 선전 전단, 감동적이고 훌륭한 포스터, 전보, 급송 공문서, 신문, 잡지, 전쟁 당시의 전단지, 전쟁 포로 일기 등 매우 광범위했다.

렌델은 그 물건들의 독특함에 끌려 수집을 계속했고 지금까지 모든 구경과 종류의 총기, 에니그마 암호기 5대, 수없이 많은 전쟁 깃발과 모든 전투 부대의 군복, 훈장, 낙하산, 심지어 제2차 세계대전 당시 미국과 연합군이 사용한 셔먼 전차까지 수집했다. 진정으로 놀라운 물품 두 가지는 바로 조지 S. 패턴 장군의 소유였던, 나치의 루이트폴트 아레나의 연단을 장식했던 거대한 스와스티카 장식과 청동 독수리다.

나는 렌델에게 그의 '수집품' 중에서 종이와 관련된 물건은 뭐가 있는지 간단하게 말해달라고 했다. 나는 그가 '상징적'이라고 표현한 문서들의 목록을 듣고 입이 다물어지지 않았다. 그러나 그가 나에게 직접 보고 만져보라고 권한 것은 히틀러와 네빌 체임벌린이 최종 작성을 하기 전인 1938년 9월 23일에 만들어진, 주석을 달아놓은 뮌헨 협정서 초안이었다. 그것은 체임벌린이 나치의 주데텐란트 합병을 인정하는 내용으로 세계 역사에 '유화appeasement'라는 단어를 새로운 의미로 등장시켰다. 렌델은 영국 대사로 회담 자리에 참석해 그 초안이 버려질 것 같아서 보관해두었던 네빌 헨더슨의 아들에게서 구입했다. 렌델은 그 금액을 마련하기 위해 골동품 산업체의 일부 지분을 팔아야만 했다. "당시 내가 가진 돈보다 훨씬 높은 가격이었거든요. 하지만 다시는 없을 기회라는 것을 알고 있었습니다. 지금 당신이 들고 있는 그 문서의 힘은 충격적입니다. 제2차 세계대전을 일으킨 문서니까요."

종이에
새겨진 역사

상세한 일기가 없으면 여행은 허공을 가르는 새들의 비행보다 나을 것이 없다. 글로 적는 것은 무엇이든 보존하라. 나는 조바심과 창피함에 욱하여 어리석은 메모를 무수히 불태웠다. 지금 그것을 다시 되돌릴 수만 있다면. '기록은 네 자신이다.' 또한 성직자의 설교보다 자기 성찰에 훨씬 유용하고 영향력이 크다.

─존 애덤스가 영국에 있는 부모에게로 가는 손자들에게 한 말, 1815년

    1791년에 조지 워싱턴의 첫 번째 대통령 임기 동안 인가 받은 매사추세츠 역사학회는 제레미 벨크냅Jeremy Belknap 목사의 아이디어였다. 하버드 대학교 출신이자 조합교회 목사인 그는 미국인의 생활에 대한 문서 기록을 마련하는 것이 평생의 목표였다. 아마추어 학자이기도 했던 벨크냅은 그래니트 스테이트Granite State(화강암 채석이 성황을 이

루었던 뉴햄프셔 주의 속칭-옮긴이)의 한 마을에서 20년 동안 목사로 재직하면서 모은 무명의 자료에 의존한 뉴햄프셔 연구로 어느 정도 명성을 얻었다. 그것은 남들에게 소장 가치가 없다고 묵살당한 자료들이었다. 그는 "바닥에서 보석을 찾을 수 있다면 똥 무더기라도 파헤칠 것이다"[1]라며 자신의 연구 방식에 대하여 자신 있게 단언했다. 알렉시 드 토크빌Alexis de Tocqueville이 1784년에서 1792년 사이에 세 권으로 발행한 역사서에서 "독자들은 벨크냅에게 지금까지 그 어떤 미국 역사가보다 존경을 받게 될 것이며 그의 일반적인 생각과 강력한 주장을 발견할 수 있을 것이다"[2]라며 존경을 표시한 반면, 노아 웹스터Noah Webster는 그를 "미국의 플루타르코스"[3]라고 불렀다.

글이 적힌 물건이라면 뭐든지 보존하고 싶어 했던 벨크냅의 열정은 시대를 앞서가는 것이었으며 미국 최초의 역사학회를 건립하여 그 업무에 착수할 것을 주장했다. 그는 도움을 약속한 동료에게 "우리는 수동적이 아니라 능동적인 학회가 되고자 한다. 군락지의 굴처럼 조수가 흘러들어오기를 기다리는 것이 아니라 문학의 지성을, 특히 역사적으로 추구하고 찾고 보존하고 전달할 것이다"[4]라고 말했다.

하나의 선견지명 있는 전략은 당시 유명한 사람들에게 집안의 문서를 기증할 것을 장려한 일이었다. 이런 선례 덕분에 무수한 가정의 기록을 입수할 수 있었다. 그중에서도 브라이턴과 퀸시의 애덤스 가문의 4대에 걸친 문서 기록과 윈트로프, 매더, 캐봇, 로지 등 뉴잉글랜드에 뿌리 내린 최초 가문들의 기록이 가장 돋보였다. 벨크냅은 성직자, 기업가는 물론 일반인들의 기록도 수집했다. 특히 벙커힐 전투에 참전한 피터 브라운이 1775년 6월 25일에 어머니에게 보낸 편지는 "사병의 감정과 경험이 생생하게 담긴 완전한 이야기"[5]라고 묘사했다.

매사추세츠 역사학회는 이름만 보면 한 주의 기록보관소인 것 같지만, 전국을 관할하는 권한을 부여받았으며 공화국 초기에는 유일했다. 애정이 담긴 벨크냅의 노력으로 오늘날 1,200만 개의 기록을 보유하고 있는 기관의 발판을 쌓을 수 있었다. 편지, 일기, 공책, 신문·잡지, 스케치 또는 소묘가 주를 이루며 대부분이 기부였다. 나는 1988년에 처음 자료 조사를 위해 학회를 찾은 후 몇십 년에 걸쳐서 두 명의 사서장의 도움으로 그곳의 자료를 열람할 수 있었다. 첫 방문에서 7년 후 나의 저서 『젠틀 매드니스A Gentle Madness』가 탄생했다.

당시 나를 안내해준 사람은 동료들로부터 그 세대의 가장 훌륭한 사서 중 한 명으로 존경받는 매사추세츠 역사학회 명예회장 스티븐 T. 라일리Stephen T. Riley였다. 그날 그는 조지 워싱턴의 1783년 뉴버그 연설문, 4,500장의 원고로 이루어진 미출간된 기독교 역사서로 17세기에 코튼 매더가 쓴 『비블리아 아메리카나Biblia Americana』, 리처드 헨리 데이나의 『선원으로서 2년간Two Years Before the Mast』 자필 원고(레이저 복사본), 폴 리버스가 보관 중이던 혁명 시대의 문서 다수, 19세기 역사학자 프랜시스 파크먼의 걸작 『오리건의 오솔길The Oregon Trail』의 상세한 자료 조사 일지 같은 보물을 보여주었다. 라일리는 그중에서 자신이 가장 좋아하는 것으로 에이브러햄 링컨과 에드워드 에버렛이 1863년 11월 19일 게티즈버그에서 각자 연설을 한 직후에 주고받은 두 통의 편지를 꼽았다. 에버렛은 연설이 있은 지 몇 시간 후에 "나는 두 시간 연설했고 당신은 2분간 연설했지만, 나의 두 시간이 당신의 2분처럼 국립묘지 봉헌식의 의미를 잘 포착할 수 있었다면 얼마나 좋을까요"라는 편지를 보냈다. 다음 날 대통령 관저에서 보내진 링컨의 답장에는 도량 넓은 내용이 담겼다. "어제 당신이 연설을 짧게 했더라면, 또 내가 길게 연설을 했더라면 실례가 되었을 것입니다. 내 연설이 짧았던 것이 완전한 실패였다고 생각하지 않는다니 다행입니다."

그리고 20년 후에 나를 안내해준 것은 피터 드러미Peter Drummey였다. 첫 방문 때 젊은 사서였던 그는 2004년에 스티븐 T. 라일리의 뒤를 이었다. 드러미는 그의 전임자인 라일리와 마찬가지로 종이와 함께하는 삶을 살고 있다. 그는 오래된 것일수록 대환영한다. 일에 대한 그의 열정은 한눈에도 느껴졌고 자료에 대한 지식도 해박했다. 역사학자 데이비드 맥컬러프David McCullough는 퓰리처상 수상작인 존 애덤스 전기에 수록한 감사의 말에서 방대한 기록 자료를 찾아볼 수 있도록 도와준 "매사추세츠 역사학회의 사서 피터 드러미의 비할 데 없는 지식에 감사한다"고 언급했다. 내가 2004년에 『모든 책은 독자에게로Every Book Its Reader』 집필을 위해 맥컬러프와 인터뷰했을 때—만남 장소도 매사추세츠 역사학회였다—그는 드러미가 방대한 문서 더미 속에서 문맥에 따라 어떤 문서든 찾아낼 수 있다는 점에 감명을 받았다고 했다. 25만 개의 미국 역사서 속에서 중요한 사건과 인물이 어떤 영향을 미쳤는지, "그 모든 것이 피터의 손에서 생명력을 가집니다"라고 맥컬러프는 말했다.

드러미는 나와 아내를 학회 도서관에서 가장 안전한 곳인 '보물 보관실'이라고 적절한 이름이 붙은 내실로 안내했다. 처음에 그는 자신이 가장 애착을 가지는 물건이라며 종이 한 장을 보여주었다. 가로 30센티미터, 세로 20센티미터 정도 크기의 종이는 수십 년 전에 접혀진 자국이 있었다. "플리머스 식민지의 첫 주지사 윌리엄 브래드포드가 매사추세츠 만 식민지의 첫 주지사 존 윈트로프에게 보낸 편지입니다." 드러미가 이렇게 설명하면서 아래에 기입된 서명 왼쪽에 적힌 날짜, 1638년 4월 11일을 가리켰다. "플리머스는 이곳 남쪽으로 64킬로미터 거리밖에 되지 않지만, 이 편지가 쓰인 시점에는 독립 식민지였습니다."

한 해 전에 피쿼트 인디언족과의 전쟁으로 두 식민지가 통일된 후에
도 아직 해결되지 않은 국경선 분쟁 문제에 대하여 단호하지만 화기애
애한 분위기로 논의하는 것이 편지의 주요 골자였다. 매사추세츠 만
경계선 안에 위치한 시츄에이트를 청교도들은 플리머스 식민지의 가
장 북쪽에 있는 소도시라고 여겼고 매사추세츠 만에 자리 잡은 힝햄
은 영국 여왕에 의하여 플리머스 소재지로 정해졌던 것이다. 브래드
포드는 1636년에서 1638년에 걸친 도덕률 폐기 논쟁 직후 매사추세
츠 만에서 추방된 신앙심 깊은 반체제 인사 앤 허친슨이 신자들과 함
께 플리머스로 이주할 것인지에 대한 우려가 높아지고 있음을 표명하
면서 윈트로프에게 허친슨의 후원자이자 1660년에 종교적 자유를 위
해 순교한 메리 다이어에 대한 정보를 부탁했다.

　대체로 그것은 넝마로 만든 커다란 수제 종이에 빽빽하고 신중하게
써 내려간 편지였다. 영국령 북아메리카에 최초의 제지소가 생긴 것
은 그로부터 52년이나 지난 후였으므로 물론 그 종이는 유럽산이었

1638년 윌리엄 브래드포드가 존 윈트로프에게 쓴 편지, 그리고 윈트로프가 같은 종이에 써서 보낸 답
장. 매사추세츠 역사학회 소장.

다. 게다가 상태도 매우 좋았다. 윈트로프가 브래드포드에게 보낸 편지의 초안은 같은 편지의 반대편에 요약되어 있었다. 받는 사람의 주소는 적혀 있지만 그 외에는 빈 공간으로 남겨졌다. "식민지에서는 종이가 매우 귀했으므로 낭비되지 않았습니다. 두 주지사, 식민지의 두 대표 사이에 오간 중요 서신은 한 장의 종이에 쓰였죠." 드러미가 설명해주었다.

"이렇게 심오한 관습은 17세기에만 국한되지 않았습니다." 계속 이어진 설명에서 드러미는 1800년대의 개혁가이자 노예 폐지론자며 정치가인 호레이스 맨Horace Mann을 예로 들었다. "호레이스 맨은 1796년에 매사추세츠의 작은 도시 프랭클린에서 태어나 시골 지역의 절약 근검 정신 속에서 성장했습니다. 그래서 강연이나 연설문을 적을 때 자신이 받은 편지의 뒷면 등 주변에서 찾을 수 있는 종이를 사용했죠. 한 장의 종이라도 결코 낭비하는 법이 없었습니다. 그래서 그에 관련된 문서는 종이 한 장에 서로 관련 없는 두 종류의 문서가 존재하는 경우가 많습니다. 문서 보관 담당자 입장에서는 좀 문제가 되지요. 문서를 잘못 판독하는 일이 생길 수 있으니까요. 이를테면 1630년대의 윌리엄 브래드포드와 1830년 호레이스 맨이 헷갈릴 수 있어요."

다음으로 드러미가 보여준 기록은 종이에 대한 초기 미국인들의 존중심이 엿보였다. 가죽으로 묶은 작은 책으로 존 애덤스의 초기 일기라고 했다. "애덤스가 하버드를 졸업하고 우스터로 건너가 교사가 된 1755년의 일기입니다." 그가 나에게 약해 보이는 8절판 종이책을 들어 살펴보라고 권했다. "글씨가 얼마나 촘촘한지 보세요." 그의 말대로 간결하고 알뜰하게 적힌 글씨였다. "역시 종이 값이 비싸기 때문에 글씨를 작게 썼습니다. 이 건물에는 일기가 수천 가지나 있는데, 독립혁명 당시에 쓰인 것만 100여 가지는 될 겁니다. 놀랍게도 전부 이렇게 작은 책이고 1인치의 공간도 낭비되지 않았습니다."

그다음으로 존 윈트로프의 또 다른 기록을 보았다. 2분 전에 열람한 브래드포드의 편지에 대한 답장보다 훨씬 유명하며 3세기 넘게 계속 참고로 삼은 물리적인 효과를 보여주는 것이었다. "수백 년 동안 사람들을 매료시킨 겁니다. 다들 직접 만져봤죠." 드러미는 이렇게 말하고 나에게도 양피지로 된 표지를 직접 만져볼 수 있도록 해주었다. 그것은 윈트로프가 1630년에 아벨라호를 타고 야머스를 출발했을 때부터 1649년 사망할 때까지 쓴 일기 중에서 남아 있는 두 권 중 한 권이었다. 이는 북아메리카의 유럽인 정착 초창기에 관련된 가장 중요한 직접적인 기록으로 인정받고 있다.

"윈트로프가 말년에 쓴 세 번째 권입니다. 이 책이 얼마나 손을 많이 탔는지 보세요. 이 책에 기술된 내용을 보면 얼마나 많은 사람이 페이지를 넘겼는지 느껴질 겁니다. 지금 우리는 인간이 문서에 끼친 영향을 보고 있는 것입니다."

펜실베이니아 대학교의 역사학 교수이자 당시 윈트로프 일기의 가장 최근 편집자였던 리처드 S. 던Richard S. Dunn은 1984년에 그 복잡한 프로젝트를 시작할 때 학자로서 마주치게 되는 문제에 대해 설명했다. "이 원문들은 초기 미국인의 모든 문서들 가운데 판독이나 편집이 매우 힘들다"[6]라고 그는 적었다. "현존하는 두 권의 친필은 알아보기 힘들기로 악명 높으며 잉크가 희미해진 데다 얼룩이 있거나 닳거나 찢긴 종이가 많으며 본문에는 여백에 써넣거나 첨가하거나 지우거나 밑줄 친 부분이 많다." 이 일기를 가지고 직접 연구한 학자로는 17세기에 윌리엄 허바드, 코튼 매더, 18세기의 토머스 프린스, 에즈라 스타일스, 조너선 트럼불, 제레미 벨크냅, 그리고 19세기에 존 새비지가 있다. 1790년, 1825~1826년, 1908년에 이어 1984년에 네 번째 판이 출간됐다. 366페이지로 이루어진 가장 두꺼운 두 번째 일기는 1825년에 존 새비지의 자택에서 화재로 유실됐다. 통탄할 만한 일이지만 다행히 새비지가 작업한 근대적인 번역판은 무사했다. 그 일기를 살펴보고 연구한 20세기 역사학자들로는 버나드 베일린, 월터 무어 화이트힐이 있다.

윈트로프가 종이를 얼마나 소중히 여겼는지 또다시 확인할 수 있었다. 그는 1630년 3월 29일 신세계로 떠나는 대모험[7]의 정식 연대기를 시작하면서 이미 다른 용도로 사용한 일기의 맨 뒷부분부터 시작했다. 일기책을 거꾸로 뒤집어 뒤에서부터 반대 방향으로 써 내려가면서 모든 페이지를 채운 다음에 (잃어버린) 2권으로 넘어갔다. 내가 만져본 제3권만이 기존에 다른 용도로 사용되지 않았던 종이로 시작됐다.

내실을 떠나면서 드러미는 한쪽에 마련된 벽감 앞에 멈추고는 그곳에 보존된 어마어마한 양의 기록물에 대해서도 설명해주었다. 서신,

존 퀸시 애덤스의 일기 중 한 권. "나는 하루 두 시간 동안 이 두 작가에 빠지는 호사를 누릴 수가 없다. 하지만 키케로와 타키투스의 책 없이 살아간다는 것은 팔다리 하나가 사라진 듯한 기분이다."

서신 발송 대상, 일기, 문학 원고, 연설문, 각종 법률 및 업무상의 문서 등 애덤스 가문 4대에 걸쳐 내려오는 약 50만 장에 이르는 문서가 빽빽하게 보관되어 있었다. 미국의 제2대 대통령이었던 존 애덤스부터 시작해 그의 아들이자 제6대 대통령인 존 퀸시 애덤스에게로 이어졌다. 남북전쟁 당시 영국 대사였던 찰스 프랜시스 애덤스를 비롯해 존 퀸시의 후손들이 3대, 그리고 저자 헨리 애덤스와 역사학자 브룩스 애덤스를 비롯한 찰스의 아들들이 4대를 이루었다.

그 기록은 1956년에 매사추세츠 역사학회로 전해져 50년 넘게 원문 학자들이 출간을 위한 편집에 매달렸고 2010년까지 하버드 대학교 출판사에 의해 모두 52권이 출간됐다. 1990년대부터 시작된 디지털 보존을 위하여 약 8킬로미터에 이르는 608릴의 마이크로필름이 만들어졌다. 그 규모도 어마어마하지만 이렇게 한 가문과 관련된 광범위한 기록물의 모음을 미국 내 어디에서도 찾아볼 수 없다는 사실이 놀라웠다. 초기 편집 프로젝트에서 편집장을 역임한 L. H. 버터필드L. H. Butterfield는 "애덤스 페이퍼Aams Papers로 알려진 이 컬렉션은 값으로 환산할 수 없으며 필적할 대상도 없다"[8]라고 했다. "이렇게 오랜 시간 동안—거의 3세기에 가깝다(1640~1920)—미국인 생활에 관련된 많은 측면을 담은 역사적 기록의 모음은 이 나라 그 어떤 가문에서 만들어진 적도, 보관된 적도 없다."

드러미에게도 이 기록물은 말로 형언할 수 있는 것 이상의 의미가 있었다. "바로 이곳에 역사가 숨 쉬고 있습니다." 그가 간단하게 말했다. 애덤스 가문의 기록물 중에서 가장 유명한 것은 존 애덤스와 그의 아내 애비게일이 1762년부터 1801년까지 주고받은 1,160통의 편지일 것이다. 이것은 데이비 맥컬러프의 2001년 전기와 2008년에 HBO에서 방송되어 커다란 찬사를 받은 7부작 미니시리즈의 중요한 자료가 되기도 했다. 하지만 존 애덤스가 자신의 뒤를 이어 대통령직에 오른 토머스 제퍼슨과 주고받은 서신 또한 눈을 뗄 수 없게 만드는 귀중한 자료다.

"애덤스와 제퍼슨이 주고받은 서신이 이토록 훌륭한 이유는, 우리도 잘 알다시피, 존과 애비게일은 제퍼슨에게 받은 편지를 전부 보관했고 자신들이 그에게 보낸 편지는 전부 사본을 만들어두었기 때문입니다. 양쪽이 가지고 있던 편지가 전부 이렇게 한자리에 모여 있습니다." 존과 애비게일, 제퍼슨과 애덤스의 편지만큼 중요한 자료가 있으니 바로 존 퀸시 애덤스가 12세이던 1779년부터 시작하여 약 70년 가까이 충실하게 쓴 일기다. 마지막 일기는 그가 1848년에 워싱턴의 하원의원 집무실에서 쓰러져 이틀 후 세상을 떠나기 몇 주 전에 쓰인 것이다. L. H. 버터필드는 그 일기를 가리켜 "역대 편찬 자료 중 가장 광범위하고 충실한 기록"이라고 했다. 반세기 동안 단 하루도 거르지 않고—1년 365일, 윤년에는 366일—적어 내려간 일기였다. 언젠가 퀸시 애덤스는 그 마라톤 같은 기록에 대하여 "인간이 나무다리로 말과 벌이는 경주" 같다면서 "책이 끝도 없이 늘어난다"라며 불평 섞인 말을 하기도 했다.

전체 51권, 1만 4,000페이지에 이르는 존 퀸시 애덤스의 일기는 그의 아들 찰스 프랜시스 애덤스(그 역시 열심히 일기를 썼다)에 의해 대거 생략되어 출간되었고 좀 더 근래에 이르러 하버드 대학교 출판사와의 협력 작업의 일환으로 전체가 출간됐다. 드러미가 말했다. "이것이 종이 기록에 대한 또 다른 흥미로운 점입니다. 충실하게 쓴 편지든 수십 년 동안 쓴 일기든 그것이 단순한 기록이 아니라 규율의 형태가 된다는 것이죠. 이렇게 쉬지 않고 일기를 쓰는 것은 단지 일기를 쓰는 것 이상으로 커다란 일을 하는 겁니다. 일기가 그 사람이 누구인지를 잘 대변해주니까요. 존 퀸시 애덤스의 일기는 워낙 유명해서 사람들은 그것을 그의 인생이라고 말하기도 합니다. 의회 의전의 불확실한 문제가 있으면 '존 퀸시 애덤스의 일기에 나와 있을 거야'라고 할 정도죠. 증거가 되어주니까요."

'애덤스 페이퍼'가 보관된 자리를 뜨기 전에 우리는 그중에서 가장 자주 인용되는 자료에 대해 이야기를 나누었다. 하나는 존이 애비게일에게 쓴 편지로 필라델피아에 새로운 국가가 만들어졌음을 알리는 내용이고, 또 하나는 애비게일이 존에게 쓴 편지로 새로운 공화국에 관련된 계획에서 "여성들을 생각해달라"고 분명하게 촉구하는 내용이었다. 드러미는 안부 인사가 빠져 있는 편지가 많다는 점도 지적했다. '가장 친애하는 벗에게' 같은 말이 실수로 빠진 것이 아니라 종이를 아낄 목적으로 여백을 전부 채울 때까지 며칠에 걸쳐서—때로는 하루에 두 번—편지가 쓰였기 때문이다.

드러미는 존이 1776년 7월 3일에 쓴, 전날의 중대한 사건에 대한 이야기가 담긴 편지를 나에게 소리 내어 읽어보라고 했다. "애덤스는 대륙회의가 독립을 선언한 7월 2일이 앞으로 미국의 독립기념일이 될 것이라고 생각했습니다. 하지만 공식적으로 발표된 것은 그날이 아니었죠." 드러미가 말했다. "이 편지가 쓰인 7월 3일에는 이미 독립선언서의 초안이 작성되어 승인이 난 상태였습니다. 하지만 아직 인쇄가 되기 전이었어요. 그러니까 이 편지에는 대륙회의에 직접 참여한 사람이 독립선언이 이루어진 날이 앞으로 어떤 식으로 기념될 것인지 정확하게 예측한 내용이 담겨 있습니다. 다만 독립기념일의 날짜만 잘못되어 있을 뿐이죠."

나는 여기까지 듣고 편지를 들어 디지털 녹음기에 대고 읽기 시작했다. "앞으로 후손들이 이날을 위대한 축제의 기념일로 기념하리라고

민소. 전능하신 신에 대한 율법으로서 '해방의 날Day of Deliverance'로 기념되어야만 하오. 지금부터 앞으로 영원히, 이 대륙의 한 끝에서 저 끝까지 공연, 시합, 스포츠, 총과 종, 모닥불, 불빛과 함께 성대한 행진이 거행되어야 할 것이오." 나는 사진을 몇 장 찍은 후 드러미의 설명을 기다렸다. "존 애덤스는 지금 독립기념일이 기념되고 있는 방식을 정확히 설명했습니다." 드러미가 말했다. "다만 그날이 7월 4일이 될 것이라는 것만 아직 모르고 있었을 뿐이죠."

사랑하는 아내에게 개인적으로 쓴 편지였지만 애덤스가 더 많은 사람이 읽게 할 목적으로 썼다는 것이 분명해 보였다. "후세를 위해 하나도 빠짐없이 전부 기록을 남겼군요." 내가 말했다. "맞습니다." 드러미가 대답했다. "게다가 완벽하게요. 다시 말하지만 이 편지에는 도입부가 없어요. 여러 날에 걸쳐서 종이 한 장에 아내에게 편지를 썼기 때문이죠. 글씨가 더 촘촘하고 깔끔하고 자제된 것이 느껴집니다." 종이 역시 다른 것들에 비해 작았는데 전쟁으로 종이가 부족했기 때문임을 알 수 있었다.

우리는 애덤스 페이퍼를 다 보고 토머스 제퍼슨의 생애와 경력에 있어 중요한 자료로 관심을 돌렸다. 거기에는 약 8,800점의 서신이 포함되었고 그중 3,280점은 제퍼슨이 쓴 편지였다. 또 다른 자료들로는 제퍼슨이 50년 이상 쓴 일기, 여러 법적 문서, 그가 1782년에 작성한 개인 장서 목록, 500점의 건축 도면이 있었다. 미국 제3대 대통령인 그가 직접 설립한 버지니아 주 샬로츠빌에 있는 버지니아 대학교가 보유한 제퍼슨의 기록보다 훨씬 규모가 컸다. 드러미가 나에게 소개해준 자료들은 1898년에 제퍼슨의 증손자인 보스턴의 토머스 제퍼슨 쿨리지가 매사추세츠 역사학회에 기증한 것이다.

가장 먼저 살펴본 것은 제퍼슨이 훌륭하게 잘 만들어진 넝마 종이에 쓴 일기였다. 공식 명칭은 없지만 학회에서는 '토머스 제퍼슨의 팜 북Farm Book'으로 분류해놓았다. 그가 소유한 남부의 어마어마한 농장의 관리와 그곳에서 이루어지는 활동을 1774년에서 1824년까지 상세하게 설명해놓은 기록물을 통칭하는 말이다. 일기에 따르면 그가 소유한 토지는 약 64.75제곱킬로미터에 달했다. 특정한 달에 도살한 돼지의 숫자, 별채 수리, 식료품 구입과 가격, 밭을 갈고 씨를 뿌리고 풀베기, 예측 수확량, 수확 등 계절에 따른 모든 활동이 기록된 연대기다.

"당시 미국의 농장이 어떻게 운영되었는지 한눈에 알 수 있습니다." 드러미가 말했다. "오늘날 학자들은 과거의 일상생활이 어땠는지 알고 싶어 하죠. 이 기록은 유일무이하지는 않지만 놀라울 정도로 상세합니다." 내 아내는 수력으로 움직이는 숫돌바퀴가 일정 시간 동안 정확히 몇 번 돌아갔는지 적힌 것을 보고 놀라워했다. "제퍼슨은 엔지니어였으니 그런 것에 관심을 쏟았죠." 드러미가 말했다. 나는 제퍼슨의 친필 글씨가 너무나 훌륭하다는 사실에 감탄했다. "평생 그 훌륭한 글씨체를 유지했습니다. 제퍼슨이 생애 마지막에 쓴 편지는 젊은 시절에 쓴 것만큼 명확하고 또렷하죠." 드러미가 설명했다. 학회는 팜 북의 자매편인 '가든 북'도 보유하고 있었다. 제퍼슨이 1766년에서 1824년에 이르기까지 몬티셀로와 섀드웰의 농장에 심은 각종 채소와 과실수, 꽃, 나무는 물론 씨앗을 뿌린 장소와 수확 날짜, 날씨 상태가 기록되어 있다. 리바나 강에 면한 섀드웰 농장은 5,700제곱미터에 이르며 그가 아버지에게 물려받은 땅이었다.

팜 북을 살펴보노라면 제퍼슨의 땅에서 농사를 짓고 그의 집안 살림을 꾸려나간 소작농과 '하인들'의 이름이 눈길을 사로잡는다. "이 일기에는 거의 한 페이지도 빠지지 않고 미국 역사의 핵심 딜레마가 들어 있습니다." 드러미가 말했다. "이 노예들은 전부 제퍼슨의 소유였어요. 그 사실은 감출 수가 없습니다. 수백 명의 이름이 기록되어 있죠."
제퍼슨이 '일기'라고 부른 그 기록에는 노예들의 이름과 어느 농장에서 일하는지가 적혀 있었다. 1998년에 DNA 테스트 결과 제퍼슨의 아들을 낳은 것으로 확인된 셀리 헤밍스의 이름과 그녀의 다른 자녀들의 이름도 수많은 페이지에서 볼 수 있었다. 또한 노예들에게 배급된 옷과 침구, 식료품의—주로 생선과 빵, 소고기—목록도 기재됐다. "그가 직접 이렇게 꼼꼼하게 기록을 했습니다. 몬테셀로에서 129킬로미터 정도 떨어진 곳에 있는 포플러 포레스트를 비롯한 그의 수많은 땅에 대한 기록도 포함되어 있습니다."

그 외에도 드러미는 독립혁명 당시에 인쇄된 종이돈(대부분은 폴 리비어가 디자인함), 영국 정부가 1765년의 인지세법에 따라 발행한 다양한 금액의 인지도 보여주었다. 특히 이 우표들은 당시에만 일시적으로 사용된 것으로 오늘날 매우 희귀하다. "이 수입인지들은 지극히 적은 숫자만 발행되었기 때문에 찾기가 거의 불가능합니다. 식민지 주민들이 거의 전부 없애버렸으니까요." 그런데도 일부가 지금까지 보존될 수 있었던 것은 매사추세츠 역사학회가 1791년에 설립될 당시의 원칙 덕분이었다. "이 인지들이 보존될 수 있었던 것은 바로 우리 학회의 설립자인 제레미 벨크냅의 노력 덕분입니다. 그는 처음부터 이 시도가 어떤 의미가 있는지 알고 있었어요."

드러미의 요약 설명과 함께 세 시간에 걸쳐 이루어진 열람이 끝났다. 그가 아래층에 있는 사무실로 향하며 덧붙였다. "가끔은 저 문서들에 대한 사랑은 결코 지나침이 있을 수 없다는 생각이 듭니다. 1,200만 점이나 되는 것들 중에서 지금까지 지루하게 느껴지는 것이 하나도 없거든요."

워싱턴 DC에 있는 폴저 셰익스피어 도서관[10]의 지하 보관실을 둘러보는 일은 영국의 국민 시인 윌리엄 셰익스피어와 관련된 세계 어디에서도 볼 수 없는 핵심적인 소장품—윌리엄 셰익스피어의 초판본—을볼 수 있다는 사실을 깨닫는 것부터 시작된다. 보스턴의 매사추세츠역사학회와 오스틴의 해리 랜섬 인문연구소처럼 연구박물관들이 다양한 주제에 관한 원본 원고를 중심으로 만들어지거나 하버드 대학교호턴 도서관, 예일 대학교의 바이네케 희귀도서 및 고문서 도서관, 시카고 대학교의 특별 소장품 연구센터처럼 광범위한 부문의 희귀도서를 중심으로 만들어진 기관들과 달리 셰익스피어 도서관은 단 한 명의 문학계 인사와 그의 시대를 조명하기 위하여 1932년에 설립됐다.

그 후 확장을 거듭한 셰익스피어 도서관은 오늘날 엘리자베스 1세와 제임스 1세 시대의 특징이 강한 6만 점의 원고와 5만 점의 미술품과 더불어 25만 6,000부에 이르는 연구 수준의 훌륭한 책들을 보유하고 있다. 그러나 그곳의 핵심은 윌리엄 셰익스피어다. 셰익스피어 자필 자료는 전혀 남아 있지 않으므로—영국에 보존된 몇 개의 법률 문서에 담긴 서명과 영국 도서관에 보관된 148줄의 미완성 희곡이 전부—그의 천재성은 오직 인쇄된 책을 통하여 남아 있다.

오늘날 '첫 번째 2절판First Folio'이라고 불리는 1623년에 750부가 출간된 셰익스피어 최초의 전집 『윌리엄 셰익스피어의 희극과 역사극과 비극』의 가치는 던랩이 인쇄한 독립선언서 한 장의 가치와 맞먹는다. '첫 번째 2절판'은 던랩의 인쇄물처럼 극도로 희귀하지는 않지만—전 세계에 232권이 남아 있다—개인이 소유한 경우는 드물기 때문에혹 매물로 나온다고 해도 경쟁이 치열하다. 그 책에는 36편의 희곡이수록되어 있는데, 그중 절반은 〈템페스트〉, 〈맥베스〉, 〈십이야〉, 〈자에는 자로〉, 〈사랑의 헛수고〉, 〈안토니우스와 클레오파트라〉 등 그 전까

워싱턴 DC 폴저 셰익스피어 도서관 지하 보관실.

지 인쇄본으로 나오지 않았던 작품들이다. 이 모든 작품을 한곳에 담은 전집을 출간하려는 시도는 셰익스피어가 1616년에 세상을 떠난 직후에 킹스 멘 극단의 동료 배우였던 존 헤밍John Heminge과 헨리 콘델Henry Condell에 의해 이루어졌다. 긴 제목에서도 명백히 드러나듯 원문은 "진짜 원본 원고에 따라"[11] 옮겨진 것으로 공식판authorized edition이라고 부르기에 적합하다.

훗날 시애틀의 폴 G. 앨런이라고 밝혀진 익명의 입찰자가 2001년에 전화로 뉴욕의 크리스티 경매에 나온 '첫 번째 2절판'을 616만 달러에 구입했다.[12] 이는 5년 후 런던의 소더비에서 팔린 것보다 약 100만 달러 가까이 높은 가격이었다. 크리스티에 나온 '첫 번째 2절판'에 대한 높은 관심은 그것이 '완전'하기 때문이었다. 없어진 페이지가 한 장도 없다. 17세기에 판지 위에 갈색 소가죽을 눌러 제본한 표지 덕분이기도 했고 시인 존 드라이든의 가문에서 몇 대에 걸쳐 내려온 것을 비롯하여 전 소유주들이 돋보였기 때문이기도 했다.

물론 모든 측면에서 훌륭하지만—나는 『인내와 투지』에서 언급한 시카고의 희귀본 수집가였던 아벨 E. 버랜드[13]의 소유였을 때 몇 번 만져본 적이 있다—그래도 현존하는 여러 부 중에 하나일 뿐이다. 82권이나 되는 그 책을 한꺼번에 본다면 얼마나 경이로울지 생각해보라. 내가 1990년대에 셰익스피어 도서관에 소장된 '첫 번째 2절판'을 처음 보았을 때, 낙스 요새(켄터키에 있는 군사기지로 미국 정부가 보유한 금괴를 안전하게 보관하는 '금괴 창고'가 마련되어 있다—옮긴이)에서 보일 법한 쇠창살로 된 문 뒤로 마치 금괴처럼 선반에 가지런히 눕혀져 있었다.

폴저 셰익스피어 도서관은 뉴욕의 스탠더드 석유회사의 회장이었던 헨리 클레이 폴저Henry Clay Folger와 그의 아내 에밀리 조던 폴저에 의해 설립됐다. 폴저는 1909년에 모교인 애머스트 대학에 쓴 간단한 개요에서 '자랑할 만한' 후손이 없기에—폴저 부부는 자녀가 없었다—자신과 아내가 수집해온 셰익스피어 작품에 대해 "미국은 물론 어쩌면 세계에서 가장 대규모이고 훌륭하다"는 커다란 자부심을 가지고 있다고 말했다. 그는 30년 전 랠프 왈도 에머슨Ralph Waldo Emerson이 애머스트에서 한 강연 이후로 평생 셰익스피어의 작품 수집에 관심을 가지게 됐다고 했다. 그 열정을 함께한 아내 역시 바사 대학의 석사 학위 논문으로 「셰익스피어의 진본 원고」[14]를 썼을 정도였다. 두 사람은 함께 돈과 시간을 아끼지 않고 '첫 번째 2절판'을 수집하기 시작했으며 전 세계에 현존하는 '첫 번째 2절판'의 3분의 1이 넘는 수량이 모였다. 런던에 있는 영국 도서관은 5부, 옥스퍼드의 보들리 도서관은 단 1부만을 소장하고 있다.

"이게 '보여주기 용'입니다." 15년 후 내가 그곳을 두 번째로 찾았을 때, 폴저 셰익스피어 도서관의 사서 스티븐 에니스Stephen Enniss[15]가 나머지보다 약간 색이 바랜 책을 가리키며 농담처럼 말했다. '첫 번째 2절판'을 인쇄한 아이작 재거드Isaac Jaggard의 소유였으며 그의 서명이 담긴 그 책은 책들보다 '첫 번째 2절판' 중에서도 1호라고 불린다. '첫 2절판'은 폴저 셰익스피어 도서관의 핵심 소장품이지만 좀 더 작은 4절판 형태로 출간된 책도 소중한 자료다. 4절판은 대부분 전집이 나오기 전에 무단 출판된 해적판이기 때문에 현존하는 가장 오래된 셰익스피어 작품이라고 할 수 있다.

헤밍과 콘델은 '첫 번째 2절판'에서 정식으로 승인받지 않은 4절판에 대하여 "사기협잡꾼들의 사기와 잠행으로 훔치고 은밀하게 복제하고 불구 또는 기형으로 만들어진 도둑맞은 책"이라고 일축했다. 4절판은 제본되지 않은 상태로 팔려 너덜너덜해질 때까지 읽혔기 때문에 당대의 가장 대표적인 1회용 책이었으며 오늘날까지 매우 적은 숫자만 남아 있다. 원고 원문이 존재하지 않기 때문에 4절판은 셰익스피어가 쓴 작품, 그리고 초기 근대 영국의 연극 무대에서 공연된 작품을 알려주는 가장 초기의 증거다.

학자들은 4절판이 원문이 변형된 증거를 찾을 때도 유용하다고 본다. 1594년에 출간된 『타이터스 앤드로니커스Titus Andronicus』는 현재 단 1부만 남아 있어 4절판 중에서도 가장 희귀한데, 스웨덴의 한 우체국 직원이 아버지의 유품 중에서 18세기 네덜란드의 복권 두 장에 싸여 있던 것을 발견했는데 이를 헨리 클레이 폴저가 1905년에 2,000파운드에 사들였다. 그 4절판이 어떻게 영국에서 스웨덴까지 가게 되었고 어떻게 네덜란드의 오래된 복권 증서에 쌓여 있게 되었으며, 어떻게 무명 공무원의 손에 들어가게 되었는지는 안타까운 수수께끼로 남아 있다.

스티븐 에니스는 2009년 1월에 폴저 셰익스피어 도서관의 사서로 임명되기 전에 애틀랜타 에모리 대학교[16]의 원고와 기록물과 희귀도서 도서관 관장이었다. 오랫동안 코카콜라를 이끌어온 로버트 W. 우드러프Robert W. Woodruff가 수백만 달러를 지원한 덕분에 20세기의 대표적인 문학 전문 연구센터 가운데 하나로 성장한 그곳의 엄청난 소장품을 관리하는 임무를 수행했다. 에모리 도서관은 2004년 기준으로 20세기 시집 7만 5,000권을 소장하여 세계 최대 규모를 자랑했지만, 그뿐만 아니라 윌리엄 버틀러 예이츠, 제임스 디키, 플래너리 오코너, 세이머스 히니, 테드 휴즈, 앤서니 헤크트 등의 원고와 기록물도 다양하게 소장하고 있다.

"나에게는 여러 측면으로 놀라운 변화였습니다." 에모리와 폴저 도서관을 비교하는 나의 질문에 에니스가 말했다. "대학의 특별 소장품 도서관 사서에서 독립적인 연구 도서관의 사서가 되었으니까요. 전자의 소장품은 원고가 주를 이루고 후자는 희귀도서가 주를 이룹니다. 전자는 20세기와 21세기의 물품이지만 후자는 16세기와 17세기 중심이죠. 또 전자는 작가들이 남긴 원고를 소장하고 있지만 후자는 단 하나의 원고도 남기지 않은 작가와 관련된 물품이 주를 이룹니다."

에모리와 폴저 도서관의 공통점은 저마다 종이에 기록된 문화적 업적을 보존하는 일에 힘쓴다는 것이다. 내가 폴저 도서관을 방문한 이유는 소장품의 내용이 아니라 내용의 전달 매체를 살펴보고 그것들이 안전하게 보관되는 도서관의 조용한 3층에서 시간을 보내기 위해서였다. 그곳에서 종이 복원 전략의 다양한 활용에 관한 세계적인 혁신가 J. 프랭클린 모워리J. Franklin Mowery[17]를 만났다. 그는 1977년부터 2011년까지 베르너 군터사이머 보존 연구소의 소장을 역임했고 그

후로 미술 갤러리, 박물관, 도서관, 거래상, 개인 수집가들을 대상으로 개인 사업을 하고 있다. 모워리는 자신이 기여한 선구적인 보존 기술에 대하여 기꺼이 설명해주었다. 그에 앞서 작업실에 나란히 놓인 네 권의 책에 대하여 언급했다. 지하 보관실에서 가져온 '첫 번째 2절판'이었다.

"우리는 매일 이걸 가지고 놉니다." 그는 이렇게 농담을 던지고 나에게 직접 만져보고 하나씩 사진을 찍도록 허락해주었다. 당시 '첫 번째 2절판' 전권에 대하여 실시된 세계적인 조사의 일부로 그 네 권을 살피는 중이었다. "이게 56권째지요." 그는 폴저 도서관이 보유한 82권 전권에 대한 검사가 다음 달에 끝날 것 같다고 덧붙였다. "각 권마다 외형적인 상태에 대한 기술이 완벽하게 이루어져야 합니다. 각 권마다 대조 조사를 해야 하죠. 지금 하고 있는 작업은 제본과 그 구조, 표지 장식을 상세하게 기술하는 것입니다." 폴저 도서관이 보유한 책은 대부분 목재 펄프가 도입되기 전에 인쇄되었으므로 지료의 재질이 좋은 편이다. '첫 번째 2절판'은 모두 괜찮은 품질의 수입 종이에 인쇄됐다. 노르망디에서 수입되었을 가능성이 크다.[18] "이곳 작업이 좋은 이유는 바로 옆에 있는 의회 도서관과는 정반대로 이곳 박물관의 종이는 대체로 상태가 아주 좋다는 거예요." 모워리가 말했다. "16세기, 17세기, 18세기의 물건들이라 종이가 좋거든요. 다 넝마로 만든 종이예요."

모워리는 찢어진 부분이 보이지 않도록 복원할 때 그가 1980년대에 일본의 수제 제지법을 토대로 만든 극도로 얇은 종이를 이용한다. 펄프의 경우 미츠마타 80퍼센트와 고조 30퍼센트를 섞는다. 전자는 긴 섬유를 얻기 위해서, 후자는 강도를 위해서다. "나는 거미줄 종이라고 부릅니다. 말 그대로 떠다니거든요." 그가 이렇게 말하고 17세기 책의 찢어진 부분을 복원한 후 그 원리를 설명해주었다. "일본 종이의 장점은 얇은 데 비해 놀라울 정도로 강도가 뛰어나다는 것입니다. 조금이라도 비슷한 것도 없어요." 모워리가 그 종이를 개발하게 된 것은 1945년에 폴저 도서관에 온 654페이지 분량의 채색된 원고 때문이었다. 상태가 워낙 나빠 적극적인 관리가 필요했다.

그것은 토머스 트레벨리언이라는 무명의 영국인이 남긴 것으로 1608년의 작품 『트레벨리언의 경수필Trevelyon Miscellany』[19]다. 이 작품에 대해서는 별로 알려진 바가 없지만, 트레벨리언은 전체를 손으로 작업했고 17세기 초에 다양한 그림을 복사하고 각색한 두 권의 책으로 구성되며 엘리자베스 1세와 제임스 1세 시대 영국의 일상적인 모습을 보여주고 있다. 1616년 작품인 또 다른 한 권은 원래 고故 J. 폴 게티 주니어가 런던 북서쪽 버킹엄셔의 웜슬리 자택에 마련한 훌륭한 서재에 보관하고 있었다.

모워리의 설명에 따르면 1608년 작품은 폴저 도서관에 처음 왔을 때 50년 동안 누구의 손길도 닿지 않은 채 복원에 필요한 기술이 진보하기를 기다려온 것 같았다. 모워리가 개발한 거미줄 종이는 특히 그 용도에 안성맞춤이었다. 하지만 추가적인 작업이 필요한 페이지도 있어 모워리가 독일에서 배운 기술을 적용했다. 부패해가는 종이의 단면을 잘라 그 사이에 종이 한 장을 끼워 넣어 보강하는 기술이다.[20]

모워리는 '리프 캐스팅leaf casting' 기술을 보여주기 위하여 탬워스 성의 페러스 가문의 문서에 대한 작업이 이루어지고 있는 작업실 구석으로 안내했다. 폴저 셰익스피어 도서관이 1977년에 입수한 그 자료는 1500년부터 17세기 중반에 이르는데 "처음 이곳에 왔을 때 곰팡이가 피고 다 부서질 정도여서 분류 작업이 불가능할 정도였습니다." 모워리는 1980년대에 자신의 요구 사항에 맞게 맞춤 제작된 전자 장비를 활용하기 시작했다. 오래된 디지털 카메라와 5인치 플로피 디스크

하버드 대학교 도서관의 1786년 대출기록장, 매사추세츠 캠브리지 와이스먼 보존 센터.

가 장착된 역시 오래된 아타리사의 컴퓨터를 중심으로 구성된 장비였다. "해양학자이자 컴퓨터에 일가견이 있는 친구가 조립해주었죠. 지금은 MIT 교수로 있는 친구예요. 장담하건대 시중의 그 어떤 장비보다 탁월합니다." 그 전자 장비는 변형 세면대와 나란히 움직인다. 모워리는 그 세면대를 '리프 캐스팅 장비'라고 했지만 내 눈에는 평범한 개수대처럼 보였다.

"이것은 단순한 제지기라고 할 수 있습니다. 이온이 제거되고 칼슘이 보충되는 멋진 수계water system가 만들어졌고 여기에 여과된 수돗물이 채워질 겁니다. 망 위에 문서를 올려놓는데, 시간을 아끼기 위해 한 번에 가능한 여러 장을 올려놓습니다." 손상이 심각한 종이가 이미 다른 조각들과 함께 망 위에 올려져 있었다. 그다음에 모워리는 섬유를 채워 넣어야 할 부분이 까만 픽셀로 표시되는 디지털 이미지를 만들었다. 그는 종이의 두께를 측정한 다음 점성도를 결정했다. "모든 구멍에 섬유가 채워질 겁니다. 한 번에 5분이면 끝납니다. 망에 올려놓을 수 있는 만큼의 종이를 올려놓으면 되고요." 나는 폴저 셰익스피어 도서관을 비롯한 연구 도서관들이 종이 한 장을 살리기 위해 대단히 애쓴다는 사실을 떠올리며—칼리지 파크에 있는 문서보관소 2와 로스앤젤레스의 게티 연구소, 하버드 대학교의 와이스먼 보존 센터에서도 같은 작업이 이루어지고 있는 모습을 보았다—모워리에게 그가 하는 일이 특별한 이유가 종이에 담긴 내용이 아니라 종이라는 매체 그 자체 때문이라는 사실에 동의하는지 물었다. 그는 그 질문을 즐겁게 받아들이며—결국 종이에 관해서라면 그 가치를 어떻게 측정하겠는가?—생각에 잠겼다.

"그러니까 이 종이들이 그 자체로 가치가 있냐고요? 제 생각에 그 답은 '아니요'인 것 같습니다. 아마도 아닐 겁니다. 하지만 아주 흥미로운 논점을 제기하셨군요. 여기서 오래된 인쇄본을 다루다 보면 알게 되는 사실이 있습니다. 우리 도서관에만 약 25만 권쯤 있을 겁니다. 오래된 종이가 무가치하다고 폐기되어 다른 책의 제본을 강화하기 위해 사용됐다는 것을요. 내다버리는 대신에 다른 책의 구조를 떠받치기 위해 재활용된 겁니다. 원료 자체가 가치 있어 낭비되지 않았어요. 그 시점에서는 글의 내용이나 인쇄는 무관합니다. 우리는 이런 것들을 항상 발견합니다. 어디에나 있는 일이죠."

모워리는 2009년 '큐레이터의 시선 : 폴저 도서관에서의 발견'이라는 전시회를 도운 일을 언급했다. 그가 폴저 도서관 소유의 고서들 보존 작업을 위해 해체했다가 발견한 프랑스와 베네룩스 3국(저지대 국가라고도 하며 벨기에, 네덜란드, 룩셈부르크를 가리킴—옮긴이)의 값싼 종이 한 장에 인쇄된 17세기의 종교 및 정치 소책자들도 전시물에 포함됐다. 폴저 도서관 내에서는 '표지 달린 이페메라'라고 불리는 이 물품들은—일부 학자들은 당대의 '블로그'라고 부르기도 한다—전부 1만 개의 소책자에 이르며 대부분은 분류와 조사가 되지 않았다. "하지만 모두 이곳에 소장되어 있습니다. 마땅히 있어야 할 자리인 이 도서관에요." 모워리가 말했다.

Part 3

..

"19세기 드로잉을 보면
작업 내용을 꼼꼼하게 문서화했다는 것을 알 수 있습니다.
설계한 것을 정확하게 기록했고 작업에 활용했고 계속 보관했습니다.
그것들이 지금까지 보존될 수 있었던 것은 좋은 종이를 사용했기 때문이에요.
그리고 아름답기 때문이죠.
중요한 것은 누구도 그것을 버리지 않았다는 거예요."

..

제*13*장

천재들의
냅킨 스케치

시인의 눈 또한 하늘에서는 땅을 내려다보고 땅에서는 하늘을 우러러보며 상상의 나래를
펴지요. 이렇게 시인의 상상력이 미지의 사물에 일정한 형체를 부여하면 시인의 펜은 그
걸 구체화시키며 공허한 환상에 장소와 명칭을 일러주는 것이오.

　　　　　　　　　　　　　　　－ 셰익스피어의 『한여름 밤의 꿈』, 5막 1장, 12~17행

　예술가, 작가, 작곡가, 과학자, 건축가, 발명가, 엔지니어, 안무가 등
분야를 막론하고 탁월한 사상가들이 지니고 다니는 노트가 비교적
최근 들어 생겨난 학문 연구 주제인 창조적 과정에 대한 궁금증을 풀
어주는 열쇠가 되어줄 수도 있다는 깨달음은 19세기 후반부터 시작
되어 20세기 들어 활짝 꽃피웠다. 미술 역사가 클로드 마크스Claude
Marks는 1971년에 일류 화가와 조각가들의 스케치북을 분석하는 글

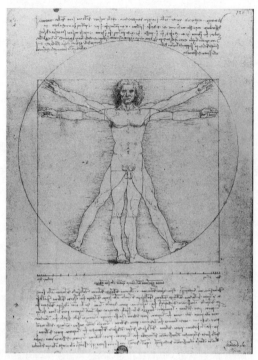

레오나르도 다 빈치의 종이 드로잉 〈비트루비안 맨〉, 1487년. 두 팔과 다리를 벌리고 있는 남성의 인체가 원과 정사각형 안에서 완벽하게 합치되는 모습을 보여준다. 로마의 건축가 비트루비우스가 설한 완벽한 기하학적 인체 비례를 참고해 그린 것이다.

에서 "스케치는 모든 표현 형태 중에서 예술가의 내면과 가장 밀접하게 이어져 있다"[1]라며 그 말이 무언가를 면밀하게 찾으려고 하는 행동에 모두 적용된다고 했다. 그는 그것이 창조적인 사람들의 "생각과 의도, 세상에 대한 해석"을 나타내주는 그 어디에서도 찾아볼 수 없는 "고유한 '필체'와도 같다"고 했다. 마크스의 연구는 스케치의 범위를 철저하게 다루는데, 스케치의 근대적 사용은 중세시대에 양피지에 사전 이미지를 그리던 것에서 시작되었으며 가장 오래된 화가의 스케치북이라고 알려진 프랑스 화가 아데마르 드 상바네스의 스케치북을 언급한다. 이는 약 1025년경의 것으로 신약에 나오는 장면을 펜과 잉크로 그린 작은 책이다.

그러나 가장 완벽하게 스케치북을 활용한 사람은 바로 천재 레오나르도 다 빈치였다. 그의 스케치에는 그가 과학, 수학, 건축, 조각, 해부학, 엔지니어링, 유체동역학, 음악, 광학, 식물학, 그리고 모든 종류의 시각예술 등 다양한 분야에 대해 심사숙고했음이 드러난다. 전형적인 르네상스적 인물이었던 레오나르도는 역사상 가장 다양한 재능을 가진 인간이었다고 해도 과언이 아닐 것이다. 그는 자신의 창조적 에너지를 1452년 그의 출생 200년 전에 이탈리아에 전해진 종이에 사실상 전부 다 표현했다. 우연히도 구텐베르크가 독일에서 이동식 금속활자의 발명 아이디어를 떠올린 시기와 정확히 일치한다. 2006년에 런던의 빅토리아 앤 앨버트 박물관에서 시작된 전시회에서는 그 독특한 사실에 주목했다. 물론 나의 흥미를 사로잡은 것은 '레오나르도 다 빈치 : 경험, 실험, 디자인'이라고 명명된 그 전시회의 큐레이터인 옥스퍼드 대학의 마틴 켐프Martin Kemp 교수가 '종이에 대한 레오나르도 다 빈치의 생각'이 주제라고 밝힌 점이었다.

작은 공간에 총 60점이 전시된 그 전시회는 오늘날 대작의 기준으로 본다면 중간급이었고 《가디언》의 한 평론가에 따르면 "몇몇은 연약하고 때로는 빛바래기도 하고 대개는 때와 얼룩이 묻은 매우 오래된 갈색 종이가 흐릿한 조명 아래 전시되어 있었다." 하지만 "주석과 관찰, 추측, 분석과 환상으로 가득한 페이지를 한 장 한 장 넘기며 레오나르도의 드로잉이 얼마나 생기가 넘쳤는지 알 수 있다. 마치 온 세상이 거기에 있는 듯하다."[2]

켐프는 전시회에 대해 자세히 저술한 논문에서 창조적인 사람들이 레오나르도보다 훨씬 앞서서 스케치를 해왔으나 그만큼 광범위한 범위로 "종이를 생각의 실험실로 활용한 사람은 없다"[3]고 했다. "자신이 살던 시대에 알려진 눈에 보이는 세상에 대한 사실상 모든 분야를 아우르는 관찰과 시각화된 생각, 불현듯 떠오른 대안, 이론, 비판과 논쟁을 그렇게 충동적으로 쏟아내 종이를 가득 채운 사람은 없었다." 종이 공급이 아무리 제한되어 있더라도—15세기 유럽 어디에서나 구할 수 있었던 것이 아니었다—레오나르도는 생각을 기록하기 위해서라면 비용을 아끼지 않았다. 켐프에 따르면 레오나르도의 활동은 "훗날 종이가 풍부해진 시대"에도 예외적일 정도로 왕성했다.

다시 말해서 종이는 단지 석공이나 목수의 손에 들린 끌이나 망치 같은 도구가 아니라 레오나르도가 창의적인 생각의 '정체를 밝히는 데' 사용한 필수적인 도구였다. 나는 적절하게 잘 어울리는 이 전제에 고무되어 40년 넘게 레오나르도의 노트와 드로잉을 직접 보아온 켐프의 생각을 들어보고자 어느 날 아침 옥스퍼셔 우드스톡에 있는 그의 자택으로 전화를 걸었다.

물론 나는 그토록 놀라운 문서를 자주 접할 수 있었던 그가 —레오나르도의 문서를 보관하고 있는 여러 기관으로부터 그런 특권을 얻기란 쉽지 않은 일이었으므로—이른바 레오나르도 다 빈치의 기록을 직접 '읽어본' 소감이 어떤지 매우 궁금했다. 하지만 내가 켐프에게 가장 먼저 물은 것은 이 책의 핵심에 가까운 매우 직접적인 질문이었다. 바로 레오나르도가 보여준 왕성한 생산성이 종이 없이도 가능했을까 하는 것이었다. "종이가 없었다면 하지 못했을 겁니다." 그의 대답은 분명했다. "양피지는 훨씬 희귀했기 때문에 헤프게 쓸 수 없었으니 그것으로는 불가능했겠지요. 작업의 특성상 결과물을 계속 모아야 했으니 타일처럼 수명이 짧은 매체도 소용이 없었을 거고요. 또 작업하면서 메모를 문질러 지워야 했겠죠. 그러니 종이가 없었다면 그런 기록들이 남지 못했을 겁니다."

　이처럼 레오나르도가 종이를 선호한 것은 그럴만한 이유가 있었다. 그의 천재성이 지금까지 전해질 수 있었던 것은 그가 개인적으로 남긴 노트들 덕분이기 때문이다. 그의 유화 작품은 매우 뛰어나지만—〈모나리자〉는 파리 루브르 박물관에서 사람들이 가장 많이 찾는 작품이다—오늘날 알려진 그의 그림은 고작 20점 정도에 불과하다. 게다가 그가 이탈리아 밀라노에 있는 교회에 그린 벽화 〈최후의 만찬〉은 처음에 완성되었을 때보다 상태가 현저히 나빠졌고 조각품들은 완성 상태 그대로 남아 있는 것이 하나도 없다. 그의 생전에 출판된 유일한 삽화는 1498년에 양피지에 그린 일련의 잉크화인데 1509년 루카 파치올리Luca Pacioli의 『신성한 비례De Divina Proportione』에 목판화로 수록되었으며 그의 발명품 중에서 종이에 그린 단계를 넘어서까지 진행된 것은 소수에 불과했다.

　저명한 르네상스 전문가 카르멘 C. 밤바흐Carmen C. Bambach는 레오나르도의 작품 중에는 완성작, 즉 현대적인 용어로 '임계질량'에 이르지 못한 경우가 많으므로 그의 천재성을 이해하는 '열쇠'⁴는 "현존하는 드로잉, 그리고 함께 첨부된 메모 원고"라고 주장했다. 그녀는 "레오나르도의 드로잉은 어마어마한 양이 존재하며, 스케치와 도표가 담긴 페이지를 일일이 센다면 4,000장이 넘고 모두 그의 노트에 제본되어 있다"고 덧붙이며 "거의 기적"과 같은 일이라고 했다. 레오나르도는 프로젝트마다 다양한 종류의 종이를 사용했다. 규모가 큰 작품을 위해 실물 크기로 그린 준비용 드로잉, 즉 카툰⁵의 지료는 볼로냐에서 만든 것이다(카툰의 어원은 질기고 두꺼운 종이 또는 판지를 뜻하는 이탈리아어 카르토네cartone와 네덜란드어, 독일어 카르톤karton에서 찾아볼 수 있다). 그는 대체로 큰 종이를 대량으로 구입했는데 아마도 거주하는 도시의 상인들에게서 구입하여 직접 접어 묶은 것으로 보인다. 레오나르도 다 빈치가 자신의 기록을 일관성 있는 순서로 정리하여 출판하고 싶어 했을지도 모른다는 증거가 있지만 실행되지는 않았다. 1519년에 그가 세상을 떠난 후 그의 모든 기록은 충실한 제자 프란체스코 멜치Francesco Melzi 에게 남겨졌다.

레오나르도의 드로잉은 그 아름다움과 기교 때문에 수집가들 사이에서 매우 귀하게 대접받는다. 그가 세상을 떠나고 얼마 지나지 않아서부터 가치를 인정받았기 때문에 시간이 지나서까지 남아 있을 가능성이 컸지만, 다른 한편으로는 1570년에 레오나르도의 작업 노트를 물려받은 멜치의 후손들이 잘라서 나눠가지는 바람에 흩어지게 된 단점도 있었다. 게다가 레오나르도가 거울에 비춰야만 읽을 수 있도록 좌우가 바뀐 '거울 필기체'로 독특하게 글을 썼기 때문에 삽화 없는 종이가 그리 매력적으로 보이지 않았다는 점도 상황을 더욱 복잡하게 만들었다. 안타깝게도 거울 필기체로 기록된 자료의 80퍼센트가 유실됐다.

몇몇 수집가들이 남아 있던 레오나르도의 작업 노트를 보존했다. 이탈리아의 조각가 폼페오 레오니, 2대 아룬델 백작인 17세기 영국 수집가 토머스 하워드, 그리고 평론가이자 전기 작가로 소중한 수집품을 빅토리아 앤 앨버트 박물관에 기증한 존 포스터 등이 있다. 오늘날 레오나르도의 또 다른 유산은 윈저 성에 있는 왕립도서관, 파리의 프랑스 학사원 도서관, 마드리드의 스페인 국립도서관에 소장되어 있으며, 밀라노의 암브로시아나 도서관에는 폼페오 레오니가 수집한 12권의 『코덱스 아틀란티쿠스Codex Atlanticus』를 보유하고 있다. 이는 1478년부터 1519년까지 1,119페이지에 이르는 원고로 비행에서 무기, 악기에서 수학, 해부학에서 식물학까지 놀라울 정도로 다양한 주제를 다루고 있다. 마이크로소프트사의 빌 게이츠 회장이 1994년에 크리스티 경매에서 석유왕 아먼드 해머의 소유였던 것을 3,080만 달러에 구입한 『코덱스 레스터Codex Leicester』'는 레오나르도가 남긴 주요 과학 작업 노트 중에서 유일하게 민간인 소유가 됐다. 판매가는 한 권의 책으로는 사상 최대 가격이었다. 모두 18장의 종이로 되어 있으며 페이지마다 반으로 접어 양면에 기록하여 72페이지에 이르는 노트다.

레오나르도 다 빈치가 그 시절에 어떻게 종이를 풍부하게 구할 수 있었는지는 확실히 알 수 없지만⁷ 우선 물류의 측면에서 바라본다면 그의 아버지 세르 피에로 디 안토니오 다 빈치와의 관계를 생각해볼 수 있다. 그의 아버지는 35년 동안 피렌체에서 공증인으로 일했기 때문에 업무를 위해 종이 공급업자들과 친밀한 관계를 유지했을 것이다. 사생아로 태어난 아들이 열일곱 살 되던 1469년에 피렌체의 유명 조각가 안드레아 델 베로키오의 견습생으로 데려간 것도 아버지 세르 피에로였다. 16세기 미술 역사학자이자 평론가인 조르조 바사리Giorgio Vasari에 따르면 그의 아버지는 "아들이 그림과 조각에 쉬지 않고 매달리고 무엇보다 그 일을 좋아하자"⁸ 그는 아들의 재능을 증명하기 위해 아들이 그린 스케치 한 다발을 보여주었다. 레오나르도는 견습생으로 있는 동안 "미술의 한 분야가 아니라 드로잉과 관계된 모든 분야를 연습했으며 천부적일 만큼 놀라운 지능으로 기하학에도 탁월했다"고 바사리는 덧붙였다.

이렇게 조각 공부를 한 레오나르도는—베로키오의 작업실에 10년 있었다—어떤 매체를 이용하든 진정으로 입체적인 작품을 만들고자 했다. 켐프는 "레오나르도처럼 시각적인 사고를 달성하기 위한 생생한 그래픽 수단을 활발하게 고안해낸 사람은 없다. 누구도 그보다 자신의 생각을 타인에게 보여주기 위한 표현 수단을 발명하는 데 뛰어났던 사람은 없다"⁹라고 말한다. 또한 평평한 표면에 표를 그리지만 그의 평면 기하학 이미지는 혁신적이었다. 켐프는 또 다른 논문에서 "레오나르도 다 빈치는 3차원 형태와 공간에 대한 시각화 능력이 가장 뛰어났던 사람"¹⁰으로서 "조각가로는 미켈란젤로와 베르니니, 과학자로는 케플러와 아인슈타인과 어깨를 나란히 한다. 그는 그들과 마찬가지로 머릿속으로 형태와 공간을 조작하여 가장 유동적이고 가소성 있는 정신적인 조각 형태로 만들었다." 레오나르도는 자신이 종이에 옮기는 것을 디세뇨disegno라는 말로 표현했다. 이는 '드로잉' 또는 '디자인'이라는 뜻인데 그는 제도draftsmanship의 원리와 실천에 통달한다는 의미로 사용했다.

"나는 레오나르도 다 빈치가 남긴 대부분의 노트를 직접 마주할 수 있는 최고의 특권을 누렸습니다. 레오나르도를 읽는 방법에는 단 하나의 답이 존재하지 않아요." 켐프가 나에게 말했다. "각 노트마다 다른 방식으로 접근해야 합니다. 비교적 원래 상태대로 잘 보존된 것이라도 마찬가지에요. 같은 노트에서도 주제가 바뀌면 거꾸로 봐야만 해독할 수 있도록 좌우를 바꿔서 쓰기도 했습니다. 똑같은 주제가 나중에 다시 나오기도 하고 줄을 그어 지운 것도 있고 다른 노트에 기록된 아이디어가 나오거나 훗날 설명을 추가하기도 했죠. 대단히 불규칙하고 충동적으로 기록되어 있기 때문에 매우 흥미로운 동시에 좌절감을 안겨주기도 하죠. 아이디어를 일관성 있게 파악하기가 굉장히 힘들기 때문이에요. 일반적인 노트를 읽는 것과는 완전히 다르죠."

레오나르도의 노트에 접근할 수 있는 연구자들은 소수에 불과하기 때문에 학자들은 대체본에 의지할 수밖에 없다. 이를 위해서 켐프는 레오나르도 다 빈치의 모든 자료를 온라인에서 볼 수 있도록 추진하는 유니버설 레오나르도Universal Leonardo라는 국제적인 협력 프로젝트에 앞장섰다. 비록 그 무엇도 실물 연구를 대신할 수 없지만 세계 학 문계를 위한 중요한 첫걸음이라고 켐프는 설명했다. "원본을 봤을 때 느껴지는 느낌처럼 말로 표현할 수 없는 것들이 있으니까요. 종이의 구성이라든지, 레오나르도가 종이에 적힌 아이디어를 어떻게 구상했 는지 같은 어려운 문제들은 행의 빽빽함이나 글씨를 적는 데 사용된 초크나 다양한 잉크 등을 보고 유추할 수 있는 경우가 많습니다. 그 메모가 얼마나 복잡한 작업을 거쳐 만들어졌는지 느껴집니다. 복사본 은 그저 평평하고 아무런 질감도 없어요. 사람들은 종이가 그저 그림 을 그리는 표면이라고 생각하기 쉽지만 실제로는 그보다 훨씬 복잡합 니다."

실물 노트가 주는 느낌과 구성을 넘는 범위와 직접성에 대한 평가 도 있다. "레오나르도의 수첩을 집어 들면 평평하고 페이지의 크기가 작은 수첩인데 급박함과 강렬함이 느껴집니다. 수첩에 작은 스케치와 짧은 메모를 해놓은 것을 보면 그의 정신적인 활력이 그대로 느껴지 죠. 그의 생각이 폭포처럼 계속 흘러가는 놀라운 감각을 느낄 수 있 어요. 그리고 두 부분으로 접은 큰 종이에는 바깥이 아니라 작업실에 앉아서 사람들이나 주변을 관찰한 내용이 담겨 있는데 훨씬 느리고 다양한 속도를 느낄 수 있습니다. 규모감이 느껴지고 물리적인 특징 을 파악할 수 있죠. 하지만 무엇보다 작업이 이루어진 속도를 가장 먼 저 느낄 수 있습니다."

레오나르도에게는 모든 것이 시각을 통해 입증되었고—'보는 것이 믿는 것이다'가 그의 신조였을 것이다—면밀한 검토의 기본적인 도구 는 바로 드로잉이었다. 3차원 모델 창조에 크게 의존하여 시각적 사고 를 하는 디자이너였던 그는 '부딪히는 선의 소용돌이'를 자주 이용했 는데 때로 중간 톤을 한 겹 칠하여 증폭시키고 흰색으로 강조하여 종이 표면에 '가상의 조각' 형태를 만들었다. "종이에 쏟아낸 시각적이고 언어적인 생각은 레오나르도의 뇌에서 떠오르는 아이디어가 뒤섞인 엄청나게 복잡한 화합물이었습니다." 켐프가 나와의 인터뷰에서 강조했다. 켐프가 '이론 기계theory machines'[11]이라고 부른 것, 즉 오직 레오나르도의 머릿속에만 존재하고 종이에 완전히 시각적으로 표현된 장치를 떠올릴 때 레오나르도의 뇌는 지나치게 왕성하게 움직이고 있었다. "그의 '이론 기계'가 종이에서도 제대로 움직이지 않은 때도 있었습니다." 언젠가 레오나르도는 수직으로 된 파이프가 연결된 용기를 그렸다. 파이프 맨 윗부분에 주둥이가 달린 모양이었다. 나중에는 그것이 제대로 작동할 수 없음을 깨닫고 주둥이 부분에 줄을 그어 지웠다. 또 다른 때에도 똑같은 장치를 변형하여 스케치하거나 글과 삽화를 이용해 자신의 가설이 틀렸음을 입증했다.

켐프의 레오나르도 연구는 1960년대부터 시작되었고 지금까지 많은 관련 주제와 함께 계속 진행되고 있다. 옥스퍼드 대학교 미술 역사학 명예 연구교수인 그는 르네상스 시대부터 현재에 이르는 미술과 과학의 이미지에 관하여 다양한 저술 및 방송 활동을 펼쳤다. 또한 그는 레오나르도의 작품을 연구하는 데 '직접적인' 방식을 취했다. 2000년에 영국의 스카이다이버 애드리언 니콜라스Adrian Nocholas가 1485년에 레오나르도가 작성한 『코덱스 아틀란티쿠스』에 그려진 그림과 설명대로 15세기 후반에 이용 가능했던 재료들만으로 낙하산을 만들 때 자문을 담당했다. 니콜라스는 2000년 6월 26일에 열기구를 타고 남아프리카의 3킬로미터 상공까지 올라간 후 하강을 측정해주는 비행기록장치와 함께 레오나르도의 낙하산을 메고 뛰어내렸다. 그는 5분 동안 비행하다 1킬로미터 지점에서 '현대 낙하산'으로 지상까지 무사히 착륙했다. 약 85킬로그램의 레오나르도 낙하산은—나무 장대와 밧줄,

캔버스 천으로 조립—천천히 매끄럽게 하강했기 때문에 동행한 헬리콥터는 그와 속도를 맞추기 위하여 두 번이나 속도를 줄여야 했다. 레오나르도 낙하산도 아무런 사고 없이 착륙했다.

윌리엄 셰익스피어의 친구이자 '첫 번째 2절판'의 찬사를 쓴 벤 존슨에 따르면 셰익스피어는 작품을 쓸 때 단 한 줄의 잉크도 "닦아내 고치는" 법이 없었다. 이에 런던 극단 시절의 동료인 존슨은 심술궂게 "수천 번을 고쳤더라면!"이라고 말하기도 했다. 하지만 그 말이 정말로 사실이라면—입증해줄 만한 셰익스피어의 원고 원문이 남아 있지 않으니 존슨의 말을 믿을 수밖에 없다—셰익스피어가 실질적인 수정 없이 무운시의 형태로 된 희극을 종이에 직접 그대로 옮겨 쓸 만큼 창의적인 천재성을 드러냈음을 시사한다. 하지만 레오나르도의 경우 항상 그런 것은 아니었다. 그가 주로 사용한 필기도구는 펜과 잉크, 다양한 색깔의 초크였고 아직 나무 연필과 고무지우개가 발명되기 전이었다. 켐프는 레오나르도가 종이에 적힌 내용을 지우려고 한 흔적이 있다고 말했다.

"일부 드로잉 중에는 지운 흔적이 있습니다. 편리하게 지울 수 있는 연필과 고무지우개가 없었기 때문에 많은 부분을 지우지는 못했지만 생각이 바뀌었음은 분명했죠. 그는 속이 빈 첨필을 사용해서 작업을 많이 했는데 종이에 첨필로 그리면 눈에 띌 만큼의 홈이 생겼습니다. 기하학이든 자유 주제가 담긴 페이지든 차차 진행되는 디자인을 볼 수 있도록 이렇게 첨필로 먼저 그려놓았습니다."

레오나르도가 자신의 작업 노트를 다른 사람들이 보기를 원했다는 주장도 있지만 켐프는 전통적인 측면에서 그것을 출판하려고 고려했다는 증거는 없다고 말했다. "대단히 개인적인 노트임은 분명하지만 이따금 '독자여, 이것이 순서 없이 나열되어 있다고 나를 탓하지 마라'

라고 적혀 있는 것을 볼 수 있습니다. 그래서 나는 그가 어떤 모양이나 형태든 대중에 공개하려는 생각이 있었다고 생각합니다. 하지만 매우 알쏭달쏭한 문제죠. 그가 지칭한 독자가 누구인지 대단히 모호하니까요."

켐프는 레오나르도가 종이로 한 작업을 설명하면서 '브레인스토밍 brainstorming'이라는 단어를 거듭 사용했다. "브레인스토밍은 기본적으로 난기류 속에서 어느 정도 일관적인 형태의 아이디어들이 나타나는 것을 말하죠. 누구나 다 어느 정도 하는 일입니다. 언어 이전의, 사전 시각화를 통해서라고 할 수 있어요. 레오나르도의 경우, 뜻밖에 떠오른 이미지로 다른 아이디어를 얻기도 했습니다. 그의 작업 노트에 담긴 유명한 부분이 있습니다. 벽의 얼룩을 보고, 종이 위에서 무언가가 부딪혀 일종의 그래픽 충돌이 일어나면 그 자체로 새로운 발명이 될 수 있다는 사실을 깨달았다고 이야기하는 부분이죠. 레오나르도는 총명함과 창의성을 갖추었으면서도 사실에 근거하여 구체적으로 사고했습니다. 눈으로 볼 수 있어야 최고로 쳤고 그렇지 않으면 적어도 만지거나 맛볼 수 있거나 냄새 맡을 수 있거나 들을 수 있어야만 흥미를 느꼈죠."

켐프는 곧바로 종이가 창조적 표현을 용이하게 해줄 수는 있지만 표현의 형태를 진전시키는 데는 한계가 있다고 강조했다. "3차원으로 효과적인 시각화를 하는 동시에 그것을 평평한 표면에 옮기는 그래픽 기술을 가진 사람은 드뭅니다. 좀 방식이 다르기는 하지만, 르네상스 시대의 천문학자이자 점성학자였던 케플러나 아인슈타인이 있을 수 있겠네요. 그래픽을 통한 시각화보다는 신체적인 시각화에 더 가깝죠. 이들은 머릿속으로 3D 모델을 만들 수 있는 사람들이었습니다. 나도 조금은 할 수 있습니다만, 이들의 능력은 정말로 굉장했죠. 아인슈타인은 스스로 강조했듯이 준뺴물리적인 측면, 특히 신체적인 측면에서 생각함으로써 문제를 풀었습니다. 그다음에 수학적인 공식으로 옮겨가야 했죠. 에너지는 질량에 빛의 속도의 제곱을 곱한 값과 같다는 $E=mc^2$ 같은 공식으로 자신의 생각을 전달해야만 했습니다. 시각적인 아이콘이 자리 잡은 정확한 형태의 공식으로 만든 것은 아인슈타인이 아니지만 말입니다."

켐프는 차원이 더해지면 표현 방식의 과정은 종이에 무언가를 나타내는 관습을 발명해야만 하는 문제가 된다고 말했다. "2차원의 표면에 3차원을 표현할 수 있다는 것은 좋은 일이죠. 하지만 4차원 이상으로 올라가면 하나의 차원을 억누르거나 그것을 표현할 수 있는 관습이 생기거나 둘 중 하나가 되기 시작합니다. 어떤 면에서 아인슈타인은 상대성을 종이에 시각적으로 표현할 수 없는 어려움에 부딪혔을 것입니다. 상대성과 관련된 시공의 개념도 적절하게 표현할 수가 없었죠. 그게 바로 종이에 그려서 표현하는 것의 한계입니다. 하지만 그런 문제도 레오나르도 다 빈치에게는 방해가 되지 못했던 것 같습니다."

내가 켐프와 이야기 나눈 주제는 아니지만 2차원 형식으로 네 개의 차원을 다루는 분야가 바로 안무다. 3차원인 공간뿐만 아니라 4차원인 움직임까지 개입된 창조적인 활동이다. 안무choreography라는 단어는 춤과 글쓰기를 뜻하는 그리스어에서 유래했는데 글쓰기의 은유를 이용하여 감각을 확장하는 혁신 또는 표현을 뜻하는 근대적인 신조어 중 하나다. 소리의 경우 축음기phonograph, 직접상直接像, direct image의 경우 사진photograph이 대표적이다. 어원이 비슷하면서 다채로운 의미를 지닌 신조어들로는 석판인쇄lithograph, 전보telegraph, 표의문자ideograph, 지진계seismograph, 수문곡선hydrograph이 있다. 모두 '쓰다'를 뜻하는 'graph'가 주요 어근이고 종이가 아닌 다른 신종 매체를 이용하여 쓴다는 뜻이다.

이러한 측면에서 고전 발레는 무용수들이 말을 하지 않고 오직 움직임만을 이용하여 무대에서 시각적인 표현을 예술적으로 펼치면서도 지시에 더 의존한다는 점에서 흥미롭다. 춤은 그래픽을 이용한 전달 대신에 모방과 구두의 전통을 통해 오랜 세대에 걸쳐 내려왔다. 캐나다의 역사학자 이로 발라스카키스 템벡Iro Valaskakis Tembeck은 예술 형태로써의 춤은 인류 역사 내내 존재해온 "보편적인 현상"[12]이지만 "대개는 고립되어" 존재해왔다고 적었다. 그녀는 근본적인 문제는 너무나 오랫동안 후세대가 "꼭 실제로 공연을 보지 않고도" 그 미묘함을 느낄 수 있게 해주는 "글로 쓰인 본문"이 존재하지 않은 것이라고 덧붙였다. 춤에 관한 기록은 15세기 이후로 존재하기는 하지만 1820년대 후반에 이르러서야 그 움직임을 기록하려는 분명한 시도가 시작됐다.

앤 허친슨 게스트Anne Hutchinson Guest가 그 어려움을 바로잡고자 1940년대에 뉴욕에 무용표기법협회를 설립했고 그 주제에 관해 완전판이라고 평가받는 책도 여러 권 저술했다. 종이에 스텝을 도표로 표현하기 위해 여러 장치가 활용되었지만 별다른 성공을 거두지 못하다가 20세기에 헝가리의 무용 이론가 루돌프 폰 라반Rudolf von laban이 '움직임의 분석'을 통해 이론 체계를 고안했다. 게스트는 라반의 무보법舞譜法을 『라바노테이션:움직임의 분석과 기록 체계Labanotation:The System of Analysing and Recording Movement』에서 상세히 설명했고 나아가 네 권의 저서를 더 발표했다. 그녀는 예일 대학교 건축대학을 상대로 쓴 에세이에서 "무용은 움직이는 건축이라고 불려왔다. 이는 복잡한 현대 안무가 감추고 있는 진실일지도 모른다"[13]라고 했다. 움직임을 종이에 기록하는 일—무보법—은 움직임처럼 보이지 않지만(얼굴은 원으로, 몸은 선으로 표현된 원시적인 그림체를 무시하는 것) 무용의 패턴을 기록하는 데 사용되는 그래픽 상징에는 '건축'이 들어 있다.

2008년 봄, 캘리포니아 대학교 로스앤젤레스 캠퍼스는 33만 3,000권의 희귀도서, 3,000만 페이지에 이르는 원고, 500만 장의 사진 등 학교 도서관의 장서 8,300만 권과 따로 보관되는 '특별 소장품' 중에서 대표적인 것들을 모아 전시회를 열었다. 전시회의 제목 '알두스에서 올더스까지'는 15세기 이탈리아의 출판업자 알두스 마누티누스와 20세기 영국 작가 올더스 헉슬리의 이름을 딴 것으로 두 사람의 자료 역시 전시됐다.

전시회의 큐레이터는 당시 그 대학교 도서관의 특별 소장품을 관리하는 책임자였으며 2009년부터 뉴욕 공립도서관의 수집 전략 책임자를 맡고 있는 빅토리아 스틸Victoria Steele이었다. 그녀는 전시회에서 나를 직접 안내해주며 자신이 가장 좋아하는 전시물은 미켈란젤로 부오나로티가 1533년 9월 22일 친구에게 방금 클레멘스 7세를 만났음을 알리는 다섯 줄짜리 메모라고 했다. "날짜가 정확히 적혀 있기 때문에 시스티나 예배당에 〈최후의 심판〉을 그려달라고 지시하기 위한 만남이었음을 알 수 있죠." 스틸이 말했다. 그 편지는 20세기의 위대한 서적상 가운데 한 명인 제이콥 자이틀린이 1980년대에 기부한 것이다. 자이틀린 관련 기록물 역시 UCLA에 보관되어 있다.

하지만 모든 문화적 가공물이 이야기를 담은 채 세상에 알려지기만을 기다리고 있으며 종이로 된 물품에는 믿기 어려운 이동성이 있다는 나의 믿음을 확인시켜준 것은 17개의 오선에 휘갈겨 쓴 한 장의 악보였다. 아무런 장식도 없는 그 종이에는 서명도 글자도 없고 전후 맥락이나 설명이 되어줄 만한 부가적인 문서도 없었다. 1947년에 발터 슬레자크Walter Slezak가 기증한 후 서명이 들어간 잡다한 악보 상자에 담긴 채 잊혀버린 이유도 그 때문일 것이다. 슬레자크는 오스트리아 출신의 배우인데 구글에서 검색해보니 4,500개가 넘는 결과가 나왔다.

스틸은 2006년에 직원이 가져온 그 문서를 보고 관심이 생겼다. "우선 그건 분실된 것이 아니었어요. 1940년대에 쓴 '베토벤 악보'라는 라벨이 붙어 있었어요. 베토벤 악보들 사이에 껴 있기는 했지만 어쨌든 검색 도구가 생긴 셈이었죠." 그녀가 말했다. "개인적으로는 그것이 진짜 베토벤의 초고라는 사실을 증명할 수가 없었어요. 하지만 UCLA에는 뭐든지 아는 사람들이 있죠. 1970년대와 1980년대에 캘리포니아 대학교 출판사와 함께 엄청난 양에 이르는 베토벤의 악보 스케치를 편찬한 세 명의 팀 가운데 한 명이었던 로버트 윈터Robert Winter가 우리 학교의 교직원으로 있어요. 베토벤의 악보를 수없이 본 장본인이죠. 전화 통화에서 그가 '잉크를 사용했나요?'라고 묻더군요. 그래서 그렇다고 했더니 '연필로도 썼나요?' 해서 또 그렇다고 했어요. 그런 다음에 종이에 대해 몇 가지 묻더니 '내가 바로 갈게요' 하는 거예요. 그가 와서 보더니 '베토벤의 악보가 분명합니다'라고 했죠."

그 흥미로운 이야기를 듣기 전부터 나는 윈터 교수가 20년 전에 쓴 『베토벤의 스케치북The Beethoven Sketchbooks』에 대해 익히 알고 있었는데, 매사추세츠로 돌아가자마자 곧장 그와 연락이 닿았다. 그는 UCLA 음악 및 상호 예술대학 학장으로 공영 APM의 클래식 라디오 방송을 진행하기도 한 훌륭한 피아니스트이기도 하다. 그는 UCLA에 재직하기 전에 베토벤의 사중주곡 스케치에 관한 박사 논문을 위해 유럽에서 3년간 연구를 했다. 1974년에는 두 명의 동료 더글러스 존슨, 앨런 타이슨과 베토벤의 음악 스케치 전부를 연구하는 15년간의 프로젝트를 시작했다. 베토벤의 음악 스케치 중 다수는 유럽 전역에 흩어져 있는데, 원래 노트 상태로 보존되어 있는 것도 많지만 나머지는 낱장으로 떨어져 나와 있다. 그들의 목표는 철저한 조사를 통하여 베토벤의 악보 스케치 전부를 정리하는 것이었다. 세 학자는 거장의 기술을 이해하는 데 도움이 될 만한 대단히 미묘한 차이에도 주목하며 종이 과학자가 되어 수천 장의 종이에서 모든 워터마크를 기록하고 베토벤이 사용한 모든 종류의 잉크와 연필 표시의 굵기, 심지어 바늘땀 구멍의 위치까지 놓치지 않았다.

원터는 나에게 스틸이 보여준 악보가 베토벤의 것이라고 확신한 것은 몇 가지 요소 덕분이라고 말했다. "베토벤의 초고는 조금도 헷갈리지 않고 확실하게 알 수 있습니다." 그가 말했다. "아무리 감쪽같은 기술이 있어도 위조할 수 없는 겁니다. 절대적으로 불가능합니다." 그는 그 이유가 베토벤의 작곡 방식이 "워낙 자유롭고 충동적이기 때문입니다. 음표의 머리가 제 위치에 있지도 않고 아이디어가 임의적으로 흩어져 있어요. 특히 이 초고의 경우는 매우 복잡합니다. 일관성이 많지 않아서 음악적으로 일관성 있는 부분을 골라내야 합니다." 그는 눈으로 살펴서 확인한 것과 직접 피아노로 연주해 들어본 후 그 초고 종이가 "작품 번호 106, 〈해머클라비어 피아노 소나타〉의 느린 움직임을 표현한 초기의 아이디어가 적힌 것"이라고 결론 내렸다.

또한 그는 여러 가지 요소를 참고하여 그것이 1817년이나 1818년에 작성된 것이라고 추측했다. 당시 베토벤은 크기가 큰 종이를 접은 뒤두 개의 가로선을 따라 잘라서 사용했다. "베토벤이 큰 노트를 구입하지 않았던 시기였죠." 원터가 말했다. "주변에 널린 종잇조각을 사용하거나 작게 나온 종이를 구입했어요. 이 초고에는 확실한 워터마크가 없는데, 1817년과 1818년 두 해 동안 그의 악보 스케치에서 흔히 나타나는 특징이죠. 1819년에는 다시 큰 노트를 사기 시작했고 종이의

베토벤의 피아노 소나타 A장조 op. 101 원본 스케치.

질도 개선되었습니다. 당시 종이의 품질은 종이의 상대적인 백색도를 보고 알 수 있죠. 제지업자들이 넝마를 표백하긴 했지만 색깔을 전부 다 빼내지는 못했거든요. 그래서 베토벤이 사용한 종이는 초록색도 있고 갈색도 있는데 이따금 표백이 더 된 흰색의 고급 종이도 있어요. 시기도 딱 맞았습니다. 베토벤이 〈해머클라비어〉의 작업을 시작한 것이 바로 그때거든요."

대부분의 사람들은 베토벤의 생애에 대해 꿰뚫지는 못하더라도 그가 만년에 청각을 잃었고 〈해머클라비어〉를 비롯한 중요 작품을 듣지 못하는 상태에서 작곡했다는 사실을 알고 있으며 그가 종이에 적어 내려가는 소리를 '마음속으로' 들을 수 있었는지 궁금해한다. "음악가는 표면적으로는 다른 사람과 똑같이 듣습니다." 윈터가 말했다. "하지만 베토벤은 그 누구보다 정확하게 들었어요. 그가 의사로부터 완전히 청각을 잃었다는 진단을 받은 1818년 이후로 작곡한 곡들을 보면 독특함이 있습니다. 이전에 존재하지 않았던 소리들을 만들어낸 거죠.

이미 알고 있는 소리를 재창조하는 것은 쉽지만, 베토벤은 현악4중주 등의 작품에서 그 전에는 없었던 소리를 만들어냈습니다. 그 자신도 직접 듣지는 못했지만 마음의 귀로 분명히 들을 수 있었죠. 대단히 뛰어난 상상력에 고도의 기술과 훈련이 합쳐진 겁니다."

베토벤은 완전히 청각을 잃은 시기(1818~1827)에 표기법 비슷한 방법으로 친구, 동료들과 소통을 했다. 소리를 들을 수 없던 그는 작은 노트를 지니고 다니며 사람들에게 할 말을 적어달라고 했다. 오직 그 용도로만 사용하는 노트였다. 안타깝게도 그 노트에는 베토벤의 대답은 적혀 있지 않고 질문만 적혀 있지만, 베토벤이 사람들과 나눈 대화의 주제를 알려주는 중요한 자료가 된다. 총 5,523장으로 이루어진 137권의 '대화장對話帳'[14]이 전해 내려온다.

윈터는 베토벤의 작업에 종이가 필수적이었는지에 대해서도 허심탄회하게 이야기해주었다. "필수적인 도구였습니다." 그가 말했다. "베토벤은 음악에 관한 생각을 수천 페이지에 적었습니다. 흔히 사람들이 너무도 명백하기 때문에 적을 필요가 없다고 여기는 것들이죠. 베토벤에게 글을 적는 행위는 창작 과정의 핵심이자 치유적인 일이기도 했습니다. 지극히 필수적이었죠. 그는 정리 메모에 있어 강박적일 정도였어요. 베토벤의 전 작품을 글로 옮기면 약 8,000페이지가 될 겁니다. 스케치의 경우에는 양이 더 많고요. 현재 남아 있는 베토벤의 악보 스케치는 3분의 1정도밖에 안 됩니다. 베토벤은 평생 자신의 대단하고도 기이한 메모 습관에 대해 한마디도 남기지 않았습니다."

베토벤의 습관은 청소년기부터 시작된 것이 분명했다. 현존하는 그의 청소년기 악보 스케치를 보면 그는 피아노 건반을 두드리는 방법이 아니라 종이에 그려진 음표를 마치 체스판의 말처럼 이리저리 옮기는 방법으로 선율을 다듬었다. 훗날 가장 중요한 작품들을 작곡할 때는

60~70회에 이르는 단계를 거쳐 멜로디 조각을 넣은 후에야 곡을 완성하는 일이 비일비재했다.

베토벤은 평생 막대한 양의 원고용 종이를 사들였는데 노트를 구입할 형편이 되지 않을 때는 종이를 직접 꿰매어 만들었다. 친구였던 이그나츠 폰 자이프리트Ignaz Von Seyfried는 "베토벤은 밖에 나갈 때 항상 작은 수첩을 들고 다니며 악상이 떠오를 때마다 적었다. 그런 이야기가 나올 때마다 그는 장난삼아 '깃발이 없었다면 내가 이곳에 나오지 못했으리라(독일 극작가 프리드리히 실러의 1801년 작품 〈오를레앙의 처녀〉에 나오는 대사—옮긴이)'라고 한 잔 다르크의 말을 인용했다"[15]라고 했다.

베토벤은 세상을 떠나기까지 35년 동안 거처를 자주 바꾸었는데 단 한 가지 변함없는 사실은 이사할 때마다 가지고 가야 할 스케치 종이가 점점 늘어난다는 것이었다. 1827년에 세상을 떠난 후 그의 아파트에서는 모두 50권의 분량과 묶어놓지 않은 낱장도 몇백 장(가장 이른 작성 연도는 1792년)이 발견됐다. 베토벤의 아파트를 방문했던 사람은 "그의 머리카락만큼이나 집 안이 어수선"했고 "작품 스케치에 사용하는" 연필이 업라이트 피아노 건반에 놓여 있었으며 "그 옆에는 아무런 연결점 없는 서로 다른 아이디어들이 휘갈겨진 오선지가 있었다. 너무도 이질적인 생각들이 머릿속에 떠오르자마자 서로 밀치듯 앞 다투어 상세하게 적힌 것이었다. 그의 새로운 칸타타를 위한 악상들이었다"라고 회고했다.

이렇게 작품을 종이에 옮기고 나면 또 다른 일상적인 단계가 베토벤을 기다리고 있었다. 역시 종이가 필요한 일이었다. 베토벤은 자신의 음악이 사람들에게 들려지기를 바랐다. 하지만 그의 작품이 연주자들에 의해 연주되기 전에 반드시 자필로 작성한 초고에서 인쇄 악보로 바뀌어야만 했다. 윈터에 따르면 베토벤은 그 전문적인 작업이 잘 이루어질 수 있도록 '최선을 다해' 필경사와 협력했지만 강박적일 정도로 끊임없이 수정을 가했기 때문에 혼돈을 일쑤였다.[16] 까다로운 업무를 지시하기로 유명했던 그는 평생 동안 필경사들과 '전쟁'을 치렀다. "베토벤이 워낙 혹사시키는 바람에 필경사들이 붙어 있지 않았습니다. 한번은 '평생 괜찮은 필경사는 슐레머밖에 없었는데 그는 이 세상 사람이 아니다'라고 말하기도 했죠. 바로 19세기의 뛰어난 필경사 중 한 명이었던 벤첼 슐레머를 말하는 거였죠. 슐레머는 베토벤과 몇십 년 동안 일했고 스케치에 담긴 베토벤의 의중을 파악하는 신기한 능력이 있었습니다. 그런데 베토벤은 한 번도 그에게 고마움을 표시하지 않았죠."

윈터는 역시 이 과정에서도 베토벤에게는 모든 것을 종이에 적는 일이 필수적이었다고 강조했다. "한 예로 나는 베토벤의 9번 교향곡을 오래 다루었습니다. 내 책에 들어간 '연속적인 초고'라는 말을 기억하나요? 한 줄짜리든 피아노곡이든 중요한 부분만 넣은 악보든, 전체 악보든 어떤 형태로 출발해서 끝내게 되죠. 그런데 베토벤의 경우, 단 한 마디에만 연속적인 초고가 대여섯 개나 됩니다. 몇 개 정도는 건너뛰어도 되지 않았을까 의아하기도 하죠. 하지만 베토벤은 모든 수정 단계를 거칠 때마다 종이에 전부 적고 나야만 다음 부분으로 넘어갔습니다."

베토벤의 악보 스케치가 다수 전해 내려오지만 윈터는 베토벤이 후세를 위해 기록으로 남긴 것은 아니라고 말한다. "절대적으로 그 자신의 용도를 위해서였다고 확신합니다. 그렇다면 다른 사람들처럼 잘못된 초고를 왜 그냥 버리지 않았을까요? 왜냐하면 나중에 다시 살펴보면서 아이디어를 얻기 위해서였죠. 누가 봐도 명백한 일이죠. 예를 들어 영국 박물관에 전시되어 있는 〈전원 교향곡〉 스케치북에는 그 곡의 스케치가 전부 들어 있는데, 마디 사이나 때로는 한 마디 안에서 다른 마디들이 활용된 것을 발견할 수 있습니다." 베토벤이 자신의 악보 스케치가 훗날 학자들에게 건네질 것을 고려하지 않았음을 뒷받침해주는 또 다른 증거는 날짜가 전혀 기입되어 있지 않다는 사실이다. "다른 사람들에게 용이하도록 배려하지 않았죠." 윈터가 말했다. "하지만 훨씬 재미가 있습니다. 음악적 가치로 입증해야만 하니까요."

나는 윈터에게 베토벤이 아이디어가 떠오를 때마다 전부 적어놓은 이유가 잊어버릴까봐 걱정되어서였다고 생각하는지 물었다. "그렇습니다. 다시 생각나지 않을까봐 걱정하는 마음이 분명히 있었을 것이라고 생각해요. 그에 비해 프란츠 슈베르트는 이미 훌륭한 아이디어들이 완성된 상태죠. 평생 다시 구상하지 못한다면 암울할 만한 것들이죠. 그래서 슈베르트는 메모를 해놓는 일이 거의 없었고 곧바로 완성작을 만들었습니다. 베토벤의 천재성에서 가장 중요한 부분은—그가 세계적으로 사랑과 존경을 받는 작곡가인 이유라고 생각합니다—누구나 떠올릴 수 있을 법한 시시한 아이디어에서 시작하여 천천히 조금씩 절묘하게 발전시켜나간다는 것이죠. 그것이 베토벤의 탁월한 능력이었습니다. 우리는 그의 스케치에 펼쳐진 그 신나는 여정을 목격하고 있는 것입니다."

뉴저지 주 웨스트 오렌지에 있는 토머스 에디슨 국립역사공원[17]은 그랜드 캐니언이나 요세미티 국립공원, 빅서Big Sur, 나이아가라 폭포처럼 숨이 멎을 듯한 장관으로 사람들을 끌어들이는 것은 아니다. 가든 스테이트 공원도로에서 몇 미터 떨어진 이 칙칙한 벽돌 건물이 내세우는 매력은 자연의 아름다움이 아니라 면밀히 탐구하는 한 사상가의 창조 과정을 보여준다는 점이다. 세상에 알려지지 않은 것들을 끝없이 만들어냈던 기계 천재가 종이에 꼼꼼하게 남긴 기록을 만나볼 수 있기 때문이다.

한때 학교 교사들에게 너무 '둔하다'는 말까지 들은 에디슨은 독학의 길을 걸었고 전구를 발명해 명성을 얻은 후 멘로 공원 근처에 첫 실험실을 마련했다. 그러나 그 공간은 그의 지치지 않는 상상력을 전부 담아내기에는 너무 좁았다. 결국 에디슨은 웨스트 오렌지에 자신의 요구사항에 맞춰 그보다 열 배 큰 규모의 3층짜리 건물을 신축해 1887년부터 사용하기 시작했다. 에디슨은 발명가로 활동하면서 모두 1,093개의 특허를 받았는데—《뉴욕 타임스》에 따르면 놀랍게도 2주에 하나 꼴이다—대부분은 이 작업실 건물에서 구상한 아이디어를 토대로 한 것이다.

6년간 1,300만 달러가 들어간 개조 공사를 거친 후 2010년에 대중에 공개된 이 건물 덕분에 사람들은 최초로 축음기나 X레이 이미지를 볼 수 있는 형광투시기, 암석에서 철을 추출하는 기계, 사무실 업무에 필요한 구술을 하게 해주는 실린더 녹음기, 니켈-철 알칼리성 축

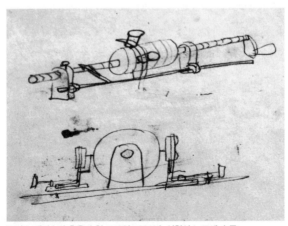

토머스 에디슨의 축음기 첫 드로잉, 1880년. 실험실 노트에 수록.

전지 같은 근대의 놀라운 발명품이 만들어진 위층에 있는 작업 공간과 실험실을 볼 수 있게 됐다. 본관 1층의 한쪽은 선반과 도르래, 벨트와 기계들로 가득하고 다른 한쪽은 에디슨이 정식 사무실로 이용한 곳으로 1만 권에 이르는 장서가 보관되어 있어 도서관을 방불케 한다. 한쪽 측면에 마련된 벽감에 놓인 두 개의 선반 사이에는 작은 침대가 있다. 위대한 사상가인 남편이 잠깐씩 토막잠을 잘 수 있도록 아내가 놓아둔 것이었다. 2층에는 화학 실험실, 사진실, 암실, 그리고 급하게 스케치한 아이디어를 전문 제도공이 매우 상세하게 그리는 조용한 공간이 있었다. 축음기와 결합된 영사기, 즉 에디슨이 키네토폰 kinetophone이라고 부른 것 덕분에 에디슨은 세계 최초로 영화사를 설립했다. 은막에서 성공하고자 하는 사람들의 오디션에 사용되는 스타인웨이 피아노 한 대도 완비되어 있었다.

최초의 근대적인 전문 연구개발 활동이라고 할 수 있는 내용이 담긴 방대한 양의 문서는 일반인들에게 공개되지 않는 별채 중 한 곳에 보관되어 있으며 연구 목적으로만 공개된다. 에디슨이 문서화 작업에 얼마나 열을 올렸는지 알 수 있는 3,500권이나 되는 노트에는 그의 생각과 아이디어가 머리에 떠오르자마자 다급하게 대략적으로 스케치되어 있다. 나는 그중 몇 권을 살펴볼 수 있었는데 솔직히 말하자면 섬광 같은 통찰력이 분명히 드러나리라고 생각했기에 처음에는 약간 실망스러웠다. 하지만 천재성의 표현은 하나의 과정인 경우가 많고 그렇게 전문적인 자료에서 그 사실을 간파하는 것은 학자들의 권한이다.

나는 그 점을 엿보기 위하여 뉴브런즈윅에서 32킬로미터 떨어진 럿거스 대학교의 메인 캠퍼스를 찾았다. 그곳의 원문 학자팀은 1979년부터 『토머스 A. 에디슨의 문서들』을 엮어서 편집하고 출간하는 작업을 맡아왔다. 2010년까지 모두 일곱 권이 나왔는데 시작 시점부터 마무리까지 약 50년이 걸릴 것으로 보인다. 모두 288개 릴로 된 다섯 개의 마이크로필름판(페이지수로는 약 30만 장), 첫 세 개의 릴과 다른 곳에 보관되어 있는 문서를 합친 온라인판이 만들어졌다. 전부 합치면 약 20만 개의 이미지를 포함한다. 이 장기적인 프로젝트를 주도한 럿거스 대학교의 연구교수 폴 이스라엘Paul Israel은 1980년부터 여러모로 이 프로젝트에 개입해왔으며 2002년부터는 편집주간을 맡고 있다. 이 기간 동안 그는 『에디슨 : 발명의 삶』, 그리고 동료 로버트 프리델, 버나드 S. 핀과 공동 집필한 『에디슨의 전구 : 발명의 기술』 등 프로젝트에 관련된 몇 권의 저서를 쓰기도 했다. 그는 나에게 에디슨의 기록물을 직접 볼 수 있었다면 쓰지 못했을 것이라고 말했다.

"에디슨의 모든 기록물은 종이를 기반으로 합니다. 처음에는 모든 것이 문서로 되어 있죠." 이스라엘이 말했다. "어마어마하게 들릴지도 모르지만 그렇지 않습니다. 방대한 양이지만 서로 구분이 되기 때문이죠." '에디슨 페이퍼'[18] 프로젝트는 분량이 약 120만 페이지에 이를

에디슨의 실험실 노트 두 권. 뉴저지 웨스트 오렌지 토머스 에디슨 국립역사공원 소장.

것이라는 가정에서 출발했다. 하지만 현재는 약 500만 장에 이르는 것으로 파악되고 있다. "그 전에는 확실한 목록 조사가 이루어진 적이 없었습니다. 어쩌면 다행이었죠. 양이 이렇게 엄청날 줄 알았다면 애초에 작업을 시작하지 않았을지도 모릅니다. 작업이 시작되고 나서야 에디슨의 기록물이 제대로 관리되지 않았다는 사실을 알게 되었어요. 문서가 사방에 있더군요. 역사적인 문서들이 모든 건물마다 있었습니다." 이스라엘은 모든 문서의 3분의 2가 토머스 A. 에디슨 주식회사에서 만들어졌다는 사실이 크게 도움이 됐다고 말했다. 다시 말하자면 그들의 프로젝트가 다루는 범위의 밖이었던 것이다. "대규모 관료제에서는 엄청난 양의 문서가 만들어집니다. 그중에는 토머스 에디슨의 문서에 그리 중요하지 않은 것들이 많다는 뜻이죠. 우리 럿거스 대학교의 프로젝트는 전적으로 토머스 에디슨이라는 사상가 개인에 관한 것이거든요." 에디슨은 진정으로 세부적인 것에 꼼꼼하게 신경 쓰는 사람이었고 "자각 있는 문서 작성자"였지만 문서가 여러 실험실에 흩어진 경우도 있다고 이스라엘은 설명했다. "따로 떨어져 있지만 서로 연관 있는 문서들도 발견되었죠. 하지만 에디슨은 나중에는 자신의 기록에 좀 더 신중을 기했습니다. 결국은 모두에게 표준화된 기록장을 나눠주었고 실험실의 모든 사람에게 사용할 것을 요구했죠." 에디슨은 그 무엇도 사소하게 여기지 않았고 쉼 없이 무언가를 기록하는 모습을 보였다. "나중에 축전지에서도 그런 패턴을 볼 수 있습니다. 축전지에 관한 아이디어와 디자인이 담긴 메모지가 아주 많습니다." 에디슨은 기록의 중요성을 조수들에게도 이해시켰고 특정한 패턴을 따르도록 요구했다. "자료들을 전부 정리하고 출판을 위해 선택하는 것은 상당히 힘든 작업이었습니다. 에디슨이 결정적으로 개입된 것인지—과정 개입—판단해야 했고 어떤 결과가 나왔는지를 봐야 했으니까요."

종이는 에디슨에게 유용한 필기도구였을 뿐 아니라 특히 티커 테이프(과거 증권시장에서 주가를 알려주던 종이테이프. 오늘날에는 전광판으로 대체—옮긴이) 같은 발명품의 재료가 되어주기도 했다. 이는 좁은 스풀에 감겨진 종이테이프에 주가가 적혀져 나와 월가의 중개인들은 주요 증권거래소에서 이루어지는 거래 정보를 받아볼 수 있었다. 1876년에 에디슨은 스텐실로 종이에 잉크를 찍어 저가로 문서를 복사할 수 있게 해주는 자동화 인쇄기의 특허를 받았다. 좀 더 개선되어 '미미어그래프 Mimeograph'라는 상표로 출시된 이 등사기는 상업적인 성공을 거두었다. 에디슨에게서 특허권 사용을 승인받은 시카고의 앨버트 블레이크 딕 컴퍼니가 수년간 수백만 대를 판매했다. 워낙 인기가 좋아 제품 이름인 '미미어그래프'는 등사기를 가리키는 일반 명사가 됐다. 에디슨은 첫 축음기 실험에서 파라핀을 입힌 종잇조각—말하자면 왁스지 레코드—을 사용했다. 표면이 유연해서 홈을 낼 수 있었다. 그리고 전구를 발명할 때는 무수한 재료를 필라멘트로 사용했는데 초기에 탄화 판지를 편자 모양으로 잘라 사용해 성공을 거두기도 했다. 그 외 다양한 섬유로 실험해본 결과 대나무를 이용한 필라멘트가 더 오래간다는 사실을 발견했다.

"에디슨은 언제나 기술에 대해 매우 창조적으로 생각했고 자신을 위해 일하는 대규모 집단의 사람들을 유능하게 통제했습니다." 이스라엘이 말했다. "그는 매우 다양한 재료와 화학물질을 사용했지만 항상 특정한 한도 안에서였죠. 절대로 단 하나의 방법에 얽매이지 않았고 무엇이 실패하면 곧바로 다른 방법으로 옮겨갔습니다." 에디슨의 작업은 주로 기계 기술과 연관되어 있었으므로 그의 도표와 스케치는 보통 사람들에게는 난해해 보이기도 한다. "발전기나 전건電鍵 등 전기 기술은 무언가를 움직이는 일과 연관된 경우가 많습니다. 일부는 신호가 회로를 지나는 방식에 관련된 것도 있는데 실험이 오래 걸렸죠. 에디슨은 무언가를 실험할 때는 서로 다른 가능성을 다양하게 스케치하는 데 매우 뛰어났습니다."

이스라엘에 따르면 에디슨은 기계 제작자들에게 지시 사항을 적을 때 "글로 된 정보와 체화된 지식을 흥미롭게 합쳐서" 표현했다. "메모를 보고는 정확히 어떤 작업인지 알지 못할 수도 있어요. 왜냐하면 기계 제작자들에게는 이미 머릿속에 지식이 있기 때문이죠." 이스라엘은 미국이 특허 제도를 세계에서 가장 먼저 공개적 발표를 통한 정식 과정으로 가져옴으로써 제도공의 중요성을 더욱 부각시켰다고 말했다. "어느 시점이 되면 아이디어를 전부 종이로 옮기는 작업이 이루어져야만 했죠. 미국의 특허 제도는 특허품을 발행해서 퍼뜨리도록 되어 있었거든요. 기술을 교환하는 대신 제한적인 독점을 인정해주었던 거죠."

이스라엘은 막대한 문서들의 공통점이 있다면 결국 에디슨 자신의 '목소리'라고 할 수 있다는 점이라고 했다. "실험실에서 만들어진 것들은 거의 전부 에디슨의 일종의 개념적 틀에서 시작됩니다. 그리고 진행 과정에 있어서도 그가 중심에 서서 가장 유용하다고 생각되는 방향으로 연구를 진행시키죠. 전적으로 그만의 것이라고 할 수 있는 시각적인 가닥, 스타일이 눈에 보일 정도입니다. 기술이 어떻게 설계되어야 하는지 초기의 아이디어는 대부분 그에게서 나와 그의 펜을 통해 종이로 옮겨졌습니다."

종이에
붙잡아둔 영감

말로는 마음의 눈으로 보는 것만큼 분명하게 표현할 수가 없다. 하지만 그림은 확실하게 보여줄 것이다.[1]

— 귀도 다 비제바노(이탈리아 의사 겸 발명가), 『테사우루스 레지스 프란치에』

그는 모든 유형의 건물을 그리기 전까지는 휴식을 취하지 않았다. 원형과 사각형과 팔각형의 신전, 바실리카, 수로교, 대중목욕탕, 아치, 원형경기장, 원형극장, 벽돌로 지어진 모든 신전…… 어찌나 열성적으로 연구했던지, 그는 머릿속으로 폐허가 되지 않은 상태의 로마를 그려볼 수 있었다.[2]

— 조르조 바사리, 『예술가들의 생애』에서 필리포 브루넬레스키를 두고 한 말, 1550년

이 순백색의 종이를 보라! 설계에 담긴 논리를 기록할 준비가 되어 있다.[3]

— 프랭크 로이드 라이트, 『자서전』, 1932년

창조자는 건축을 그릴 목적으로 종이를 만드셨다. 적어도 나에게 그 외의 것은 종이를 남용하는 것이다.[4]

—알바 알토, 『스케치』, 1978년

●

뛰어난 과학자와 수학자, 엔지니어였던 시라쿠사의 아르키메데스는 기원전 212년에 로마군 병사의 명령을 거절했다가 살해당했다고 한다. 고대의 무수한 출처에서는 아르키메데스가 원을 그려놓고 계산에 몰두해 있다가 방해를 받자 "내 원을 밟지 마라"[5]고 소리쳤고 이에 격분한 로마 병사가 그를 칼로 찔러 죽였다고 전한다. 그는 아마도 간편한 필기 면이었던 단단한 땅 위에 기하학 모양을 그리고 있었을 것이다. 하지만 지레, 복합 도르래, 손으로 움직여 물을 끌어올리는 스크루펌프, 그리고 원둘레와 지름의 비율을 나타나는 '파이'를 비롯한 무수한 수학 원리를 발견한 장본인인 그는 자신의 손에 닿는 모든 재료를 사용했을 것이다.

아르키메데스는 어떤 일에 완전히 몰두하는 것으로 유명했다. 일을 할 때는 오로지 그것만 생각했다. 한 예로 욕조 안에 몸을 담그자 넘쳐흐르는 것을 보고 부력의 원리를 발견한 그가 "유레카!"라고 외치며 거리를 발가벗고 뛰었다는 유명한 일화가 있다. 그리스의 전기 작가 플루타르코스는 아르키메데스가 불현듯 영감이 떠오르면 난로에서 재를 긁어내거나 목욕 후 기름을 바른 몸에 손톱으로 긁어 숫자를 쓰는 식으로 즉석에서 그림판을 만들었다고 감탄했다. 사정이 좋을 때는 지울 수 있는 칠판이었던 왁스 필기판이나 파피루스에 계산을 했지만 둘 다 종이만큼 유용하지는 못했다.

플루타르코스는 알렉산더 대왕의 이름을 딴 나일 강 어귀의 대도

시도 비슷한 계획에 의해 지어졌다는 이야기를 전한다. 건설자 알렉산더 대왕의 이름을 딴 알렉산드리아 말이다. 기원전 334년에 그 지역을 살피기 위해 왔던 알렉산더 대왕은 선을 그릴 초크가 없자 가지고 있던 식량 중에서 곡물 알갱이를 해안가에 뿌렸다. 막대기로 "땅에 반원으로 된 매우 커다란 나침반"을 그린 다음 "반원 둘레 안에 양쪽에 똑같은 직선을 그려 망토 같은 모양이 되게 했다."[6]

알렉산더 대왕은 대로와 부두, 분수, 사원을 어디에 세울지 꼼꼼하게 그렸고 만족할 만한 그림이 다 그려지자 인근의 석호에서 새떼가 '검은 구름'처럼 솟아올라 곡식 알갱이를 '하나도 빠짐없이' 먹어치웠다. 점성가에게 그것이 좋은 징조라고 들은 알렉산더 대왕은—알렉산드리아가 많은 나라를 '돌보고 부양하리라는' 의미로 해석했다—건축가 디노크라테스에게 당대의 도시들과 일관성이 있도록 도시를 계획하라고 명령했다. 역시 종이의 도움을 받지는 않았다.

파르테논 신전의 설계도도 남아 있지 않다. 하지만 그리스의 대표적인 그 신전의 공사는 설계자와 조각가로 참여한 피디아스의 감독 아래 대건축가 익티노스와 칼리크라테스가 지었다고 짐작할 수 있다. 파르테논 신전은 크게 손상되어 기본 구조만 남아 있기 때문에 그들이 어떻게 어디에 무엇으로 도면을 그렸는지는 추측만이 가능할 뿐이다. 1687년에 화약고가 폭발해 건물의 중심부가 파괴되기 이전의 파르테논 신전이 어떻게 생겼었는지는 종이 도면을 통해서만 알 수 있다. 폭발 사건이 일어나기 13년 전에 트로이의 젊은 제도공 자크 캐리Jacques Carrey[7]는 아크로폴리스에서 2주 동안 머무르며 오스만 제국의 프랑스 대사를 위하여 파르테논 신전을 스케치했다. 캐리의 드로잉은 베네치아인의 폭격으로 파괴된 정교한 프리즈(고전 건축에서 주두에 의해 지지되는 세 부분 중 가운데를 가리킴—옮긴이) 부분은 물론—조각의 약 20퍼센트가 파괴됐다—1800년대에 영국의 7대 엘진 백작 토머스 브루스 경에 의해 철거되어 영국 박물관에 전시된 조각품들의 모습을 보여준다.

파르테논 신전은 외부 구조만 남았을지라도 여전히 아테네에 위풍당당하게 서 있지만, 런던의 구舊세인트폴 대성당은 과거의 걸작 건축물이 오로지 종이 덕분에 보존될 수 있었던 사례다. 이 기적을 이루어 낸 것은 영국의 골동품 수집가 윌리엄 더그데일William Dugdale 경[8]이다. 세인트폴 성당이 1666년 런던 대화재로 완전히 불타버리기 8년 전에 『세인트폴 대성당의 역사』를 발행하여 전령사 역할을 한 것이다. 더그데일은 그 기념비적인 연구를 위하여 족히 열 개나 되는 정리되지 않은 짐꾼의 짐, 썩어가는 건물 인가서, 그리고 스크라이브너스 홀에서 "자루와 바구니에 뒤섞인 채 방치되어 있던 두루마리와 기타 문서"를 참고했다고 밝혔다. 스크라이브너스 홀 역시 같은 화재로 불타버렸다. 더그데일의 꼼꼼한 조사에는 1087년에서 1314년 사이에 노르만족과 그 후계자들이 지은 성당의 모든 기념물과 비문에 대한 상세한 묘

자크 캐리가 그린 파르테논 신전의 페디먼트. 아테나와 포세이돈이 아테네를 얻기 위해 경쟁하는 모습. 1674년. 프랑스 국립 도서관 소장.

사가 포함되어 있다. 심지어 성당 도서관에 보관되어 있던 책과 원고들까지 명시했다. 또한 보너스로 17세기 런던의 유명 삽화가였던 벤체슬라우스 홀라르Wenceslaus Hollar가 그린 성당의 원래 모습과 1630년대에 건축가 이니고 존스Inigo Jones에 의해 수정이 이루어진 모습이 담긴 45점의 스케치가 수록됐다.

더그데일은 도입부에서 찰스 1세 시절 가정家政 장관(아궁이 하나당 세금을 내게 한 아궁이세를 징수하는 임무를 맡았다—옮긴이)이었던 크리스토퍼 로드 해턴에 의해 종교개혁과 영국 내전의 종교적 갈등으로 피해를 입은 기념물과 교회에 대한 '신속한 둘러보기'에 착수하도록 "자주 그리고 진지하게"⁹ 자극받았다고 회상했다. 그는 '잉크와 종이'가 있었기에 당시 퇴락해가던 역사적 건축물의 '그림자'가 후세를 위해 보존될 수 있었을 것이라고 적었다.

세인트폴 대성당이 화재로 완전히 유실된 것은 분명한 재앙이지만, 크리스토퍼 렌 경이 재건하여 건축 역사에 하나의 획을 그었다. 세심

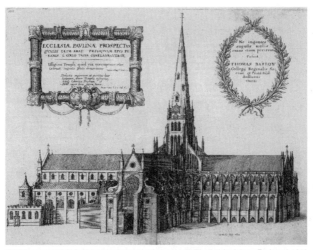

윌리엄 더그데일의 『세인트폴 대성당의 역사』에 수록된 벤체슬라우스 홀라르의 삽화.

하게 계획하여 제도지에 정확하게 옮겨진 그 설계는 오늘날까지 전해
내려온다. 2009년부터 2010년에 걸쳐 런던과 미국 코네티컷 주 뉴헤
이븐에서 열린 전시회 '컴퍼스와 자'는 렌 경이 35년을 바쳐 새롭고 더
욱 웅장하게 대성당을 재건한 사실에 초점을 맞추는 한편 일정한 비
율로 그린 도안을 이용하는, 실용 수학이 등장하여 한 분야로 발전해
온 건축에 경의를 보냈다. 전시회 카탈로그를 제작한 앤서니 저비노와
스티븐 존스턴은 1500년에서 1750년 사이에 유럽에 '종이 혁명'[10]이 일
어나 건축 기술이 비약적으로 진보한 덕분에 혁신적인 원리가 가능했
다고 말했다. 오늘날 디자인과 건축은 개별적인 과정이지만 중세 건축
에서는 밀접하게 이어져 있었으며 양피지에 옮겨놓은 계획은 기껏해
야 '도식적'이었고 건물에 대한 '아이디어'를 후원자와 일꾼들에게 전달
하기 위한 목적이었다. 정확한 치수는 공사 현장에서 기둥과 밧줄을
이용해 결정했으며 설계와 관련해 제기되는 문제들은 "종이에 그려진
선을 지우는 것이 아니라 땅 위의 말뚝을 이리저리 옮기면서"[11] 이루
어졌다.

  아랍인들이 중국의 제지 기술을 배우기 시작함과 거의 동시에 아바
스 왕조의 칼리프 아부 자파 알 만수르Abu Ja'far Al-Mansur가 바그다드[12]
의 티그리스 강 서쪽에 새로운 수도를 건설하는 야심찬 계획을 세웠
다. 9세기의 아랍 역사학자에 따르면 762년에 기반 시설이 들어설 땅
위에 직접 실물 크기로 스케치하여 건물과 도로, 벽, 문의 위치를 정
확히 표시했다. 이렇게 윤곽선을 모두 그린 후, 나프타(휘발성 높은 다양
한 액체 탄화수소 혼합물—옮긴이)에 적셔둔 목화씨와 재를 섞어서 야간에
동시에 불을 붙여 칼리프가 훗날 '둥근 도시'라고 불리게 될—원둘레
6킬로미터—새로운 수도의 장엄한 설계를 완전히 감상할 수 있도록
했다.

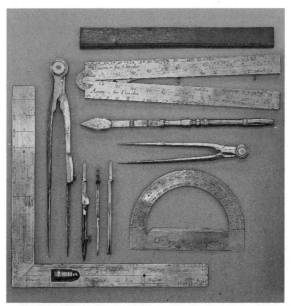

18세기 프랑스 건축 드로잉 도구. 컬럼비아 대학교 알펀 컬렉션.

건축이 독립적인 분야로 발달해가고 기하학이 건축의 주요 특징으로 자리 잡으면서 그 과정을 돕기 위하여 다양한 도구가 고안됐다. 가장 대표적으로 컴퍼스와 자, 그리고 그 밖에 각도기와 양각기, 삼각자, 제도용 펜, 직선자였다. '컴퍼스와 자' 전시회는 이 중에서 일부만이 전시되었지만 같은 해 뉴욕 컬럼비아 대학교의 에이버리 건축 미술 도서관에서 열린 프레젠테이션에서는 오로지 종이에 사용하기 위하여 고안된 제도 도구들을 전부 다루었다. 뉴욕의 건축 역사학자 앤드루 앨펀Andrew Alpern이 30년 넘게 모은 소장품들로 3세기 이상에 걸쳐 유럽과 아메리카에서 만들어진 170가지 제도 도구였다. 그중 다수는 은과 상아, 강철, 놋쇠를 이용해 멋지게 만들어진 것들로 건축가의 눈에서 종이로 정확한 세부 사항을 옮기기 위해 고안된 정밀 도구였다.

저명한 기술 역사학자 유진 S. 퍼거슨Eugene S. Ferguson은 "무언가가 만들어지기 전에 그것은 아이디어로서 존재한다"[13]라고 했다. 질료적 대상을 구슬려 하나의 핵심 어구로 만든다는 뜻인데, 언어가 전혀 없어 처음에는 창조자의 '마음의 눈'에 완전하게 이어진 완전체라기보다 이미지에 가까워 보인다. 이러한 개념은 약 600년 동안—유럽에 종이가 등장한 것과 거의 유사한 시기 동안—주로 드로잉을 통해 전달됐다. 그리고 컴퓨터 보조설계CAD의 시대인 오늘날까지도 최종 설계도는 파일로 다운로드하여 공사장에서 노트북으로 참고하는 것이 아니라 인쇄하여 작업자들에게 전달된다.

"건물을 짓기 전에 전체 모양을 그림으로 그리는 아이디어는 중세에서 르네상스로 이행하는 시기에 등장했습니다. 양피지에서 멀어지는 변화가 일어난 시기와 정확히 맞아떨어집니다." 이 책의 집필을 위해 만난 웰슬리 대학의 명예교수이자 건축역사가협회 회장을 지낸 제임스 F. 오고먼James F. O'Gorman이 나에게 말했다. "15세기 후반 이탈리아에서 시작된 건축 제도는 컴퓨터 이전까지는 거의 동일한 방식으로 이루어졌습니다. 종이를 사용해서 말입니다. 종이는 건축가가 건설업자와 고객들에게 자신의 아이디어를 전달하는 표준 매체가 되었죠. 건축에서는 일종의 화폐가 된 거죠. 르네상스 이전에는 완공되었을 때의 전체적인 그림이 확실하지 않은 상태에서 시작했어요. 대성당을 짓는 데 수십 년이 걸렸죠. 100년 넘게 걸리는 경우가 대부분이었고 중간에 계속 수정되고 즉흥적으로 바뀌었어요."

"반면 요즘은 수백 장의 문서에 건축물과 관계된 것을 하나부터 열까지 다 그립니다. 변호사도 개입해서 법적인 서류를 제공해주죠." 오고먼의 설명이 이어졌다. "이것들은 전부 근대적인 개념이에요. 중세시대에는 전혀 달랐죠. 아르키메데스는 모래나 땅을 이용했다던가요? 어쨌든 영구적인 수단은 못 되었죠. 하지만 종이가 모든 것을 바꿨습니다. 양피지는 융통성이 없습니다. 사실 양피지에는 스케치를 하기가 어려워요. 양피지에 드로잉을 하는 경우는 많지 않았어요. 돌에 하기도 했죠. 아테네의 신전은 두바이의 고층 건물과 전혀 다릅니다. 그리스인들은 선물 외피를 민든 것이었습니다. 오늘날 건축 비용은 난방, 통풍, 배관, 그리고 컴퓨터 사용에 필요한 서비스 체제 등 모든 기반 시설에 들어갑니다. 전부 다 미리 꼼꼼하게 계획해야만 하죠. 건축가가 제시한 개념이 인정받으려면 견고하고 휴대하기 쉬운 곳에 표현되어야만 합니다. 근대 들어 바로 그것이 종이였죠."

정확한 비율의 제도는 이러한 변화와 함께 등장한 개념으로 뉴욕 애브리 도서관에 멋지게 진열된 양각기와 컴퍼스, 자 덕분이었다. "프랭크 로이드 라이트와 랠프 애덤스 크램 같은 건축가들은 종이에 옮기기 전에 머릿속으로 알 수 있다고 했죠." 오고먼이 말했다. "어쩌면 희망사항이 될 수도 있겠습니다만. 아이디어를 예비적으로 제도하는 것을 건축가들은 종종 '냅킨 스케치'라고 부릅니다. 봉투 뒷면이나 성냥갑 등 어디든지 영감이 떠오를 때 손에 잡히는 아무 종잇조각에 그리는 겁니다." 오고먼은 이쯤에서 레오나르도 다 빈치의 건축에 관한 생각을 언급했다. "거의 눈송이 같지 않습니까? 동일한 주제의 변형이 하나씩 쉼 없이 계속 종이 위로 떨어집니다. 한 25분이면 완성되었을까요?"

오고먼은 지금까지 열 권이 넘는 저서를 발표했는데 그중에는 19세기의 유명한 미국인 건축가 헨리 홉슨 리처드슨Henry Hobson Richardson의 전기적 조사도 포함되어 있다. 일명 '리처드슨 로마네스크' 양식을 확립한 것으로 잘 알려진 그의 대표작은 1872년에 보스턴 코플리 광장에 있는 트리니티 교회인데 매우 강렬한 즉흥 작업으로 구상한 것이었다. "리처드슨은 냅킨 스케치를 벗어나지 않았어요. 몇 명의 제도

사들이 그가 그린 간단한 스케치를 정확한 비율로 뚝딱 그려놓으면 그것을 보고 이것저것 휘갈기고 다시 그려서 가져오게 했죠. 하지만 사람 사이에 아이디어를 전달해주는 것은 바로 종이입니다. 결국 건축은 시각 예술입니다. 내가 뭘 원하는지 남에게 말로 설명할 수 없어요. 시각적으로 접근할 수 있어야만 하죠."

오고먼은 이렇게 자유분방한 작업 방식의 가장 유명한 사례는 1850년 영국 건축가이자 조경사인 조셉 팩스턴Joseph Paxton 경이 이듬해 런던의 하이드 파크에서 개최된 제1회 만국박람회의 대회장을 설계한 일이라고 말했다.[14] 전해지는 바에 따르면 런던에서 미들랜드 철도회사의 이사회 모임에 참석한 팩스턴은 만국박람회 준비를 위한 왕립위원회의 회장인 존 엘리스에게 대회장 설계에 대한 아이디어를 전달했다. 당시 얼마 전에 철과 유리를 이용한 혁신적인 온실을 만들었는데 약간 수정을 가해 대회장을 설계하자고 한 것이다. 엘리스는 그에게 9일 안에 그 아이디어를 종이에 담아 오라고 요구했다.

팩스턴은 당시 다른 할 일들도 있었지만 그날 이후 책상에 놓인 압지에 펜과 잉크로 끼적거리며 대부분의 시간을 보냈다. 그는 회의가 끝났을 때 《펀치》의 편집자가 훗날 '수정궁Crystal Palace'이라고 이름 붙인 것의 첫 번째 스케치를 그렸다. 7만 7,000제곱미터의 부지에 지어진 주철 기둥 구조에 세워진 길이 563미터, 너비 124미터에 이르는 3층 건물로 32미터 높이에 유리로 된 둥근 지붕의 수랑袖廊을 얹어놓은 모양이었다. 조립식 건물이기 때문에 이듬해 대박람회 개최일까지 무사히 완공되었으나 1936년에 소실됐다. 한편 혼합 냅킨 스케치의 전조 격인 팩스턴의 19세기 스케치는 오늘날 빅토리아 앤 앨버트 박물관에 전시되어 있다.

일부 기술 역사학자들은 이탈리아의 르네상스 시대 건축가이자 기술자인 필리포 브루넬레스키Filippo Brunelleschi[15]가 현대 건축 디자인의 표준인 선원근법linear perspective의 선구자라고 평가한다. 또한 브루넬레스키는 최초로 일꾼들이 지시에 따라 온전히 작업할 수 있도록 구체적으로 설계를 준비했다. 이러한 기술적 진보 덕분에 그는 현장에서 모든 조립 단계를 감독할 필요가 없었고 개별적인 조립팀에 작업을 위임할 수 있었다.

당시 거의 불가능한 일로 여겨졌던 일을 맡게 된 브루넬레스키는—비계 없이 산타 마리아 델 피오레 대성당의 거대한 석조 돔을 완공하는 것—건축 자재를 수직으로 운반해주는 독창적인 기중기를 설계함으로써 운반 문제를 해결했다. 그는 안전을 기하기 위하여 필수 부품의 드로잉을 나누어 피렌체 밖에 있는 여러 작업장으로 보내 각 부품이 공사장으로 옮겨 오도록 했다. 전체 도면을 볼 수 있는 사람은 건축가인 그와 직속 조수들뿐이었다. 이렇게 불필요한 위험을 피하는 방법은 훗날 하청업자를 고용하게 된 공사 방식의 예시가 됐다.

건축과 엔지니어링은 가까운 관계이기는 하지만 엄연히 분리된 분야다. 영어로 건축을 뜻하는 아키텍트architect는 '건설자의 우두머리' 또는 '일류 목수'를 뜻하는 그리스어 '아키텍톤architekton'에서 왔다. 즉, 건축은 기본적으로 건물을 설계하는 일이지만 다리나 도로, 수로교 같은 다양한 구조물도 포함된다. 가장 초기의 엔지니어는 투석기나 공성 망치(성문을 부수기 위한 대형 망치—옮긴이)처럼 군대에서 사용하는 장치를 만드는 사람이었다. 레오나르도 다 빈치가 취미 삼아 작업 노트에 적었던 것들이나 아르키메데스가 적들의 포위공격을 효과적으로 막기 위해 만들었던 기계 같은 것들이었다. 1600년대에 이르러 '엔지니어'라는 말은 요새와 군대 물류, 특히 화기와 화약 관리를 책임지는 사람을 가리키게 됐다.

'엔지니어'는 기술의 발달로 함축하는 의미가 크게 바뀌었고 산업혁명 때 활짝 꽃피웠다. 상업용으로 기계 또는 '엔진'을 만드는 것이 흔한 일이 되어버려서 엔지니어는 기계화 추세의 핵심에 초점을 맞추는 응용 과학자가 된 것이다. 적절하게도 '고안하다'는 뜻의 라틴어 동사 인 제니아레ingeniare에서 유래한 엔지니어라는 단어 자체도 '독창적인 장치'를 뜻한다. 전문 조력자들의 존재 이유에 완벽하게 들어맞는 설명이다.

유진 퍼거슨의 관점에서 엔지니어링의 과정은 보통 일련의 직접 스케치에서 시작된다. 그중 그 어느 것도 비율에 맞게 그려진 그림은 아니다. 초기의 목적은 새로운 아이디어를 시도해보고 대안을 비교해보고, 가장 중요하게는 "짧게 머물렀다 가버리는 생각을 종이 위에 잡아두는 것"[16]이다. 스케치는 여러 가지 양상을 띨 수 있다. 그 첫 번째를 퍼거슨은 '사고의 스케치'라고 불렀는데—아마도 레오나르도가 가장 훌륭한 보기—이는 주로 "비언어적 사고의 초점을 찾고 안내하기 위해" 사용된다. 때로 비례에 맞게 그리기도 하는 '지시적인 스케치'는 최종 드로잉이 만들어지도록 지휘한다. 그리고 세 번째 '이야기 스케치'는 보통 즉흥적으로 그리게 되며 동료에게 아이디어와 목표를 설명하는 데 사용된다.

또 다른 형태의 그래픽 표현으로는 르네상스 이후로 건축과 디자인에 존재하게 된 3차원 모델이 있다. 퍼거슨은 입체적 표현을 통해 "디자이너의 생각이 종이에 나타나는 것을 볼 수 있다"[17]면서 완성되었을 때 작업자들에게 "목표물 제작에 필요한 모든 정보를 준다"고 했다. 전문가들이 '평면도'라고 부르는 것은 건물을 수평으로 조각낸 것이고 '단면도'는 수직으로 조각낸 것이다. "평면도와 단면도는 마음의 눈으로만 보이는 공간 관계로 주의를 기울이게 해준다."

산업 예술과 그래픽을 전문으로 하는 영국의 역사학자는 오늘날의 엔지니어링 드로잉은 산업혁명의 부산물이며 그 기원은 새로운 형태의 제조와 통합의 발달에 있다고 말한다. 켄 베인즈Ken Baynes는 『엔지니어의 예술The Art of the Engineer』에서 이렇게 적었다. "조선과 건축의 제도, 그리고 르네상스 시대의 과학적이고 전문적인 삽화에서 뿌리를 찾아볼 수도 있지만, 엔지니어링 드로잉이 필수적이 된 것은 독특한 생산 형태—노동 분업—때문이다." 문화 역사학자들은 대부분 이 주장을 무시하지만 베인즈는 구상과 현실의 필수적 관계가 "관리와 제조의 새로운 관계를 가능하게 했고 생산 과정에서 디자인 과정을 분리시켰다"라고 주장했다.

『엔지니어의 예술』은 1970년대 후반에 카디프와 런던에서 열린 두 전시회를 토대로 탄생했다. 두 전시회 모두 베인즈가 큐레이터를 맡았고 이 산업 예술이 근대의 주요 특징이 된 기술 발달에 핵심적인 역할을 했음을 다루었다. 전시회를 위해 선택된 엔지니어링 드로잉은 대부분 기관차, 선박, 자동차, 항공기 등 19세기와 20세기에 운송 산업을 위해 작성된 것이었다. 영국 왕립예술대학교 디자인 교육학과장을 지낸 베인즈는 활발한 저술 활동을 펼쳐온 예술가이자 디자이너다. 내가 이 책을 위해 인터뷰한 다수의 사람들과 마찬가지로 그는 늘 엔지니어링이 발달할 수 있었던 것은 종이가 있었기 때문이라는 것을 기정사실로 여겨왔다고 말했다. 그는 직감적으로 종이의 역할을 이해하고 인정했지만 종이의 필수불가결성에 대해서 충분히 검토해본 적은 없었다.

"생각해보면 산업혁명이 종이에 이미지를 옮길 수 있었던 덕분에 가능했던 것 같습니다. 종이가 풍성하지 않았다면 전문적인 지식을 보관해서 남들에게 전달하는 실용적인 방법이 없었을 테니까요. 엔지니어들은 자신들만의 특수 언어를 신속하게 발전시켜 서로 또는 (흥미롭게도) 실제로 기계와 철도, 수로를 만드는 사람들과 소통했죠. 적절한 소통 수단이 필요했어요. 무엇을 만들어야 하는지 전달할 수 있는 방법이 필요했으니까요. 건축 장인 정신과 특히 그들이 르네상스 시대에 원근법을 재발견한 것이 엔지니어링 드로잉에도 매우 강력하고 창의적인 효과를 끼쳤다고 봅니다."

그는 전문가들이 기호와 상징을 통합하여 시각적으로 소통할 수 있도록 해주고 종이에 적힌 말처럼 '읽을 수 있는' 시각적 소통의 형태 없이는 고도로 복잡한 기계를 만들 수 없었을 것이라고 말한다. "기관차가 절대로 만들어질 수 없었을 겁니다." 베인즈가 말했다. "또 18세기에 배가 만들어지지도 못했을 겁니다. 형판 등으로 만든 배의 기원에 가깝죠. 터키에 가서 전통적인 조선술을 살펴보았는데, 그들은 도면을 전혀 이용하지 않고 지중해의 범선을 만들었습니다. 하지만 배의 기본적인 구조를 보여주는 형판을 이용하죠. 바닥에 형판을 쭉 늘어놓고 그 위에 배를 만듭니다. 만약 오늘 만든 배가 어제 만든 배와 똑같다면 도면이 필요 없죠. 어떻게 만드는지 지식만 있으면 되니까요. 하지만 기술의 변화가 생기면 도면이 필요합니다. 18세기에 이르러 특히 전함의 경우 혁신의 압박이 심해져서 도면을 그려야만 했죠."

대규모 프로젝트에는—예를 들어 변화하는 지형 속에 있는 철도나 상업용 다발 엔진 항공기—수천 장에 이르는 도면이 필요하기 때문에 종이 말고 다른 매체는 사용될 수가 없었다. 도면 작업은 일부 채색 작업이 이루어지고 많은 부분이 석판인쇄로 이루어질 정도로 발전했다. 베인즈가 두 전시회에 전시하고 자신의 저서에서도 선보인 작품들을 가리켜 '엔지니어링 아트'라고 한 이유도 그 때문이었다. "나는 엔지니어들이 진보의 선두에 서 있고 자신들이 위엄 있고 중대한 일을 하고 있다는 사실을 강하게 인식하고 있었다고 생각합니다. 따라서 다른 것은 몰라도 드로잉만큼은 절대적으로 아름다워야 했죠." 베인즈가 말했다. "그런 이야기가 있었던 것도 아니고 당연히 그래야만 했습니다. 도면의 결과로 만들어질 기계의 본질을 어떻게 담느냐가 중요했으니까요."

도면에 담긴 프로젝트들의 건설을 가능하게 해주는 것은 모든 도면이 정확한 비율로 그려야만 한다는 것이 필수 요건이었다. 이러한 관습은 시간이 지남에 따라 최종 조립에서 모든 부품이 꼭 들어맞을 수 있을 정도로 진화했다. 개별적인 집단을 통해 무수한 작업이 이루어지므로 서로 틀림없이 '일관성 있게' 진행되고 모든 조각이 하나로 꼭 들어맞을 수 있어야만 했다. 산업 호황기 초기에 엔지니어링 회사들은 다수의 제도사를 두고 정확한 도면을 그려 모든 작업자에게 나눠주었다.

드로잉의 필수적인 역할은 영국의 수학자이자 발명가로 일부 역사학자들에 의해 현대 컴퓨터의 시초라는 평가를 받기도 한 기계를 설계한 찰스 배비지Charles Babbage에 의해 산업혁명 때부터 강조됐다. 그가 발명한 기계는 오로지 종이 위에서만 존재했으며 21세기 초에 그의 설계도에 따라 성공적으로 원형이 만들어졌다. 런던에 있는 과학박물관에서 그 프로젝트를 이끈 엔지니어이자 기술 역사학자인 도론 스웨이드Doron Swade는 그 드로잉을 처음 봤을 때의 느낌을 이렇게 이야기했다. "매우 복잡하고 상세했습니다. 길이 3.4미터, 높이 2미터, 깊이 5.5미터에 각각 31개의 자릿수 바퀴가 달린 여덟 개의 기둥이 달린 기계였죠."[18] 스웨이드가 선두 지휘한 제작 프로젝트는—완료까지 5년이 걸렸다—어떤 깨달음 덕분에 성공에 이를 수 있었다. "배비지의 해석 엔진을 만든다는 것은 드로잉에 구현된 추상적인 이상을 물질적으로 실현하는 것이 아니었습니다. 그것은 1849년에 중지된 응용 엔지니어링 프로젝트를 재개하는 것이었죠."

배비지는 1832년 전례 없이 복잡하게 이루어진 혁신적인 기계를 만드는 데 드로잉의 필수적 역할에 대해 장문으로 이야기했다. "모든 과정이 단순한 도구의 사용으로 가능하다면 그 도구들을 전부 통합하여 동력으로 작동시키면 하나의 기계가 된다. 도구를 고안하고 과정을 단순화하는 데는 직공이 가장 효과적이겠지만, 이것은 다른 습관들이 하나의 기계로 합쳐져야만 한다. 특정 분야의 직공이 되기 위한 교육은 말할 것도 없이 소중한 준비 과정이다. 하지만 그러한 통합이 성공하기 위해서는 광범위한 기계 지식과 기계 드로잉의 힘이 필수적인 조건이다. 이런 재주는 예전보다 훨씬 보편화됐다. 그것의 부재야말로 기계 제작의 역사에서 다수의 실패가 생겨나게 된 하나의 원인이었을 것이다."[19]

켄 베인즈는 나와의 인터뷰에서 19세기 초의 대규모 엔지니어링 기업들에 대해 설명하며 똑같은 관점을 드러냈다. "그들은 일종의 제도적인 설계 방식을 발전시켰고 여러 사람에게 전파해야만 했습니다. 동시에 여러 가지를 만들어야 했으니 꼭 필요한 일이었죠. 그래서 복제사 군단을 두었습니다. 그들은 드로잉에만 뛰어난 것이 아니었어요. 드로잉을 보고 해석할 줄 알아야 했기에 기술적으로도 유능했습니다."

베인즈는 그를 가장 '매료시킨' 것은 종이 드로잉에 적힌 설명이 네모난 금속 덩어리인 '공작재workpiece'로 옮겨졌다는 점이었다. "당시는 1900년대였습니다. 그때는 일반적으로 현장감독이 얇은 금속판에 각 부분이 만들어질 위치를 정확하게 표시했습니다. 실물 사이즈가 아닌 드로잉을 보고 초크로 공작재 위에 직접 실물 크기로 그린 거죠. 생각해보면 굉장히 훌륭한 기술인데, 드로잉을 공작재로 옮기는 기술은 문서화되지도 않았고 존경받지도 못했죠. 종이와 금속의 관계에는 흥미로운 점이 있습니다. 선박이든, 기관차든, 종이와 벽돌의 관계든, 건물이든, 그 재료가 뭐든 간에요. 종이와의 실존적인 관계에 대해 더 많은 충분한 연구와 해석이 이루어져야 한다고 생각합니다."

그 관계가 실존적인 이유에 대해서 베인즈는 계속 설명했다. "시각적인 것에서 실제적인 것으로의 발전 때문입니다. 무언가가 실제로 만들어지기 위해서는 그런 일을 해야만 하는 사람이 있었다는 사실을 우리가 잊어버리고 있는 것 같습니다. 나는 우리가 작은 종잇조각에 불과한 드로잉을 보면서 '그래, 이것은 기관차구나' 또는 '이것은 도시구나' 하는 것처럼 알아볼 수 있다는 사실이 무척 놀랍습니다. 우리 인간이 좋든 나쁘든 진화가 아닌 우리 자신의 설계도에 따라 환경을 만드는 데 성공한 덕분이라고 생각합니다. 물론 좋은 일인 것만은 아니지만 어쨌든 우리가 그렇게 할 수 있었다는 거죠."

인쇄술이 발명되기 훨씬 이전에 활동했던 필경사들처럼 제도사들도 가끔씩 오류를 범했다. 특히나 정확성과 정밀성이 대단히 중요한 분야였으므로 허용되지 않는 일이었다. 1800년대에 청사진이 도입되면서 극적인 변화가 일어났다.[20] 청사진은 사진술의 초기에 발견된 그래픽의 복사 과정인데 문서를 원본과 동일하게 복사할 수 있도록 해주었다. 영국의 사진술 선구자 윌리엄 폭스 톨벗의 젊은 동료였던 존 프레드릭 윌리엄 허셜 경이 청사진법cyranotype process을 개발함으로써 청사진의 실용적인 사용에 혁신이 일어났다(시아노타이프cyanotype는 '진한 청색'을 뜻하는 그리스어 '쿠아노스kuanos'에서 유래했는데, 인쇄 시 청색을 발하게 되기 때문이었다). 1870년대 초기에 파리에서 상업적으로 이용되기 시작했고 1876년에 미국에는 독립 100주년을 기념하는 필라델피아 100주년 전시회에서 소개됐다.

"청사진은 사진의 시초라고 할 수 있습니다." 베인즈가 말했다. "컴퓨터의 도움을 받는 제도법과는 거리가 멀지만 그 덕분에 드로잉을 싸고 몇 배로 정확하게 만들어낼 수 있게 되었기 때문이죠. 상당한 진전이었죠." 청사진은 엔지니어링 설계 분야에 붙박이 같은 존재가 되었고 머지않아 그 단어 자체가 관용어로 자리 잡아 구석구석 널리 퍼져나갔다. 생생한 글자 이미지로 시작되는 모든 표현이 그러하듯, 비논리적으로 사용되는 일이 흔하고 계속 반복되어 은유적 영향력을 잃게 된다. 예를 들어 정치인이 내놓은 별로 흥미롭지 못한 경제 회복 방안을 '재앙의 청사진'이라고 한다거나 유기체의 게놈 형성에 '유전적 청사진'을 제공하는 DNA 시퀀스 같은 표현이다. 둘 다 최소한의 오류로 내구성 있는 물체를 만든다는 본래의 의미는 사라지고 없다.

근대 우주여행의 아버지라고 불리는 베르너 폰 브라운Wernher von Braun 박사는 문서화를 중요시하는 독일의 강력한 전통을 이어받았기에 당연히 문서화에 익숙했다. 실제로 제2차 세계대전 중에 발트 해 연안의 우제돔 섬에 있는 페네문데에 세워진 로켓기지에서 그가 이끄는 로켓 연구팀이 만든 가장 중요한 청사진과 메모가 보존된 덕분에 그는 전쟁이 끝난 후 연합군이 탐내는 인재가 됐다.

폰 브라운과 같은 엘리트 과학자 집단에 속한 어느 구성원은 종전이 다가오면서 자신들에게 주어진 선택권이 제한적이었다고 말했다. "우리는 프랑스를 경멸했고 소비에트는 극도로 두려웠으며 영국은 우리를 고용할 처지가 안 된다고 판단했다. 결국 남은 것은 미국밖에 없었다."[21] 이리하여 적어도 팀 가운데 가장 뛰어난 이들은 미국행을 택했다. 미국의 저널리스트 톰 울프Tom Wolfe가 1978년에 발표한 동명의 저서를 토대로 한 영화 〈필사의 도전〉에는 인상적인 대사가 나온다. 바로 폰 브라운이 미국과 소비에트 연방의 열띤 우주 경쟁에 대하여 자신 있게 선언하는 부분이다. "우리 독일은 그들의 독일인보다 뛰어나다"라는 말이었다. 그렇게 대성공이 가능했던 이유 역시 추적 가능한데, 폰 브라운의 팀이 새로운 고용주의 호감을 얻기 위하여 14톤에 이르는 도면과 설계도, 제작 보고서를 가져간 덕분이었다.

동쪽에서는 소련군이 진격해오고 남서쪽에서는 미군이 전진해오는 가운데 독일의 패망은 시간문제였으므로 폰 브라운과 동료들은 적절한 계획을 세워야만 했다. 1945년 4월 1일, 제2차 세계대전의 종전이 5주도 채 남지 않았을 때, 폰 브라운은 핵심 보좌관 디이터 후즐 박사에게 13년 동안 축적된 V-1과 V-2 로켓 건설에 관련된 엄청난 양의 보고서와 도면을 숨길 안전한 장소를 찾으라고 지시했다. 귀중한 자료를 전부 소형 트럭 세 대와 트레일러 두 대에 실어 열 명이 블라이셰로데 북쪽으로 72킬로미터 떨어진 마을 고슬라 외곽의 버려진 채석장으로 날랐다. 폰 브라운이 중간에 의심쩍어하는 비밀경찰 요원을 마주쳐도 호송대를 적극 지원하도록 하는 극비명령을 발부하여 위장 방편으로 삼았다. 적당한 장소—전기 탄광차를 타고 가야 하는 304미터 터널의 맨 끝에 위치한 건조한 창고—를 발견한 그들은 한밤중에 트럭을 터널 안에 세우고 다음 날 정오까지 문서를 옮겼다.

후즐은 문서 창고를 다이너마이트로 봉쇄한 후 오스트리아와 맞닿은 바이에른 주의 한 도시에서 폰 브라운과 재회하여 미국 항공기에 몸을 실었다. 숨겨놓은 문서들은 이내 회수하여 플로리다 주 케이프커내버럴에서 시작된 연구 프로젝트의 기초가 되었으며 1969년에 달 착륙에 성공했다. 후즐은 훗날 회고록에서 "그 문서들의 가치는 헤아릴 수 없었다"[22]라고 말했다. "그 문서를 손에 넣으면 누구라도 우리가 중단한 시점부터 로켓 연구를 시작할 수 있었다. 우리가 이룩한 것뿐만 아니라 경험의 진정한 재료인 우리의 실수도 매우 유용할 터였다. 그 문서들은 우리가 오랜 세월 동안 신기술에 쏟아 부은 엄청난 노력을 상징했다. 우리는 그것이 인류의 미래에 엄청난 역할을 하리라는 것을 확신했다."

내가 유년 시절을 보낸 1950년대 초반의 매사추세츠 로웰에서는 '주축spindle 도시'라고 불리는 그곳이 세계 최초의 계획 산업 도시라는 믿음이 확고하게 퍼져 있었다. 그것은 영국이 맹렬하게 자국의 제조업 비밀을 보호하던 시대에 미국에 은밀하게 기술이 도입된 덕분이었다.[23] 1780년 초부터 영국이나 아일랜드에서 산업용 장비를 수입하거나 그 것을 모방하거나 개선하는 데 도움이 되는 기술 정보를 가져오는 것 은 범죄로 규정됐다. 그 어떤 도면도 복제할 수 없었고 그 어떤 메모 도 스케치할 수 없었다.

부유한 가문의 똑똑한 아들로 태어나 흠잡을 데 없는 소개장을 가 졌던 보스턴의 기업가 프랜시스 캐벗 로웰Francis Cabot Lowel[24]은 1810년 에서 1812년 사이에 가족과 해외를 여행하다가 영국과 스코틀랜드에 있는 섬유 공장들을 견학하게 됐다. 공장을 안내해준 사람들은 자애 를 베푼 것이었지만 당시 면사로 직물을 만들어내는 데 사용되던 역 직기에 대하여 아무런 메모도 할 수 없다는 것은 암묵적으로 동의된 사실이었다. 하지만 오늘날 사진 기억이라고 불리는 비범한 능력이 있 었고 하버드 재직 당시 수학에 뛰어난 소질을 보였던 로웰은 미국으로 돌아가는 배 안에서 자신이 본 기계의 핵심 요소를 스케치했다. 전해 지는 이야기에 따르면 미국에 도착한 그는 창의적인 사고를 가진 '철 두철미하고 실용적인 기계 제작 기술자' 폴 무디Paul Moody에게 제작 을 의뢰했다. 1847년에 출판된 자전적 에세이에서 로웰은 무디에 대하여 "당시 면사 방적과 직조로 알려져 있던 것에 대해 완전히 정통했다"[25]라고 했다. 그뿐만 아니라 다음과 같은 설명도 있었다. "펜과 종이를 많이 사용하지 않고 대부분 머릿속으로 계산을 한다는 점이 놀라우면서도 그의 머리의 강점과 특성을 나타내준다."

로웰과 무디가 서로의 기술을 어떻게 공유했는지에 대한 기록은 남아 있지 않지만 두 사람은 즉시 수력으로 움직이는 역직기를 만들었다. 상인 네이선 애플턴Nathan Appleton의 주도로 매사추세츠의 부유한 기업가들에게 투자 지원을 받는 데 성공했다. 로웰과 무디는 몇 개월 만에 월섬 찰스 강 부근에 있던 제지소를 인수해 전국 최초의 수직 통합형 방직공장을 세웠다. 1814년에 이르러 보스턴 매뉴팩처링 컴퍼니에서는 씨를 제거한 목화로 직물을 생산하는, 매끄러운 하나의

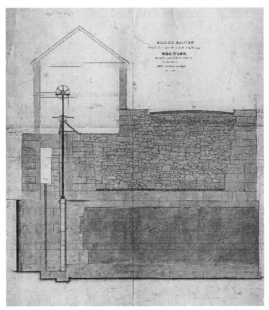

락스 앤 캐널스의 엔지니어링 드로잉. 1846년 12월 10일. 매사추세츠 로웰의 '노던 운하 경비실 문' 단면을 보여준다.

공정으로 제품을 생산하게 됐다.

월섬의 수력이 제한되어 있었으므로 상인들은 곧 보스턴 북부에서 40킬로미터 거리에 메리맥 강이 있는 농촌 마을 이스트 첼름스퍼드에 관심을 가졌다. 로웰이 1817년에 42세로 세상을 떠난 후 그 지역에는 그의 이름을 본뜬 도시가 생겼다. 네이선 애플턴은 로웰의 "전혀 새로운 방식" 덕분에 "한 공장에서 목화로 직물을 만들어내는 공정"이 가능해졌다고 말했다. 몇십 년 후에 목재 펄프로 종이를 생산하는 데도 똑같은 원리가 사용됐다.

로웰이 초기에 무디와 협력한 작업에 대한 문서는 거의 남아 있지 않지만 그의 이름이 들어가게 된 대담한 산업적 실험의 설계와 구성으로 들어간 설계도는 엔지니어와 제도사들에 의해 매우 정밀하게 표현됐다. 그중 대부분은 그것이 실행된 도시에 1만 개의 설계도와 드로잉으로 오늘날까지 보존되어 있다. 시각적 내러티브visual narrative라고 할 수 있는 그것들은 젊은 여성들의 고용을 비롯한 전례 없는 사회적 실험의 물질적 발달 양상을 보여주는 독특한 자료다. 이는 양키의 온정주의와 비슷했고, 1842년에 그곳을 방문한 찰스 디킨스[26]도 칭찬했다.

매사추세츠 로웰 대학교의 특수 소장품 도서관인 로웰 역사센터는 300점의 초기 드로잉을 보유하고 있다. 이곳은 한때 '여공들'의 기숙사였던 곳이다. 1978년 의회의 법안에 의하여 발족된 로웰 국립역사공원 문화자원센터의 국립공원 서비스에는 훨씬 규모가 큰 자료들이 보관되어 있다. 그 자료들이 보존된 것은 순전히 우연이었다. 메리맥 강의 구간 중 포터킷 폴스 주변에 운하를 건설할 목적으로 1792년에 설립된 락스 앤 캐널스 경영자들(보통 락스 앤 캐널스[27]라고 부른다) 회사가 장수했기 때문에 가능했다. 보스턴 상인들은 메리맥 강의 폭포가 공장에 충분한 수력을 공급할 수 있다고 판단하고—메리맥 강은 콘코드

강과 합류하기 전에 1.6킬로미터도 되지 않아 9미터를 낙하한다—그 지역의 넓은 부지를 사들이기 시작했고 1812년에는 락스 앤 캐널스까지 인수했다.

1850년에 이르러 거의 완성된 지 얼마 되지 않은 약 9.6킬로미터에 이르는 수로가 당시 매사추세츠에서 두 번째로 큰 도시를 구불구불 흐르며 락스 앤 캐널스 기계 제작자들이 설계하고 제작한 터빈을 가동시켰고 락스 앤 캐널스 건설 일꾼들이 지은 40개의 다층 벽돌 공장의 기계 장치를 움직였다. 이 모든 공장에는 락스 앤 캐널스의 정비공들이 만든 22만 5,000개의 회전심봉과 수천 개의 직기가 있었다. 이것은 미국 산업 분야의 유산으로서 매우 흥미로운 일이기에 많은 연구가 이루어졌지만, 이 기업의 가장 전성기에 만들어진 엔지니어링 도면의 역사에 대해서는 심도 있는 연구가 이루어지지 않았다. 규모가 확 줄어든 락스 앤 캐널스가 본사를 이전한 1960년에 이르러서야 현재 매사추세츠 대학교 산하에 소속된 로웰 기술연구소로 한 묶음의 드로잉이 처음으로 전달됐다. 그중에는 혁신적인 엔지니어 제임스 B. 프랜시스James B. Francis[28]의 자료도 포함되어 있었다. 프랜시스는 물을 끌어오고 측정하는 다양한 방법을 고안했다. 뛰어난 제도공이자 측량사였던 그는 1834년부터 최고 엔지니어이자 화가인 제임스 애벗 맥닐 휘슬러의 부친이기도 한 조지 워싱턴 휘슬러의 조수로서 처음 로웰 회사에서 일하기 시작했다. 프랜시스는 1837년에 휘슬러가 모스크바와 상트페테르부르크 간 철도 건설 공사의 감독관 제의를 수락하면서 그 대신 최고 엔지니어로 승진했고 1892년 세상을 떠날 때까지 로웰의 주요 인물로 남았다.

1980년대에 로웰 국립역사공원에 훨씬 많은 양의 드로잉이 전해졌다. 그중에는 시공도와 표현도면, 리넨과 종이에 연필과 잉크로 작성한 드로잉, 청사진, 기계 모델, 사진, 원고 기록이 포함됐다. 내가 연구센터를 방문했을 때 그곳의 큐레이터 잭 헐라이는 나에게 1792년 6월 27일 당시 매사추세츠 주지사 존 핸콕이 굵은 글씨로 서명한 합병 문서 원본을 보여주었다. 하지만 그날 가장 흥미로웠던 것은 당연히 영국의 유명 기업 J. 와트먼에서 만든 고품질의 대형 넝마 종이를 이용한 초기 드로잉 견본이었다. J. 와트먼의 설립자 제임스 와트먼 James Whatman은 1750년대에 우브 페이퍼wove paper를 만드는 공정을 개발했다. 쇄선이 없는 견고하고 부드러운 표면을 가진 와트먼지[29]는 수채화가들과 판화 제작자, 석판화가들이 2세기하고 반이 넘도록 가장 선호했던 종이다. 특히 존 제임스 오듀본은 기념비적인 『아메리카의 새들Birds of America』에서 그 종이로 이중 2절판 에칭을 만들었고 윌리엄 블레이크는 네 권의 삽화 책을 만드는 데 사용했다. 미국의 독립혁명 당시 벤저민 프랭클린은 주 프랑스 미국 전권공사로 일할 당시, 런던에서 와트먼지 2연을 구하여 파리 외곽 파시에 있는 자신의 인쇄소에서 대출증명서를 인쇄했다. 그 밖에도 화가 토머스 게인즈버러, J. M. W. 터너, 나폴레옹 황제, 빅토리아 여왕 등이 와트먼지를 애용했다.

1994년에 '제도공의 예술 : 19세기의 설계도와 드로잉'이라는 전시회에서 로웰의 가장 매력적인 드로잉 22점이 전시됐다. 일부는 서명 또는 머리글자가 쓰여 있거나 제임스 B. 프랜시스의 작품이었고 대부분은 서명이 되어 있지 않았지만 모두 매우 훌륭했으며 손으로 직접 색칠한 것도 많았다. 여기에는 분지, 갑문, 엔진 연료 공급 장치, 용수로, 터빈, 수갑, 수차, 교량, 물막이공의 도면이 꼼꼼하게 그려져 있다. 1824년에 만들어진 조감도는 10개의 공장과 여공들을 위한 90개의 기숙사 건물을 보여준다. 나는 드로잉들의 절묘함에 대하여 국립공원 서비스의 보존 전문가 크리스틴 M. 워스Christine M. Wirth와 이야기를 나누었다. 그녀는 매사추세츠 브루클라인에 있는 프레드릭 로 옴스테드 국립 사적지가 소장한 15만 점의 풍경 드로잉과 원본 연구 조사 작업을 했다. "19세기의 드로잉을 보면 작업 내용을 꼼꼼하게 문서화했다는 것을 알 수 있습니다. 설계한 것을 정확하게 기록했고 작업에 활용했고 계속 보관했습니다. 그것들이 지금까지 보존될 수 있었던 것은 좋은 종이를 사용했기 때문이에요. 그리고 아름답기 때문이죠. 중요한 것은 누구도 그것을 버리지 않았다는 거예요."

종이만이 가능한
예술

●

카바레의 시대가 오기 전에 뉴욕에는 유명한 만찬 클럽이 많았는데 그곳에서는 '사람들을 즐겁게 해줄 수 있는 일'을 할 수 있는 사람들을 불러 모았다. 나는 어느 날 그곳에서 미국계 일본인이 계산서를 독특한 방법으로 접는 것을 보았다. '보이는 거리'에 있는 사람들이 전부 흥미를 보였고 주변으로 몰려든 사람들은 그가 종이를 다 접자 열렬한 박수갈채를 보냈다. 그가 종이 쪼가리 한 장으로 만든 것은 날개가 자연스럽게 움직이는 작은 새였다.[1]

– 해리 후디니, 『후디니의 종이 마술』, 1922년

내 꿈은 산으로 올라가 옛날 사람들이 하던 대로 나무로 종이 만드는 법을 배우는 것이다. 젊은 사람들과 함께 가서 나만의 종이접기 마을을 만들고 싶다. 그곳에서 오랫동안 보존될 수 있는 종이를 만들고 염색할 것이다.[2]

– 아키라 요시자와, 『우주를 접다』에 인용된 말, 1989년

종이접기로는 무엇이든 가능합니다.[3]

— 로버트 J. 랭이 저자에게 보낸 이메일 중에서, 2011년

●

우리는 종이 하면 그저 유용성을 지닌 재료라고만 생각한다. 그 자체에 관심이 쏠리지 않을 때 최고의 기능을 담당한다고. 대개는 그것이 사실이지만 종이가 홀로 돋보이는 놀라운 예외도 있다. 단지 하나의 매체를 넘어 메시지의 일부가 되는 것이다. 그러한 이례적인 일은 북아트에서 분명히 드러나는데 매우 정교하게 만들어진 책들이 그 자체로 아름다운 물체가 되고 물질적인 세부 항목 하나하나가 그 작품을 만드는 데 필수적이다. 물론 그중에는 종이의 특징과 유연성도 들어간다.

이 분야에서 눈에 띄는 이름이 몇 명 있지만 그중에서도 버몬트 뉴어크의 클레어 반 블리엣Claire Van Vliet[4]이 단연 돋보인다. 그녀는 창조적인 에너지가 넘치는 여성으로 그녀가 운영하는 야누스 프레스는 1955년 이후 종이의 무한한 가능성을 보여주는 수채화, 드로잉, 에칭, 석판화, 목판화, 브로드사이드를 인쇄했다. 그중 일부는 유색 펄프를 직접 손으로 만든 기질에 사용하여 독특한 이미지를 만들어냈다. 위스콘신 주 매디슨에서는 인쇄업자이자 교사이자 제지업자인 월터 하마디Walter Hamady[5]가 대단히 독창적인 방법으로 수제 종이를 실험적으로 사용한다. 문학과 타이포그래피, 활판 인쇄, 제지, 아상블라주assemblage를 합친 '적스타모프juxtamorph 아트'다. 하마디는 자신의 개성 넘치는 작품에 생명을 불어넣는 믿음을 이렇게 표현했다. "나는 모든 인생이 콜라주라고 생각한다."

훨씬 더 큰 규모에서 종이를 이용한 다양한 장신구들이 즐거움을

선사한다. 바람에 날리는 연, 지붕 아래에 걸린 장식등, 전원 풍경이 선명하게 새겨진 우아한 부채, 로버트 사부다나 데이비드 카터 같은 '종이 엔지니어들'이 만든 독창적인 팝업북, 또는 미래를 점쳐주거나 내기 기회를 만들어주는 카드에 이르기까지. 극동 지역의 불교와 신도神道에서는 신이나 조상들에게 종이를 바친다. 다음 장에서 살펴보겠지만 식물섬유를 이용하여 개인의 용도에 맞게 만든 수제 종이는 전 세계의 열렬한 지지자들에게 사랑받고 있다.

그러나 형태와 기능이 동일해진다고 할 수 있는 분명한 사례로는 '오리가미'라고 하는 전통 공예가 있다. 오리가미는 전형적인 사례로서 세계적으로 통하는 매력은 물론이거니와 남녀노소, 나아가 모든 사회적 장애물을 뛰어넘는다는 점에서 독보적이다. 어린아이들을 위한 놀이라고 치부할 사람들도 있겠지만 종이 한 장으로 복잡한 구조를 만드는 종이접기는 유치원생들은 물론이고 과학자들까지 두루 열렬한 관심을 가지고 할 수 있는 드문 활동이다. 그 가능성의 범위는 개인의 상상력과 손재주에만 제한될 뿐이다. 평면의 종이를 가지고 가위나 테이프, 풀을 사용하지 않고 다면의 물체를 만들어내는 것이다. 결코 쉽지 않은 만큼 성취감도 크다.

지금까지 거듭 언급한 것처럼 종이는 흔하고 저렴하고 휴대성이 있다. 그리고 잘 만들면 쉽게 찢어지지도 않으며 작게 접을 수도 있다. 또한 화폐나 서신용으로 유용하며 3차원 물체로 만드는 것도 가능하다. 바로 이러한 점들 때문에 가능한 또 다른 특성이 있지만, 그것은 종이의 특성을 논할 때 자주 간과된다. 바로 접힘성foldability이다. 이것은 산업 분야에서 강도를 측정하는 기준으로 활용되는데, 작가 니콜슨 베이커Nicholson Baker가 도서관들이 소장품과 무관하고 불필요한 지난 신문을 폐기하는 최근의 정책을 날카롭게 파헤친 『더블 폴드

Double Fold』의 핵심 주제이기도 했다.

그 책의 제목은 보존자들이 책이나 신문의 귀퉁이를 접은 후 반대 방향으로 다시 한 번 접는 1회의 '더블 폴드'를 통하여 다양한 등급의 종이의 취성脆性을 알아보는 실험을 가리킨다. 이런 행동은 종이가 갈라지거나 갈라지기 직전까지 계속되는데, 그것을 몇 회나 견뎌내는지에 따라서 강도가 결정된다. 20세기 말에 이르러 많은 도서관이 선반에 진열하기에 너무 취약하여 폐기하는 것을 정당화하는 방법으로 활용했다. 그리고 기록 보관용 신문들은 전부 마이크로필름으로 대체됐다.

그러한 실태를 다룬 베이커의 책은 열띤 논란을 불러일으켰다. 덕분에 많은 기관이 대체본을 만든 후 원본을 버리는 일을 재고하게 됐다. "책의 낱장 종이는 탄성의 메커니즘이다. 오리가미가 아니라 완만한 곡선을 위하여 만들어진 것이다."[6] 이 구변 좋은 말은 맞는 말이다. 왜냐하면 오리가미의 본질은 종이를 접는 데 있기 때문이다. 훨씬 더 큰 목적은 미학적인 만족을 얻기 위해서지만 어떤 경우에는 복잡한 수학 문제를 풀기 위해서기도 하다. 일본어 오리가미는 접는다는 뜻의 '오리'와 종이의 '가미'가 합쳐져서 만들어진 신조어다. 대다수의 경우—어린아이들이 구조적인 교육 프로그램의 일환으로 한다거나 심심풀이로 간단하게 비행기를 접는다거나—종이의 품질은 우선적으로 중요한 사안은 아니다. 하지만 예술작품을 만들 때는 종이의 품질이 중요해진다. 다면의 주름을 만들어낼 수 있어야 하고 강도와 영구성을 갖춘 종이라야 한다.

아무도 확실히 아는 사람은 없지만, 최초의 종잇조각은 6세기에 일본에서 신도 의식에 사용되기 위해 만들어졌을 가능성이 있다. 하지만 오리가미의 확실한 증거는 17세기에 이르러서야 식별할 수 있게 됐다. 오리가미 역사학자들은 정확한 연대표가 없다는 사실을 인정하지만, 오리가미가 지구 반대편까지 전해진 것은 문서화되지 않은 이동이나 종이의 전래와 함께 독립적으로 등장한 활동에 의해서였을 것으로 추측한다.

독일의 교육가 프리드리히 프뢰벨은 색종이로 장식용 모양을 만드는 것을 초기 아동을 위한 건설적인 놀이와 자기 활동 프로그램의 일부로 소개했다. 프뢰벨은 오리가미라는 단어를 사용하지 않았고—평생 들어보지 못했을 가능성이 크다—19세기 초반에 유치원(말 그대로 아이들을 위한 정원)을 개발할 때 종이접기를 뜻하는 독일어 파피에팔텐 papierfalten을 사용했다. 마찬가지로 이탈리아의 교육가 마리아 몬테소리도 자신이 고안한 아동 교육 프로그램에 종이접기의 원칙을 활용했는데, 일상적인 훈련에 종이접기를 필수 활동으로 집어넣었다. 이는 그녀의 교육 이론에서 필수적인 부분으로 남아 있다.

20세기 초에 발터 그로피우스가 설립한 상업 디자인 학교 바우하우스는 종이접기를 학생 교육에 활용했다. 화가이자 교육자인 요제프 알베르스Josef Albers는 모든 재료에 대한 것을 배워야 할 필요성을 강조했고 미국과 유럽에서 가르치면서 실험정신을 널리 퍼뜨렸다. 알베르스는 강의 첫날이면 반드시 신문지를 한가득 가져와서 학생들에게 나눠주고는 "지금보다 나은 무언가로 만들어보세요."[7]라고 주문했다. 그의 학생이었던 하네스 벡만에 따르면 알베르스가 이렇게 말했다고 한다. "신문지라는 재료를 존중하고 분별 있게 활용해보세요. 본래의 특성이 그대로 유지되도록. 되도록 칼과 가위, 풀을 사용하지 마세요."

그 외에 종이의 신봉자로는 옥스퍼드 대학교의 수학 강사였으며 루이스 캐럴이라는 필명으로 유명한 찰스 루트위지 도지슨Charles Lutwidge Dodgson이 있다. 그가 쓴 『이상한 나라의 앨리스』에는 주인공

앨리스가 종이 드레스를 입고 나오는 인상적인 장면이 있다. 스페인의 작가이자 철학자인 미겔 데 우나무노Miguel de Unamuno가 남긴 여러 가지 동물 접는 방법도 지금까지 여전히 연구 대상이 되고 있다. 그가 1902년에 쓴 풍자소설 『사랑과 교육』의 부록에는 유머러스한 오리가미에 대한 찬가가 수록되어 있다. 전설적인 마술사 해리 후디니가 1922년에 발표한 마술 설명서 『후디니의 종이 마술』에는 '종이 찢기와 접기, 퍼즐 등 종이를 이용한 마술의 모든 것'이라는 부제가 붙어 있다.

하지만 종이접기에 새롭게 관심이 쏠리게 하는 데 큰 영향을 미친 것은 바로 일본 소녀 사다코 사사키의 이야기였다. 사다코는 히로시마 원자폭탄 투하 사건 때 살아남았지만 10년이 지난 1955년 열두 살의 나이로 백혈병에 걸렸다. 사다코는 친구에게 "아픈 사람이 종이학 1,000마리를 접으면 다시 건강하게 해달라는 소원을 들어준대"[8]라는 전설을 듣고 나서 종이학을 접기 시작했다. 사다코는 나중에 종이가 부족했기 때문에 약병에서 떼어낸 포장지나 친구들에게 받은 선물을 사용했다. 1955년 10월 25일 사다코는 644마리만을 접은 채 세상을 떠났다. 하지만 사다코의 굳은 의지에 감동한 친구들이 남은 종이학을 마저 접어주었다. 사다코의 사연을 계기로 전 세계 어린이들이 종이학을 접기 시작했고 사다코를 기리기 위하여 히로시마와 시애틀에 사다코의 동상이 세워졌다. 사다코는 『안네의 일기』의 주인공 안네처럼 전쟁으로 극심한 고통을 받은 어린아이였다. 안네의 이야기가 일기를 통해 기적적으로 전해진 것처럼 사다코는 종이를 통해 세상에 감동적인 메시지를 남겼다.

종이접기를 사랑하는 많은 사람이 그러하듯 마이클 G. 라포세 Michael G. LaFosse[9]도 어려서부터 종이만 가지고 상상력을 마음대로 펼칠 수 있다는 점에 매료되어 종이접기의 세계에 입문하게 됐다. 오늘날 창조적인 오리가미 아티스트로 세계적인 명성을 얻은 라포세는 종이를 직접 만들 만큼 선택에 있어 매우 까다롭다. 1970년대부터 기본적인 제지법을 배우기 시작해 오랜 시행착오를 거친 그는 매사추세츠 브루클라인에 있는 일레인 코레츠키의 워크숍에서 제지법을 완전히 익혔다.

라포세는 제지에 대해 알아갈수록 각 프로젝트에 따라 적합한 섬유를 고르는 법도 알게 됐다. 오늘날 그가 만드는 종이는 종이접기의 대가들이 찾을 만큼 뛰어난 품질을 자랑한다. 인터뷰 시간을 정하기 위해 처음 전화 통화를 했을 때, 그는 토요일 오전에 매사추세츠 헤이브릴에 있는 공장을 개조해서 만든 자신의 스튜디오와 갤러리를 방문하라고 권했다. 학생 하나와 함께 특별한 종이를 만들 예정이라고 했다. 원한다면 오리가미도 직접 해보라는 그의 제안을 나는 기꺼이 받아들였다. 약속 시간보다 일찍 도착해서 라포세를 기다리고 있을 때 그의 사업 파트너인 리처드 L. 알렉산더가 강아지 접는 방법을 알려주겠다고 했다.

"한번 해보세요. 당신이 일곱 살 꼬마인 것처럼 생각할게요." 알렉산더가 유쾌하게 말했다. 나는 참을성 있는 그의 설명에 따라 그럭저럭 해냈다. 그때 접은 강아지는 아직도 내 책꽂이에 놓여 있다. 그 종이접기는 초등학교 2학년생에게 적합한 것이었는데, 실제로 초등학교 2학년생이 나보다 더 잘했을 것이다. 라포세와 알렉산더가 1996년에 설립한 오리가미도 스튜디오가 성공을 거둔 이유는 모든 연령에 오리가미를 가르쳤기 때문이다.

"다섯 살 때 텔레비전에서 어떤 남자가 종이로 풍선을 접는 모습을 보고 완전히 넋을 잃었죠." 라포세가 처음 오리가미를 접하게 된 계기에 대해 말해주었다. "학교에 이동도서관 차가 오면 종이접기에 관련된 책만 전부 빌렸어요. 열정적으로 빠졌죠. 일곱 살 무렵에는 종이접기에 관한 모든 문제를 풀 수 있었죠." 라포세는 어린 시절 글로 된 설명을 읽을 마음이 있었기에 새와 물풍선, 비행기, 점프하는 개구리, 꽃을 만들 수 있었다고 말했다. 그러다《리더스 다이제스트》1970년 8월호에 화려한 일러스트가 들어간 기사를 읽은 후에는 완전히 바뀌었다. 거기에는 퓰리처상 수상 작가인 릴랜드 스토위Leland Stowe가 오리가미의 혁신자이자 세계 어디에서나 현대 오리가미의 대부라고 불리는 일본의 아키라 요시자와[10]를 소개한 글이었다.

거기에는 한때 대장장이였던 요시자와가 오리가미를 독학으로 배웠으며 자연 속에서 동물과 식물을 자세히 관찰한 것이 기술 발전에 큰 도움이 됐다는 내용이 들어 있었다. "오리가미의 대부 요시자와는 오리가미에 과학적인 관점으로 접근했습니다. 해부학과 화학까지 공부하면서 오랜 세월을 연구해 새로운 형태를 만들어냈어요. 그의 대표 기술 중 하나인 매미 접기는 완성되기까지 20년이 걸렸습니다. 펼친 면에 그의 사진이 나와 있었는데, 옆에는 종이로 접은 그의 얼굴이 있었고요. 그런 건 난생처음 봤습니다. 정말 기발했죠." 요시자와가 종이에 물을 묻혀가며 접는다는 사실도 나와 있었다. 마른 상태의 종이만 사용해야 한다고 생각한 라포세에게는 새로운 깨달음이었다.

"나는 오리가미가 낱말 맞추기 퍼즐 같다고 생각했어요. 책으로 기본적인 것만 배우면 따라 할 수 있었으니까요. 그런데 사진 속의 그 남자는 자신만의 모양을 새롭게 '발명해내고' 있었습니다. 나는 예술가도 되고 싶었고 과학자도 되고 싶었거든요. 그런데 다들 둘 다 할 수는 없다고, 예술 학교에 가든 과학을 공부하든 둘 중 하나만 할 수 있다고 했죠. 그런데 예술과 과학이 하나로 합쳐지는 모습을 목격한 거예요. 오리가미의 대부 요시자와는 과학자처럼 동식물을 연구하고 엔지니어처럼 오리가미를 고안해냈으니까요. 정교하게 접히는 일본의 수제 종이를 이용한 그의 작품은 진정한 예술작품이었습니다. 그때 내가 열 살이나 열한 살쯤이었는데 '나도 저렇게 되고 싶어. 내가 하고 싶은 일이야'라고 생각했습니다. 그래서 그날부터 나도 발명을 시작했어요. 첫 발명품이 바로 이 펭귄입니다."

오리가미도 스튜디오에 진열되어 있는 그 펭귄을 접는 개념을 라포세는 1970년에 첫 영감을 얻은 후 2년이 넘는 시간에 걸쳐 완성했다. 돌파구의 순간은 고향 매사추세츠 주 피치버그에 있는 교회에 간 어느 일요일에 찾아왔다. "교회에 전단지가 있었어요. 교회에는 늘 이런저런 전단지가 있기 마련이잖아요. 전단지를 접고 있었는데 그게 은은한 민트 그린색이었어요. 순간 색깔을 내 장점으로 이용하자는 생각이 떠올랐죠. 예배가 끝나기도 전에 펭귄으로 이어지는 아이디어를 떠올렸어요. 가능성을 발견했죠." 라포세가 만든 펭귄은 한 장의 종이로 표현해낸 자연스러운 색깔이 매우 인상적이었다. 펭귄의 목과 귀, 가슴, 발은 흰색이고 부리와 머리, 몸은 검은색이었다.

"종이는 양면으로 되어 있잖아요." 라포세가 설명했다. "한 면이 흰색이면 다른 면은 검은색이니까 접기 시작하면 두 가지 색깔이 나옵니다. 이런 게 바로 종이접기의 엔지니어링 측면이죠, 그렇지 않습니까? 방법론적으로 설계되는 것이니까요." 마침내 그는 우편 주문으로 한쪽은 검은색이고 한쪽은 흰색인 종이접기용 종이를 구입하여 목표를 달성할 수 있었다. "처음으로 접은 펭귄은 배가 검은색인 하얀 펭귄이었죠. 접은 걸 다시 펴서 반대로 접었더니 제대로 나왔습니다. 진짜 펭귄의 색 구조를 가진 두 색의 물체를 만들었다는 사실을 깨달았죠."

라포세는 종이접기가 몇 단계 앞을 미리 고려하여 말을 움직이는 체스와 비슷하다고 말했다. "시행착오를 많이 겪고 디자인을 제대로 만들기 위해 손가락으로 계속 실험을 해야 합니다. 특히 시작 단계에 서는 종이가 많이 필요하죠." 매사추세츠 북중앙부 내슈아 강에 맞닿 아 있는 노동계급 지역사회인 피치버그는 한때 미국 제지 산업의 중심 지로 수많은 기업이 몰려 있었다.

"할아버지가 제지공장에서 일해서 항상 좋은 종이를 잔뜩 가져다 주셨어요. 저는 종이 걱정은 하지 않아도 되었죠. 어릴 때 제가 태운 종이만도 수천 장은 될 겁니다." 라포세가 말했다. 그는 고등학교 졸업 후 해양 생물학자가 되고자 플로리다의 탬파 대학교에 들어갔다. 덕분 에 나중에 물체의 모양을 설계하는 데 매우 유용했다. "대학에 들어 가서도 계속 오리가미에 대한 생각이 떠나지 않았습니다. 대학교 3학 년이 끝나갈 무렵에 우선순위를 바로잡으려고 버크셔스(매사추세츠 서부 의 산악지대를 가리키며 버크셔 힐, 버크셔 마운틴, 버크셔 고원 포함-옮긴이)로 이 사했고 거기서 저만의 예술을 발전시키기 시작했습니다." 라포세는 윌 리엄스타운의 서점에서 일했고 그다음에는 요리사로 일하면서도 끊임 없이 종이접기 기술을 연마했다. 그리고 1991년 뉴욕 오시닝의 종이 접기 상급반에서 요시자와를 만났고 2005년 그가 세상을 떠날 때까 지 친분을 유지했다. "요시자와 사부님은 자신이 설계하고 접어서 만 든 창작물을 자신의 공으로 여기지 않는 종교적인 분이었어요. 자신 이 붓이고 신이 손으로 직접 그림을 그린다고 생각하셨죠. 항상 무언 가를 접거나 디자인하기 전에는 기도를 하셨습니다."

환경 컨설턴트이자 평소 라포세의 작품을 동경해왔던 리처드 알렉 산더가 1996년 동업을 제안했고 두 사람은 오리가미도 스튜디오를 차 렸다. 오리가미도는 일본어 오리가미에 일본어로 '길'을 뜻하는 '도'를 붙여 '종이접기의 길'을 뜻한다. 한편 라포세는 요시자와와 계속 연락을 주고받았고 일본에 있는 그의 저택을 여러 번 방문했으며 함께 전시회를 네 차례 열었다. 그는 요시자와 사부가 해준 가장 소중한 조언은 항상 최고의 재료를 사용하라는 것이었다고 말한다. "제대로 된 종이를 사용하는 것이 엄청난 차이를 만듭니다. 종이의 강도와 두께, 색깔, 질감, 수명, 염색 견뢰도를 제어하려면 종이를 직접 만드는 수밖에 없습니다." 라포세는 목화와 아바카를 섞어서 사용한다. 아바카는 파초과에 속하는 식물로 필리핀이 원산지다. 흔히 마닐라삼(삼과에 속하지는 않는다)으로 불리는 아바카는 강도가 뛰어나고 습기에 대한 저항력이 우수하여 라포세의 습식 접기법wet-folding에 이상적이다. 바로 그런 이유에서 아바카는 티백에도 사용된다. 끓는 물에 녹지 않아야 하고 19세기에 외항선의 밧줄로도 사용될 정도로 견고하다.

라포세는 어떤 모양을 만들지에 따라 종이의 비율과 두께를 달리한다. "제대로 된 종이가 아니면 사용하지 않습니다. 매우 논리적으로 만족스러운 과정이죠. 저는 종이를 접을 때 엄지손톱 아래로 느껴지는 느낌이 좋습니다. 종이가 접힐 때의 소리도 좋습니다. 종이의 촉감 역시 마찬가지죠. 종이를 직접 만든 지 30년이 넘었기 때문에 종이의 감촉에 민감하거든요. 살아 있는 것을 만든다는 기분이 듭니다."

라포세는 항상 종이로 조각할 이미지를 찾고 있는데, 인근의 탑스필드에서 열리는 축제에서 자신이 가장 좋아하는 디자인을 만드는 아이디어를 얻었다. "생기 넘치는 새끼 돼지들이 뛰어다니는 걸 보고 꼭 재현해내야겠다고 생각했습니다. 새끼 돼지의 피부색에 안성맞춤인 질감을 가진 종이를 만들었죠. 재미있게도 한 묶음이나 만들어 일일이 다 만져봤는데 제 손가락이 바로 이 종이다 하는 걸 찾아냈다는 점입니다. 그 종이를 30센티미터 정사각형으로 잘랐어요. '다리가 네 개, 꼬리 하나, 코 하나, 귀 두 개가 필요하고 전부 비율이 잘 맞아야 해'

라고 엔지니어처럼 생각하고 분석했죠."

하지만 엔지니어링의 측면 이외에 좀처럼 쉽게 해결되지 않는 문제가 있었다. "서정적이고 생기 넘치는 느낌이 필요했어요. 그래서 일주일 동안 손을 대지 않았습니다. 할 수 있다는 느낌이 들었을 때 다시 잡았죠. 대여섯 시간 설려 마침내 모든 것이 하나로 합쳐졌습니다. 비결은 제대로 된 종이였어요. 제가 만든 종이는 뻣뻣하고 질감이 보송보송하고 부드러웠기 때문에 보송보송하고 부드러운 새끼 돼지에 어울렸습니다. 여기 있는 박쥐의 경우는 다른 질감의 종이가 필요했습니다. 박쥐의 날개는 얇고 뻣뻣하고 광택이 납니다. 따라서 얇고 뻣뻣하고 광택이 나는 종이가 필요했죠. 또 새끼 돼지나 박쥐나 모두 영속성이 있습니다. 일회적인 물체가 아니에요. 영원히 보존되죠."

라포세는 오랫동안 똑같은 주제로 종이를 접어왔지만 그 어떤 작품도 완전히 똑같을 수 없다는 사실을 깨달았다. "제가 만들었던 작품을 똑같이 다시 만들 수는 있지만 미묘하게 드러나는 특징까지 따라할 수는 없어요. 예를 들어 기본적으로 돼지를 접는 방법은 알지만 접은 다음에 마무리 작업을 해야 하는데 매번 정확하게 재현하지는 못합니다. 소묘나 회화와 마찬가지예요. 일정한 순서에 따라 접는 것은 똑같지만 그다음부터는 생명을 불어넣어야 하는 작업이죠."

한편 캘리포니아에 사는 오리가미의 대부 로버트 J. 랭Robert J. Lang[11]에게 과학적인 분석은 3차원 조각을 만드는 작업의 중요한 일부다. 그래서 그는 정교한 소프트웨어 트리메이커TreeMaker를 개발했다. 덕분에 20년 전에는 불가능하다고 여겼던 종이접기 문제의 복잡한 해결책을 찾는 데 도움이 됐다. 랭은 세계적으로 이름을 날리는 아티스트로서 《뉴요커》와 《스미스소니언》에 그의 상세한 이력이 실렸으며 2010년 피바디상을 수상한 TV 다큐멘터리 '비트윈 더 폴즈Between the Folds'에서 마이클 라포세와 함께 주요 인물로 등장했다. 그는 1990년대 이후로 과학 분야의 하나로 진가를 발휘해온 컴퓨터를 이용한 오리가미의 선구자로 칭송받고 있다.

캘리포니아 공과대학교에서 응용물리학 박사 학위를 받은 랭은 80편이 넘는 논문을 단독 또는 공동 집필했고 레이저와 광전자 공학 분야에 50개의 특허를 보유하고 있으며 자신의 독특한 종이접기 형태를 다룬 열두 권의 저서를 발표했다. 그중에서도 『오리가미 디자인 시크릿 : 고대 예술에 수학적 방식을 접목하다Origami Design Secrets : Mathematical Methods for an Ancient Art』는 현대적 고전으로 꼽힌다. 그의 작품은 600가지의 독창적인 오리가미 디자인을 포함하며 뉴욕의 현대 미술관과 파리의 카루젤 두 루브르 전시장, 일본 카가의 일본 오리가미 박물관 등 수많은 곳에 전시됐다.

랭이 고안한 독창적인 디자인 중에서 오리가미를 잘 모르는 사람들에게까지 널리 알려진 것은 가로 30센티미터, 세로 304센티미터 크기의 종이 한 장으로 접은 실물 크기의 뻐꾸기시계다. 뿔 달린 사슴 머리, 단 위에 앉은 새 한 마리, 시와 분을 가리키는 바늘, 추가 매달려 있는 디자인이다. 그는 3개월에 걸쳐 상세 디자인을 완성했고 여섯 시간 동안 집중적으로 접었다. 그 밖에도 그의 놀라운 작품 중에는—역시 날랜 손과 종이 한 장만으로 만들어진—1,000개의 비늘이 달린 뱀과 맥길 대학교 레드페스 박물관에 전시되어 있는 날개폭 약 5미터에 달하는 프테라노돈(익룡)이 있다. 랭이 고안한 종이접기 알고리듬algorithm은 매우 고차원적이어서 우주망원경의 콤팩트 렌즈와 자동차 에어백 디자인에도 유용하다는 것이 입증됐다.

하지만 내가 보기에 무엇보다 랭이 돋보이는 이유는 종이로 무언가를 만들어내는 것이 그의 취미활동이 아니라 본업이며 과학적 탐구가 그의 부업이라는 것이다. 이렇게 본업과 부업이 다소 뒤바뀌게 된 것은 2001년에 랭이 산호세에서 레이저와 광섬유를 비롯해 광통신망에 관련된 제품을 설계하고 제작하는 업체 JDS 유니페이스(지금은 JDSU)에서 일하고 있을 때였다. 그 전에는 항공우주국NASA의 제트 추진 연구소와 스펙트라 다이오드 연구소에서 일했고 2007년부터 2010년까지는 미국 전기전자기술자협회IEEE에서 발행하는 학술지 《IEEE 양자 전자공학 저널》의 편집장으로 활동했다. 2009년에는 컴퓨터 오리가미의 업적을 인정받아 모교 캘리포니아 공과대학교가 수여하는 최고의 영예인 자랑스러운 동우상을 받았다.

내가 그를 만난 곳은 캘리포니아 주 샌프란시스코의 이스트 베이 교외에 위치한 그의 알라모 저택에 마련된 스튜디오 별채였다. 내 질문은 늘 그렇듯이 종이와 직접적으로 연관된 것이었다. 왜 다른 재료가 아닌 종이를 사용하는가 하는 거였다. "종이는 평평하고 단순한 구조를 실현할 수 있는 재료이기 때문입니다." 랭이 망설임 없이 대답했

오리가미의 대가 로버트 랭, 캘리포니아 알라모에 있는 스튜디오에서.

다. "가장 큰 도전은 디자인을 만들어내는 지적인 도전이 따릅니다. 컴퓨터로 접은 모양을 렌더링할 수 있기 때문에 종이가 아예 필요하지 않다고 생각할 수도 있어요. 하지만 실제로 종이의 질감과 종이가 다루어지는 방식, 곡선, 종이의 비이상적인 측면이 실제로 접은 모델에 캐릭터를 부여하죠. 따라서 접기에는 두 가지 측면이 있습니다. 모델에 기여하는 물질적이고 촉각적인 특성, 그리고 추상적인 개념이 있습니다. 이것은 기하학과 연관이 있는데, 모든 요소의 어우러짐, 패턴과 대칭과 접힘이 무엇인지, 네모난 종이의 각 부분이 접힘으로써 새로운 관계를 띠게 되는 것이죠."

랭은 2000년에 캘리포니아 리버모어에 있는 로렌스 리버모어 국립연구소의 아이글래스 우주망원경 프로젝트에 참여한 일을 이야기해주었다. 91미터 넓이의 평면 플라스틱 렌즈를 어떻게 소형으로 접어서 우주로 발사하여 지구에서 3만 5,406킬로미터 떨어진 정지궤도에서 펼쳐질 수 있게 하느냐가 문제였다. 랭의 패턴을 이용한 원형을 처음에는 4.9미터에서 약 1.5미터 크기로 줄여서 접었다. 광학 요소의 완전성을 지키기 위하여 디자인된 통제된 주름을 정확하게 따라야 했다.

"1996년에 컴퓨터공학회의 논문을 쓴 적이 있습니다. 우주망원경을 개발 중이던 리버모어의 엔지니어들은 커다란 망원경 평면 종이를 작은 모양으로 접어야만 한다고 결론내린 상태였어요. 접는 일이니까 오리가미가 도움이 될까 싶었던 거죠. 그래서 그들은 훌륭한 엔지니어들이 으레 그러하듯 문헌 검색을 했습니다. 오리가미에 관한 전문적인 글을 쓴 사람을 찾다가 내 글을 발견하고 연락을 해온 겁니다. 내가 한 일은 망원경에 적합한 접기 패턴을 만드는 것이었습니다. 그중 하나가 첫 번째 원형을 만드는 데 사용되었어요."

랭이 오리가미는 물론 레이저 물리학에도 전문적인 지식을 갖추었다는 점 역시 중요하게 작용했다. "나는 대개는 이론가입니다. 레이저와 광학적 특성, 전자와 광자가 어떻게 상호작용하는지 분석합니다. 나는 오랫동안 레이저 또는 레이저의 측면에 대한 수학적인 설명을 찾고 수학 법칙을 이용해서 조작하여 더 나은 레이저를 만드는 일을 해왔습니다. 그렇기 때문에 자연스럽게 그것을 오리가미에 확장해서 시도해보게 되었죠. 오리가미의 수학적인 설명을 고안하는 것 말이에요. 접는다는 것은 어떤 의미인가? 제약은 무엇이고 접는 것이긴 하지만 어떤 변형이 가능한가? 그런 수학적 설명을 고안한 후에는 그 설명으로 어떻게 새롭고 흥미로운 오리가미 모델을 만들 수 있는가가 되었지요." 랭이 렌즈 포장에 내놓은 해결책은 접이식 우산을 접어놓은 모양과 유사했다. 그가 내놓은 접기 패턴을 이용한 4.6미터 직경의 원형은 예비 시험을 전부 통과했다. 우주망원경의 크기만 해도 1.6킬로미터에 달하는 그 엄청난 프로젝트의 흔적이 드로잉 판에 그대로 남아 있다.

어려서부터 수학에 뛰어난 소질을 보였던 랭은 조지에서 보낸 유년 시절부터 종이접기를 시작했다. 초등학교 1학년 때 선생님의 격려 덕분이었다. 처음부터 종이접기에 푹 빠진 그는 10대 때부터 자신만의 디자인을 만들기 시작했고 대학교와 대학원 재학 시절까지 이어졌다. "저는 어려서부터 무언가를 만들고 원리를 알아내는 일에 관심이 많았습니다. 우리 가족에게 종이접기는 그저 평범한 취미거리였어요. 값도 저렴하고 건전한 취미였죠. 아내와 처음 만났을 무렵 저는 이미 유명해져 있었고 꽤 멋진 디자인도 많이 고안한 상태였기 때문에 아내가 좋은 인상을 받았던 것 같습니다."

랭은 광범위한 주제를 다루는 영역에 몸담고 있기에 특별히 선호하는 주제들은 있지만 고정된 법칙은 없다. "예술 작품을 만들 때는 새, 곤충, 야생동물이 가장 선호하는 주제입니다. 그런 것을 주제로 하는 작품은 실질적인 용도로 쓰이지 않죠. 하지만 의뢰인이 작게 만들어 이동시켜서 완전히 평평하게 펼친 다음 무언가를 담기 위한 용기로 다시 접히는 것이 필요했죠. 예술과 상관없는 기능성 물건을 접어서 만들어야 하는 겁니다. 기하학적인 깔끔한 면과 각도 때문에 외관도 멋지겠지만 무엇보다 중요한 목표는 실용성입니다. 실용적이든 예술적이든 프로젝트를 의뢰받으면 대개 종이를 어떻게 접어야 하는지부터 시각화하려고 합니다. 종이의 어느 부분이 물체의 어느 부분이 될지, 서로 어떻게 이어져서 움직일지를 생각합니다."

랭은 직접 종이를 만들지는 않지만 마이클 라포세의 지도에 따라 몇 번 시도해본 적은 있다. "마이클에게 두어 번 수업을 받은 적이 있습니다. 그의 제지법에 따라서 직접 종이를 만들었죠. 재미있었지만 어렵더군요. 제지 공예의 진가를 알 수 있었습니다. 종이를 뜨는데 모양이 잡히면서 갈라지는 거예요. 왜 그러는지 의아했죠. 마이클이 물에 손을 집어넣으면서 첨가제가 필요하다고 하더군요. 워낙 오랫동안 종이를 만들어왔기 때문에 펄프만 만져보고 바로 알더군요."

랭은 나를 스튜디오에 있는 캐비닛으로 안내했는데 거기에는 다양한 종이가 들어 있었다. 일본산도 많았고 서랍 하나는 스튜디오에서 라포세의 오리가미를 만들 종이로 꽉 차 있었다. "오리가미 예술가들은 엄청나게 다양한 종이를 사용합니다. 우리는 항상 새로운 것을 만들고자 하는데 그때마다 다른 느낌이 필요하니까요. 종이접기에 사용되는 종이는 강도가 높아야 하기 때문에 긴 섬유를 사용합니다. 대개 균일한 섬유들을 사용하죠. 특히 얇은 종이를 만들 때는 그렇습니다. 아바카나 삼, 아마처럼 나무가 아닌 식물로 만든 종이는 모두 오리가미용으로 훌륭하죠." 랭은 나에게 장인이 운영하는 몬트리올에 있는 패퍼트리 세인트 아먼드에서 구입한 넝마 100퍼센트로 만든 아름다운 수제 종이를 보여주었다. "가장 무거운 편에 속해서 코끼리를 만들때 제격이죠. 이 종이로 코끼리를 만드는 프로젝트를 두 번 맡았는데 그야말로 환상적이었습니다." 그는 세인트 아먼드에서 맞춤 제작한 종이로 맥길 대학교에 걸려 있는 거대한 날개를 가진 비행 파충류를 만들었다.

"이것은 나무로 만든 윈드스톤 마블Wyndstone Marble이라는 상업용 종이인데 광택이 뛰어납니다. 제가 즐겨 사용하는 종이예요. 캘린더 가공(표면에 광택을 부여하고자 행하는 기계적 공정을 가리키는 말—옮긴이)이 되어 있어 물을 묻혔을 때 거의 가소성에 가까울 만큼 내구력이 뛰어나 모양이 정말 잘 잡히죠. 목재 펄프로 만든 종이는 보관만 잘하고 ph 균형을 맞춰주면 수명이 오래갑니다. 색이 바랠 수 있지만 적어도 삭지는 않습니다. 복잡한 작품을 만들 때는 대부분 식물섬유로 만든 종이를 사용합니다. 한국산 한지나 코조 섬유로 만든 일본산 와시 같은 거죠. 일본 종이의 질감은 매우 흥미롭습니다. 아주 얇은 반죽을 사용하고 물에 여러 번 담그죠. 일본에 갈 때마다 종이를 잔뜩 사옵니다. 종이라면 무조건 모으는 습관이 있거든요."

그다음으로 우리는 그가 만든 작품을 구경했다. "저는 오랫동안 곤충을 집중적으로 만들었습니다. 그 많은 다리를 제대로 접기가 굉장히 힘들거든요. 그 후에는 새를 더 많이 접게 됐습니다. 예술적인 표현에 있어서 새가 더 어렵거든요. 기본적으로 새는 머리와 꼬리, 날개, 다리로 이루어지기 때문에 각 부분을 제대로 접기는 그리 어렵지 않습니다. 각 새의 특징을 제대로 잡아내기가 힘들죠." 그는 좀 더 자세한 설명을 위하여 선반에 진열된 학 모양을 가리켰다. "이 학은 구애를 위한 춤을 추고 있습니다. 따라서 움직이고 있는 듯한 느낌을 표현해야만 하죠. 깃털이나 날개, 다리 같은 세부적인 부분도 돋보여야 하

지만 연약함이 남아 있어야 합니다. 티라노사우루스의 다리처럼 우악
스러우면 안 되죠. 따라서 섬세해야 할 부분은 섬세하고 깃털은 펼쳐
져 있어야 하죠."

그는 세심한 설계에도 항상 즉흥적으로 더하는 부분이 있다고 말
했다. "다시 말하지만 무얼 만드는지가 중요합니다. 그때그때 봐가면서
할 때가 많아요. 많은 부분으로 이루어진 복잡한 모양일 때에는 미리
완전하게 계획을 세워놓거나 즉흥적인 작업과 병행하기도 합니다. 일
반적으로 복잡한 모양일수록 철저하게 미리 계획하죠. 각 부분을 개
별적인 종이에 즉흥적으로 작업할 때도 있습니다. 여러 부분을 어떻
게 접을지 찾아낸 후에 한 장의 종이에 모든 크리스 패턴crease pattern
을 설계합니다. 접기 전에 미리 완전히 설계를 해두죠. 디자인에 따라
일부분에 소프트웨어가 도움이 되기도 합니다. 하지만 개별 부위는
즉흥 작업으로 합니다."

가장 정확한 오리가미의 지지자로서 세계적으로 존경받는 랭은 오
리가미의 대가들 사이에 우호적인 경쟁이 이루어진다고 했다. "우리
는 뉴욕에 있는 오리가미 컨벤션을 통해 몇 해 전부터 도전하고 있습
니다. 해마다 주제를 하나 선정합니다. 다음 해의 주제를 미리 정하고
다 같이 모여 그동안 서로 어떻게 했는지 살펴보는 거죠. 언젠가는 딱
정벌레가 주제였고 소라게, 식물이 주제였던 적도 있어요. 순위를 정
하고 상을 주는 건 아니지만 경쟁하는 것이죠. 평소 존경하는 사람들
의 존경을 얻기 위해서 경쟁하는 겁니다."

내가 랭의 캘리포니아 스튜디오를 방문하고 3년 후, 랭은 매사추세
츠 캠브리지에서 매사추세츠 공과대학교 전기 엔지니어링과 컴퓨터과
학 교수이자 상당한 종이접기 실력을 가진 에릭 디메인Erik Demaine[12]

의 프로젝트를 열흘 동안 도왔다. 그는 캠브리지에 머무는 동안 두 차례의 공개 강의를 했다. MIT의 종이접기 동아리 오리가 MIT가 주최한 상급자를 위한 오리가미 워크숍과 일반인들을 위한 워크숍에서였다. 나는 그 둘 다 참여했는데, 랭을 다시 만나기 위해서이기도 했지만 역시 유명한 디메인 교수를 만나보고 싶어서이기도 했다. 오리가 MIT의 워크숍에 참여한 교직원과 학생들은 자신들이 하는 일을 '익스트림한extreme 오리가미'라고 불렀다. 나는 그 후 몇 달 동안 오리가 MIT의 오리가미 수업에 참여했는데, 한번은 일본 공영방송의 촬영팀이 디메인 교수를 따라다니며 그의 민첩한 손재주를 촬영했다. MIT의 오리가미 강의가 일반인들에게 공개된 것이었는데 랭이 강의하던 날은 학부생들의 모습이 많이 보였다. 그들은 오리가미 종이로 바쁘게 여러 작업을 하고 있었다.

디메인은 2001년에 20세의 나이로 MIT 부교수가 됐다. MIT의 150년 역사를 통틀어 최연소 부교수였다. 2년 후 맥아더 펠로우상을 받은 그는 MIT 컴퓨터과학 및 인공지능 연구소의 연구원이기도 하다. 2011년까지 계산기하학과 조합적 게임 이론 분야에서 열두 권의 저서와 200개 이상의 학술지 논문을 단독 또는 공동 집필했다. 그가 MIT에서 가르치는 '기하학적 접힘 알고리듬 : 결합, 오리가미, 다면체' 수업은 물리적 객체의 재구성을 다룬다. 과거에 '중요한 새로운 결과와 연구 논문으로 이어진' '접기에 관한 열린 문제들'을 해결하기 위한 공동 프로젝트가 강의의 핵심이다.

디메인 교수는 랭처럼 기하학적인 접기 알고리듬을 개발하지만 그가 만드는 모양 중에서 그의 연구에 가장 큰 관심을 불러 모으는 것은 다면체와 곡선 주름의 조각sculpture이다. 그는 아버지 마틴 디메인과 함께 쓴 『컴퓨터 오리가미Computational Origami』에서 그것을 가리켜

"다른 유형의 주름 접기에서 기인한 수학적 곡면을 결정하기 위한 알고리듬적 목표"라고 설명했다. 또한 그것이 '자동 접기 오리가미'의 형태로 "바짝 접어 매우 작게 압축한 후 나중에 자연스러운 곡면 형상으로 완화할 수 있는 가변 구조물로 응용할 수 있을 것"이라고 했다. 그는 자신의 웹사이트에 올린 3페이지 분량의 게시물에 이러한 개념을 설명하기 위해 뉴욕 현대미술관의 영구 소장품의 일부이며 2008년 '디자인과 유연한 생각'이라는 전시회를 소개했다. 디메인은 대학원 시절부터 오리가미의 무한한 가능성에 이끌렸다고 나에게 말했다. "열다섯 살 때 박사 과정을 시작했습니다." 종이접기를 시작하기에 약간 늦은 나이가 아니냐는 내 말에 그가 설명했다. "도전할 만한 흥미로운 문제를 찾고 있었습니다. 그러다 로버트 랭의 컴퓨터 오리가미에 관해 알게 되어 제 나름대로 뛰어들었죠." 그는 내가 방문했을 때 랭과 MIT에서 진행한 프로젝트에 대해서도 설명했다. "오리가미 디자인의 세 가지 방식을 형식화하는 일이었습니다. 오래전부터 많은 사람이 오리가미를 고안했지만 랭은 컴퓨터 프로그램으로 형식화시켰죠. 우리는 함께 오미가미의 원리를 입증할 수 있도록 형식화시키고 있습니다."

디메인은 "오리가미가 다양한 사람을 사로잡는다"는 사실이 좋다고 했고 랭의 강의를 듣고자 MIT로 모인 청소년들도 고개를 끄덕였다. "제가 오리가미에 이끌린 것은 수학자이기 때문입니다. 여기 모인 아이들도 저도 오리가미의 예술 형태에 이끌립니다. 누구나 어느 정도는 종이접기를 접하게 되죠. 엔지니어링이나 기하학에 신경 쓰지 않아도 오리가미에 흥미를 느끼게 됩니다." 디메인은 과학적 논리의 개념과 문제와 씨름하며 기쁨을 느끼는 전문 학자이지만 어린아이 같은 순수성이 있었다. 그는 인공지능 분야에 새로운 길을 열고 있으면서도 자신이 하는 일에 절대로 지루함을 느끼지 않도록 확실히 하고 있었다.

 디메인 교수는 MIT 전기 엔지니어링 및 컴퓨터 과학과의 상주 예술가이자 글래스 랩Glass Lab 강사인 아버지와 함께 복잡한 퍼즐을 풀고 유리 조각을 만드는 일을 즐긴다. 또한 부자는 캠브리지에 있는 즉석 코미디 클럽에서 스탠드업 코미디 공연을 하기도 했다. 디메인 교수의 아버지 마틴 드메인과 잠시 이야기 나눌 기회가 있었는데, 그는 유머 감각을 가지는 것이 매우 중요하다고 말했다. 그것은 그가 1980년대와 1990년대에 캐나다에서 혼자 아들을 키우며 직접 홈스쿨링을 시키는 동안 아들에게 심어주려고 애쓴 생각이기도 했다. 에릭 디메인에 따르면 부자가 2004년에 MIT 도서관의 초청으로 가구를 만들 때 몇몇 중고서점에서 재고로 남아 버려진 책을 재료로 선택한 것도 유머 감각의 중요성에서 나온 일이었다. "처음에는 장난으로 시작한 일이었어요." 에릭은 그와 아버지가 각각 구조 엔지니어와 예술가라는 전문성을 활용했다고 설명했다. "버려진 책을 이용해서 책꽂이, 램프갓, 침대, 이불 등 방 전체를 만들었습니다. 세상에 쓰레기로 전락하는 책이 많다는 사실에서 모티브를 얻었어요. 펄프로 재활용하지 않고 그냥 폐기되는 책이 많습니다. 제본이나 접착제 때문에 재활용하는 비용이 비싸 그냥 버려집니다. 이렇게 버려지는 책들을 조금이나마 살려보자는 시도였죠. 저와 아버지는 책을 사랑합니다. 그런데 책이 띠톱 기계에 잘리는 모습을 볼 때면 정말 잘못된 일처럼 느껴집니다. 그토록 소중한 책들이 갈가리 잘려나갑니다."

 에릭 디메인은 종이 자체에 열정을 가지고 있지는 않지만 그가 종이를 사용하는 이유는 목표 달성에 가장 이성적인 수단이며 이미 확립된 기술을 토대로 할 수 있기 때문이라고 했다. 다시 말하자면 감수해야 할 제약도 있다. "흥미롭되 불가능하지 않은 것이어야 합니다. 하지만 편법적인 해결책은 전혀 흥미롭지 않죠. 둘의 경계가 모호합니다. 답이 단일하다면 논문으로 쓸 수 없지 않겠습니까? 따라서 터무니없지 않아야 하고 되도록 흥미로운 답을 찾는 것이 중요하죠."

또한 그는 여러 가지 측면에서 추가적으로 보상을 얻는다고 말했다. "오리가미가 특별한 이유는 미학적인 만족감을 줄 뿐만 아니라 종이로 실물의 무언가를 만든다는 물리적인 만족감도 선사하기 때문이죠. 하나의 재료로 예술과 과학을 동시에 할 수 있다니 정말 멋지죠. 종이의 제약 역시 도움이 됩니다. 알다시피 종이는 잡아 늘릴 수가 없는데 그 점이 무척 중요합니다. 늘어난다면 근본적인 기하학이 파괴될 테니까요. 종이와 비슷한 역할을 할 수 있는 재료들도 있지만 종이와 동일한 접힘성을 갖추지는 못했죠. 비율과 구조 문제에 관해 금속과 플라스틱으로도 실험을 해서 어느 정도 성공을 거두었지만 접히기가 훨씬 힘듭니다."

디메인은 "훨씬 재미있기 때문에" 한 장의 종이로 구성하는 방식을 따른다고 말했다. 즐거움이야말로 그가 오리가미에 매력을 느끼는 이유임을 다시 한 번 드러낸 것이다. "저는 자르지 않고 접기만 해야 수학적으로 더 흥미롭습니다. 네모난 종이 하나로 시작하기 때문에 더욱 어려운 도전이 됩니다. 종이접기는 사각형을 어떤 모양으로든지 접을 수 있다는 전제에서 출발하는데, 저는 그런 제약이 마음에 듭니다. 그 점에 집착하는 것은 아니지만 수학적인 관점에서 가장 인상적인 부분이죠. 수학적으로 가능한 일에 대한 가장 단순한 진술을 찾으려고 하는 것인데, 종이 한 장만큼 단순한 게 어디 있겠습니까?"

제16장

한 땀 한 땀
손으로 만든 책

기계 시대가 내 눈앞에서 펼쳐졌다. 나에게는 전혀 매력적이지 않은 무미건조한 시대. 나는 오래전부터 수공예 옹호자였고 대량생산 방식에 대항해 싸웠지만 나의 노력은 화석림 化石林에 남은 외로운 흰개미 한 마리의 힘에 지나지 않을 뿐이었다. 석유의 발견으로 가솔린 엔진이 나오면서 전환점이 나타났다. 자동차가 등장하기 전에는—그리고 그 뒤로 자연스럽게 비행기와 탱크, 폭격기, 유도 미사일까지—세상은 더욱 편안해졌다. 기계와 과학, 기술에 이의를 달아봤자 아무런 소용이 없겠지만 계속되는 의문이 있다. 그것들이 과연 세상에 더 큰 평화와 만족을 가져다주었는가?[1]

—다드 헌터, 『종이와 함께한 나의 인생』, 1958년

제지 역사학자이자 순수예술 인쇄업자였던 윌리엄 조셉 '다드' 헌터의 자서전을 읽어보면 그가 20세기를 받아들이기 어려웠음을 단번

에 알 수 있다. 반세기 앞서 살았던 헨리 애덤스(미국의 역사가이자 문필가로 전통을 매우 중요시하여 새로운 20세기를 어쩔 수 없이 받아들인다는 말을 자주 하였음-옮긴이)보다 부드럽기는 했지만 헌터는 이전 시대를 선호한다는 사실을 거침없이 피력했다. 가능하다면 18세기 말에 태어나서 1830년 이전까지 살고 싶다고 말이다. 산업혁명이 가져온 혁신을 완전히 피할 수 있는 시간이었다.

헌터는 아쉬워하며 덧붙였다. "그 시간 동안 살아갈 장소도 선택할 수 있다면 내 조상들이 살았던 스코틀랜드 시골 지역을 선택할 것이다."[2] 하지만 호기심 많은 젊은 시절에 영감을 찾아 미국과 유럽을 떠돌던 그는 마침내 오하이오 주 칠리코시에 정착하여 젊은 시절의 대부분을 보냈다. 그곳을 본거지 삼아 아무리 낙관적인 사람이라도 비현실적이라고 할 만한 수많은 사업을 펼쳤다. 헌터는 도시 전경이 내려다보이는 언덕에 위치하며, 스스로 마운틴 하우스라고 부른 대저택에 작업장을 마련하고 1922년부터 1950년까지 제지법에 관한 여덟 권의 한정판 도서를 출판했다. 그에게 세계적인 제지 전문가라는 명성을 안겨준 그 책들은 오늘날 수집가들이 매우 탐내는 물품이다. 헌터의 노력은 미국에서 쓸모없는 시대착오적 유물이라고 버림받은 전통을 부활시켰으며 오늘날 북아트 운동이라고 알려진 움직임의 시초가 됐다.

헌터가 일생일대의 업으로 삼은 일을 시작할 당시에 미국에는 새로운 방식이 완전히 자리 잡은 상태였다. 기계화 덕분에 종이의 대량생산이 흔해진 데다 목재 펄프를 무한하게 사용할 수 있게 됨에 따라면 넝마에 대한 의존성이 거의 사라지게 됐다. 1900년대 들어 이러한 변화는 더욱 확고해져서 미국에서는 수제 종이를 만드는 제지소가 단한 곳도 남지 않았다. 이로 인해 종이가 풍부해지기는 했지만 일반적으로 질이 떨어진다는 단점이 있었다. 헌터는 책을 만들고 글을 쓰고 중요한 물품을 수집하는 것 이외에도 아들 다드 헌터 2세부터 시작하여 뜻을 같이하는 후세대들에게 특별한 영향을 끼쳤다. 그의 아들은 아버지의 유산을 널리 퍼뜨리는 데 평생을 바쳤고 그 밖에 많은 남녀가 헌터의 뜻을 이어받아 다양한 영역에서 생산적인 활동을 펼쳤다.

1883년 오하이오의 유명한 신문사 집안에서 태어난 헌터는 어린 시절 스튜벤빌에 있는 《가제트》 문선부에서 많은 시간을 보낸 덕분에 열 살 무렵에는 그의 표현대로 "식자 기술과 미스터리"에 익숙해졌다. 1900년대에 그의 가족은 그곳에서 274킬로미터 떨어진 칠리코시로 옮겨가 《뉴스 애드버타이저》를 인수했고 다드—어린 시절부터 붙은 애칭—는 아버지 밑에서 스태프 아티스트로 일했지만 오래가지 않아 방랑벽이 도져 형 필립과 함께 전국을 돌아다녔다. 필립은 '벅아이 위저드'라는 별명으로 유명한 전문 마술사였다(buckeye는 오하이오 토박이를 가리키는 말—옮긴이). 캘리포니아 주 리버사이드에서 공연을 하면서 글렌우드 호텔(지금의 미션 인Mission Inn)에서 묵는 동안 다드 헌터는 몇십 년 전에 영국에서 켈름스콧 출판사의 소유주 윌리엄 모리스William Morris를 중심으로 일어난 미술과 공예 운동에 대하여 알게 됐다. 헌터는 1904년 여름을 보낼 목적으로 미국 미술과 공예 운동의 선구자 엘버트 허버드Elbert Hubbard가 뉴욕 버팔로 외곽의 이스트 오로라에 설립한 예술가 공동체 로이크로프트 숍스를 찾았고 몇 년 동안 간헐적으로 그곳에서 일하기도 했다. 비엔나에서 석판인쇄와 책 장식, 문자 디자인을 공부한 후에는 런던에서 디자이너로 취직했는데 그곳 과학박물관을 찾은 후로 그의 인생이 완전히 바뀌었다. "수제 종이를 만드는 한 쌍의 몰드를 처음 보았고 또한 과거에 활자 주조에 사용된 천공기와 활자의 모형, 수동 몰드를 처음으로 살펴볼 수 있었다"[3]라고 헌터는 자서전에 적었다. "나는 출판사를 차리는 것이 꿈이었지만 활자 주조업자나 제지업자 등 외부에 의존하지 않고 개별적이고 개인적으로 일하고 싶었다. 나는 미국으로 돌아와 종이, 활자, 인쇄 등 모든 과정을 내 손으로 거쳐서 책을 만들기로 했다."

다드 헌터가 21세기 초반에 보여준 전통을 되살리고자 하는 노력 중에서 돋보이는 것은 대담하게도 전적으로 혼자 힘으로 책을 만들려고 한 일이었다. 지금으로부터 한 세기 전인 당시에 그 스스로도 별난 일이라고 여겼고 오늘날에도 마찬가지다. 그보다 앞서서 그런 일을 시도한 사람은 아무도 없었다. 또한 오늘날 출판 산업의 현실에서도 그런 일은 역시 불가능하다.

헌터는 1912년에 뉴욕에서 북쪽으로 약 97킬로미터 떨어진 말보로 마을에서 18세기에 지어진 건물을 구입했다.[4] 주스 크리크라는 작은 수로에 면한 낡은 방앗간을 전통적인 제지소로 바꾸고 영국에서 구입하여 동작 가능하도록 만든 구식 도구와 장비를 갖춰놓았다. 영국 데번셔 같은 느낌을 내기 위하여 직접 수확한 호밀 지푸라기로 엮은 지붕을 얹기까지 했다. '밀 하우스'라고 이름 붙인 그곳에서 헌터는 각종 워터마이를 실험하면서 제지법을 완전히 익혔고 자신만의 활자체를 만들었다.

1916년에 시카고 에칭 화가협회의 의뢰로 출판한 『인물 에칭The Etching of Figures』은 그가 직접 습득한 기술로 혼자 만든 것이다. 이는 전례 없는 일이었으며 그해 후반기에 완성한 비슷한 도서와 함께 출판 역사에서 독특한 지위를 차지한다. 그는 1921년에 동료에게 쓴 편지에서 "이 두 책은 인쇄 역사의 첫 두 세기에 사용되지 않았던 도구나 장비, 재료는 사용하지 않았다"[5]고 밝혔다. 1929년에 출판된 개인 출판 운동에 관한 서지학적 분석에서 그래픽 디자이너 윌 랜섬은 헌터의 업적이 "그가 오랫동안 가져온 이상, 즉 도움을 받지 않은 순수하고 개인적인 미술과 공예의 상징"[6]이라고 감탄했다.

헌터는 밀 하우스의 전통적인 물방아 사용을 고집했는데 겨울에는 수력이 부족했으므로 어쩔 수 없이 1919년에 그곳을 팔고 오하이오 칠리코시로 돌아가 마운틴 하우스 출판사를 설립했고 그곳이 평생 그의 작전기지가 됐다. 그 후 46년 동안 헌터는 끊임없이 세계의 고립된 지역을 찾아 여행하면서 그곳의 제지업자들을 만나고 각종 도구와 장비, 원료, 물품을 엄청나게 많이 수집했다.

1927년에 헌터는 상업용 종이 생산에 다시 한 번 도전해보기로 결심하고 코네티컷 주 올드 라임의 버려진 주철 공장에 제지소를 마련했다. 그리고 영국의 장인 가족을 설득해 그곳에 상주하며 운영하도록 했다. 그러나 1929년에 주식시장이 붕괴하고 대공황이 일어나는 등 시기가 좋지 않았다. 결국 1932년에 파산에 이르렀지만 매각 과정에서 구입해둔 수제 종이로 18년 후 『수제 종이 만들기Papermaking by Hand』 180부를 만들 때 사용했다.

그는 친구에게 보낸 편지에서 이렇게 털어놓았다. "다시는 하지 못할 것 같네. 미국에 수제 제지소가 사라지는 이유를 알 것 같네."[7]캐슬린 베이커가 쓴 다드 헌터 전기에 따르면 올드 라임의 제지소는 당시 미국에서 유일하게 사업체로 운영되는 수제 제지소였다.

좀 더 직접적으로는 헌터의 계속된 유산은 그가 남긴 책들에서 찾아볼 수 있다. 그의 책들은 여전히 제지 문헌의 고전으로 평가받고 있으며 그가 세계 여행을 통해 수집한 엄청난 제지 관련 도구들은 1938년부터 1954년까지 MIT에서 장기 대여했다. 그의 수집품들은 현재 조지아 공과대학교 내 학제 간 연구센터인 종이과학기술대학의 로버트 C. 윌리엄스 종이 박물관의 주요 소장품이다. 종이의 모든 준비 과정을 연구하는 이곳은 약 10만 점에 이르는 관련 물품을 소장하고 있는데 세계 최대 규모다. 그러나 이렇게 방대한 양의 물품을 수집한 것은 박물관을 만들겠다는 의도를 넘어섰다. 왜냐하면 전 세계의 몰드와 뜸틀, 원료통, 절구공이, 고해기, 댄디 롤dandy roll 등 온갖 도구를 소유하고 있었기에 그는 제지에 관하여 대단히 유용하고 해박한 책을 쓸 수 있었다.

오늘날 마운틴 하우스 출판사에서 만들어진 책들은 고서 시장에서 수천 달러에 거래되며 특별 소장품 도서관의 열람실에서만 많은 사람에게 공개되고 있다. 희귀하고 쉽게 접하기가 어렵다. 반면 헌터가 쓴 책들 중에서 아직까지 영향력이 지속되고 있는 책들은 그가 일반 판매를 위하여 쓴 책들이다. 대표적으로 『제지 : 고대 공예의 역사와 기술』은 1943년에 알프레드 A. 노프 출판사에서 처음 출판되었는데 그의 다양한 소장품의 사진들이 수록되어 있고 아직까지 판매되고 있다. 헌터는 말뿐만 아니라 행동으로 그와 비슷한 뜻을 가진 사람들에게 본보기를 보였다. 그가 순수예술 출판 인쇄업자로서 이룩한 업적 자체가 그것을 말해주지만, 그 책은 북아메리카의 제지 공예의 전통을 살리는 데 크게 이바지했다.

제지 공예의 전통을 살리려는 시도가 처음 이루어진 것은 제2차 세계대전이 끝나고 펜실베이니아에서 상업 인쇄업자가 취미 삼아 수제 넝마 종이를 만드는 일에 도전하면서부터였다. "매력을 느꼈기 때문에 배웠습니다." 필라델피아 북쪽으로 약 64킬로미터 떨어진 뉴타운의 자택에서 만난 헨리 모리스Henry Morris[8]가 말했다. 수제 종이를 직접 만드는 법을 알게 된 그는 실용적으로 활용할 방법이 필요하다는 생각에 1958년 세계적으로 유명한 버드 앤 불을 세웠다.

대공황기에 태어난 모리스는 필라델피아 인근 산업도시에서 홀어머니 밑에서 성장했고 일찍부터 안정적인 직업의 중요성을 깨달았다. 1939년 14세에 머렐 도빈스 직업기술학교에 입학하여 인쇄술을 배웠다. 인쇄술을 선택한 이유는 오직 염두에 두고 있던 배관 일보다는 '너절하지 않다'는 생각에서였다. 모리스는 기본적인 활자 조판술을 배운 후 10학년 때 학교를 그만두고 주급 18달러를 받고 봉투를 인쇄하는 일을 했다. 제2차 세계대전이 터지고 얼마 후에는 조선 전문 업체 윌리엄 크램프 앤 선스 컴퍼니에서 잠수함과 외항선에 관련된 일을 했다. "시간이 지나면서 주급이 50달러로 올랐고 여전히 어머니와 살고 있었습니다. 그리고 형 랠프를 따라서 해군에 입대하기로 했습니다. 출생증명서를 발급 받아 조작해서 입대했죠."

다시 민간인의 생활로 돌아온 지 얼마 되지 않은 1946년에 모리스는 어린 시절 친구와 동업으로 인쇄업을 시작했다. "어머니가 필라델피아에서 작은 코르셋 상점을 했어요. 친구하고 조그만 챈들러 앤 프라이스 인쇄기를 150달러에 구입해서 어머니의 상점 지하에서 시작했지요." 그들은 서식지, 명함, 문구, 광고 전단지 등을 인쇄했는데 얼마 지나지 않아 경쟁업체인 시티 와이드 프레스를 인수할 수 있었다. "아내 펄과는 1949년에 결혼했어요. 인쇄 사업은 겨우겨우 연명되는 수준이었습니다. 아내가 양조장에서 경리로 일한 덕분에 길가에 있는 집을 구입했고 거기서 30년을 살았어요."

모리스는 1956년 골동품상으로부터 고가구를 구입했는데 1491년에 니콜라스 젠슨의 손자가 인쇄한 법률서의 한 페이지를 함께 받았다. "유연성이 있고 질감이 뛰어났습니다. 너무도 훌륭한 상태의 종이에 완벽하게 인쇄되어 있었죠. 그렇게 오래된 종이가 그렇게 아름다울 수 없다고 생각했어요. 그래서 필라델피아 공립 도서관에 가져가서 엘렌 쉐퍼라는 여성 희귀도서 큐레이터에게 물어봤어요. 가짜인 것 같다고요. 그랬더니 가짜가 아니라면서 몇 가지 더 보여주겠다고 하더군요."

1501년 이전 초기 활판인쇄술 시기에 인쇄된 서적을 가리키는 인큐내뷸라incunabula의 권위자 엘렌 쉐퍼Ellen Shaffer는 1930년대에 LA의 도슨스 북 숍에서 처음 경력을 쌓기 시작했으며 골동품 수집가들 사이에서 유명한 인물이었다.[9] 1970년에 필라델피아에서 캘리포니아 세인트헬레나로 옮겨간 그녀는 세상을 떠나기까지 20년 동안 실버라도 박물관의 큐레이터와 사서로 일했다. "저는 그녀가 보여준 고서들을 보는 순간 매료됐습니다. 그래서 그녀에게 나는 인쇄업자인데 취미가 필요하다고, 이렇게 생긴 종이를 만들고 싶다고 했어요. 그랬더니 '다드 헌터'라는 사람의 책을 읽어보라고 하더군요. 그게 시작이었습니다."

모리스가 처음 만든 펄프 반죽은 종이 판매업자에게 대량으로 구입한 아마로 된 반성지료를 망치와 모루로 두들겨서 만든 기본적인 것이었다. 생각보다 고된 육체노동이었기에 주방용 믹서기를 사용해보았지만 실패했고 전기 믹서와 음식 분쇄기로도 성공하지 못했다. "어떻게 하면 좋을지 여러모로 추측해보았지만 초기의 시도들은 끔찍한 실패였습니다." 그래서 그는 헌터의 책에 더욱 몰두하게 됐다. "해군에서 설비 담당을 했기 때문에 가능한 일이었죠." 그는 헌터의 『제지 : 고대 공예의 역사와 기술』에 수록된 사진을 연구하면서 1957년부터 직접 홀랜더 고해기를 만들기 시작했다. "수집해온 앤틱 총기류를 팔았어요. 마음은 아팠지만 나만의 종이를 만들겠다는 의지가 강했습니다. 고해기에 필요한 전기 모터만 해도 35달러였어요." 그는 얇은 동판과 산업용 강철봉을 구입하여 지하실에서 금속 날을 만들기 시작했다. 한번은 그가 임시방편으로 만든 배기장치에서 불꽃이 튀어나오는 것을 보고 놀란 이웃이 소방서에 신고하기도 했다.

나중에는 아연 도금된 147리터 용량의 욕조를 변형하여 원료통을 만들었다. 초지를 옮기고 물을 빼내기 위해서는 제본기술자에게 구입한 중고 압착기를 변형했다. 몇 번의 시도 끝에 지속적으로 물에 잠겨도 견딜 수 있을 만한 목재 몰드가 만들어졌다. "코끼리도 받칠 수 있을 만큼 튼튼했습니다. 다드 헌터의 책을 참고하면서 저 혼자 추측만으로 해나갔죠. 어느 시점에서는 다드 헌터에게 편지를 보내 질문을 했습니다. 그는 답장을 해주었고 우리는 몇 차례 기분 좋은 편지를 주고받았어요. 하지만 그것은 기본적으로 전부 시행착오로 이루어진 작업이었습니다."

모리스는 인쇄기술자로 일하면서 저녁마다 종이 만들기에 몰두했다. "주말마다 모든 준비 작업을 했습니다. 제가 만든 작은 고해기로 한 번에 1킬로그램의 펄프를 만들 수 있었습니다. 스톱워치가 있었는데, 정확히 아침 일곱 시에 지하실로 내려가면 한 번 펄프를 만드는 데 두 시간 반이 걸렸죠. 평일 저녁에 사용할 4킬로그램의 펄프를 만드는 것이 목표였습니다. 그 작업이 끝나면 밖으로 나가서 넝마를 잘랐죠. 그때 제 나이가 서른여덟, 서른아홉쯤이었는데 종이 만드는 일에 흥미를 느껴서 그렇게 매달렸죠. 가로 28센티미터, 세로 43센티미터 규격의 종이를 잔뜩 만들었는데 누군가 그 많은 종이로 뭘 할 건지 묻더군요. 그래서 나는 인쇄공이니 인쇄에 쓸 거라고 했죠."

모리스가 자신의 인쇄업체인 시티 와이드 프레스의 이름으로 처음 인쇄한 것은 공립도서관에서 발견한 18세기 요리책 『리시트 인 쿠커리Receipts in Cookery』 재판이었다. 조판 작업도 직접 했다. "종이 빼고는 내세울 게 없는 책이었어요. 시내에서는 전혀 팔리지 않을 터였죠. 그래서 요리책 판매상의 목록을 모아 제가 직접 만든 종이에다 편지를 써서 보냈습니다. 사람들이 멋진 종이에 대해 물어보기 시작하더군요. 어디서 구했냐고. 지하실에서 직접 만든 종이 덕분에 제가 순수

인쇄로 후진하게 됐다는 표현이 맞을 겁니다. 버드 앤 불 프레스도 그렇게 시작되었습니다."

1980년에 모리스와 그의 아내는 뉴타운으로 이사했고 버드 앤 불도 함께 이전했다. 버드 앤 불 프레스는 영국의 초기 제지업자들이 다양한 동물을 워터마크로 이용했다는 사실에 흥미를 느껴서 지은 이름이었다. 그가 수년간 인쇄해온 브로드사이드와 책, 기타 인쇄물은 현대 미국의 개인 인쇄 부문에서 중요한 부분으로 인정받고 있다. 2011년까지 버드 앤 불에서는 78종의 도서가 인쇄되었는데 대부분 종이와 제지, 도서 제작의 여러 측면을 다룬 것들이다.

그가 만든 종이는 매우 훌륭했지만 남이 아니라 자신을 위해서 만든 것이었다. 그가 인쇄한 도서 중 11종에만 그의 종이가 사용됐다. 그 외에는 그가 '몰드메이드 종이moldmade paper'라고 부르는 영국 수입 종이를 사용했다. 이는 실린더로 펄프를 회전하여 수제 공정을 모방하는 기계 생산 종이였다. 결과적으로 더욱 임의적으로 뒤얽히는 섬유 결합이 만들어진 것이다(푸어드리니어 제지기로 만들어지는 종이는 오직 북-남 단위로만 정렬한다). 그는 프랑스의 아르쉬Arches, 독일의 제르칼Zerkall, 영국의 위긴스Wiggins를 가장 선호하는 종이로 꼽았다.

모리스는 자신이 만든 책이 전국의 특수 소장품 도서관에 진열되어 있고 수집가들에게 인기가 높다는 사실을 너무도 잘 알고 있었다. 그의 자료는 델라웨어 대학교에 보관되어 있는데 타자본 원고, 원문 견본, 금속 조각, 목판, 티어 시트(인쇄업체가 광고 게재를 증명하고자 찢어내어 광고주에게 보내는 페이지-옮긴이)와 다양한 종이 견본이 포함된다. "자만은 아니지만 제가 무언가를 시작했다고 생각합니다." 북아트 운동에서 어떤 역할을 했다고 생각하는지 묻자 그가 대답했다. "내가 시작할 때만 해도 순수 인쇄가 많이 이루어지고 있지 않았어요. 미국에서 종이를 직접 만드는 사람은 나밖에 없었죠." 모리스는 버드 앤 불의 출판물이라면 몰라도 자신이 만든 종이가 "사람들의 관심을 끌었다"고 착각하지 않는다고 했다. "그 점에 대해서는 한 치의 의심도 없습니다."

캐슬린가 히워드 글라크가 예술과 순수 인쇄용 종이를 만드는 일을 시작한 지 12년 후, 그들이 이루어낸 업적을 기념하는 작은 전시회가 인디애나 주 브룩스턴에 있는 그들의 자택과 작업장 근처에서 열렸다. 1983년에 열린 '종이로 이루어내며' 전시회는 석판인쇄, 판화, 수쇄手刷, 활판인쇄 도서, 브로드사이드, 그리고 펄프 아트와 사진, 카본 프린트, 서체 작품 등 36점이 전시됐다. 그중 다수가 클라크 부부가 1971년에 설립한 수제 종이 제조업체 트윈로커 핸드메이드 페이퍼와 협력하여 일하는 객원 예술가들의 작품이었다.

큐레이터 존 P. 베글리John P. Begley가 밝힌 전시회의 핵심 주제는 이러했다. 그는 전시회 카탈로그의 서문에서 "예술가들은 더 이상 종이를 통제 불가능하고 최소의 또는 중립적인 요소로 생각하지 않는다"고 했다. "과거에는 단조로운 필요악으로 여겨지던 것이 이제는 별도의 장식 없이도 예술가의 뜻을 온전히 표현해줄 수 있는 독립적이고 세련된 매체로 여기게 됐다." 그는 이어서 트윈로커가 "종이에 대한 새로운 합의점을 이끌어낸 예술가들의 대화에 선구적인 역할을 했다"고 설명했다. 트윈로커는 2011년에 창립 40주년을 맞아 애틀랜타의 로버트 C. 윌리엄스 종이 박물관에서 종이의 창조적 기능에 대한 생각의 변화를 다룬 전시회를 또 열었다.

트윈로커가 설립되기 이전에 북아메리카에서 수제 종이를 상업적으로 생산하는 마지막 제지소는 1929년에 문을 닫은 상태였다. 따라서 42년 후 클라크 부부는 무에서 시작한 것과 다름없었다. 조언을 구할 전임자도 없었고 상업용 장비를 구입할 곳도 없었으며 참고할 만한 설명서 역시 없었다. 다드 헌터도 1966년에 세상을 떠났으므로 그들을 이끌어줄 만한 21세기 르네상스의 정신 역시 찾아볼 수 없었다. 헨리 모리스는 1958년부터 펜실베이니아에서 버드 앤 불 프레스를 운영했고 직접 설계한 장치로 종이를 만들었지만 그가 사용할 만큼의 소규모 생산이었다. 그러나 모리스는 본보기를 제시했고 이는 이제 막 출발선상에 선 젊은 부부에게 커다란 격려가 됐다.

"헨리는 정말로 위대해 보였어요. 할 수 있다는 사실을 증명해주었으니까요." 내가 현대 미술과 공예 운동의 '어머니와 아버지'를 만나러 브룩스턴을 찾았을 때 캐슬린 휴 클라크가 말했다. "그가 만든 종이는 정말로 아름다웠고 우리는 그를 무한히 우러러보았죠. 그가 지하실에서 그렇게 고품질의 종이를 만들 수 있다면 우리에게도 희망이 있다는 생각이 들었어요. 하지만 헨리가 만드는 종이는 서적용 종이 딱 한 종류고 규격도 한 가지였죠. 이 일을 시작할 때 우리의 목표는 다른 사람들이 사용할 수 있도록 상업적인 종이를 만드는 것이었어요. 그리고 제가 예술과 인쇄 분야의 교육을 전문적으로 받았고 또 그 일을 직접 하고 있기 때문에 그 분야에 집중하기로 했죠."

클라크 부부는 1960년대에 디트로이트의 웨인 주립대학교 대학원 시절에 만났다. 캐슬린은 순수미술로, 남편 하워드는 산업디자인으로 석사 학위를 밟는 중이었다. 하워드가 퍼듀 대학교에서 기계 엔지니어링으로 학사 학위를 받은 사실은 제지기계를 만드는 데 유용했다. "저는 아티스트가 될 생각이었고 제 작품을 직접 인쇄할 계획이었어요." 캐슬린이 말했다. 그녀가 세워둔 진로는 제지업과는 전혀 관계가 없지만 웨인 대학원에서 LA의 타마린드 리소그래퍼 워크숍에서 공부했고 뛰어난 인쇄술을 갖춘 애리스 코트롤리스의 수업을 통해 제지법을 처음 접하게 됐다. "그는 강의의 일환으로 우리에게 낡은 넝마를 모아서 작은 조각으로 잘라 펄프를 만들게 했어요. 색깔은 상관없었고 종이를 만들어 거기에 뭔가를 찍어내는 거였어요." 그녀를 비롯한 학생들이 만든 종이는 일종의 '발견된 오브제found object'가 됐다. "석판화의 개념에서 완전히 뒤로 향하는 것이었지만 우리는 그렇게 했어요. 누구도 우리에게 종이를 만드는 방법을 체계적으로 알려주지 않았어요. 아무도 배운 적이 없었으니까요. 하지만 저는 그렇게 처음 제지법을 접하게 되었죠. 하워드도 마찬가지였고요. 제지에 관련된 장비를 처음 보게 되었으니까요."

캐슬린이 인쇄 기술을 전문적으로 연습해볼 기회가 1969년에 찾아왔다. 하워드가 서부의 컴퓨터 프로그램 개발 창업 기업에 입사하게 되면서였다. 캐슬린은 샌프란시스코에 있는 컬렉터스 프레스의 석판인쇄 워크숍에 취직했다. 거기서 타마린드 출신의 어니스트 F. 데 소토의 지도를 받게 됐다. 캐슬린과 하워드가 샌프란시스코로 건너간 당시는 베이 에리어가 시, 리브로 다티스트livre d'artiste(예술가의 책이라는 뜻-옮긴이), 예술 공방 인쇄, 음악 등 활기찬 문화의 중심지로 떠오르고 있었다. 또한 서부와 동부에 시각예술 분야의 다양한 움직임 또한 활기를 띠고 있었다. 모두 고품질 종이의 수요가 창출되는 상황이었다.

그중에서 첫 번째 시도는 뉴욕 롱아일랜드의 타티아나 그로스먼Tatyana Grosman[10]에 의해 이루어졌다. 러시아 이민자 출신인 그녀의 집안은 러시아에서 명망 높은 출판업자였다. 1957년 그녀는 남편과 함께 유럽식의 인쇄 전통을 미국에 소개하려는 목표로 유니버설 리미티드 아트 에디션스를 설립했다. 그녀는 래리 리버스, 그레이스 하티간, 재스퍼 존스, 로버트 로션버그, 짐 다인, 샘 프랜시스, 사이 톰블리, 제임스 로젠퀴스트, 에드윈 슐로스베르크, 헬렌 프랑켄탈러, 바넷 뉴면 같은 예술가들과 협력하며 오로지 석판인쇄를 위한 오리지널 작품을 인쇄했다. 또한 그로스먼은 목판에 오목 인쇄 공정과 예술가들의 책 볼록판 인쇄를 이용하여 예술가들의 책을 한정판으로 만들었다. 이는 모두 넝마로 만든 예술가용 종이가 필요한 작업이었는데 당시에는 유럽에서만 제한적인 규격으로 구할 수 있었다.

그로스먼이 뉴욕에서 명성을 쌓아가는 동안, 준 웨인June Wayne[11]은 포드 재단이 자본금을 전부 지원하여 1960년에 설립한 LA의 타마린드 리소그래피 워크숍을 발전시켜 나갔다. '죽어가는 예술'인 석판인쇄를 '구하는 것'이 그녀의 목표였다. 파리에서 인쇄의 대가 마르셀 두라시에와 함께 일한 비주얼 아티스트인 웨인은 미국에서 석판인쇄의 르네상스를 일으키고 지속하는 방법은 오직 견습생 제도와 통합된 실질적인 교육 프로그램으로 인쇄 장인을 양성하는 것뿐이라고 생각했다. 이는 훗날 클라크 부부가 인디애나에서 도입한 전략이기도 했다. 웨인은 LA에서 10년 동안 타마린드를—그곳이 위치한 타마린드 애비뉴를 본뜬 이름이었다—운영했고 1970년 뉴멕시코 대학교의 초청으로 앨버커키로 작업실을 옮겨 그곳에 타마린드 연구소를 설립했다. 이곳은 아직까지 활발하게 운영되고 있다.

"한정판 인쇄는 프랑스에서 나온 개념인데 기본적으로 인쇄를 위해 만들어진 작품입니다." 캐슬린이 설명했다. "그림의 복제가 아니에요. 애초에 그림이 아니거든요. 에칭이나 목판화, 석판화일 수도 있죠. 아마도 석판화가 가장 순수한 형태일 거예요. 매우 회화적인 데다 층마다 다른 색깔 또는 판석으로 되어 있기 때문이죠. 판화는 예술가와의 직접적인 협동을 통해 진정한 예술작품이 됩니다. 티타아나 그로스먼과 준 웨인은 판화가 수집 대상이 되려면 벽에 걸 수 있어야 하고 색깔이 바라지 않아야 한다는 사실을 알았습니다. 미국의 수제 종이의 현대 역사는 그것과 한데 얽혀 있습니다."

타티아나 그로스먼과 준 웨인이 "원본 판화의 거대 시장"을 창출한 것은 캐슬린에게도 직접적인 영향을 끼쳐 사업이 번창했다. "제가 일을 잘할 것이라고 생각한 어니스트 데 소토가 저를 채용했어요. 참고로 석판인쇄는 무거운 것을 들어야 하는 일이 많아요." 그녀는 곧바로 웨인 대학교에서 만든 종이로 석판화를 찍어냈다. "그때 만들었던 가장 큰 종이를 샌프란시스코로 가져갔었거든요. 61센티미터 정사각형 종이에 커다란 판화를 찍어냈죠. 염색 넝마로 만든 종이이기 때문에 실처럼 가느다란 무늬가 이미 종이에 있었어요. 어니스트가 보더니 '이런 종이를 만든다면 내가 첫 번째 고객이 되겠어'라고 하더군요."

샌프란시스코의 여러 예술 축제에 캐슬린의 판화가 전시됐다. "다들 판화도 멋지지만 종이를 어디서 구했냐고 하더군요." 그리고 갑작스레 하워드가 합류한 것도 제지 사업을 시작하게 된 계기로 작용했다. "항공우주산업의 침체로 제가 몸담았던 친구의 사업체가 무너졌어요. 일자리를 잃은 엔지니어들이 가득했습니다." 하워드가 말했다. "저도 실업자가 되었고요. 캐슬린은 석판인쇄를 하고 있었거든요. 그래서 저도 종이 산업에 뛰어들자는 데 대찬성이었죠."

우선 하워드는 샌프란시스코 공립 도서관에서 제지 산업에 관한 자료를 전부 찾아보았다. 하지만 결국 가장 중요한 참고서는 다드 헌터의 『제지 : 고대 공예의 역사와 기술』이었다. 거기에는 전문적인 설명과 함께 다수의 사진이 실려 있었다. 하워드는 다른 제지업자들을 위하여 약 40대의 홀랜더 고해기와 약 60대의 유압 프레스를 만들었다. 처음에 미지의 영역을 개척해야 하는 그 일이 얼마나 힘들었는지 묻자 하워드는 "한 대도 빠짐없이 만들 때마다 피를 흘렸습니다"라고 말했다.

클라크 부부가 정식으로 트윈로커의 영업을 시작한 것은 샌프란시스코 시로부터 터크 스트리트 3156번지에 정식으로 영업 허가를 받은 1971년 4월 1일이었다. "사실 무모한 시도였지만 우리는 젊었고 예술의 도시 샌프란시스코에 살고 있었고 우리가 존경하는 사람들이 모두 해보라고 용기를 줬어요." 캐슬린이 말했다. "판화뿐만 아니라 책을 위한 고품질 종이를 만드는 것이 우리의 목표였어요. 미학적으로 밀어붙이는 요소들이 많았거든요. 실제로 우리가 종이 만드는 일을 시작하게 된 데는 샌프란시스코의 예술 공방 도서 인쇄업자들의 격려가 컸습니다."

또한 예술계의 긴급한 수요를 충족시킬 수 있다는 점도 추가적인 동기를 부여했다. "수제 종이는 전부 유럽에서 수입되었고 색깔은 백색과 미색 두 가지, 규격은 가로 56센티미터, 세로 76센티미터 딱 하나였습니다. 우리는 대형 제지공장에서 할 수 없는, 작은 공방에서 할 수 있는 일을 하겠다는 목표로 트윈로커를 시작했습니다. 말하자면 소형 양조장처럼 흥미로운 색깔과 다양성을 지닌 고품질 종이를 소량씩 생산하자고 말이죠. 사람들이 즐기고 가치를 인정해주는 자연스러운 데클 에지deckle ʹedge(종이를 원하는 규격으로 자르는 것이 아니라 처음부터 원하는 크기로 만들어 판형에서 떼어낸 모습 그대로이므로 가장자리가 자연스러운 느낌을 주는 종이–옮긴이)가 있는 종이를 만들고 싶었습니다. 수제 종이는 기계로 만든 종이보다 살아 있는 느낌이 있죠."

한편 하워드는 제지기를 만드는 임무에 돌입했다. 임대 아파트 지하실에서 "순전히 감에 의존"했다. "작업대는 있었고 싸구려 톱을 샀어요. 그리고 드릴을 고정시키는 압착기가 있었고요. 그래서 고물상에서 금속 조각을 구해서 고해기를 만들었습니다." 그해 9월 제25회 샌프란시스코 국제 예술 축제에 참여하여 1등상을 받고 인근의 월넛 크리크에서 열린 또 다른 축제에서도 판화 제작자들과 예술 공방 출판업자들에게 열광적인 반응을 받음으로써 미래가 희망적이었다. 그들은 머지않아 인디애나의 8만 제곱미터가 넘는 옥수수 농장으로 옮겨가기로 결정했다. 그곳이라면 기본적인 생계를 유지하는 동시에 예술가들의 꿈을 키워주는 일도 가능했다. "모든 조건이 맞아떨어지기도 했지만, 우리가 여기로 이사 온 이유는 남편의 아버지가 돌아가셔서 5대에 걸쳐 내려오는 이 가족 농장이 비게 되었기 때문이었어요. 게다가 당시 우리는 샌프란시스코에서 경제적으로 한계에 이르렀기도 했고요. 그래서 이곳으로 이사 오는 것이 적절한 선택이었죠." 캐슬린이 설명했다.

1972년 그들은 다시 트윈로커의 영업을 시작했다. 그들의 미래는 극적인 대조를 이루지만 그들이 하려는 일은 반드시 필요하고도 적절한 두 가지 기술에 달려 있었다. "나는 제지업자고 하워드는 엔지니어예요." 캐슬린은 두 사람이 트윈로커에서 맡은 역할을 다시 한 번 강조했다. 그녀는 한 번에 한 장씩 종이를 뜨고 남편은 한 번에 부품 하나씩 제지기를 만들었다. 캐슬린은 "우리가 트윈로커를 시작할 때 우리는 일을 제대로 하고 있지 않았어요. 종이 한 장 한 장이 우리의 스승이 되어주었죠"라고 말했다.

조금씩 능숙해지면서 하워드는 특별한 종이 프로젝트를 위한 기술 전략을 고안했다. 클레어 반 블리엣의 야누스 출판사가 생산하는 원판 작품을 위하여 염색 펄프의 사용법을 완성하는 작업이 가장 좋은 예다. 서로 등을 맞댄 흔들의자의 의미를 갖고 있는 트윈로커의 워터마크는 종이 양면에서 정확하게 대칭을 이루는 디자인을 만들어내는 것이다. 트윈로커의 '트윈' 이름을 사용한 것은 잠깐 동안 사업에 관여했던 그녀의 일란성 쌍둥이 자매 마거릿 프렌티스와 동생 남편인 키트 쿠에늘레에 대한 감사의 뜻을 나타내기 위함이다. "남편과 저는 사업에 밝지 못했지만 미국의 수공예 제지를 부활시키는 데 헌신적이었어요." 그러한 헌신 중에는 견습생들을 채용하여 수공예 제지의 장기

인디애나 브룩스턴의 트윈로커 핸드메이드 페이퍼에서, 제지기술자 트래비스 베커.

적 전망에 헌신하게 만드는 것도 포함됐다.

1980년대에 시카고의 영화제작자 데이비드 맥거완David McGowan은 트윈로커에 대한 단편 다큐멘터리 〈마크 오브 더 메이커〉를 만들어 1991년 아카데미상 후보에 올랐다. 클라크 부부와 서예가 재닛 로렌스, 수채화가 짐 캔트렐, 학자 겸 판화가 마이클 걸릭과의 현장 작업을 중심으로 하는 내용이었다. 모두 종이의 품질과 질감이 대단히 중요한 작업이었다. 그 무렵 트윈로커는 인터내셔널 하베스터의 트랙터 전시장이었던 곳으로 자리를 옮긴 터라 공간이 더 넓어졌다. 2005년에는 브룩스턴 토박이이자 캐슬린에게 사사받은 제지업자 트래비스 베커가 트윈로커를 인수했고 21세기까지 여전히 잘 운영하고 있다.

"수제 종이는 진정한 순수 공예입니다." 캐슬린은 앞으로도 계속 수공예 제지를 지켜보겠다는 뜻을 드러냈다. "다른 공예는 디자인 요소가 더 큽니다. 종이에도 디자인이 있지만 표면의 이미지를 강화해주는 역할이기 때문에 미묘하고 최소한이라고 할 수 있어요. 오케스트라의 악기와 같아요. 음악에서 바이올린이 보이지 않지만 분명히 소리를 만들어내고 있죠. 제지는 시각적일 뿐 악기와 마찬가지입니다."

시대의 변화와
종이의 변신

●

종이 없는 사회는 화장지 없는 화장실만큼 불가능하다.

─ 제시 셰라, 《라이브러리 저널》, 1982년

종이는 여전히 최고의 보존 수단이고 도서관들은 종이에 인쇄된 말들로 선반을 채워야만
한다.

─ 로버트 단턴, 『책의 미래』, 2009년

●

　21세기가 바쁘게 흘러가면서 종이를 만드는 사람들은 열린 마음으
로 시장을 바라보고 접근해야 한다는 사실을 깨닫기 시작했다. 종이
산업 역시 바뀐 시대에 맞출 수밖에 없었다. 전자책의 인기, 뉴스 판
매 부수 감소, 치솟는 에너지 비용, 섬유 재생 증가, 노화된 장비, 외

국 경쟁, 불확실한 세계시장, 환경에 대한 관심 고조, 전자 기록 보관으로의 변화 등은 종이 수요가 꾸준히 줄어들고 있는 수많은 이유 중 일부일 뿐이다. 현대에는 기회를 제때 포착하는 것이 성공 비결이고 구식 모델에 전적으로 의존하는 것은 실패의 지름길이라는 사실이 분명해졌다.

이것은 1998년 P. H. 글랫펠터 CEO 및 회장직에 오른 조지 H. 글랫펠터 2세가 직면한 문제이기도 하다. P. H. 글랫펠터는 그의 고조부가 펜실베이니아 요크에서 남서쪽으로 16킬로미터, 게티즈버그 동쪽에서 39킬로미터 떨어진 인구 2,000명의 자치지구 스프링 그로브에 설립한 기업이다. 그 후 10여 년 동안 북아메리카에서 120여 개의 제지공장이 문을 닫았고 미국과 캐나다에서만 제지공장 인력 3분의 1에 이르는 24만 명이 일자리를 잃었다.[1] "정말로 충격적인 현실이었습니다." 글랫펠터가 펄프와 제지 산업에 몸담아온 파란만장한 삶에 대해 이야기했다. 하지만 그의 통찰력은 몇몇 외부 관계자들이 '선지적'이라고 평가할 정도로 뛰어났다.

조지 글랫펠터가 관리, 아니 '감시'를 맡은 동안 P. H. 글랫펠터는 매출액이 세 배 증가했고 그가 새롭게 추구하는 방향에 보탬이 될 만한 7개국의 작은 업체 몇 군데를 인수했다. P. H. 글랫펠터는 짧은 시간 내에 다양한 '틈새' 시장에 1,000종 이상의 특수 종이를 공급하는 선도적인 생산업체로 우뚝 섰다. 현재 글랫펠터 종이로 만들어지는 제품에는 우표, 미국 우체국의 특급 우편 봉투, 홀마크의 카드, 사라다Salada와 테틀리Tetley, 트와이닝스Twinings 티백, 크래욜라 크레파스 포장지, 밴드에이드 1회용 밴드, 리즈 피넛 버터 컵스 포장지, 하이네켄과 칼스버그 맥주 상표, 포스트잇 메모지, 코텍스 이형지(점착면을 보호하기 위하여 붙이는 종이-옮긴이) 등 수없이 많다. P. H. 글랫펠터는 사업의 재구상이 이루어지는 동안 주요 사업—출판용 종이 생산—은 여전히 주요 생산 목록에 자리했으며 해당 업계에서 안정적인 위치를 차지했다. 뉴욕 증권거래소에서 GLT로 상장된 이 기업은 2011년에 16억 달러의 수익을 올렸다. 11년 전에는 5억 7,900만 달러였다. 2008년에서 2009년에 걸친 금융위기에도 꾸준한 성장을 계속하고 있다.

나는 2010년 58세의 나이로 은퇴를 석 달 앞둔 조지 글랫펠터를 뉴욕 본사에서 만났다. 아직 젊은 나이였지만 그는 기업의 상태에 만족하고 뒤로 물러나기로 한 것이었다. 그때가 후임자 단테 C. 파리니에게 물려줄 최적의 시기라고 생각했다. '종이를 넘어서는' 여정에 대해 들려달라는 말에 "파란만장한 시간들이었죠"라고 글랫펠터는 입을 뗐다. CEO가 된 그는 종이를 넘어선다는 기업의 새로운 신조에 따라 역사적으로 안정성이 입증된 안전지대를 벗어나 대담한 모험을 펼쳤다.

"1990년대 미국 시장에는 순수한 종이 상품을 생산하는 업체들이 다수 있었습니다. 우리 회사가 만드는 용지인 코팅되지 않은 인쇄용지의 85퍼센트가 15개의 대기업에서 제조되는 상태였습니다. 앞으로는 상품에 따라 통합이 이루어질 것이 뻔했습니다. 실제로 5개 업체로 줄어들었고요. 결과적으로 인터내셔널 페이퍼나 돔타르, 보이시 캐스케이드, 조지아 퍼시픽 같은 기업은 규모가 더 커졌지만 그들의 주력 분야는 여전히 상품commodities이었습니다. 좀 더 규모가 작은 '틈새'시장을 상대할 수 있는 능력은 떨어졌죠. 그래서 우리는 그런 부분을 공략했어요."

업계에서 말하는 '종이 상품commodity paper'은 등급에 상관없이 최소한의 기술 규격을 갖춘 종이를 말하는데 특히 기계로 대량생산되어 거대한 롤이나 대용량으로 팔린다. 최종 사용자는 그것을 재료 삼아 무수하게 많은 소비자 제품을 만드는데 복사기나 프린터, 상업용 오프셋 인쇄용 종이, 필기 용지, 그리고 오늘날 '스팸 메일'이라고 알려진 원하지 않는 문구류 등이 대표적이다.

조지 글랫펠터가 정확하게 예상한 대로 제지 산업계에서 정신없는 합병이 이루어졌다. 최대 규모의 상품 생산업체 인터내셔널 페이퍼 컴퍼니는 챔피언, 페더럴, 유니온 캠프 세 곳을 인수했고 잡지와 고급 카탈로그, 식품 포장지용 광택 지료를 생산하던 메인과 미시건, 미네소타의 노후된 공장 네 곳을 2006년에 자사의 코팅 용지 부서에서 파생되어 나온 스핀오프 기업인 버소 페이퍼²에 매각했다. 이 모든 과정에서 인터내셔널 페이퍼의 2011년 매출은 262억 달러로 2년 전에 비해 20억 달러가 증가했다.

1990년대 중반에 이르러 P. H. 글랫펠터는 소수의 표적 시장에 고품질 종이를 생산하고 있었다. 양장본과 전문 학술도서에 쓰이는 인쇄용지가 가장 성공적이었다. 글랫펠터는 1970년대에 중성의 알칼리 크라프트 공정으로 전향한 최초의 대규모 업체로서 미국 출판업계에 기록 보관용 종이를 공급하는 주요 업체가 됐다. 오늘날 이 책의 인쇄소를 비롯하여 미국의 대다수 인쇄소들은 글랫펠터의 종이를 사용한다. 그중 다수는 전적으로, 아마도 면지에는 전부 글랫펠터의 좀 더 두꺼운 종이를 쓴다.

조지 글랫펠터는 CEO와 회장으로 임명되었을 때 이미 22년 동안 스프링 그로브의 본사 공장에서 일하며 업계의 동향에 주목하고 있었다. "제가 5대 대표가 될 예정이었는데, 솔직히 업계의 동향이나 우리 회사의 위치가 편하지 않았습니다. 역사적으로 미국의 종이 산업은 수요가 증가하고 공급 능력이 향상되면 다음 주기까지 수요가 잠잠해지는 시기로 접어드는 특징이 있지요. 수요가 증가하고 공급 능력이 늘어나면 수요가 다시 줄어들어 주기가 바뀌었습니다. 1970년대와

1980년대를 거쳐 자로 잰 것처럼 정확히 그런 주기가 계속되었죠."

따라서 제지업체들은 언제 들어가고 언제 물러나야 하는지 알기가 힘들었다. "자신에 대한 확고한 시장 지위를 정의하고 주기를 타고 그 것들을 이해하면 잘 해나갈 수 있습니다. 그 주기를 움직이는 것은 종 이 소비가 지속적으로 개선되고 있기 때문이죠. 거기에 내기를 걸었으 니까요. 소비 변곡점이 오를 때를 대비하려고 기계에 수억 달러를 투 자하겠죠. 하지만 제가 운영에 더 깊이 관여하게 된 1990년대에는 업 계에 엄청난 변화가 일어났고 그 주기가 깨졌습니다. 우리는 1990년대 내내 다음 주기가 곧 나타날 것이라는 믿음에 자본을 투자했죠. 다른 기업들과 마찬가지로 우리는 수요 증가를 대비하기 위해 지나친 투자 를 했습니다. 하지만 결코 수요 증가는 일어나지 않았죠."

글랫펠터는 CEO로 임명되기 전 인터뷰에서 이사회에 "기존 시장에 만 집중하고 지금까지 해온 대로 운영하면 실패할 것"이라고 말했다. 그리고 글로벌 기업으로 확장하여 틈새시장을 '장악'할 것을 제안했 다. 종이 상품 시장을 포기하지는 않되, 주문 제품을 소량 생산하는 좀 더 정교한 엔지니어링을 강조한 것이었다. "특수한 틈새시장을 깊 이 파고드는 기업의 리포지셔닝이 필요하다고 생각했습니다. 그냥 손 만 대는 것이 아니라 진정한 종이 전문가가 되겠다는 헌신이 필요했 죠. 인터뷰 때 이사회에 그렇게 해야만 CEO를 맡겠다고 했습니다. 그 후로 시작이었죠."

조지 글랫펠터가 새로운 변화를 시도하기 전 10년 동안 《포브스》 는 P. H. 글랫펠터가 단순한 '생존'이 아니라 '성장'하는 모습으로 경쟁 에서 늘 한두 발 앞서왔다는[3] 긍정적인 기사를 내놓았다. 그 글을 쓴 크리스토퍼 파워Christopher Power는 그것이 "운과 훌륭한 경영, 근검절 약, 정직한 거래"가 합쳐진 덕분이며 무엇보다 "자영업자의 정신을 지키며 스프링 그로브와 사업체에서 절대로 관심을 놓지 않은 놀라운 가족들" 때문이었다고 평가했다. 그 기사가 나온 1986년 당시 회장이 었던 필립 헨리 글랫펠터 3세는 파워에게 경쟁업체들보다 규모가 작다는 점이 전략적 이득이 된다고 말했다. "우리는 큰 회사가 더 커지는 모습을 보는 것이 좋습니다. 클수록 더 부드러워지거든요. 그러나 너무 부드러우면 움직이는 데 오래 걸립니다." 이는 10년 후 조카 조지 글랫펠터 2세가 회사를 이끌게 되었을 때 예언적인 말이 됐다.

조지 글랫펠터는 열정적인 야외활동 애호가다. 아내 코니와 내가 찾아간 요크의 사무실에는 북아메리카의 들판과 시내에서 찍은 사진이 잔뜩 걸려 있었다. 그는 남북전쟁 당시 펜실베이니아의 스프링 포지에

1863년, 글랫펠터 스프링 그로브 제지공장 매각을 알리는 포스터.

있는 '값나가는 제지소를 매각한다'는 광고가 실린 오래된 포스터를 특별히 즐거운 표정으로 가리켰다. 광고에 따르면 '프레임 머신 하우스'와 '1등급 푸어드리니어 제지기 1대', '개선된 번햄 수차 2대', '1톤을 견디는' 회전 보일러, 엔진 4개, 거주용 주택, 하숙방 4개, 41만 제곱미터 이상 부지를 모두 포함한다고 되어 있었다. 1863년 12월 23일에 있을 '고아 재판소'의 유언 검인 절차에서 판매될 예정이라고 했다. 에이브러햄 링컨이 게티즈버그 국립묘지 봉헌식에 참석하기 위해 그곳을 지나간 1개월 후였다. 이것이야말로 P. H. 글랫펠터 주식회사 역사의 건국 문서였다.

제이콥 하우어의 소유였다고 알려진 스프링 포지 페이퍼 밀은 1851년부터 운영됐다. 그 전에는 1754년 세워진 주물공장이었는데 풍부한 물과 인근 언덕의 풍부한 광석 덕분이었다. 독립혁명 동안에는 미국군에 머스킷 총의 탄알을 공급했고 19세기 중반에 이르러 매년 약 182톤의 주물을 생산했다. 코도러스 크리크에 위치했다는 점과 이러한 배경이 합쳐져 스프링 포지라는 이름이 붙었다. 이곳은 1882년에 정식으로 스프링 그로브 자치구가 됐다. 고아 재판소의 매물로 나온 낡은 공장을 26세의 스위스 이민자 출신인 필립 H. 글랫펠터가 1만 4,000달러에 주고 구입한 지 19년 후였다.

메릴랜드 건파우더 강에 면한 인척 소유의 제지소에서 7년 동안 일한 경험이 있었던 글랫펠터가 직접 제지소를 차린 것이었다. 1886년 요크 카운티의 역사에서 그는 "타고난 에너지와 사업에의 자연스러운 적응력, 신중한 운영 관리 능력을 가진 인물"[4]로 묘사됐다. 덕분에 그는 "꾸준한 성장으로 업계의 그 어떤 업체와도 어깨를 나란히 하는 명성을 갖추게 됐다."

처음에 그는 신문용지에 주력했는데 호밀짚의 펄프에 적은 양의 넝마를 섞어서 만들었다. 1868년에 이르러 하루 생산량이 0.7톤의 신문용지 생산에서 1.8톤으로 증가했다. 스프링 그로브에 철도가 들어서기 두 해 전인 1874년에는 코도러스 크리크를 따라 좀 더 북쪽으로 공장을 이전했는데, 20만 달러를 투자하여 2.1미터의 기계가 들어갈 수 있는 건물을 신축했다. 1880년에는 하루 4.5톤까지 생산 능력이 향상되었고 새로 푸어드리니어 기계를—당시 세계 최대 크기—들여와서 하루 생산량이 50톤까지 늘어났다. 그 후 끊임없이 근대화와 기계 재정비 과정을 거쳤지만 '올드 넘버 5'라고 불리는 그 기계는 여전히 특수 용지의 제조에 사용되었다. 내가 방문한 날에는 도톰한 카드 용지를 생산해내고 있었다.

필립 H. 글랫펠터 1세가(그 후 오랫동안 필립 H. 글랫펠터 2세와 3세가 경영권을 쥐었다) 일찍이 내린 현명한 결정은 한 세기 후 조지 H. 글랫펠터 2세의 비전통적인 전략에 중심축이 됐다. 계속된 넝마 부족 현상으로 그는 새롭게 도입된 증해법인 소다법으로 바꾼 미국의 초기 제지기술자들 가운데 한 명이었다. 1881년에는 방크스 소나무와 포플러 나무로 직접 펄프를 만들었다. 오늘날 수직 통합형 공장으로 알려진 구성이 스프링 그로브에 처음 시작된 것도 그때였다. 공장 한쪽에서는 나무를 들여오고 다른 쪽에서는 완성된 종이가 만들어져 펄프 공급을 외부에 의존하는 경쟁업체들보다 유리해졌다.

개인 농장에서 갓 생산한 나무를 공개 시장에서 구입하던 P. H. 글랫펠터는 이윽고 펜실베이니아와 메릴랜드, 델라웨어, 버지니아에 직접 삼림지를 구입하기 시작했고 1918년에는 글랫펠터 펄프 우드 컴퍼니라는 독립 개체를 설립하기에 이르렀다. 2006년부터는 그때까지 약 328제곱킬로미터에 이르는 삼림지를 매각하여 다양한 사업 분야로 확장해나갔다. 필립 글랫펠터가 내린 또 다른 중요한 결정은 1892년

펜실베이니아 코도러스 크리크에 있는 제지업체, P. H. 글랫펠터의 모습을 보여주는 19세기 판화.

에 신문용지 생산을 전면 중단하고 책과 석판화, 각종 서식용 종이의 생산에 주력한 것이었다.

조지 글랫펠터가 초기에 보인 또 하나의 단호한 행동은 1998년에 독일 게른스바흐에 위치한 세계적인 티백 생산 업체 쉘러 앤 회쉬 그룹을 1억 5,800만 달러에 인수한 일이었다. 티백 외에도 담배 종이와 금속 라벨 종이, 표면지 부분에서도 유럽 시장의 큰 부분을 점유하고 있는 업체였다. 이 업체는 필리핀에 펄프 공장을 두고 마닐라삼으로 아바카 펄프를 만든다는 사실도 매력적이었다. 6년 후에는 담배 종이 생산을 중단했지만 새로운 지도자의 리더십 아래 새로운 사업의 틀이 만들어졌다. "담배 종이는 만족스러운 수익을 올리지 못하고 있었습니다." 조지 글랫펠터가 나에게 설명했다. "담배 종이는 일용품 수준으로 차별화 없이 대량생산되는 제품이기 때문에 대기업들이 전부 장악하고 있습니다. 그래서 담배 종이를 포기하고 티백에 더욱 매진했죠."

2006년에 P. H. 글랫펠터는 뉴페이지 코퍼레이션의 오하이오 주 프리몬트 공장을 인수했는데 화학 코팅을 통하여 글씨에 힘을 주어 복사가 되도록 하는 감압지를 만드는 공장이었다. 8,000만 달러짜리 계약에는 뉴페이지 코퍼레이션이 100퍼센트 지분을 소유한 자회사, 오하이오 칠리코시에 있는 칠리코시 페이퍼사도 포함됐다. 위스콘신 주 니나 공장은 폐쇄하고 그곳에서 제조되던 종이는 펄프를 직접 만드는 현대적인 설비를 갖춘 칠리코시로 옮겼다. 또 1987년에 인수한 노스캐롤라이나의 에쿠스타 공장도 폐쇄했다.

"144년 동안 한 분야에 몸담다 보면 가르침을 얻게 됩니다. 그중에는 결코 잊을 수 없는 것들도 있어요." 니나와 에쿠스타 공장 문을 닫은 이유를 묻자 글랫펠터가 설명했다. "그 세월 동안 상품이 바뀔 수 있고 시장도 바뀌거나 사람이 바뀌기도 합니다. 점진적인 진화 과정이죠. 하지만 가치 체계는 바뀌지 않고 계속 지켜집니다. 1998년부터 시작된 기업 개혁에서 우리의 목표는 두 가지였습니다. 첫째, 더 이상 가치 창조가 이루어지지 않는 것들을 전부 바꾸되 가치를 창조해내는 것, 즉 우리 기업의 핵심 가치는 지키자는 것이었습니다." 그는 기업의 첫 번째 핵심 가치가 진실성integrity이라고 했다. "진실성은 제가 어려서부터 받았던 가르침입니다. 또 아버지와 할아버지, 증조할아버지가 회사를 이끌어온 방식이기도 합니다. 두 번째 핵심 가치는 존중이에요. 지위에 상관없이 기업 내에 퍼져 있는 상호 존중이죠. 재정적인 규율도 필요하고요. 재정 문제에 관한 결정은 항상 어렵기 마련입니다. 하지만 항상 존중과 정직함이 있는 태도로 일관한다면 적어도 다들 이해해줍니다."

글랫펠터는 자신의 계획을 위하여 에이버리 데니슨 코퍼레이션의 글로벌 기술 담당자 스콧 L. 밍거스 1세를 연구개발 부서 대표로 영입했다. 내가 스프링 그로브를 방문했을 때 밍거스가 주축이 되어 나를 안내해주었다. 가변 정보 인쇄용지라고 불리는 것의 선구자로 유명한 밍거스는 자가 접착 우표와 바코드 라벨 상품 특허를 보유하고 있으며 에이버리 데니슨의 연방정부 우표 생산에 깊이 관여했다. 그가 글랫펠터에서 처음 맡은 임무는 미국 제지업계의 '올스타 팀'을 꾸리는 것이었다. "조지가 저에게 새로운 아이디어를 내라고 직접 요청했습니다. 저는 글랫펠터에 오기 전에는 23년 동안 종이 소비자였고 전 세계 75~80여 개의 제지업체와 안면이 있기 때문에 훌륭한 과학자들이 어디에 있는지 잘 알고 있었습니다. 그래서 특수 부문에 경험이 있는 전문가들을 모아 이리로 데려왔죠."

P. H. 글랫펠터는 그때까지 최종 사용하는 소비자를 직접 상대한 적 없기에 세계적인 인지도가 거의 없었다. "우리는 전적으로 업체들을 대상으로 했기 때문에 일반 소비자들에게 전혀 알려져 있지 않았어요." 밍거스가 말했다. "글랫펠터는 인쇄업체 같은 업체들에게 직접 종이를 팔아왔으니까요. 이렇게 업체들만 상대했기 때문에 그쪽에만 완전히 집중할 수 있었죠." 비록 사람들에게 알려져 있지는 않았지만 글랫펠터의 제품은 다양한 방식으로 날마다 수백만 소비자들에게 사용되고 있었다. "우리는 우표 분야에서 최고가 되었습니다. 독일과 프랑스, 영국에 있는 우리 복합 섬유공장에서는 전 세계 티백에 사용되는 종이의 75퍼센트가 생산됩니다. 10년 전에 시작한 카드놀이용 카드 종이 부문에서도 1위가 되었고요. 호일과 바이시클 같은 대표적인 카드들이 우리 글랫펠터의 종이를 구매합니다. 아마 북아메리카 카지노의 카드는 전부 우리 종이로 만들었을 겁니다. 인사 카드greeting card도 우리가 목표로 삼은 시장이었는데 5~7년도 안 되어 홀마크의 공급업체가 되었죠. 시중에서 판매되는 각종 인사 카드도 대부분 우리 글랫펠터의 종이로 만들어집니다."

밍거스에 따르면 제지업계에서 '전환 공정conversion process'이라는 것을 가장 잘 설명해주는 것은 우표와 각종 라벨 제작용 종이다. "우리는 라플라택Raflatac과 에이버리 데니슨 등 감압지를 사용하는 대규모 기업들에 12~15킬로미터 길이에 너비 2미터의 종이 롤을 팝니다. 그쪽에서는 롤에 감긴 종이를 풀어 뒷면에 접착제를 바른 후 이형지를 붙여서 인쇄 공장에 팝니다. 미국에서 사용되는 우표 이형지의 절반을 우리가 생산합니다. 에이버리 데니슨에서 미국 우표를 인쇄하고 마무리 손질하고 구멍 뚫어 정부에 유통시킵니다."

나는 밍거스에게 그렇게 짧은 시간 안에 글랫펠터가 다양한 분야를 장악하게 된 비결을 물었다. 그는 비결 같은 것은 없다고 말했다. "우리는 종이의 새로운 용도를 별로 많이 찾지 못했습니다. 다른 업체들이 이미 하고 있는 용도에 도전해서 더 잘하려고 노력한 것뿐입니다. 좋은 보기가 또 있습니다. 우리는 2007년 솔로 컵과 딕시 컵 같은 FDA 규정을 준수하는 종이컵 용지 부문의 1위가 되겠다는 목표를 세웠어요. 그래서 보다 품질이 좋고 저렴하고 튼튼하고 성분도 좋은 종이컵 용지를 만드는 방법을 찾았고 지금은 그 시장에서 1위가 되었습니다. 우리가 솔로와 딕시에 종이를 보내면 그쪽에서는 파라핀 같은 물질로 코팅해서 컵으로 만드는 거죠."

그리고 패스트푸드점의 케첩이나 머스터드 같은 소스를 담는 1회용 용기인 '수플레 컵'을 만드는 종이도 있다. "또 우리는 네이선즈(미국의 핫도그 전문 체인점 나탄스 페이머스Nathan's Famous를 말함—옮긴이)나 길거리에서 사먹는 핫도그용 하얀 받침 종이도 만듭니다. 두어 해 전만 해도 그런 것들을 만들지 않았어요. 청소용품 부문에서는 먼지 터는 패드의 대표적인 제품인 스위퍼용 종이도 우리가 만듭니다."

밍거스는 역시 창의적인 기회주의의 또 다른 예로 화학 코팅된 서식지를 생산하는 프리몬트의 뉴페이지 공장 인수를 들었다. "서식지는 죽어가고 있는 제품이라고 생각할지도 모르겠네요. 실제로 맞는 이야기일 수도 있고요." 그의 말대로 '감압지'는 컴퓨터를 이용한 회계 절차의 편리성 때문에 뒤로 밀려나고 있다. "하지만 세 부분 또는 그 이상으로 된 서식지의 수요는 여전히 꽤 됩니다. 자동차 산업이나 의료업계에서 많이 사용되죠. 우리는 현재 북아메리카에서 감압지를 가장 많이 판매하는 업체입니다. 수익성이 있는 한 계속 생산할 겁니다." 수요가 줄어들더라도 언제든 다른 기회를 찾으면 된다. "조지는 매출의 절반이 NPD, 즉 신제품 개발에서 비롯되어야 한다고 강조합니다. 우리는 시장 연구에 많은 시간을 쏟습니다. 리더가 될 수 없는 일이면 하지 않습니다. 우리는 대기업 같은 제조 기반이 없기 때문에 실험을 하지 않습니다. 어떤 시장에 진출할 계획이라면 그 시장을 장악해야 한다는 것이 조지의 목표입니다. 지금까지는 꽤 큰 성공을 거두었습니다."

밍거스는 기업의 '가장 믿음직한 사업'인 출판 인쇄용지를 만드는 일에도 똑같은 헌신이 이루어지고 있다고 설명했다. "우리는 저질 펄프지나 만화책, 신문용지를 만들지 않은 지 100년도 넘었습니다. 하지만 의회 도서관의 영구 보존 기록물의 규격에 맞는 그런 종이를 만듭니다. 일반적인 판매 서적뿐만 아니라 법률서, 의료서, 참고서, 대학 교재, 초등학교 교재용 종이죠. 우리는 1920년대 이후로 영구 보존되는 하드커버 서적용지 시장에서 1위를 지켜왔습니다. 최고로 부드러운 인쇄용지를 만듭니다. 오래된 펜실베이니아 독일식(펜실베이니아로 이주한 독일어권 장인들이 선보이던 예술 공예를 가리킴-옮긴이) 전통 공예 수준의 품질이죠. 정말로 멋진 종이입니다."

P. H. 글랫펠터는 21세기에 전통적인 가치를 지키는 기업이라는 이미지를 지키기 위하여 스프링 그로브 공장의 설비를 지나간 시대의

수요를 위한 종이를 생산하기 위해 만들었지만 오늘날의 요구에 맞도록 변경했다. "예전 설비로는 지금 같은 품질의 종이를 만들어낼 수 없었습니다." 밍거스가 설명했다. 종이에 따라 필요조건이 크게 다르기 때문에 날마다 작업 스케줄을 관리하기가 쉽지 않다. 날마다 기계에서 다른 종류의 종이가 만들어지고 재료 배합도 달라지기 때문입니다. "우리가 만드는 가장 가벼운 종이는 1제곱미터당 10그램도 안 됩니다. 두꺼운 종이는 300그램 이상 되고요."

스프링 그로브 공장에는 코팅되지 않은 종이를 만드는 기계—모두 전통적인 푸어드리니어 기계—가 다섯 대, 칠리코시에는 네 대가 돌아가며 펄프도 직접 만든다. 스프링 그로브에서는 매일 1,000톤, 칠리코시에서는 1,250톤의 종이가 만들어진다. 스프링 그로브에서는 100퍼센트 자가 발전으로 증기를 만드는데 그중 75퍼센트는 제지 과정에서 나오는 폐기물로 얻는 바이오매스 연료로 만들어진다. 석탄, 가스, 에탄올은 전혀 사용되지 않으며 잉여 동력은 열병합 발전 시스템으로 인근 전력망으로 판매된다. 코도러스 크리크에서 공급되는 급수장의 물을 하루에 약 4,900만 리터 사용한다. 인공 저수지와 댐으로 물의 양을 유지하고 흐름을 조절한다.

밍거스를 따라 목재를 쌓아두는 곳으로 가서 기다란 트럭이 싣고 온 통나무들이 내려져 껍질이 벗겨지고 불순물 검사를 받는 모습을 보았다. 두 군데로 나뉘어 산더미처럼 쌓인 목재 조각들이—하나는 침엽수재, 하나는 활엽수재—위로 올라가는 컨베이어 벨트로 떨어져 황량한 풍경에 우뚝 솟은 첨탑으로 향했다. 그것은 스프링 그로브 공장의 증해기로 펄프 제조 과정이 시작되는 곳이었다. 그 안으로 들어간 침엽수재인 소나무와 가문비나무의 장섬유가 참나무, 단풍나무 같은 활엽수재와 포장용 채움재mineral filler의 단섬유와 혼합되어 다양한

펜실베이니아 주 스프링 그로브 글랫펠터 공장에서 생산되는 우편 종이가 롤에 말려 있는 모습.

종이가 만들어진다.

두 대의 푸어드리니어 기계로 향하면서 밍거스는 왼쪽에서 돌아가는 대공황 시대의 기계는 우표용지를 만들고 있으며 오른쪽에서 시끄러운 소리를 내는 기계는 식품 취급을 위한 일종의 침수지saturated sheet를 만들고 있다고 말했다. "한 롤이 약 1.5톤 정도 됩니다." 기능과 목적을 알 수 있는 상품 라벨이 붙은 종이 롤들을 가리켰다. '면지end-leaf'라는 라벨이 붙은 종이 롤은 출판사로, '기록용 폴더archiral folder'라는 라벨이 붙은 롤은 사무용품 유통업체로 보내질 예정이었다. 그리고 '레이스 종이lace paper'는 레스토랑의 테이블 매트가 될 터였다. 그리고 '자연도감natural book'이라는 라벨이 붙은 롤은 뉴욕의 인쇄업체로 보내질 준비를 갖추고 있었다. 파스텔 빛 종이 롤은 인사 카드용 봉투 종이라고 밍거스가 설명했다.

"P. H. 글랫펠터의 이야기는 종이 산업의 가장 훌륭한 이야기 가운데 하나가 아닐까 합니다. 솔직히 제가 여유롭고 안정적인 에이버리 데니슨의 커리어를 포기하고 이곳으로 옮겨온 것은 조지의 비전에 매료되었기 때문입니다." 사무실로 돌아와 그가 말했다. "조지와 그의 팀이 해낼 수 있다면 여기야말로 종이 산업 부문 최고의 직장이 될 것이라는 사실을 모두 알고 있었을 겁니다. 다들 핵심 산업에만 주력하는데 우리는 정반대의 길을 택했습니다. 우리는 다양화했습니다."

2008년 가을에 예일 대학교 출판사[5]가 주최한 하루 종일 계속된 학회는 학술 출판의 미래를 논의하는 자리였다. 패널 가운데 한 명이 자신의 개인 서재에 갖춰진 논문의 60퍼센트가 '한물갔으며' 앞으로 사용되지 않을 가능성이 높다는 말로 발표를 시작했다. 행동을 촉구하는 발언이 아니었기에 다들 조용히 문제에 대해 생각에 잠겼다. 하지만 예일 대학교의 저명한 교수의 말에 담긴 무언의 추론은 내내 좌중을 무겁게 짓눌렀다. 손가락 끝을 한 번 튕겨서 가능해진 최첨단의 선택권이 특정한 종류의 책들을 소중한 책꽂이 공간의 낭비로 만들었으니까.

몇 분 후 질문 시간에 예일대 학부생이라고 밝힌 젊은 청년은 미로 같은 스털링 도서관에 갈 때마다 여학생들과 시시덕거리거나 친구들과 시덥지 않은 장난을 치거나 한다고 암울한 사정을 전했다. 그의 발언의 요점은 요즘 가장 진지한 연구가 책이 아닌 전자 기계로 이루어진다는 것이었다. "우리 세대 학생들은 도서관을 마치 관광객이 유럽의 대성당들을 보듯 합니다." 그리고 더욱더 정곡을 찔렀다. "동경하기는 하지만 활용은 거의 하지 않죠."

그날 제기된 의견들 가운데 디지털 대안들로 종이책이 망각의 길로 밀려나가고 있는 시대에 학술 출판사들이 어떤 방법을 강구해야 하는

가에 대한 고찰이 대부분을 차지했다. 그러나 특히 그중에서도 이 두 가지 견해는 책의 미래 형태에 관하여 점점 분명해지고 있는 관점을 요약해주었다. 세계 최대 규모로 1,300만 권에 가까운 연구서를 보유한 아이비리그 대학교에서 그런 견해가 공공연히 표현됐다는 사실이 내 관점에서는 당황스러웠다.

'왜 책이 여전히 중요한가'라는 제목의 그 학회에서 나는 단순히 흥미를 느끼는 관찰자 역할이었다. 예일 대학교 출판사의 100년 역사에 관한 글을 써달라는 의뢰를 완수한 지 얼마 되지 않았을 때였다. 예일 대학교 출판사는 전 세계의 대표적인 학술 출판사로 손꼽히며 당시 미국의 학술 출판사들의 90퍼센트와 달리 흑자 경영을 내고 있었다. 실제로 예일 대학교 출판사는 책 시장에 일어난 커다란 변화의 시기에 여기저기에서 불가피한 감축이 일어날 때 현명하게 생존한 훌륭한 본보기였다. 그날 몇몇 패널들의 조정자 역할을 한 것은 학자이자 교수이며 베스트셀러 저자이고 책의 역사 분야의 선구자인 로버트 단

로버트 단턴, 하버드 대학교 사서.

턴이었다. 그는 2007년부터 2011년까지 하버드 대학교의 칼 H. 포르 차이머 교수와 도서관장을 역임했고 2011년에는 하버드 대학교 사서로 임명됐다. 세계 최대 규모의 학술 자료를 보유한 도서관을 관리하는 단턴은 책과 정보 기술 분야의 영향력 있는 인물이다. 2012년 기준으로 하버드는 학내 73개 도서관에 총 1,700만 권의 책을 보유하고 있다.[6] 하버드 대학교가 이렇게 많은 책들과 함께하는 일은 다른 기관들의 모범이 된다. 현재 사안에 관련된 정책에는 장서 개발, 불필요한 책과 학술지 폐기, 자주 사용되지 않는 자료의 외부 보관, 위기에 처한 자료들의 보존, 전통적인 방법과 신기술의 통합 등이 포함된다.

"정말로 막중한 책임이고 하버드의 교직원들과 학생들뿐만 아니라 학계 전체에도 책임을 느낍니다." 학회 1년 후 캠브리지에서 인터뷰를 위해 만났을 때 단턴이 말했다. 문화 전승 주체인 종이와 관련해 그가 무슨 일을 하고 있고 귀한 장서들의 주요 책임자로서의 역할에 대해 논하기 위해 그를 만났다. 또한 나는 1년 전 뉴헤이븐에서 열린 예일 대학교 출판사의 학회에서 두 가지 침울한 의견을 들었을 때 무슨 생각이 들었는지도 궁금했다. 우리의 대화는 그 이야기에서부터 시작됐다.

"나는 그 전제에 전적으로 반대합니다." 그는 내가 학회에서 책이 한물갔다고 말한 예일대 교수의 말을 어떻게 생각하는지 물었을 때 한 치의 망설임도 없이 답했다. "책이 어떻게 한물갈 수 있는지 모르겠습니다. 대단히 실용주의적인 관점으로 책을 바라보지 않는다면 말이죠. 예를 들어 단종된 모델의 잔디 깎는 기계의 사용설명서라면 한물갔다는 말이 맞겠지요. 쓸모가 없고 더 이상 기능을 하지 않으니까요. 하지만 그런 것은 세상에 존재하는 책들 중에서 지극히 일부일 뿐입니다. 소설책이 어떤 점에서 한물갔습니까? 나는 문체가 그리 훌륭하지 않더라도 모든 책이 사건에 대한 누군가의 서술이고 세계관이고 그 사람의 상황에 대한 이해라고 생각합니다. 그렇기에 사실상 세상의 모든 책이 문화 상품이라고 생각해요. 주변 문화에 대한 정보를 주는 문화 상품 말입니다."

단턴은 예일대 학부생의 도서관에 대한 무관심 발언에 대해서도 일축했다. "도서관이 중세 대성당과 비슷한 위대한 문화적 상징이라는 전통은 확실히 존재합니다. 저는 그것을 폄하하지 않아요." 그는 자신이 이사로 있는 뉴욕 공립도서관을 지적인 내용물보다 석조 건물 구조가 더 큰 상징의 의미를 띠는 것을 예로 들었다. "그 학생의 말뜻이 다른 것이라면, 아마도 그런 것 같지만, 도서관에 잘 가지 않게 되고 도서관이 제공하는 자료가 무의미해서 잘 이용하지 않게 된다는 뜻이라면 공감할 수 있습니다. 하지만 우리 하버드에서는 도서관 사용을 정확하게 측정 가능하고 항상 실시하고 있습니다. 하버드의 도서관들은 전부 활발하게 이용되고 있어요. 의미가 있다는 말이죠. 라몬트 도서관은 학생들의 요청에 따라 1주일에 5일 동안 24시간 운영되는 체제로 바꾸었습니다. 학생들은 새벽 3시까지 도서관에 머무르면서 도서관에서 제공되는 리서치 도구를 적극적으로 활용하고 있어요. 당연히 종이책을 포함해서요."

학생들의 공부 모임에 관련된 변화도 이루어졌다. "도서관은 단순한 도서 창고가 아닙니다." 단턴이 설명했다. "절대로 그렇지 않아요. 특히 이곳 하버드에서는 그렇습니다. 우리는 생각 교환이 이루어지는 신경 중추 같은 역할을 하도록 도서관을 리모델링했습니다. 학생들이 그룹으로 모여서 공부하는 일이 예전보다 많아졌죠. 제가 이 학교를 다닐 때만 해도 그룹으로 모여서 공부해본 적이 결코 없었습니다. 저한테는 '그룹 스터디'가 모순된 말처럼 느껴졌죠. 혼자서 책을 파고들며 공부했으니까요. 하지만 그룹 스터디가 굉장히 효과적이고 학생들에게는 보편적인 일이라는 사실을 알게 됐습니다. 그래서 도서관에 그룹 스터디가 가능한 공간을 따로 마련했습니다. 노트북도 충전시킬 수 있고 책을 가져와 토론할 수도 있는 공간이죠."

1960년 3년 만에 하버드 우등 졸업, 로드 장학생, 맥아더 펠로우, 1999년 미국 역사학회 회장, 프랑스 레지옹 도뇌르 훈장 수상, 비평가들의 찬사를 받은 다수의 저서 발표 등 단턴의 명성과 업적은 어느 기준으로 보나 매우 훌륭하다. 하지만 그의 이력 어디에도 '사서'의 흔적은 찾아볼 수 없다. 1636년 하버드가 설립된 이래 존 하버드 목사가 기증한 책들에서 시작했다는 점과 묘하게 닮아 있다. "이렇게 거대한 도서관의 관장이 되리라고는 생각해본 적이 없었습니다. 당신의 질문에 답하자면, 네, 그렇습니다. 저도 가끔은 어떻게 지금에 이르게 되었는지 의아할 때가 있습니다."[7]

하지만 연속체의 일부로 본다면 그가 하버드의 도서관장으로 임명된 것은 하버드의 역사에서 책이 수행해온 역할과 일관성이 있다. 특히 하버드가 이따금 전문 사서가 아닌 사람을 도서관장으로 선택했다는 점이다. 도서관장이 하버드에서 '특이한 지위'라는 사실은 단턴도 동의한다. "대개 사서가 아닌 하버드 출신의 선임 학자에게 주어지는 역할이죠. 제 경우는 프린스턴에 재직 중일 때 제의를 받았지만 기본 원칙은 똑같다고 생각합니다. 도서관과 양립되는 학문적 관심사를 가진 사람을 도서관장으로 임명한다는 사실이죠. 저는 '책의 역사'로 불리는 분야를 발전시키기 위해 오랫동안 노력했습니다. 아마도 그 점 때문에 하버드에서는 제가 도서관장에 적합하다고 생각했던 것 같습니다. 감히 이 역할에 적합한 사람은 찾아보기가 힘들지만 말입니다."

의회 도서관 역시 이렇게 틀을 벗어난 사고방식을 보여주었다. 근래에 시인 아치볼드 매클리시, 역사학자 대니얼 부어스틴과 제임스 빌링턴 등이 그곳의 최고 사서를 역임했다. 뉴욕 공립도서관 역시 바탄 그레고리안, 폴 르클레르, 그리고 에머스트 대학교의 정치학자 앤서니 W. 막스 같은 학자들에게 관장 자리를 맡겼다.

20세기 초기에 하버드의 적극적인 도서관 확장 계획을 지휘한 아치볼드 캐리 쿨리지Archibald Cary Coolige 관장은 "하버드에는 죽은 책이란 없다"는 말을 남긴 것으로 유명하다. 그의 동료이자 저명한 문학 교수인 조지 라이먼 키트리지George Lyman Kittredge는 친구들에게 재앙으로 하버드의 모든 건물이 무너진다고 해도 해리 엘킨스 와이드너 기념도서관이 남는다면 "대학교가 있는 것이나 마찬가지"라고 말함으로써 당시의 일반적인 태도를 대변했다.[8]

단턴은 2007년에 39년 동안 교수로 재직한 프린스턴 대학교를 떠나 하버드 교수로 돌아왔고 시드니 버바의 후임으로 도서관장에 취임했다. 당시 그는 프린스턴에서 유럽사를 가르쳤고 도서와 미디어 연구소 소장이었다. 그는 당시 종이책이 단지 정보의 전달자가 아니라 다양한 기능을 수행한다고 생각했다(2009년 나와 만났을 때도 다시 한 번 강조했다). 그는 2005년 《프린스턴 주보》에서 "책은 사고파는 상품이므로 경제에 속한다"라고 했다. "미학적인 가치를 지닌 작품이므로 예술사에도 속한다. 사상을 전달하므로 철학과 지성사에 속한다. 문학의 형태로서 영어에 속하며 정치적 분쟁에서 여론을 동원하고 종종 결단력을 입증하므로 역사에도 속한다."

단턴은 전자 매체의 발달이 가져온 변화를 인식하고 첨단 기술 사용을 위한 전략 형식화의 선두에 서왔다. 1999년에 미국 역사학회의 회장으로 박사 논문의 전자 출판 프로토콜을 고안했고 컬럼비아 대학교 출판사와의 구텐베르크 프로젝트로 수많은 학술 서적의 무료 이용을 가능하게 했다. 그중에는 1장 주석에 인용된 빈양Bin Yang의 『바람과 구름 사이』도 포함된다.

단턴은 자신이 하버드 도서관장으로 재임하는 기간 동안 가장 중요한 목표에 대해 이렇게 말했다. "적절한 수준으로 도서관을 유지하는 것입니다. 무엇이든 디지털로 구입하는 세상이니 결코 쉬운 일은 아닙니다. 또한 종이책, 전자와 종이로 된 모든 종류의 학술지는 물론 음악과 영화 관련 물품과 기록을 전부 계속 보유하는 것입니다. 정말 막대한 자료지요. 나는 다양한 전자 프로젝트에도 많이 참여합니다. 오래된 책만 좋아하는 사람은 아닙니다. 하지만 새로운 매체들이 종이책 확대의 가능성을 준다고 믿습니다. 새로운 유형의 책을 만들고 예전의 책으로는 불가능한 일을 가능하게 해주기 때문입니다."

단턴은 2011년에 하버드의 사서로 임명됐다. 행정적인 업무보다 전반적인 정책 분야에 집중할 수 있는 훨씬 세련된 위치다. 그는 이메일에서, 덕분에 2010년에 하버드의 버크만 인터넷 및 사회 센터에 의해 설립된 미국 디지털공립도서관DPLA에 더욱 힘을 쏟을 수 있게 됐다고 말했다. 전국적인 협동 프로젝트인 미국 디지털공립의 목표는 "도서관과 대학, 기록보관소, 박물관에서 미국의 살아 있는 유산을 이용하는 종합적인 온라인 자료의 개방적인 분산망을 구축하여 현 세대와 미래 세대의 모든 이들에게 교육과 정보를 제공해 힘을 주는 것"[10]이다. 단턴은 2013년 4월 《뉴욕 리뷰 오브 북스》에 쓴 장문의 글에서 미국 디지털공립도서관의 공식 개관을 알렸다.

단턴은 학자로서 1960년대에 프랑스에서 일어난 책의 역사 운동에서 선구적인 역할을 했고 이는 다수의 저서 집필로 이어졌다. 그중에서도 1979년에 발표한 『계몽주의 사업 : 백과사전의 출판에 관한 역사, 1775~1800년』, 미국 비평가협회상을 받은 『책과 혁명 : 프랑스 혁명 이전의 금서 베스트셀러』(2014년 알마 재발행)가 있다. 단턴은 프랑스

혁명의 핵심 인물에 관한 책을 집필하기 위한 연구를 시작했을 때(책은 완성하지 못했다) 1965년 스위스의 뇌샤텔 마을에서 우연히 '종이의 바다'를 발견했다.

"뇌샤텔에 자크 피에르 브리소라는 남자에 관련된 자료가 있음을 시사하는 내용이 원본 원고의 각주에 담겨 있었습니다. 브리소는 공포정치 이전의 마지막 극단적 공화주의자였습니다. 프랑스 혁명이 발발하기 전에는 변변치 않은 작가였고 미국에 매료된 예비 철학자이기도 했습니다. 박사 학위를 위해 옥스퍼드에 간 지 얼마 되지 않았을 때였어요. 스물여섯 살이었고 《뉴욕 타임스》 기자로 잠깐 근무했었고 하버드에서 주니어 펠로우junior fellow가 되어 3년 동안 박사 후 연구 과정을 밟아야 했는데, 좋은 주제라고 생각했습니다."

18세기에 뇌샤텔에는 출판사들이 많이 몰려 있었는데 그들은 프랑스 내에서 출판될 수 있는 책의 내용을 제한하는 엄격한 검열법을 유리하게 활용했다. 저작권법의 부재로 인쇄업자들은 어떤 책이든 마음대로 인쇄하여 비밀리에 프랑스로 보내 팔았다. "설명서나 법, 의학, 신학 부문의 도서가 아니라 최신 문헌들이었죠. 당시 프랑스 밖에서 만들어진 것들이 그렇게 프랑스에서 판매되었습니다." 단턴이 말했다. 대부분은 명백한 해적 행위였지만 피해자들이 의지할 수 있는 방법은 없었다.

"그런 출판업의 규모가 상당히 컸습니다. 사실상 그들의 기록 보관소는 전부 사라지고 없죠. 하지만 뇌샤텔에 예외가 하나 있었습니다. 소시에테 타이포그라피케 드 뇌샤텔이라는 기업의 주요 책임자인 세 집안이 연관되어 있었죠. 그중 한 사람은 회사가 망한 후 대저택의 다락방에 종이들을 가져다놓았고 오랫동안 그대로 방치했습니다." 단턴은 프랑스 혁명의 주요 인물의 초기 생애에 대해 알고 싶다는 기대만으로 뇌샤텔을 찾았다.

"그곳에 가보니 이미 들은 대로 브리소의 편지 115통이 있더군요. 모두 유익한 정보가 담겨 있었죠. 그런데 그 주위에는 책과 엄청난 연관이 있는 5만 통의 다른 편지들이 있는 겁니다. 우선적으로 제지법과 활자를 짜고 인쇄기의 활자 막대를 움직이는 일꾼들, 그리고 완성된 책을 옮기는 마부들, 그리고 모스크바, 상트페테르부르크, 부다페스트 등 유럽 전역의 저자와 서적상들에 대해서는 말할 것도 없었죠. 책과 관련된 상상 가능한 모든 주제가 담겨 있었습니다. 아직 손길이 닿지 않은 새로운 정보였습니다."

단턴은 브리소에 관한 500페이지 분량의 글을 쓴 후에야 원본 자료를 손에서 놓을 수 있었다. "제가 한 번도 공개하지 않은 글입니다. 충분히 독특한 내용이었지만 브리소의 존재가 중요해지기 시작한 1789년까지의 이야기였습니다. 프랑스 혁명이 일어나고 브리소가 활약을 하게 된 시기죠. 그 이후에 대해서는 다른 출처를 이용해 조사할 게 많았습니다. 그런데 뇌샤텔에서 찾은 자료에 흠뻑 빠지고 말았죠. 브리소의 전기보다 '책'이 중요하다고, 책을 연구하기로 결심했습니다. 그래서 브리소의 남은 생애 5년에 대해 연구하는 대신, 책이라는 주제에 집중했어요. 그 후로 지금까지 계속되고 있죠."

단턴은 뇌샤텔에서 수많은 여름을 보냈고 1990년 마침내 그곳에서의 임무를 완성했다. "5만 부의 문서를 전부 다 읽었습니다." 종이에 대한 인식이 풍부해졌다는 점 역시 그가 얻은 보상이었다. "그 문서를 읽다보니 놀랍게도 사람들이 끊임없이 종이에 대한 이야기를 하고 있더군요. 여기서 '사람들'이란 출판업자와 서적상은 물론 독자들을 말합니다. 어떤 책에 사용된 종이의 품질에 대해 불평하는 독자들의 편지가 있었어요. 현대의 독자들에게는 놀라운 일이잖아요. 예상하지 못한 일이었습니다. 인쇄업자와 서적상 같은 책 전문가들뿐만 아니라 독자들 역시 종이에 관심을 기울였다는 사실을 깨달았어요. 그 증거가 많습니다. '최고 종이로 만들었다'고 책을 광고하는 경우가 흔했거든요. 오늘날과 다르게 200~300년 전에는 종이에 대한 의식이 있었다고 생각합니다."

단턴에 따르면 뇌샤텔에 보관된 문서 중에는 "제지업자, 상인, 심지어 제지소를 돌아다니며 물과 넝마의 품질을 보고하는 종이 정찰 수행원까지 제지업과 관련된 온갖 사람들에게서 온 엄청나게 많은 편지들까지 포함되어 있었습니다. 품질이 뛰어난 버건디 넝마를 사용하는 것이 아니라 그보다 하급의 넝마가 사용되기도 했어요. 넝마를 고르는 사람과 넝마의 품질에 대한 언급도 찾아볼 수 있었죠. 한마디로 종이의 풍부하고도 복잡한 모든 세계가 한자리에 모여 있었습니다. 그리고 물에 대한 이야기도 있었죠. 알다시피 종이를 만들 때는 물이 대단히 중요하니까요. 예를 들어 쥐라 산맥(프랑스와 스위스 국경을 사이에 두고 펼쳐진 산맥―옮긴이)은 물이 좋아서 종이를 만들기에 매우 적격입니다." 단턴은 그 편지들을 전부 읽으면서 문학의 물리적 재료이자 근대 초기의 책 산업에서 차지한 핵심적인 역할에 대하여 종이라는 주제에 흥미가 생겼다. "그래서 백과사전의 출판에 관한 역사를 다룬 『계몽주의의 사업』이라는 책을 쓰고 있었는데, 거기에 종이에 관한 챕터를 하나 넣기로 했습니다. 그런데 분량이 100페이지까지 늘어나 논문이 되어버리더군요. 지금 브리소의 전기와 함께 제 책상 서랍에 들어 있습니다."

그 원고 역시 출판되지 않았지만 단턴은 수많은 측면에서 유익한 경험이었다고 말했다. "제가 여기 하버드 학생이었을 때 책을 읽으면서 종이에 관심을 기울인 적이 한 번도 없었습니다. 종이에 대해 인식하기 전까지는 그저 종이를 당연하게만 받아들였죠. 1965년에 처음 뇌샤텔의 기록 문서를 접했을 때 저는 종이에 관심이 없었고 책의 역사라는 연구 분야 역시 거의 존재하지 않았습니다. 책의 역사라는 표현도 아직 사용되지 않을 때였죠. 그리고 저 역시 책의 역사에 대한 책을 쓰고 있다고는 생각하지 못했어요. 그저 또 하나의 논문을 쓰고 있다고 생각했죠. 그런데 쓰면 쓸수록 이런 생각이 들었습니다. 저는 인류학적인 접근법을 좋아하는데, 인쇄업자와 출판업자들의 생각을 이해해야만 한다는 것을요. 그들은 종이에 관심이 많았다는 것을 알겠더군요. 저로서는 놀라운 사실이었습니다. 저는 기본적으로 직관에 반하는 무언가를 마주치면 굉장한 것을 발견했다고 생각해요. 그래서 계속 밀고 나갑니다."

맨해튼에 내린
종이 비

기본적으로 종이, 종이, 종이로다.[1]

– 자크 데리다, 《레 카이에 드 미디올로지》, 1997년

　아무리 온갖 이미지로 가득한 요즘이지만, 2001년 9월 11일, 두 건물이 천둥소리를 내며 무너져 내리던 그날만큼 두려운 광경은 없었다. 두 건물에서 잿빛 먼지 아래 사무용지[2]가 만든 거대한 연기구름이 피어올랐다. 나중에 보고된 바에 의하면 그 종잇조각들은 대부분 그라운드 제로Ground Zero(폭발 지점을 뜻하는 용어로 히로시마 원자폭탄 투하 사건 이후로 사용되기 시작하여 9·11 테러 이후 세계무역센터 붕괴 현장이 대표적인 그라운드 제로로 불림-옮긴이)와 가까운 지점에 떨어졌지만 뉴욕의 5개 자치구는 물론 허드슨 강 너머 뉴저지에 떨어진 종이도 상당했다. 목격자들

에 따르면 도저히 현실처럼 보이지 않는 '종이 비'가 로어 맨해튼(맨해튼 최남단 지역으로 뉴욕의 정부 청사 및 비즈니스 중심지-옮긴이)에 뿌려졌다. 지난 세기에 캐니언 오브 히어로즈Canyon of Heroes(브로드웨이 아래쪽 지역으로 맨해튼 금융가 쪽을 가리킴-옮긴이)에서 열린 색종이 테이프 퍼레이드(뉴욕의 전통적인 퍼레이드로 색종이 조각들이 눈처럼 떨어짐-옮긴이)와 비교되는 암울한 광경이었다. 비록 네 귀퉁이가 불에 그슬리기는 했지만 그래도 종이는 세계무역센터 쌍둥이 빌딩에서 나온 그나마 형제를 알아볼 수 있는 유일한 것이었다.

뉴욕 음악가와 팬터마임 아티스트들의 아방가르드 앙상블 모임, 블루 맨 그룹이 만든 비디오는 그 사실을 더욱 감동적으로 그려냈다. 테러 사건이 있은 지 몇 달 후에 온라인으로 공개된 '이그지빗 13'이라는 제목의 작품은 라이브 공연으로도 각색되었고 그들이 2003년에 발표한 앨범 〈더 콤플렉스〉의 마지막 곡으로 수록됐다. "다음은 뉴욕 브룩클린 인근의 캐럴 가든스로 날아온 종잇조각입니다"라는 한 문장의 소개 글을 제외하고는 일관된 텍스트 없이 그저 배경 음악과 함께 현장에서 회수된 15개 종잇조각에 적힌 내용을 읊조리듯 낭송했다. 날짜도, 더 자세한 정보도, 추가적인 설명도 제공되지 않았다. 전적으로 상황을 문장으로 연결한 절묘한 혼합물이었다. 모두 이스트 강을 지나 캐럴 가든스로 날아온 종잇조각들이었다.

〈이그지빗 13〉 비디오는 한 장의 종이가 검은색 배경으로 사뿐히 날아와 떨어지면서 시작한다. 그리고 이내 종이가 더 날아오고 타악기와 신시사이저 현악기의 암울한 연주 소리가 계속 이어지다 마침내 떨어지는 종잇조각이 최고조에 달한다. 〈이그지빗 13〉은 캐럴 가든스에서 발견된 종잇조각에 적힌 단어에서 따왔다. 정확히 알 길은 없지만 아마도 전문적인 프레젠테이션의 표지였던 것으로 보인다. 그 밖에도 '밖에 나가 있는 동안에는'이라는 글자가 새겨진 정사각형의 메모지, 사슬 구멍이 뚫린 컴퓨터 복사용지 조각, 낱장의 일력日曆, 가위로 자른 나선형 노트의 일부분, 세로 단에 일본 캐릭터가 인쇄된 페이지, 은행 직원들을 위한 강도 발생 시 대응법이 적힌 목록 등이 있었다. 9·11 테러 사건 발생 1년이 다가오는 시점에《뉴욕 타임스》의 영화 평론가들은 3분 30초짜리 〈이그지빗 13〉 비디오를 가리켜 "무엇을 생각해야 한다고 말해주기보다 보는 사람들이 직접 생각에 빠지도록 만드는 시적이고 형상적이며 단순한 작품"[3]이라고 평가했다.

9·11 테러 사건 발생 후 몇 주, 몇 달 동안 저널리스트와 사진가들은 그 사건에 대한 뒷이야기를 밝혔는데, 그중에는 사방에 종이가 보였다는 언급이 있었다.《내셔널 로 저널》의 기고편집자 데이비드 호리건David Horrigan은 '테러 사건을 취재하기 위해' 시내로 나갔던 일에 대하여 썼다. 파크 플레이스와 처치 스트리트의 교차로에 도착한 순간 "길바닥에는 그곳이 변호사와 법률 보조사, 법률 비서 등 뉴욕의 상징적인 두 빌딩에서 일하는 모든 전문직 종사자들을 비롯하여 법률계의 본거지였음을 알려주는 증거들이 있었다. 변론, 신문조서, 법률 메모, 법률 조사 자료 인쇄물 등 그들이 일하는 데 필요한 도구들이 거리에 눈처럼 떨어져 있었다."[4]

호리건은 동료가 사진을 찍는 동안 주변을 둘러보았다. "한때 다급했을 문서들이 더 이상은 다급하지 않았다. 어느 로펌의 팩스에는 '긴급'이라고 표시되어 있었다. 은행에 가져갈 급여 입금전표도 보였다." 그가 바닥에 널린 문서들을 살펴보고 있을 때 퀸즈의 대법원에 제출할 '대리인 지정서 변경 동의서'가 '바람에 날아왔다.' 그리고 그의 발 아래에는 한데 모인 변론서가 보였다. "상대측 진술이 '순전한 추측에 불과하다'는 내용이 적힌 것도 있었고 또 다른 변론서는 거의 불타버려서 상대측의 행동이 코네티컷의 부정상관습법을 어겼다는 내용만 겨우 알아볼 수 있었다."

그날 찍힌 가장 끔찍한 사진은 리버티 플라자 공원 벤치에 앉아 있는 월스트리트의 기업가 동상의 사진이었다. 1982년에 세워진 그 동상은 그날 종이의 바다 속에서 유일하게 눈에 띄는 형체였다. 로버트 카파와 앙리 카르티에 브레송이 1947년에 설립한 사진작가 그룹 '매그넘 포토스' 소속의 뉴욕 사진작가 수잔 마이젤라스Susan Meiselas[5]가 찍은 사진이었다. 다양한 작품 활동으로 유명한 마이젤라스는 수많은 상을 수상했으며 세계적으로 유명한 사진작가다. 그녀는 나와의 인터뷰에서 첫 번째 쌍둥이 빌딩이 무너진 직후 자전거를 타고 현장에 도착하여 해 질 무렵까지 있었다고 말했다. "그날 찍은 사진 중에서 이 사진이 가장 오랫동안 기억에 남아요. 너무도 충격적인 일이 일어난 직후의 완전한 혼란 상태와 기이한 고요함을 동시에 보여주니까요."

그라운드 제로 근처 리버티 플라자. 쌍둥이 빌딩에서 떨어진 종이들이 쌓인 모습. 벤치에 앉은 기업가 동상은 더블 체크라고 불린다. 존 세워드 존슨 2세의 작품으로 1982년에 세워졌다. 매그넘 포토스.

그녀가 설명했다.

"그날 계속 움직이는 사람들 사이로 펼쳐진 광경은 오직 먼지와 종이뿐이었어요. 사방에 온통 종이가 날아다녔죠. 그 모습을 사진으로 찍고 나니 종이들이 전부 바닥으로 떨어져 잠잠해지기 시작했어요. 그제야 사람들은 방금 얼마나 엄청난 광경을 목격했는지 실감하기 시작했습니다. 경찰과 소방관들이 온통 종이로 뒤덮인 채 움직이고 있는 사진도 많이 찍었어요. 하지만 이 사진은 그날의 방향 상실을 가장 잘 요약해준다고 생각합니다. 방금 얼마나 엄청난 일이 일어났는지 받아들이는 잠깐의 고요한 시간입니다."

현장을 청소하는 작업이 시작되고 그곳의 잔해들은 스테이튼 아일랜드의 거대한 프레시 킬스 매립장으로 옮겨졌다. 소화기나 엘리베이터 문 표지, 사무실 열쇠 꾸러미, 부서진 개인용 컴퓨터 등을 제외하고 형체를 알아볼 수 있는 물체는 드물었지만, 현장에 남아 있는 것들을 문서화하려는 시도가 즉각 실행됐다. 올버니에 있는 뉴욕 주립박물관 전시회와 프로그램 책임자 마크 스캐밍과 동료들이 사건 발생 후 며칠 이내에 현장 자료 수집에 나섰다.

"미국 뉴욕에 일어난 사건이었죠. 두 가지 중요한 문제는 무엇을 수집할 것인가, 먼지가 가라앉을 때까지 기다려야 하는가였습니다. 즉시 착수해야 한다는 데 의견이 모아졌죠. 한 예로 사건 발생 후 곧바로 실종 전단지가 붙기 시작했거든요. 실종자들의 사진이 도시 전체에 붙었고 몇 주가 흘러 생존자 수색 작업이 무의미해지자, 추모객들이 갖다놓은 물건들이 쌓이기 시작했어요. 우리는 처음에 멀리서 그 사진을 찍었어요. 전부 치워야 한다는 뉴욕 시의 발표가 있은 후, 우리는 브로드웨이와 리버티 스트리트의 한 블록 전체에 울타리를 치고 거기에 있는 모든 것을 수거했습니다. 피어 94에서 실종자 전단지도 수집

프레시 킬스 매립장에서 한 조사관이 쌍둥이 빌딩 잔해물에서 나온 종이를 살펴보고 있다.

했는데, 아마도 개인적인 추모물 중 최대 규모일 겁니다."

　실종 전단지는 대규모 수집 자료 중 일부일 뿐이었다. 9월 12일부터 프레시 킬스 매립장에 잔해물이 옮겨졌는데 그곳에서 집중적인 선별 작업이 이루어졌기 때문이다. 2001년 3월 영구적으로 폐쇄된 그곳 매립장은 9·11 테러 사건 현장을 정리하기 위하여 다시 문을 열었고 언론 매체를 비롯하여 관계자 외에는 출입 금지였다. 10개월 동안 바지선으로 전부 180만 톤의 잔해가 옮겨졌다. 하루에 무려 열일곱 번씩 한 번에 650톤을 싣고 왔다. 조사관들이 71만 제곱미터에 이르는 매립장 부지를 뒤졌다. 세 가지 우선순위는 사람의 유해와 개인 소지품, FBI 조사를 위한 증거를 찾는 일이었다.

　잔해 더미에서는 대부분 지폐인 현금 7만 6,318달러 47센트가 발견됐다. 조사관들이 발견한 5만 4,000점의 개인 물품 가운데 4,000점이 사진이었는데 대부분은 책상 위에 올려져 있던 것으로 추정됐다.

이 사진들은 오염 제거를 위하여 코닥 연구실로 보내졌고 가능한 경우 유족들에게 돌려주었다. 또한 3,000개에 이르는 신분증도 발견됐다. 대부분은 피해자가 남긴 유일한 흔적이었다.

"매립장에서 40일 동안 작업했습니다. 10개월 동안 1주일에 이틀씩이요." 스캐밍이 말했다. "첫날 형체를 알아볼 수 있는 것이라고는 페덱스 봉투뿐이었죠. 다음 주에 다시 가서 경찰, FBI와 함께 작업했습니다. 그들은 유해와 증거를 찾고 있었죠. 놀랍게도 강철이든 차량이든 전부 종이가 박혀 있더군요. 우리는 2,000점의 수집품을 선별했는데 그중에는 화재 보험 회사의 거래원장, 문구류, 신문, 자동차 안으로 날아온 것들 등 종이도 포함되어 있었습니다. 다수의 차량과 비행기 파편 50점도 수집했어요. 현장 사진도 많이 찍었고요." 뉴욕 주립박물관이 수집한 세 번째 종이 요소는 "전 세계 수많은 사람이 뉴욕으로 보내온 위로의 글"이었다.

뉴욕 주립박물관이 획득한 물건 중에서 스키밍에게 특히 감동을 준 것은 뉴욕 뉴저지 항만관리청이 유족들 전용으로 세계무역센터로 가져간 건설 현장용 차량인 '가족 트레일러'였다. "트레일러 안으로 들어가서 창밖을 바라보거나 세상을 떠난 사랑하는 사람들에게 쓴 글이나 사진, 전단지를 남길 수 있었어요. 유족들이 벽을 하나도 남김없이 도배했죠. '아빠, 생신 축하해요' 같은 카드로요. 우리가 트레일러 전체를 수집했어요. 그 안에 들어가면 그 거대함에 압도당합니다. 수많은 얼굴들이 쳐다보고 있죠. 현재 일반에도 공개가 되어 있는데, 매우 성스러운 공간입니다."

물론 뉴욕 주립박물관은 9·11 테러 사건 관련 물품만 수집하는 것이 아니라 뉴욕 주의 역사와 문화와 연관된 1,500만 점의 소장품을 보유하고 있다. 그라운드 제로 지점에 '9·11 추모 박물관이 만들어지기로 했고 2006년에 잰 세이들러 라미레즈Jan Seidler Ramirez가 수석 큐레이터 및 관장으로 임명되면서 물품을 수집하는 한편 상세한 전시 계획이 구상되기 시작했다. 라미레즈는 뉴욕 시 박물관의 부관장이자 수석 큐레이터였고 뉴욕 역사학회의 부회장을 지냈다.

9·11 추모 박물관 건립은 단 하루에 일어난 사건과 그 결과를 해석하고 문서화하는 임무를 맡는다는 점에서 독특했다. 또한 그 일은 대부분 관련 물품에서 서사를 이끌어내는 것이었다. 내가 라미레즈 관장과 부큐레이터 에이미 와인스타인을 처음 만난 것은 2009년 2월의 어느 아침에 원 리버티 플라자에 마련된 그들의 임시 사무실에서였다. 20층 아래로 울타리가 쳐진 그라운드 제로에서 트랙터와 크레인들이 바쁘게 움직이고 있었다. 9·11 추모 박물관 개관까지는 그로부터 몇 년이 더 걸렸다.

"이해할 수 없는 광경이었죠." 라미레즈가 말문을 열었다. "많은 사람들이 방금 뭘 본 건지 10~20초 동안 어리둥절해했습니다. 맑은 그날 아침에 푸른 하늘을 올려다보니 종이가 태양을 가리고 있었죠. 출근길에 지하철역에서 나온 많은 사람이 색종이 테이프 퍼레이드인가, 새 떼인가 생각했어요. 무지개라고 표현한 사람들도 있었습니다. 그 건물들은 현대인의 노동 습관을 보여주는 완벽한 전형이었습니다. 그 건물들이 무너지는 순간 우리는 무얼 보았죠? 바로 종이였어요. 색종이 조각처럼 흩뿌려진 종잇조각이었죠."

라미레즈에 따르면 9·11 추모 박물관 건립을 위하여 큐레이터들은 관람객들이 도저히 믿을 수 없는 광경 앞에서 한없는 무기력함을 느껴야만 했던 그 순간을 느낄 수 있는 오프닝 행사를 계획했다. 그 계획에서 '종이는 어디에서나 눈에 띄었다.' "시내 전역의 지붕과 발코니에서 수거한 종이들이 있었어요. 매우 흥미로운 것들이죠. 쌍둥이 빌딩에서 날아온 종이를 개관 기념 전시회에서 사용할 예정입니다. 항공기 파편도 있어요. 워싱턴의 펜타곤과 항공기 93편이 추락한 펜실베이니아 생크스빌 쪽에서도 자료를 가져오려고 합니다." 펜실베이니아에 추락한 비행기 잔해에서는 선임 승무원 로레인 G. 베이의 개인적인 항공일지와 공중 납치 등의 응급 상황 발생 시 행동 요령에 관한 개인적인 메모가 적힌 기내용 매뉴얼 등 두 가지 물품이 발견됐다.

매사추세츠 에섹스에서 캘리포니아에 있는 한 업체로 보낸 9월 10일자 소인이 찍힌 송장도 있는데, 이것은 건물에서 피신하던 법대 학생이 주운 것이었다. "그 학생은 현장에서 발견한 종이를 집으로 가져갔습니다. 당시 많은 사람이 그랬어요. 그날 아침 보스턴에서 출발한 비행기의 우편물 가방에 있던 개봉되지 않은 봉투였는데, 우리 쪽에 가져다주었어요. 봉투의 주소로 연락해보니 고맙게도 소장해도 된다고 허락해주었습니다." 라미레즈는 9·11 추모 박물관이 수집한 물건들은 대체로 사람들에게서 기증 받은 것이며 그중 소장 가치가 있는 것들은 대부분 종이라고 말했다. "한 예로 이 종이배지는 그날 어느 컴퓨터 수리 기사가 달고 있었던 거예요. 그는 커피를 마시려고 엘리베이터를 타고 내려갔다가 목숨을 구할 수 있었죠. 그가 이 배지를 우리에게 주었어요."

뉴욕 시 소방서의 미키 크로스Mickey Kross[7] 부서장 역시 그날 기적적으로 목숨을 구했다. 그는 엔진 16 팀과 서둘러 불타는 세계무역센터로 출동했다. 북쪽 타워의 계단에서 한 여성을 구출하고 있을 때 타워가 무너져 열 명이 넘는 사람들과 함께 주저앉은 4층 바닥 아래에 생긴 작은 공간에 다섯 시간 동안 갇혀 있었다. 수백 명이 목숨을 잃은 가운데 그들이 어떻게 살아남을 수 있었는지 알 수 없지만, 바깥으로 이어진 조명 통로를 따라 구출될 수 있었다. 크로스가 9·11 추모 박물관에 기증한 물건 중에는 사람들을 안전하게 안내한 후 가장 처음 발견한 카드(클럽 두 장)가 있었다. 또한 그는 주머니에 들어 있던, 함께 출동한 네 명의 소방관(모두 무사했다) 이름이 적힌 '출동 알림표'와 여자 친구에게 자신이 무사하니 걱정하지 말라고 쓴 메모도 기증했다.

뉴욕 주립박물관의 스캐밍이 그러했듯 라미레즈와 와인스타인에게 도 실종 전단이 중요한 우선순위였다. "이게 아마 최초의 실종 전단 일 거예요." 와인스타인이 9월 11일 오후에 붙은 전단을 보여주었다. 라미레즈는 "그날 저녁이 되자 수백 개의 전단이 붙었죠. 이건 그날의 종이에 관한 이야기의 일부예요"라고 말했다. "알다시피 시간이 지나 면서 사람들은 전단에 적을 내용을 다시 생각하게 되었습니다. 실종 자가 그날 무슨 옷을 입었지? 상처나 문신 모양은 어떻지? 하는 것들 말이죠. 그냥 손에 닿는 대로 아무 종이나 집어서 실종을 알리려고 했 다는 긴급함이 느껴집니다. 그래서 메모를 써서 붙이기 시작했죠. 전 화와 전기가 마비되었기 때문에 종이가 긴급하면서도 효율적인 유일 한 통신수단이었던 거예요. 사회학적으로 매우 흥미로운 사실이라고 생각합니다. 종이가 있어서 얼마나 다행인지, 언제고 종이에 의지할 수 있으니까요."

쌍둥이 빌딩이 무너지기 전에 리버티 스트리트에서 불에 그을린 테러 리스트의 여권이 발견됐다. 9·11 추모 박물관 측은 그 여권이 FBI에 더 이상 필요하지 않을 경우 습득하려고 관심을 보였지만 손에 넣지 는 못했다. "사람들이 다른 사람들에게 종이를 돌려주려고 노력한 감 동적인 사연이 많습니다." 라미레즈가 말했다. "사망자 명단에 올라 있 는 사람의 서명이 담긴 종이도 있었어요. 그런 행동이 우정으로 이어 지기도 했죠."

라미레즈는 세계무역센터 빌딩의 소유주인 뉴욕 뉴저지 항만관리청

THE PORT AUTHORITY OF NY & NJ

Pablo Ortiz
Construction Inspector
WTC Construction Division

One World Trade Center - 88SE
New York, NY 10048
(212) 435-4902
Fax: (212) 435-2408
Beeper: (917) 787-4178

갇혀 있던 사람 50명 이상을 구한 뉴욕 뉴저지항만관리청 파블로 오리츠의 명함. 브루클린에서 발견
됐다. 9·11 추모 박물관 소장.

의 공사 감독 파블로 오티즈Pablo Ortiz의 명함을 보여주었다. 흙이 잔
뜩 묻어 있고 귀퉁이가 살짝 그슬려 있었다.[8] 기증자가 보내온 편지에
는 "9월 11일 초저녁에 제가 거주하는 브루클린 소재의 파크 슬로프
아파트 창턱에 걸려 있었습니다. 명함이 어떻게 이렇게 멀리까지 날아
와 창턱에 무사히 내려앉았는지는 모르겠습니다"[9]라고 되어 있었다.
그는 "영원한 보금자리를 찾아주고 싶은 마음에" 그 명함을 6년 동안
보관해왔다고 했다.

라미레즈는 명함을 기증받자마자 명함 주인이 '어떻게 되었는지' 알
아보기 위해 구글에 파블로 오티즈를 검색해보고 깜짝 놀랐다. "잘
알려지지 않았지만 그는 그날의 민간인 영웅이었습니다. 테러 공격 당
시 그는 18층에서 신입사원들을 교육시키고 있었습니다. 지옥 같은
사건이 터진 후 파블로 오티즈와 역시 뉴욕 뉴저지 항만관리청의 프
랭크 드 마티니는 사람들을 모두 내려가라고 한 후 간단한 공구를 챙
겨서 위층으로 올라갔습니다. 문을 뚫고 들어가 많은 사람들을 구했

사진저널리스트 래리 토웰에 따르면 많은 사람이 믿지 못하겠다는 표정으로 서 있었고 일부는 잔해 더미를 살펴보기도 했다. 매그넘 포토스.

죠. 정말 감동적인 이야기죠. 그의 명함이 브룩클린까지 날아갔다는 사실은 정말로 놀랍습니다."

렉시스넥시스LexisNexis(법률 정보는 물론 전 세계 뉴스와 기업 정보를 통합하여 제공하는 데이터베이스-옮긴이)에서 찾아보니 오티즈와 드 마티니의 영웅적인 행동을 다룬 기사들이 나왔다. 그들이 구한 사람들의 인터뷰와 2003년 뉴욕 뉴저지 항만관리청이 공개한 9·11 신고 전화 내용도 있었다. "건축가와 공사 감독인 프랭크 드 마티니와 파블로 오티즈 이 두 남자는 장애물에 가로막혀 출구로 나가지 못하는 사람들을 위하여 장애물을 부수었다." 짐 드와이어Jim Dwyer가 2003년 8월 29일에 《뉴욕 타임스》에 쓴 기사였다. "북쪽 타워 88층과 89층에 갇혀 있던 최소한 50여 명이 드 마티니와 오티즈 씨, 그리고 다른 사람들이 문을 부수고 신고 전화에 대응해준 덕분에 밖으로 나갈 수 있었다. 91층 사람들은 전부 목숨을 잃었다. 드 마티니와 오티즈도."

그다음에 라미레즈는 유명 사진저널리스트 래리 토웰Larry Towell이 찍은 사진을 보여주었다. 양복을 입은 남자가 길 한가운데에 서서 바닥에서 주운 종이를 들여다보는 사진이었다. 라미레즈는 북쪽 빌딩이 무너지기 전에 종이를 주워들고 '무슨 일인지 알아보려는' 사람들의 모습이 담긴 다른 사진도 있다고 말했다.

그러고는 책상에 놓인 복사물 하나를 내 쪽으로 밀어주었다. 평범한 인쇄용지였는데 대체로 온전했지만 왼쪽 맨 끝에 검붉은 얼룩 하나가 보였다. 내가 방문하기 몇 달 전에 기증된 그 종이는 발견 이후 지금에 이르기까지 관리 연속성(어떤 기록이 만들어진 이래 그것이 어떻게 승계되고 관리되었는지 보여주는 것으로 기록의 진본성을 판정하는 중요한 기준이 됨–옮긴이)이 확실한 진본 종이였다. 그 종이에는 펜으로 다급하게 '84층 서쪽 사무실에 12명이 갇혀 있다'라고 적혀 있었다. 라미레즈에 따르면 당시 수많은 사람이 창밖으로 메모를 던졌는데 그중 하나라고 했다.

"이 얼룩은 핏자국일 거예요. 이 메모를 쓴 사람은 공기를 쐬기 위해 창문을 깨뜨려야 했을 겁니다." 라미레즈가 말했다. 리버티 스트리트에서 피신하던 한 여성이 이 종이를 주웠어요. 그녀는 이것을 연방준비은행 밖에 있는 안전요원에게 주었는데 안전요원이 위를 올려다보는 순간 남쪽 타워가 무너졌습니다. 눈앞에서 무슨 일이 벌어진 건지 알아차렸을 때, 이미 두 빌딩 어디에도 84층은 없었어요. 다시 말해서 한 사람이 거리에서 도움 요청이 담긴 종이를 주워 제복을 입은 사람에게 준 거였습니다. 이 종이는 최근까지 연방준비은행의 금고에 보관되어 있다가 우리가 적임자라고 생각해서 기증되었습니다."

라미레즈에 따르면 남쪽 타워의 84층에서 근무하던 유로 브로커스의 직원들일 것이라는 추측 하에 그 열두 명이 누구인지 알아내려는 노력이 계속 이루어졌지만, 내가 방문한 시점에는 확실한 답을 얻지

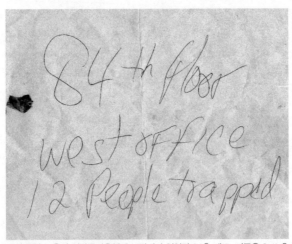

10년 동안 뉴욕의 연방준비은행에 보관되어 있었던 84층 메모. 지금은 9·11 추모 박물관에 장기 대여되어 있다.

못한 상태였다. "언젠가 이 얼룩에서 DNA를 추출할 수 있다면 신분을 밝힐 수 있지 않을까 생각하고 있습니다. 여전히 더 많은 희생자의 신분을 밝히려고 노력 중인 법의관들에게 이 문제를 문의했는데, 가까운 장래에 그럴 수 있다는 가능성을 열어두고 있어요. 또 우리는 필체도 살펴보고 있고요."

라미레즈가 처음 그 문서를 나에게 보여준 2009년 2월 당시에 문서의 주인공을 찾는 일은 멀게만 느껴졌지만 그래도 희망적이었다. 하지만 주인공을 영원히 밝혀내지 못한다고 해도 어쩔 수 없는 일이었다. 그 종이는 테러 공격에 무고한 사람들이 얼마나 많이 희생되었는가를 가슴 아플 정도로 강력하게 보여주었다. "당시 목숨을 잃은 모든 사람들, 스스로 자신의 존재를 밝힐 수 없는 모든 사람들을 나타내줍니다. 때로는 모르는 것이 아는 것만큼 중요한 것 같아요." 라미레즈가 말했다.

박물관에 대한 새로운 소식을 듣기 위하여 2011년 가을에 라미레즈에게 연락했는데, 얼마 전에 흥미로운 물품이 입수됐다는 소식을 들었다. 특히 9·11에 대한 대중의 너무도 다르지만 상호 보완적인 반응이 담긴 두 문서가 대표적이었다. 그중 하나는 '마이클 랙스데일 9·11 테러 이후 종이 이페메라 컬렉션'으로 컬럼비아 대학교의 비디오 예술가 마이클 랙스데일이 9·11 테러 사건 다음 날부터 14개월 동안 모은 물품이었다. "대부분 무료로 이용할 수 있는 전단지와 포스터, 팸플릿입니다." 라미레즈가 설명했다.

"랙스데일은 3주 지역(일반적으로 3개의 주에 걸쳐 있는 하나의 지역을 가리키는데 흔히 뉴욕, 뉴저지, 코네티컷을 아우르는 뉴욕 도시권을 말함–옮긴이)에서 실종자 전단과 파괴 현장 사진을 제외하고 9·11 테러 사건과 관련된 모든 종이를 수집했습니다. 일반 대중에게 공개되거나 배포된 것들만 대상으로 했죠." 약 2,800개에 이르는 랙스데일의 수집품에는 적십자 전단지, 테러에 대한 종교계와 UN의 반응, 평화와 관용, 비탄에 빠지거나 상담이 필요한 사람들을 향한 도움의 손길 등이 담긴 내용 등의 종이가 포함됐다. "다른 이페메라와 마찬가지로 금방 자취를 감추는 것들이기 때문에 우리로서는 매우 반가운 물건들입니다."

라미레즈에 따르면 9·11 추모 박물관에는 좀 더 국제적인 자료인 '디어 히어로 컬렉션'도 입수됐다. 그것은 델타 항공 승무원이었던 오하이오 주 신시내티의 타냐 호가드가 8년 동안 모은 편지들이었다. 그녀는 9·11 테러 후 복구 작업 때, 스케줄을 조정하여 구세군과 함께 로어 맨해튼에서 봉사활동을 했다. 구조대원들을 돕거나 가벼운 다과를 제공하는 일이었다. 얼마 후 그녀는 휴식용 텐트가 있는 쪽으로 지원했는데 그쪽으로 아이들이 보내는 카드와 편지가 왔다. 그리고 많은 소방관들과도 친해졌는데 소방서에도 전 세계에서 온 카드와 편지가 넘쳐난다는 이야기를 듣게 됐다. 그녀는 그 편지들을 최대한 많이 모아서 보존해야겠다고 결심했다.

　항공사 동료들이 여행 가방을 한두 개 더 들고 와주어서—그리고 소방관들이 따뜻하고 감동적인 인사가 담긴 서신들을 가져갈 수 있도록 묵인해준 덕분에—호가드는 3톤이나 되는 서신을 모아 신시내티로 보내 무료 저장 창고에 보관해놓았다. 그녀는 직접 모든 편지의 목록을 만들어 80개의 기록보관용 수납함에 넣었다. 그것들이 공개되었을 때, 호가드가 서신을 모을 수 있도록 도와준 뉴욕의 한 소방관은 그 편지들이 그것을 받은 사람들에게 얼마나 큰 의미가 있었는지 이야기해주었다. "우리에게는 암울한 시기였습니다." 소방관 조 티스비가 말했다. 그가 몸담은 소방서에서도—뉴욕 시 소방서 엔진 40, 트럭 45—열두 명이 목숨을 잃었다. "정신적으로나 심적으로요. 그리고 몸도 완전히 지쳤습니다. 그런 상태에서 아이들이 보내온 편지들은 밝은 빛이 되어주었죠. 마치 자녀가 그린 첫 그림을 보관하는 것 같은 기분이었습니다. 여기에는 종이와 잉크 그 이상의 의미가 있으니까요."

　나는 라미레즈에게 2년 6개월 전에 보여준 그 종이의 필체를 법의학자들에게 분석을 맡겼는지 물었다. "법의학 분석을 했어요. 남쪽 타워 84층에 있었던 금융 서비스 기업에 근무했던 사람의 필체와 일치한다는 결과가 나왔습니다." 그리고 그녀는 한동안 말을 잇지 못했다. "법의관이 유족인 아내에게 연락을 했고 언제 어떻게 공개할지는 그분이 결정할 겁니다. 따라서 적절한 때에 적절한 방법으로 공개가 될 겁니다." 라미레즈는 10년 동안의 비밀이 풀렸기에 이제는 그 단순한 종이 한 장에 전혀 새로운 맥락이 부여됐다는 사실에 동의했다.

　"공포에 질린 채 연방준비은행이 있는 메이든 레인으로 피신한 한 여성이 있었고 은행 밖에서 사람들을 도와주던 안전요원이 있었습니다. 그녀는 안전요원에게 다가가 종이 한 장을 건네며 '방금 이걸 주웠

어요. 제발 이 사람들을 도와주세요'라고 했습니다. 그것을 읽은 안전
요원은 남쪽 타워라고 생각하고 고개를 돌려 은행으로 들어가려는 순
간 남쪽 타워가 무너져 내렸습니다. 84층의 남자는 함께 있는 사람들
을 도우려는 절박한 심정으로 이 종이에 글씨를 적어 창밖으로 던졌
지만, 바로 그 순간 죽고 말았죠. 이제 그가 누구인지 알게 되었으니
전혀 다른 이야기가 되겠죠. 이 이야기는 그날 목숨을 잃은 모든 희생
자들에 대해 충분한 설명을 해줍니다."

2001년 9월 11일, 유나이티드 항공 175편'이 남서쪽에서 세계무역 센터로 진입할 때, 그것은 305미터 상공에서 허드슨 강을 지났고 왼쪽으로 급격히 방향을 틀어 오전 9시 3분에 남쪽 타워와 충돌했다. 순간적인 하강률이 무려 1분에 30킬로미터에 달했고 충돌 시 속도는 시속 945킬로미터였다. 연료를 가득 채운 보잉 767의 움직임을 레이더 스크린에서 좇던 항공교통관제사는 공포에 질렸다. 그는 자신이 목격한 것을 110층 건물로의 '파워 다이빙'이라고 표현했다.

조사관들은 17분 전에 북쪽 타워와 정면충돌한 아메리칸 항공 11편과 달리 유나이티드 175편은 남쪽 타워와 비스듬하게 충돌했기 때문에 연기로 가득한 북동쪽 통로 스테어웨이 A에 지나갈 틈이 조금 있었다고 말했다. 덕분에 위층의 생존자 네 명과 진입층 바로 아래에 있던 또 다른 열네 명이 생존할 수 있었다. 그 긴박한 위기의 순간에 갇혀 있던 사람들이 스테어웨이 A를 지날 수 있다는 사실을 알았더라면 목숨을 구할 수 있었을 것이다.

9·11 위원회의 공식 보고서는 항공기 충돌로 남쪽 타워에서 최소 100명이 숨졌을 것이라고 추정했다. 또한 남쪽 타워에서 사망했다고 알려진 599명 중에서 20명을 제외한 모두가 충돌지대 또는 그 위인 77층에서 85층에 있었다고 밝혔다. 수많은 회사가 인명 피해를 입었는데 599명의 사망자 중 약 절반이 다섯 개 회사에서 나왔다. 국제금융기업 유로 브로커스 역시 충돌 지점인 84층에 있었고 61명의 사망자가 발생했다.

아침 9시 59분에 남쪽 타워가 붕괴되기 전에 마지막으로 탈출한 사람은 유로 브로커스의 단기금융시장 담당자 론 디프란체스코[2]였다. 그는 더 이상의 지시를 기다리지 않고 두 번째 비행기가 충돌하기 전에 빌딩에서 피신한 덕분에 목숨을 구할 수 있었다. 84층 로비로 나간 그는 중앙 엘리베이터 통로에 자리한 육중한 기계에 막혔다. 그때 바로 위에서 비행기의 오른쪽 날개가 잘려나갔다. 더듬더듬 스테어웨이 A로 들어간 그는 이미 대피 중이던 유로 브로커스 부사장 브라이언 클라크[3]와 힘을 합쳤다. 두 사람이 따로 떨어지게 되었지만 둘 다 안전하게 대피한 것은 사건 이후에 자세히 보도되었지만, 비행기 충돌 당시 사무실에 없었던 것이 생존의 결정적인 역할을 했다. 그들의 동료였으며 코네티컷 주 스탬포드에 거주했던 48세의 랜돌프 스콧은 그렇지 못했다. 그는 유나이티드 175편에 사무실이 산산조각 날 때 즉사했던 것으로 보인다.

북쪽 타워에 비행기가 충돌한 직후 랜돌프 스콧은 아내 데니스가 1학년 교사로 있는 스탬포드의 스프링데일 초등학교에 전화를 걸어 자신이 무사하다는 메시지를 남겼다. 그날 아침 남쪽 타워의 수많은 사람이 그러했듯, 스콧은 두 번째 비행기가 충돌하기 전까지의 그 결정적인 순간에 스피커를 통해 전달된 북쪽 타워가 안전하다는 뉴욕

시 항만청의 말에 따라 사무실에 남아 있었다. 그의 죽음은 그 후 몇 개월에 걸친 복구 작업에서 발견된 종잇조각들로 확인됐다. 2011년 가을까지 모두 30점이 발견됐다.

"남편 랜디가 즉각 사망했다는 점이 그래도 안심이 되었어요. 적어도 고통을 느끼지 않았을 테니까요." 2012년 8월에 그의 아내 데니스 스콧이 나에게 말했다. 우리는 다급하게 도움을 요청하는 종이의 핏자국이 그녀의 남편 것이라는 결과를 거의 비슷한 시기에 알게 되었고 나는 그 일에 대해 이야기를 나누기 위하여 그녀를 만났다. 남쪽 타워가 무너지기 전, 리버티 스트리트에서 누군가 주운 바로 그 종이였다. "사랑하는 사람에게 무슨 일이 생긴 건지, 아니, 정확히 어떻게 된 일인지 10년 동안 모른다면, 그저 사랑하는 사람이 고통스럽지 않았기만을 기도하게 되죠." 그녀가 설명했다. "비행기가 충돌한 지점이 남편의 사무실이 있던 층이라는 것을 알고 있었어요. 그래서 솔직히 남편이 즉사했기를 바라는 마음이 있었습니다. 남편의 죽음은 저에게 엄청난 충격이었지만 졸지에 아빠를 잃은 세 아이들이 있기에 추스르고 살아가는 데 최선을 다해야 했어요. 그렇기에 남편이 말로 다하지 못할 엄청난 공포를 느끼지 않아도 됐다는, 저 혼자만의 상상과 믿음에서 그나마 위안을 얻었어요."

데니스는 뉴욕 시 수석 법의관실의 과학수사 책임자이자 참모장 바바라 부처의 전화를 받은 일을 이야기했다. "또 다른 종잇조각이 발견된 건 줄 알았는데 직접 쓴 글씨라고 하더군요. 10년 만에 그런 게 발견되다니 정말 깜짝 놀랐죠." 며칠 후 그녀는 메모를 직접 보고 DNA 결과에 대한 설명을 듣기 위하여 남편의 절친한 친구였던 스티브 언스트와 함께 뉴욕을 찾았다. "랜디의 글씨가 적힌 견본을 들고 갔어요. 분명 아닐 거라고 생각했는데 종이를 보자마자 첫눈에 알 수 있었죠. 의심의 여지가 없었어요. 남편 글씨였어요. 물론 그걸 보는 순간 만감이 교차했죠."

'84층 서쪽 사무실에 12명이 갇혀 있다'고 적힌 그 메모는 남편이 살아 있었을 뿐만 아니라 같이 남은 사람들을 살리기 위해 최선을 다했다는 것을 말해주었다. "그 종이를 딸에게 보여주니 '아빠가 얼마나 무서웠을까'라고 하더군요. 그래서 '아니야. 아빠는 무섭지 않았어. 사람들을 구하려고 하신 거야'라고 말해줬어요. 지금 저에게 위안이 되어주는 건, 남편이 함께 있는 사람들을 도우려다가 죽었다는 사실이에요. 그날 건물에 갇혀 있었던 모든 사람들을 대변해주는 거예요. 남편은 희망을 잃지 않고 끝까지 싸웠고, 남편이라면 당연히 그랬을 거라고 생각해요."

처음에 데니스는 남편의 필체가 밝혀진 시점이 별로 좋지 않았기 때문에 사실 공개를 꺼렸다. 하필 9·11 테러 10주년을 몇 주 앞둔 시점이었다. "딸들에게 말할 자신이 없었어요. 10주년을 앞두고 그렇잖아도 생각이 많이 나서 힘들었으니까요. 그렇다고 추수감사절이 있는 11월이나 크리스마스가 있는 12월에 말해주는 것도 힘들었죠. 그래서 1월에 이야기했어요. 말해주고 나서 '얘들아, 이제는 더 이상 비밀이 아니야'라고 했죠." 내가 그녀를 만나고 한 달 후, 데니스는 자신이 거주하는 지역 신문 《스탬포드 애드버킷》과 인터뷰를 했다.' 9·11 테러 11주년에 맞춰 실린 그 기사는 곧바로 전국적으로 퍼져나갔다.

내가 스탬포드 자택에서 그녀를 만났을 때 그녀는 9·11 추모 박물관이 펜타곤과 펜실베이니아 생크스빌에서 사망한 사람들까지 합쳐 확인된 사망자 2,982명에게 바치는 슬라이드의 마지막 작업을 하고 있었다. 뉴욕 브룩클린에서 보낸 어린 시절의 랜디 스콧과 1979년 결혼 당시 두 사람의 모습, 그리고 세 딸 레베카, 제시카, 알렉산드라와 부부가 함께 찍은 사진이 있었다. 그리고 가장 최근 사진은 테러 사건이 나기 이틀 전인 2001년 9월 9일 일요일에 찍은 랜디의 사진으로 결혼 20주년 기념으로 아내가 선물한 혼다 섀도 오토바이에 걸터앉은 모습이었다.

데니스는 9·11 테러 사건의 유족들을 위해 마련된 특별실에 갈 때마다 벽면을 가득 채운 사진 속의 모든 희생자에게 존경심을 표한다고 말했다. "거기에는 방명록이 있는데, 나는 항상 랜디에게 짧은 메모를 남깁니다. '애들도 다 잘 있고 우리 모두 당신이 보고 싶어요'라고요. 이유는 모르겠지만 그런 마음을 표현할 수 있는 곳은 거기뿐이랍니다. 하지만 딸들이 어떻게 지내는지는 항상 남편에게 알려주지요." 그녀는 84층의 종이쪽지를 박물관에 전시하는 데 동의했지만 소유권은 여전히 가족에게 있다고 강조했다. "박물관에서 필요로 하는 한 대여해주는 거예요. 하지만 그건 제 소유가 아니라 딸들 거예요. 아버지의 유산이니까요."

감사의 말

나에게 미지의 영역이었던 곳에서 무로 시작하여 이 책을 쓰기까지 몇 년이라는 시간이 걸렸다. 참고한 많은 이들의 조언과 전문 지식은 나의 질문에 대한 생산적인 길을 제시해주었을 뿐만 아니라 새로운 길을 닦는 데도 도움이 됐다.

우선, 2002년에 아이오와 대학교 북 센터 강연 때 나를 안내해준 맥아더 펠로우 티모스 바렛에게 감사를 전한다. 수제 종이를 만드는 기술에 놀라운 열정과 지식을 가진 그를 보고 이 책의 모태가 된 생각을 처음 하게 됐다. 그가 나를 동료들과 연결해준 것도 나에게는 값진 일이었다. 또한 나중에 그가 보건도서관의 존 비드웰과 함께 진행하는 버지니아 대학교 레어 북 스쿨의 강의를 들을 수 있었던 것도 마법 같은 경험이었다. 고맙게도 두 사람이 원고를 읽고 유용한 조언을 해준 덕분에 더 좋은 원고가 나올 수 있었다. 또한 레어 북 스쿨의 책임자이자 물리적 대상으로서의 책에 대한 열렬한 지지자인 마이클 수아레즈에게도 감사한다.

화학 관련 부분과 산업 제지 공정에 관한 부분을 읽고 감수를 해준 노스캐롤라이나 주립대학교 생체재료과 교수이자 훌륭한 과학자이며 온라인 동료 평가 학술지 《바이오리소스》 초대 공동 편집자이기도 한 마틴 H. 허브에게 특별한 감사를 전한다.

2001년에 펠로우십을 제공해주어 내가 이 프로젝트에 전념할 수 있도록 국립인문재단, 문학예술과 독립적인 학자 정신의 열렬한 지지자로서 브리티시컬럼비아 강연 투어를 주최해주고 이 책의 집필 작업을 위하여 보조금을 지원해준 밴쿠버의 독지가 요제프 워스크 박사에게도 감사드린다.

1장은 2007년 일레인 코레츠키와 그녀의 남편 시드니 코테크치 박사, 그들의 딸이자 뉴욕 브룩클린에서 캐리지 하우스 페이퍼를 운영하는 도나 코테츠키와 동행한 3주 동안의 중국 여행을 토대로 한다. 그 여행에 나를 초대해준 세 사람에게 감사를 전한다. 또한 우리의 가이드였던 쿤밍 식물원의 관 카이윤, 그리고 자동차로 윈난 성의 버마 로드와 스촨 성의 뱀부 시를 지나는 오랜 시간 동안 즐거운 동반자가 되어준 영국 링컨셔의 종이 역사학자 크리스틴 해리슨, 종이역사학자 협회 회장인 코펜하겐의 애나 그레테 리스첼에게도 감사한다.

도쿄 아세아 대학교의 제지술 강사로 나의 일본 여행을 완벽하게 이끌어준 폴 덴호이드에게 감사한다. 또한 그 여행에서 많은 도움을 준 그의 아내 마키 야마시타, 일본에서 활동하는 미국 출신의 아티스트이자 제지가 리처드 플래빈, 에치젠의 종이 예술가 리나 아오키, 최고의 종이 복원 전문가 노부아키 미시마에게 감사한다.

약 10년 동안 정보 요원으로 일했고 지금은 뉴욕에서 변호사로 일하는 사위 마이클 P. 리치터에게도 고마움을 전한다. CIA와 국가안전보장국 방문을 주선해주고 원고의 관련 부분을 읽고 감수해주었다.

내셔널 인텔리전스 유니버시티에서 마이클의 논문 지도교수였으며 은퇴한 선임 정보 요원 존 A. 와이언트는 정보 작전에서 종이가 핵심을 차지한다는 사실을 알려주었다. 35년 동안 CIA의 정보 요원으로 일했으며 2002년에 워싱턴 DC 국제 스파이 박물관 초대 관장이 된 피터 어니스트는 '아르고' 작전이 대중에 알려지기 수년 전에 나에게 안토니오 '토니' 멘데스를 소개해주었다.

캘리포니아의 레이저 물리학자이자 오리가미 아티스트 로버트 랭은 15장의 핵심적 내용에 많은 도움을 주었다. 그 밖에도 테리 벨랭거, 조나선 블룸, 스콧 브라운, 폴 이스라엘, 벤 카프카, 마틴 켐프, 프랭클린 모워리, 제임스 오고먼, 프라디프 세바스티안, 로버트 윈터 등이 이 책의 여러 부분을 읽어보고 도움을 주었다. 클라크 대학교의 지리학 교수이자 중동과 북아프리카 토양 전문가 더글러스 존슨은 메소포타미아의 점토에 관한 놀라운 지식을 빌려주었다.

이 책에서는 대표적인 제지업체 네 곳이 나온다. 많은 지식으로 기꺼이 도와준 업체들에도 감사한다. 매사추세츠 크레인 앤 컴퍼니의 피터 홉킨스, 코네티컷 킴벌리-클라크의 빌 웰시, 펜실베이니아 P. H. 글랫펠터의 히스 프라이, 뉴저지 마칼 페이퍼 밀스의 랜달 술리가에게 감사한다. 트윈로커 핸드메이드 페이퍼의 창립자 캐슬린과 하워드 클라크는 인디애나 브룩스턴 자택을 방문했을 때 환대해주었고, 다드 헌터 3세는 오하이오 칠리코시에 있는 조부의 자택이자 작업장이었던 전설적인 마운틴 하우스를 구경시켜주었다.

여러 연구도서관과 문서보관소, 보존연구소를 방문했을 때 많은 사람이 도와주었다. 매사추세츠 우스터 미국 골동품협회의 엘렌 S. 던랩과 조지아 반힐, 뉴욕 공립도서관의 빅토리아 스틸, 버지니아 L. 바토, 마이클 인먼, 애틀랜타 종이과학기술연구소 산하 로버트 C. 윌리엄스 종이 박물관의 전 관장 신디 보덴, 델라웨어 대학교 도서관장 수잔 브린테슨, 뉴저지 웨스트 오렌지 토머스 에디슨 국립역사공원의 레오나르도 데그라프, 매사추세츠 역사학회의 피터 드러미, 폴저 셰익스피어 도서관의 스티븐 에니스, 필라델피아 도서관 조합의 제임스 N. 그린, 매사추세츠 로웰의 로웰 국립역사공원의 잭 헐라이, 국립문서기록관 리청의 미리엄 클라이만, 매사추세츠 대학교 로웰 역사센터의 마사 메이요, 뉴욕 국립 9·11 추모 박물관의 잰 세이들러 라미레즈와 에이미 와인스타인, 로스앤젤레스 게티 연구소의 마샤 리드.

또한 기꺼이 시간과 통찰을 나눠준 사람들에게도 감사를 전한다. 먼저 미시건 앤 아버의 레거시 프레스의 출판업자이자 다드 헌터 전기 작가이며 종이 역사학자인 캐슬린 A. 베이커, 은퇴한 예일대 미술대학원 학장이며 사진가이자 인쇄업자인 리처드 벤슨, 초기의 제지술과 전파에 관한 멋진 학회를 개최하고 캠브리지의 와이스만 보존센터 방문을 주선해준 하버드 래드클리프 고등연구소의 앤 블레어와 레아 프라이스. 잘 알려져 있지 않은 참고 문헌을 찾도록 도와준 시카고의 존 챌머스, 앨버타 에드먼턴의 수제 제지 공예가 에블린 데이비드, 앨버타 대학교에서 연구 및 특별 장서를 책임지는 부사서 메릴 디스태드, 캘리포니아 오클랜드 매그놀리아 에디션 설립자 도널스 판스워스와 그의 동료이자 베테랑 제지업자인 데이비드 C. 킴볼, 시애틀 공립도서관 특수 장서 책임자로 며칠 동안 태평양 북서부의 제지 산업을 소개해준 조디 펜턴, 뉴욕 로체스터의 제지업체 이스트먼 코닥 전 대표이자 종이 역사학자 키트 N. 펀더버크, 미시건 대학교 은퇴 사서 윌리엄 A. 고슬링, 《파인 북스 앤 컬렉션》 발행인 웹 하웰, 보스턴의 빈티지 사진 용지 보존가이자 수집가인 폴 메시어, 워터마크에 대한 훌륭한 가르침을 준 앨버타 대학교 미술 디자인 대학원의 브라이언 퀸, 북 아티스트이자 조각가인 플로리다 대니아 비치의 클레어 지닌 새틴, 미시건 앤 아버의 종이 기술자 매슈 실리언, 2003년 이탈리아 파브리아노와 아말피로 리서치 여행을 주선해준 예술가이자 제지업자인 린 수레스, '피터 페이퍼메이커'로 유명한 캘리포니아 산타크루즈의 피터 토머스.

나에게 꼭 필요했던, 그리고 좀처럼 찾기 힘든 자료를 찾을 수 있도록 도와준 보스턴 아테네움의 제임스 P. 피니, 홀리 크로스 대학교 디낭 도서관의 제임스 호건과 패티 포카로, 클라크 대학교의 로버트 H. 고다드 도서관의 매리 하트만에게도 감사한다.

25년 동안 나를 위해 최선을 다해준 나의 출판저작권 대리인 라이터스 레프레젠테이션㈜ 글렌 하틀리와 린 추에게 감사한다. 그들이 이 책을 알프레드 A. 노프 출판사와 연결해준 덕분에 저자들의 잠재력을 이끌어내기로 유명한 편집자 빅토리아 윌슨의 전문적인 관리를 받을 수 있었다. 원고를 열심히 읽어준 교열 담당자 윌 팔머와 빅토리아의 어시스턴트들인 대니얼 슈와츠, 샬롯 크로우, 오드리 실버맨, 재킷 아티스트 제이슨 부허, 디자인 담당 카산드라 파파스, 홍보 전문가 가브리엘 브룩스와 에리카 힌슬리에게도 감사를 전한다.

원문의 멋진 뉘앙스를 살려 번역해준 내 딸 바바라 바스베인스 리치터, '우리 집 사서'로 서지학과 온라인 검색에 재능을 보여준 니콜 바스베인스 클레어에게도 고맙다. 두 딸 모두 자랑스럽다. 끊임없는 격려를 보내준 빌리 클레어, 니키 리처드슨, 조지 바스베인스에게도 감사한다.

해군 동기로 함께 항공모함 오리스카니를 탔던 50년 지기 친구들, 캘리포니아 토렌스의 유진 O. 헤스터, 플로리다 브룩스빌의 조셉 M. 메이슨 주니어, 버지니아 오크턴의 토머스 N. 윌레스에게 특별한 감사를 전한다. 우리는 운이 좋은 소수다.

내 어머니 조지아 K. 바스베인스 여사에게도 감사하고 싶다. 두 해 전에 세상을 떠나서 비록 이 책이 나오는 것을 보지 못하셨지만 처음부터 이 책을 열렬히 응원해주셨고 정기적으로 진행 과정을 보고 받으셨다. 우리 부부에게는 마지막 남은 부모님이었기에 더욱 사무치게 그립다.

모든 항해는 키를 잡는 안정적인 손이 필요한 법이다. 특히 호메로스의 '오디세이' 같은 광범위한 여정이라면 더욱 그렇다. 이 책이 나오기까지 그 부분에 대해서는 내 아내 코니의 도움이 컸다. 아내의 언제나 차분한 지혜와 강인함이 모든 페이지마다 자리한다. 순풍과 뒤파도를 따라 앞으로도 항해가 계속되기를.

주석

프롤로그

1. 파리 루브르 박물관 전시회 카탈로그 'Décultot' (2010년 9월 25일~2011년 1월 3일) 참고.
2. 댄 쇼네시, "삭스는 실재다……. 하지만 스포츠에서는 그 무엇도 확실하지 않다.", 《보스턴 글로브》(2011년 4월 1일)에서.
3. 윌리엄 완, '미국과 베트남, 부드러운 유물을 통해 신뢰를 쌓다', 《워싱턴 포스트》(2012년 6월 4일)에서.

제1장 가장 고귀한 발명품

1. 마르코 폴로, 『동방견문록』 2권, 24장 '칸의 지폐'.
2. 프랜시스 베이컨, 『노붐 오르가눔 스키엔티아룸Novum Organum Scientiarum』 2권, 아포리즘 31.
3. 칼 마르크스는 이것들에 대해 이렇게 말했다. "부르주아 사회로 가는 세 가지 위대한 발명이다. 화약은 기사의 계급을 폭파했고 나침반은 시계 시장을 발견하고 식민지를 건설했으며 인쇄기는 프로테스탄티즘의 도구이자 과학의 부활을 의미했다. 이것들은 지성의 전제 조건을 만드는 가장 강력한 수단이었다." 『경제 사본 1861-1863, 노동과 기계 워크숍, 도구와 기계 부분』 19편, 1169쪽.
4. 오늘날 약 600개의 끈이 기관이나 개인의 소장품으로 남아 있다. 결승문자의 역사와 기능에 관한 자세한 탐구는 다음을 참고. 게리 어턴, 『잉카 결승문자Signs of the Inka Khipu』, 2003.
5. 붙이다, 매달리다, 엮다 등을 뜻하는 독일어 동사 클레벤kleben에서 왔다. 메소포타미아에서 점토의 사용에 관한 더 자세한 내용은 핸드콕Handcock 참고.
6. 2003년 미국의 침공 이후 바그다드 국립박물관에서 설형문자가 담긴 점토판 수백 점이 약탈당했다. 현존하는 가장 오래된 도서관이라고 여겨지는 기원전 6세기경의 '시파르 라이브러리Sippar Library'(바그다드 남서쪽에서 발견)만 해도 완전한 컬렉션이다. 바스베인스, 『찬란한 문자』, '에필로그' 참고.
7. 치엔Tsien의 『대나무와 비단Bamboo and Silk』에 인용된 묵자(모우추라고도 함)의 말. vi.

8. 플리니우스, 『자연사』 3권, 21장 '파피루스', 13쪽. 학명 사이페루스 파피루스Cyperus papyrus는 사초과에 속하는 식물이다. 근대의 연구자들은 일찍이 파피루스의 물에 뜨는 성질을 입증했다. 가장 주목할 만한 사례는 노르웨이의 탐험가 토르 하이에르달이 1970년에 고대 모델에 따라 파피루스로 만든 뗏목으로 대서양을 건넌 일이다. 하이에르달에 대해서는 파킨슨과 쿼트, 『라호의 모험The Ra Expeditions』(1971); 존 J. 고데트, '파피루스가 지배했을 때:이집트 파라오들에게 힘을 준 다목적 식물', 《워싱턴 포스트》, 1999년 4월 8일.

9. 테오프라스토스, 4권, 8장, 4절. 도널드 P. 라이언, 『성서의 인류학자 51인』 3권, 1988년 9월, 132~140쪽에서 인용.

10. 플리니우스의 죽음과 헤르쿨라네움에서 발견된 두루마리에 대한 더 자세한 내용은 사이더Sider 참고. 빌라 파피리(Papiri 그뿐만 아니라 Papyri라고도 씀)는 캘리포니아 주 말리부에 있는 J. 폴 게티 박물관의 디자인에 영향을 주었다. 이곳에는 그리스와 로마의 조각과 토기가 전시되어 있다.

11. 치엔, 『대나무와 비단』, 136쪽에서 인용한 범엽의 말.

12. 실크로드를 뜻하는 독일어 자이덴슈트라세Seidentstrasse는 19세기 오스트리아의 지리학자이자 탐험가였던 페르디난트 폰 리히트호펜Ferdinand von Richthofen(1833~1905)이 처음 붙인 이름이다.

13. 우드와 버나드, 그리고 휘트필드 외 참고.

14. 치엔, 『대나무와 비단』, 35쪽.

15. 카시오도루스, 『잡문집Variae』 11편, 383~386쪽. 파피루스에 대한 인용문이 다음과 같이 이어진다. "검은색 잉크로 장식하는 필기판 위에 글자를 적어 말의 옥수수 밭은 머리에 가장 달콤한 수확을 가져다준다. 읽는 사람의 희망사항을 충족하는 경우가 많기 때문이다. 이것은 인간 행동의 충직한 증인으로 과거에 대해 말해주며 망각의 적이다. 우리의 기억은 내용을 계속 담고 있다고 해도 말을 바꾼다. 하지만 여기에 담론이 안전하게 저장되어 영원히 일관성 있게 전달될 수 있다."

16. 플리니우스, 『자연사』 4권, 13편. 다드 헌터, 『제지:고대 공예의 역사와 기술』, 19~23쪽; 페더슨, 57쪽도 참고.

17. 바스베인스, 『젠틀 매드니스』, 64~65, 68쪽. 바스베인스, 『인내와 투지』, 23~30쪽 참고.

18. 다드 헌터, 『제지:고대 공예의 역사와 기술』에 자세히 설명되어 있다. 마틴 A. 허브와 신디 보덴, 「수제 종이:그 역사와 공예, 과학에 대한 보고서」, 《바이

오리소스》 4호, 2009, 1736~1792쪽. http://ojs.cnr.ncsu.edu/index.php/
BioRes/article/viewFile/BioREs_04_4_1736_Hubbe_Bowden_Handmade_
Paper_Review/482 참고. F. 샤피자데, 「셀룰로오스 화학: 그 전망과 회상」, 《순
수 응용 화학》 제35집, 2호, 1973, 195~208쪽. http://dx.doi.org/10.1351/
pac197335020195.

19. 치엔, 『대나무와 비단』, 30쪽.

20. 대개는 흰 염소, 검은 토끼, 노란 족제비의 털이 사용되었지만 늑대, 말, 쥐의 털
도 사용됐다. 염소 털로 만든 붓은 부드럽고 유연하고 흡수성이 좋았다. 한편 토
끼털 붓은 굵고 힘찬 선을 그릴 수 있어 서예에 가장 안성맞춤이다.

21. 치엔, 『대나무와 비단』, 11쪽. 이 책의 각주도 참고.

22. 카터, 2쪽.

23. 치엔, 『종이와 인쇄Paper and Printing』, 13, 28, 48, 42, 112, 115쪽 참고.

24. 명나라(1368~1644) 때 만들어진 가장 강력한 기관은 통정사通政司로, 막대한 양
의 문서 전달을 담당하는 중앙부서였다. F. W. 모트는 『중국 제국: 900~1800년
Imperial China: 900-1800』에서 "종이로 된 모든 문서가 나가고 들어오는 것을 이 하나
의 부서가 관장했다"라고 적었다. "종이는 곧 힘이었으므로 이 부서는 종이의 흐
름을 다스렸다"(642~646쪽).

25. 패트릭 피츠제럴드, '윈난―버마 로마 로드', 《지오그래피컬 저널》 제95집, 3호
(1940년 3월), 161~171쪽.

26. 토머스 J. 캠파넬라, 『콘크리트 드래곤: 중국의 도시 혁명과 그것이 세계에 가지
는 의미The Concrete Dragon: China's Urban Revolution and What It Means for the World』, 2008, 14쪽.

27. 토머스 풀러, '아시아의 외딴 산에 새로운 도로가 들어선 제국의 무역이다', 《뉴욕
타임스》, 2008년 3월 31일.

28. 쿤밍에는 윈난 소수민족박물관이 있다.

29. 빈양, 『바람과 구름 사이: 2세기에서 20세기까지 윈난 성의 변화The Making of
Yunnan, Second Century BCE to Twentieth Century CE』(2008), http://www.gutenberg-e.
org/yang/index.html.

30. 일레인 코레츠키, '페이퍼 로드를 따라서', 《핸드 페이퍼메이킹 뉴스레터》 84호
(2008년 10월). 83호(2008년 7월) 참고. 그에 대한 내 답글인 '종이의 흔적: 중국의 수
공예 제지'는 《파인 북스 앤 컬렉션스》(2008년 3/4월호)에 실렸다. 우리가 스촨 성을
여행하고 온 지 6개월 만에 지진이 일어나 우리가 방문했던 곳 대부분이 피해를

입었고 약 9만 명이 목숨을 잃었다. 특히 청두 북서쪽에서 발생한 지진은 리히터 규모 7.9의 강진이었다.

제2장 여신이 전해준 비법

1. 요시나리 고바야시, 야스오 쿠메, 케니치 미야자키의 에세이, 『일본의 현재 수제 종이Current Handmade Papers of Japan』(1992, 총3권)에 나오는 제지소 숫자. 리드리히 알브레흐트 오일렌부르크 백작의 인용문도 참고.

2. 도로시 필드, 『종이와 문턱 : 아시아 국가의 영적 연결의 모순Paper and Threshold : The Paradox of Spiritual Connection in Asian Countries』, 2007.

3. 휴즈, 35~36쪽.

4. 다드 헌터, 『제지 : 고대 공예의 역사와 기술』에 소개된 종이 여신의 이야기(55~56쪽)는 여기에서 소개된 이야기와 약간 다르다. 헌터는 여신은 여성으로 변장한 신이라고 했고 "그 지역에서 고대로부터 전해 내려오는 전설"이라고 설명했다(하지만 오카모토 성지는 여러 형태로 1,000년 넘게 존재해왔다). 이 책에 소개된 이야기는 마코토 코바야시의 저서 『에치젠의 와시 : 일본의 고대 제지술Echizen Washi : The Ancient Japanese Art of Papermaking』을 참고했다. 2008년 에치젠 방문 시 구입했는데 다양한 견본 종이들이 들어 있는 아름다운 책이다(내가 구입할 당시 마지막 남은 한 권이라고 했다).

5. 폴 덴호이드, '에치젠 와시의 여신과 종이 축제', 《핸드 페이퍼메이킹》 제26집, 2호(2011년 겨울), 10~13쪽.

6. 카터, 6~38쪽.

7. 블룸즈버리 경매, 뉴욕, 2008년 4월 5일, Lot 24B.

8. 맥팔레인과 마틴, 74, 112쪽 참고.

9. 미케시, '풍선 폭탄이 전쟁 중에 서해안을 공격하다', 《뉴욕 타임스》, 1947년 5월 29일 참고. 스탠 그로스펠드, '51년 만의 화해 분위기 : 인생을 바꾼 일본의 오리건 풍선 폭탄', 《보스턴 글로브》, 1996년 12월 8일.

10. 마크 레빈, '종이 만드는 사람이 문명을 구할 수 있을까?', 《뉴욕 타임스 매거진》, 2012년 2월 17일. 바렛의 웹사이트 paper.lib.uiowa.edu.

11. 미야 타나카, '일본의 '와시'가 더욱 널리 인정받을 수 있도록 노력하는 미국 출신의 장인'에 인용된 도쿄의 미술 갤러리 오너 교코 이시하라의 말, 《저팬 타임스》, 2007년 1월 6일.

제3장 페이퍼 로드와 문명

1. 오늘날에는 타라즈 강으로 알려진 물길이다.

2. 미리엄 로서 오웬, 『스페인에서 온 이슬람 미술Islamic Arts from Spain』, 2010, 14쪽.

3. 앤 블레어, 「메모는 전승 기술」, 《크리티컬 인쿼리》 제31집, 1호(2004년 가을), 85~107쪽. 이 시기의 종이 이동에 대한 더 자세한 정보는 블룸, 2장 참고.

4. 프레디, 72~73쪽.

5. '종이'를 뜻하는 아랍어 와라크waraq, '잎leaf'에서 유래함. 카라바체크, 41쪽, 블룸, 47쪽, 페더슨, 52쪽.

6. 블룸, 87쪽.

7. 페더슨, 54쪽.

8. 로야 마레파트, '천국의 도시 사마르칸트', 《윌슨 계간지》 제16집, 3호(1992년 여름), 33~38쪽. 마이클 T. 덤퍼와 브루스 E. 스탠리, 『중동과 북아프리카의 도시들 : 역사 백과사전Cities of the Middle East and North Africa : A Historical Encyclopedia』, 2007, 318~323쪽. 트루디 링, 로버트 M. 샐킨, 샤론 라 보다, 『사적지 국제 사전International Dictionary of Historic Places』 제5권, '아시아와 오세아니아', 1996, 718~722쪽.

9. 블룸이 인용한 『별나고 재미있는 정보가 담긴 책A Book of Curious and Entertaining Information』.

10. 블룸 인용, 49쪽.

11. 13세기 이탈리아에서 등장한 워터마크는 누가 만든 종이인지 알 수 있게 해주고 여권이나 은행권 같은 문서의 진본성을 확인해준다. 철망 표면에 특정한 디자인의 철사를 붙여놓는 것이 전통적인 방법이다. 종이를 만드는 과정에서 철사로 인해 가느다란 공간이 남는데, 초지를 말려서 빛에 비춰보면 보인다. '명암' 워터마크는 철망이 몰드 표면에 붙기 전에 얇게 돈을새김을 한 조각을 그 위에 압착시켜서 만든다. 이렇게 하면 위로 솟은 부분과 꺼진 부분이 모두 생기므로 종이에 두꺼운 부분과 얇은 부분이 나타나 '명암' 워터마크 이미지가 된다. 기계 제지에서는 젖은 펄프가 기계의 롤러를 통과하기 전에 원통형의 촘촘한 쇠그물(댄디 롤)로 압착시켜서 워터마크를 만든다. 워터마크라는 말 자체도 근대적이다. 영국에서 워터마크가 처음 사용된 것은 18세기 초다. 독일에서는 wasserzeichen, 프랑스에서는 filigrane, 네덜란드에서는 papiermerken, 이탈리아에서는 filigrana라고 한다. 이탈리아 파브리아노에 있는 델라 카르타 이 델라 필리그라나 박물관에서(http://

www.museodellacarta.com) 워터마크의 놀라운 컬렉션을 볼 수 있다. 2003년 방문을 통해 이 책을 위한 연구 조사 작업이 정식으로 이루어진 곳이기도 하다. 또한 이탈리아 아말피에 있는 종이박물관 델라 카르타(http://www.museodellacarta.it) 도 둘러볼 만하다. 제지업체 아마트루다 페이퍼 밀과 같은 강에 면해 있다(라 카르타 디 아말피:http://www.amatruda.it). 이곳은 15세기부터 아마트루다 집안 대대로 운영되는 제지업체다. 워터마크에 관한 더 자세한 내용은 다드 헌터, 『제지:고대 공예의 역사와 기술』, 258~308쪽 참고.

12. 『브리태니카 백과사전』, 1888, 218쪽.

13. 카스티야 알폰소 10세, 『칠부법전The Siete Partidas』.

14. 카이로 기네제 컬렉션을 보고 싶다면 호프만과 콜, 그리고 바스베인스, 『찬란한 문자』, 51~53쪽 참고.

15. 카바라체크의 『Das Arabische Papier』(1887)을 돈 베이커와 수지 디트마르가 번역한 영역판 『아랍 종이Arab Paper』, 2001.

16. 카라바체크, 41~42쪽.

17. A. F. 회른레, 「누가 넝마 종이를 발명했는가?」, 《그레이트브리튼과 아일랜드 왕립 아시아학회 회보》, 1903년 10월, 663~684쪽.

18. 웨인 E. 베글리, 「타지마할의 신화와 그 상징적 의미에 관한 새로운 이론」, 《아트 불리틴》 제61집, 1호(1979년 3월), 7~37쪽. 베글리는 우스타드 아마드가 책임 건축가였을 것이라고 '추측'한다. "실제로 타지마할의 건축적 개념 중에는 천국과 신성한 보좌에 빗대어 해석해야만 설명되는 것들도 있다. ……서체가 아마낫 칸도 확실히 중요한 역할을 했다. 비문 작업을 고안한 사람이 아마도 그일 것이기 때문이다"(30쪽).

19. 블룸, 10쪽. 이슬람의 제지법을 상세하게 다룬 조나선 블룸, '이슬람 땅의 종이', 《핸드 페이퍼메이킹》 제27집, 2호(2012년 겨울), 66~67쪽 참고.

20. 블룸, 219~222쪽.

21. 『브리태니커 백과사전』 제11판, 725쪽.

22. 예수회 소속 로버트 I. 번스, 「유럽의 종이 혁명:발렌시아의 종이 산업-기술과 행동 측면의 돌파구」, 《퍼시픽 히스토리컬 리뷰》 제50집, 1호(1981년 2월), 1~30쪽.

23. 제지법이 여러 문화권에 끼친 영향에 대해서는 마거릿 T. 호젠, 「유리와 종이:문화접변의 역사적 연구」, 《인류학 남서부 회보》 제1집, 4호(1945년 겨울), 466~497쪽.

24. 번스, 「유럽의 종이 혁명」.

25. 캔슨은 몽골피에만큼은 오래되지는 않았지만 1557년 창립이라는 오랜 역사를 자랑한다. 오늘날 다양한 종류의 고품질 종이를 만드는 캔슨 앤 몽골피에의 공장 한 곳은 1492년에 지어진 것이다. 프랑스의 또 다른 유명 제지업체 아치스의 공장도 그때 지어졌다.

26. 「14세기의 비즈니스 역사」, 《비즈니스 히스토리 리뷰》 제39집, 2호(1965년 여름), 하버드 대학교, 261~264쪽(본 저자는 참여하지 않음), 70쪽.

27. 게사 콜비, 「전통적인 종이 생산에서 젤라틴의 역할, 아이언-걸 잉크가 종이에서 부식되는 것을 막아주는 억제제」, 《복원자 : 도서관 및 기록 자료 보존 국제 회보》, 2004, 26~39쪽. 바렛 참고.

28. 린 화이트 주니어, 「중세 역사학자 관점에서의 기술 평가」, 《아메리칸 히스토리컬 리뷰》 제79집, 1호(1974년 2월), 1~13쪽.

29. 호젠, 「유리와 종이」.

30. 제임스 토머스 로, 「성문법에서 따온 특수 적용 기독교 법규」 제1권, 1847.

31. 토머스 데커와 조지 윌킨스, 『당신을 즐겁게 만들어주는 농담들』(1607). 조슈아 캘혼, 「아마를 만든 말 : 값싼 성서, 원문 변질, 그리고 종이의 시학」, 근대언어종이협회, 2011, 327~344쪽.

32. 에이브러햄 카울리, 연극 〈수호자〉, 1막 5신.

33. 호프만, 10쪽.

34. 헨리 바너드, 「이 나라의 부와 영향력Our Country's Wealth and Influence」, 1882, 178쪽.

35. R. R. 바우커, 「미국의 위대한 산업 : 종이 한 장」, 《하퍼스 뉴 먼슬리 매거진》 제75집, 445호(1887년 7월), 118~119쪽.

37. 제이콥 크리스티안 샤퍼, 『넝마 없이 종이를 만드는 실험과 견본Versuche und Muster, Ohne Alle Lumpen Oder Doch Mit Einem Geringen Zusatze Derselben, Papier Zu Machen』 (1765~1771), 총 6권.

37. 모두 쿱스 인용. 조엘 먼셀에 따르면 짚으로 종이를 만들려는 첫 시도는 넝마 부족 현상이 벌어졌던 1756년 독일에서 이루어졌다. 하지만 품질이 매우 저급해서 실패로 돌아갔다.

38. 애커먼, 엔트위슬, 그레이스미스 참고.

39. 헌터, 『제지 : 고대 공예의 역사와 기술』, 345쪽.

40. 『옥스퍼드 대학교 출판사의 훌륭한 종이』(1998) 묘사적 카탈로그와 모든 종이 견본

포함. 존 비드웰, 『아메리칸 페이퍼 밀스 1690~1832』(2013) 종이 산업의 안내서. 제품과 워터마크, 유통 방식, 제조기술에 관한 각주 포함.

제4장 넝마에서 창조한 부

1. 스페인은 영국의 식민지 주민들보다 한 세기 앞서서 북아메리카와 인쇄술과 제지술을 전달했다. 신세계의 첫 번째 인쇄업자였던 지오바니 파올리는 1539년에 오늘날 멕시코시티에 인쇄소를 차리면서 후안 파블로스라는 이름을 사용했다. 독일 이민자 출신이자 스페인의 유명 인쇄소 소유자인 후안 크롬버거의 대리인 자격이었다. 그해 파블로스는 크롬버거를 발행인으로 내세워 신세계에서 첫 번째 책인 『멕시코와 카스티야어로 된 기독교 교리』를 인쇄했다. 지금은 한 권도 남아 있지 않다. 뉴욕 공립도서관에는 파블로스가 크롬버거를 위해 1543년에서 1544년 사이에 인쇄한 작은 4절판을 소장하고 있다. 『교리 소책서Doctrina Breve』라는 짧은 제목으로 알려진 종교서다. 파블로스는 1548년에 인쇄소의 완전한 소유권을 얻었고 1560년 세상을 떠날 때까지 자신의 이름으로 수많은 자료를 인쇄했다. 다드 헌터, 『제지 : 고대 공예의 역사와 기술』(479쪽)에 따르면 아메리카 대륙의 첫 번째 제지소는 1575~1580년 지금의 멕시코시티에 속하는 쿨우아칸에 만들어졌다. 하지만 그 첫 번째 제지소에 대해서는 알려진 바가 거의 없다. 1600년 이전 스페인의 인쇄업자들이 아메리카 대륙에서 어떻게 활약했는지 알려면 안토니오 로드리게즈-버밍엄, 『변화의 주도자 : 엘리자베스 L. 아이젠슈타인 이후의 인쇄 문화 연구Agent of Change : Print Culture Studies After Elizabeth L. Eisenstein』에서 '16세기 아메리카의 변화와 인쇄소'를 참고. 사브리나 앨콘 베이런, 에릭 N. 린드퀴스트, 엘리너 F. 셰블린 편집, 10장, 2007, 216~237쪽. 에드윈 올프, 「초기 아메리카 인쇄소의 기원」, 《의회 도서관 계간지》 제35집, 3호(1978년 7월), 198~209쪽 참고. 루이스 웨크만, 『멕시코의 중세 유산The Medieval Heritage of Mexico』, 1992, 512~514쪽. 도로시 펜, 「아메리카에서 가장 오래된 책」, 《히스패니아》 제22집, 3호(1939년 10월), 303~306쪽.

2. 『베이 시편집』은 모두 열한 권이 있다. 식민지 시대의 애서가 토머스 프린스 (1687~1758)의 소장품이었던 두 권은 소유주인 올드 사우스 처치가 1866년에 보스턴 공립도서관에 맡겼다. 2012년 12월 2일, 올드 사우스 처치 신자들은 투표로 두 권 중 한 권을 경매에 내놓기로 했다. 제스 비드굿의 《뉴욕 타임스》 2012년 12월 23일자 기사 '희귀한 시편집을 판매하기로 한 결정이 유서 깊은 보스턴 교회 신자들을 분열시키다' 참고. 다음 해 4월에 소더비는 2013년 11월 26일 뉴욕에서 『베이

시편집』 경매가 있을 것이라고 발표했다. 지금까지 종이책 한 권으로는 최고가인 1,500만~3,000만 달러의 입찰가를 기록할 것이라고 예상됐다. 내가 전작 『젠틀 매드니스』(138~142쪽)에서 설명했듯이 교회 지도자들은 1991년에 시집 한 권을 판매하자고 제안했지만 만장일치로 거부당했다. 당시 예상 가격은 150만~400만 달러였다. 『베이 시편집』의 제작에 관한 자세한 내용은 조지 파커 윈십, 『캠브리지 출판사 1638~1692년The Cambridge Press 1638~1692』, 1945년 참고.

3. 아이자이어 토머스, 『북아메리카의 인쇄사The History of Printing in North America』, 38쪽.

4. 참고 문헌 목록의 『국가인명사전』 참고. 『엘리엇 인디언 성경Eliot Indian Bible』 제작은 윈십의 『캠브리지 출판사』 참고. 그레이 그리핀, 「하버드에서 찾아보는 17세기 인쇄 활자」, 《하버드 대학교 도서관 회보》 제30집, 2호(1982년 4월), 229~231쪽 참고. 필라델피아의 독학자이며 애서가인 제임스 로건—런던의 한 서적상에게 '책은 나의 병'이라는 편지를 썼던 남자(바스베인스, 『젠틀 매드니스』, 129~135쪽)—은 엘리엇 이외에 대서양 반대편에서 그 책을 원본으로 읽을 수 있었던 유일한 동시대 영국인이었을 것으로 알려져 있다. 인디언 성경은 대부분 화재로 사라졌기 때문에 아직까지 남아 있는 첫 발행본은 지극히 드물다.

5. 하버드 대학교의 개교 헌장에는 청교도 정착민들뿐만 아니라 인디언 원주민들도 교육시켜야 한다는 내용이 포함되어 있었다. 왕파노아그족 출신의 첫 번째 하버드 졸업생 케일럽 치샤티아우먹은 퓰리처상 수상 작가 제랄딘 브룩스의 소설 『케일럽의 횡단Caleb's Crossing』(2011)의 소재가 됐다.

6. 벤저민 프랭클린, 『프랭클린: 저술Franklin : Writings』, 1987, 1379쪽.

7. 리먼 호레이스 위크스, 에드윈 먼로 베이컨, 『프로빈셜 출판사의 역사 요약An Historical Digest of the Provincial Press』 제1권, 1783, 24~32쪽[복사 포함]. 벤저민 해리스는 1694년 또는 1695년에 영국으로 돌아갔지만 또다시 '허위 소식 인쇄' 혐의로 체포되었고 말년에는 '앤젤리칼 필스' 같은 과대 선전하는 특허 의약품을 판매했다고 전해진다. 『국가인명사전』 참고. 2008년 유일하게 현존하는 그의 《국내외 공공 사건》이 워싱턴 DC 뉴지엄(뉴스박물관)에 전시됐다.

8. '1719년 2월 16일 월요일~2월 23일 월요일' 기간으로 되어 있는 775호. 로버트 E. 리, 『해적 검은 선장Blackbeard the Pirate』(1974), 226쪽에 인용. 클라렌스 브리검, 『폴 리비어의 판화Paul Revere's Engravings』(1954).

9. 『국가인명사전』 참고.

10. 위크스, 『종이 제조의 역사History of Paper-Manufacturing』, 15쪽.

11. 그린, 『리텐하우스 밀The Rittenhouse Mill』참고.

12. 지폐를 뜻하는 '그린백greenback'은 미국 뱅크 노트 컴퍼니가 초록색 잉크로 지폐를 인쇄한 데서 비롯되었다. 1775년에는 윌콕스 제지 공장이 대륙 정부의 지폐용지를 독점 생산했다. 독립혁명이 일어난 후 지폐용지 생산은 매우 중요한 일이었다. 1897년에 출간된 회고록에서 조셉 윌콕스는 조부 토머스 윌콕스가 "프랭클린 박사를 위해 종이를 만들었고 프랭클린 박사가 공장을 자주 방문했다"고 적었다.

13. 프랭클린, 『프랭클린 : 저술』, 1381~1382쪽.

14. 그린, 스탤리브래스, 40~41쪽. 제임스 그린, 『인쇄업자, 벤저민 프랭클린』(2장), 탤벗, 55~90쪽 참고.

15. 위크스, 『종이 제조의 역사』(16쪽)에 인용된 윌리엄 브래드포드의 말.

16. 5 조지 III, c. 12. "영국 식민지와 아메리카 농장에 배부되고 적용되는 인지 의무와 기타 의무에 관한 법. 영국 식민지와 아메리카 농장을 방어하고 안전을 지키기 위한 비용을 마련하기 위함. 또한 상기 식민지와 농장의 무역과 수입과 관련된 의회의 몇몇 법을 수정하기 위함. 상기 지역의 벌금과 몰수를 결정하고 회복하는 방법을 지시함."

17. 모건, 『인지세법』(21쪽)에 나온 수치. 인지세법에는 양피지와 우피지가 언급되어 있지만 동물 가죽이 공문서에 사용되는 경우는 비교적 적었으므로 종이에 초점을 맞추려는 의도였다. 이렇게 혁신적인 방법을 생각해낸 사람은 흔히 노스캐롤라이나에 10만 에이커의 땅을 소유한 런던의 투기업자 헨리 맥컬로라고 말한다. 1694년 영국에 도입된 네덜란드식 세법에 따라 구입한 땅이었다. 데이비드 리 러셀, 『남부 식민지에서의 미국 독립 혁명The American Revolution in the Southern Colonies』, 2000, 27쪽. 로버트 W. 램지, 캐롤라나 크래들, 『캐롤라이나 북서부 프런티어의 정착, 1747~1762Settlement of the Northwest Carolina Frontier, 1747~1762』, 1984, 93쪽.

18. 아돌프 코에펠과 존 보인턴 카이저, 『1765년 인지세법에 관한 영국 기록문서에서 새로운 발견된 것들New Discovery from British Archives on the 1765 Tax Stamps for America』, 1962. 앨빈 라부시카, 『식민지 시대 미국의 세법Taxation in Colonial America』, 2008, 754~755쪽. 필라델피아의 조세원이었던 존 휴즈의 남은 기록 중 펜실베이니아 역사학회에 보관된 기록은(휴즈 페이퍼 B-116) 인지세법의 왕실 대리인들에 대해 알 수 있는 자료가 된다. 존 휴즈, 『아메리카에서 인지가 붙은 양피지와 종이 등을 배포하는 모든 사람들과 인지세 수금원들이 알아야 할 설명』, 1765.

19. 슐레진저, 69쪽.

20. 아이작슨, 222~230쪽. 에드먼드 S. 모건, 『벤저민 프랭클린』, 2002. 휴즈, 153쪽.

21. 데이비드 램지, 『미국 독립혁명의 역사』, 1811, 85쪽. 슐레진저, 69쪽 인용. 질 레포어, '신문이 죽은 날', 《뉴요커》, 2009년 1월 26일 참고.

22. 슐레진저, 47쪽.

23. 이곳에서 언급된 신문들은 슐레진저, 75쪽. 랄프 프래스카, 「벤저민 프랭클린의 인쇄망과 인지세법」, 《펜실베이니아 히스토리》 제71집, 4호(2004년 가을), 403~419쪽 참고. 인지세법의 실패에 관한 자세한 내용은 잭 P. 그린, 「명예의 옷: 헨리 맥컬러프의 인지세법 반대」, 《헌팅턴 도서관 계간지》 제26집, 3호(1963년 5월), 253~262쪽 참고.

24. 위크스, 35~40쪽.

25. 위크스, 『종이 제조의 역사』(46쪽)에 인용된 필립 슈일러 장군의 말.

26. 윌콕스 글에서 인용한 네이선 셀러스, 10쪽.

27. 이 문제에 관한 상충적인 논의는 럼볼-피터, 51~63쪽 참고. 《미국 골동품협회 회보》, 새로운 시리즈 31권, I부(1921년 4월 31일~1921년 10월 19일), 147~161쪽.

28. '소어 성경' 제3판은 미국에서 만들어진 종이를 사용했을 뿐만 아니라 소어가 직접 설계하고 제조한 구멍 뚫린 금속활자로 인쇄하여 더욱 가치 있다.

29. 아이자이어 토머스, 84쪽.

30. 새무얼 해저드, 『해저드의 펜실베이니아 기록 : 사실과 기록의 보존, 그리고 펜실베이니아 주에 관련된 모든 유용한 정보Hazard's Register of Pennsylvania : Devoted to the Preservation of Facts and Documents, and Every Kind of Useful Information Respecting the State of Pennsylvania』(1828), 제2권에 인용된 리처드 피터스 주니어의 말.

31. 아이자이어 토머스의 인쇄실(프레스룸)이었으며 현재 2층 건물의 레스토랑이다.

32. 존 테벨, 『미국 출판업의 역사A History of Book Publishing in the United States』 제1권, 1972, 67쪽.

33. 1843년 기준. 위크스, 『종이 제조의 역사』(20쪽). 1857년 수치는 먼셀, 134쪽 참고.

34. S. J. 울프와 로버트 싱어먼, 『19세기 미국의 미라들 : 가공품 생산에 이용된 고대 이집트인들Mummies in Nineteenth Century America : Ancient Egyptians as Artifacts』, 2009.

35. 위크스, 『종이 제조의 역사』, 270쪽.

36. 《뉴올리언스 상업 회보》, 《미국 보존연구소 회보》 제34집, 2권(1995년 여름)에 실린 수잔 캠피언, 「미국 남북전쟁 당시의 벽지 신문지」(132쪽)에 인용된 것. 제임스 멜빈 리, 『미국 저널리즘의 역사History of American Journalism』, 1917, 305~307쪽 참고.

37. 위크스, 『종이 제조의 역사』, 269쪽.

38. 매시, 139~144쪽.

39. 캠피언, 「미국 남북전쟁 당시의 벽지 신문지」(129~140쪽) 참고.

40. 메리 보이킨 체스넛의 일기는 1905년 이후 네 개의 서로 다른 에디션으로 출판됐다. C. 밴 우드워드가 '복원'하여 1981년에 예일 대학교 출판사에서 출간한 『메리 체스넛의 남북전쟁Mary Chesnut's Civil War』도 그중 하나다. 일기의 원본은 사우스캐롤라이나 대학교의 특수 컬렉션 도서관에 보관되어 있다. 출판의 역사에 대해서는 오거스타 로르바흐, 「일기는 딕시 출신일지 몰라도 편집자는 그렇지 않다 : 메리 체스넛과 남부의 인쇄 역사」, 《원문 문화 : 원문, 문맥, 해석》 제2집, 1호(2007년 봄), 101~118쪽 참고. 남북전쟁 동안 남부의 종이 부족 현상은 《알칸소 역사 계간지》 제9집, 3호(1950년 가을), 172~193쪽에 실린 메리 엘리자베스 매시, 「종이 부족이 남부 전선에 끼친 영향」 참고. 출판되지 않은 '리시트' 북에 관한 정보는 《사우스캐롤라이나 역사 매거진》 제93집, 1호(1992년 1월), 31~50쪽에 실린 프랜시스 M. 버로우스, 「남부의 요리책 : 미국 남북전쟁 당시 식품 대용에 관한 연구」 참고. 1863년에 버지니아 리치먼드의 웨스트 앤 존스턴이 발행한 『남부의 리시트 북』의 재판본이 아직도 판매되고 있다. 조지아 대학교 출판사가 발행한 1960년 재판본에는 E. 머턴 콜터의 서문이 들어가 있다. 노스캐롤라이나 대학교가 운영하는 '미국 남부의 기록' 온라인 사이트(http://www.docsouth.unc.edu)에서 전문을 볼 수 있다.

41. 《페이퍼 트레이드 저널》, 1876년 3월 11일.

42. 데이비드 C. 스미스, 「목재 펄프와 신문, 1867~1900년」, 《비즈니스 히스토리 리뷰》 제38집, 3호(1964년 가을), 328~345, 388쪽.

43. 찰스 H. 배로스, 『매사추세츠 스프링필드의 시와 시인들 : 19세기 초부터 말까지The Poets and Poetry of Springfield in Massachusetts : From Early Times to the End of the Nineteenth Century』, 1907, 116쪽에서 프로필 참고.

44. 《페이퍼 월드》, 1880년 2월호, 10쪽에 나온 수치.

45. 스미스, 「목재 펄프와 신문」 참고. 데이비드 C. 스미스, 「북동부의 목재 펄프 종이, 1865~1900년」, 《포레스트 히스토리》, 1966년 4월, 12~25쪽.

46. 스미스, 「북동부의 목재 펄프 종이」, 19쪽.

47. 데이비드 C. 스미스, 「목재 펄프와 신문」, 잭 P. 오덴, 「찰스 홈즈 허티와 남부 신문 인쇄종이 산업의 탄생, 1927~1940년」, 《저널 오브 포레스트 히스토리》 제21집, 2호(1977년 4월), 76~89쪽.

48. 하스켈, 9~10쪽.

49. 와이어 하우저 목재 회사 펄프 부서의 보고서, 「서부의 솔송나무 펄프 : 미국 펄프 공장의 제품」, 1937, 32쪽.

50. W. 클로드 애덤스, 「태평양 북서부 제지업의 역사」, 《오리건 역사 계간지》 제52집, 19호(1951년 3월), 21~37쪽.

51. W. 클로드 애덤스, 앞의 글, 22쪽.

제5장 모든 것과 바꿀 수 있는 종이

1. 《미국 골동품협회 회보》, 새로운 시리즈, 제13권, 1901년 4월, 434쪽. 아이자이어 토머스의 인쇄기 '올드 넘버 원'이 매사추세츠 우스터의 미국 골동품협회에 보관되어 있으며 북아메리카에 남아 있는 가장 오래된 영국산 일반 인쇄기다. 크레인의 초기 역사는 피어스 참고. 피터 홉킨스, 「크레인 앤 코의 식민지 뿌리」, 《페이퍼 핸드메이킹》 제16집, 2호(2001년 겨울). 프랭크 루터 모트, 「신문에 실린 렉싱턴과 콩코드 기사」, 《뉴 잉글랜드 계간지》 제17집, 4호(1944년 12월), 489~505쪽 참고.

2. 클라렌스 브리검, 「폴 리비어의 판화」, '종이 돈', 141~163쪽.

3. 피어스가 인용한 제나스 크레인의 말, 17쪽.

4. 다드 헌터, 「제지 : 고대 공예의 역사와 기술」, 547쪽.

5. 맥고우 참고.

6. 홀리오크는 자칭 '페이퍼 시티'이지만 매사추세츠 주의 지방자치제는 시티와 타운의 두 가지로 이루어진다. 후사토닉 강에 면한 타운, 리는 두 세기 동안 모두 25개의 제지업체가 들어섰던 곳이라 스스로 '페이퍼 타운'이라고 칭한다. 슈바이처 모뒤의 이글 밀 공장은 리에 마지막 남은 제지공장이었으며 2008년에 문을 닫았다. http://www.papertownprojects.org/history.html 참고.

7. 스티븐 밈, 「위조자들의 나라 : 자본가, 사기꾼, 그리고 미국 만들기A Nation of Counterfeiters : Capitalists, Con Men, and the Making of the United States」, 2007.

8. 리처드 도티, 「먼 곳에서 바라보는 미국 : 옛 지폐를 통해 보는 미국Pictures from a Distant Country : Seeing America Through Old Paper Money」, 2013.

9. 로렌스 멀킨, 「크뤼거의 남자들 : 나치의 은밀한 위조 작전과 블록 19의 죄수들Krueger's Men : The Secret Nazi Counterfeit Plot and the Prisoners of Block 19」(2006) 참고. 유대인 죄수들이 동원된 나치의 위조지폐 생산 작전을 다룬 영화 〈카운터페이터〉는 2008년 아카데미 외국어영화상을 수상했다. 나치의 작전에 사용된 종이 제조에

관한 내용은 피터 바우어, 「베른하르트 작전 : 제2차 세계대전 당시 독일의 영국 지폐 위조」, 『엑세터 페이퍼 : 영국 종이역사학자협회 5회 연예학술발표대회 논문집』, 호프 홀, 엑세터 대학교, 1994년 9월, 23~26쪽. 『영국 종이 역사 연구 II』, 2001, 43~64쪽.

제6장 1회용 종이가 부른 위생 혁명

1. http://www.kleercut.net/en/theissues 참고.

2. http://www.kimberly-clark.com/sustainability/reporting.aspx 참고.

3. http://investor.kimberly-clark.com/releasedetail.cfm?ReleaseID=683471 참고.

4. 짐 콜린스, 『좋은 기업을 넘어 위대한 기업으로』, 2011, 김영사.

5. 하인리히, 그리고 배철러, 206쪽.

6. 앞의 책, 41~43쪽.

7. 로라 프라이덴펠즈, 「근대의 월경 : 20세기 미국의 월경The Modern Period : Menstruation in Twentieth-Century America」, 2009, 1, 32쪽.

8. 앤드루 H. 말콤, '화장지 〈부족〉 : 소문의 고전 연구', 《뉴욕 타임스》, 1974년 2월 3일.

9. 어니 파일, 오르 켈리, 『여기 당신의 전쟁이 있습니다 : G. I. 조의 이야기Here Is Your War : Story of G.I. Joe』, 2004, 149쪽 재인쇄됨.

10. 리 B. 케넷, 『G. I. : 제2차 세계대전의 미국 병사G. I. : The American Soldier in World War II』, 1997, 96쪽. 스콧 페이퍼 컴퍼니는 펜실베이니아 북 센터(http://www.pabook.libraries.psu.edu)가 2010년 가을 온라인에 게재한 캐서린 테레즈 얼리의 '사치품을 놓친 위인들' 참고.

11. 월터 T. 휴즈, 「화장지에 바치는 찬사」, 《전염병 회보》 제10집, 1호(1988년 1~2월), 218~222쪽.

12. 앞의 책, 218쪽.

13. 필립 도머 스탠호프 체스터필드, 『체스터필드의 백작, 필립 도머 스탠호프의 편지』 제1권, 1892, 99~100, 139쪽.

14. 세스 휠러, 『뉴잉글랜드 서적상과 인쇄업자New England Stationer and Printer』 제15권, 1901, 70쪽(미국 특허 117,355호, 1871년 7월 25일 발행).

15. 그 밖에 업계의 최고 기업으로는 신시내티 소재의 대기업 프록터 앤 갬블이 있다. 대표적인 제품은 아이보리 비누, 타이드 세제, 코멧 세정제, 질레트 면도기, 크레스트 치약이 있으며 1950년대 이후로 화장지 업계의 선도자였다. 그리고 1927년

에 활엽수 목재 제조업체로 출발하여 현재 펄프, 종이, 포장지, 화학품, 건축자재 생산의 선도적인 업체로 자리 잡은 조지아-퍼시픽이 있다. 이 기업이 생산하는 화장지 브랜드로는 앤젤 소프트, 퀼티드 노던, 소프트 앤 젠틀이 있다. 시장 조사 기업 R. H. 브러스킨 어소시에이츠는 1978년에 '미스터 휘플Mr. Whipple'이라는 P&G 광고 모델 캐릭터를 만들어냈다. 리처드 닉슨과 빌리 그레이엄 다음으로 세 번째로 유명한 미국인인 배우 딕 윌슨이 맡은 미스터 휘플은 광고에서 "샤민 화장지를 눌러보지 말라"고 잔소리하는 것으로 유명했다. 조지아-퍼시픽은 2005년에 210억 달러에 코흐 인더스트리에 매각되어 코흐의 완전 자회사이자 비공개 회사가 됐다. 예전에 뉴욕 증권거래소에서 GP라는 이름으로 거래되었던 조지아-퍼시픽은 매각되기 전에 마지막으로 공개된 정보에 따르면 2004년 순매출은 196억 달러였다.

16. 레슬리 코프먼, '미스터 휘플에게 외면당하다 : 숲에서는 부드러움이 힘들다', 《뉴욕 타임스》, 2009년 2월 25일. 버니 캐너, '소프트해야 팔린다', 《뉴욕》, 1981년 9월 27일, 14~19쪽.

제7장 총, 담배 그리고 종이

1. 맥스 부트, 『전쟁은 새로운 기술과 전투 방식, 역사를 만들었다, 1500년부터 현재까지War Made New : Technology, Warfare, and the Course of History, 1500 to Today』, 2006, 85쪽.

2. 호스, 제5권.

3. 니덤, 『중국의 과학과 문명화Science and Civilisation in China』 제5권, 7부. 부트, 『전쟁은 새로운 기술과 전투 방식, 역사를 만들었다』, 21쪽. 한스 델브뤼크, 『근대전의 시작 : 전쟁 기술의 역사The Dawn of Modern Warfare : History of the Art of War』 4권, 2장, 1990. 초석saltpeter은 '돌소금'을 뜻하는 중세 라틴어 살 페트래sal petrae에서 왔다.

4. 식민지 시대 미국의 개척민들은 속이 빈 야생동물의 뿔에 화약을 넣어 다녔는데, 이 용기를 뿔 화약통powder horns이라고 불렀다.

5. 클레어 블레어, 폴라드, 62쪽. H. L. 피터슨, 폴라드, 106쪽.

6. 탄도학의 진화와 과학에 관한 요약은 마크 데니, 『그들의 화살이 하늘을 검게 물들일 것이다Their Arrows Will Darken the Sky』, (2011) 참고.

7. 수입 종이의 가격이 무척 비쌌기 때문에 구스타프 2세 아돌프는 1612년에 즉위한 후 웁살라에 스웨덴의 첫 번째 성공적인 제지소를 지었다. 레세보의 제지소는 종이 탄피의 수요 증가로 생겨났지만 나중에는 품질 좋은 필기 용지가 주력 상품이 됐

다. 루딘, 34~38쪽 참고.

8. 존 스마이드 경은 『특정 담론Certain Discourses』에서 이렇게 썼다. "요즘 전장의 우리
병사들은 이러한 무기의 형태와 효과, 그리고 그 밖에 매우 중요한 군사 문제에 대
하여 잘못 알고 있는 경우가 많다. 특히 머스킷과 장궁long bow에 관해서 그렇다. 또
한 궁수의 충분함과 탁월함과 뛰어난 효과에 관해서도 그렇다. 이에 나는 조국 영
국에 도움이 되기 위하여 그 사례와 기타 특징에 대하여 적어 출판한다"(1590). 얼
리 잉글리시 북스 온라인EEBO에서 복사.

9. 존 버논, "젊은 기수 또는 정직한 기수에 대한 설명, 말의 훈련과 규율, 전쟁용 승마
술에 대한 지식을 원하는 사람들에게 매우 유용하다"(1644년).

10. G. J. 브라이언트, 「비대칭적인 전쟁 : 18세기 인도에서의 영국」, 《군대 역사 회보》
제68집, 2호(2004년 4월), 434쪽.

11. 미니에식 소총에 이루어진 개선점은 헤스, 24~29쪽 참고.

12. G. W. 포레스트, 『세포이 항쟁의 역사 : 원본 문서 요약과 삽화A History of the Indian
Mutiny : Reviewed and Illustrated from Original Documents』 1권, 1904, 6쪽에 인용된 J. B.
허세이 장군의 말.

13. 『머스킷 총 사용법Instruction of Musketry』(1854), 종이 탄피 만드는 방법, 26~29쪽.

14. 오그본, 『인도 잉크Indian Ink』, 제17권. 특히 3장 부분.

15. 프레드릭 슬레이 로버츠, 『인도에서의 41년 : 소위에서 총사령관까지Forty-one Years
in India : From Subaltern to Commander-in-Chief』, 1914, 45쪽에 인용된 캐닝 경의 말.

16. 데이비드가 인용한 바하두르 샤 2세의 말, 19쪽. 전기는 달림플 참고, 번역 상이.

17. '전쟁부 장관의 보고서', 1866년 11월 14일, 39대 의회, 두 번째 회기, 657(워싱턴
DC 정부인쇄국).

18. 매시 참고.

19. 호스, 34~56쪽.

20. 호그, 78쪽.

21. 헨리 J. 웹, 「엘리자베스 여왕 시대 영국 포격의 과학」, 《아이시스》 제45집, 1호
(1954년 5월), 10~21쪽.

22. 윌리엄 존스, 「납 탄피에 대한 회고록」, 《미국 철학학회 거래》 제1권, 새로운 시리
즈(1818), 137~145쪽.

23. '카트리지 종이 만드는 법 특허', 『예술과 제조, 농업 부문의 특허 발명과 기타 발
견 및 개선』 제14권, 두 번째 시리즈(1808~1809), 83~85쪽.

24. 에반스, 12쪽.

25. 앞의 책, 100쪽.

26. 앞의 책, 21쪽.

27. 와그너에 인용된 조지 워싱턴의 말, 21쪽.

28. 클라인에 인용된 존 J. '블랙잭' 퍼싱 장군의 말, 142쪽.

29. 클루거, 12~13쪽 참고. 렐리 세치터, 「이집트 담배의 등장과 이집트 담배 시장의 변화, 1850~1914년」, 《중동 연구 국제 회보》 제35집, 1호(2003년 2월), 51~75쪽.

30. 아메리칸 타바코 컴퍼니, '미국제로 팔리다', 14쪽.

31. 자크 브라운스타인 사망 후 지그재그Zig-Zag는 그룹 볼로히와 그 경쟁업체 JOB의 합자회사에 매각됐다. 2000년에는 리퍼블릭 테크놀로지의 일부가 됐다.

32. 제롬 E. 브룩스, 『조지 아렌츠의 담배 관련 수집품The Library Relating to Tobacco Collected by George Arents』, 1944.

33. 클루거, 서문.

34. 2006년 기준, 미국에서는 담배 관련 화재가 약 14만 2,900건이 발생했고 사망자는 780명, 부상자는 1,600명에 이르렀다.

35. 헨리 포드, 『하얗고 작은 노예상인에 반대한다』, 1914년 개인 출판.

36. 레거시 타바코 문서 103280324; http://legacy.library.ucsf.edu.

37. 《타임》, 1940년 4월 8일. 뒤투아도 참고.

제8장 나를 증명해주는 종이

1. 그뢰브너, 257쪽.

2. 다이애나 스캐리스브릭, 『초상화 보석 : 메디치 가문에서 로마노프 왕조까지 화려함과 친밀함Portrait Jewels : Opulence and Intimacy from the Medici to the Romanovs』(2011)에서 일반적인 설명 참고.

3. 오그본, 37쪽.

4. 《미국 철학학회 회보》 제100집, 4호, 1956, 405쪽.

5. 『옥스퍼드 영어 사전』, '스코틀랜드 옥새 등록 : 1488~1529년' 여권편. 마틴 로이드, 25쪽 참고.

6. N. W. 시블리, 「여권 시스템」, 《국제 및 비교법 저널》, 1970, 26~33쪽. 칼 E. 메이어, 「하찮은 여권의 특이한 삶」, 《세계 정책 회보》 제26집, 1권(2009년 봄), 73쪽. 증명 서류를 보이는 것만으로 충분하지 않을 때도 있다. 내가 1998년에 도서관 방문

을 위해 아토스 산에 있는 수도원공화국을 찾았을 때 나에게는 그리스의 오우리노 포울로스에서 발급받은 '디아모니티리온diamonitirion'이라는 허가증이 있었다. 하지만 그 허가증이 있더라도 두 명의 정교회 수도사들이 페리에서 내리는 모든 방문객의 '목젖'을 일일이 확인한다. 1,000년 이상 남성들만 살아온 이곳에 여성의 출입을 단단히 통제하기 위한 안전장치다.

7. 셸던 차렛, 『뒷골목 ID맨의 비밀 : 뒷골목 세계의 가짜 신분증 제작 기술Secrets of a Back Alley ID Man : Fake ID Construction Techniques of the Underground』, 2001.

8. 셸리 머피와 마리아 크레머, '화이티 벌저의 도망자 생활', 《보스턴 글로브》, 2011년 10월 9일. 케빈 컬렌과 셸리 머피, 『화이티 벌저 : 미국의 지명수배자, 그리고 그를 정의의 심판대에 세운 수색 작전Whitey Bulger : America's Most Wanted Gangster and the Manhunt That Brought Him to Justice』, 2013.

9. 윌리엄 E. 링겔백, 「인쇄업자 B. 프랭클린─새로운 출처의 자료」, 《미국 철학학회 회보》 제92집, 2호; 「미국 철학학회의 역사적 문서에 관한 연구」, 1948년 5월 5일, 79~100쪽. 벤저민 프랭클린이 독립혁명 당시 프랑스에서 운영한 인쇄소에 대한 정보는 엘렌 R. 콘, 「파시의 인쇄업자」(7장), 탤벗, 235~269쪽 참고.

10. 메이어, 「하찮은 여권의 특이한 삶」, 71쪽.

11. 요한 고트리이프 피히테, 그뢰브너가 인용, 229쪽.

12. 로벨, 24쪽.

13. 몬태규.

14. 테헤란 작전에 관한 자세한 정보는 멘데스와 바글리오, 덴데스와 맥코넬 참고. 정보 요원들에 관한 전문 논문은 안토니오 J. 멘데스, 「고전적인 사기법 : CIA와 할리우드」, 《스터디 인 인텔리전스Studies in Intelligence》, CSI 퍼블리케이션, 1999~2000년 겨울, https://www.cia.gov/library/center-for-the-study-of-intelligence/csi-publications/csi-studies/studies/winter99-00/art1.html.

15. 스튜어트 인용, 4~5, 47, 60, 93쪽.

16. 파울 폰 힌덴부르크, 『내 인생에서 벗어나Out of My Life』, 1920, 스튜어트 인용, 95쪽.

17. 《텔레그래프》 1939년 9월 5일자 보도. 필립 M. 테일러, 「전쟁이 일어나야만 한다면 : 총력전 준비 1935~1939년」, 《현대 역사 저널》 제16집, 1호, '제2차 세계대전 : 파트 1'(1981년 1월), 27~51쪽.

18. 아서 해리스 경, 『폭격Bomber Offensive』, 1947, 36~37쪽.

19. 존 A. 폴라드, '말은 피보다 싸다', 《퍼블릭 오피니언》 제9집, 3호(1945년 가을),

국 타임스》, 2006년 8월 31일. 토머스 C. 토빈, '투표용지가 잘못될 때', 《세인
터스버그 타임스》, 2008년 10월 5일.

괴되어야 하는 종이

이런, 너글러스 하인가트너, '조각을 모아'에 인용, 《뉴욕 타임스》 2003년 7
일.

스슈에 사는 애벗 어거스터스 로, 미국 특허 929,960호, 1909년 8월 3일 발명.

노스, 데이비드 E. 로젠바움, '이란-콘트라 청문회 : 노스는 법무원 보조관
는데도 계속 문서를 분쇄했다', 《뉴욕 타임스》, 1987년 7월 10일.

과 월터 핀커스, '폰 홀, 〈성문법〉을 어겨야 할 때도 있다고 증언하다', 《워싱
트》, 1987년 6월 10일.

판사가 배심원들에게 모호한 지침을 주었다는 이유로 대법원에서 유죄 판
효화됐다.

스 하인가트너, '다시 함께', 《뉴욕 타임스》, 2003년 7월 17일.

킨저, '동독인들, 기소자들과 마주하다', 《뉴욕 타임스》, 1992년 4월 12일.

커리, '동독 비밀경찰이 남긴 어두운 유산을 이어 맞추다', 《와이어드》, 2008
18일 참고. 케이트 코놀리, '〈퍼즐러〉로 조각조각 분쇄된 슈타지 문서를 맞
로스앤젤레스 타임스》, 2009년 11월 1일 참고. 크리스 볼비, '슈타지 파일 :
대의 조각 퍼즐', 《BBC 뉴스 매거진》, 2012년 9월 13일. http://www.ipk.
ofer.de/en/pr 참고.

앰포드, 『미 국가안보국 NSA(원제 : Body of Secrets : Anatomy of the Ultra-
ational Security Agency』(2002, 서울문화사 발간), 516쪽 참고.

~725쪽. 이처럼 정교한 업무에 여전히 종이를 사용하는 것은 국가안전보
암호 해독자들만이 아니다. 인지심리학자 아비게일 J. 셀렌과 사회과학자
H. R. 하퍼는 『사무실에 종이가 사라질 것이라는 잘못된 생각The Myth of
less Office』(2002)에서 종이가 항공교통관제탑 같은 최첨단 사무실에서 여전
되고 있으며 "사고와 계획 활동이나 보고 조직에서도 중요한 역할을 했다"
한다(63쪽). 이들의 연구에 대한 자세한 내용은 말콤 글래드웰, '종이의 사
뉴요커》, 2002년 3월 25일, 92~96쪽 참고.

바보자, '중국에 종이의 흔적을 새기다 : 판지 재활용으로 자수성가한 억
뉴욕 타임스》, 2007년 1월 16일.

의 역사

283~304쪽에서 인용.

20. 바이트워크.

제9장 투표용지, 영장, 관료의 서류함

1. 찰스 디킨스, 「붉은 紙」, 《하우스홀드 워스》, 1851년 2월 15일.

2. 프랜시스 버티 경, 자라 스타이너 인용, 「옛 외무부에서의 마지막 날들, 1898~1905년」, 《역사 회보》 제6집, 1호, 1963, 80쪽.

3. 베르너 폰 브라운, 《시카고 선 타임스》, 1958년 7월 10일 인용.

4. 옥스퍼드 영어 사전에 따르면 'gobbledygook'이라는 단어는 1944년에 텍사스 의원 모리 메이버릭이 '워싱턴의 길고 거창한 관료주의적 언어'를 뜻하는 데 처음 사용했다.

5. 이 사건에 대한 가장 훌륭한 설명은 하워드 커츠와 마이클 돕스, 제임스 V. 그리말디, '방송을 서두르느라 메모에 대한 근심을 억누른 CBS', 《워싱턴 포스트》, 2004년 9월 19일 참고. 댄 래더와 딕비 디엘, 『래더가 숨김없이 말하다』, 2012, 32~67, 256~283쪽 참고. 래더가 CBS를 상대로 낸 소송은 2009년에 기각됐다.

6. 미국 의회, 상원 특별조사위원회의 정보 활동과 관련된 정부의 작전 조사 최종 보고서, 94대 의회, 두 번째 회기. S. 리포트 94-755번, 총6권, 1976년 참고.

7. MKULTRA 프로젝트, CIA의 행동 수정 연구 프로그램, 정보 작전 특별조사위원회와 인적자원위원회 산하 건강과 과학적 조사 소위원회 공동 청문회, 미국 상원, 95회 의회, 첫 번째 회기. 1977년 8월 3일, 9, 14쪽.

8. 앞의 책, 5쪽.

9. 그렉 브래드셔, 「뉘른베르크 법 : '유대인 처형'을 합법화한 나치의 원본 문서」, 《프롤로그 매거진》 제42집, 4호(2010년 겨울) 참고. 마이클 E. 루안, '헌팅턴 도서관이 뉘른베르크 법 원본을 국립문서기록관리청에 전달하다', 《워싱턴 포스트》, 2010년 8월 25일.

10. 존 윌리엄 E. 로이히텐버그, 로버트 H. 잭슨, 『그 남자 : 내부자가 말하는 프랭클린 D. 루스벨트That Man : An Insider's Portrait of Franklin D. Roosevelt』, 2003, 7장. 제프리 호켓, 「로버트 H. 잭슨 판사, 대법원, 그리고 뉘른베르크 재판」, 《대법원 회보》, 1990, 257~299쪽 참조.

11. 로버트 잭슨, 『나치의 음모와 공격』, 제1권, 7장 '미국 측의 모두진술' 1946. 뉘른베르크 전범재판 미국 측 자문단장, '국제군사재판소 이전의 주요 전범 재판', 1945년 11월 14일~1946년 10월 1일(1947~1949), 총42권 참고. 양측이 제시한 증거와

함께 그날그날의 재판 진행 내용이 들어 있다.

12. 로버트 H. 잭슨, 「뉘른베르크 재판이 군대에 가지는 의의 : 처음 공개되는 미국 측 수석검사의 개인적 관점」, 《밀리터리 어페어》 제10집, 4호(1946년 겨울), 2~15쪽.

13. 로버트 H. 잭슨, 휘트니 R. 해리스, 35~36권.

14. 텔포드 테일러, 「뉘른베르크 전범 재판 : 평가」, 《정치과학 회보》 제23집, 3호, '미국과 대서양 공동체'(1949년 5월), 19~34쪽. 에리히 하버러, 「역사와 정의 : 나치 범죄 기소의 패러다임」, 《홀로코스트와 집단학살 연구》 제19집, 3호(2005년 겨울), 487~519쪽 참고. "증인과 범죄에 사용된 물건, 법의학적 증거에 전적으로 의존하는 일반적인 범죄 사건과 달리, 전범 재판은 범죄 사실과 증언의 신빙성을 입증하는 데 문서적 증거에 크게 의존한다. 즉, 법정은 증거 사안에 있어 역사적인 '물건'인 문서와 그것을 다루는 역사학자들에 의존한다"(490쪽). 제프리 D. 호켓, 「로버트 H. 잭슨 판사, 대법원, 뉘른베르크 재판」, 《대법원 회보》, 1990, 257~299쪽 참고. "뉘렌베르크 재판은 나치의 침략과 박해, 잔혹 행위를 문서화하고 나치가 권력을 얻고 유지한 방식을 드러내주었다. 그것은 '전체주의 정권에 대한 세계 최초의 분석'이었다"(261쪽).

15. 로버트 G. 스토리, 휘트니 R. 해리스 인용, 11~12권.

16. 제프 고트리에브, '소비에트 문서기록 조사와 혼란스러운 법의 변경', 《댈러스 모닝 뉴스》, 1993년 3월 26일(《산호세 머큐리 뉴스》에 처음 게재).

17. 바스베인스, 『문자의 세계』, 2008, 149~159쪽 참고.

18. 레흐 왈레사, 존 토르 달버그, '옐친이 말하는 소비에트의 잔혹 행위', 《로스앤젤레스 타임스》, 1992년 10월 15일 참고. 벤저민 B. 피셔, 「카틴 학살 논쟁 : 스탈린의 킬링필드」, 《스터디 인 인텔리전스》, 2009~2010. 사망자 중에는 군대 장교, 의사, 변호사, 엔지니어, 교사, 작가 등이 포함됐다.

19. 폴 하인베커, '지나친 비밀 수호', 《글로브 앤 메일》(토론토), 2010년 12월 7일.

20. 데이나 프리스트와 윌리엄 M. 아킨, '톱 시크릿 아메리카', 《워싱턴 포스트》, 2010년 7월 19, 20, 21일, 12월 20일.

21. 데이비드 루덴스틴, '언론이 멈추던 날 : 펜타곤 페이퍼 사건의 역사', 1996.

22. 대니얼 엘스버그, 『시크릿Secrets』, 2003, 304쪽.

23. 리처드 M. 닉슨, 《뉴욕 타임스》 1996년 11월 22일, '닉슨이 파일을 훔쳐오라고 한 사실이 녹음테이프로 드러나다'에 인용. 자세한 보도는 칼 번스타인과 밥 우드워드, '우드워드와 번스타인 : 워터게이트 그 후 40년, 닉슨은 생각보다 더 최악이었

24. 포스너, 76쪽.

25. 앞의 책, 93쪽. 시킹거, 132, 189~190쪽 참고.

26. 이에 관한 대조적인 관점은 제레미 솔트, 「오스□□□□□이」, 《중동 연구》 제39집, 1호(2003년 1월), 19~□클루, 「아직 손대지 않은 오스만의 기록문서가□것인가? 터키의 현재와 과거」, 《중동 계간지》□

27. J. H. 엘리엇, 『스페인 제국, 1469~1716년』, 19□

28. 오노레 드 발자크, 「관료주의」, 마르코 디아니,

29. 「붉은 끈」, 《하우스홀드 워즈》, 1851년 2월 15□Dorrit』에서도 관료주의의 문서 작업을 비판했다

30. 찰스 디킨스, 『황폐한 집』, 1853년, 2, 615쪽.

31. 에리히 킬만제그 백작, 스탠리 콘골드와 잭 □쓰기Franz Kafka : The Office Writings』, 2009, 29~

32. 프란츠 카프카, 제리미 D. 애들러, 『프란츠□Illustrated Lives』, 2002, 46쪽에 인용.

33. www.kafka.be.

34. 벤 카프카, 「괴로운 글쓰기 : 문서 작업과 □션」, 제98집, 2007년 봄, 1~24쪽.

35. 앞의 책, 3쪽.

36. 프랭클린 D. 루스벨트, 스티브 보겔, 『펜티□96~97쪽에 인용.

37. 바스베인스, 『인내와 투지』, 516~517쪽.

38. 타라 E. C. 맥러플린, '빠른 접근 : NARA□쉽게 이용할 수 있게 해준다', 《프롤로그》 □

39. H. G. 존스, 3쪽.

40. 프랭크 세라비노, '2000년 팜비치 대선 □2010년 11월 6일. 애비 굿노프와 크리스□로 투표 시스템을 바꾸다', 《뉴욕 타임스》□'플로리다 유권자들, 투표자 인증용지 빈□2007년 4월 29일. 이안 어비나, '오하이□

12. 조앤 버든, '노 펄프 픽션 : 녹색 기업 만들기 : 마칼은 폐지로 신제품을 만든다', 《레코드》, 2002년 5월 19일.

13. 랜달 술리가는 2009년 7월에 메릴랜드 해거스타운 소재의 신생 재활용 종이 제조 업체 내셔널 골든 티슈의 회장과 최고운영책임자로 임명됐다.

제11장 종잇값과 액면가

1. '적는' 대신 '인쇄된'이라는 표현도 쓴다.

2. 애덤 스미스, 58쪽.

3. 바이마르 마르크화가 사용된 다양한 용도를 알려면 존 윌렛, 『바이마르 시절The Weimar Years』(1984) 참고.

4. 니얼 퍼거슨, 105쪽. 윌리엄 거트먼, 『초인플레이션 : 독일 1919년The Great Inflation : Germany 1919』, 1976, 23쪽. 요즘 바이마르 마르크화는 비교적 귀한 편이지만 유명한 원본 원고 거래상 케네스 렌델은 많이 소장하고 있다. 제2차 세계대전 물품과 문서를 모아놓은 매사추세츠 네이틱 소재 그의 개인 박물관에는 바이바르 마르크화가 보호 유리에 덮여 전시되어 있다.

5. 워싱턴이 존 제이에게, 1779년 4월 23일, 『조지 워싱턴이 쓴 원본 원고』, 14권, 1936, 435~437쪽. 식민지 시대와 공화국 초기 미국의 화폐에 대한 요약은 O. 글렌 색슨, 「상품과 종이 돈, 1619~1792년」, 《애널리스트 저널》 제9집, 2호, (1953년 5월), 35~40쪽.

6. 마이클 와인즈, '짐바브웨의 인플레이션, 얼마나 심한가?', 《뉴욕 타임스》, 2006년 5월 2일.

7. 세바스티엔 버거, '짐바브웨, 인플레이션과 싸우기 위해 은행권에 0을 10개 넣다', 《텔레그래프》(런던), 2008년 7월 30일.

8. 길거리 가판대와 고물상 판매까지 포함해 120만 부가 판매된다는 사실은 마이클 메이어, 『옛 베이징의 마지막 날들 : 사라져가는 뒷골목에서의 삶The Last Days of Old Beijing : Life in the Vanishing Backstreets of a City』, 2008, 82~87쪽 참고.

9. 2009년 세계 금융위기 때 캘리포니아 주는 단기차용증, 즉 '후불 수표'를 발행해야만 했다. 관계자 역시 "당혹스러운 일"이라고 밝혔다.

10. http://www.starregistry.com 참고.

11. 스와스모어 칼리지의 천문학자 불프 하인츠, 프레드릭 골든과 필립 파플릭, '반짝이는 아이디인가, 우주 사기인가?' 《타임》, 1982년 1월 11일에서 인용. 패트릭 디

저스토, '별 사세요, 하지만 갖지는 못합니다'《와이어드》, 2001년 12월 26일, 참고.

12. 찰스 해밀턴, 로버트 린지, '모르몬 사기사건, 거래상이 위조자의 기술을 인정하다', 《뉴욕 타임스》, 1987년 2월 11일. 호프만에 대한 정보는 로빈 마이어스와 마이클 해리스의 『위조와 사기Fakes & Frauds』(1989)에서 니콜라스 바커의 '인쇄 문서 위조자' 인용, 109~123쪽 참고.

13. 마크 호프만 인터뷰 발췌문은 길리스, 230~367쪽 참고. 린지, 『성자들의 모임A Gathering of Saints』, 369쪽도 참고.

14. 오토 H. 바처, 『휘슬러와 베니스에서With Whistler in Venice』, 1909, 128~129쪽.

15. 그렉 로한, 헤리티지 옥션 갤러리 회장, '미술 수집가, 1890년 발행 1,000달러 지폐를 230만 달러에 구입하다'에 인용, 《USA 투데이》, 2006년 12월 2일.

16. 데이브 제이미슨, 『새것 같은 상태 : 미국인들이 야구 카드에 집착하게 된 이유 Baseball Cards Became an American Obsession』(2010) 참고. 조시 윌커, 『카드보드 신 : 야구 카드가 말해주는 지극히 미국적인 이야기Cardboard Gods : An All-American Tale Told Through Baseball Cards』, (2010).

17. 로랜드 힐과 조지 커크벡 노먼 힐, 『로랜드 힐 경의 생애와 페니 우표의 역사The Life of Sir Rowland Hill and the History of Penny Postage』제1권, 1880, 346~347쪽.

18. 마이클 캐브나, '배트맨, 슈퍼맨 만화책, 판매가 기록을 세우다', 《워싱턴 포스트》, 2010년 2월 27일. 어소시에이티드 프레스, '슈퍼맨이 처음 등장한 1983년 만화책이 150만 달러에 팔리다', 《데일리 뉴스》(뉴욕), 2010년 3월 30일. 앤디 루이스, '니콜라스 케이지의 슈퍼맨 만화책 경매가 210만 달러 기록을 세우다', 《할리우드 리포터》, 2011년 11월 30일.

19. 대니얼 J. 와킨, '줄리어드, 악보 모음 기증받다', 《뉴욕 타임스》, 2006년 3월 1일 참고. 제임스 R. 외스트리치, '베토벤의 9번 교향곡 스케치 경매에 나오다', 《뉴욕 타임스》, 2003년 4월 7일. 매이브 케네디, '베토벤의 9번 교향곡 원고 300만 파운드 예상', 《가디언》(런던), 2003년 4월 8일 참고. 코브너는 기증한 악보들에 자신의 이름을 붙이지 말 것을 부탁했다. 그 악보들에는 '줄리어드 매뉴스크립트 컬렉션'이라고 불린다. 악보의 전체 목록은 http://www.juilliardmanuscriptcollection. org 참고.

20. 크리스티 경매 2263, Lot 51, 2009년 2월 12일. 344만 달러 판매.

21. 크리스티 경매 2227, Lot 257, 2009년 12월 4일. 마이클 E. 루안, '조지 워싱턴이 1787년에 쓴 편지 320만 달러에 팔리다', 《워싱턴 포스트》, 2009년 12월 5일.

22. 2011년 11월에 프랑스 국립도서관은 카사노바의 일기를 3개월 동안 전시했다. 일 레인 스치오리노, '바람둥이의 낯 뜨거운 고백', 《뉴욕 타임스》, 2011년 11월 28일. 전시회 카탈로그 : 샹탈 토마스와 마리 로르 프레보와 코린 르 비토제, 프레데릭 만프린, '카사노바 : 라 빠시온 드 라 리벨테Casanova, La Passion de la Liberté', 파리 프 랑스 국립도시관, 2011년.

23. 크리스티 경매 7782, Lot 43, 런던, 2009년 12월 8일. 애덤 가배트, '렘브란트와 라파엘 경매가 4,900만 파운드 기록', 《가디언》(런던), 2009년 12월 9일. 전체적 인 설명은 크리스티의 카탈로그 7782, '옛 거장과 19세기 회화, 드로잉, 수채화 저 녁 경매', 런던, 2009년 12월 8일, Lot. 43 참고. 4년 후 라파엘의 또 다른 종이 드 로잉 〈젊은 사도의 얼굴Head of a Young Apostle〉(c. 1519~1520)이 런던 경매에서 297만 파운드에 팔렸다. 1제곱인치당 20만 파운드의 가격에 팔린 셈이었다. 소더비의 경매 카탈로그 '채츠워스의 르네상스 걸작 3점을 포함한 옛 거장과 영국 회화 저 녁 경매', L12036, 2012년 12월 5일, Lot 52.

24. 리즈 V. 젠킨스, 『이미지와 기업 : 기술과 미국의 사진 산업, 1839~1925년Images and Enterprise : Technology and the American Photographic Industry 1839~1925』, 1975 참고. 키트 펀더버크, 『코닥 파크 제지소의 역사History of the Papermills at Kodak Park』(개인 출판), 2006. 여기에는 존 M. 셰퍼드(1919), 제롤드 T. 레인(1932), 웨슬리 W. 빌스(1976) 가 쓴 이스트먼 코닥의 제지기술에 대한 이야기가 들어 있다. 키트 펀더버크, 『코닥 섬유로 만든 흑백종이Kodak Fiber Based Black and White Papers』(개인 출판), 2007 참고.

25. 로저 투스, 〈연못과 달빛〉, 사진으로 최고 가격인 290만 달러에 팔리다', 《가디 언》, 2006년 2월 14일.

26. http://www.johngrossmancollection.com과 http://www.winterthur.org 참고.

27. 톰 켈리, '미국 독립문서 희귀 원본이 영국의 국립문서보관소에서 먼지 쌓인 채 발 견되다', 《데일리 메일》, 2009년 7월 2일.

28. 《가디언》, 2009년 7월 2일.

29. 고프, 10쪽.

30. 토머스 제퍼슨, 존 미즈에게 보낸 편지, 1825년 9월 26일. 폴 레이체스터 포드, 『토머스 제퍼슨의 저술The Writings of Thomas Jefferson』 제10권, 1899, 346쪽. 줄리안 P. 보이드, '독립선언 : 잃어버린 원본의 수수께끼', 《펜실베이니아 역사와 생물학 매거진》 제100집, 4호(1976년 10월), 438~467, 257쪽.

31. http://www.museumofworldwarii.com. 렌델의 소장품 선별 카탈로그는 케네

스 W. 렌델, 『제2차 세계대전 : 현실을 지켜라, 수집가의 금고World War II : Saving the Reality, A Collector's Vault』(2009) 참고. 20세기의 걸출한 서적상으로 이름 높은 필라델피아의 A. S. W. 로젠바흐도 개인 소장한 도서와 원고로 도서관과 박물관을 만들었다. 바스베인스, 『젠틀 매드니스』, 제4장. http://www.rosenbach.org 참고.

제12장 종이에 새겨진 역사

1. 제레미 벨크냅, 『매사추세츠 역사학회 컬렉션』 제2권, 1877, 178쪽.

2. 알렉시 드 토크빌, 『토크빌 : 미국의 민주주의Tocqueville : Democracy in America』, 2004, 849쪽.

3. 노아 웹스터, 시드니 카플란, 「뉴햄프셔의 역사 : 문학 공예가 제레미 벨크냅」에서 인용, 《윌리엄 앤 메이》, 세 번째 시리즈, 제21권, 1호, (1964년 겨울), 19쪽.

4. 제레미 벨크냅이 에베네저 해저드에게, 1795년 8월 21일. 미국 역사협회, 『미국 역사에 관한 저술Writings on American History』 제1권, 1913, 258쪽.

5. 스티븐 T. 라일리, 「매사추세츠 역사학회의 원고들」, 《매사추세츠 역사학회 회보》, 세 번째 시리즈, 제92권, 1980, 100~116쪽.

6. 리처드 S. 던, '윈트로프가 일기를 쓰다', 《윌리엄 앤 메리》, 세 번째 시리즈, 제41권, 2호, 1984, 186~212쪽.

7. 앞의 책, 190쪽.

8. L. H. 버터필드, 「애덤스가의 문서, 그리고 역사」, 《매사추세츠 역사학회 회보》, 세 번째 시리즈, 제71권, 1953년 10월~1957년 5월, 328~356쪽.

9. 존 퀸시 애덤스, 일기 내용, 1844년 3월 25일, 찰스 프랜시스 애덤스, 『존 퀸시 애덤스 회고록』 제11권, 1876, 542쪽.

10. 말년의 에밀리 조던 폴저는 '첫 번째 2절판' 같은 건축물 역할을 하는 도서관을 만드는 것이 원래 계획이었다고 말했다. 오웬과 라주리 참고.

11. 셰익스피어가 헤밍과 콘델에게 유언장에서 남긴 것이다. 혹자는 셰익스피어가 그들에게 자신의 연극 출판을 맡겼다고 추측하기도 한다.

12. 크리스티 경매 9878, Lot 100, 뉴욕, 2001년 10월 8~9일, '아벨 E. 버랜드의 장서들'. 피터 W. M. 블레이니, 『셰익스피어의 첫 번째 2절판The First Folio of Shakespeare』(1991).

13. 바스베인스, 『인내와 투지』, 155~162쪽.

14. 오웬과 라주리, 51쪽.

15. 2013년 4월, 오스틴의 텍사스 대학교는 토머스 F. 스테일리의 뒤를 이어 스티븐 에니스를 해리 랜섬 연구소(예전 이름은 인문학연구센터) 소장으로 임명했다. 해리 랜섬 연구소가 소장한 미국과 유럽의 20세기 문학과 문화 관련 물품은 세계적인 규모로 원본 원고 4,200만 점, 희귀서 100만 권, 사진 500만 장, 예술작품 10만 점에 이른다. 해리 랜섬 연구소와 1960년대와 1970년대 HRC 컬렉션의 폭발적인 성장에 관한 내용은 바스베인스, 『젠틀 매드니스』, 9장 참고.

16. 레이먼드 다노스키 시집 도서관, 7만 5,000권, 2004년 취득. http://marbl. library.emory.edu/collection-overview/raymond-danowski-poetry-library 참고.

17. 명작 제본가이기도 한 모워리의 작품은 1982년에 뉴욕에서 열린 메트로폴리탄 미술관의 1인 전시회에 모습을 드러냈다. 그는 여전히 폴저 도서관의 희귀본 제본 전문가로 활약하고 있다.

18. 블레이니, 5쪽.

19. 복원 팀이 이 프로젝트에서 마주한 여러 문제들은 폴저 도서관이 2007년에 75주년을 맞이하여 발행한 작은 판형의 복사본 서론 부분에 자세히 설명되어 있다.

20. 바스베인스, 『찬란한 문자』, 262~265쪽.

제13장 천재들의 냅킨 스케치

1. 마크스, 2쪽.

2. 애드리언 살, '레오나르도 다 빈치 : 경험, 실험, 디자인', 《가디언》, 2004년 9월 14일. 2012년 버킹엄 궁 퀸스 갤러리에 전시된 레오나르도의 해부 드로잉에 대해서는 클레이턴과 필로 참고.

3. 켐프, 『경험, 실험, 디자인』, 2~3쪽.

4. 밤바흐, 5쪽.

5. 앞의 책, 109쪽.

6. 이 원고는 UCLA의 아먼드 해머 미술 문화 박물관 센터 소유였을 때 '코덱스 해머'라는 이름으로 불렸으나 현재 소유인인 빌 게이츠가 1994년 11월 11일 크리스티 경매에서 3,080만 2,500달러로 구입한 후 '코덱스 레스터'로 바뀌었다. 코덱스 레스터 전문은 '레오나르도 다 빈치 코덱스 해머'에서 볼 수 있다. 코덱스 해머 경매에 관한 내 글은 『젠틀 매드니스』(227~228쪽)에서 확인할 수 있다.

7. 밤바흐, 116쪽.

8. 조르조 바사리, 『가장 위대한 화가, 조각가, 건축가들의 생애The Lives of the Most Excellent Painters, Sculptors, and Architects』, 2006, 가스통 두 C. 드. 베레, 필립 잭스 옮김, 229쪽.

9. 켐프, 『경험, 실험, 디자인』, 97쪽.

10. 켐프, 게리 M. 래드케, 『레오나르도 다 빈치와 조각 예술Leonardo da Vinci and the Art of Sculpture』, 2009, 63쪽.

11. 켐프, 『경험, 실험, 디자인』, 117쪽.

12. 이로 템벡, 「춤의 성문어 또는 종이에 춤을 보존」, 《서브스탠스》 33/34호, 1982, 66~83쪽.

13. 앤 허친슨 게스트, 「무용 표기법」, 《퍼스펙타》 제26집, 1990, 203~214쪽. 미국에서 안무가 저작권 보호를 받게 된 것은 1952년에 이르러서였다(한야 홀름, 〈키스 미 케이트〉에 나오는 댄스 시퀀스). 라반의 무보법 덕분에 가능한 일이었다.

14. 앨런 타이슨, 「베토벤과의 대화」, 《뮤지컬 타임스》 제23집, 1523호(1970년 1월), 25~28쪽.

15. 이그나츠 폰 자이프리트, 배리 쿠퍼, 『베토벤과 창조 과정Beethoven and the Creative Process』, 1992, 7쪽.

16. 앨런 타이슨, 「베토벤의 다섯 필경사들에 관한 노트」, 《미국 음악학회 회보》 제23집, 3호(1970년 가을), 439~471쪽.

17. 토머스 에디슨 국립역사공원은 방대한 양의 원고와 기록물이 보관된 미국 국립공원관리단의 세 군데 주요 소유지 중 하나다. 나머지는 시인 헨리 워즈워스 롱펠로의 매사추세츠 캠브리지 자택과 보스턴 외곽 브루클라인에 있는 조경 건축의 거장 프레드릭 로 옴스테드의 자택이다.

18. 캐슬린 맥컬리프, 「토머스 에디슨의 발견되지 않은 세계」, 《애틀랜틱》, 1995년 12월.

제14장 종이에 붙잡아둔 영감

1. 귀도 다 비제바노, 『테사우루스 레지스 프란치에Texaurus Regis Francie』, 1335, 유진 S. 퍼거슨 인용.

2. 조르조 바사리, 『예술가들의 생애 Lives of the Artists』, 2006, 가스통 두 C. 드. 베레, 필립 잭슨 옮김, 113쪽.

3. 프랭크 로이드 라이트, 『자서전An Autobiography』, 1943, 156쪽.

4. 알바 알토, 『스케치Sketches』, 1978, 104쪽.

5. 아르키메데스, 리비(티투스 리비우스), 『로마의 역사The History of Rome』 제25권, 31쪽. 앨프리드 노스 화이트헤드, 『수학 입문서In An Introduction to Mathematics』(1911)에서 아르키메데스의 죽음을 "처음으로 세상을 바꿀 만큼의 중요한 상징이다. 추상적인 수학을 사랑하는 그리스인들이 실용성을 추구하는 로마인들에 의해 유럽의 지배권을 내주었기 때문이다"라고 했다. 그리고 다음과 같이 덧붙였다. "로마인들은 위대한 민족이었지만 실용성을 섬기게 되는 무미건조함이라는 저주를 받았다. 그들은 조상에 대한 지식을 발전시키지 않았고 그들의 진보는 엔지니어링에 관한 잡다한 기술적 세부 사항에만 국한됐다. 새로운 관점에 이르면 기본적으로 자연의 힘을 좀 더 잘 제어하게 되지만 그들은 그런 몽상가들이 아니었다. 수학 도형에 골똘히 빠져 있다가 목숨을 잃은 로마인은 없다."(40~41쪽).

6. A. L. 클러프, 『플루타르코스의 생애Plutarch's Lives』, 드라이덴 옮김, 제4권, '알렉산더', 1863, 192쪽.

7. 자크 캐리의 스케치의 역사와 복사본에 대해서는 시어도어 로버트 보위, 『캐리의 드로잉 : 캐리의 그림에 나타난 파르테논 대리석 조각군The Carrey Drawings of the Parthenon Marbles』(1971) 참고. 파르테논 신전의 건설 과정은 마놀리스 코레스, 『파르테논 신전의 돌들The Stones of the Parthenon』(2000) 참고.

8. 『국가인명사전』.

9. 윌리엄 더그데일의 완전 복사본, 『런던 세인트폴 대성당의 건립부터 지금까지의 역사, 인가서 원본과 기록, 원장, 기타 원고에서 발췌 : 그 외 성당의 잡다한 모습, 묘비와 기념물 등 아름다운 삽화 수록』, 1658, 얼리 잉글리시 북스 온라인EEBO에서 확인 가능.

10. 저비노와 존스턴, 31~44쪽 참고.

11. 앞의 책, 24쪽.

12. 아멘 가자리안과 로버트 오스터하우트, 「13세기 아르메니아의 무카르나 드로잉과 중세 시대의 건축 드로잉의 사용」, 『무카르나 : 이슬람 세계의 시각적 문화 연보』, 2001, 141~154쪽.

13. 유진 S. 퍼거슨, 3쪽.

14. 수정궁에는 최초로 대규모의 공중화장실이 설치되기도 했다. 박람회 기간 동안 82만 7,280명의 방문객들이 1페니씩 내고 사용했다.

15. 프레이저와 스캐글리아 참고. 로스 킹, 『브루넬레스키의 돔 : 건축을 재발명한 르네상스 천재Brunelleschi's Dome : How a Renaissance Genius Reinvented Architecture』, 2000.

16. 유진 S. 퍼거슨, 96~97쪽.

17. 앞의 책, 5쪽. '마음의 눈'이라는 표현은 오래전부터 전해 내려왔지만 셰익스피어의 작품에서 햄릿이 마음의 눈으로 아버지의 유령을 보았다고 말하는 장면이 가장 유명하다.

18. 도론 스웨이드, 『해석 엔진 : 첫 번째 컴퓨터를 만든 찰스 배비지The Difference Engine : Charles Babbage and the Quest to Build the First Computer』, 2000, 221~251. 227, 238쪽. 앤서니 하이먼, 찰스 배비지, 『컴퓨터의 선구자Pioneer of the Computer』, 1982.

19. 찰스 배비지, 『기계공과 제조자들의 경제On the Economy of Machinery and Manufactures』 3판, 제2권, 1833, 174~175쪽.

20. 제프리 S. 머레이, 「지도학 역사 속의 청사진」, 《지도 제작 회보》 제46집, 3호(2009년 8월), 257~261쪽. 마이크 웨어, 『청사진법 : 프러시안 청색을 이용한 사진인쇄의 역사와 과학, 기술Cyanotype : The History, Science and Art of Photographic Printing in Prussian Blue』, 1999.

21. 폰 브라운 박사와 같은 팀이었던 익명의 엔지니어가 전쟁 이후에 한 말, 뉴펠드, 258쪽에서 인용.

22. 디이터 K. 후즐 박사의 말, 프레드릭 I. 오드웨이 3세와 미첼 R. 샤페, 『로켓 팀The Rocket Team』, 1979, 261쪽. 가드너 슐레, 「역사상 가장 격렬했던 슐래잡기」, 《파퓰러 사이언스》, 1962년 12월, 67~69쪽. 탄광 갱도에 숨겨놓았던 원본 문서들은 1959년에 독일로 돌려보내졌고 현재 뮌헨의 국립독일박물관과 프라이부르크에 있는 독일연방문서보관소 군사분과에 나뉘 보관되어 있다. 마이크로필름 컬렉션은 버지니아 주 챈틀리 국립항공우주박물관 문서보관소 스티븐 F. 우드바르 하지 센터에 있다(뉴펠드, 333쪽). 독일의 로켓 과학자들을 미국으로 데려오는 과정은 매우 복잡했다. 독일 과학자들을 데려오는 미국의 기밀 작전에는 '페이퍼 클립 작전'이라는 이름이 붙었다. 최종 선택된 과학자 118명에 관한 문서가 종이 클립으로 묶여 있었기 때문에 붙은 이름이었다. 국립항공우주박물관의 초기 로켓 컬렉션 담당 큐레이터이자 『로켓과 나치 독일The Rocket and the Reich』의 저자이기도 한 마이클 뉴펠드는 나와 주고받은 이메일에서 미국의 우주 프로그램에는 "종이 문서를 전달받는 것만으로 충분하지 않았다"라고 강조했다. "그 문서를 이해할 수 있고 실질적인 형태의 기술로 만들 수 있는 사람들이 독일 로켓 기술 전달에 커다란 역할을 했다. 청사진만 있으면 간단히 기계로 만들 수 있다는 것은 순진한 생각이다. 실제로는 청사진에 담긴 정보를, 특히 다른 언어와 엔지니어링 문화에 유용한

정보로 바꾸려면 도움이 필요하다."

23. 데이비드 J. 제레미, 「홍수를 댐으로 막아라 : 기술자와 기계공이 넘쳐나는 현상에 대한 영국 정부의 대응, 1780~1843년」, 《비즈니스 히스토리 리뷰》 제51집, 1호 (1977년 봄), 1~34쪽.

24. 로버트 F. 달젤 주니어, 『사업에 뛰어든 엘리트 : 보스턴 연합과 그들이 만든 세계 Enterprising Elite : The Boston Associates and the World They Made』, 1987, 특히 1장 '해외로 나간 양키 : 스코틀랜드로 간 프랜시스 캐벗 로웰' 참고. 로버트 B. 고든과 패트릭 M. 말론, 『산업의 짜임 : 북아메리카의 산업화에 대한 고고학의 관점 The Texture of Industry : An Archaeological View of the Industrialization of North America』, 1997.

25. 찰스 C. P. 무디, 『무디가의 약력』, 1847, 145~157쪽. 존 N. 잉햄, 『미국 비즈니스 지도자 인명사전 Biographical Dictionary of American Business Leaders』 제2권, 1983, 951~953쪽.

26. 그의 로웰 방문은 찰스 디킨스, 『미국 인상기 American Notes for General Circulation』 제1권, 1842, 145~165쪽 참고.

27. 네이선 애플턴, 『역직기의 도입과 로웰의 기원 Introduction of the Power Loom and Origin of Lowell』, 1858.

28. 패트릭 M. 말론, 『로웰의 수력 : 19세기 미국의 엔지니어링과 산업 Waterpower in Lowell : Engineering and Industry in Nineteenth-Century America』, 2009. 시어도어 스타인버그, 『자연과 합쳐지다 : 뉴잉글랜드의 산업화와 물 Nature Incorporated : Industrialization and the Waters of New England』, 1991.

29. 발스턴, J. M. W. 터너(1775~1851)의 사용 용도는 바우어, 『터너의 종이와 터너의 말년의 종이 Turner's Papers and Turner's Later Papers』, 254~255쪽 참고. 벤저민 프랭클린이 영국과의 전쟁 기간 동안 와트먼지를 구입한 이야기는 탤벗에서 엘렌 R. 콘 참고.

제15장 종이만이 가능한 예술

1. 해리 후디니, 『후디니의 종이 마술 : 종이 찢기와 접기, 퍼즐 등 종이를 이용한 마술의 모든 것』, 1922, 117쪽.

2. 아키라 요시자와, 엥겔 인용, 36쪽.

3. 로버트 J. 랭. 이 저자에게 보낸 이메일(2011년 10월 23일). 우리는 이메일을 통해 오리가미에 관한 이야기를 나누었는데, 랭은 2008년에 도쿄의 어느 대학교 항공학

과 교수에게 의뢰받은 일에 대하여 짧게 이야기해주었다. 미국의 우주왕복선이 궤도에 진입했을 때 종이비행기를 잔뜩 뿌려서 지구에 무사히 돌아오는 것이 하나라도 있을지 알아보려고 한다는 것이었다. 진지하게 고려되던 프로젝트였지만 실행에 옮겨지지는 않았다. 나는 레이저 물리학자로 항공학에 대해서도 광범위한 전문 지식을 가진 랭에게 종이비행기가 어떻게 될 것 같은지 물어보았다. "매우 간단하고 깔끔한 개념입니다. 타당한 아이디어예요. 작고 가벼운 물체가 대기권으로 다시 돌아오면 압축열이 낮아서 물체가 무사할 수 있습니다." 이 아이디어를 뒷받침하는 더욱 자세한 과학적 설명은 애나 데이비슨, '오리가미 우주비행기, 우주정거장에서 떨어뜨린다', 《뉴 사이언티스트》, 2008년 1월 21일 참고. 2012년 2월 26일, 미식축구 선수 출신으로 캘리포니아 대학교 버클리 캠퍼스 한 시즌 패싱 야드를 1,700야드 이상을 기록했던 쿼터백 조 에이웁이 우주만큼 멀지는 않지만 69미터 상공(세계 기록)에서 종이비행기를 날렸다. 존 레칭, '종이비행기 챔피언이 훨훨 나는 기록을 바라보고 있다', 《월스트리트 저널》, 2012년 5월 17일 참고. 2013년 2월 14일에는 월트디즈니 애니메이션 스튜디오가 제작한 〈페이퍼맨Paperman〉이 아카데미 단편애니메이션 작품상을 수상했다. 콘크리트 도시 뉴욕을 배경으로 종이비행기를 날리며 로맨스를 그린 6분짜리 단편 애니메이션이다.

4. 루스 파인, 『야누스 프레스, 50년 : 1991~2005년 카탈로그 레조네, 인덱스 1955~2005년』(2006) 참고.

5. 월터 하마디, 『손으로 만드는 종이 : 의심의 책Papermaking by Hand : A Book of Suspicions』, 1982.

6. 니콜슨 베이커, 157쪽. 베이커의 '도서관 운동'에 관한 자세한 이야기는 바스베인스, 『인내와 투지』, 392~402쪽, 『찬란한 문자』, 224~228쪽 참고.

7. 하네스 벡만, '조형의 나날들Formative Years', 에크하르트 뉴만, 『바우하우스와 바우하우스 사람들Bauhaus and Bauhaus People』, 1970, 196쪽에서 인용.

8. 엘리너 코어, 『사다코와 종이학 천 마리Sadako and the Thousand Paper Cranes』, 1977, 36쪽. 최신판에는 종이학 접기 방법 일러스트가 수록되어 있다.

9. http://www.origamido.com 참고.

10. 오리가미 대부의 프로필은 엥겔, 33~40쪽 참고.

11. 수잔 오린, '오리가미 랩 : 왜 물리학자는 종이접기를 위해 모든 것을 포기했을까', 《뉴요커》, 2007년 2월 19일. 베스 젠슨, '접기 속으로 : 물리학자 로버트 랭, 고대 예술 오리가미에 새로운 차원을 더하다', 《스미스소니언》, 2007년 6월. 랭의 웹사

이트는 http://www.langorigami.com.

12. http://erikdemaine.org 참고.

제16장 한 땀 한 땀 손으로 만든 책

1. 다느 헌터, 『종이와 함께 한 나의 인생』, 3쪽.

2. 앞의 책.

3. 앞의 책, 51~52쪽.

4. 스페인 출신의 세파르디 유대인 이민자 루이스 모지즈 고메즈(1660~1740)가 1714년에 모피 공장을 설립한 장소였다는 사실에서 유래된 이름이다. 자연석으로 지은 그 공장은 오늘날 '고메즈 밀 하우스'라는 박물관으로 사용되고 있다. 북아메리카에서 가장 오래된 유대인 거주지로 국립사적지에 이름을 올렸다. www.gomez.org 참고.

5. 다드 헌터가 1921년 9월 17일 루엘 파르디 톨만에게 보낸 편지로 스미스소니언 협회 소장. 헤레나 E. 라이트, 「스미스소니언의 다드 헌터」, 《미국 인쇄역사협회 회보》 제14집, 2호, 1992. 28쪽에 인용.

6. 윌 랜섬, 『개인 인쇄소와 그들의 책Private Presses and Their Books』, 1929년, 113쪽.

7. 캐슬린 베이커, 『혼자만의 노동으로By His Own Labor』에 인용된 다드 헌터의 말, 139쪽. 오래된 라임 종이는 헌터의 1958년 회고록 『종이와 함께한 나의 인생』에 1페이지 삽입 면으로 사용됐다.

8. 하웰 J. 히니와 헨리 모리스, 『버드 앤 불의 30년 : 참고 문헌, 1958~1988년 Thirty Years of Bird & Bull : A Bibliography, 1958~1988』, 1988. 시드니 E. 버거와 헨리 모리스, 『버드 앤 불의 44년 : 참고 문헌, 1958~2002년』, 2002.

9. 바스베인스, 『젠틀 매드니스』, 455~457쪽 참고.

10. 캘빈 톰킨스, '예술 세계 : 타티아나 그로스먼', 《뉴요커》, 1982년 8월 9일. 리바 캐슬먼, 『타티아나 그로스먼 : 스크랩북Tatyana Grosman : A Scrapbook』, 2008. http://www.ulae.com 참고.

11. 가로 Z. 안트리시안과 클린턴 애덤스, 『타마린드의 석판술The Tamarind Book of Lithography : Art & Techniques』, 1971. 마조리 데본, 빌 라가투타, 로드니 해먼, 『타마린드의 순수 예술 석판술Tamarind Techniques for Fine Art Lithography』, 2009. http://tamarind.unm.edu 참고.

제17장 시대의 변화와 종이의 변신

1. 몬트리올 소재의 펄프와 종이 제품협회PPPC의 발표에 따르면 2000년 미국과 캐나다의 펄프와 종이 생산 노동자는 각각 60만 4,700명과 9만 6,909명이었다. 이 수치는 2010년에 이르러 각각 39만 6,818명과 6만 638명으로 감소했다. 20만 7,882명 (34%)과 3만 6,273명(37%)의 인원 감축 때문이었다(미국 수치는 노동통계국 제공, 캐나다 수치는 캐나다 통계청 제공).

2. 버소 페이퍼가 메인 주의 제지 산업 부활에 기여한 바에 대해서는 헨리 가필드, 「변화와 함께 돌다」, 《메인 어헤드》, 2011년 1월.

3. 크리스토퍼 파워, '6점, 그리고 2년 전', 《포브스》, 1986년 3월 10일.

4. J. G. 깁슨, 『펜실베이니아 요크 카운티 역사History of York County, Pennsylvania』, 1886, 리퍼에 인용됨, 37쪽. 집안의 전체적인 연대기와 관계도는 리퍼 참고.

5. 바스베인스, 『문자의 세계』.

6. 미국 도서관협회의 연간 보유 및 획득, 임용 정보. http://www.arl.org/stats/annualsurveys/arlstats 참고.

7. '대학 도서관 프로젝트 보고서 : 2009년 11월 하버드 대학교', 하버드 대학교의 73개 도서관 목록은 부록에 포함. 전문은 http://www.provost.harvard.edu/reports/Library_Task_Force_Report.pdf 에서 볼 수 있음.

8. 쿨리지와 키트레지의 인용문은 바스베인스, 『인내와 투지』, 475~476쪽 참고.

9. 제니퍼 그린스타인 알트만, '책은 과거에 대한 많은 것을 드러내준다', 《프린스턴 주보》, 2005년 3월 28일.

10. 존 팔프리, '미국 디지털 공립도서관 만들기', 《라이브러리 저널》, 2012년 11월 26일. 로버트 단턴, '전국 디지털 도서관이 문을 열다', 《뉴욕 리뷰 오브 북스》, 2013년 4월 25일.

제18장 맨해튼에 내린 종이 비

1. 자크 데리다가 마크 기욤과 다니엘 부뉴와의 인터뷰에서 한 말, 《레 카이에 드 미디올로지Les Cahiers de Mediologie》 4호, 1997. 기사 전문은 http://www.jacquesderrida.com.ar/frances/papier.htm에서 볼 수 있다.

2. 2013년 기준, 미국과 전 세계 121개국에서 발행된 36조 5,000억 달러 가치의 3,600만 개의 발행 증권을 보관하고 자산 서비스를 제공하는 증권예탁결제원DTCC에 따르면 세계무역센터의 붕괴로 유실된 160억 개에 달하는 종이로 된 공채 증서를 교

체하는 데 약 3억 달러가 들어갔다. 지금은 거의 모든 증권 거래가 전자 기록되지만 몇몇 장소는 여전히 종이 문서를 보관하고 있다. 2012년 10월에 태풍 샌디의 영향으로 로어 맨해튼의 워터 스트리트 55번지에 위치한 본사에 보관된 130만 개의 증서가 심각한 손상을 입었다. 니나 메타, '태풍 샌디로 DTCC의 채권 증서가 망가지다', 《블룸버그 뉴스》(www.bloomberg.com/news/), 2012년 11월 15일. www.dtcc.com 참고.

3. 카린 제임스, '아픔과 위안이 있는 텔레비전의 특별한 날', 《뉴욕 타임스》, 2002년 9월 6일.

4. 데이비드 호리건, '종이의 바다', 《로 테크놀로지 뉴스》, 2001년 10월호. 같은 호에 실린 모니카 베이의 '빛이 있으라'에서 호리건과 동행한 사진작가가 언급한 내용을 알 수 있다.

5. http://www.susanmeiselas.com 참고.

6. http://www.nysm.nysed.gov 참고.

7. 마리아 잰첸코, '그라운드 히어로', 《글로브 앤 매일》, 2002년 9월 7일.

8. 케빈 플린, '새롭게 보는 9·11 테러 생존 투쟁 파일', 《뉴욕 타임스》, 2003년 8월 29일.

9. 존 존슨, '9·11 관련 물품들 박물관으로 가다', 《신시내티 인콰이어러》, 2009년 12월 29일. 결승점에서 압력밥솥 폭탄 두 개가 터져 3명의 사망자와 260명의 부상자를 발생시킨 보스턴 마라톤 폭탄 테러가 발생한 지 3주 후인 2013년 5월 6일, 아키비스트들로 꾸려진 팀이 전 세계 사람들이 코플리 광장에 남긴 수천 점의 추모 물품들을 회수하여 시의 기록보관소로 옮겨 목록을 만들고 사진을 찍고 중성 폴더와 상자에 담았다. 그날 이반 앨런과 앤드루 라이언은 《보스턴 글로브》에 "추모 물품은 보스턴의 강인함을 보여주는 증거였지만 대개 종이로 되어 있었다"라고 썼다.

에필로그

1. 「9·11 위원회 보고서 : 테러리스트들의 미국 공격에 대한 전국위원회의 최종 보고서」, 9장, 2004 참고. http://www.gpo.gov.에서 전문을 볼 수 있다. 미국 교통안전국의 '비행경로 연구 : 유나이티드 항공기 175편'(2002년 2월 19일)도 참고.

2. 앤드루 더피, '9·11 테러에서 살아남은 캐나다인의 고통의 탑 : 남쪽 타워에서 마지막으로 빠져나와 생존했지만 죄책감을 느끼다', 《몬트리올 가제트》, 2004년 6월 5일. 《오타와 시티즌》(2005년 6월 4일)에 첫 게재.

3. 데니스 코숑, '권고의 말을 무시해서 살아남은 4인', 《USA 투데이》, 2001년 12월 18일. 에릭 립턴, '남쪽 타워 이야기', 《뉴욕 타임스》, 2002년 5월 26일.

4. 존 보로니이크, '9·11 테러에 대한 한 가족의 기억을 바꾼 아버지의 메모', 《스탬포드 애드버킷》, 2012년 9월 10일.

참고 자료

애커민, 필리스, 『벽지: 그 역사의 디자인, 사용Wallpaper: Its History, Design, and Use』, 뉴욕: 튜더 퍼블리싱 코., 1923.

애덤스, 클린턴, 『미국의 석판인쇄공들, 1900~1960년: 화가들과 그들의 인쇄공들America-n Lithographers, 1900-1960: The Artists and Their Printers』, 앨버커키: 멕시코 대학교 출판사, 1983.

앨런, 제럴드 그리고 리처드 올리버, 『건축 드로잉: 예술과 과정Architectural Drawings: The Art and the Process』, 뉴욕: 휘트니 디자인 라이브러리, 1981.

앰브로시니, 마리아 루이자, 메리 윌리스, 『바티칸의 비밀 아카이브The Secret Archives of the Vatican』, 보스턴: 리틀 브라운, 1969.

아메리칸 타바코 컴퍼니, 『솔드 아메리칸: 첫 50년"Sold American": The First Fifty Y-ears』, 뉴욕: 아메리칸 타바코 컴퍼니, 1954.

안데스, 루이스, 『특수 목적을 위한 종이 트리트먼트』, 찰스 솔터 독일어 번역, 런던: 스콧, 그린우드 앤 손, 1907.

베이커, 캐슬린 A. 『자신의 노동력으로: 다드 헌터 전기By His Own Labor: The Biography of Dard Hunter』, 뉴캐슬, 델라웨어: 오크 놀 출판사, 2000.

———, 『손에서 기계로: 19세기 미국 종이와 매체: 기술과 재료, 보존Hand to the Machine: Nineteenth-Century American Paper and Mediums: Technologies, Materials, and Conservation』, 앤 아버, 미시건: 레거시 출판사, 2010.

베이커, 니콜슨, 『더블 폴드: 도서관과 종이에 대한 공격Double Fold: Libraries and the Assault on Paper』, 뉴욕: 랜덤 하우스, 2001.

볼다사리, 앤, 『피카소: 종이 작업Picasso: Working on Paper』, 메렐 퍼블리셔스 Ltd, 2000.

볼스턴, 존, 『와트만지와 우브 페이퍼: 서양에서의 그 발명과 발달The Whatmans and W-ove Paper: Its Invention and Development in the West』, 『우브 페이버와 룸—우븐 철망의 기원에 대한 연구Research into the Origins of Wove Paper and of Genuine Lo-om-Woven Wire-Cloth』, 웨스트 팔리, 켄트, 영국: J. N. 볼스턴, 1998(개인 출판).

밤바흐, 카멘 C., 『레오나르도 다 빈치: 일류 제도공Leonardo da Vinci, Master Draftsm-an』, 뉴욕: 메트로폴리탄 미술관, 뉴헤이븐과 런던: 예일 대학교 출판사, 2003.

바칸, 레오나르도, 『미켈란젤로: 종이 위의 생애Michelangelo: A Life on Paper』, 프린스턴과 옥스퍼드: 프린스턴 대학교 출판사, 2010.

바렛, 티모시, 『일본의 제지술: 전통과 도구, 기법Japanese Papermaking: Traditions, To-ols, and Techniques』, 부록으로 위니프레드 루츠의 대체 섬유 수록, 뉴욕: 웨더힐, 1983.

바스베인스, 니콜라스 A., 『젠틀 매드니스』, 뉴욕: 헨리 홀트, 1995.

────, 『찬란한 문자』, 뉴욕: 하퍼콜린스, 2003.

────, 『문자의 세계: 예일 대학교 출판사 1908~2008A World of Letters: Yale University Press, 1908-2008』, 뉴헤이븐, 코네티컷: 예일 대학교 출판사, 2008.

────, 『인내와 투지』, 뉴욕: 하퍼콜린스, 2001.

베인즈, 켄 그리고 프랜시스 푸, 『엔지니어의 예술The Art of the Engineer』, 우드스톡, 뉴욕: 오버룩 출판사, 1981.

벤더, 존 그리고 마이클 마리넌, 『다이어그램 문화The Culture of Diagram』, 스탠포드, 캘리포니아: 스탠포드 대학교 출판사, 2010.

베니슨, 아미라 K., 『위대한 칼리프: 아바스 제국의 황금시대The Great Caliphs: The Go-lden Age of the 'Abbasid Empire』, 뉴헤이븐, 코네티컷 그리고 런던: 예일 대학교 출판사, 2009.

벤슨, 리처드, 『인쇄 그림The Printed Picture』, 뉴욕: 뉴욕 현대미술관, 2008.

빌레터, 장 프랑수아, 『중국의 쓰기 기술The Chinese Art of Writing』, 뉴욕: 리졸리 인터내셔널 퍼블리케이션, 1990.

블리스, 더글러스 퍼시, 『목판술의 역사A History of Wood Engraving』, 런던: 스프링 북스, 1964, 초판 1928.

블룸, 조너선 M., 『인쇄 이전의 종이: 이슬람 세계에서 종이의 역사와 영향Paper before Print: The History and Impact of Paper in the Islamic World』, 뉴헤이븐, 코네티컷: 예일 대학교 출판사, 2001.

블럼, 안드레, 『종이의 기원에 대하여On the Origin of Paper』, 해리 밀러 라이덴버그 프랑스어판 번역, 뉴욕: R. R. 보커, 1934.

보워, 피터, 『터너의 후기 종이: 터너의 드로잉 종이 제작과 선택, 사용에 관한 연구, 1820~1851년Turner's Later Papers: A Study of the Manufacture, Selection and Use of His D-rawing Papers 1820-1851』, 런던: 테이트 갤러리 퍼블리싱, 1999.

────, 『터너의 종이: 터너의 드로잉 종이 제작과 선택, 사용에 관한 연구 1787-1820년』, 런던: 테이트 갤러리 퍼블리싱, 1990.

보즈먼, 베리, 『관료제와 붉은 끈Bureaucracy and Red Tape』, 어퍼 새들 리버, 뉴저지: 프렌티스-홀, 2000.

브라더스, 캐미, 『미켈란젤로, 드로잉, 그리고 건축의 발명Michelangelo, Drawing, and the Invention of Architecture』, 뉴헤이븐, 코네티컷 그리고 런던: 예일 대학교 출판사, 2008.

브라우닝, B. L., (버티 리), 『종이의 분석Analysis of Paper』, 뉴욕: (주)마르셀 데커, 1977.

뷔송, 도미니크, 『일본 종이의 예술: 가면, 랜턴, 연, 인형, 오리가미』, 엘리자베스 맥도널드 프랑스판 번역, 파리: 에디션 피에르 테레일, 1992.

바이트워크, 랜덜 L., 『종이 전쟁: 한 전투에서 하루 동안 나타난 나치의 프로파간다 Paper War: Nazi Propaganda in One Battle, on a Single Day』의 서론으로 1944년 5월 11일 이탈리아 카시노에서 있었던 일(저자 없음), 웨스트 뉴욕: 뉴저지: 마크 배티 퍼블리셔, 2005.

바터, 토머스 프랜시스, 『중국에서 인쇄술이 발명되어 서쪽으로 퍼져나가다The Invention of Printing in China and Its Spread Westward』, 뉴욕: 컬럼비아 대학교 출판사, 1931, 초판 1925.

처칠, W. A., 『17세기와 18세기 네덜란드와 영국, 프랑스 등의 종이 워터마크와 상호 연관성Watermarks in Paper in Holland, England, France, etc in the XVII and XVIII Centuries and Their Interconnection』, 암스테르담: 메노 허츠버거 앤 코., 1935.

클래퍼턴, R. H., 『종이: 초기부터 현대까지 수제 종이 제작 이야기Paper: An Historical Account of Its Making by Hand from Its Earliest Times Down to the Present Day』, 옥스퍼드, 영국: 옥스퍼드 대학교 출판사, 1934.

———, 『근대의 제지기법Modern Paper-Making』제3판, 옥스퍼드, 영국: 베이즐 블랙웰, 1952.

———, 『제지 기계: 그 발명과 진화와 발달The Paper-Making Machine: Its Invention, Evolution and Development』, 옥스퍼드: 퍼가먼 출판사, 1967.

클레이튼, 마틴 그리고 론 필로, 『레오나르도 다 빈치: 해부학자Leonardo da Vinci, Anatomist』, 런던 로열 컬렉션 퍼블리케이션, 2012.

달림플, 윌리엄, 『마지막 무굴: 왕조의 붕괴The Last Mughal: The Fall of a Dynasty』, 델리, 1857, 뉴욕: 알프레드 A. 크로프, 2007.

단턴, 로버트, 『책의 미래』(2011년 교보문고 발간), 뉴욕: 퍼블릭어페어 출판사, 2009.

데이비드, 솔, 『인도 반란The Indian Mutiny』, 뉴욕: 바이킹 출판사, 2002.

데이비스, 글린, 『돈의 역사: 고대에서 현대까지History of Money: From Ancient Times to the Present Day』, 카디프, 영국: 웨일스 대학교 출판사, 2002.

드킬토트, 엘리자베스, 가브리엘 비켄도프, 발렌틴 노켈 공저, 『종이 박물관: 고대 인쇄, 1600~1800년Musées de Papier: L'Antiquité en Livres, 1600-1800』, 파리: 구르퀴프 그레이데니고/루브르 박물관, 2010.

도지, 찰스 리처드, 『세계의 유용한 섬유식물에 대한 기술 목록—섬유의 구조적 · 경제적 분류 포함하여A Descriptive Catalogue of Useful Fiber Plants of the World, Including the Structural and Economic Classifications of Fibers』, 워싱턴 DC: 정부인쇄국, 1897.

듀건, 프랜시스 L. S., 재클린 P. 불, 『블루그래스 장인: 제지업자 에벤에셀 히람 스테드먼 에 대한 회상 1808~1885년Bluegrass Craftsman: Being the Reminiscences of Ebenezer Hiram Stedman Papermaker 1808-1885』, 프랭크포트, 켄터키: 프랑크포트 헤리티지 출판사, 2006.

두 토이트, 브라이언 M., 『에쿠스타와 해리 H 스트라우스의 유산Ecusta and the Legacy of Harry H. Straus』, 볼티모어: 퍼블리시아메리카, 2007.

엥겔, 피터, 『우주를 접다: 오리가미, 엔젤피시에서 젠까지Folding Universe: Origami from Angelfish to Zen』, 뉴욕: 빈티지 출판사, 1989.

엔트위슬, E. A., 『벽지: 그 역사와 평가The Book of Wallpaper: A History and an Appreciation』, 런던: 아서 바커, 1954.

에반스 조앤, 『끝없는 웹: 존 디킨슨 앤 코 1804~1954년The Endless Webb: John Dickinson & Co., Ltd 1804-1954』, 웨스트포트, 코네티컷: 그린우드 퍼블리싱 코., 1978. 조너선 케이프의 1955년판 재발행, 런던.

판스워스, 도널드, 『일본 제지법 안내서A Guide to Japanese Papermaking』, 오클랜드, 캘리포니아: 매그놀리아 에디션, 1997.

퍼거슨, 유진 S., 『엔지니어링과 마음의 눈Engineering and the Mind's Eye』, 캠브리지, 매사추세츠: MIT 출판사, 1992.

퍼거슨 니올, 『돈의 오르막길: 세계의 금융 역사The Ascent of Money: A Financial His-tory of the World』, 뉴욕: 펭귄, 2008.

필드, 도로시, 『종이와 문지방: 아시아 문화에서 나타나는 영적 연결의 모순Paper and T-hreshold: The Paradox of Spiritual Connection in Asian Cultures』, 앤 아버, 미시건: 레거시 출판사, 2007.

폭스, 셀리나, 『계몽 시대의 산업 기술The Arts of Industry in the Age of Enlightenment』, 뉴헤

이븐, 코네티컷, 그리고 런던: 예일 대학교 출판사, 2010.

프릴리, 존, 『알라딘의 요술 램프: 그리스 과학은 어떻게 이슬람 세계를 통해 유럽으로 전파되었는가Aladdin's Lamp: How Greek Science Came to Europe through the Islamic World』, 뉴욕: 알프레드 A. 크노프, 2009.

기드너, 하워드, 『창조자들: 프로이트, 아인슈타인, 피카소, 스타빈스키, 엘리엇, 그레이엄, 간디를 통해 창의성을 해부하다Creating Minds: An Anatomy of Creativity Seen through the Lives of Freud, Einstein, Picasso, Stravinsky, Eliot, Graham, and Gandhi』, 뉴욕: 베이직 출판사, 1993.

거비노, 앤서니, 그리고 스티븐 존스턴, 『나침반과 자: 영국의 수학 연습으로서의 건축Compass and Rule: Architecture as Mathematical Practice in England』, 뉴헤이븐, 코네티컷, 그리고 런던: 예일 대학교 출판사, 2009.

길리스피, 찰스 콜스턴, 『몽골피에 형제와 항공의 발명The Montgolfier Brothers and the Invention of Aviation』, 프린스턴, 뉴저지: 프린스턴 대학교 출판사, 1983.

길리스, 제임스, 『전문가들의 판단: '자유인의 맹세' 위조 사건에 대한 사설과 조사 문서 The Judgment of Experts: Essays and Documents about the Investigation of the Forging of the "Oath of a Freeman"』, 우스터, 매사추세츠: 미국 골동품협회, 1991.

김슨, 로렌스 헨리, 『혁명의 도래: 1763~1775년The Coming of the Revolution: 1763–1775』, 뉴욕: 하퍼 앤 로, 1962.

글레이저 린, 『미국과 종이: 첫 100년America on Paper: The First Hundred Years』, 필라델피아: 어소시에이티드 앤디쿼리스, 1989.

글래스너, 장 자크, 『설형문자의 발명: 수메르의 글자The Invention of Cuneiform: Writing in Sumer』, 자이나브 바라니, 마크 반 드 미에루프 번역, 볼티모어: 존스 홉킨스 대학교 출판사, 2003.

고프, 프레더릭 R., 『존 던랩의 1면 인쇄물: 최초로 인쇄된 독립선언서The John Dunlap Broadside: The First Printing of the Declaration of Independence』, 워싱턴 DC: 의회도서관, 1976.

그린, 제임스 N., 『리텐하우스 밀과 미국 제지업의 시작The Rittenhouse Mill and the Beginnings of Papermaking in America』, 필라델피아: 필라델피아 도서관조합과 리텐하우스 타운 프렌즈, 1990.

그린, 제임스 N., 피터 스톨리브래스, 『벤저민 프랭클린: 저자와 인쇄업자Benjamin Franklin: Writer and Printer』, 뉴캐슬: 델라웨어: 오크 놀 출판사, 런던: 영국박물관,

2006.

그레이스미스, 브랜다, 『벽지Wallpaper』, 런던: 스튜디오 비스타/카셀 앤 콜리어 맥밀란, 1976.

그리핀, 러셀 B., 아서 D. 리틀, 『제지의 화학: 일반적인 화학 원칙과 함께, 학생과 제조업자를 위한 안내서The Chemistry of Paper-Making: Together with the Principles of General Chemistry, A Handbook for the Student and Manufacturer』, 뉴욕: 하워드 록우드 앤 코., 1894.

그로브너, 발렌틴, 『당신은 누구입니까? 초기 근대 유럽의 신분증과 사기, 감시Who Are You? Identification, Deception, and Surveillance in Early Modern Europe』, 마크 키버즈와 존 팩 독일어판 번역, 뉴욕: 존 북스, 2007.

하기스, 맨디, 『페이퍼 트레일: 나무에서 쓰레기까지—종이의 진짜 비용Paper Trails: From Trees to Trash—The True Cost of Paper』, 런던: 버진 북스/랜덤하우스, 2008.

핸드콕, 퍼시 S. P., 『메소포타미아 고고학Mesopotamian Archaeology』, 런던: 맥밀란 앤 코, 필립 리 워너, 1912.

해리스, 테레사 페어뱅크스, 스콧 윌콕스, 『18세기 영국의 제지업과 수채화법: 폴 샌비와 와트만 페이퍼 밀Papermaking and the Art of Watercolor in Eighteenth-Century Britain: Paul Sandby and the Whatman Paper Mill』, 스티븐 대니얼스와 마이클 풀러, 모린 그린의 사설 및 기고, 뉴헤이븐: 코네티컷: 예일 영국 예술센터, 런던: 예일 대학교, 2006.

해리스, 휘트니 R., 『재판 받는 독재자: 제2차 세계대전이 끝나고 독일 뉘른베르크에서 이루어진 독일 전범들의 재판 1945~1947년Tyranny on Trial: The Trial of the Major German War Criminals at the End of World War II at Nuremberg, Germany 1945–1946』, 개정판, 댈러스: 서던 메소디스트 대학교 출판사, 1999.

해스켈, W. E., 『신문 인쇄: 제지술의 기원과 신문 인쇄용지의 제조News Print: The Origin of Paper Making and the Manufacturing of News Print』, 뉴욕: 인터내셔널 페이퍼 컴퍼니, 1921.

호스, 아서 B., 『소총 탄약: 울위치 왕립군수공장에서의 제조 과정Rifle Ammunition: Being Notes on the Manufactures Connected Therewith, as Conducted in the Royal Arsenal, Woolwich』, 런던: W. O. 미첼, 1859, 펜실베이니아 게티즈버그의 토머스 퍼블리케이션 재발행, 2004.

하인리히, 토머스, 그리고 밥 배첼러, 『코텍스, 크리넥스, 허기스: 킴벌리 클라크와 미국 비즈니스의 소비자 혁명Kotex, Kleenex, Huggies: Kimberly-Clark and the Consumer

Revolution in American Business』, 컬럼비아: 오하이오 주립대학교 출판사, 2004.

헬펀드, 제시카, 『스크랩북: 미국 역사Scrapbooks: An American History』, 뉴헤이븐, 코네티 컷: 예일 대학교 출판사, 2008.

헨더슨, 캐스린, 『선과 종이에: 디자인 엔지니어링에서의 시각 상징과 시각 문화, 컴퓨 터 그래픽On Line and On Paper: Visual Representations, Visual Culture, and Computer Graphics in Design Engineering』, 캠브리지, 매사추세츠, 그리고 런던: MIT 출판사, 1999.

허링, 리처드, 『고대와 현대의 종이와 제지술Paper and Paper Making, Ancient and Modern』 제3판, 런던: 롱맨, 그린, 롱맨, 로버츠 앤 그린, 1863.

헤스, 얼 J., 『남북전쟁에서의 머스킷 소총: 현실과 신화The Rifle Musket in Civil War Combat: Reality and Myth』, 로렌스: 캔자스 대학교 출판사, 2008.

히버트, 크리스토퍼, 『위대한 반란: 인도 1857년The Great Mutiny: India 1857』, 뉴욕: 바이 킹 출판사, 1978.

하이디, 랠프 H., 프랭크 어니스트 힐, 앨런 네빈스, 『목재와 인간: 와이어하우저 스토 리Timber and Men: The Weyerhaeuser Story』, 뉴욕: 맥밀란, 1963.

힐스, 리처드 L., 『영국의 제지술 1488~1988년Papermaking in Britain 1488-1988』, 런던, 그리고 애틀랜틱 하이랜즈, 뉴저지: 애스론 출판사, 1988.

호프먼, 애디나, 피터 콜, 『신성한 쓰레기: 카이로 게니자의 분실물 세계Sacred Trash: The Lost and Found World of the Cairo Geniza』, 뉴욕: 쇼켓, 2011.

호프먼, 칼, 『종이 제작에 관한 모든 논문A Practical Treatise on the Manufacture of Paper in All Its Branches』, 필라델피아: 헨리 캐리 베어드, 1873.

호그, 올리버 프레더릭 길리언, 『왕립군수공장: 배경과 기원, 그 이후의 역사The Royal Arsenal: Its Background, Origin, and Subsequent History』 제2권, 런던: 옥스퍼드 대학교 출 판사, 1963.

홀콤, 멜라니, 『펜과 양피지: 중세시대의 드로잉Pen and Parchment: Drawing in the Middle Ages』, 뉴욕/ 뉴헤이븐, 코네티컷: 메트로폴리탄 미술관, 런던: 예일 대학교 출판 사, 2009.

휴즈, 수키, 『와시: 일본 종이의 세계The World of Japanese Paper』, 도쿄, 그리고 뉴욕: 코 단샤 인터내셔널, 1978.

힐, 매슈 S., 『종이 정부: 파키스탄 도시 관료주의의 물질성Government of Paper: The Materiality of Bureaucracy in Urban Pakistan』, 버클리, 그리고 로스앤젤레스: 캘리포니아 대학교 출판사, 2012.

헌터, 다드, 『종이와 함께한 나의 인생』, 뉴욕: 알프레드 A. 크로프, 1958.

――――, 『개척 시대 미국의 제지술Papermaking in Pioneer America』, 필라델피아: 펜실베이니아 대학교 출판사, 1952.

――――, 『제지술: 고대 공예의 역사와 기술Papermaking: The History and Technique of an Ancient Craft』제2판, 개정판, 확대, 뉴욕: 알프레드 A. 크노프, 1947, 초판, 1944.

――――, 『18세기의 제지술Papermaking through Eighteen Centuries』, 뉴욕: 윌리엄 에드윈 러지, 1930.

아이작슨, 월터, 『벤저민 프랭클린: 미국인의 삶Benjamin Franklin: An American Life』, 뉴욕: 사이먼 앤 슈스터, 2003.

잭슨, 폴, 『오리가미와 종이 공예 기술 백과사전The Encyclopedia of Origami and Papercraft Techniques』, 필라델피아: 러닝 출판사, 1991.

제이미슨, 데이브, 『새 것 같은 중고: 미국인은 왜 야구 카드에 집착하게 되었는가Mint Condition: How Baseball Cards Became an American Obsession』, 뉴욕: 애틀랜틱 먼슬리 출판사, 2010.

제이, 로버트, 『19세기 미국의 트레이드 카드The Trade Card in Nineteenth-Century America』, 컬럼비아: 미주리 대학교 출판사, 1987.

존슨, 더글러스, 앨런 타이슨, 로버트 윈터, 『베토벤의 스케치북: 역사, 복원, 목록The Beethoven Sketchbooks: History, Reconstruction, Inventory』, 버클리, 그리고 로스앤젤레스: 캘리포니아 대학교 출판사, 1985.

존-스타이너, 베라, 『마음의 노트북: 생각의 탐색Notebooks of the Mind: Explorations of Thinking』, 앨버커키: 뉴멕시코 대학교 출판사, 1985.

존스, H. G., 『한 국가의 기록: 관리, 보존, 사용The Records of a Nation: Their Management, Preservation, and Use』, 뉴욕: 아테네움, 1969.

칸, 데이비드, 『코드 브레이커: 암호 해독의 역사』(2005년 이지북 발간), 업데이트 개정판, 뉴욕: 스크라이브너, 1996, 초판 발행, 1967.

카프카, 벤, 『괴로운 글쓰기, 문서 작업의 힘과 실패The Demon of Writing: Powers and Failures of Paperwork』, 뉴욕: 존 북스, 2012.

카라바체크, 요제프 폰, 『아랍 종이Arab Paper』, 돈 베이커와 수지 디트마르 번역, 돈 베이커의 주석 추가, 런던: 아키타입 퍼블리케이션, 2001.

카프만, 허버트, 『붉은 끈: 그 기원과 사용, 남용Red Tape: Its Origins, Uses and Abuses』, 워싱턴 DC: 부킹스 인스티튜션, 1977.

켐프, 마틴, 『레오나르도Leonardo』, 뉴욕: 옥스퍼드 대학교 출판사, 2004.

———, 『레오나르도 다 빈치: 경험과 실험, 디자인Leonardo da Vinci: Experience, Experiment and Design』, 프린스턴 NJ: 프린스턴 대학교 출판사, 2006.

———, 『레오나르도 다 빈치: 자연과 인간의 위대한 작품Leonardo da Vinci: The Marvellous Works of Nature and Man』, 캠브리지, 매사추세츠: 하버드 대학교 출판사, 1981.

클라인, 리처드, 『담배는 숭고하다Cigarettes Are Sublime』, 더햄, NC: 듀크 대학교 출판사, 1993.

클루거, 리처드, 『재에서 재로: 미국의 100년 담배 전쟁과 공공 건강, 그리고 필립 모리스의 뻔뻔한 승리Ashes to Ashes: America's Hundred-Year Cigarette War, the Public Health, and Unabashed Triumph of Philip Morris』, 뉴욕: 알프레드 A. 크노프, 1996.

코바야시, 마코토, 『에치젠 와시: 고대 일본 제지 공예의 역사와 기술, 그리고 위대한 수제 장인들의 이야기Echizen Washi: The History and Technique of the Ancient Japanese Craft of Papermaking with Stories of Great Handmade Paper Makers』, 후쿠이-켄, 일본: 이마다테 문화협회, 1981.

쿱스, 마티어스, 『사건을 묘사하고 생각을 전달하는 데 사용되어온 물질의 역사 이야기, 태곳적부터 종이의 발명까지Historical Account of the Substances Which Have Been Used to Describe Events and to Convey Ideas, from the Earliest Date, to the Invention of Paper』, 런던: T. 버튼, 1800.

코레츠키, 일레인, 『초록 죽이기: 중국의 수제 종이 이야기Killing Green: An Account of Hand Papermaking in China』, 앤 아버: 미시건: 레거시 출판사, 2009.

코스토프, 스피로, 『건축의 역사A History of Architecture』, 그렉 카스틸로, 일러스트 리처드 토비어스, 뉴욕 그리고 옥스퍼드: 옥스퍼드 대학교 출판사, 1995.

크릴, 존, 『영국 예술가들의 종이: 르네상스에서 섭정까지English Artists' Paper: Renaissance to Regency』, 런던: 트레포일 퍼블리케이션, 1987.

라바르, E. J., 『종이와 제지술 사전 및 백과사전-프랑스어, 독일어, 네덜란드어, 이탈리아어, 스페인어, 스웨덴어 기술 용어 포함』, 런던과 토론토: 옥스퍼드 대학교 출판사, 1952.

레어드, 마크, 알리샤 와이스버그-로버츠, 『델라니 부인과 그녀의 서클Mrs. Delaney and Her Circle』, 뉴헤이븐: 코네티컷: 예일 대학교 출판사, 2009.

랭캐스터, F. W., 『종이 없는 정보 시스템을 향하여Toward Paperless Information Systems』, 뉴욕: 아카데믹 출판사, 1978.

레만−호프트, 헬무트, 로렌스 C. 로스, 롤로 G. 실버,『미국의 책: 미국의 책 만들기와 팔기의 역사The Book in America: A History of the Making and Selling of Books in the United States』제2판, 개정판, 확대, 뉴욕: R. R. 보커, 1951.

린지, 로버트,『성자들의 집회: 돈과 살인, 사기에 관한 진짜 이야기A Gathering of Saints: A True Story of Money, Murder, and Deceit』, 뉴욕: 사이먼 앤 슈스터, 1988.

리퍼, 마크,『종이, 사람, 진보: 펜실베이니아 스프링 그로브 P. H. 글랫펠터 컴퍼니 이야기Paper, People, Progress: The Story of the P. H. Glatfelter Company of Spring Grove, Pennsylvania』, 엥글우드 클리프스, 뉴저지: 프렌티스−홀, 1980.

로이드, 마틴,『여권: 가장 먼 거리를 여행하는 인간 문서의 역사The Passport: The History of Man's Most Travelled Document』, 글로스터, 영국: 서튼 퍼블리싱, 2003.

로이드, 세튼,『먼지 속의 토대: 메소포타미아 탐험 이야기Foundations in the Dust: The Story of Mesopotamian Exploration』, 개정판, 확대, 뉴욕: 템즈 앤 허드슨, 1980.

로벨, 스탠리 P.,『스파이와 계략Of Spies & Stratagems』, 엥글우드 클리프스, 뉴저지: 프렌티스−홀, 1963.

맥팔레인, 앨런, 제리 마틴,『유리: 세계 역사Glass: A World History』, 시카고: 시카고 대학교 출판사, 2002.

매덕스, H. A.,『종이: 역사와 원천, 제조Paper: Its History, Sources, and Manufacture』, 런던: 아이작 피트먼 경 앤 손즈, 1916.

멀킨, 로렌스,『크뤼거의 남자들: 나지의 비밀 위조 작전과 블록 19의 죄수들Krueger's Men: The Secret Nazi Counterfeit Plot and the Prisoners of Block 19』, 뉴욕: 리틀, 브라운, 2006.

마크스, 레오,『실크와 시안화물 사이: 코드메이커의 전쟁, 1941~1945년Between Silk and Cyanide: A Codemaker's War, 1941-1945』, 뉴욕: 프리 출판사, 1998.

마시, 메리 엘리자베스,『북부의 대용품: 남부 국내 전선의 부족과 대용품Ersatz in the Confederacy: Shortages and Substitutes on the Southern Homefront』, 컬럼비아: 사우스캐롤라이나 대학교 출판사, 1952.

메이어, A. 하얏트,『인쇄와 사람: 인쇄 그림의 사회적 역사Prints and People: A Social History of Printed Pictures』, 뉴욕: 메트로폴리탄 미술관, 1971.

맥그로, 주디스 A.,『가장 멋진 기계: 버크셔 제지업의 기계화와 사회적 변화 1801~1885년Most Wonderful Machine: Mechanization and Social Change in Berkshire Paper Making 1801-1885』, 프린스턴, 뉴저지: 프린스턴 대학교 출판사, 1987.

맥윌리엄스, 메리, 데이비드 J. 록스버그, 『캘리그래퍼의 흔적: 이슬람 캘리그래퍼, 1600~1900년Traces of the Calligrapher: Islamic Calligraphy in Practice, c. 1600–1900』, 휴스턴: 미술관, 2007.

멘데즈, 안토니오 J., 맷 배글리오, 『아르고: CIA와 할리우드가 합작한 역사상 가장 대담한 구출 작전Argo. How the CIA and Hollywood Pulled Off the Most Audacious Rescue in History』, 뉴욕: 바이킹 펭귄, 2012.

멘데즈, 안토니오 J., 말콤 맥코넬, 『변장의 대가: 나의 비밀 CIA 비밀 생활The Master of Disguise: My Secret Life in the CIA』, 뉴욕: 윌리엄 모로, 1999.

밈, 스티븐, 『위조자들의 나라: 자본주의자, 사기꾼, 그리고 미국 만들기A Nation of Counterfeiters: Capitalists, Con Men, and the Making of the United States』, 캠브리지: 매사추세츠: 하버드 대학교 출판사, 2007.

미케시, 로버트 C., 『일본의 제2차 세계대전 풍선 폭탄이 북아메리카를 공격하다Japan's World War II Balloon Bomb Attacks on North America』, 워싱턴, DC: 스미스소니언 협회 출판사, 1973.

몬태규, 이웬, 『존재한 적 없는 사나이: 제2차 세계대전의 가장 대담한 기만공작The Man Who Never Was: World War II's Boldest Counterintelligence Operation』, 아나폴리스, 메릴랜드: 해군협회 출판사, 2001, 초판은 뉴욕의 옥스퍼드 대학교 출판사 발행, 1953.

모건, 에드먼드 S., 헬렌 M. 모건, 『인지세법: 혁명의 프롤로그The Stamp Act: Prologue to Revolution』, 채플 힐: 노스캐롤라이나 대학교 출판사, 1953. 버지니아 윌리엄스버그의 초기 미국 역사문화연구소를 위해 발행.

먼셀, 조엘, 『종이와 제지법의 기원과 발달 연대기Chronology of the Origin and Progress of Paper and Paper-Making』 제5판, 내용 추가, 올버니, 뉴욕: J. 먼셀, 1876.

마이어스, 로빈, 마이클 해리스, 『가짜와 사기: 인쇄와 원고의 다양한 사기Fakes and Frauds: Varieties of Deception in Print and Manuscript』, 윈체스터, 영국: 세인프 폴스 비블리오그래피, 뉴캐슬, 델라웨어: 오크 놀 출판사, 1989.

나리타, 키요푸사, 『일본의 제지법Japanese Paper-Making』, 도쿄: 호쿠세이도 출판사, 1954.

니드햄, 조셉, 호핑-유, 루-궤이-드젠, 왕 링, 『중국의 과학과 문명화Science and Civilisation in China』 제5권, 제7부: 군대 기술: 화약, 캠브리지, 영국: 캠브리지 대학교 출판사, 1986.

───, 『중국의 과학과 문명화』 제5권, 제1부: 종이와 인쇄, 치엔 츠엔 희신, 캠브리

지, 영국: 캠브리지 대학교 출판사, 1985.

뉴펠드, 마이클 J. 『로켓과 제국: 페네문데와 탄도 미사일 시대의 도래The Rocket and the Reich: Peenemünde and the Coming of the Ballistic Missile Era』, 캠브리지, 매사추세츠: 하버드 대학교 출판사, 1995.

오그본, 마일즈, 『인도 잉크: 영국 동인도 회사의 탄생과 글씨와 인쇄Indian Ink: Script and Print in the Making of the English East India Company』, 시카고: 시카고 대학교 출판사, 2008.

오스왈드, 존 클라이드, 『아메리카의 인쇄Printing in the Americas』, 뉴욕: 그렉 퍼블리싱 코, 1937.

─────, 『페이퍼 메이커The Paper Maker』, 윌밍턴: 델라웨어: 헤라클레스 파우더 코, 1932~1970.

파킨슨, 리처드, 스티븐 쿼크, 『파피루스Papyrus』, 런던: 영국 박물관 출판사, 1995.

폴리, 로저, 『화기火器: 기술의 인생 이야기Firearms: The Life Story of a Technology』, 웨스트 포트, 코네티컷: 그린우드 출판사, 2004.

페더슨, 요하네스, 『아랍의 책The Arabic Book』, 조프리 프렌치 덴마크어판 번역, 로버트 힐렌브랜드 서론, 프린스턴: 뉴저지: 프린스턴 대학교 출판사, 1984.

페테그리, 앤드루, 『르네상스 시대의 책The Book in the Renaissance』, 뉴헤이븐, 코네티컷, 그리고 런던: 예일 대학교 출판사, 2010.

피어스, 워즈워스 R., 『크레인 제지업의 첫 175년The First 175 Years of Crane Paper-making』 (달턴, 매사추세츠), 크레인, 1977.

폴러드, 휴 B. C., 『폴라드의 화기 역사Pollard's History of Firearms』, 클로드 블레어, 펠텀, 영국: 컨트리 라이프 북스, 1983.

폴로, 마르코, 『동방견문록』, 로널드 라탐 서론 번역, 뉴욕: 아바리스 북스, 1982.

포스너, 언스트, 『고대 세계의 기록 보관소Archives in the Ancient World』, 캠브리지, 매사추세츠: 하버드 대학교 출판사, 1972.

프레이저, 프랭크 D., 구스티나 스카글리가, 『브루넬레스키: 그의 기술과 발명에 대한 연구 Brunelleschi: Studies of His Technology and Inventions』, 미네올라, 뉴욕: 도버 퍼블리케이션, 초판 발행, MIT 출판사, 캠브리지, 매사추세츠.

프라이스, 로이스 올콧, 『라인, 쉐이드, 섀도: 건축 드로잉의 제작과 보존Line, Shade, and Shadow: The Fabrication and Preservation of Architectural Drawings』, 뉴캐슬, 델라웨어: 오크 놀 출판사, 윈터서, 델라웨어: 윈터서 박물관 & 컨트리 에스테이트, 2010.

프라우드풋, W. B., 『등사의 기원The Origin of Stencil Duplicating』, 런던: 허친슨 앤 코, 1972.

래드코, 요아힘, 『나무의 역사Wood: A History』, 패트릭 캐밀러 독일어판 번역, 캠브리지, 영국: 폴리티 출판사, 2012.

렌델, 게네스 W. 『위조의 역사: 가짜 서신과 문서 간파Forging History: The Detection of Fake Letters and Documents』, 노먼: 오클라호마 대학교 출판사, 1994.

로즈먼, 윌, 『스트래스모어 센추리: 스트래스모어 100주년The Strathmore Century: The 100th Anniversary Issue of the Strathmorean』, 웨스트필드, 매사추세츠: 스트래스모어 페이퍼, 1992.

로젠밴드, 레오나르도 N., 『18세기 프랑스의 제지술: 몽골피에 제지소의 경영과 노동, 혁명 1761~1805년Papermaking in Eighteenth-Century France: Management, Labor, and Revolution at the Montgolfier Mill, 1761-1805』, 볼티모어: 존스홉킨스 대학교 출판사, 2000.

루딘, 맥스, 『종이 만들기: 고대 공예의 역사를 들여다보다Making Paper: A Look into the History of an Ancient Craft』, 로버트 G. 태너 스웨덴어판 번역, 볼링바이, 스웨덴: 루딘스, 1990.

럼볼-피터, 에드윈 A. R., 『미국의 최초 성경: 현재 남아 있는 555권의 성경America's First Bibles: With a Census of 555 Extant Bibles』, 포틀랜드, 메인: 사우스워스-앤소엔센 출판사, 1940.

샤프, 래리 J., 『그림자에서: 허쉘, 탤벗, 그리고 사진의 발명Out of the Shadows: Herschel, Talbot, and the Invention of Photography』, 뉴헤이븐, 그리고 런던: 예일 대학교 출판사, 1992.

슐레진저, 아서 M., 『독립의 서막: 영국의 신문 전쟁 1764~1776년Prelude to Independence: The Newspaper War on Britain 1764-1776』, 뉴욕: 알프레드 A. 크노프, 1958.

슐로서, 레오나르도 B., 『인쇄 역사 속의 종이: 그래픽 아트의 이정표Paper in Printing History: A Celebration of Milestones in the Graphic Arts』, 디자인 브래드버리 톰슨, 뉴욕: 린덴마이어 페이퍼 코퍼레이션, 1981.

슈레이어, 앨리스, 『이스트-웨스트: 수제 제지술의 전통과 혁신East-West: Hand Papermaking Traditions and Innovations』, 뉴왁: 델라웨어 대학교 도서관, 1998.

슈바이들러, 맥스, 『판화와 드로잉, 책, 그 밖의 종이 작품 복원The Restoration of

Engravings, Drawings, Books, and Other Works on Paper』, 로이 퍼킨슨 독일어판 번역, 로스앤젤레스: 게티 보존 연구소, 2006.

셀렌, 아비가일 J., 리처드 H. 하퍼, 『종이 없는 사무실의 신화The Myth of the Paperless Office』, 캠브리지, 매사추세츠: MIT 출판사, 2002.

시킹어, 제임스 P., 『아테네의 공공 기록과 기록 보관소Public Records and Archives in Classical Athens』, 채플 힐: 노스캐롤라이나 대학교 출판사, 1999.

사이더, 데이비드, 『헤르쿨라네움의 빌라 데이 파파리 서재The Library of the Villa dei Papiri at Herculaneum』, 로스앤젤레스: 게티 퍼블리케이션, 2005.

스미스, 애덤(조지 J. W. 우드먼), 『종이 돈Paper Money』, 뉴욕: 서밋 북스, 1981.

소테리우, 알렉산드라, 『정복자의 선물: 인도의 수제 제지술Gift of Conquerors: Hand Papermaking in India』, 미들타운, 뉴저지: 그랜타 코퍼레이션, 아메다바드, 인도: 마핀 퍼블리싱, 1999.

스펙터, 로버트, 윌리엄 W. 윅스, 『가치의 공유: 킴벌리 클라크의 역사Shared Values: A History of Kimberly-Clark』, 라임, 코네티컷, 그리니치 퍼블리싱 그룹, 1997.

스파이서, A. 다이크스, 『종이 무역: 19세기의 시작부터 종이 무역에 관한 기술적, 역사적 조사The Paper Trade: A Descriptive and Historical Survey of the Paper Trade from the Commencement of the Nineteenth Century』, 런던: 메듀엔, 1907.

스탠디시, 데이비드, 『돈의 예술: 전 세계 종이 화폐의 역사와 디자인The Art of Money: The History and Design of Paper Currency from Around the World』, 샌프란시스코: 크로니클 북스, 2000.

스토바흐, 수잔, 『점토: 지구상 가장 원시적인 요소와 인간관계의 역사와 진화Clay: The History and Evolution of Humankind's Relationship with Earth's Most Primal Element』, 뉴욕: 버클리 북스, 2005.

스튜어트, 캠벨, 『크루 하우스의 비밀: 유명한 캠페인 이야기Secrets of Crewe House: The Story of a Famous Campaign』, 런던: 호더 앤 스타우튼, 1920.

스와시, 알레시아, 『솝 오페라: 프록터 앤 갬블의 인사이드 스토리Soap Opera: The Inside Story of Procter & Gamble』, 뉴욕: 타임스 북스, 1993.

탤벗, 페이지, 『벤저민 프랭클린: 보다 나은 세상을 찾아서Benjamin Franklin: In Search of a Better World』, 뉴헤이븐, 코네티컷, 그리고 런던: 예일 대학교 출판사, 2005.

테일러, 필립 M. 『정신 무기: 고대에서 핵무기 시대에 이르기까지 전쟁 프로파간다 Munitions of the Mind: War Propaganda from the Ancient World to the Nuclear Age』, 월링보로,

노스앰프턴셔, 영국: 패트릭 스티븐스, 1990.

토머스, 아이자이어, 『미국의 인쇄 역사, 인쇄업자들의 전기 수록The History of Printing in America, with a Biography of Printers』 제2판, 제2권, 뉴욕: 버트 프랭클린, 1874.

토머스, 제임스 E., 딘 S. 토머스, 『남북전쟁 총알과 탄피 안내서A Handbook of Civil War Bullets and Cartridges』, 게티즈버그, 펜실베이니아: 투머스 퍼블리케이션, 1996.

토머스, P. D. G., 『영국 정치와 인지세법 위기: 미국 혁명의 첫 단계, 1763~1767년 British Politics and the Stamp Act Crisis: The First Phase of the American Revolution, 1763-1767』, 옥스퍼드 영국: 옥스퍼드 대학교 출판사, 1975.

톰슨, 클라우디아 G., 『재활용 종이: 필수 가이드Recycled Papers: The Essential Guide』, 캠브리지, 매사추세츠: MIT 출판사, 1992.

츠엔-희신, 치엔, 『대나무와 비단에 쓰다: 중국의 책과 글쓰기의 시작Written on Bamboo and Silk: The Beginnings of Chinese Books and Inscriptions』, 시카고: 시카고 대학교 출판사, 1962.

타이렐, 아서, 『복사 기술의 기본Basics of Reprography』, 런던: 포컬 출판사, 1972.

밴 캠펜, 킴벌리, 폴 새인거, 『책으로서의 성경: 최초 인쇄판The Bible as Book: The First Printed Editions』, 뉴캐슬, 델라웨어: 오크 놀 출판사, 런던: 영국도서관, 1999.

보노 헤이건, 빅터 볼프강, 『아즈텍과 마야의 제지업자들The Aztec and Maya Papermakers』, 뉴욕: J. J. 어거스틴, 1944.

보스, 줄리아, 『다윈의 그림: 진화론의 관점 1837~1874년Darwin's Pictures: Views of Evolutionary Theory, 1837-1874』, 뉴헤이븐, 코네티컷, 그리고 런던: 예일 대학교 출판사, 2010.

와그너, 수전, 『담배 국가: 미국 역사와 정치 속의 담배Cigarette Country: Tobacco in American History and Politics』, 뉴욕: 프레이거 퍼블리셔스, 1971. 위크스, 라이먼 호레이스, 『미국 종이 제조의 역사 1690~1916년A History of Paper-Manufacturing in the United States, 1690-1916』, 뉴욕: 룩우드 트레이드 저널 컴퍼니, 1916.

화이트, 린, 주니어, 『중세 기술과 사회적 변화Medieval Technology and Social Change』, 옥스퍼드, 영국: 옥스퍼드 대학교 출판사, 1967.

휘트필드, 로더릭, 수전 휘트필드, 네빌 애그뉴, 『모가오 굴: 실크로드의 예술과 역사 Cave Temples of Mogao: Art and History on the Silk Road』, 로스앤젤레스: 케티 보존연구소, J. 폴 게티 박물관, 2000.

윌킨슨, 노먼 B., 『미국의 제지술Papermaking in America』, 그린빌: 델라웨어, 헤글리 박물관, 1875.

윌콕스, 조셉, 『윌콕스 제지소(아이비 제지소): 1729~1866년The Willcox Paper Mill(Ivy Mills): 1729-1866』, 필라델피아: 미국 가톨릭역사회, 1897.

윌리엄스, 오웬, 카린 라쥬리, 『이절판 마니아! 셰익스피어의 가장 중요한 책 그 뒷이야기Foliomania! Stories Behind Shakespeare's Most Important Book』, 워싱턴 DC: 폴저 셰익스피어 도서관, 2011.

위스월, 클라렌스 A., 엘리너 보이트 크래프츠, 『제지술의 100년 역사: 매사추세츠 뉴턴 로워 폴스 찰스 강의 제지업의 역사One Hundred Years of Paper Making: A History of the Industry on the Charles River at Newton Lower Falls, Massachusetts』, 레딩, 매사추세츠: 레딩 크로니클 출판사, 1938.

우드, 프랜시스 마크 버나드, 『금강경: 세계에서 가장 오래된 책The Diamond Sutra: The Story of the World's Earliest Dated Printed Book』, 런던: 영국 박물관, 2010.

워스, 로렌스 C., 『식민지의 인쇄업자The Colonial Printer』, 뉴욕: 그롤리어 클럽, 1931.

장, 웨이, 『네 가지 보물: 학자의 서재 속으로The Four Treasures: Inside the Scholar's Studio』, 샌프란시스코: 롱 리버 출판사, 2004.

옮긴이의 말

　옮긴이 후기를 부탁받을 때마다 먼저 걱정이 앞선다. 번역을 하는 나와 글을 쓰는 나는 분명 다르기에 무슨 이야기를 먼저 꺼내야 할지 쉽게 결정이 서지 않는 탓이다. 한숨 돌리고 차분하게 저자와 함께했던 '종이의 흔적을 따라가는 여행'을 되돌아본다.

　지적인 분위기를 풍기는 묵직한 이 책을 처음 꺼내들었을 때, 도대체 무슨 이야기를 썼을까 궁금했다. 독자들도 책의 두께에서 느꼈겠지만, 종이에 대해 무슨 할 말이 이렇게 많을까 하는 순수한 호기심이 일었다. 그러는 한편, 번역 작업을 언제 다 끝내나 얕은 한숨도 쉬었음을 고백한다.

　책 전문가로 유명한 니콜라스 A. 바스베인스는 그동안 책에 관련된 다양한 주제로 글을 써왔다. 지금까지 발표한 저작만 봐도 책을 지독하게 좋아하는 사람이라는 것이 느껴진다. 이 책은 『인내와 투지』, 『젠틀 매드니스』에 이어 애서가들을 위해 쓴 3부작 시리즈의 마지막 권이다. 국내에는 2탄 『젠틀 매드니스』만 나와 있다. 그는 책이 좋아서 책

옮긴이의 말　*521*

만 파고들다가 궁극적으로 책의 전달 매체인 종이로 관심을 돌리게 되었다. 어쩌면 당연한 귀결일 것이다.

처음에 독자들은 방대한 분량에 압도당했겠지만, 저자와 함께 종이의 흔적을 따라가는 여정은 전혀 지루하지 않다. 지금으로부터 2,000년 전 제지법이 처음 발명된 중국, 장인들이 전통 제지법의 명맥을 이어가는 일본, 세계의 기축통화인 달러를 만드는 미국의 제지공장을 거쳐 하늘에서 종이비가 내렸다는 9·11 테러 현장으로 되돌아왔다.

2,000년이라는 시간 동안 종이는 얼마나 많은 사연을 만들어왔는지……. 종이가 걸어온 길에서 만나는 이야기들은 새롭고 흥미롭고 유익했다. 종이 덕분에 지성을 활짝 꽃피운 이슬람 세계, 쇄목펄프 공정이 등장하기 전 너도나도 너덜너덜한 넝마 줍기에 앞장섰던 사람들, 동인도회사 시절 인도의 용병들이 동물성 기름이 묻은 종이탄피를 거부하여 일어난 세포이 항쟁, 제2차 세계대전 때 일본이 미국에 보복하기 위하여 날려 보냈다는 종이를 덧댄 풍선 폭탄, 레오나르도 다 빈치와 토머스 에디슨과 베토벤의 머릿속 그림을 엿볼 수 있는 작업 노트, CIA 첩보 요원들의 서류 위조 작업, 국가의 기밀문서가 적힌 종이를 계란과 피자 상자로 변신시키는 미국 국가안전보장국의 자체 펄프 공장, 무한한 가능성으로 종이를 조각하는 예술인 동시에 과학인 오리가미까지 기억나는 내용이 많다.

특히 이 책의 대미를 장식하는 9·11 테러 희생자가 남긴 구조 요청 쪽지와 유족들의 인터뷰에서는 그저 가슴이 먹먹해졌다. 물레바퀴가 돌아가는 시냇물에 면한 옛 제지소의 풍경은 왠지 모를 향수를 자아냈고 티백, 우표, 화장지 등 각종 종이를 만드는 첨단 제지공장의 모습은 종이가 지나온 세월의 흐름을 실감하게 했다. 종이라는 녀석은 2,000년 동안 산전수전 공중전까지 다 겪은 것 같다. 무엇보다 기나긴 여정 내내 종이에 대한 저자의 애정이 종이만큼 가득 묻어났다. 웬만한 열정으로는 절대 쓰지 못할 책이다. 이렇게 대단한 일을 해낸 저자에게 존경과 감사를 표하고 싶다.

이 책을 읽기 시작한 이후로 나도 모르게 주변에 종이로 만들어진 물건들을 의식하기 시작했다. 무언가를 의식하게 되는 순간 그것만 보인다고 했던가. 지금 앉아 있는 내 책상에만 해도 종이가 가득하다. 짬짬이 읽으려고 구입한 책들, 화사한 꽃무늬가 예뻐서 데려온 수첩, 형형색색의 포스트잇, 심지어 심심풀이로 씹으려고 놓아둔 껌, 때 아닌 감기로 고생하는 코를 달래주는 화장지, 소중한 가족사진, 지갑에 든 지폐까지⋯⋯. 내 삶 속에 종이로 된 물건이 이렇게나 많았던가 싶을 정도다. 우리가 매 순간 숨 쉬며 살아가는 공기처럼 미처 깨닫지 못 할 뿐, 종이는 정말로 우리 생활과 떼려야 뗄 수 없는 관계임을 실감한다. 아무리 인터넷과 스마트폰 없이는 못 살 것 같은 시대가 왔어도 종이로 된 이 사랑스러운 물건들과 그 현실적인 감촉을 어떻게 포기할 수 있을까.

이 책은 결국 '과연 종이 없는 세상이 가능할까?'라는 질문에 대한 답이다. 저자는 종이가 지나온 길을 담담히 보여줌으로써 독자들이 직접 그 답을 찾게 했다. 독자들은 이 책을 읽으며 나처럼 가까운 곳에서 그 답을 찾았을 것이다. 그리고 가장 중요한 사실, 종이의 이야기는 아직 끝나지 않았다.

정지현

KI신서 5617

종이의 역사

초판 1쇄 발행 2014년 9월 3일
초판 3쇄 발행 2015년 9월 30일

지은이 니콜라스 A. 바스베인스 **옮긴이** 정지헌
펴낸이 김영곤 **펴낸곳** (주) 북이십일 21세기북스
해외개발팀 조민호 김상수 유승현 조문채 **해외기획팀** 박진희 김영희
디자인 표지 손성희 **본문** 전지선
출판영업마케팅팀 안형태 이경희 민안기 정병철 김홍선 임규화 백세희
출판등록 2000년 5월 6일 제10-1965호
주소 (우 413-120) 경기도 파주시 회동길 201(문발동)
대표전화 031-955-2100 **팩스** 031-955-2151 **이메일** book21@book21.co.kr
홈페이지 www.book21.com **블로그** b.book21.com
트위터 @21cbook **페이스북** facebook.com/21cbook

ISBN 978-89-509-5559-5 03900
책값은 뒤표지에 있습니다.

이 책 내용의 일부 또는 전부를 재사용하려면 반드시 (주)북이십일의 동의를 얻어야 합니다.
잘못 만들어진 책은 구입하신 서점에서 교환해 드립니다.

* 이 책에 수록된 이미지 중 일부는 원저작권자를 확인할 수 없어서 저작권 협의를 할 수 없었습니다.
  추후라도 연락해주시면 저작권 협의 후 합당한 조치를 취하겠습니다.